中国工程院咨询研究课题

现代农业综合体：区域现代农业发展的新平台

现代农业综合体发展战略研究课题组 著

中国农业出版社

课题组成员名单

项目顾问组人员名单

沈国舫　石玉林　陈宗懋

项目组人员名单

组　长：陈剑平

副组长：盖钧镒　罗锡文

成　员：胡　豹　谷建潮　杜　琼　吴永华　王　强　毛晓红
朱奇彪　米松华　柯福艳　张志恒　汪卫民　王丽娟
胡　伟　卫　新　邱乐丰　孙永朋　李宝值　章伟江
方　豪　黄河啸　叶　辉　朱康娣　高　霈　张　艳
韦葡雄　吴新民　何忠明　褚庆鑫

项目咨询专家组人员名单

沈国舫　石玉林　陈宗懋　张鸿芳　刘　艳　顾益康　黄祖辉

专题报告执笔人员名单

总　论：现代农业综合体的研究背景与战略概述
陈剑平　胡　豹　谷建潮　杜　琼　邱乐丰　孙永朋

专题一：现代农业综合体建设中“多元融合”的产业体系构建研究
米松华　陈剑平　谷建潮　胡　伟　汪卫民　邱乐丰
孙永朋　卫　新　方　豪　吴新民

专题二：现代农业综合体建设中“支撑引领”的科技体系构建研究
陈剑平　吴永华　杜　琼　米松华　李宝值　谷建潮
柯福艳

专题三：现代农业综合体建设中“创新创业”的经营体系构建研究

米松华　陈剑平　汪卫民　叶　辉　黄河啸　朱奇彪

专题四：现代农业综合体建设中“安全可控”的质量体系构建研究

张志恒　陈剑平　王　强　谷建潮　李永峰　徐明飞

汪　雯　徐圣佳　吴春生

专题五：现代农业综合体建设中“互联网＋”的流通体系构建研究

汪卫民　王丽娟　陈剑平　谷建潮

专题六：现代农业综合体建设中“多重组合”的投融资体系构建研究

柯福艳　陈剑平　毛晓红　何忠明　褚庆鑫

专题七：基于现代农业综合体打造的特色农业小镇建设

陈剑平　柯福艳　谷建潮　汪卫民　韦葡雄　朱康娣

张　艳

专题八：现代农业综合体实践案例——蓝城农业综合体

谷建潮　米松华　汪为民　杜　琼　高　霈　朱康娣

叶　辉　陈剑平

序 言

中国是农业古国，几千年的农耕文明灿烂辉煌。而今，中国是一个发展中的农业大国，人多地少、农民众多、大国小农、“三农”转换等是其国情农情的主要特征。农业是安天下、稳民心的基础产业，农民是最庞大的社会群体，农村是最广阔的地域空间。农业、农民、农村问题是关系国家和民族兴衰的根本问题，解决好“三农”问题始终是全党工作的重中之重。习近平总书记提出的“中国要强农业必须强，中国要富农民必须富，中国要美农村必须美”的要求，就是我国“三农”工作的努力方向。

党的十一届三中全会以来，以家庭联产承包经营为基础的农村改革使中国进入了一个大变革时代，历经近40年的改革开放，中国的经济社会发生了翻天覆地的变化，“三农”的发展也取得了长足进步。当前，中国的“三农”正处在从“老三农”向“新三农”转变的关键时期。“三农”犹如一个鸡蛋，农业为蛋白，农民为蛋黄，农村为蛋壳，全方位都在发生着深刻的变化，它们系统整体、相互依存、相互影响、休戚相关。就农业来说，在原有“千变万化的大市场与千家万户小生产、出卖原料与农业增效、消费与生产相脱节”三大矛盾的基础上，又遇上了“农业碎片化、农民老龄化、农村空心化”等诸多新问题。如何在土地“三权分置”的改革中提高规模经营水平和农业效益？如何在城乡融合和一二三产协同发展中实现生产与消费的有效连接？如何在科技、资本和职业农民等的系统成长中推进农业现代化？都有赖于发展理念、发展平台、经营模式、经营制度等的改革和创新。

剑平同志在中国工程院的支持下，带领浙江省农业科学院、蓝城现代农业科技有限公司、万向信托有限公司等机构的专家学者团队，以跨界融合的科学思想、集成创新的改革思路和多元交融的方法路径，从整体上对“三农”发展进行系统探索和实践，所撰写的《现代农业综合体：区域现代农业发展的新平台》一书使我耳目一新，满怀希望。“现代农业综合体”坚持“创新、协调、绿色、开放、共享”的发展理念，坚持目标导向和问题导向相统一，立足国内和国际视野相统筹，全面规划和突出重点相协调，战略性和操作性相结合的原则，运用整体、综合的辩证思维方法，科学谋划，务实求索政府、企业、金融、科研院所、职业农民等多主体之间的新型合作机制，开展“产村一体、产城一体、产园一体”等创新实践，显现出大生物农业、大数据农业、大生态农业、大品牌农业、大健康农业、大城市农业的“现代农业”和“新三农”的景象。“现代农业综合体”好就好在“综合”，包括体制机制综合、五化同步发展综合、三生（生产、生活、生态）一文（文化）综合、农业一二三产业综合等。“现代农业综合体”妙也妙在“综合”，坚持市场为天，生产（农民）为地，人才为骨，管理为脑，品牌标准两足鼎立，科技文化双翼腾飞，“三农”协同发展，使“新三农”这只金凤凰飞得更高、更好、更远。

“现代农业综合体”的探索实践，颇具新意，意义深远。我真诚地为“现代农业综合体”的创新实践点赞。浙江“新三农”改革与发展走在全国前列，这为“现代农业综合体”的研究与探索提供了丰厚的土壤，希望剑平同志及其研究团队在此基础上深入探索，提高完善，结出丰硕的果实，有力推动农业的转型升级与提质增效，为建设“新三农”和农业现代化作出新贡献！

全国政协文史和学习委员会副主任　周国富

2017 年 7 月 28 日

前　　言

我从事植物病毒研究 32 年，一直沉浸在微观科学世界里，后来怎么做起学科跨度大且不擅长的宏观农业发展战略研究与探索实践？许多同事和朋友都有疑问。

此事我得从 2012 年参加一次山区扶贫活动受到的教育说起。我中年喜得爱女，自然视为掌上明珠。但因为平时工作太多太忙，很少时间陪玩，心存愧疚。2012 年一次赴种有大量山核桃的浙江淳安山区扶贫时，遇到一位与我女儿一般大的小女孩，我很有兴致与她攀谈了起来，其中一问一答道："小朋友，你最向往的是什么?""我最向往的是山核桃成熟。""你喜欢吃山核桃?""我才不喜欢吃呐!""那你为什么喜欢山核桃成熟?""因为山核桃成熟时我爸爸妈妈就可以回家了。"说完，小女孩眼泪夺眶而出。我即时意识到这是一位留守儿童，她的幸福指数远比我女儿低。此刻我又联想到我国有 3.7 亿农民在外打工，有 6 000 万这样的留守儿童！我们能否为他（她）们多做点努力，助推这个局面的改变。

经过近 40 年的改革开放，我国综合国力得到巨大提升，"三农"也取得了长足进步，农村面貌日新月异。但从总体上看，农业不够强、农民不够富、农村不够美的问题依然存在，与习总书记提出的"中国要强农业必须强，中国要富农民必须富，中国要美农村必须美"的目标要求还有很大距离。我国是一个小农众多的农业大国，以小规模家庭经营为基本生产经营单元的基本国情农情将会持续，如何提高小农户的农业经营水平和效率，如何实现小农户与大市场的有效连接，如何把中国小农引入现代化发展轨道，努力形成绿色发展方式，走出一条习总书记强调的高效生态的新型农业现代化道路，是摆在我们面前亟待探索解决的重大课题。

从此，我开始关注学习宏观农业，逐渐认识到未来 30 年，我国五千年文明史将迎来最重要的历史时期，农业将进入生态与科技、自然与工业化、生产与养生融为一体的“多功能拓展、多元产业融合”的后现代农业时代。农业在保障粮食安全、重要农产品有效供给和促进可持续发展等三大基本功能基础上，将发挥其在经济、生态、社会和文化功能中所蕴含的巨大价值潜能，释放农业相关产业在技术创新、产品创新、模式创新、业态创新等方面的巨大空间和无限商机。农业将成为政府、农业企业、农民合作社、职业农民、科技、农资企业、金融、流通、消费者价值的提供、整合、放大和共享平台。农业产业将成为创新创业、田园体验的产业空间。“吾心安处是故乡”，对中国乡村的憧憬正如今天对城市生活的向往，美丽乡村将成为一个发达、安心的地方，一个可以融入归属的地方，一个可以重塑自我的地方，一个可以叶落归根的地方，一个可以世世代代生活的地方。

通过几个月的思考，我在探求“三农”问题的综合解决方案方面，有了一些眉目，可就想不好该叫什么？一次我和夫人陪同女儿游玩杭州万象城，女儿在溜冰，我坐在一旁边看边想，在城市里，原先的百货商店如今发展成为万象城这样的城市商贸综合体，里面百货、餐饮、娱乐、酒店等一应俱全，给市民生活提供很多方便，农村是否也可效仿，创建称之为现代农业综合体呢？于是，我把自己的思考意念写成一篇《现代农业综合体——区域现代农业发展的创新载体》的短文，分别提交《农民日报》和《浙江日报》，很快被两报认可发表，嗣后得到农业部余欣荣副部长和时任浙江省主要领导赵洪祝、夏宝龙和李强等同志批示肯定。其中余欣荣副部长批示为：“积极探索统筹城乡发展的新途径，农业综合体是一条有意义的路子。”赵洪祝书记的批示为：“陈剑平同志所提农业综合体的思路和做法体现了工业化、城镇化和农业现代化‘三化’同步的要求。希望积极探索，取得实效。”李强副书记批示为：“这是现代农业发展的新思路，作些深入探索很有意义，有关部门要积极给予支持。”这对刚涉足宏观农业研究的我来说备受鼓舞。时任浙江省发改委副主任的姚作汀（已故）见文后，打电话给我，表示支持，并给予立项研究。随后，我组织了浙江省农业科学院胡豹、杜琼、吴永华、胡伟、卫新、孙永朋、戚行江、朱富云、吴卫成等同仁着手开展这项研究工作。在研究过程中，浙江省人民政府咨询委员会“三农”部部长顾益康教授、浙江大学中国农村发展研究院院长黄祖辉教授给予热情指导帮助。经过一年多的共同努力，我们对现代农业综合体的概念、内涵、类型、模式和路径有了比较清晰的认识，在此基础上萌生了探索实践现代农业综合体的强烈愿望。

可我们是一介书生，没有资本也没有资源，怎么付诸实践呢？于是我们想到要找有社会责任感的企业加盟，在某地党委和政府支持下组织农民合作社和种养大户开展探索。一次偶然的机会，遇到杭州绿城房地产集团宋卫平董事长，我把在淳安山区与留守儿童相见谈话的情景说给他听，宋董事长不无忧虑地回应：“是啊，我们工地里就有许多淳安来的农民工，孩子病了，常为误工费、交通费，硬是不回家。”在交谈中发现宋董事长是个非常有社会责任感、有人文情怀的企业家，我不顾初次晤面，冒昧地进言：“宋董事长，你房子造得那么好，都是农民工帮你造的，不少房子都是造在农民土地上的，你赚了这么多钱，是否该帮帮农民啊？”宋董事长情深意切地回应：“我早有这个想法，只是对农业不了解，不知道该怎么做？”即时邀请我到他的绿城集团做一次农业产业与农业科技的专题讲座。不久他毅然做出决定要跨行做农业，并愿与浙江省农业科学院合作成立绿城现代农业责任有限公司，地点选择在浙江省嵊州市。中共嵊州市委、市政府对实施现代农业综合体探索这个项目积极响应和大力支持。

在探索实践中，不断发现我们提出的现代农业综合体方案还有许多不成熟的地方，也遇到不少我们事先没有想到的困难和瓶颈，需要深入研究加以破解。于是，我们求助于中国工程院，在中国工程院咨询研究项目支持下，深入开展现代农业综合体发展战略研究，研究中得到沈国舫院士、石玉林院士、陈宗懋院士、盖钧镒院士、罗锡文院士的热心指导。处在工作一线探索实践的绿城现代农业责任有限公司（现为蓝城现代农业科技有限公司）谷建潮、汪卫民、叶辉，万向信托有限公司何忠明，以及浙江省农业科学院毛晓红、朱奇彪、王强、张志恒、米松华、柯福艳、王丽娟、邱乐丰等同仁也加盟这项研究，使研究工作既向战略理论又朝操作实践双向发展。在 2015 年 4 月 25 日的项目启动会和 2017 年 5 月 23 日的项目验收会上，中国工程院副院长刘旭院士、二局副局长左家和、农业学部办公室王庆，以及沈国舫院士、盖钧镒院士、罗锡文院士、陈宗懋院士、顾益康教授、黄祖辉教授等领导专家都与会指导。经过反复讨论，针对现代农业综合体发展战略研究项目，我们设立了研究背景与战略概述、“多元融合”产业体系构建、“支撑引领”科技体系构建、“创新创业”经营体系构建、“安全可控”质量体系构建、“互联网＋”流通体系构建、“多重组合”投融资体系构建、基于现代农业综合体的特色农业小镇建设、蓝城现代农业综合体实践案例等一个总论、八个研究专题，分别由胡豹、胡伟、吴永华、米松华、王强、汪卫民、毛晓红、陈剑平、谷建潮负责进行。项目组从成立伊始，课题组成员就先后赴北京、浙江、上海、江苏、四川等省、直辖市开展实地调研和座谈，深入了解各地“农业＋、农业供给侧改革、精准脱贫，以及一二三产业融合”等“三农”发展新动态及实情。在调查研究基础上，多次召开研讨会、专家座谈会、阶段性工作会议，以做深入广泛研讨，及时沟通信息，交换意见，力争保证研究质量。在研究过程中，我们又得到顾益康教授、黄祖辉教授、浙江省农业厅原副厅长张鸿芳研究员等学者专家的悉心指导和帮助。九个专题研究报告和综合研究报告初稿形成后，张鸿芳研究员和浙江省农业科学院原科技情报研究所所长黄达晶编审逐页逐句予以审阅，提出许多宝贵的修改意见。农业部科教司刘艳巡视员不仅对我们的研究工作，而且对我们的探索实践活动进行指导和帮助。杜琼作为我的主要助手，参与多个专题的研究工作，并且为项目研究的顺利开展，做了大量的诸如资料整理、调研安排、会务及协调工作等。我自己将其作为主要工作之一，投入不少精力，把握研究方向、确定研究内容、组织专题调研和讨论，并对每个专题报告和综合报告进行反复修改、定稿。“三农”工作资深领导、现任全国政协历史与文化委员会副主任周国富同志审阅了我们的研究报告后，亲笔为我们写来了一封热情洋溢的点赞信，并欣然同意为我们的研究报告作序。

现代农业综合体研究是基于对当前我国农业发展新形势新任务的认识，是参与对“三农”问题破解的新探索，是应用城乡融合发展和一二三产业协同发展新理念而率先提出的现代农业发展新平台。它是借鉴城市商贸综合体的服务业集聚、产业区与生活社区融为一体的综合体创新思路而构建的现代农业发展新模式，以期促成农业科技、资本、人才等要素的凝聚，循环农业、创意农业、休闲农业等农业新业态的集合，新产业体系、新科技体系、新服务体系等支撑体系的并存，农业生产新园区、农民生活新社区、市民康养新景区的兼有。现代农业综合体的创新探索，对推进农业供给侧结构性改革，推动现代农业园区转型升级，促进农业全产业链多功能发展，完善农业产业化合作经营机制，把小农引入现代化发展轨道，具有重要的现实意义和长远的战略意义。

现代农业综合体构建的核心任务和内容是系统推进现代农业“六大体系”建设，包括农林牧渔、一二三产业、贸工农旅文的“多元融合”产业体系；先进科研团队、高效技术推广、市场化成果转化的科技“支撑引领”体系；以专业化规模化家庭农场为基础，以农民专业合作与联合为纽带，以科贸工创型农业企业为龙头的“创新创业”经营体系；全产业链质量安全管理、关键环节专业化服务、质量安全追溯与电商平台融合的“安全可靠”质量体系；以互联网改造农产品流通环节，搭建小农户与大市场桥梁的“互联网＋”流通体系；创新农业投融资主体、投融资渠道、投融资方式的“多重组合”投融资体系。形成农业全产业链目标整合、农业多功能拓展耦合、多类型农业园区结合的具有强大集聚力和辐射力的区域现代农业发展中心。

从我们的理念形成、提出、修正、完善和近年的建设实践看，现代农业综合体立足我国东部沿海发达地区现代农业发展阶段与趋势，研究与实践特色农镇、新型科技支撑体系、农业生产体系、现代农业经营主体和商品流通体系等现代农业发展要素的新定位、新标准和新作用，较好地体现了在我国新常态下的城乡经济社会融合，一二三产业融合，产城产村融合，信息经济与实体经济融合，多种所有制经济融合的农业发展的新模式和新路径，初步摸索出一套以现代农业为核心的“‘三农’、三生、四化、效益、科技、金融”“三农”问题综合解决方案与路径。研究既贴合当前东部沿海发达地区农村新产业、新业态层出不穷的实际，也捕捉到以东部沿海发达地区为代表的现代农业创新创业新动向与新趋势。可以说，它是现行农业园区建设的升级版，是“公司＋合作社＋农户”的农业产业化合作经营机制的完善，是优化农业产业结构，使农业朝绿色化方式和新业态方向发展，对接农业供给侧结构性改革的有效路径，是引领广大小农融入现代化发展轨道的战略性选择之一。

现代农业综合体的谋划与建设，重在顺应我国经济发展新常态，深度认知农业发展新趋势，着力破解当前我国农业、农村、农民和农业科技发展中的诸多瓶颈约束，秉持“全球视野、历史关切、改革勇气、科学精神”，重点在于把握好以下几个关键问题。

一是现代农业综合体建设运行机制创新。现代农业综合体建设要力求形成政府、企业、金融、科研和农户的联合运作机制和政策引导优势、资本运作优势、科技支撑优势、劳动创造优势，促进形成“科工贸型的农业企业＋联合型的农民合作社＋专业化规模化家庭经营”的新型产业合作经营机制，“政府主导、科技主撑、市场主行、金融主介”的运行组织机制，以及多元投资经营主体“共建共享、共创共赢”的利益共享机制。

二是现代农业综合体建设的路径选择。现代农业综合体建设尽管没有固定模式可鉴，但以下五种建设路径颇有代表性和典型性。一是“一村一体”，依托特色农业强村，通过打造现代农业综合体，使之转型为“一村一品”的特色农业美丽乡村。二是“一镇一体”，依托特色农业大镇、强镇，通过打造现代农业综合体，使之转型为特色农业美丽小镇。三是“一园一体”，通过打造现代农业综合体，将各类现代农业园、科技园、生态观光园等改造提升建设为现代农业综合体。四是“一企一体”，以单个或多个企业或者农民合作社为主体，通过机制创新，建设成为现代农业综合体。五是“一业一体”，依托占主导地位的特色优势农业产业的转型升级，建设现代农业综合体。

三是现代农业综合体建设的战略举措。又好又快推进现代农业综合体建设，必须实施“集成创新、跨域合作、‘三农’为本、和谐共融”战略。“集成创新”是指从现代农业综合体系一个系统性很强的现代农业支撑平台，单一创新难以形成综合优势的新时代背景出发，需以博采众长的广阔视野和集成创新的驱动机制，对其做出系统的谋划与规划。“跨域合作”是从农业发展已进入依赖多方合作、深化合作来推动的新阶段出发，以“转型发展要合作，合作深化重跨域”的新思维，在建设过程中不断跨越不同领域、不同行业、不同文化等范畴。“‘三农’为本”是要以发展农业生产、建设美丽乡村、提高农民收入为主旨，将现代农业综合体打造成为一揽子解决“三农”问题的新平台和新模式。“和谐共融”系指体现一二三“三产”融合，农业生产、农民生活、农村生态“三生”和谐的发展内涵，各类经营主体利益分享机制有效运转的目标要求。

基于对我国未来 30 年农业生产和农民生活的提升与农村社会改革实践的战略机遇、责任和使命，以及商业价值、生态价值和社会价值系统集成的认知，宋卫平董事长近年又决定成立蓝城集团和蓝城农业研究院，大力开展以现代农业综合体为产业平台的特色农镇建设，以期带动新一轮农村的改革与发展，让城市的商业文明惠及乡村，让乡村的生态文明惠及城市。通过空间规划、产业布局、生活设计、群体融合，使自然生态更美丽，社会生态更和谐，产业生态更强劲。美丽中国是美丽城市与美丽乡村的汇聚，是美好理想的汇聚。

现代农业综合体建设是一项复杂的系统工程，需要政策制度供给相匹配，其中包括综合性服务、土地和金融等要素的支撑；需要国家有关部门配合深入调研，进一步发现问题、总结经验，以利于国家有关部门对这一新型模式的推广与创建做出审慎决策，提出政策性指导意见。

我们认为，沿海发达省份可以按照“五个一”的建设路径率先进行探索实践。各相关地区可以考虑建立由政府领导牵头、有关部门参与的现代农业综合体建设议事协调机构，做好顶层设计，明确建设目标任务和战略重点，出台相关扶持政策，实施梯度推进、科学推进、积累经验、总结教训，为国家层面出台鼓励创新现代农业发展模式的指导意见提供依据。

我们把近五年来有关这方面的研究思考和建设实践的初步成果整理成一份院士建议和两本书，院士建议《关于推进现代农业综合体建设与示范的建议》由中国工程院上报国务院后得到汪洋副总理肯定批示。两本书书名均为《现代农业综合体：区域现代农业发展的新平台》，一本书的内容由总论和八个专题研究报告组成；另一本是该书的简编本。我们出版这两本书旨在抛砖引玉，互动交流，为更快更好地改变中国农村面貌而共策共力。感谢中国农业出版社张洪光编审为我们研究报告出版做了大量细心的编辑工作。由于我们能力及时间有限，书中难免存在不当甚至错误之处，敬请各级领导、同行专家和广大读者批评指正！

中国工程院院士
发展中国家科学院院士　陈剑平
2017 年 6 月 12 日

摘　　要

农业是全面建成小康社会的基础，农业现代化是实现国家现代化的支撑。历经38年改革发展，我国农业已进入了一个新的发展阶段，农业现代化已进入全面推进、重点突破、梯次实现的新时期，农业农村发展环境发生重大变化，既面临诸多有利条件，又必须加快破解各项难题。在新常态下，加快补齐农业发展短板已成为全党和全社会的共识。2012年，中国工程院陈剑平院士基于对新一轮科技革命和产业变革正在孕育兴起的基本判断，以及对当前农业与农业科技面临的新形势新任务的基本认识，借鉴城市综合体概念，提出了“现代农业综合体”新思路。近年来，浙江省农业科学院以深化科技合作为着力点，与政府和企业共同建设现代农业综合体为载体，重点联合杭州蓝城集团在浙江嵊州、奉化、丽水等地进行了大胆实践和有效探索，并已初见成效。为进一步探索和构建现代农业综合体，推进农业现代化发展，推进农业一二三产业融合，推进农业供给侧结构性改革，加快农业发展方式转变，中国工程院立项开展了《现代农业综合体发展战略》课题研究。课题由1份总报告、8份专题报告和1份院士建议组成，形成“1＋8＋1”的成果体系。课题总报告由以下研究内容组成。

总论部分。概要阐述了当前我国“三农”的发展现状与面临的问题，党中央对“三农”的新认识、新描述、新政策，未来我国“三农”发展的新机遇、新挑战、新发展，以及作为破解“三农”新理念、新平台、新路径的现代农业综合体的目标定位与战略考量。

现代农业综合体建设背景研究。现代农业综合体是“宏观战略、发展趋势、时代需求和现实问题”等“四大导向”下的全新探索。宏观战略导向包括推进农业“强富美”、农业供给侧结构性改革、农村一二三产业融合发展、给农业“插上科技翅膀”等。发展趋势导向包括城乡一体化与全面小康进程明显加快，新型产业形态与产业业态蓬勃发展，“五化同步”加快推进，生态文明和“美丽中国”建设得到加强，农业功能更加丰富多样，农业园区化建设成效显著，农业农村区域融合发展，“互联网＋”模式快速进入农业。时代需求导向包括经济进入新常态的发展转型需求，全面建成小康社会的生活转型需求，新型城镇化加速的市场转型需求，农业产业融合的全产业链拓展需求，政策利好助推工商资本投资需求，信息化时代的农业智慧化发展需求。现实问题导向主要包括农科教产学研结合不紧密，农业生产方式的创新引领仍然滞后，农业园区建设与农业经营体系结合不紧密，农产品质量安全形势仍然严峻，“保生产”与“保生态”建设还不协调，农村土地制度和经营制度等面临创新难题。

现代农业综合体基础理论研究。从内涵来看，现代农业综合体是新常态下，以“生产、生活、生态”有机融合和以“创新、协调、绿色、开放、共享”发展理念为引领，在一定区域内，通过多方主体合作和现代科技信息支撑，促进农业功能集成、系统整合、跨界发展的新模式。从典型特征来看，它是“三生”现代农业理念的综合，农业全产业链目标的整合，农业多功能的拓展与耦合，农业科技支撑体系的复合，现代农业经营体系的契合，多种类型农业园区的结合，“五化”同步作用机体的融合，新型家庭农场集群的联合。从运行机制来看，要着力建立“政府主导、科技主撑、企业主体、农民主力、市场主行、金融主介、文化主创”的运行组织体制。

国外典型农业发展模式与经验借鉴研究。以农业主要产业特点、发展历程、主要做法、典型案例等四个维度，研究世界第一农业强国，农业科技的运用居全球之首的人少地多的美国农业模式；剖析了欧盟最大的农业生产国，也是世界主要农产品和农业食品出口国的人地均衡的法国农业模式；分析了人多地少但成功走上现代集约型小农、知识型小农的农业强国道路，农业生产率达到了世界先进水平的日本农业模式。综观各国农业发展实践，研究了其对综合体建设的诸多启示和经验借鉴。

探索构建综合体“多元融合”的产业体系研究。从破解农业发展理念与生产方式仍然落后问题出发，研究“多元融合”的产业体系构建的关键问题。该体系是以科技引领、文化创意为核心，构筑多层次的、复合型的全景产业链，包括农业内部融合型、产业链条延伸型、多功能拓展型、新技术渗透型、多业态复合型、多元空间发展型等六大类型。其构成包括核心产业、支持产业、配套产业、衍生产业等四个产业层次，优质农产品体系、多功能服务体系、现代农业支撑体系、现代农业产业组织体系等四大核心体系和多元产业融合、多元业态集合、多元功能综合、多元空间渗透等四大融合态势。

探索构建综合体“支撑引领”的科技体系研究。从破解农科教产学研结合不紧密等问题出发，研究“支撑引领”的科技体系构建的关键问题。该体系是指通过市场化运作方式，围绕科技支撑需求、科技支撑供给与科技成果中介等三个主体，吸引科研机构与科研人员主动对接农业综合体生产经营科技需求。体系的创新框架：由主导企业以知识产权为纽带，协同农业科研、推广机构、社会力量等多方参与的多元合作的创新主体；由主导企业建立，由首席专家、岗位专家和农技人员组成的精干高效科研团队；建立科技示范基地，孵化农业科技企业的产业推动的服务机制；以政府满意、企业满意、科技人员满意等多方相关利益体满意为目标的市场运作的转化机制；对接国家和区域现代农业产业技术体系的合作共赢的科研平台。

探索构建综合体“创新创业”的经营体系研究。从破解园区建设与家庭经营结合不紧密等问题出发，研究“创新创业”的经营体系构建的关键问题。该体系是一种适应农业转型发展和现代市场竞争的由组织形式、主体培育、土地流转、公共服务等构成的体系。体系构建的思路是要适应现代农业综合体多主体共建的基本特征和为全国现代农业建设提供示范借鉴的总体目标，加快构建以组织模式创新为核心，以土地流转、主体培育、社会化服务“三驾马车”创新为引擎，以农户家庭经营为基础，多种形式的合作与联合为纽带，以“创新创业”为导向的立体式复合型现代农业经营体系。其主要任务是培育充满活力、富有竞争力和创新能力的新型农业经营主体；发展引领有效、支撑得力、网络发展的农业生产性服务业；形成分工协作、优势互补、链接高效的现代农业产业组织体系；加快制度创新和政策创新。

探索构建综合体“安全可控”的质量体系研究。从破解农产品质量安全形势严峻等问题出发，研究“安全可控”的质量体系构建等问题。该体系是指各个相关部门或系统为实现农产品质量安全目标进行分工合作所形成的一体化工作网络。“安全可控”的质量体系由法规体系、诚信体系、标准体系、过程控制体系、监管体系、检测体系、认证体系、追溯体系、信息公开体系、投诉召回体系等组成。体系构建的思路是全方位重塑全员诚信体系、构建严明标准体系、强化全程管控体系、落实透明追溯体系等体系框架，在构建模式选择上，重点研究提出构建全产业链质量安全统一管理模式、产业链合作伙伴质量安全协调管理模式、质量安全关键环节专业化服务管理模式、质量安全追溯与电商平台融合管理模式等。

探索构建综合体“互联网＋”的流通体系研究。从破解产地与市场结合不紧密等问题出发，研究了“互联网＋”的流通体系构建问题。该体系是传统流通体系经过互联网改造后实现在线化和数据化，通过技术、设备、商业模式等诸多方面提升，构建生产与消费终端之间信息共享、科学高效、互相促进的桥梁与纽带，形成产品流、技术流、服务流、物流、信息流的双向互动一体化。“互联网＋”流通体系的构建其功能定位是连接“小农户”与“大市场”的平台，本地农产品流通的枢纽，新型流通主体创业的孵化器。其战略目标是流通资源的优化配置、营造创新的合作关系、创造新的商业平台、改变流通的地区格局、提升网络服务能力、优化物流基础设施、畅通农产品信息渠道。

探索构建综合体“多重组合”的投融资体系研究。从破解农业资金要素紧缺等问题出发，研究“多重组合”的投融资体系构建等问题。该体系是指围绕现代农业综合体先进的发展方式，通过农村投融资体制机制创新，吸引社会资本通过多种渠道主动对接现代农业发展，进而在农业投融资主体、投融资渠道、投融资方式三大方面实现“多重组合”。体系构建思路是要坚持财政积极导向、市场化运作、法人化管理的科学理念，重点创新农村投资与融资体制机制，盘活农村固定资产、生产资产、生物资产与信用资产，加大政策优惠力度，通过财政资金支持，引导二三产业投资偏好的产业资本、金融资本、民间资本、外资，以及个体资本等通过灵活多样的渠道与方式集聚现代农业综合体发展。

基于综合体打造的特色农业小镇建设研究。研究基于农业综合体的小镇建设的内涵特征、产业架构、住房建设、建设路径和前景展望。融生产、生活、生态、生计和生机于一体，富有内在气质的特色农业小镇是与现代农业综合体的内涵和运行机制高度匹配的，是居住在镇里的人基于血缘、地缘和精神构成的一个共同体。特色农业小镇的核心细胞是家庭农场，并具有农业特色鲜明科技强力支撑等的重要特征。通过研究特色农业小镇的产业架构、农业产业的导入与运行，以及特色农业小镇中的房子和生活，提出了特色农业小镇的建设路径是要以农民为本、强化多元融合、系统规划设计、特色农镇再造、开发建设模式等，绘制特色农业小镇建设三步曲的前景展望。

蓝城现代农业综合体建设实践。2012 年底，经过长期的论证与多方的努力，蓝城农业科技有限公司（原绿城集团现代农业开发有限公司）、浙江省农业科学院与嵊州市政府三方在浙江省嵊州市甘霖镇合作启动建设蓝城农业综合体。综合体建设以多元融合理论为基础，以科技引领为动力，以创新经营模式、创建安全可控质量体系和探索“互联网＋”流通体系为建设内容，以多重组合投融资体系为保障，将农业增效、农民增收和农村发展作为最终建设目标，实现现代农业综合体概念的成功落地。同时，在蓝城农业综合体建设实践中，也遇到一些需要研究破解的涉及理念、认知、规划、用地、项目申报主体、银行信贷与融资、财税等方面的政策问题。

综合体建设的战略举措与政策保障研究。采取的战略举措包括：加快出台指导性意见，并精心组织实施；做好现代农业综合体建设的顶层设计；加强部门联动，整合资源，实施政府职能再创新；进一步整合培育新型农业经营主体、增强村级集体经济发展能力、提升现代农业园区建设水平、推动区域农业产业集群发展等。要重点实施的保障政策：权力和权益保障的土地利用政策、优先立项和专项支持的投融资政策、政策支持和服务配套的招商引资政策、对接国家农业产业体系的科技人才政策、业态创新和促进合作的农产品流通政策、监管结合和奖惩并用的农产品质量安全政策、综合优先和资源倾斜的教育培训政策、激励创新的利益机制与股权激励政策。

目　　录

总论　现代农业综合体的研究背景与战略概述

一、中国农业发展宏观背景

改革开放38年来，中国“三农”发展现状和农业现代化建设发生了历史巨变。随着经济步入新常态，农业发展也步入新阶段。农业现代化建设的外部条件和内部动因发生了深刻变化，农业综合生产能力不断迈上新台阶，高效生态现代农业亮点纷呈，农民物质生活普遍实现小康，农业农村经济取得繁荣发展。但总体来看，特别是与快速发展的工业化、城市化、市场化相比较，农业仍然是我国全面建成小康社会最大的短板，农业现代化仍然是我国实现现代化的短腿，加快补齐农业发展短板已成为全党和全社会的共识。

（一）中国农业存在的问题

1. 农业资源现状

农业资源是人类社会赖以生存和发展的重要物质基础，它不仅是农业生产发展的基本资料，也是整个国民经济和社会发展的条件保障。农业资源不仅为种植业、林业、畜牧业、渔业生产发展所利用，而且随着城镇化和城乡一体化的推进，工业制造业、商贸服务业等的快速发展也在大量挤占、消耗甚至污染着农业资源。当前，我国正面临着严重短缺的农业资源。我国耕地面积较少。全国总面积为20.25亿亩*，人均耕地仅1.39亩，而且随着工业化、城镇化的发展，每年耕地面积还在大量减少，其中净减少近百万亩。在

---

* 亩为非法定计量单位，1亩≈667米^2。——编者注

有限的耕地面积上，我国的土地分散状况突出，特别是农户土地经营规模分散，造成农业生产和经营效益低下。我国水资源匮乏。如果说我国耕地紧缺，实际上水资源比耕地更为紧缺，我国正常年份农业缺水量近 300 亿米^3，常年受旱灾威胁农田达 7 亿多亩，每年因缺水造成的农业损失超过1 500亿元。与此同时，我国农业资源污染严重。急功近利的发展导向造成了我国农业资源环境的严重透支，农业资源环境正遭受着外源性污染和内源性污染的双重压力，由于工矿业和城乡生活污染向农业转移排放，导致农业水、土、气污染问题日益凸显；在农业生产内部，由于化肥、农药等投入品的长期过量使用，以及畜禽粪污、农作物秸秆和农田残膜等废弃物不合理处置等，形成的农业面源污染问题日益严重。这些都加剧了农业的土壤、水体和大气污染。

2. 农业短板现状

当前我国正处在加快对传统农业的升级与改造，加快推进现代农业发展的新阶段。从目前来看，尽管现代农业取得了快速发展，但传统农业的滞后性还在一定程度上有比较明显的表征。具体来看：**产业化差。**农业的产供销太过割裂，各类综合性服务平台还很欠缺，与产供销一体化、种养加一条龙、全产业链发展、全价值链提升的现代农业产业要求还有很大差距。**规模化少。**受地形地貌、经营制度、小农意识等多方因素的综合影响，我国农业规模化经营水平还处在比较低的层次，不少地方土地流转困难、耕地规模小、碎片化严重，一家一户太过分散经营的状况非常突出，推进农业规模化经营的现状不容乐观。**标准化难。**正是由于这种太过分散化的农业经营，农业种养不规范，以及长期专注于提高农产品产量，不可避免地阻碍了农业标准化的提升，加快我国农业标准推广和实施的难度仍然面临着极大挑战。**现代化慢。**推进传统农业向现代农业转变是一项系统工程，目前我国正处于加快推进农业现代化的关键时期，但受技术、工具和管理等手段还很滞后的影响，现代工业、现代科学技术、现代经济管理方法、现代化发展理念等融入农业发展的进程还不快，我国农业现代化发展进程还比较慢（周新庄，2004）。

3. 农村及农民现状

随着我国城市化和城乡一体化进程的加速推进，大量中青年农民进城务工经商、创业就业，这种农村劳动力要素的流动，引发了将来谁来搞农业的担忧的同时也给农业农村发展带来了其他多方面的影响。农村人口空心化。农村有文化的青壮年劳动力大量流向城市，农村家庭基本以老人、妇女和儿童为主体，造成三大留守群体，耕地撂荒，有田没人种，留守问题等普遍存在，如何破解农村人口空心化已成为我国农村经济社会发展所面临的十分紧迫的课题（张大东等，2011）。劳动人口老龄化。年轻人口外出打工，造成农村人口在年龄结构上的极不合理分布，农业劳动力紧缺与呈女性化、老龄化现象并存，农业劳动力老龄化问题更加突显，如何培育新型农业经营主体面临极大挑战。人员素质偏低。受长期自然经济社会环境影响，大多数农村劳动力小农意识仍很浓厚，思想观念仍偏保守，经营观念较为缺乏，对新观念、新技术、新事物反应不够强烈，纯朴善良的优点也有减少趋势，培育有文化、懂技术、会经营的新型农民极为紧迫。职业教育缺失。农业、农村、农民发展迫切需要职业教育，职业教育承担着使农民带技能转移和培养新型职业农民的双重任务，由于资金投入不足、政策支撑不足、设施配套不足、师资队伍不足、企业参与动力不足等多方面影响，当前农村仍严重缺乏基础教育与职业教育，这与加快推进农业现代化与美丽乡村建设的要求还很不适应。

4. 农产品买卖现状

禽流感等突发事件后，不断涌现的“蒜你狠”“豆你玩”“姜你军”“糖高宗”“苹什么”“油他去”“棉里针”等价格大起大落事件，说明我国的农产品流通买卖环节仍是农业发展的重要短板。种养户卖难＋消费者买贵。从种养户来看，由于生产劳动太分散，小农意识各自为战，不了解市场确切需求，特别是供求信息不对称，农产品价格和供求的周期性“过山车”式波动。同时由于农产品从田头到餐桌的流通环节过多，还存在着利润的层层盘剥，路途损耗，加之不断攀升的人工、房租、店租等费用，造成了农产品专卖运营成本居高不下和“卖难买贵”情况产生。流通产业不发达＋流通环节过多。从农产品公共流通来看，情况也极为复杂，集中表现为：农产品批发市场、农贸市场、菜市场等网点发展规划不合理，功能不完善。农产品产地预冷、预选分级、加工配送、冷藏冷冻、冷链运输、包装仓储、电子结算、检验检测和安全监控等缺乏现代化设备设施，缺乏精细化操作。农产品批发市场和农贸市场、菜市场、社区菜店、生鲜超市、平价商店等农产品零售网点的改造升级难度大（李春光等，2005）。农超对接、农批对接等的产销衔接门槛和流通成本不断攀高，学校、酒店、大企业等最终用户与农业生产基地、农民合作社、农业企业的产销关系还很不稳定。此外，信息建设、质量安全、市场监管等也是当前我国农产品买卖流通的薄弱环节。

5. 食品安全现状

近年来，我国农产品食品安全总体上明显向好，食品安全水平在不断提升，但局部性问题依然频发，食品安全形势仍不容乐观，如 2010 年的“海南‘毒’豇豆”事件和 2013 年的“山东‘毒’生姜”事件等表明，我国食品安全治理体系仍然存在薄弱环节，仍处于食品安全风险隐患凸显和食品安全事件高发期。造成农产品质量安全的因素主要有：化学污染。化肥、农药、兽药（鱼药）等滥用是当前食品安全源头污染的主要来源，重金属、有机污染物、无机化学物（如亚硝酸盐）、生物毒素等污染物构成食品安全长远隐患。环境污染。当前农产品产地环境和农业自然资源如水、土壤、空气正面临着前所未有的污染和破坏，全国 1/3 以上的河段受到污染，90％以上的城市水域受到污染，而耕地污染方面，全国土壤污染总超标率为 16.1％，其中中度和重度污染占 2.9％，各种放射性核素、各种致病微生物和寄生虫等对农业资源和生态环境造成了严重危害（曹庆，2015）。加工污染。农产品在加工、储藏及运输过程中经过很多环节，仍面临着食品添加剂、饲料添加剂、非法添加物、包装等大量污染，各种有害于人体健康的化学物质和病原菌随时有可能污染食品，使农产品腐败和霉变。道德污染。有毒菜、病死肉、过期食品的出售，非法添加、掺杂使假和欺诈等道德的“污染”是我国现阶段一个很突出的食品安全问题。

（二）中国农业政策环境

1. 政府高度关注农业发展

中国要强，农业必须强；中国要美，农村必须美；中国要富，农民必须富。“三农”问题始终是党和政府高度关注的问题。21 世纪以来，以习近平总书记为核心的党中央高度重视“三农”工作，到 2017 年，中央 1 号文件已连续 14 年聚焦“三农”，从增加农业收入，提高农业综合生产能力，推进社会主义新农村建设，夯实农业农村发展基础，增强农产品供给保障能力，增强农村发展活力，推进农业现代化建设，推进农业供给侧结构性改革等多方面强化和出台对“三农”发展的新认识、新描述与新政策。先后提出了补齐全面小康“短板”；坚持农民主体地位、增进农民福祉；要促进农村基本经济制度、农业支持保护制度、农村社会治理制度、城乡发展一体化体制机制进一步完善；用发展新理念破解“三农”新难题，厚植农业农村发展优势；牢固树立创新、协调、绿色、开放、共享的发展理念，主动适应经济发展新常态，用工业理念发展农业；培育农业农村发展新动能；推动新型城镇化与新农村建设双轮驱动、互促共进；完善农业产业链与农民的利益联结机制；让广大农民平等参与现代化进程，共同分享现代化成果。

2. 农业成为工商资本投资热点

我国“十三五”规划建议继续把“三农”发展放到重中之重的地位，把大力推进农业现代化放到核心位置，现代农业成为国家“十三五”投资增加的战略重点领域，这给现代农业发展创造了良好的宏观环境条件。近几年，中央1号文件持续把增加对农业投入和农田水利基础设施建设投入放到特别重要的位置给予政策支持。各级地方政府纷纷加大财政资金对农业的投入力度，浙江等东部发达地区提出像建设工业园区一样来建设现代农业园区，像搞工业园区“四通一平”的基础建设一样来搞现代农业园区的基础设施配套建设，着力建设现代农业的产业集聚区和特色农业产业强镇。在中央和各级政府惠农强农政策导向下，现代农业发展的巨大利好正在吸引越来越多社会资本、工商资本的眼球，众多的资本经营者和民营企业家纷纷把资本经营的触角伸向现代农业。优质的农业资源、高成长性的农业投资领域和高科技农业企业正在成为炙手可热的抢手货。随着休闲时代、旅游时代的到来和文化创意产业的兴起，休闲农业、观光农业、养生农业、创意农业正在成为现代农业的一道亮丽风景线，为农业领域的不断拓展和农业价值的不断提升提供了无限的想象范围，成为资本逐鹿的广阔空间。当前，现代农业资本运行的动力机制正在不断增强，农业创业投资、风险投资、跨区域投资已经成为现代农业发展的一种新态势和新重点。

3. 跨界融合催生新产业成为潮流

随着城市化和城乡一体化水平的提升，城乡融合、产城融合、产镇融合、产村融合、产业融合等融合新业态进一步加快，跨界融合成为潮流。农业产业发展呈现出从规模经营、块状集聚、农业园区到农镇一体的发展新趋势，按照优化城乡生产力和人口空间布局的战略导向，各地正在把握和遵循通过新型城镇化与新农村建设的联动推进和良性互动，构建新型城镇化、新型工业化、新型农业现代化和新农村建设协调推进、整体提升、深度融合的发展格局和体制机制。同时，城市功能的拓展和城市发展与产业生产功能区的产业发展正在互促共进、相互渗透、相得益彰，城乡一二三产业一体化发展的趋势正在形成，还涌现出了一批城市综合体、产城综合体、现代农业综合体等新型的产业经济形态。把握这种以优化城乡空间要素资源为前提的城乡跨界融合，既符合新时期城乡经济社会发展的新趋向和新要求，也是推进区域经济社会科学发展、跨越发展的必须选择和战略要求。当今的社会分工更加精细，不同产业之间边界逐步淡化，跨界合作大行其道，催生了大生物农业、大健康农业、大生态农业、大都市农业、大数据农业、大创意农业等新型产业形态，形成了现代农业产业体系和工业、服务业等多种产业之间“你中有我，我中有你”的新格局，各产业已进入深度融合、协调互促和一体化发展阶段，产业面貌和基本形态发生了深刻变化，并以全产业链形态体现强大的市场竞争力和先进生产力，产业集群发展的综合优势逐步凸显。

4. 农产品供求结构发生变化

21 世纪以来，随着市场化、工业化、城镇化的深入推进，我国农业发展出现了粮食生产过剩与供需缺口加大并存的现象。特别是粮食“十二连增”之后，出现了粮食产量、库存和进口都创历史新高，粮食等农产品供给数量过于充裕而价格下行压力加大等新情况。农产品供求主要矛盾已经由总量矛盾向结构性、区域性、体制性矛盾转变，矛盾的主要方面在供给侧（顾益康，2016）。2016 年中央 1 号文件以“创新、协调、绿色、开放、共享”五大发展理念为引领，聚焦农业现代化，对“农业供给侧结构性改革”的内涵进行了比较清晰的表达，即：要着力加强农业供给侧结构性改革，提高农业供给体系质量和效率，使农产品供给数量充足、品种和质量契合消费者需要，真正形成结构合理、保障有力的农产品有效供给。2017 年中央 1 号文件提出深入推进农业供给侧改革，通过优化产品产业结构、推行绿色生产方式、壮大新产业新业态、强化科技创新驱动、补齐农业农村短板以及加大农村改革力度六个方面来深入推进农业供给侧结构性改革和加快培育农业农村新动能，着力于解决农业供给结构方面库存、成本、产能以及短板和投入等的难题，提高农业供给体系质量和效率。

5. 土地流转集中与规模化经营加速

加快农业农村土地流转，推动土地集约化、规模化经营，是提高土地产出率、资源利用率、劳动生产率，转变农业发展方式，加快实现农业现代化的必然选择。进入21世纪以来，全国各地不断创新工作机制，出台激励政策，积极推进农村土地流转，努力实现农业适度规模经营。截至2015年底，全国家庭承包耕地流转总面积达到4.47亿亩，是2010年的2.4倍。农村土地流转总面积占家庭承包经营耕地面积的33.3%，比2010年提高18.6个百分点。近年来，各地高度重视农村土地承包经营权流转，在稳定土地承包关系基础上，结合当地的经济社会发展水平，因势利导，出台扶持政策，培育农业主体，强化管理服务，在“依法、自愿、有偿”的原则下，积极推进土地流转发展规模经营，土地流转呈现加速发展态势。以浙江省为例，全省已有54个县（市、区）、810个乡镇、9 036个村成立了土地流转服务组织，分别占总县、乡镇、村数的61.4%、55.8%和29.1%。同时努力开展土地流转电子服务平台建设，及时收集发布土地流转的面积、期限、区位、价格等供求信息，改善了服务手段，提升了服务质量。土地流转和规模经营的推进以及农业经营方式的变化，为我国现代农业和社会主义新农村建设打下了扎实的基础。

6. 农业生态环境绿色导向变化

十八大以来，党中央、国务院高度重视生态文明建设、农业绿色发展和农业资源环境保护，坚持实践创新、理论创新，牢固树立“五大发展理念”，协调推进“四个全面”战略布局。习近平总书记在多次重要讲话中阐述了资源、环境、生态的重要作用。早在2005年时任中共浙江省委书记的习近平同志在浙江安吉首次提出了“绿水青山就是金山银山”的重要论断。2013年5月，习总书记在中央政治局第六次集体学习时指出，“节约资源是保护生态环境的根本之策，要大力节约集约利用资源，推动资源利用方式根本转变，大幅降低能源、水、土地消耗强度”。“要建立健全资源生态环境管理制度，强化水、大气、土壤等污染防治制度，建立反映市场供求和资源稀缺程度、体现生态价值、代际补偿的资源有偿使用制度和生态补偿制度”。2013

年11月，习总书记在党的十八届三中全会作《中共中央关于全面深化改革若干重大问题的决定》说明时指出，“健全国家自然资源资产管理体制是健全自然资源资产产权制度的一项重大改革，也是建立系统完备的生态文明制度体系的内在要求。山水林田湖是一个生命共同体，人的命脉在田，田的命脉在水，水的命脉在山，山的命脉在土，土的命脉在树”。2015年1月，习总书记在云南考察时指出，“要把生态环境保护放在更加突出位置，像保护眼睛一样保护生态环境，像对待生命一样对待生态环境。在生态环境保护上一定要算大账、算长远账、算整体账、算综合账。生态环境保护是一个长期任务，要久久为功”。2015年10月，习总书记在党的十八届五中全会上指出，“必须牢固树立并切实贯彻创新、协调、绿色、开放、共享的发展理念，必须加快推动生产方式绿色化，构建科技含量高、资源消耗低、环境污染少的产业结构和生产方式，大幅提高经济绿色化程度，加快发展绿色产业，形成经济社会发展新的增长点”。习总书记的系列重要讲话精神，突出了农业是绿色产业，资源消耗应成为农业发展的重要导向和约束的战略思维和政策环境。

（三）中国农业发展的瓶颈

当前，我国农业发展面临生产成本“地板”抬升、农产品价格“天花板”上涨的双重挤压，农业补贴“黄线”和资源环境生态“红灯”的双重约束，同时也面临着政府要粮食、农民要效益、市民要健康、环境要绿色、竞争要强大、农村要美丽等的多难抉择。

1. 农业要素投入成效不显著

土地、劳动、资本、技术、制度等要素投入是推动农业发展的重要力量。随着我国经济迈入新常态，人口红利渐趋消失，土地流转进入瓶颈时期，资本投入呈规模报酬边际递减，技术创新和制度创新的难度不断加大，以劳动和资本等要素投入推动的农业经济发展遭遇了困境，农业要素投入遇到了投入结构不合理、投入机制不完善、政策体系缺乏等的瓶颈。长久以来，我国农业是注重产量的粗放型生产方式，这一单纯依靠土地、化肥等生产要素投入的生产方式无法持续实现农民增收、粮食增产。相关研究表明，我国农业全要素生产率处在比较低的水平，其中要素配置扭曲是很重要的一方面原因，突出表现为农业技术效率较低、人均产出较少、农业产业结构不合理等。要解决这些问题，需要采取多种形式、多种手段对农业要素投入进行重构，优化农业产业结构，提高农业产业生产要素投入的资源配置效率，尤其要发挥市场在资源配置中的基础性作用，切实提高农业产业和要素投入的运行效率。

2. 农业产业化经营诸多障碍

农业产业化经营是以市场需求为导向，围绕农业支柱产业和主导产品，优化组合各种要素投入，努力实现区域化布局、专业化分工、规模化生产、社会化服务、组织化营运、企业化管理和一体化经营的组织管理模式。农业产业化经营不仅是现代农业的重要组成部分，而且关系农业产业链中利益的合理配置、农产品市场价格的稳定、农产品质量的安全、农业附加值提高和农业增效与农民增收等多个方面。由于种种原因，当前我国农业产业化经营明显滞后于经济社会发展的需要，市场牵龙头、龙头带基地、基地连农户的运行模式还存在严重的机制体制障碍。产供销、种养加、农工贸、内外贸、农科教的农业纵向一体格局还远未形成。公司、合作社、基地、家庭农场、职业农民等主体功能、合作定位尚未完全厘清。公司经营、农户经营、合作经营等我国农业三大经营制度优势还没能有效发挥。通过农业龙头企业的带动作用实现千家万户小生产与千变万化大市场的有机联结还存在诸多体制机制障碍。创新体制机制是破解农业产业化经营诸多障碍的重要手段。

3. 农产品质量安全形势严峻

民以食为天，食以安为先。农产品供给安全问题是我国农业发展面临的一个不可回避的重要瓶颈。从当前农产品质量安全事件频发的形势与消费者的实际心理感受来看，我国农产品质量安全形势仍很严峻。其中，农作物种植过程中使用违禁药物现象依然严重，有的地方违规使用国家明令禁止的高毒农药，造成农药残留，部分水果、蔬菜种植中过度使用植物生长调节剂和杀菌剂情况也时有发生。畜禽渔业养殖过程中滥用兽药隐患堪忧，部分养殖企业存在饲养过程中长期和超量使用抗生素、超范围使用饲料添加剂的现象。农产品加工中违法滥用食品添加剂屡禁不止，一些企业在利益驱动下，超范围、超剂量使用食品添加剂，严重影响了质量安全。农业用水、土壤及农业投入品中，重金属污染造成农产品重金属超标的现象日趋严峻。建立从田头到餐桌、从生产过程到产地准出、从市场准入到产品溯源的多道质量安全屏障，进一步健全农产品质量安全法规体系和组织管理体系显得极为迫切。

4. 发展理念与生产方式滞后

加快转变农业发展方式是推进农业现代化的主要任务和基本路径。从根本上说，发展方式转变取决于发展理念更新。当前，我国农业发展理念与生产方式仍然滞后，农业人本化理念、农业融合发展理念、农业多功能化理念、农业工业化理念、农业信息化理念、农业产业化理念、农业生态化理念、农业全球化理念等还没有完全树立和强化，与科学发展不相适应的陈旧的思想观念还在现代农业经营中不同程度存在。农业企业与农民合作社经营中，产权不清、管理理念落后，而导致运营效率低下、难以做大做强的现象普遍存在。农业生产经营的集约化、机械化、设施化、标准化和信息化发展水平仍较低，产业环节仍很松散，农业生产方式和管理方式由粗放向集约转变的速度还不够快。当前，以农业发展理念创新为先导，牢固树立和深入贯彻落实创新、协调、绿色、开放、共享的发展新理念，用发展新理念破解“三农”新难题，加快转变农业发展方式，走产出高效、产品安全、资源节约、环境友好的农业现代化道路显得特别紧迫。

5. 农业产业链存在的问题

现代农业已从种养业的第一产业向农产品精深加工的第二产业及农产品

物流、休闲旅游、创意农业、文化传承等第三产业等方向拓展，现代农业也被称作横跨一二三产业的产业链最长的“第六产业”。从当前我国农业产业链来看，产业链的延长为农业价值链的提升创造了巨大的空间，农业低效益的落后产业的历史正在被改写，但产业链各个环节仍处于较低层次，产业链的关键节点联结力度明显偏低，产业环节的有机联结明显不够。其中，生产前农资流通，包括种子、化肥、农药、农机等整合度低、中间环节过多。生产中农产品的精准化生产种植和精细化田间管理等规模化、机械化、设施化程度仍较低。生产后农产品加工、销售（包装、物流、保险）、品牌建设、电商运营等效率低、产品附加值低。渗透于整个农业生产环节的技术咨询、金融支持、政策扶持、文化植入等还没有很好地组织化、程序化、制度化等。农产品批发市场、拍卖市场、期货市场、实物交易与电子商务等市场体系和物流体系仍很不健全，相互间结合不紧密。拉长农业产业链，优化农业产业链，提高农产品附加值，向农业的广度和深度进军已成为当前紧迫任务。

（四）工商资本投资农业面临的问题

引导工商资本把高效生态现代农业作为重要投资领域，鼓励工商企业与农业科技人员和职业农民进行多种形式的投资经营，培育一批新的农业创业创新主体，形成一批充满活力、颇具实力的现代农业经营主体是破解我国农业发展难题的必由之路。2013 年中央 1 号文件明确提出：鼓励和引导城市工商资本到农村发展适合企业化经营的种养业。然而，从目前来看，工商资本投资农业仍面临着一系列难题亟待破解。

1. 土地流转问题

土地使用权流转是农业生产主体创新的基础。工商资本投资农业前提条件是要有较大规模的土地集聚，如果让工商企业与每户农民逐一进行谈判，非常不现实，而每户农民的要求各种各样，这必将影响工商企业投资的成本与效率。《农村土地承包经营法》规定“土地承包经营权流转应当遵循平等协商、自愿、有偿的原则，任何组织和个人不得强迫或者阻碍承包方土地经营权流转”。然而，为使工商企业资本快速投资到农业中，基层政府与农村的集体经济组织往往主导着农村土地流转的工作，从而使自愿流转变成强制流转，为之后的纠纷产生带来了复杂性。2013 年中央 1 号文件提出“探索建立严格的工商企业租赁农户承包耕地准入和监管制度”。目前来看，土地流转法律法规和政策文件中的遗留问题还大量存在，如如何界定农村土地所有权？如何明确和规定流转方式？如何解读发包方同意权？如何确定土地流转过程中的发包主体？土地股份合作流转形式中的土地承包经营权的入股组成股份公司或合作社的法律地位是否明晰？“保留承包权，转让使用权”是否违背了商法关于出资的法理等。同时关于土地流转的合同不规范，合同本身对相关权利的约定比较模糊。工商资本投入兴建的农业基础设施存在着合同到期之后的权属问题。土地流转纠纷中的土地承包纠纷仲裁机构建设，协商、调解、仲裁、诉讼等承包流转纠纷解决机制还不完善等。

2. 资本评估问题

近年来各类工商资本投资农业，大多是以高效高值、规模化、科技化、设施化和品牌化为标志的现代农业，投资重点在特色农业、有机农业、循环农业等领域，从事产前、产中和产后服务。资本结构和投资形式更加多元化，土地流转、生产合作、产销合作、股份合作等各类模式不断涌现，企业与农民利益联系更加紧密。但这一模式的创新与合作方式的运用，带来的一个重要问题是资本评估问题，与工商企业所投入的货币化资本容易计量不同，投资农业所涉及的其他资本如土地资本投入、农业科技投入、农业品牌价值、农业经营管理等一系列非货币化资本、自然资产和无形资产的价值估算比较困难。可以说，资本评估上，工商资本普遍面临着四难：非货币化土地的入股资产价值评估难、农业生产投入与产出效益平衡评估难、农业科技与经营管理价值评估难、农业长期性积累的品牌价值评估难。然而这一系列的资本、资产是工商资本投入农业，特别是开展农业合作经营的重要生产要素，是绕不开的一道坎，需要不断加以探索和创新。

3. 农产品流通问题

农产品流通既是工商资本投资农业的优势，同时也是工商资本投资农业面临的最大挑战。工商资本投资农业的规模化经营，加之农业生产周期长、农产品供给集中、农产品同质化严重，使农产品市场稳定性与农业产业安全受到挑战。因而，优化农产品的流通就显得格外关键。在资本潮涌进农业过程中，部分企业投资存在盲目性，对农业基本属性及农业投资的复杂性、长期性和风险性等缺乏深入认识，受供求信息不对称、产地销地对接困难的影响，农产品高产不高效、高效不增收、产业链不长、价值链不高，导致不少企业压力较大。工商资本如何凭借自身优势，搭建信息链，打通供应链，整合产业链，形成价值链，在农产品市场体系布局中占据有利地位就显得非常关键。

4. 金融与保险服务问题

金融与保险在发展“三农”和推进农业现代化中的关键地位和重要作用日益彰显。工商资本进入农业领域，一方面给农业发展提供了大量的资金保证，在一定程度上弥补了金融资本缺位的问题。同时，由于农业基础设施建设项目投入普遍较大，工商企业投资农业后会进一步对资金有着旺盛需求。目前企业普遍反映的问题是贷款难。由于农业缺少抵押物及涉农项目投资长、见效慢、风险大，金融机构对工商资本投入农业的信贷支持顾虑较多，金融服务产品偏少。银行贷款、信托资金、项目资金、产业基金等普遍存在资金申请难，利息成本高，放款期限短等特点。就农业保险而言，还存在法制缺失、有效需求不足、化解风险能力差、巨灾保险支持体系不健全，以及保险范围不适应现代农业发展的需要等诸多问题。目前，农业保险主要集中在农作物保险和养殖业保险。农作物保险主要承保自然灾害险，而自然灾害外的风险则属于保险责任以外。此外，目前农业保险品种单调、险种不合理、赔付过低、覆盖面窄，企业一旦遇到大的灾害将面临较大损失。

5. 工商资本与农民利益问题

工商资本投资农业需要在方方面面和农民打交道，既有在土地流转过程中的直接利益关系问题，也有在产业发展过程中如何让农民分享发展的成果问题，还有如何在企业和农民间形成利益联结机制等间接利益关系问题。目前在利益形成上还存在不少矛盾。在土地获取上，土地资源要素的配置存在着矛盾，包括土地自身价值的升值空间没有体现出来，土地的商品属性在目前体现得还不充分。在产业选择上，存在产业选择和对产业收益预期的矛盾，产业调整（包括非粮化、非农化及种植作物和养殖品种变化等）的潜在收益和“溢价”难以预估等。在利益分配上，工商资本与农民利益分配，由于合作双方认知、理念、权利与义务高度不对等，再考虑到社会环境，双方面临激烈博弈，农民则更愿有一个保底的土地租金收益，而非市场风险下高低难测的入股分红。在经营性风险上，目前涌现的农民土地入股，既能让农民得到土地流转的收益，也能分享一定的企业发展红利。入股本质上是一种市场投资行为，必然存在市场风险。如何建立企业与农民之间的紧密利益联结机制和风险分担机制，尚需要做许多艰苦的探索。

（五）目标导向：践行总书记提出的“三农梦”

习近平总书记在2013年12月召开的中央农村工作会议上强调，“中国要强，农业必须强；中国要美，农村必须美；中国要富，农民必须富”。这次会议上，习近平总书记着眼我国经济社会长远发展大局，高屋建瓴、深刻精辟阐述了推进农业农村改革发展若干具有方向性和战略性的重大问题，明确了“强富美”的“三农梦”思想，彰显的是实现“两个百年”目标、实现中国梦的“三农梦”诉求，为解决“三农”问题提供了思想武器、目标导向和基本遵循。

1. 农民富之梦：全面建成小康社会，让农民成为体面的职业

当前，农民小康还是现实全面小康的短板，农民还不是体面的职业，农民增收的难题始终是我国“三农”的首要问题。增加农民收入，让农民过上幸福富裕的日子，就是习近平总书记的“农民梦”。在促进农民增收上，习近平强调：“必须坚持富民为本、富民为先，切实把增加农民收入作为‘三农’工作的出发点和落脚点，以扩大农民创业就业为重点，着力形成农民增收致富的长效机制。”针对欠发达地区农民收入低和发展滞后问题，习总书记曾明确提出“努力使欠发达地区成为新的经济增长点”“不能把贫困村、贫困人口带入全面小康社会”的要求。2013 年 4 月 9 日，习近平总书记在海南三亚农村考察时讲了一句生动而深刻的话：“小康不小康，关键看老乡。”指出了我国全面建成小康社会与解决好“三农”问题的关系，我国真正全面建成小康社会，关键是要农民的生活宽余。

共同富裕是社会主义的价值取向和奋斗目标。但总体来看，我国农民收入和生活水平仍然明显偏低。长期以来，由于城乡分割、非均衡发展的二元经济社会体制，严重制约了农村居民收入和消费水平的提高，城乡居民收入差距不断扩大，同时农村内部的收入差距也不断拉大，中西部地区农民收入水平还大大低于东部地区。按照新制定的农村扶贫标准测算，2016 年底我国人均年纯收入在2 300元以下的贫困农民仍有4 335万人。千方百计增加农民收入，促进农民生活水平较快提高，是党的十八大提出的明确要求，也是全面建成小康社会的硬性任务。一方面，要按照发展改革成果由人民共享要求，深化收入分配改革，实现农民收入增长和经济发展同步。另一方面，要通过构建新型农业经营体系和政策制度体系，建立农民种粮和从事农业不吃亏的机制，拓宽增收渠道，尊重和激发 7 亿农民的首创精神，为农村经济社会发展注入强大动力。同时，要高度重视扶贫开发。相对于贫困的扶贫，将是一项伴随现代化全过程的长期任务，欠发达地区要抓，发达地区也要抓。要全面实施连片特困地区区域发展与扶贫攻坚规划，着力推进低收入农户加

快增收和欠发达地区加快发展。

2. 农村美之梦：建设美丽乡村，让农村成为农民安居乐业的幸福家园

当前，农村仍然还是发展相对滞后的社区，乡村还没有真正成为农民安居乐业的幸福家园。推进新农村建设，让农村成为农民幸福生活的新家园，是习近平的“农村梦”。建设美丽乡村，是党中央深入推进社会主义新农村建设的重大举措，是在农村落实“四个全面”战略布局的总抓手。在“三农”发展方略上，习近平同志在浙江工作期间站在全局和战略的高度，按照党的十六大提出的统筹城乡经济社会发展的战略思想，提出了“农业兴才能百业兴、农民富才能全省富、农村稳才能全局稳”，作出了“我国已全面进入以工促农、以城带乡发展的新阶段和推进城乡一体化发展的新时期”的重要判断。习近平总书记多次强调美丽中国要靠美丽乡村打基础，要继续推进社会主义新农村建设，为农民建设幸福家园。强调新农村建设一定要走符合农村的建设路子，注意乡土味道，体现农村特点。农村不能成为荒芜的农村、留守的农村、记忆中的故园。而是要看得见山，望得见水，留得住乡愁。

进入21世纪，特别是党的十六大以来，农村面貌得到显著改善。但总体来看，乡村建设还存在明显的不足和短板，农村的基础设施建设仍然明显滞后，农村基本公共服务体系建设仍然相对薄弱，农村社会管理亟待创新和加强，农民的整体素质还有待进一步提高。目前正在推进的美丽乡村建设的覆盖面还不够宽，美丽乡村精品村与一般村的差距较大，急需实现从一处美到一片美再到村村美的转变。美丽乡村建设还未赶上信息化和互联网加速发展的步伐，智慧乡村的建设还有待破题。乡村综合配套改革还有待进一步深化，美丽乡村如何从形态美迈向制度美还是一个大课题。习近平总书记的系列重要论述，饱含对农村和农民的深情，为建设美丽乡村、美丽中国指明了发展方向，提供了基本遵循。必须以创新、协调、绿色、开放、共享“五大发展理念”为指导，落实“四个全面”战略布局要求，坚定走生产发展、生

活富裕、生态良好的文明发展道路，使全体人民在美丽乡村共建共享中有更多获得感。

3. 农业强之梦：推进“五化”协同，让农业成为有奔头的产业

当前，农业还不是有比较优势的产业，还不是有强竞争力的产业，还不是高效益有奔头的产业，农业现代化还是“五化同步”的短腿。发展现代农业，让农业成为有奔头的产业，是习近平总书记的“农业梦”。在现代农业发展上，习近平强调：“无论经济发展到什么水平，无论农业在国民经济中的比重下降到什么程度，农业的基础地位都不会变。”他还适时提出了“大力发展高效生态农业”的决策思路，强调“要以绿色消费需求为导向，以提高农业市场竞争能力和可持续发展能力为核心，依靠科技创新和体制创新，大幅度提高农业的土地产出率、劳动生产率和市场竞争力”。2014 年 12 月，习近平在江苏考察时指出：现代高效农业是农民致富的好路子。要沿着这个路子走下去，让农业经营有效益，让农业成为有奔头的产业。

21 世纪以来，我国农业现代化建设成效显著。但随着市场化、工业化、城镇化的深入推进，农业发展也存在着诸多矛盾和难题，离真正实现农业高效生态的目标还有很大差距，农业发展进入亟须转型升级的新阶段。目前我国正处于全面深化改革和转型发展的新时期，正处于加快基本实现现代化的关键时期，迫切需要解决农业现代化依然是短板的问题，面临既要提升工业化、城镇化、信息化和绿色化水平，又要更快推进农业现代化的双重挑战。推进农业供给侧结构性改革，坚持以新发展理念为引领，加快提升农业质量效益和竞争力，是当前和今后一个时期我国农业政策改革和创新完善的主攻方向和重要任务。而降低成本、提高效率和效益、让农业成为有奔头的产业，是推进农业供给侧结构性改革的重要内容，也是现代农业的标志和发展方向。特别是要给农业插上科技的翅膀，加快构建适应高产、优质、高效、生态、安全农业发展要求的技术体系，促进农业技术集成化、劳动过程机械化、生产经营信息化、安全环保法治化。

二、我国农业正在发生的变化和发展使命

当前，我国正处于转型变革时期，城乡一体化进程明显加快，构建以工促农、以城带乡的体制机制已成为紧迫的任务。农业产业呈现融合新趋势，农业与二三产业间界线淡化，农业园区化建设正由点向面大力扩展，现代农业的综合功能日益完善，农业功能的深度和广度达到前所未有的水平，农业多功能化与跨域合作正当其时。

（一）我国农业正在发生的新变化

我国农业发展的时代背景、产业结构、内外贸易和科技发展正发生着重大改变，具体可概括为：全球化、市场化、数字化、绿色化、民本化。全球化是指我国农业产业是开放产业，面对的是开放市场（WTO，自贸区为代表），基于全球生产、技术、研发机构配置资源。市场化是指我国农业产业链不断拉长，多功能化不断彰显，不断满足市场消费需求，充分发挥市场在资源配置中的决定性作用。数字化是指我国农业产业亟须依靠互联网、大数据和云计算，依靠信息物流、电子商务再造农产品生产、流通、产品形态和品牌。绿色化是指我国农业产业面临水土资源紧缺约束和农业生态环境问题，必须强化资源节约型、环境友好型、生态保育型农业发展新形态。民本化是指我国农业产业担负着满足城乡居民“食物权利”消费需求、提供安全优质农产品、让农民增收致富重任。

1. 全球化背景下，我国正处于全面建成小康的攻坚阶段，迫切需要解决农业低效益短腿的问题，农业面临着如何提升产业竞争力的战略问题

中国已经崛起为世界第二大经济体，正在更加全面地融入经济全球化，中国农业的发展也将与世界经济更加紧密地联系在一起，面临着更为激烈的农业国际竞争和挑战，保障国家农业安全的任务也将更加繁重和紧迫。粮食生产实现了“十二连增”后，农产品价格“天花板”封顶效应开始显现。尤

其是粮食生产，目前已呈现出产量增加、库存增加和进口增加并存的状况，导致国内粮食生产呈现严重的产销不均衡，国内部分主要农产品的市场价格开始明显高于国外农产品进口到岸完税以后的价格，国内外农产品价格开始出现倒挂。棉花、糖料等部分农产品的价格已经顶破了“天花板”，农民增收难的状况已开始显现。与此同时，农产品成本“地板”抬升的挤压开始体现，它的不断提升对农业的挤压已经开始十分明显。特别是由于劳动力越来越贵，土地租金越来越高，农业生产中的农机、化肥、农药、农膜等投入品越来越多、价格越来越高，农业生产经营成本进入了快速上升的通道。农业生产和价格补贴的黄线开始逼近。在目前的贸易保护政策下，农产品价格触及“天花板”以后，价格驱动性的进口会不断增加，进口对国内农业造成的冲击难以避免。农民的农业生产经营收入正受到严重冲击，这使我们面对非常严峻的挑战。与此同时，如何建立适应市场经济发展的供给制度与体系，这涉及政府与市场关系的协调，现代农业经营主体和行业组织的培育与发展以及土地、劳动力、资本等要素的市场化取向的改革。因此，全面建成小康社会，解决农业低效益的短腿，提升农业产业竞争力必将成为推进农业供给侧改革的一个重要内容。如何推进农业供给侧改革，如何实现调结构、提品质、促融合、去库存、降成本、补短板，是当前的紧迫任务，是农业农村经济工作的主线。

2. 绿色化背景下，我国正跨入生态文明建设的新时代，迫切需要解决农业生态功能、生态效益依然短缺的问题，农业面临着如何实现农业绿色生产的战略变迁

当前，我国农业资源环境的红灯开始亮起，农业依附的资源环境和生态功能不仅没有很好的保护，反而在不少地区受到破坏。目前，我国耕地退化明显，东北黑土层变薄、南方土壤酸化、华北平原耕层变浅，土壤有机质含量下降，粗放生产方式造成了高成本、低效益、高污染的问题。我国粮食连年丰收，但农业生产长期以来存在重量不重质的问题，高强度利用土地等资源，在生产中过量使用化肥、农药，导致资源环境压力加大和面源污染严重。可以说，农业发展既面临着“天花板”“地板”双重挤压，又面临着“红灯”和“黄线”双重约束。新常态下，必须以农业科技来支撑和引领农业发展方式的加快转变，大力推进绿色农业发展，通过绿色技术推动和促进，满足生态系统可持续、多样化食物生产、生物多样性利用、土壤及水资源利用、动（植）物栖息地保护、土壤改良等现代农业发展的内在要求。农业绿色化发展也将从农村土地规划、种植结构与规模、技术解决方案等多个维度为农业多元产业空间注入新的活力。通过发展绿色农业，导入生态农业发展计划、食物链安全生产标准、农场规模化专业化生产等可持续农业发展模式，使农业多元产业发展既满足未来健康食品的产量和质量要求，又保持土地长期肥沃、水质和空气质量优良，保护生物的多样性，提高可再生资源的重复利用率。农业科技的创新、集成、推广和应用必将是以农业绿色化为路径指南和行动指向。可以说，促进农业向绿色发展转型必定是我国农业实现可持续发展的核心任务。

3. 多功能化背景下，我国正处于加快转变发展方式的关键时期，迫切需要解决农业产业链短、价值链低、产业融合不够等短板问题，农业面临如何推进产业“接二连三进四”发展的战略挑战

在生产成本迅速上升、生态环境日益恶化、资源约束不断紧逼的背景下，依靠拼资源消耗、拼农资投入的粗放式农业发展道路难以为继，必须加快转变农业发展方式。推进农村产业融合，实现一二三产业相互渗透、协调发展，提高农业产业链的科技水平和创新能力，促进其集约节约和可持续发展，是加快农业发展方式转变、推进农业现代化的重要途径。未来我国现代农业发展将从只关注农产品生产升级到农产品发展方式的产业化和现代化，即从产品的“点”到产业的“线”再到特色园区建设和区域特色经济的“面”；从粮食安全、有效供给、可持续发展向农业多元产业融合、多功能内涵和可持续发展转变。从供给侧的角度，我国已进入工业化中后期阶段，以信息技术、生物技术、新材料技术、新能源技术为代表的新一轮产业技术革命，为多元农村产业融合发展创造了技术条件。全面树立“大农业观、整产业链、全绿色化、多功能性、深融合度、轻资产化、高附加值、强竞争力”理念和观念，推动粮经饲统筹、农林渔结合、种养加一体、一二三产业融合发展。适应居民消费结构加快升级，关注消费体验，对农业发展方式转变提出的更新更高的要求，也为农村产业融合发展创造了巨大的市场空间。农业信息化、专业化、标准化、规模化、集约化的推进，加速形成新业态、新模式，各种涉农新型经营主体参与农村产业融合能力明显提高，都为推进农村产业融合发展提供了良好的组织基础。因此，农业多元产业融合发展必定是未来推进农业现代化的现实选择。

4. 融合化背景下，我国正处于推进供给侧结构性改革的重要时期，迫切需要解决农业现代化依然是短板问题，面临如何深入推进农业农村综合化改革的战略考量

综合改革是中央 2015 年文件《国务院关于深化农业农村综合改革的若干意见》中的关键词，它实际上不仅是当前我国农业农村发展必须要做的事，而且也是整个国家进一步发展所必须完成的任务。综合改革是改革深化的要求，是改革发展阶段的必然，综合改革既体现改革的整体推进，更强调改革的综合配套。“三农”问题的系统复杂，综合性强，靠单兵突进难以奏效。目前，我国农业农村综合改革包含的内容很多，不仅涉及农村集体经济制度、农村土地制度、农民住房制度和社保制度的改革，而且涉及乡村治理体系、产业组织制度、基层政府职能和城乡二元结构破解的改革等。我国农村土地制度的改革、社保制度的改革与农村集体经济制度的改革，这些改革相互关联，必须城乡联动、区域联动和上下联动，也就是要综合配套，才能推进农业农村改革的实质性进展。因此，综合改革必定是未来“三农”发展甚至于中国发展中的一个关键词。

面对我国农业正在发生的变化和发展趋势，未来 30 年在继续推进农业现代化的同时，实践后现代农业发展理念，提供系统化“三农”解决方案的任务十分艰巨。低质量、低效益的发展只会积累越来越多的问题。适应农业结构变迁、技术路径变迁、生产规模变迁、组织模式变迁、比较优势变迁、政策制度变迁，明晰我国未来新型农业发展趋势中农业科技创新方向，推动农业绿色可持续发展，实现农业向农业＋旅游、农业＋文化、农业＋休闲、农业＋互联网等相关联领域延伸与拓展，使农业成为有比较优势、有竞争力、有效益的产业，农业才能成为有希望、有前途、有奔头的新产业。

（二）未来 30 年农业发展赋予的新使命

没有现代农业产业，就没有农业现代化。当前，我国农业产业正展现出新的变化和发展趋势，亟须充分发挥农业、农村、农民三者间的协同效应，精心设计政府、企业、服务中介、科研机构、职业农民在“三农”工作中的工作体系、政策体系、协同体系，才能系统化推进“三农”工作。未来 30 年，后现代农业将在构筑中国梦中做出历史性贡献，产生深远的影响。

1. 农业产业正迈向以多功能拓展为核心的后现代农业时代

在农业现代化支撑新型城镇化的综合性多功能区域政治、经济、科技、文化发展新平台构建过程中，后现代农业追求高效率、绿色化、可持续发展，后现代农业是升级版的传统农业与现代农业结合的产物。后现代农业是政府、农业企业、农民合作社、职业农民、科技、金融、流通、农资企业价值的提供者、整合者、放大者和共享者。随着人类社会对农业再认识的丰富与深化，农业在保障粮食安全、重要农产品有效供给和促进农业可持续发展等三大基本功能基础上，将发挥其在经济、生态、社会和文化功能性中所蕴含的巨大价值潜能，释放农业相关产业在技术创新、产品创新、模式创新、业态创新等方面的巨大空间和无限商机。农业多功能性对当今的中国尤其重要，尤其是中国因素的影响，13 亿人口基数，每年2 000万增长人口，未来 10 年 6 亿中等收入人群，中国社会经济发展对食物多样化需求扩大、对食品质量需求提高、对休闲养生需求拓展，休闲养生越来越受到重视，乡村生活成为中产阶层的一种追求，呼吸新鲜无霾的空气，品尝安全鲜美的佳肴，体验不轻不重的劳动，享受不快不慢的生活成为新时尚。顺应农业多功能的趋势，后现代农业将呈现以“现代农业＋”的功能拓展新思维，即“现代农业＋”旅游产业、“现代农业＋”健康产业、“现代农业＋”文化产业、“现代农业＋”互联网、“现代农业＋”创意经济等多种复合功能，来满足城乡居民多种消费新需求。

2. 农业产业正迈向以多元产业融合为特征的后现代农业时代

第一产业的农业与二三产业的全面融合，是农业未来转型发展的必然方向。农业与加工业、服务业等产业进行融合，才能更具竞争力。农业加上互联网，才能更具活力。农业必须跳出传统种植业、养殖业的范畴，农业必须向它的关联领域延伸与拓展，才能有更为广阔的发展空间。未来农业的发展将是接二连三，多功能的多元产业，“农业＋”将成为未来农业发展的关键词。农业多元产业融合发展以发展现代农业为核心和主线，通过农业科学家、企业家、政治家、公众、消费者和职业农民等多方主体合作，以要素整合、全产业链整合、功能价值整合、城乡空间整合为支撑和动力，共同推动农村建设成为农业改革新特区、农业生产新园区、农业科技示范区、农民居住新社区、农业生态涵养区、农业服务经济区，创造区域竞争新优势。农业的主题词得到最大化诠释：科技支撑、农产品消费、人才下乡、规模化经营、节约化管理、文化创新、生产示范、休闲度假、养生观光、度假体验、再就业、邻里社区融洽、环境友好、科普教育、土地收益等等，这些关键词的组合就是后现代农业，现代农业将区别过去对农业的种地、养猪的认识，现代农业产业正朝多元产业融合发展。

3. 农业产业正迈向产业整合与市场专业化细分的后现代农业时代

在国家经济结构调整和出台各种利好农业、农民的政策背景下，大量社会资本涌入农业领域，新农业蕴含着巨大潜力，是一块值得投资者期待的领域。而正在进行的农业产业大整合，伴随的是不同需求层面下的农业市场专业化细分。随着农业功能的不断拓展，农产品生产将满足人类与自然包括食品、医药、化工、能源及生态环境保护等方面的新需求，农业效益将实现突破性提升。农业效益来自需求与市场细分，从消费端分析需求，消费者注重农产品安全、品质、营养、便捷、口眼感；从农产品加工端分析需求，企业注重技术专用化、特用化；从农业生产端分析需求，生产者注重降风险（自然/市场）、降成本，综合解决方案；从社会公众端分析需求，公众重视人居环境保护、食品安全、动物福利；从政府端分析需求，政府注重安全、公平、可持续，以及弱势人群生存与温饱问题。不同层面有不同的需求，满足这些需求就有不同的效益。从传统种子种苗产业链，就可分解出种子（基因产业、种子产业）、栽培（农资化肥、农膜、农具等）、采后（采后与加工产业）、营销（储藏、销售、运输业）到餐桌（鲜活品、加工品）等许多产业链。同样的农产品可以做成不同的产品，如果注入文化，可以成为艺术品甚至名品和藏品，产品附加值也将大幅度提升。农业生产经营方式也正经历重大变革，农业经营主体由集约化、规模化、商业化的新型经营主体主导，生产主体由高素质和专业化的职业农民主导，生产方式由机械化、智能化的现代科技装备主导。

4. 农业产业正迈向新兴产业蓬勃崛起的后现代农业时代

农业科技正孕育新突破，生物技术、信息技术、新材料等领域的突破将催生一大批农业新业态。信息产业的领军人物比尔·盖茨曾说过，下一个能超过我的人，一定出现在健康产业里。美国著名经济学家保罗·皮尔泽在其著作《财富第五波》中，将健康产业称为继第四波网络革命后的明日之星，认为目前尚未普及的保健产业将为美国下一个 10 年创造兆亿美元的商机。在中国，面对健康水平恶化的现实，以及民众对健康重要性的认知度提升，正为民间蓬勃生长的健康管理和服务产业带来机遇。未来中国健康产业产值将达到10万亿元，农业是其中非常重要的方面。可以预见，随着农业产业不断迈向新高端，农业新兴产业“万亿俱乐部”将不断涌现，以现代化农业园区为依托，以农业产业带、现代农业综合体、国家农业公园、农业特色小镇为载体，农业新兴产业的集聚化将不断呈现。

未来30年，中国5 000年文明史将迎来最重要的历史时期，农业进入生态与科技、自然与工业化、生产与养生融为一体的多重功能拓展、多元产业融合的后现代农业时代。30年之后，农业产业将成为创业引领、就业尊严、田园体验的产业空间；乡村生活将是未来中国人的“奢侈品”，对中国乡村的憧憬正如今天对城市生活的向往。美丽乡村将是安心的地方，人与自然和谐，“吾心安处是故乡”，是一个可以融入、归属的地方，是一个可以重塑自我的地方，是一个可以叶落归根的地方，是一个可以世世代代生活的地方。

三、现代农业综合体战略研究的主要内容

现代农业综合体是基于后现代农业发展特征与趋势，借鉴城市综合体概念，结合我国发达地区农业多元产业融合发展现状与方向，用工业化发展理念，提出的现代农业发展的新思路、新模式、新路径。现代农业综合体是整合资本、科技、政策等要素，本着践行“强富美”“三农梦”，对区域现代农业发展创新载体的再认识与再实践，是现代农业发展的高级阶段和综合开发模式，是现代农业园区化发展的高级形态和升级版。

（一）农业综合体概念与基本内涵

从提出缘起来看，现代农业综合体提出的初衷是冀希于探索一种现代农业发展的新思路、新平台、新模式、新路径，以理论创新、项目实施、建设推进相结合，在一定程度上解决农业生产、农产品质量安全、生态环境、农产品营销、农民收入、新农村建设，以及农业科研和科技活力、科研机构改革及其运行模式创新等问题。通过建设现代农业综合体，促进产业、空间、功能综合升级，对加快项目、资金、人才资源的集聚，促进农

业科技成果的转化孵化，推动科研与推广运行模式转变，推进区域农业产业结构调整与转型升级，打造一二三产业融合，生产、生活、生态和谐的新村镇典范。

从科学内涵来看，现代农业综合体是新常态下，以“生产、生活、生态”有机融合和“创新、协调、绿色、开放、共享”发展理念为引领，在一定农业发展区域内，探索构建全新的现代农业产业体系、科技体系、经营体系、质量体系、流通体系、投融资体系，开展多方主体合作和现代科技信息支撑，促进农业功能集成、系统整合、跨界发展的新模式。它是农业全产业链目标整合、农业功能拓展与融合、农业科技支撑体系综合、现代农业经营体系优化、多种类型农业园区结合、农镇特色产业与居民住房生活统筹的一个复合体，是一二三产业各领域全面拓展，多种业态并存，有机交织，多元经营，共同发展，为城乡居民提供多元化服务的新载体。

从形态呈现来看，现代农业综合体以发展现代农业和一二三产业有机融合为主业，以要素整合、全产业链整合、功能价值整合、城乡空间整合为动力，以现代农业科技和信息技术应用为支撑，通过多方主体合作，建设集农业政策试验新特区、农业产业新园区、农业科技示范区、农民居住新社区、农村历史文化传承区、农业生态涵养区、农业服务经济区等于一体的，多种综合性功能的区域政治、经济、科技、文化发展新平台。

现代农业综合体的概念突出了一个“特”字和一个“新”字。“特”在立足“全球视野、历史关切、顶层设计、创新驱动、跨域合作”的战略考量，提出了“四横八纵”协同创新模式，即：以特色农镇、农业园区（综合体）、家庭农场和职业农民四大载体为经度，以多元产业融合，多重功能拓展、多种主体培育、科技支撑引领、公共服务、互联网＋流通、农产品质量安全、多重金融投（融）资和政策支持等八大主线为纬度。“新”在理论联系实际。现代农业综合体概念提出伊始，即积极关注并实践工商资本投资农业，借助蓝城农业、科研院所与企业“一园两基地”、嵊州农业综合体、奉化萧王庙特色农镇建设等为实践平台，探讨公私合作模式、市场前置引导研发生产、创新生产流通体系、全程安全管控体系、大数据农业和家庭农场、特色农镇等最新理念和案例实践。研究始终坚持理论与实践同步，不断再认识与再实践农业综合体在农业产业发展和创新的新空间集聚形式和生产组织模式。

（二）农业综合体主要特征

探索构建以现代农业为基础的综合产业体系，培育以新型农民为主体的现代经营体系，树立以生态文明为核心的“三生”发展体系，优化以农村社区为中心的管理服务体系，着力打造新产业、新农民、新环境、新家园和新文化，最终才能形成凝聚力和辐射力较强的现代农业综合体。现代农业综合体的特征可以初步概括为以下“八合”。

1.“三生”农业发展理念的综合

现代农业综合体作为探索农业发展路径的新生事物，坚持以人为本、以农为重的思想和生产、生活、生态（“三生”）融合发展理念，旨在实现经济、社会、生态和谐发展的总体目标。

2. 农业全产业链目标的整合

现代农业综合体要促进农业“接二连三进四”，打造新产业；要建设美丽乡村，推动农民集中居住和社区化管理，打造新家园；保护自然资源和生态环境，打造新环境；提升农民素质，培育新农民。

3. 农业多功能的拓展与耦合

通过重点建设包括现代农业生产区、产学研科技示范区、农业休闲体验区、新型居住社区、加工物流园区和生态涵养区等，促进生产发展功能、生活居住功能和休闲服务功能的拓展、共融和综合提升，是农业科技、农业生产、农业旅游、农业文化等的系统功能叠加。

4. 农业科技支撑体系的复合

现代农业综合体树立示范运用高新农业科技的典范，关键是科技支撑体系，包括以信息技术为核心的产业信息化、交通网络化、管理数字化、服务社会化等来保障农产品供给的优质安全和相关服务的高标准。

5. 多种类型农业园区的结合

在多维空间中发展各类现代农业园区，包括粮食功能区、果蔬采摘区、设施农业基地、加工物流园区、休闲观光园区等等，是新时期的城市与乡村发展关系、非农业与农业发展关系、市民与农民发展关系不断加强和优化的有效载体。

6. 现代农业经营体系的契合

基于新型农业经营主体的培育，包括专业种养大户、家庭农场、农产品生产和加工龙头企业，以及高素质的有文化、懂技术、会经营的农民群体的培育，通过探索政府、企业、金融机构、科研院所之间的新型合作机制，进一步建立四者与各新型农业经营主体之间合理的利益连接机制。

7. “五化”同步作用机体的融合

现代农业综合体是在建设生态文明、统筹城乡发展的时代背景下，以实现政府要求、企业需求、农民诉求、市民追求为导向，促进农业生产方式、农民生活方式和农村休闲方式等变革创新，助推新型工业化、城镇化、信息化、农业现代化和绿色化同步发展与深入融合的有机体。

8. 新型家庭农场集群的联合

融“现代生产、宜居生活、科技效益”于一体的新型家庭农场，是现代农业综合体的“核心细胞”。新型家庭农场按照农业综合体的技术和标准专注于农产品生产，从而提高农业生产的集约化、规模化、设施化和标准化水平，通过大量新型家庭农场功能联动和横向集群联合，形成新型家庭农场集群，构成具有农业产业价值链功能的现代农业综合体。

（三）农业综合体建设路径

创建现代农业综合体，是一项十分复杂的系统工程，没有现成模式与经验可供参考借鉴，必须重视转变发展思路，创新发展机制，探索发展模式。在建设初期和现行探索阶段，可通过借力发展的思路，开辟以下 4 条路径。

1.“一村一体”建设路径

以村庄为基础，依托某一地区建设领先的新农村和美丽乡村来推进农业综合体建设。这里“村”的含义不仅仅局限于某单个的村庄，也可以是几个村庄、某个乡镇或社区合力建设一个农业综合体。该建设路径的核心是以乡村的资源环境为载体，以乡村的外围环境为基础，以乡村的特色产业和地域文化为支撑，以美丽乡村建设成果为切入点，以养生养老产业发展为契机，以文化创意性、产业特色性为核心吸引物，秉承“乡村生活”模式，推动农业特色产业发展，推动休闲农业发展，推动农村公共服务发展，推动农村文化社会事业发展，实现“吃、住、行、游、娱、购、养”七种功能要素的合理集聚，带动农民增收致富，从而形成主题特色化、功能集聚化、乡村本质化、吸纳无界化的一种全新乡村发展的实现载体和形式。当前，一大批各具特色、活力迸发的产业强村、专业大村、创业名村，为走“一村一体”路径建设农业综合体奠定了基础。

2.“一园一体”建设路径

以园区为基础，依托某一地区规模化、综合型的一个或几个农业园区的转型升级来建设农业综合体。通过有效整合政策、科技、投入、市场四大要素，积极推进建设较早、规模较大、辐射较强、功能较全的农业园区向现代农业综合体转型升级，其核心是要因地制宜、发展区域优势产业，创新机制、提高农业综合效益，推进产业化经营，强化对农户的带动和辐射作用，推动区域农业从农业园区阶段向农业综合体阶段的转变。当前，一大批产业集群程度高、经营主体实力强、辐射影响力较大、要素集聚和功能多元的农业休闲园区、农业科技示范园区、农产品加工与物流园区，已有很好的条件和基础，可以通过进一步整合功能，植入要素，创建“生产核心区＋N个专业基地＋全国化”的生产配送体系，以市场需求为导向，创建品牌，转型建设多元布局、轻资产运营的现代农业综合体。

3.“一企一体”建设路径

以实力雄厚企业为发起者，依托单个或多个企业或者合作社作为建设主体，联合多方力量发起筹建农业综合体。当前以工商企业为主体的社会资本对现代农业投入数量的日益增多、领域日益广泛，突破了农户投入不足、财政投入有限的问题，拓展了高效生态现代农业发展的新途径，为现代农业发展注入了生机和活力。当前，以工业化的理念来经营农业，实现农业的工业化生产正在成为现代农业生产的一种趋势。现代工业的专业化分工、规模化经营、设施化种养、企业化管理、标准化技术、信息化控制、品牌化营销的生产经营管理模式越来越多地被现代农业所采纳。一些有远见卓识的投资农业的资本经营者，高科技、高创意、多功能、循环型的现代农业企业，特别是那些曾经是农民的民营企业家，怀着对农业的特殊感情，他们是建设农业综合体新型主体的重要来源。

4.“一业一体”建设路径

以产业集群为基础，依托某一地区的主导产业和特色产业来建设农业综合体。通过优化主导产业链，即产业链延伸、产业链提升和产业链整合，实现区域农业主导产业的示范、辐射、带动的进一步增强，促使农业从单一的农产品生产向食品生产、生物能源、工业原料供给、文化传承、休闲观光、生态涵养等多功能方向发展，并进一步促进主导产业发展呈现区域化布局、园区化建设、机械化作业、标准化生产、生态化环保的特色，进一步彰显区域特色产业和主导产业的产业强、主体强、支撑强、影响强、功能强、效益高，从而有效向现代农业综合体演进和转型。当前，可精选市场潜力大、覆盖面广、发展有基础、有龙头带动的区域优势特色主导产业，通过培育和建设，使之成为农业综合体的核心支撑。

（四）农业综合体建设内容

通过深入了解实地调研我国沿海发达地区现代农业发展的动态和实情，围绕农业综合体“多元融合”农业产业体系、“支撑引领”农业科技体系、农业经营体系和新型职业农民培育模式、“安全可控”质量体系、“互联网＋”农产品流通体系、“多重组合”投融资体系、特色农业小镇建设等问题，开展了深入的专题研究和论证。

1. 探索构建农业综合体中“多元融合”产业体系

该专题研究了“多元融合”农业产业体系构建的关键问题。该体系是以科技引领、文化创意为核心，构筑多层次、复合型的全景产业链，包括农业内部融合型、产业链条延伸型、多功能拓展型、新技术渗透型、多业态复合型、产城融合型等六大类型。其构成包括核心产业、支持产业、配套产业、衍生产业等四个产业层次，优质农产品体系、多功能服务体系、现代农业支撑体系、现代农业产业组织体系等四大核心体系和多元产业融合、多元业态集合、多元功能综合、多元空间渗透等四大融合态势。体系构建的重点是把握“融合点”选取、多元产业链构建、现代科学技术渗透融合，构建全新产业体系，驱动农业区域经济、社会、人文和生态等融合发展。同时，从提升基础设施和装备水平，推动农业科技创新，拓展主体培育途径，完善利益联结机制，健全公共服务体系等方面，强化体系建设和运行保障。

2. 探索构建农业综合体中“支撑引领”科技体系

该专题研究了“支撑引领”科技体系构建的关键问题。该体系是指通过市场化运作方式，围绕科技支撑需求、科技支撑供给与科技成果中介等三个主体，吸引科研机构与科研人员主动对接农业综合体生产经营中的科技需求。该体系的创新框架可以概括为：由主导企业以知识产权为纽带，协同农业科研和推广机构、社会力量等多方参与、多元合作的创新主体；由主导企业建立由首席专家、岗位专家和农技人员组成的精干高效的科研团队；建立科技示范基地，孵化农业科技企业产业推动的服务机制；以农民满意、政府满意、企业满意、科技人员满意等多方相关利益主体满意为目标的市场运作的转化机制；对接国家和区域现代农业产业技术体系合作共赢的科研平台。同时，强调从完善农业科技成果第三方评价机制、加强农业企业科技创新主体培育、完善国家现代农业产业技术体系、推进农业科研院所管理体制改革等方面，强化体系运行保障。

3. 探索构建农业综合体中“创新创业”经营体系

该专题研究了“创新创业”经营体系构建的关键问题。该体系是一种适应农业转型发展和现代市场竞争的由组织形式、主体培育、土地流转、公共服务等构成的体系。体系构建的思路是：适应现代农业综合体多主体共建的基本特征和为全省乃至全国现代农业建设提供示范与借鉴，加快构建以组织模式创新为核心，以土地流转、主体培育、社会化服务“三驾马车”创新为引擎，以农户家庭经营为基础，多种形式的合作与联合为纽带，以“创新创业”为导向的立体式复合型现代农业经营体系。其主要任务是：培育充满活力、富有竞争力和创新能力的新型农业经营主体；发展引领有效、支撑得力、网络发展的农业生产性服务业；形成分工协作、优势互补、链接高效的现代农业产业组织体系；加快制度创新和政策创新。同时，要从创新农村土地产权制度和集体经济制度、完善农村金融服务体系、采取差别化的扶持政策、探索农村人才长效培育机制等方面，强化体系运行保障。

4. 探索构建农业综合体中“安全可控”质量体系

该专题研究了“安全可控”农产品质量体系构建的关键问题。该体系是指各个相关部门或系统为实现农产品质量安全目标进行分工合作所形成的一体化工作网络。“安全可控”的质量体系由法规体系、诚信体系、标准体系、过程控制体系、监管体系、检测体系、认证体系、追溯体系、信息公开体系、投诉召回体系等组成。体系构建的思路是：全方位重塑全员诚信体系、构建严明标准体系、强化全程管控体系、落实透明追溯体系等体系框架。在模式构建的选择上，重点考虑全产业链质量安全统一管理模式、产业链合作伙伴质量安全协调管理模式、质量安全关键环节专业化服务管理模式、质量安全追溯与电商平台融合管理模式等。同时，从强化安全农产品的激励机制、推动建立真实完整并与市场准入相衔接的可追溯体系、鼓励现代农业综合体参与或主导农产品质量安全标准制定、将现代农业综合体列为信用体系建设的试点对象等方面，实施体系运行保障。

5. 探索构建农业综合体中“互联网＋”流通体系

该专题研究了“互联网＋”流通体系构建的关键问题。该体系是传统流通体系经过互联网改造后实现在线化和数据化，通过技术、设备、商业模式等诸多方面的提升，构建生产与消费终端之间信息共享、科学高效、互相促进的桥梁与纽带，形成产品流、技术流、服务流、资金流、信息流的多向互动一体化。“互联网＋”流通体系构建的功能定位是：链接“小农户”与“大市场”的平台，本地农产品流通的服务枢纽，新型流通主体创业的孵化器。其战略目标是：流通资源的优化配置、营造创新的合作关系、创造新的商业平台、改变流通的地区格局、提升网络服务能力、优化物流基础设施、畅通农产品信息渠道。同时，从构建标准化的产业体系、严格的监管体系、完善的物流体系、匹配的科技体系、新型的组织体系等方面，强化体系运行保障。

6. 探索构建农业综合体中“多重组合”投融资体系

该专题研究了“多重组合”投融资体系构建的关键问题。该体系是指围绕现代农业综合体先进的发展方式，通过农村投融资体制机制创新，吸引社会资本通过多种渠道主动对接现代农业发展，进而在农业投融资主体、投融资渠道、投融资方式三大方面实现“多重组合”。体系构建的思路是：坚持财政积极导向、市场化运作、法人化管理的科学理念，重点创新农村投资与融资体制机制，盘活农村固定资产、生产资产、生物资产与信用资产，加大政策优惠力度，通过财政资金支持引导，引导二三产业投资偏好的产业资本、金融资本、民间资本、外资以及个体资本等通过灵活多样的渠道与方式集聚于现代农业综合体发展。同时，从着力打造农业综合体高效投融资平台、设立综合体建设运营财政专项基金、推动农业企业资本市场融资、创新完善农业政策性保险等方面，强化体系运行保障。

7. 探索建设基于农业综合体打造的特色农业小镇

该专题研究了基于农业综合体的特色农业小镇建设的内涵特征、产业架构、农民住房建设与建设路径、农民生活和前景展望。评判了融生产、生活、生态、生计和生机于一体，富有内在气质的特色农业小镇是与现代农业综合体的内涵和运行机制高度匹配的，是居住在镇里的人基于血缘、地缘和精神构成的一个共同体。特色农业小镇的核心细胞是家庭农场，并具有农民优先、农业特色鲜明、科技强力支撑等重要特征。通过研究特色农业小镇的产业架构、农业产业的建设与运行，以及特色农业小镇中的农民房子和生活，提出了特色农业小镇的建设路径是要以农民为本、强化多元融合、系统规划设计、特色农镇再造、开发建设模式等，绘制了特色农业小镇建设三部曲、组合拳的美好前景。

参 考 文 献

周新庄，2004. 关于深化农业科技推广体制改革的几点思考［J］. 湖南行政学院学报（5）：42-43.

张大东、徐红玳、胡豹，2011. 浙江加快农业发展方式转变的战略思考［J］. 中国农业资源与区划（2）：44-46.

李春成，李崇光，2005. 完善我国农产品流通体系的几点思考［J］. 农村经济（3）：16-19.

曹庆臻，2015. 中国农产品质量安全可追溯体系建设现状及问题研究. 中国发展观察（6）：70-74.

顾益康，2016. 浙江工业供给侧结构性改革的创新路径［J］. 浙江经济（6）：10-11.

专题一　现代农业综合体建设中“多元融合”产业体系的构建

一、“多元融合”产业体系的基本内涵及国内外研究

（一）农业产业化发展相关政策解读

理论研究和实践表明，农业产业融合化已成为现代农业发展的重要趋势。2015 年中央 1 号文件明确提出，要把产业链、价值链等现代产业组织方式引入农业，推进农村一二三产业融合发展。2016 年初，国务院印发《关于推进农村一二三产业融合发展的指导意见》，明确提出农村一二三产业（简称农村产业）融合、农业产业融合发展的概念，这是继农业一体化经营、农业产业化经营和农业全产业链等概念之后，我国农业产业领域一个全新的政策词汇，也是今后我国农业产业发展研究与实践的重要内容。

1. 农业一体化经营

农业一体化经营被视为农业龙头企业经营的主要方式。农业产业一体化是“农工商、供产销一体化经营”的简称，作为一种龙头企业的经营方式、战略手段，其具有名词和动词两种含义，名词的含义是指龙头企业采用的经营组织形式，即在一个或数个产品连续的生产和流通阶段上，龙头企业同时从事连续的两个或者两个以上阶段的生产和流通活动。动词的含义是指龙头企业采取的经营手段，即在一个或数个产品连续的生产和流通阶段上，龙头企业利用兼并或者增添新的设备介入其他阶段生产或流通

活动。

2. 农业产业化经营

农业产业化经营是在一体化经营概念基础上强化了农户和农业专业组织的主体作用。农业产业化经营和一体化经营的内涵非常接近，有些专家学者甚至将二者视为同一概念，实际上农业产业化经营相对于一体化经营有本质上的进步。农业产业一体化经营强调农业龙头企业的主体性，忽视农户作为农业最大基础的能动性，因而也只一味强调形式上的产业链条融合，而忽视了经营主体之间的利益连接机制创新。农业产业化经营则更加重视农户和农民专业组织的主体作用，并逐步关注在农业产业化过程中保护农民利益的问题。

3. 农业全产业链

农业全产业链是农业一体化经营和农业产业化经营理论和实践的发展。农业全产业链的着眼点是完善现代农业产业体系，逐步提高农业核心竞争力。农业全产业链是通过构建一个从源头到终端相互衔接、相互贯通的农业产业循环链，通过对外部市场的“体内化”战略，全面提升农业产业化、一体化发展水平，农业全产业链以农业生产为基础，深入拓展产业环节与功能，加强产业融合和资源整合，发展区域特色农业集群，从而达到提高农业抵御风险能力、提高资源利用率和市场竞争力的目的。

（二）农村产业融合的产生背景和实践意义

1. 农村产业融合的产生背景

从政策层面和发展趋势来看，从 2015 年起，中央 1 号文件连续强调要“推进一二三产业融合发展”。要树立大农业、大食物观念，推动粮经饲统筹、农林渔结合、种养加一体、一二三产业融合发展。随后，国务院常务会议专门部署了推进农业一二三产业融合发展的一系列措施，包括中央财政安排资金支持农村产业融合发展试点，投资向产业融合发展项目倾斜。中共十八届五中全会对国家“十三五”规划的建议公报强调：“大力推进农业现代化，加快转变农业发展方式，走产出高效、产品安全、资源节约、环境友好的农业现代化道路。”相应的，“十三五”期间农业部推进现代农业发展的重要举措是建设现代农业示范区和促进一二三产业融合发展。未来我国现代农业发展将从只关注农产品生产升级到农产品发展方式的产业化和现代化，即从产品的“点”到产业的“线”再到特色园区建设和区域特色经济的“面”；从粮食安全、有效供给、可持续发展向农业多元产业融合、多功能内涵和可持续发展转变。

从供给侧的角度，我国已进入工业化中后期阶段，以信息技术、生物技术、新材料技术、新能源技术为代表的新一轮产业技术革命，为农村产业融合发展创造了技术条件。居民消费结构加快升级，食品安全日益受到关注，消费体验成为时尚热点，对农业发展方式转变提出了更新更高的要求，也为农村产业融合发展创造了巨大的市场空间。此外，随着农业信息化、专业化、标准化、规模化、集约化的推进，新业态、新模式加速形成，各种涉农新型经营主体参与农村产业融合能力明显提高，都为推进农村产业融合发展提供了良好的组织基础。

从需求侧的角度，当前我国正处于全面建成小康社会的关键时期，经济发展进入新常态，农业发展的环境条件和内部动因正在发生深刻变化。推进农村产业融合发展，既是主动适应经济新常态的必然要求，也是推进农业现代化的现实选择。在生产成本迅速上升、生态环境日益恶化、资源约束不断加强的背景下，依靠拼资源消耗、拼农资投入、拼生态环境的粗放式农业发展道路难以为继，必须加快转变农业发展方式。推进农村产业融合，实现一二三产业相互渗透、协调发展，提高农业产业链的科技水平和创新能力，促进其集约节约和可持续发展，是加快农业发展方式转变、推进农业现代化的重要途径。

2. 农村产业融合的实践意义

首先，有利于农民增收，分享产业融合的红利。推进农村产业融合发展，使农业生产经营活动在传统的生产环节之外，增加了农产品加工、包装、运输、保管、销售等环节，将与农业产业链相关的二三产业增值收益留在农村，拓展了农民就业增收渠道。农村产业融合发展可以激活农村土地、住宅和金融市场，增加农民财产性收入。

其次，有利于推进农业转型升级，促进农业现代化。推进农村产业融合发展，广泛应用现代农业技术成果，加快高端农业、设施农业、资源节约型农业发展，有利于克服农业产业结构单一、农业发展空间相对狭小的局限，推进农业内部结构调整；有利于减少农业生产对自然资源的依赖；农业发展更多地依靠科技和知识投入，增强农业可持续发展能力。从而更好地发挥服务业对农业发展方式转变引领、支撑、带动作用，促进农业价值链升级，提高农业竞争力和附加值，促进农业现代化（姜长云，2015）。

再次，有利于催生农村新业态，形成国民经济新的增长点。推进农村产业融合发展，实现一二三产业关系在农村的优化组合和空间重构，将催生生物农业、智慧农业、休闲农业、创意农业、工厂化农业等产业新业态，以及农村电子商务、产地直销、会员配送、个性化定制等流通新模式。借此，顺应或引领消费结构升级方向，更好地满足城乡居民多层次、多样化的消费需求，并创造新的社会需求，带动形成居民消费新热点和国民经济新增长点，促进农业发展由“生产导向”向“消费导向”转变。

最后，有利于实现城乡一体化，推进美丽乡村建设。推进农村产业融合发展，有利于推动形成生态农业和循环农业的发展模式，提高农产品和加工副产品的综合利用率，减少农业对水、土、气等生态环境的污染，促进农业生产和农民生活方式向绿色环保方向改变，更好地推动生态文明建设；有利于拓展城市资本和生产要素进入农业、农村，强化农村产业发展的要素支撑，促进以城带乡、强农惠农、缩小城乡差距和实现城乡一体化；有利于通过发展休闲农业、创意农业等产业融合新领域，增加对农村基础设施、生态环境、居住条件等的建设和投资，完善农村公共服务体系，更好地保存乡村传统文化和历史底蕴，维护村落功能和农村环境，推进美丽乡村建设。

（三）农村产业融合的基本内涵和主要类型

1. 农村产业融合的基本内涵

关于农村一二三产业融合发展问题的研究，主要视角和代表性观点有：日本学者今村奈良臣（1996）提出要推进与农业相关的一二三产业融合发展，鼓励农户搞多种经营，不仅从事种养业，而且从事农产品加工和农产品流通销售及观光旅游等二三产业，提升农产品附加值和农民收入，并据此提出了发展农业“六次产业”的概念。梁伟军（2010）认为，农业产业融合包括农资供应、农产品生产加工销售及服务环节的纵向融合，以及农业引入高新技术产业发展理念技术成果和管理模式的横向融合；可分为高新技术对农业的渗透型融合、农业内部子产业之间的整合型融合、农业与服务业之间的交叉型融合、综合型融合等 4 大类型。马晓河（2015）提出，根据国内外发展的实践经验，农村一二三产业融合发展指的是以农业为基本依托，通过产业联动、产业集聚、技术渗透、体制创新等方式，将资本技术和资源要素进行跨界集约化配置，使农业生产、农产品加工、销售餐饮休闲以及其他服务业有机地整合在一起，使得农村一二三产业之间紧密相连协同发展，最终实现农业产业链延伸、产业范围扩展和农民收入增加。

总之，农村一二三产业融合发展（以下简称“农村产业融合发展”）是以农业为基本依托，以新型经营主体为引领，以利益联结为纽带，通过产业链延伸、产业功能拓展和要素集聚、技术渗透及组织制度创新，跨界集约配置资本技术和资源要素，促进农业生产、农产品加工流通、农资生产销售和休闲旅游等服务业有机整合紧密相连的过程，借此推进各产业协调发展和农业竞争力的提升，最终实现农业现代化农村繁荣和农民增收。

2. 农村产业融合的基本内涵与农业产业化的区别与联系

从区别上看，与农业产业化相比，农村产业融合发展表现为：①业态创新更加活跃。农村产业融合发展不但包括了农业生产、加工、销售等农业产业化内容，而且还催生了新产品、新技术和新业态。如农业多功能开发产生了乡村旅游，通过信息技术应用产生了农村电子商务等新业态。②产业边界更加模糊。农村产业融合发展使不同产业在技术、产品、业务等方面形成交集，跨界融合的主导特征显著，模糊了原有的产业边界。③利益联结程度更加紧密。农村产业融合发展模式更加多样，更多地采用股份（合作）制、合作制等紧密型利益联结机制，更为广泛深入地带动农民参与到产业融合的进程中。④经营主体更加多元化。相对于农业产业化经营，农村产业融合的经营主体类型更多，相互之间的关系更为复杂。参与农村产业融合的经营主体包括普通农户、专业大户、家庭农场、农民合作社、龙头企业和工商资本等多元经营主体，龙头企业和工商资本对农村产业融合的引领带动作用更加突出；甚至部分市民通过社区支持农业等方式，也成为农村产业融合的重要参与者。⑤功能更加丰富。相对于一般的农业产业化，农村产业融合往往催生了循环农业、休闲农业、创意农业、智慧农业、工厂化农业等新业态，产生了生态旅游、文化科技教育等新功能，内涵更加丰富多彩。

从联系上看，农业产业化与农村产业融合发展具有空间上的并存性和时间上的继起性，农村产业融合发展丰富了农业产业化的内涵，拓展了农业产业化的外延，是农业产业化的延伸和发展，是农业产业化的高级阶段和“升级版”。

3. 农村产业融合发展的基本类型

农业内部融合型。以农业优势资源为基础，以若干涉农经营组织为主体，围绕农业相关联产业发展，将种植业养殖业连接在一起，形成农业内部紧密协作循环发展的生产经营方式，拓展农业增值空间。如云南龙云大有实业公司依托两个现代化优质蔬菜种植基地，建成年出栏优质肥猪3 000头的标准化生猪养殖场，实现了菜叶养猪养羊，猪粪及农家肥还田有机循环，促进了农业内部产业整合和价值增值。

产业链条延伸型。依托涉农企业，以生产加工或营销为关键环节，向产前产后延伸，拉长农业产业链，提升农产品附加值。如云南国巨绿色食品有限公司，依托农产品加工业主体，向前延伸到原料种植业，建成葱、香葱、大蒜等农产品生产基地，实现自动化规范化生产，确保优质加工原料供应。该公司依托“国巨万和”等知名品牌，向后延伸到销售领域，同国内主要方便面企业，建立了稳定的销售渠道。

多功能拓展型。依托本地绿色生态资源，强化农业与旅游、文化创意等产业融合，开发农业多种功能，培育新型业态，包括休闲农业、旅游农业、文化农业、创意农业等，提升农业价值，拓展增效增收空间。如天津市依托示范小城镇，充分挖掘乡村传统文化、农耕文化等资源，培育休闲农业文化品牌，带动休闲农业文化旅游消费；利用山、水、海等资源，打造山货节河蟹节海鲜节。

新技术渗透型。以农业为基本依托，应用物联网、云计算、大数据等现代信息技术，通过引入新兴产业、高端服务行业实现产业升级，催生新的业态，实现农产品线上线下交易以及农业信息共享，服务了广大涉农群体，并将各种优质鲜活农产品销往全国，提升了农业的信息化水平。如北京农信通河南分公司在鹤壁市创建了农业硅谷产业园，整合农村信息服务资源，提供及时便捷的技术和信息服务。

多业态复合型。发挥资源、技术、资金等优势，依托龙头企业或产业链核心企业，促进涉农企业集聚集群发展，做强农业、做大加工业、做活农村服务业，实现一产“接二连三”、三次产业联动发展，打造出融生产加工、科技研发、物流储藏、商务会展、信息咨询、金融服务、生态旅游、养生休闲等于一体的复合型农业综合体。如湖北襄阳蓝贝酒业集团重点依托玫瑰种植基地，加工开发保健品、饮料、化妆品等系列化的玫瑰精深加工产品，营造浪漫时尚的休闲商务、风情文化等高品位玫瑰文化广场，打造种植园、产业园、文化园等三大园区，构建起集种植、研发、生产、观光、销售于一体，“以三立二、以二带一、以一促三”的产业复合型运作模式。

产城融合型。农村产业融合与新型城镇化联动发展，县域内城乡产业布局规划合理，二三产业在县城、重点乡镇及产业园区等集聚度较高，较好发挥人口集聚和城镇建设的带动作用，形成一批农产品加工、商贸物流、休闲旅游等专业特色小镇。如四川省蒲江县以“生态为基，农业为本、统筹为纲”，通过现代农业的高端发展，推进产村一体、产业一体、产城一体和城乡一体，实现整个县域经济的绿色发展、生态富民和科学跨越。

（四）农村产业融合发展重点问题研究进展

2004 年以来，农业与相关产业融合发展问题逐渐成为国内研究热点，现就三大重点问题的代表性成果综述如下。

一是关于农村一二三产业融合发展基本路径的研究。农村一二三产业融合发展以产业链延伸、产业范围拓展和产业功能转型为表征，以技术融合和体制机制创新为动力，以产业发展和发展方式转变为结果，通过实现农业、农产品加工业、农资生产和流通业、农业和农村服务业在农村的融合渗透与交叉重组，形成新技术、新业态、新商业模式，实现产业跨界融合、要素跨界流动和资源集约配置，激发新的市场需求及其在农村的整合集成，带动农村产业布局的优化调整。学者们从不同角度概括了农村一二三产业融合发展主要通过以下路径或模式来实现。比较有代表性的是姜长云（2015）提出的五种发展路径。一是按顺向融合方式延伸农业产业链。即，立足农业，向农产品加工业和农产品直销、餐饮、农产品物流等农村服务业等顺向融合，如兴办农产品产地加工业、建立农产品直销店等，甚至直接形成连接农业生产与农产品消费的农业全产业链发展模式；二是按逆向融合方式延伸农业产业链。即，依托农产品加工或流通企业，建设优质、高效、生态、安全甚至高产的农产品原料基地，实现农村一二三产业逆向融合。借此，为农产品加工或流通企业提供数量稳定、质量安全的农产品原料保障，强化覆盖全程的农产品质量安全保障体系；三是农业产业化集群型融合。即，以农业产业化集群或产业区为依托，形成农村第一、第二、第三产业空间叠合、集聚集群和网络发展的形态；四是农业功能拓展型融合。即，通过发展休闲农业和乡村旅游等形式，激活农业的生活、生态功能，赋予农业的环保、科技、教育、文化、体验等内涵，转型提升农业的生产功能和经济价值；五是服务业引领型融合。即，通过成立市场化的农业生产性服务组织、建设平台型企业，或推动农产品生产及加工企业向农业服务企业甚至农业综合服务商转型，引领或更好地辐射带动农业发展方式转变。

二是基于综合体建设中产业融合的基本路径研究。2017 年 2 月 5 日，“田园综合体”作为乡村新型产业发展的亮点措施被写进中央 1 号文件，原文如下：支持有条件的乡村建设以农民合作社为主要载体、让农民充分参与和受益，集循环农业、创意农业、农事体验于一体的田园综合体，通过农业综合开发、农村综合改革转移支付等渠道开展试点示范。田园综合体创始人张诚（2017）提出田园综合体的经济技术原理，就是以企业和地方合作的方式，在乡村社会进行大范围整体、综合的规划、开发、运营。他将田园综合体及其产业融合和特色小镇建设的基本路径概括为：①企业承接农业，避免实力弱小的农户的短期导向行为，做中长期产业规划，以农业产业园区发展的方法提升农业产业；②规划打造新兴驱动性产业——综合旅游业，也可称之为文旅产业，促进社会经济发展；③在基础产业和新兴驱动性产业起来后，当地的社会经济活动就会发生大的改变，该地区就可以开展人居环境建设，为原住居民、新住居民、游客这三类人群营造新型乡村、小镇，形成社区群落。

三是关于推进农村产业融合重点要解决的问题。相对于发展现代农业或农业产业化，在农村一二三产业融合发展中，参与主体更加复杂多元，因此完善利益联结机制最为关键，应作为推进农村一二三产业融合发展的首要着力点。除专业大户、家庭农场、农民合作社、农业产业化企业、投资农业的工商资本等部分新型农业经营主体外，农村一二三产业融合发展的经营主体还包括与此相关的各种工商企业和社会资本。通过社区支持农业等方式，许多市民、社区或其联合组织也成为农村一二三产业融合发展的重要参与主体，甚至投资者。供销社、农信社、邮政系统、农村集体经济组织和电商企业、农机公司、农产品配送公司、农业设计公司等新、老农业服务主体，也是农村一二三产业融合发展的重要参与者和利益相关者。姜长云（2015）特别强调要通过支持农民合作和联合，帮助农民增强在农村一二三产业融合发展中的“话语权”，防止垄断资本凭借资本优势和市场强势将农民推向权益分配的边缘地位，形成类似“企业控制产业融合”的现象。在经济下行压力较大的背景下，要加强农村一二三产业融合发展的风险防范机制建设，将“老板跑路”“环境破坏”等负面现象消灭在“萌芽”之前。当前，在中国许多地方，尽管推进农村一二三产业融合发展仍处于“初级阶段”，但是市场同质竞争问题已日趋凸显，错位竞争和个性、特色、服务经验不足的问题较重。许多农村一二三产业融合发展项目“规划前景诱人”，但实际经营惨淡，融资难、项目落地难、吸引人才和优质要素难，与此均有很大关系。其原因固然很多，但创新能力不足恐怕是共性甚至是最为重要的原因。因此，推进农村一二三产业融合发展的过程中，搭建增强创新能力的平台应是主要着力点之一。如搭建企业家成长和培养培训的平台、搭建农村一二三产业融合发展的骨干人才培训平台、销产衔接和市场信息平台等。在推进农村一二三产业融合发展的过程中，如果说企业家是“领头羊”，骨干人才则是“顶梁柱”。销产衔接和市场信息平台建设，则有利于增强农村一二三产业融合发展创造市场、引领市场、适应市场的能力。推进农村一二三产业融合发展的过程，从根本上说是推进农业工业化、工业服务化、服务产业化、产业信息化的过程。在此过程中，农村服务业的发展往往具有“画龙点睛”或举足轻重的作用。创新农村服务业发展理念，不仅有利于丰富农村一二三产业融合发展的内涵，对于发挥服务业的引领支撑作用，提升农村一二三产业融合发展的层次，具有更加重要的意义。创新农村服务业发展理念，归根到底要靠完善体制机制来保障。要按照创新理念，着力引导农村服务业市场化、产业化、社会化、网络化，着力引导农村服务业优化质量提升机制，推进标准化、品牌化建设，为农村服务业增强可持续发展能力和参与、引领农村一二三产业融合发展的能力创造条件。要按照统筹城乡发展的思路，发挥城市服务业对农村服务业发展的带动作用，为提升农村服务业发展水平和质量，为更好地发挥城市消费对农村一二三产业融合发展的带动力创造条件。

（五）现代农业综合体“多元融合”产业体系构成

2016年习近平总书记提出要以构建现代农业产业体系、现代农业生产体系、现代农业经营体系为抓手，加快推进农业现代化。从三大体系的关系来看，现代农业生产体系重在提升农业生产力，现代农业经营体系重在完善农业生产关系，两者又共同支撑现代农业产业体系发展，体现了现代农业生产力和生产关系的相互作用、有机融合。作为支撑现代农业发展的“三大支柱”之一，现代农业产业体系是产业横向拓展和纵向延伸的有机统一，重点解决农业资源要素配置和农产品供给效率问题，是现代农业整体素质和竞争力的显著标志。

1. 现代农业综合体“多元融合”产业体系内涵与特征

如前所述，农业一二三产业融合就是从特色农产品的“点”；发展成为围绕这个特色农产品形成产业化和产业链，这就是“线”；进一步围绕特色农产品产业链，形成区域特色经济的“面”，这个载体就是农业园区和现代农业综合体，其内涵概括如下：

农业园区就是指一个区域的经济以特色经济为主题展开，以农业为依托，开展加工、参观、体验（采摘）、休闲、餐饮、娱乐、培训的综合经济体。最常见的如休闲度假园、观光采摘园等。农业园区就是从产品到产业的集聚和放大，是从第一产业到第二、三产业的融合贯通，是第六产业的表现形态。

现代农业综合体是初级农产品生产和流通的升级，原休闲农业、观光农业的拓展，是彻底的融合经济，是以农业为主导，融合工业、旅游、创意、地产、会展、博览、文化、商贸、娱乐、物流等三个以上相关产业与支持产业，形成多功能、复合型、创新性的产业综合体。农业综合体是农业产业模式升级、产品模式升级、土地开发模式升级“三大升级”共同作用的结果。

现代农业综合体“多元融合”产业体系是以科技创新、文化创意为核心，构筑多层次、复合型的全景产业链。在综合体平台上，把食物保障、原料供给、资源开发、生态保护、经济发展、文化传承、市场服务、农业技术、农耕活动以及市场需求有机结合起来，形成彼此良性互动的产业价值体系。以现代产业的理念为指导，以“三产”联动为基础，以现代科技、文化创意为支撑，以现代产业组织为纽带，将农业技术、农产品加工、流通、信息技术、服务、金融等产业融入农业产业中，构建新型的“大”农业产业体系，是现代农业的产业经济的现代表现形式，为农业和农村的发展开辟全新的空间，并实现产业价值的最大化。

现代农业综合体“多元融合”产业体系最重要的特征是信用，在大数据帮助下，以信用为支点，能力为杠杆，人格为动力，联合撬动的力量范围，成为农业多元产业和多功能价值的供给者、整合者和放大者。其基本特征体现为“六化”：

一是生产主体组织化。政府发挥引导、扶持、支持作用，而非直接领导作用。企业发挥主导作用，主要以市场为导向，筹集资金投入、组织农业综合体的建设和运行、统筹参与各方利益。农民发挥主体作用，在农业综合体的统一安排下进行生产，分享所生产的农产品、土地入股以及其他约定的经济回报。通过这种新型合作方式，将农业综合体参与各方打造成组织化的利益共同体，创造更高效益。

二是生产手段科技化。通过与科研机构、企业院所等多方协作，以科技创新、成果应用推广为驱动，实现现代化、规模化、智能化生产。

三是产品服务创意化。结合市场需求，融合文化、创业、时尚等元素，对农业产业进行创新，提供定制化、时代化、个性化产品服务。

四是产业经营一体化。通过科技、文化、产业链、利益等要素，以农民增收、企业可持续发展、促进科技成果转化为核心，将生产、科技、经营主体有效联合在一起，建立长期有效运行机制，规范产业经营。

五是产业功能多元化。深度挖掘农业元素，结合二产、三产，横向纵向拉伸产业链，利益分配市场化，建立符合市场规律的各方利益机制。

六是要素配置高效化。把产品、农资、信息、资金、政策、技术、设施、设备等各种要素有机系统地整合到农业综合体产业体系，使各要素能紧密联系、相互作用，实现在产业内的要素高效整合、功能创新拓展、价值有机放大。

2. 现代农业综合体“多元融合”产业体系构成框架

整个现代农业休闲综合体中，将构建以核心产业、支持产业、配套产业、衍生产业四个层次组成的产业群；形成农产品体系、多功能服务体系、现代农业支撑体系与现代产业组织体系四大核心体系；呈现产业融合、业态融合、功能融合、空间融合的创新、持续发展态势（图1）。

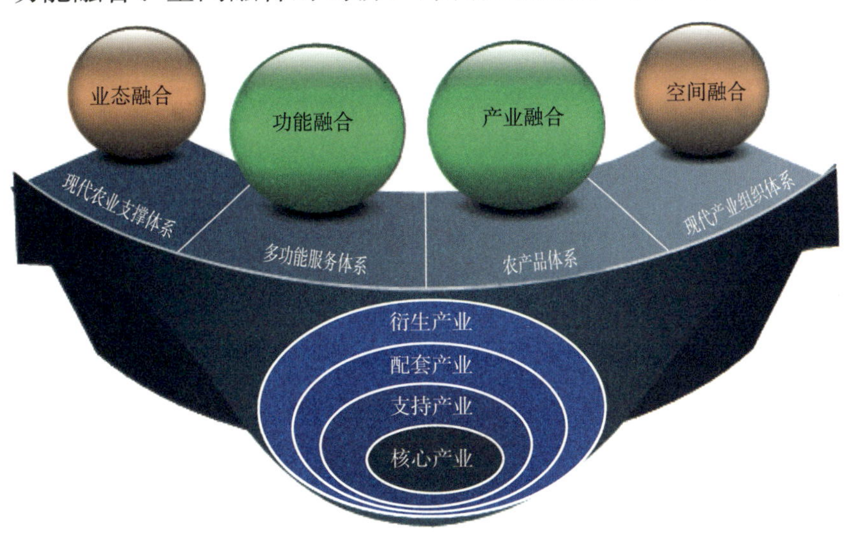

图1　现代农业综合体“多元融合”产业体系构成

1）四个产业层次

核心产业：以农业综合体为载体不断进行产业创新创意的农业生产和农业服务企业，承担价值创新的任务，并主导价值链的分配和延伸。

支持产业：直接支持农产品和服务的生产、发展和传播的企业群。

配套产业：为整个农业综合体良性健康发展，包括人才的吸引和成长、产品的推介和促销，提供良好环境和氛围的企业群。

衍生产业：文化创意，以特色农产品和文化创意成果为要素投入，实现农业休闲产品与服务的溢价和品牌提升。

在整个产业体系中，一二三产业互融互动，通过各个产业的相互渗透融合，把农业生产、休闲娱乐、养生度假、文化艺术、农业技术、农副产品、农耕活动等有机结合起来，能够拓展现代农业原有的研发、生产、加工、销售产业链，形成产业延伸与互动的模式，使传统功能单一的农业及加工食用的农产品成为现代休闲产品的载体，发挥产业价值的乘数效应。

2）四大核心体系

优质农产品体系：涉及粮食、畜牧、水产、蔬菜、水果、油料、森林食品各个产业，对于不同地区、不同类型的农业综合体主导的产品体系将有所侧重，确保安全、健康、质量和风味农产品的有效供给。

多功能服务体系：发挥农业提供农产品和原料功能的同时，加快培育和拓展生态保护、休闲观光、文化传承、特色产业、农村二三产业、循环农业、乡村旅游业等产业，充分发挥农业多功能，提高农业经济社会生态效益。

现代农业支撑体系：加快发展农业科技、社会化服务、农产品加工、市场流通、信息咨询等为农服务的相关产业，以提升现代化产品和农业抗风险能力、市场竞争能力和可持续发展能力。

现代农业产业组织体系：把关联效应较强的各种农产品的生产、经营、市场、科技、教育、服务等主体，通过必要的利益联结机制而形成的多部门有机复合体。这种复合体将农业产业相关环节紧密相连，构成一体化的、涵盖其价值形成和分配的经济系统，是由市场化农业及与其相关的产业所构成的一种新型的农业组织形式和经营机制，是农业产业化的高端形式。

3）四大融合态势

产业融合：多元产业融合，即一二三产业融合。现代农业综合体“多元融合”产业体系的核心任务是完善产业链，拓展产业空间，强化产业联系。按照现代化大农业生产的要求，在大力发展新兴业态的同时，在纵向上推行产加销一体化，将农业生产资料供应、农产品生产、加工、储运、销售等环节串接成无缝高效的链条，在横向上注重与其他产业的整合、渗透、互动，构成有机的、立体的产业体系。充分实现“小农户”与“大市场”、城市和乡村、现代工业及服务业与农业的有效联结，打造专业高效、开放包容的现代农业产业体系。

业态融合：多元业态集合，即多业态有机集合。现代农业综合体“多元融合”产业体系是以农业生产为基础，以农业生产经营的标准化、生态化、品牌化、集约化为目标，导入农业传统、科技、创意和休闲的新文化，积极拓展农业的生产、体验、生态、健康、养生等多维形态，打造多种产品形态和服务业态于一体的综合性、一站式、体验型的现代农业产业体系。

功能融合：多元功能综合，即三生一化功能综合。现代农业综合体“多元融合”产业体系的导向是功能的综合，旨在农业发展、农村繁荣和农民增收基础上，通过重点建设包括现代农业生产区、产学研科技示范区、农业休闲体验区、新型居住社区、加工物流园区、文化创意区和生态涵养区等，打造集“生产、生活、生态和文化”功能于一体，凸显新产业、新家园、新环境、新农民和新文化多元功能体系，促进生产发展功能、生活居住功能和休闲服务功能等的拓展、共融和综合提升（图 2）。

空间融合：多元空间渗透，即产业跨地域融合。现代农业综合体“多元融合”以经济为纽带，通过市场机制主导多方主体合作，以发展现代农业为核心和主业，以要素整合、资源整合为支撑和动力，以互联网科技、流通、

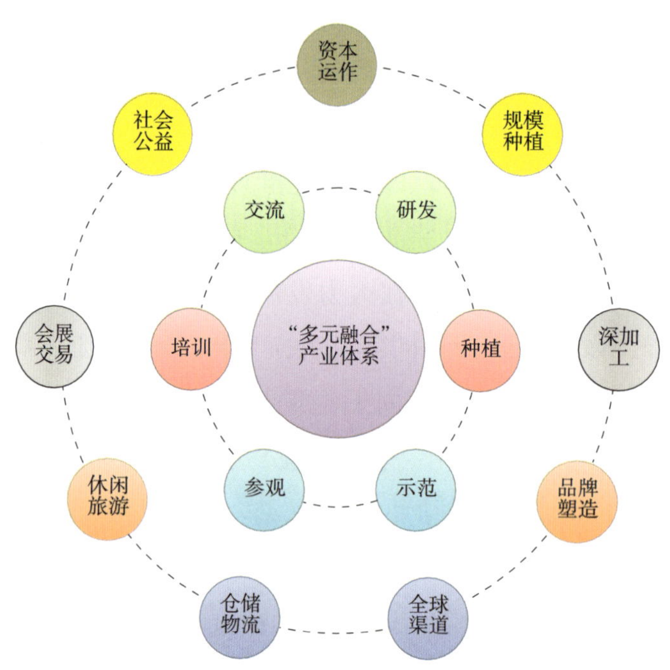

图 2　现代农业综合体“多元融合”产业体系功能融合

资金、文化、交流为驱动，实现不同地域的农业要素交叉、渗透、融合，打造高效、绿色的一体化农业产业体系。

3. 现代农业综合体“多元融合”产业体系的地位与作用

产业体系是现代农业综合体的基础，而“多元融合”产业体系中发挥着衔接不同空间、不同产业、不同业态、不同功能跨界链接作用，促进现代农业综合体产业体系跨界融合、科技体系应用推广、经营体系主体创新创业、质量安全体系有效运转、流通体系无缝对接、金融体系相互融通的顺利进行，实现农业综合体内不同体系相互协作，对整个农业综合体要素整合、资源配置、推动农业产业发展、优化产业结构等方面起着至关重要的作用。

“多元融合”的产业体系是现代农业综合体赖以生存与发展的基础与核心体系，不断生产提供多元健康、创新、创意的产品与服务，并使其他系统得以充分有效发挥作用的载体和平台。“多元融合”产业体系是现代农业综合体各产业、各体系、各环节的纽带；同时也是现代农业综合体发展的内在驱动力，是现代农业综合体不可或缺的重要组成部分。具体而言，科技体系通过现代科技的导入，对产业体系进行渗透、嫁接、组合、交叉，催生新业态、新模式、新产业，产业体系为科技的应用与推广提供载体；金融体系通过多元的融资方式，为产业体系良好的运转提供资金的支持，促进传统产业体系向资本型发展模式转变；质量体系把食品安全控制的理念、技术与方法贯穿于产业体系的每一环节，确保产品的质量安全；流通体系通过“互联网+”的重构，有效支撑产业体系各个环节、综合体内外的物质、信息、资金的良性互动；经营体系对产业体系进行有效的组织、管理与运营，保证各主体之间的协调发展、利益均衡（图 3）。

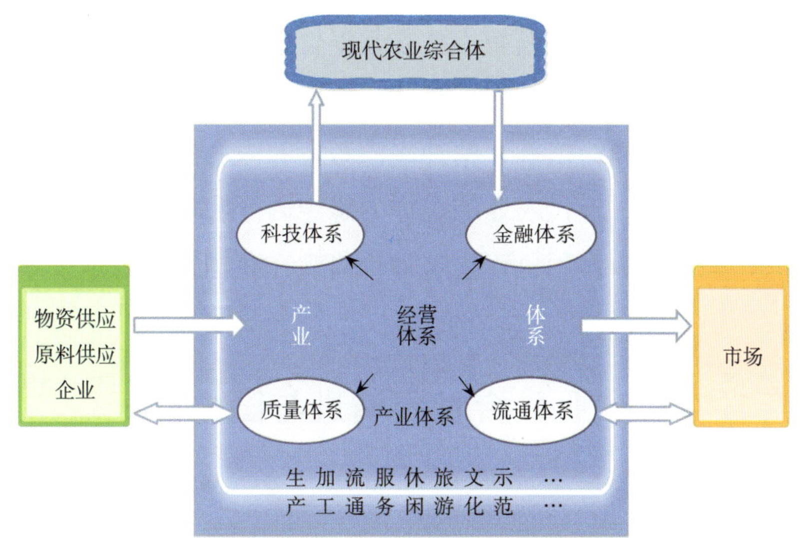

图 3　现代农业综合体“多元融合”产业体系的地位与作用

此外，现代农业综合体的建设理念是为了顺应我国乃至世界未来现代农业发展的趋势。据《博客日报》2016 年 8 月 3 日发表的《关于中国未来的 30 个预言》，中国经济结构将按照“计划经济—市场经济—共享经济—共产经济”的路径进化，从“按计划生产，按计划消费”，到“按市场生产，按利润分配”，再到“按消费生产，按价值分配”，最后一定会“按需求生产，按需求分配”，满足人的一切需求。中国产业链的流向正在逆袭，以前的流向是生产者—经销商—消费者，而未来的流向是“消费者—设计者—生产者”，传统经销商将消失，而能够根据消费者想法而转化成产品的设计，并按照“创意—表达—展示—订单—生产—客户”的逻辑大量出现。当设计者有一个想法时，可以先在平台上表达出来，然后吸引消费者去下单，拿到订单后可以找生产者去生产，生产做到精细化和定制化，然后再送到消费者手里。基于这种逻辑自然从而可把企业分化成了三类：三等企业做服务，二等企业做产品，一等企业做平台，平台化的本质就是给创造者提供创造价值的机会。这样，未来商业主题都将离不开“跨界互联”，以互联网为基础，实现不同行业之间互相渗透、兼并、联合，构成商业新的上层建筑，不同业态将互相制衡，最终达到一种平衡的状态，形成新的商业生态系统。同时，社会的传统关系网也将被不断撕裂，建立起以价值分配为关系、完善而合理的社会新秩序，让每一个人都能各尽其才，各取所需。进而，新秩序的运转将产生新的精神，比如契约精神，精神碰撞激发起内心的向往，一旦我们心有所属，便树立起信仰。现代农业综合体的思想内涵和精神实质是与上述预言完全一致的，其地位和作用也正是这种价值观在我国现代农业发展进程中的一个系统设计和大胆探索。

二、浙江省农村产业融合发展演进与国内外经验借鉴

（一）浙江省农村产业融合发展的主要成效

“十二五”期间，浙江省围绕建设“高效生态农业强省”和“特色精品农业大省”目标，大力推进粮食生产功能区和现代农业园区（简称“两区”）建设，创新农业全产业链发展模式，在加快农村产业融合发展、促进农民增收上取得了初步成效。2015 年，全省农林牧渔服务业总产值达到2 932.3亿元，其中农业1 424.8亿元，牧业 423.8 亿元，农业服务业 65.1亿元；农村常住居民人均可支配收入为21 125元，比全国平均水平的11 422元高9 703元，居全国 31 个省（区、市）第二位。

1. 推进农业“两区”建设，稳固一产

从 2010 年开始，在全省部署开展农业“两区”建设。经过五年创建，累计建成粮食生产功能区7 886个，面积 45.12 万公顷；累计建成现代农业园区总数 818 个，面积 4.43 万公顷。“两区”的设施装备明显改善，产出效率得到提升，辐射带动效应更加明显，粮食生产功能区产量比面上增加 7%左右，现代农业综合区亩均产值超过 1 万元，比面上高出 20%以上，成为稳定粮食生产、保障菜篮子产品供应的重要基地。其中，建设粮食生产功能区的实践还被写入了中央 1 号文件。

2. 推进农业产业化发展，做强二产

培育农业产业化组织。截至 2015 年底，全省农业产业化组织总数达到50 499个，固定资产总值1 420.8亿元，带动农户 849 万户，帮助就业 224 万人，带动农户增收 93.5 亿元，为促进全省农村产业融合发展，推动农业现代化进程发挥了重要作用。建成 7 个产值超 40 亿元的全国农业产业化示范基地，有全国一村一品示范村镇 63 个。做大做强龙头企业，发挥示范引领作用，全省农业龙头企业总数达到7 664家，其中国家级农业产业化重点龙头企业 56 家，列全国第 5 位，省级农业龙头企业 481 家。大力发展农产品加工业，提高农产品附加值，2014 年全省规模以上农产品加工业主营业务收入达到8 168亿元，与农业总产值的比值达到 3.35∶1，排名全国第五（浙江省农业厅产业处，2015）。

3. 提升发展休闲观光农业，做活三产

以休闲农业示范创建为抓手，强化要素保障，开拓农业多种功能，促进休闲观光农业提质增量。全省已有国家级休闲农业和乡村旅游示范县 17 个、示范点 29 个，位居全国各省（区、市）前列；被农业部认定了 12 个中国最美休闲乡村、19 个中国美丽田园和 7 个中国重要农业文化遗产。休闲农业与乡村旅游已经成为城乡居民的新看点、社会投资的新热点和农民就业增收的新亮点。全省累计建成休闲农业园区3 420个，从业人员 13.1 万人，2015 年全省休闲农业实现产值 227 亿元，带动农民增收 40 亿元。

4. 推动农产品电商发展，大力培育新型业态

利用浙江电子商务发展的先发优势，加强电子商务平台建设。全省已有衢州、丽水、遂昌、临安等十多个市县在淘宝特色中国上建馆。推广“农业企业＋网店”、“农户＋协会（公司）＋平台”、农户利用第三方平台等不同模式推进电子商务发展。截至 2015 年底，全省农产品网络零售额 304 亿元，比上年增长 69％，走在全国前列。“淘宝村”数量达到 62 个，位居全国第一。

5. 推进全产业链示范创建，促进一二三产业融合发展

探索农业全产业链发展模式。2014 年起，浙江省农业厅联合省级相关部门开展全省示范性农业全产业链创建工作。以农业龙头企业为核心整合引领全产业链，促进纵向产业链延伸和横向产业融合。累计建成茶叶、水果、畜牧、竹木等 29 条单条产值超 10 亿元、总产值超1 000亿元的示范性农业全产业链。

“十三五”期间，浙江省提出以农业产业集聚区和特色农业强镇（简称“一区一镇”）建设为主抓手，加快转变现代农业发展方式，积极探索农村产业融合发展的两种新模式，构建富有浙江特色的现代农业产业体系。

农业产业集聚区以农业产业为基础，全产业链发展为主线，以龙头企业和产地市场为核心，通过集聚资源要素、推进适度规模经营，加快发展农产品加工、流通业，促进产业集聚、价值提升、利益共享，提升产业发展层次、市场竞争能力和辐射带动水平。

特色农业强镇以地方特色产业为基础，农旅融合发展为主线，依托生态资源优势和历史文化内涵，通过开发农业多功能，加快发展休闲、创意农

业，促进生产、消费、体验互动，实现“三生”（生产、生活、生态）有机融合和“三农”（农村、农业、农民）统筹发展。

相比较而言，农业产业集聚区更加注重产业链条的纵向延伸，特色农业强镇更加注重农业功能的横向拓展。依据区域条件、自然禀赋、产业基础的不同，在平原地区着力推行农业产业集聚区发展模式；在丘陵、山区等着力推行特色农业强镇发展模式，并重点向 26 个后发展县倾斜。

（二）浙江省农村产业融合发展的突出问题

当前浙江省在产业融合发展方面存在一些短板和问题，在全国也具有一定的代表性。

一是农产品加工业整体水平不高，初级加工多精深加工少，领军加工龙头企业缺乏。主要表现，①农产品仍以鲜食鲜销为主，产业链短，附加值低；②农产品加工业发展滞后，农业龙头企业培育不足，带动力不强，农产品精深加工和综合利用水平较低；③农产品品牌多散弱，品牌的影响力和市场竞争力不强。从 2015 年全省农业现代化进程评估来看，2015 年全省农副产品加工产值为3 499.22亿元，农产品加工业产值与农业总产值的比重仅达到 1.19∶1，远低于发达国家水平［一般在（3～4）∶1］，全省仅 1 个市和 29 个县（市、区）的农产品加工业产值与农业总产值的比重高于全省平均水平，还有 16 个县（市、区）该比重低于 0.5∶1。

二是休闲农业内涵不够丰富，同质化竞争严重。休闲观光农业点多线少，内容单一，基础设施落后，农业的文化功能、创意功能、体验功能缺乏或肤浅。从 2015 年全省农业现代化进程评估来看，近年来，浙江省休闲观光农业有较快发展，2015 年全省休闲观光农业产值达到 227 亿元，比 2014 年增长了 55%，但存在功能单一、层次低、规模小等问题。休闲观光农业产值占农业总产值的比重仅为 7.74%，全省有一半以上的县（市、区）休闲农业产值占农业总产值的比重低于 5%，有 18 个县（市、区）休闲农业产值呈现负增长。

三是从农业自身来看，存在制约融合发展的两大关键短板。一是优质放心产品的供给短板。主要表现：城乡居民消费结构和水平发生了巨大变化，农产品新消费、新需求不断涌现，农产品供给结构缺乏适应性和灵活性，优质优价机制尚未形成，放心优质农产品供给明显滞后于社会消费需求变化；农产品质量安全问题日益成为社会关注焦点，农产品安全隐患仍然较多，违规使用投入品情况仍有发生，千家万户分散经营格局没有根本改变，监管能力和监管体系建设有待进一步提升。二是新型农业生产者缺乏主体短板。主要表现：农业生产仍以小规模经营为主，生产兼业化、收入副业化相当程度存在；专业大户、家庭农场、农业公司培育不足，农民专业合作社运行质量不高；农业生产者文化程度低，老龄化加剧，农业“技术荒”危机；农业技术人员知识老化、工作行政化明显。

四是利益联结机制有待进一步完善，特别是产业融合发展与精准扶贫如何有机结合需要破题解决。总体来讲，利益联结松散，合作方式单一。大部分地区目前的利益联结机制仍以订单农业为主，而且订单农业违约率较高，股份制和股份合作制等紧密型利益联结方式比例很低。尤其是在综合体内部产业融合多主体的产业链中，由于农业合作组织发展规模较小，在整个产业链条中代表农民利益的主体力量单薄，直接导致各主体实力偏差，农户还是得不到增收的实际效益。

（三）国内外推进农村产业融合发展的经验借鉴

1. 荷兰：农业产业链

荷兰是典型的地少人多、农业资源贫乏的欧洲小国，但畜牧业、花卉产业和农产品加工业的竞争力位居世界前列。尤其是 20 世纪 90 年代以来荷兰创意农业快速兴起，已形成完整、发达的创意农业产业链条（刘丽伟，2011）。

强化产业链整合和分工协作。创意农业产业链经营已成为荷兰“链战略行动计划”的重要组成部分，“链网、链群和信息通讯技术研究中心”、“农业产业链竞争能力中心”是农业供应链管理领域享有国际声誉的研究机构。近年来荷兰政府投入约4 500万美元资助了60多个农业产业链和价值链试点项目。农业产业链管理主要包括稳定农产品价格的信息链管理和降低农产品交易成本的物流链管理，同时也注重区域内和跨区域的产业链整合。花卉产业链便是荷兰创意农业产业链高度整合的典型。

重视创新因素提升产品附加值。荷兰创意农业不仅科技含量高，而且融入大量制度、组织等非技术因素，使整个创新效率明显提高，创意农业产业链各环节的附加值大幅提升。如荷兰70%的花卉生产采用现代化的新型温室无土栽培、电脑自动控制，并实现播种、移栽、采收、分级、包装等生产环节全部机械化作业。

打好“文化牌”提升市场吸引力。荷兰是世界郁金香最集中的生产地和最大的集散地。荷兰花农根植于郁金香文化，将以花卉生产为导向的传统发展模式转化为以市场或消费为导向的现代发展模式，推进郁金香生产及其产品成为现代时尚创意的多种载体（白明月，2011）。如荷兰西部的利瑟为把郁金香卖给全世界，每年3～8月举行长达40千米的郁金香花车游行，吸引了大量世界游客，强大的文化感召力提升了郁金香在世界范围内的需求量。

发挥拍卖市场的分销作用。荷兰政府制订严格的市场准入制度和公平的市场交易制度，农产品从生产者到消费者基本遵循生产者—拍卖场—批发商（连锁店）—零售（超市）—消费者的流程。“荷兰式拍卖”的优点不仅体现在快捷高效的销售，还在于拍卖场本身是花农和菜农的合作社（厉为民，2003）。拍卖场作为农产品集散地，提供储存、冷藏、标准化包装及运输等配套服务，并按标准核定产品类型、质量等级、竞拍价格等，为买卖双方提供市场信息服务。拍卖场的高效运作既避免了生产者的同质竞争，也有效降低了农产品销售成本。

培育发达的合作社和专业协会。荷兰合作社遍及农业生产领域各个环节，按业务范围可以划分为五种类型：购买和销售工业投入品；加工和销售农产品和园艺产品；提供贷款；进行拍卖；其他服务如签订劳动合同、保险、会计等（厉为民，2003）。合作社大多从事单一项目生产服务，服务对象和服务内容较为集中，便于引导农民针对单一产品进行质量改进、科技研发、精深加工和市场营销等。此外，各种协会把农民联合起来，目的是加强农场主的政治地位和社会地位。

2. 日本：六次产业

2008年，日本政府在《农山渔村第六产业发目标》中首次提及“第六产业”。近年来，日本政府大力推进农业“六次产业化”战略，强调基于农业后向延伸，内生成长出立足于地域农业资源利用的二三产业，让农林渔生产者能够分享农产品加工、流通和消费环节的收益，而不是让现有的工商资本前向整合或兼并农业。近年来，日本农业“六次产业化”呈现发展内容多样化、发展主体多元化、发展形式混合化的良好态势，并在提升农产竞争力、开拓农业多功能性、增加农民收入、激发农村活力等方面取得了显著成效。

因地制宜培育多元化经营主体。日本农业“六次产业化”战略的核心内容就是促进“地域制造”和“地产地消”。在深入挖掘和开发地域资源、发现农村核心产业的基础上，通过利用本地原料加工代替外地产品的“引入替代”，以及开发本地土特产品代替生产原料出口的“引出代替”，将农业相关的工业和商业活动内化于农村地域经济网络，构建“地产地消”为主导的农工商合作体系（崔振东，2010）。农业“六次产业化”主要有产地加工型、产地直销型、旅游消费型等三大产业形态，通过多元化主体的参与共同推进，主要包括农业生产者主导型、社区主导型、自治体主导型、企业主导型和农工商一体化型等5类经营主体（程郁，2015）。

完善农工商协作利益联结机制。日本政府以《农工商合作促进法》（2008）为基础，推进中小企业和农林渔生产者的有机合作，提升农林渔业经营的综合价值。但农工商合作的目标是促进农林渔生产者能够自我成长为农工商经营主体，而不是让现有工商资本前向整合或兼并农业。因此，为保障农林渔生产者的利益，促进农工商合作的同时限制工业和商业的出资股份不能超过49%。根据农林水产省相关规划，农工商合作的重点领域主要包括培养协调者、召开交流会、提供信息支持、提供技术指导等4个部分（王志刚和江笛，2011）。

强化农业技术创新和品牌化发展。为配合支持农业“六次产业化”，农林水产省农林水产技术会议制定了“农林水产技术基本研究计划”。为推进食品区域品牌化战略，中央组织召开生产者协议会并调查农产品区域品牌化效果，构建包括农业生产者和食品加工企业在内、涵盖农业产业链各个环节的科学管理体系。为强调城乡交流与共生、开拓农村休闲农业的潜在需求，旅游部门与农村地区联合开发乡村体验等各种旅游品牌。

3. 法国：乡村旅游

近年来法国乡村旅游发展迅猛，已成为仅次于蓝色旅游的法国第二大旅游产品。法国乡村旅游的蓬勃发展不仅没有对农业发展造成不良影响，在避免农业收入季节性强问题、扩大农产品直销、保护农村文化遗产等方面均发挥了积极作用（彭青和高非，2013）。

保持乡土风貌，凸显乡村休闲旅游特色。法国乡村旅游主要涉及美食、休闲和住宿等三大类别九大系列，致力于通过乡村旅游展现非现代化的新道德观念：即宁静自然的乡村环境、宾至如归的乡村体验、与当地建筑完美结合的家庭旅馆。法国乡村旅游的每个产品均力图保持乡村的原真性和独特性，让游客在休闲游乐中感受乡村特有情趣。

避免同质竞争，强化当地农产品直销。在法国的“农产品农场”，游客可以购买当地农产品，也可以享用农场美食，但每个农场销售的农产品必须是自己所生产的，主要原料原则上不可以向外采购，副材料可以来自农场之外的产区，但生产加工过程必须在农场进行，从而保证每个农场都有自己独特的农产品。

注重品质认证，着力提升乡村旅游内涵。法国葡萄酒庄园大多实行家族式传承、“精雕细琢”小农作业模式，通过原产地域产品保护制度，有效保护了葡萄酒的品质和信誉。遍布全国的葡萄酒庄园不仅是种植葡萄、酿制葡萄酒、品味葡萄酒的场所，更是法国厚重的葡萄酒文化的集中体现，已经成为法国旅游业的一张靓丽名片。

4. 我国台湾：精致农业

为摆脱农业发展困境，增加农民收入，提高农产品市场竞争力，20 世纪 80 年代我国台湾地区提出了发展“精致农业”的口号。目前台湾精致农业已形成全民共享的健康农业、科技领先的卓越农业、安适时尚的乐活农业体系，发展十分迅速，成为台湾六大新兴产业之一，推动台湾农业跨入了世界先进行列。

积极拓展农业生活、生态功能。多年来，台湾积极发展集生产、生活、生态于一体的“三生”农业，进行吃、住、行、游、购、娱立体式开发，主要业态为旅游休闲农业。经过多年的发展，台湾农业实现了“种—种观—种观假”的升级，即从传统种植农业发展到现代种植加观光加休闲度假的农业结构。

加强新技术和新经营模式的运用。目前，台湾在农业品种改良、食品加工技术、自动化技术研究等方面居于国际领先水平，同时高新技术广泛应用于技术密集型设施农业。台湾注重利用农业研发中心整合上中下游资源，以食品加工带动农业产业化、农业企业化和农业商业化，推动远端服务行销等，促进农业产业链延伸和价值提升。

建立以合作组织为核心的公共服务体系。台湾建立了比较完善的农业社会化服务体系，为农业生产者提供产前、产中、产后系列化服务，包括信用、运销、科技推广、加工贮藏等。农会组织网络健全、功能齐全、服务广泛，是台湾分布最广、影响最大、功能最全的农民合作组织，基本覆盖台湾所有行政区域。台湾还有各种以“产缘”“地缘”为纽带的农业行业协会，与农会职能形成相互补充。

5. 我国第六产业案例：吉林东福集团大荒地米业

吉林市是中国粳稻贡米之乡，东福集团（大荒地米业）公司是吉林市首屈一指的以优质米业为主导的企业集团、国家级农业产业化龙头企业，是第六产业的代表。2007 年 1 月 27 日，时任中共中央总书记、国家主席胡锦涛亲自到公司视察工作，对公司的品牌建设、经营理念和带动农民增收等方面情况给予很高的评价和赞赏。

东福公司 2000 年从当地农产品优势粳稻加工起步，现在已经发展成为科技研发、水稻种植、畜禽养殖、稻米加工与销售、玉米烘干、农机服务及生态农业旅游、新型城镇化建设于一体的一二三产业彻底打通的现代农业企业。

2007 年，东福集团利用当地丰富的温泉资源，开发建设了神农庄园温泉度假村，以此为龙头，带动了餐饮、会议、度假、体验及农业旅游项目，每年接待顾客 30 万人。神农庄园温泉度假村已经被国家旅游局和农业部评为全国休闲农业与乡村旅游示范点和五星级企业。

2015 年，东福集团对神农采摘园进行了升级改造，极大地解决了当地剩余劳动力的就业问题，使农民离土不离乡，为大荒地新农村建设提供了发展空间。农业旅游项目包括科教展览园区，将灌溉设施布置成景点，还包括日光温室园区，同时又是园区一大景点。这里还是全国青少年儿童食品安全科技创新实验示范基地、全国科普惠农示范基地。正在建设中的综合小镇，成为吉林省新型城镇化示范项目。

6. 我国农业综合体案例：北京农业嘉年华

2012 年世界草莓大会结束之后，北京市相关领导打算着手开发后草莓经济，但后草莓经济具体干些什么事情，有哪些模式，没有人说得清楚。

原供职于中国农业科学院产业局的段然博士提出，利用现有的场馆设施，借用嘉年华的娱乐方式搞一个大型综合性的农事节庆，为市民提供一个休闲好去处，为农民搭建一个增收好平台。段然的想法打动了昌平区和市里的主管领导，农业综合体的新品种——“农业嘉年华”从此在中华大地上诞生了。

农业嘉年华是以现代农业为主题背景，以丰富多彩的体验和狂欢活动为载体的大型综合休闲娱乐活动。

2013 年，首届北京农业嘉年华亮相，千斤大南瓜、五彩茄子、番茄迷宫、机器人摘草莓等极富创意和科技含量的项目让参与者大饱眼福，短短 51 天的时间里，共吸引游客 100 余万人次，带动周边草莓采摘园实现销售收入近 2 亿元。这场将农业与娱乐首次完美结合的嘉年华活动，彻底颠覆了人们对于农业的传统认识，许多人都惊呼，原来农业可以这么好玩、这么高大上。

农业嘉年华以新颖娱乐的形式展示现代农业科技成果、传承农耕文化、展望农业未来，是具有时代特征的创新、创意、创造性农业新型模式，打造了都市型现代农业发展新品牌，实现了一二三产业融合发展。

从 2015 年起，北京农业嘉年华设立了“三馆、两园、一带”，“三馆”是农业精品馆、农业创意馆和农业体验馆；“两园”指激情狂欢乐园和农事体验乐园；“一带”是指草莓休闲观光采摘带。同时把河北、天津也整合进来，成了京津冀合作项目，并且注入了越来越多的国际元素，越办越红火。农业嘉年华进一步走出北京，在郑州、贵阳、武汉等地接二连三地开花。

农业嘉年华把农业从第一产业解放出来，变成新型经济体，与城市、与城市消费者融为一体，让农业以时尚娱乐的形态，实现“第六产业”转型！

中国农业大学农业规划科学研究所所长张天柱说：“‘十三五’时期需要把产业链、价值链等现代产业组织方式引入农业，开发多种功能和价值，促进一二三产业融合和互动。”农业嘉年华是新常态下我国农业综合体的新发展，它以农业为依托，集休闲、体验、创意、研发、地产、会展、博览等多种相关功能为一体，在农业生产及产业经营的同时，展现农业文化和农村生活，形成的多功能、复合型、创新型的产业经济综合体（蔡中雨，2014）。

7. 我国农业综合体案例：成都“五朵金花”

成都市三圣花乡旅游区占地 12 千米^2，人称“五朵金花”，是国家4 星级风景旅游区，是以观光休闲农业和乡村旅游为主题，集休闲度假、观光旅游、餐饮娱乐、商务会议等于一体的城市近郊生态休闲度假胜地（图 4）。

图 4　成都“五朵金花”产业融合示意图

特色集群为特征的空间融合开发体系。2003 年，成都市以三圣乡举办“中国成都首届花博会”为契机，集中财力，借势造势，将花博会周边的 5 个村庄在原来经营花卉的基础上，由政府统一规划，因地制宜，错位发展，分别打造了花乡农居（红砂村）、幸福梅林（幸福村）、江家菜地（江家堰村）、东篱菊园（驸马村）、荷塘月色（万福村）等 5 个不同特色的旅游村，并称三圣花乡旅游区。

花卉产业为基础的功能融合发展体系。五朵金花以花为媒，文化为魂，错位发展，竞相开放。其中，花乡农居以发展小盆、鲜切花和旅游产业为主；幸福梅林围绕梅花文化和梅花产业链，发展旅游观光产业；江家菜地以认种的方式，把传统种植业变为体验式休闲产业，实现城乡互动；东篱菊园突出菊花的多种类和菊园的大规模，形成了环境、人文、菊韵、花海的交融；荷塘月色优美的田园风光，成为绘画艺术创作、音乐开发及相关产业为一体的艺术村。

8. 经验启示

从日本、法国、荷兰和我国台湾地区以及我国内地农村一二三产业融合发展实践来看，主要经验可概括为以下几点：

一是政府严格监督，保证农村一二三产业融合发展中农业生产者权益最大化。对向农业投资的工商业进行严格审查，限制股份制所占比例，保证农民合作中的主动权。通过转让土地经营权，使工商业主体参与农业生产领域的动力充分激发，坚持土地集体所有制，保证农民能够得到产业农户的增值收益。

二是重视农民专业合作社在农村一二三产业融合发展中的作用。可借鉴浙江省畜牧业规模化养殖与产业化合作经营相结合的新型畜牧产业组织体系，发展合作社引领的产业化合作经营模式、龙头企业主导的产业化合作经营模式、多元主体共建的产业化合作经营模式等。这其中最重要的一点是，通过合作社组织形成规模化种植（养殖）是产业融合发展的基础，规模化种植（养殖）基础上的合作经营使得“弱势抱团变强势”，具备了向产业链迅速拓展（创办加工实体）的资金实力，通过“规模化养殖场—合作社—集团公司”发展合作社主导的产业化经营，进行全产业链的整合与优化，是保证农户分享产业融合增值收益的主要途径。如果说，农民专业合作社（或联合社）是农民能分享产业融合增值收益主要途径的话，那么这其中的重中之重即是有合作精神和经营能力的领头人。从各地反映情况看，各种专业合作社能否成立起来，特别是大家能否合伙抱团，很大程度上取决于合作社的领头人。目前发展较好的专业合作社带头人要么是长期从事畜牧业的企业家，要么是从相关行业领导岗位退休下来发挥余热的官员，但不管怎样，甚至可以不夸张地说，一个优秀理事长后面，就是一个新型合作社，一个在区域畜牧业发展中举足轻重的新型合作组织。这个人必须具备很高的威望，见识广，阅历丰富，处事公道，经济实力强，有创新能力，才能让社员信服你、跟着你。合作社社员都是大小不等的“老板”，本身有企业，有经济实力，也有较强的组织和认知能力，要大家走到一起创业，更需要这些群众“领袖”。如龙游龙珠合作社理事长赵春根，他当过兵，担任过文化员、乡镇长、乡镇党委书记、县二轻局局长等，自己所办的猪场又非常出色，生产水平高，经济效益好，在全县同行中处于领先地位，其他社员就愿意跟他合作。绍兴瘦八戒生猪合作社有专职服务的秘书长，是县委组织部派驻在合作社里帮助工作的，他政策水平高，解决问题能力强，又不会与社员的利益发生冲突，容易吸引社员共同创业。

三是严格论证深度挖掘可开发的地域资源，防止农村一二三产业融合发展的同质化以及空间布局。在开发地域资源时，充分结合本地区农民与专家、消费者的不同观点，对于开发出来的资源，组织开展产业化的可行性评价，将评价结果按照优劣次序排列后按顺序开发利用，保证农村一二三产业融合发展的可持续性。同时，通过促进农产品本地化加工、流通和发展休闲农业、乡村旅游等，将本来流向外部的就业岗位和附加值内部化。还要注意把县城和重点镇、中心村、特色村镇，作为引导农村一二三产业融合发展的主要载体，引导农村一二三产业融合发展优化布局，提高农村一二三产业融合发展的布局效益。

四是要发挥地方政府以及产业融合主体金融支持的各项举措。首先，政府部门要做好基础工作，对农村一二三产业融合发展的从业主体要进行准确认定，这对于有针对性地为从业主体提供金融产品和服务，保障融合发展从业主体真正获得政策支持至关重要；其次，出台专门针对农村一二三产业融合发展的相关支持政策和金融产品，比如根据购置设备和周转金不同来确定信贷产品的期限和利率高低，这其中政策性金融机构在配合优惠政策推进和实施方面起到关键性作用，能有效促进农村一二三产业融合发展政策的实施；再次，为有效解决商业性金融机构商业性取向问题及引导更多的社会资本流向农村一二三产业融合，通过设立专门基金（基金来源包括财政资金、金融机构资本投入、其他公司企业的社会性资本）的形式为农村一二三产业融合提供重要支撑，形成覆盖广泛的产业融合发展基金体系。

三、现代农业综合体“多元融合”产业体系内涵

（一）现代农业综合体“多元融合”产业体系的驱动机制

当前，融合已是产业发展的一种常态。技术的进步、管理的创新、政策的调整、社会需求（市场需求、消费需求、企业需求、资本需求）的变化都推动着现代农业综合体中农业产业与相关产业的相互渗透结合，同时促进农业产业内部相关产品和业务、农业与其他产业之间业务与市场的融合。构建现代农业综合体“多元融合”的产业体系，可有效推动农业产业跨越式发展，提升农业产业的附加值，推动农业产业转型升级。现代农业综合体“多元融合”产业体系发展的动力是市场，核心驱动模式是以企业和社会资本为主体的竞争与协同成为产业创新驱动（图 5）。

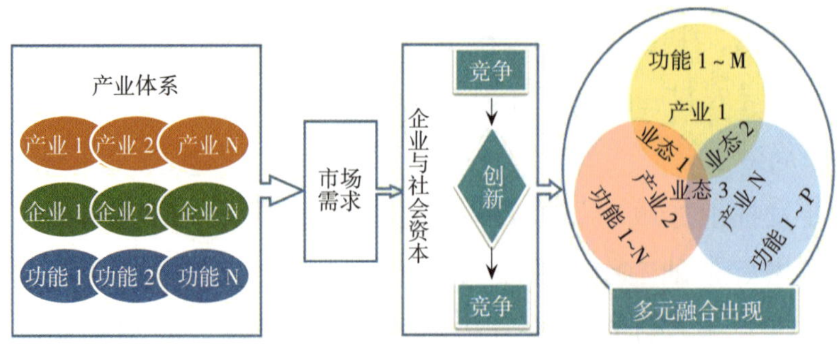

图 5 现代农业综合体“多元融合”产业体系的驱动机制

在现代农业综合体平台上，“多元融合”的产业体系催生了新的产业、新的业态、新的功能，并形成了新的分工与市场的扩大。

（二）现代农业综合体“多元融合”产业体系的扩展机制

现代农业综合体突破传统农业三次产业划分的界限，在农业相关产业之间、在农业与非农业之间的渗透与融合中，通过创造商品和非商品的价值，实现由传统农业单一产品经济向产品、文化、休闲、服务等综合经济发展转型。现代农业综合体“多元融合”产业体系的发展沿着“基于农业产业价值链的纵向延伸与基于农业多功能开发的横向拓展”的二维路径展开。

纵向延伸是由于技术创新产生的供给型产业融合（赵建华，2014），具体表现为以市场为导向，深化农业产业化经营，围绕价值创造和实现的全过程进行跨产业（一二三产业）的纵向分工深化和协作程度，拉长农业产业链条，提高农产品或农业项目的加工度和价值增值程度。农业生产经营活动从产前的种子培育、研发、规划设计到产中的农业机械设备、农业资材、信息科技服务到产后的储藏、运输、加工、包装以及销售形成了高度专业化、知识信息化的纵深社会分工农业产业链条和网络。通过农业产前、产中、产后各纵向环节的有机组织与联系，构建完整的农业产业链与价值链，引导分散的小生产向大市场大流通的现代合作经营模式，促进价值增值从单一农产品生产领域延伸到加工和服务等领域。

横向拓展表现为由于市场的需求及消费者不同偏好而形成的农业与二三产业相融合的农业多功能发展趋势（赵建华，2014）。具体表现为在围绕农业生产经营内容，整合农业资源，通过引入信息技术、旅游服务、科学管理等现代服务的经营理念、技术手段和运作模式，横向拓展农业产业链，农业从食品、纤维等农产品的生产向休闲、健康、生态保护、旅游、文化、教育等领域扩展，使农业产出从传统的粮食、蔬果等产品等向更多种实物、非实物产品发展，农业具有了经济、社会、生态、文化等多种功能，产业增值从单一的农业发展平台扩展到信息、旅游及高新技术等服务领域（图 6）。

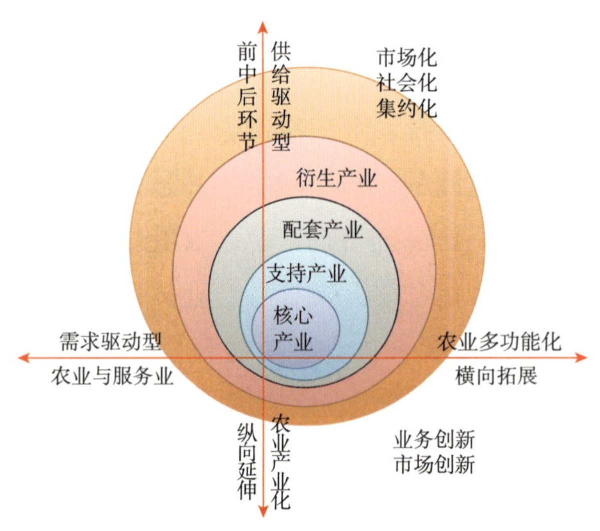

图 6 现代农业综合体“多元融合”产业体系的二维扩展机理

（三）现代农业综合体“多元融合”产业体系的运行机制

1. 多元产业融合

农业综合体注重打造系统的产业体系，以发展现代农业为核心和主业，以要素整合、全产业链整合、功能价值整合、城乡空间整合为支撑和动力，融合科普、观光、休闲、采摘、文化、创意等元素，通过多方主体合作，拓展现代农业原有的研发、生产、加工、销售产业链，建设集农业改革新特区、农业产业新园区、农业科技示范区、农民居住新社区、农业生态涵养区、农业服务经济区等于一体的多种综合性功能的区域经济、科技、文化发展新平台，形成产业延伸与互动的模式，使传统的功能单一的农业向农业的多种功能转变，发挥产业价值的乘数效应。在生产过程加强了农业标准化体系建设，建立了农产品质量检测中心，严格产地源头保护、生产全过程管理和食品质量安全检测。农业综合体通过开展“基地零距离”业主体验活动，主题休闲采摘活动、中小学科普教育、综合农业技术服务等，实现一三产的有机联动。在农产品加工方面，农业综合体选择多个 OEM 合作伙伴，实现一二产的空间融合。通过综合体产业体系的打造，目前已形成一二三产有机联动的发展格局，实现农业产业的综合效益（图 7）。

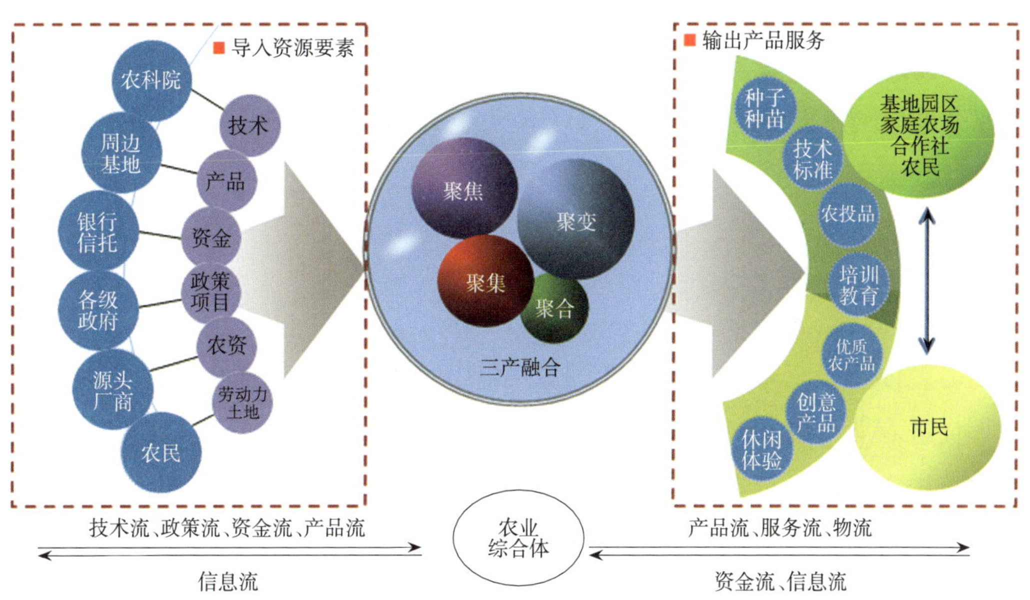

图 7　现代农业综合体“多元融合”产业体系产业融合

2. 农业多功能融合

农业综合体承担的功能不仅仅是为客户提供农产品，而是集绿色生产、科技集成、休闲旅游、创新实验、综合培训、示范带动六大功能的现代农业综合服务平台。农业综合体以农业生产为基础，适当开发农业加工附加功能，在农业生产中应用现代农业技术、手段、模式，注重引入文化创意理念和营造手法，依托传统文化资源，融合文化、创意等元素，结合基地特色资源，吸引公众参与休闲农业旅游，中小学生参与农业科普和农事体验活动，使农业生产兼具休闲、观光、科普、景观等多种功能，催生了农业新业态（图 8）。

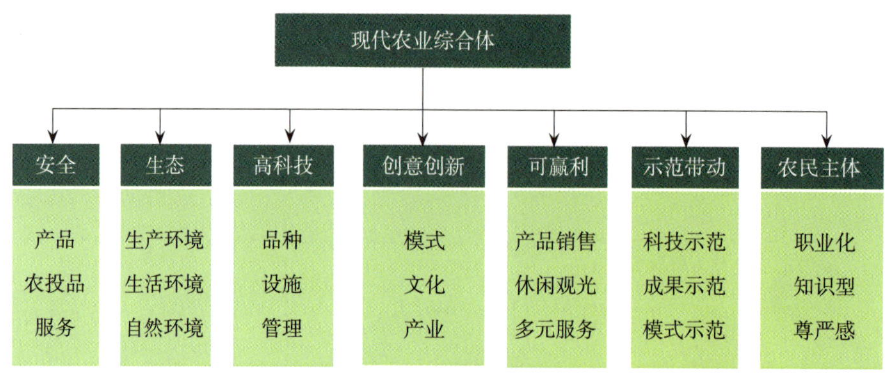

图 8　现代农业综合体“多元融合”产业体系功能融合

3. 多空间跨界融合

综合体不仅仅是建有自有农业的基地，还通过跨地域合作形成加盟基地，促进农业产业跨地域融合（图 9）。基地构建“初级分拣中心—全国仓储物流中心—城市分拨中心—社区体验店”的体系，搭建从基地到餐桌的直通渠道，打造扁平高效的流通体系，不断推进城市社区设立农产品配送及直销网点，品牌和市场占有份额迅速扩大。随着基地核心区的建成，逐步形成了农产品集散、物流配送中心和展示中心。同时，依托基地和外联基地，农业综合体积极开发“农业＋互联网”电子商务，拓展农产品网上订购，完善业主配送体系和公众综合服务网络，并且进行农村土特优产品品牌建设。

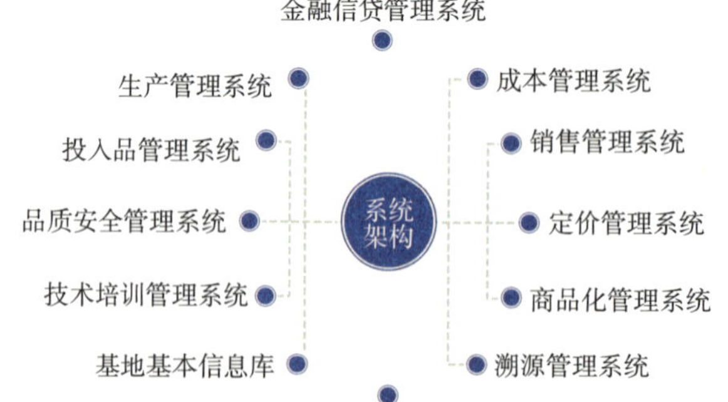

图 9　现代农业综合体“多元融合”产业体系子系统融合

4. 不同形式利益联结机制融合

农业综合体在平等互利基础上，打造一个产业综合服务平台，优先聘用流转土地的农户，与参与基地产业融合发展的农户、合作社、家庭农场签订农产品购销合同，形成稳定购销关系，紧密高效连接市场与农民，获取更高的产品与服务溢价，实现农民、消费者与企业的共赢。同时构建联盟型、紧密型和松散型农产品质量检测联盟体系，引导农民参与农产品加工、营销等体系，打造联合品牌，实现利益共享。截至目前，公司以自身的技术和管理优势，统筹引导周边 200 多户农户就业乐业，提高了农户生产管理水平（图 10）。

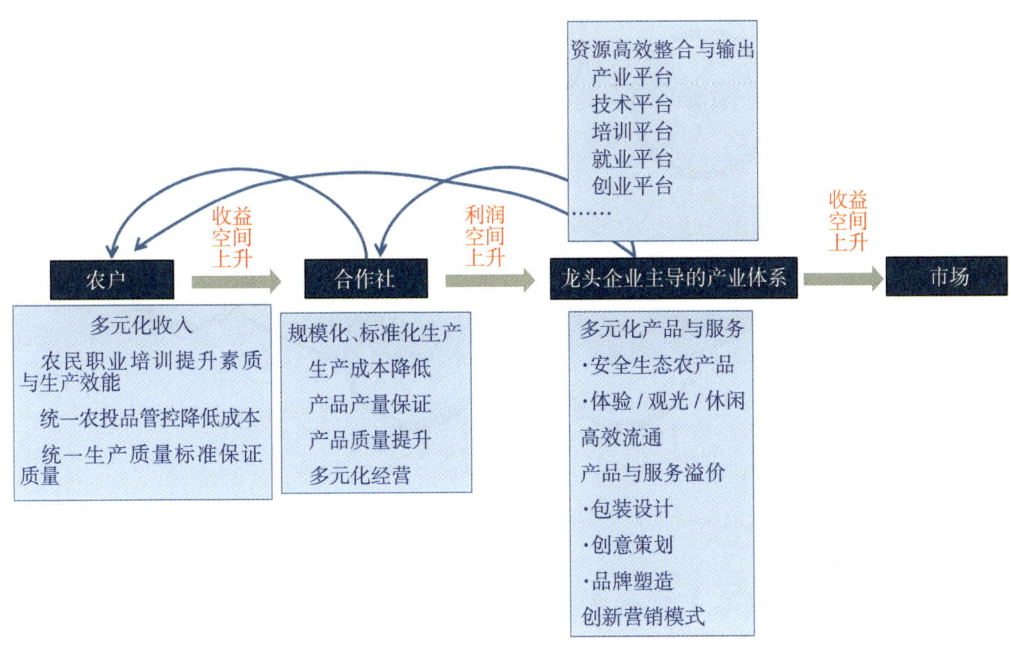

图 10　现代农业综合体“多元融合”产业体系利益联结机制

5. 多主体合作运行机制

农业综合体以主导企业为主体，保证工商资本在行业内的高效流通，构建畅通的生产运营和流通营销系统。地方政府提供农业综合体建设的扶持政策，帮助协调土地租赁和综合体与农民关系，农业科研机构提供综合体生产系统的顶层设计和技术支撑，金融服务机构提供土地流转和综合体建设的金融保障，农民反租土地并在农业科研机构专家指导下进行农业生产，广大消费者分享综合体基地生产优质农产品，实现“龙头企业＋政府＋科研资源＋农户＋工商资本＋金融服务＋消费者”高效结合模式，形成可持续发展的轻资产模式运营，打造可复制的、产融结合多赢的现代农业开发创新模式（图 11）。

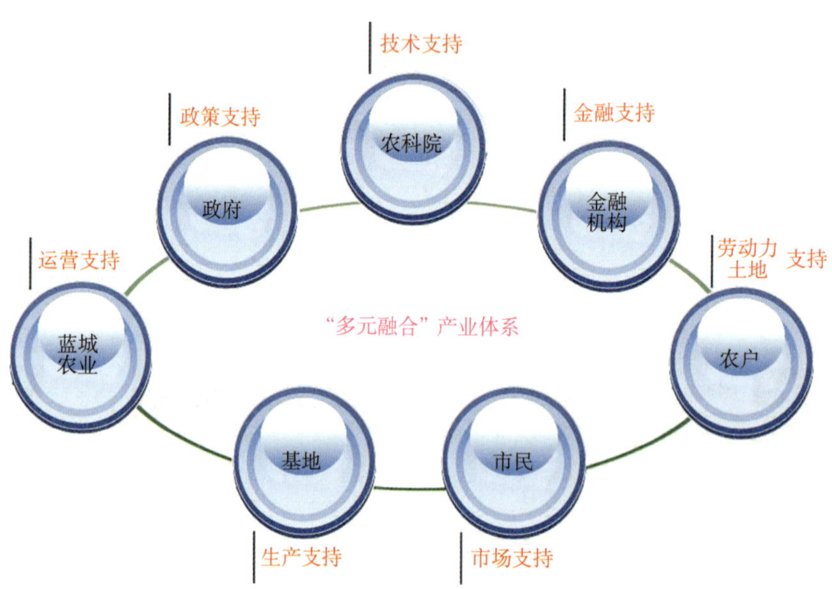

图 11　现代农业综合体“多元融合”产业体系多元主体合作运行机制

6. 协同创新驱动多元融合产业体系发生与发展

在强强联合、优势互补的合作下，现代农业综合体的产业体系以市场消费需求为导向，以科技、创意为驱动，联动当地农民，发挥当地资源优势，同时引入金融，扩大、稳定资金链，探索现代农业产业体系融合发展的有效模式（图 12）。

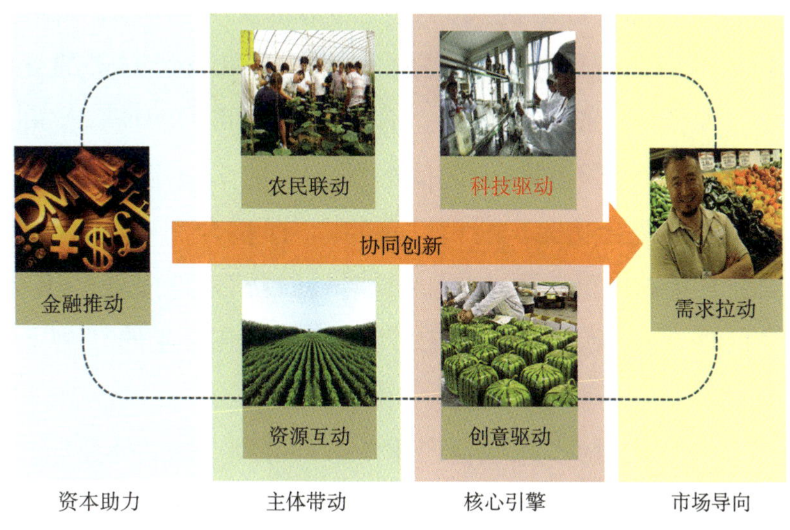

图 12　协同创新驱动的现代农业综合体"多元融合"产业体系

四、现代农业综合体"多元融合"产业体系构建思路

（一）综合体"多元融合"产业体系构建的目标定位

通过流通、资金等因素加强产业融合和资源整合，不同的技术、产业链、业务等要素融合进而衍生出产业边界模糊化，发展区域特色农业集群，全面综合提升产业，衍生形成新模式、新产品、新服务，加快构建产业体系、质量安全体系、科技体系、金融体系、流通体系、经营体系等综合体支撑体系，构建创新性、开放性、融合性、集聚性、可持续性、多业一体、多能一体、多态一体的跨界跨地域的新型产业体系。高起点、高标准、高水平创建发达地区现代农业，融标准化原料基地、集约化加工园区、体系化物流配送市场营销网络"三化一体"，并与推进新型城镇化、新农村建设结合实现镇（城）区、园区、农区"三区互动"的融合发展先导区。

具体体现在"交叉、渗透、融合、重组、创新和衍生"六大方面。所谓"交叉"，即具有紧密联系的产业或同一大类产业内部的几个子产业之间的生产链、物流链、价值链及其相关环节的交叉。所谓“渗透”，即高新技术对农业的渗透，引领现代农业生产方式和经营方式的变革。所谓“融合”，即农业全产业链各个环节、各个体系之间的功能、空间、业态的融合，使农业各产业或不同产业之间的生产、加工、流通、检测等环节更紧密，实现农业的复合功能。所谓“重组”，即整合资源，强化产业联系，拓展发挥农业功能，优化资源配置。所谓“创新”，即农业与文化、创意、科技等元素的融合创新。所谓“衍生”，即衍生出农业的新型业态、新功能、新模式。

构建现代农业综合体多元融合产业体系，落脚点是“体系”二字，这就要求促进一二三产业协调发展、融合发展，而不是分割散乱、各自为战（鲍铁英等，2015）。以龙头企业引导产业化集群，坚持全产业链发展。坚持“一条主线”，即坚持以调整产业结构、转变发展方式为核心主线；“两项目标”，即农业提质增效和农民就业增收；“三个转变”，即推动农业发展实现由规模扩张向转型升级、要素驱动向创新驱动、分散布局向产业集聚；“四个注重”，即改革创新、质量安全、资源环境和科技人才；“五个支撑体系”，即构建政策扶持、科技创新、人才培养、公共服务、组织管理。

1. 四轮驱动，全面调整产业结构

构建现代农业综合体产业体系，要义在于实现产业结构的优化升级，推动产业链不断向高附加值环节延伸。围绕优化三次产业结构、促进产业融合发展，加快形成科技农业、信息农业、服务农业、创意农业的“四轮驱动”的发展格局，产业整体素质和竞争力不断增强。

2. 产业集聚，加快转变发展方式

集群性是现代农业综合体“多元融合”产业体系的空间特征，实质是生产力的布局优化。必须全力推动相互关联产业在农业综合体平台上的集聚，提质转型创新发展，进一步提升农业综合体对区域经济发展的

支撑能力和服务功能，带动整个区域农业经济发展方式的转型与优化，夯实“多元融合”产业体系的载体平台，更深、更广地参与产业分工与市场竞争。

3. 创新为本，促进经济提质增效

创新是发展现代农业综合体“多元融合”产业体系的第一推动力，通过理念创新、制度创新、知识创新、技术创新、管理创新等化解产业发展中的各种矛盾，加快培育和壮大新动能，促进经济提质增效（鲍铁英等，2015）。构建现代农业综合体“多元融合”产业体系，必须以创新为主线，紧紧抓住当前新技术、新产品、新业态、新模式不断涌现的机遇，大力推进科技创新、制度创新和商业模式创新，推动产业结构向“微笑曲线”两端攀升，为构建“多元融合”产业体系提供根本动力。

4. 科技支撑，引领产业融合发展

技术创新开发出了替代性或关联性的技术、工艺和产品，然后通过渗透扩散融合到其他产业体系之中，从而改变了原有产业的产品或服务的技术路线，因而改变了原有产业的生产成本函数，从而为不同产业融合提供了动力；同时，技术创新改变了市场的需求特征，给原有产业体系带来了新的市场需求。从而为“多元融合”产业体系提供了市场空间。重大技术创新在不同产业之间的扩散导致了技术融合，技术融合使不同产业形成了共同的技术基础,并使不同产业体系的边界趋于模糊，最终促使产业融合现象的产生。

（二）综合体“多元融合”产业体系构建的基本思路

构建现代农业综合体“多元融合”产业体系即是在全面贯彻落实党的十八大和十八届三中、四中、五中全会精神，主动适应经济发展新常态，以创新、协调、绿色、开放、共享五大理念为引领，以市场需求为导向，以紧密型利益联结机制为纽带，以制度、技术和商业模式集成创新为动力，着力完善产业融合服务，着力培育产业融合主体，推进现代技术、创新理念与传统农业深度融合，发展核心产业、支持产业、配套产业和衍生产业四大产业，打造优质农产品体系、多功能服务体系、现代农业支撑体系和现代农业产业服务体系四大核心体系，促进现代农业综合体内产业融合、业态融合、功能融合和空间融合，加快建立发达地区现代农业产业模式升级、产品模式升级、土地模式升级三大转型升级引领的多功能、复合型、创新性的产业综合体。

1. 以“创新、协调、绿色、开放、共享”五大理念为引领

推进农村一二三产业融合发展，本身就是一个创新驱动发展的过程，用创新理念引领创新行动至关重要，为此要协调推进制度创新、技术创新和商业模式创新。目前农村一二三产业发展还很不协调，产业发展与村镇建设有些脱节，只有坚持协调发展理念，才能实现农村产业融合发展目标。今后推进农村一二三产业融合发展，面临农业面源污染、加工业污染和休闲旅游污染等挑战，需要遵循绿色发展理念来严格保护生态环境。推进农村一二三产业融合发展的过程，既是城乡协调互动发展的过程，又是农村产业供给与城市市场、城市资源要素与农村产业发展对接的过程。坚持开放推动，吸引国内外工商资本、先进技术、管理经验和消费者参与或支持农村产业发展，有利于提高农村一二三产业融合发展的质量。农村一二三产业融合发展只有让农民充分分享发展成果，才能实现政府增加农民收入的目标，这恰是共享理念的具体体现。

2. 以构建多方主体参与、紧密型利益联结机制为纽带

参与农村产业融合发展的生产经营主体众多，单靠市场交易，利益联结机制往往较为松散，农民难以分享加工、流通及其他增值服务带来的收益。现代农业综合体需要发挥多种类型的紧密型利益联结机制的纽带作用，使农民分享农村产业融合过程中二三产业的增值收益。

3. 以制度、技术和商业模式集成创新为动力

目前，农村存在诸多不合理的政府管制，新型经营主体管理创新、技术创新和商业模式创新动力和能力不足，集成创新不够，严重制约农村一二三产业融合发展。现代农业综合体依靠制度创新、管理创新、技术创新和商业模式创新的协调互动，可望给利益相关者带来制度创新红利。通过政府放松管制的体制机制改革，合理引导工商资本参与产业融合，激发新型经营主体推进管理创新、技术创新和商业模式创新的积极性。

4. 着力完善产业融合服务

目前农村产业融合服务依然比较薄弱，明显增加了相关经营主体的经营成本和风险，削弱其盈利能力。要通过完善农村产业融合的服务环境，帮助参与农村产业融合的经营主体节本降险增效，增强其参与农村产业融合的动力。

5. 着力培育产业融合主体

新型农业经营主体和工商企业往往经营理念新，生产经营能力强，是推进农村产业融合发展的生力军。普通农户传统农业理念重，现代经营意识不强，大多只能作为农村产业融合的跟随者。近年来部分工商资本进入农业，成为推进农村产业融合发展的领头羊。现代农业综合体就是依靠农业企业或其他领域大型企业的跨界联合，依靠他们资本雄厚、有社会责任感、拥有现代经营管理理念和专业化管理团队的优势，在地方政府支持下，与农业科研院所、农民合作社（新型职业农民）、金融机构等主体形成利益共同体，通过领军企业和产业链核心企业发挥引领作用，促进综合体农业产业园区和产业化集群升级改造，形成主导产业、衍生产业、配套产业层次有序、分工协作、网络链接新格局。

（三）综合体“多元融合”产业体系构建的重点问题

现代农业综合体“多元融合”产业体系构建重点要解决三大问题：一是

“融合点”如何选取；二是多元产业链如何构建；三是现代科学技术在现代农业综合体中如何渗透融合。

1. “融合点”的选取

这主要涉及产业融合与现代农业产业体系如何进行横向扩展。①现代农业综合体如何以市场为导向，综合分析供给侧、需求侧，推进农业内部种养结合型农村产业融合。探索经营主体种养业生态循环型发展模式，以及发展种养饲加循环产业链，促进农业资源节约利用、循环利用和可持续利用。②现代农业综合体“多元融合”产业体系如何整合社会资源及要素，引领农业功能拓展型融合。通过文化、创意、金融等路径，积极开发农业多种功能，发展生产、生活、生态有机结合型农业，提升现代农业的文化、科技、教育、旅游观光、休闲度假和运动养生价值。尤其是将产业融合发展与特色小镇（农庄）建设相结合，建设历史、地域、民族和文化特色鲜明的特色旅游村镇，发展体验经济，促进农产品市场、农村消费与旅游市场有效对接。③现代农业综合体如何联合政府机构、科研院所多方力量进行技术研发与创新，加快农村产业的技术渗透型融合。重点推进新一代信息技术、生物技术等对农业产业进行交叉渗透和整合集成，加快农业产业链业态创新和商业模式创新。发展农产品电子商务和乡村旅游电子商务，促进线上线下融合发展。推广“田头市场＋电商企业＋城市终端配送”等营销模式和生鲜农产品电商直采直销渠道及网上预售制度（图 13）。

2. 多元产业链构建

这主要涉及产业融合与现代农业产业体系如何进行纵向拓展。①在现代农业综合体平台上，如何通过其他领域对农业的投入或与农业的融合，拓展、叠加、拉伸农业的产业链，转变农业生产方式，优化农业产业结构，使得农业获得新的市场需求，提升农业的附加值。推进覆盖农业综合体内部特色农产品的农业全产业链的标准化和品牌化建设。重点发展领军企业和产业

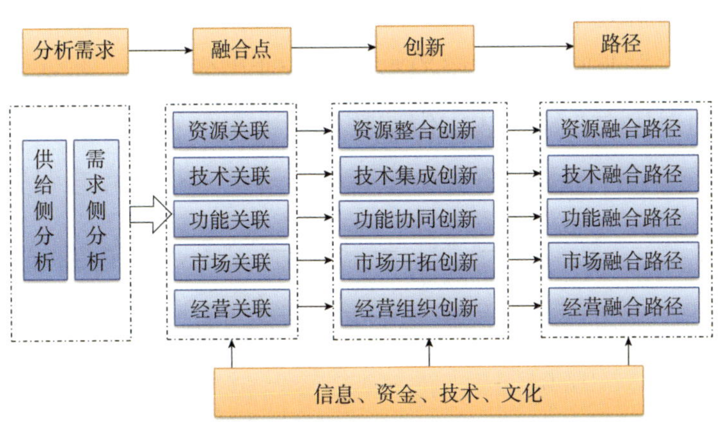

图 13　现代农业综合体“多元融合”产业体系“融合点”的选取

链核心企业为主体的农产品产地初加工和农村特色加工业，尤其是鼓励农业综合体内外加工型企业建立农产品标准化原料基地，稳定与农户的利益联结；鼓励农业综合体内外流通型企业培育农产品流通品牌，形成“建设农产品原料基地—发展农产品加工业—形成农产品流通品牌—带动农业产业链品牌”的发展格局。推动农业产业链与文化创意产业融合发展，开展体验式加工半成品和产成品。②如何在农业综合体内部促进农村产业复合型融合。鼓励依托领军企业、农民合作社联合社和产业链核心企业，培育区域特色鲜明的农业产业园区或农业产业化集群，促进农村产业融合集聚集群发展，形成主导产业、衍生产业、配套产业层次有序、分工协作、网络链接新格局。推进农业产业园区和农业产业化集群改造升级，支持领军企业和产业链核心企业发挥引领作用，增强辐射带动功能，通过订单、联合、参股等方式，促进企业分工协作，形成产业关联度高、功能互补性强的产业集群航母模式。发展农业循环经济，推进生态链和产业联合，促进农业生产废弃物综合利用，形成农业生态循环型产业集群。依托产地建立农产品加工园区，配套建设高标准原料生产基地，按照“原料基地＋园区＋物流＋配套服务”等方式，重点支持粮食等重要农产品加工集群建设。依托“一乡一业”“一村一品”，以农产品区域品牌为纽带，开展信息化、企业化、品牌化、链条化、网络化改造（图 14），打造专业化和区域品牌化产业集群。依托农业科研院校，孵化培育农业科技创新应用企业群落，形成农业科技创新产业集群。支持科研院所或行业协会、产业联盟发挥资源整合和行业引领作用，打造农村一二三产业融合发展的现代农业综合体。借鉴德国产业集群管理经验，按照企业组织方式，设立非营利性产业集群办公室，实行开放式运营和会费分级管理。

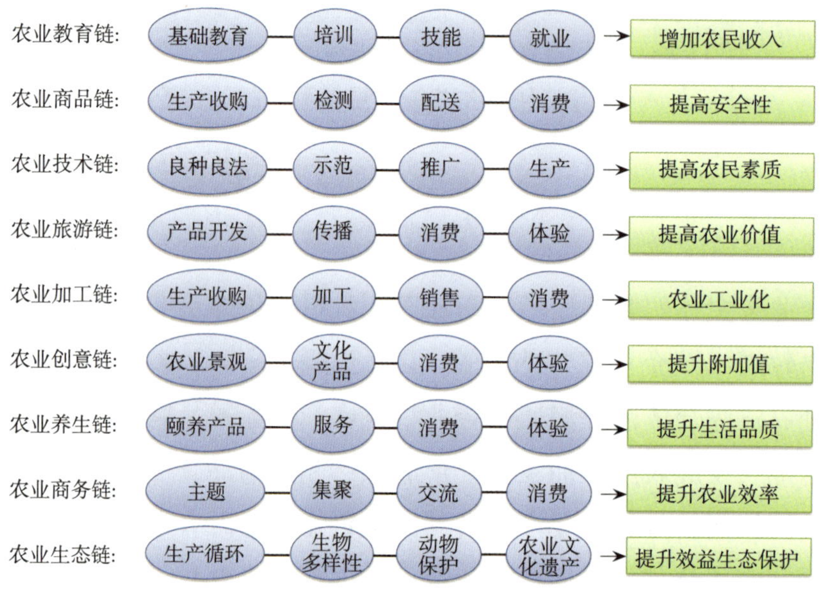

图 14　现代农业综合体“多元融合”产业体系构建过程

3. 现代科学技术对农业综合体的渗透融合

现代科学技术对农业综合体产业体系的发展起着至关重要的作用，对农业产业的渗透融合是一个动态的复杂过程，其实现受到很多因素的影响和制约，从需求主体、供给主体之间的相互作用、组织实施的不同主体、不同组织方式等角度可以归类为不同的模式（席晓丽，2008）。从农业科技项目、产品与农业生产经营过程结合的不同方式看，现代科学技术对农业综合体的渗透融合的具体模式有一体化融合模式和嵌入式融合模式两类。

（1）现代科学技术对综合体渗透融合一体化融合模式。这种融合模式有四个关键性的步骤：现代科学技术的研究与开发—现代科学技术转化为产品—农业科技产品的大规模生产—农业科技产品的市场开发。在蓝城现代农业综合体建设中，浙江省农业科学院为主体的科研机构把农业科技研究开发到农业科学技术转化为现实生产力和现实经济效益的整个过程进行一体化、系统化、综合化的规划和管理，实现科技与经济共生共长的有机结合。

（2）现代科学技术对综合体渗透融合的嵌入式融合模式。这种模式也有四个关键性的步骤：传统农业企业—嵌入现代农业科技项目—现代科学技术在传统农业企业中的应用—包含现代科学技术的农产品的大规模生产和农业科技产品的市场开发。这种模式是在传统的农业产业内部，通过嫁接一个或多个领域内的现代技术使传统农业产业实现科技化。相对于一体化融合模式的全面性、系统性和综合性，嵌入式融合模式具有很强的灵活性和专项性，嵌入式融合模式的特点就是不需要发起者自主的科学技术研发投入，而是从专业的研发机构有选择性地引入所需的农业科技商品或根据企业等经营主体的实际科技需求出发，并通过这种科学技术与传统农业生产经营活动的融合渗透，达到农业生产方式和农业产出结果的科技化。如果说一体化融合方式所具有的综合性、高投入、高风险性，使其结果在具有更强产业创新意义的同时具有更大的不确定性，那么嵌入式融合方式所具有的相对低成本性、专项性、灵活性，其结果在具有一定幅度的产业创新的同时具有更强的市场针对性（图 15）。

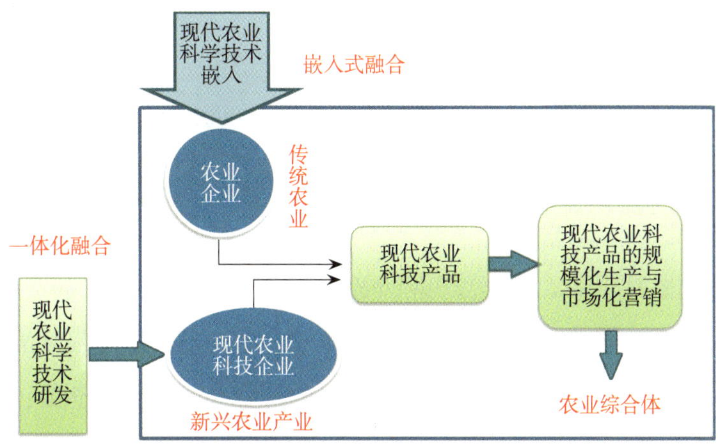

图 15　现代科学技术对农业综合体的渗透融合路径

（四）综合体“多元融合”产业体系构建的基本路径

以农业为主导，以科技为支撑，突破农产品生产的传统观念，树立大产业观念，推进农业产业向产加销、农工商一体化发展，融合食品加工、商贸物流、科普会展、教育培训、休闲观光、文化创意等多个相关产业，实现农业生产、加工、销售、服务等诸多方面相互作用、相互衔接、相互支撑的协调发展，将一产、二产、三产（包括产前、产中、产后三个维度和核心产业、支持产业、配套产业、衍生产业四个层次产业集群）在技术、产品、服务、市场等方面深度融合，进行技术创新，优化产业结构，构建复合型、创新性、多功能、多产业融合的多链一体；形成一二三产业各领域全面拓展，有机交织，多元经营的高效新型产业体系（图 16）。

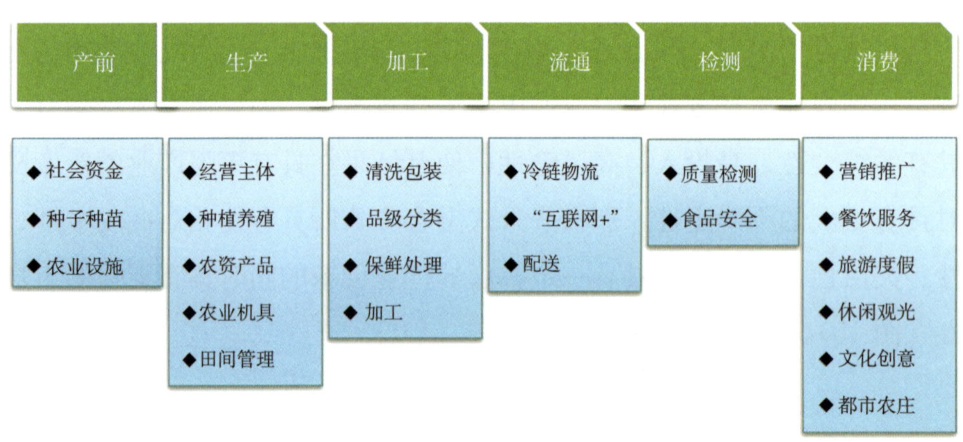

图 16　现代农业综合体“多元融合”产业体系运行模式

1. 优化产业结构，促进全产业链融合创新

以市场需求为导向，进行产业创新，改变产业之间、企业之间的关系，拓展它们合作的规模，提高合作的机会，突破不同产业自身所形成的条块分割，使不同产业都获得更广阔的市场，促使新技术、新产品、新服务的产生，促进产业体系发展。全产业融合为乡村提供了新的经济增长点，解决农村剩余劳动力等问题，还能在一定程度上改善农业产品类型单一、市场细分

化程度低等问题，延伸产业发展领域。随着社会经济的发展，市场需要日益变化，促使农业与旅游、文化、教育、科研、创意、加工等产业有机融合，从而衍生了休闲农业、创意农业、观光农业等产业。

由于科学技术进步、市场需求推动、政府简政放权等原因，产业、业务不断细分，导致业务边界的模糊化，在产业边界和交叉处的技术、产品、业务、市场等出现融合机会，形成共同的价值连接点。产业融合就是通过打通产加销各个环节，形成新的产业通道。农业综合体内一二三产业融合要充分开发农业的多种功能和多重价值，通过产业间相互渗透、交叉重组、前后联动、要素聚集、机制完善和跨界配置，交叉融合成新技术、新业态、新商业模式，使综合效益高于每个单独的产业之和，并将农业流出到工商业的就业岗位和附加价值留在本地、留给农民。农业综合体内全产业融合路径呈现渗透、交叉、跨界三种方式，具体而言，可考虑四个发展路径：①同一新型经营主体、同一农产品品种在同一区域内，推进农业一产向二三产业自然延伸；②不同经营主体如农产品加工流通企业向前延伸建设基地带动农户，向后延伸发展物流和营销体系；③休闲农业和乡村旅游将一二三产业在自身内部融为一体，打造农业与文化生态休闲旅游融合发展新业态；④新技术新业态新模式向农业各个环节渗透融合，将产业边界逐步模糊化（图 17）。

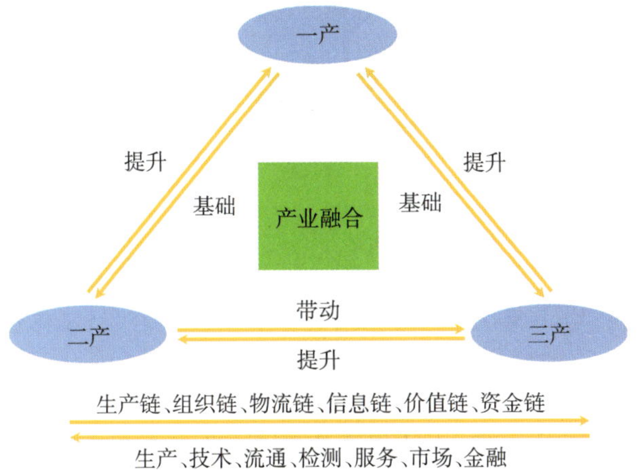

图 17　现代农业综合体“多元融合”产业体系产业融合

2. 推广“互联网+”技术，推动多业态融合

以“互联网+”技术为基础，依托数据交换、电子商务、安全认证、管理认证、金融结算等网络业务互动信息共享平台，整合社会资源要素，坚持在价值共享原则的基础上连接有效益、有资源、有特色的区域性产业，构建“无边界”、无业态区间隔的产业形态，实现不同业态的生产、加工、物流、信息、科技、资金跨领域融合，向规模化、产业化、专业化、网络化、无边界的方向发展，打破行业和区域分割体制下“各自为政、占山为王”的产业形态，尽快形成“合纵连横、业态融合”的新业态（图 18）。如农业通过生物链把产业内部的种植业、养殖业和畜牧业等产业重新整合，从而融合形成生态农业这种新型业态。

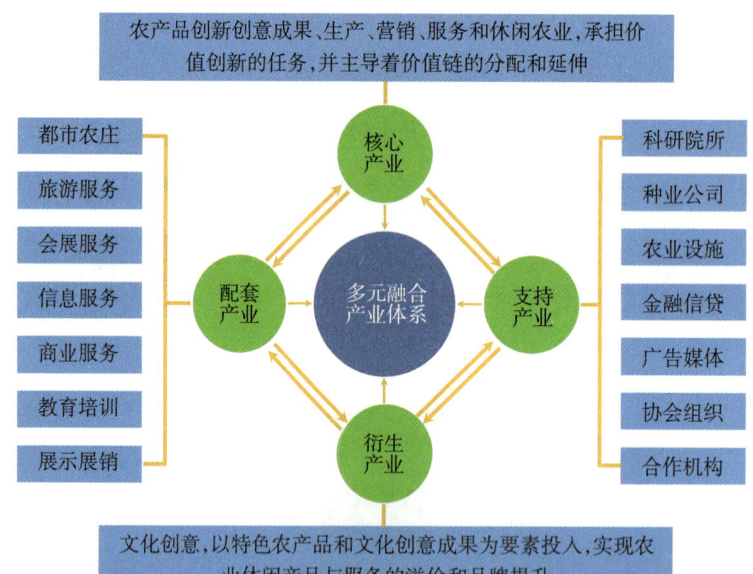

图 18　基于“互联网+”技术的农业综合体“多元融合”产业体系业态融合

新技术、新需求、新制度驱动新业态的产生。在信息技术推动下，由新技术的创新及推广应用，新的消费需求显现或者被挖掘，新的制度变革，推动新的产品、新的商业流程、新的服务模式出现，继而不断扩大以至全新产

业价值链的形成，多元业态融合将加速产业融合、业态融合和商业模式融合，即不同产业业态和同一产业业态融合，传统业态与新型业态加速融合，传统商业模式与新兴商业模式加速融合，共同推动全球产业结构现代化。此外，第三平台技术将加快全球产业融合与业态创新，创造平台经济。依托相关技术平台，全球产业将从单一服务业态、产品形态发展为硬件、软件、数据和服务等产业链整合形态。产业业态由单链变网络，在生产、贸易、科技、资本流动、知识流动等各个方面向纵深网络的方向流动，拓展生产环节资源利用的边界，实现高效利用。

农业综合体内多元业态融合，新业态产生有四种有效路径，主要包括技术引发的创新、社会组织方式的变化、需求引发的创新和产业价值链分解融合引发的创新等。随着互联网技术的广泛应用，促使企业、科研机构等经营主体通过迎合新经济条件下消费者新的或个性化的需求，针对各自的产业积极开展颠覆性技术研发，不断开发和提供新产品和新服务，研发出全新产品，通过科技、资金、产品在不同业态之间的渗透交叉、合作创新，跨越空间距离和时间边界，超越传统的组织模式、经营模式和运作模式，开创了全球化、信息化、网络化、智能化、一体化、融合化的商业新模式，逐渐衍生出新业态。

3. 整合资源，促进产业空间融合

整合不同的空间经济主体之间的生产、消费、贸易等利益，从全产业链的产品市场、生产要素市场（劳动力、资本、技术、信息）渗透、交叉，加速不同地域、不同空间之间资源要素的跨界流动与重组，打破传统产业体系的技术边界、业务边界、市场边界、运作边界，一定区域范围内产业与城市功能相辅相成、良性互动、协调发展的格局或状态，打造区域集群经济体，带动周边区域产业链向上下游延伸，从而使产业体系在空间上、地域上形成一种紧密的联系，促进区域产业结构多样化、复杂化，共同构成区域内合理分工的产业体系，有助于改善产业体系的空间二元结构。

农业综合体作为发达地区现代农业发展的一个重要载体，可以促进产业

空间融合发挥积极的作用：①产城融合。坚持规划引领，推进“多规合一”，实施城市规划与产业、土地规划精准对接，城乡功能布局不断优化。②区域融合。立足自身发展优势、现代产业分工要求、区域优势互补原则和合作共赢理念，置身国家战略谋划发展，推动更广泛的区域合作。融入“一带一路”战略，落实以基础设施互联互通、产业发展互补互促、市场体系有序建立为重点，推动区域互动合作与产业聚集发展。③城乡融合。注重城乡一体化发展、城乡资源要素高效流动，推进产业发展一体化，重点加快新型工业化、农业现代化与现代服务业融合，助推城乡产业互融互补。突出实施农业品牌战略，加快农村一二三产业融合发展。推进基础设施一体化，坚持城乡重大基础设施建设统筹安排、对接延伸，使城市和农村成为互联互通、共建共享的有机整体。推进公共服务一体化，注重城乡公共服务对接、资源共享，加快城乡就业、养老、医疗、救助等社会保障接轨，让农村居民与城市居民一样同享幸福生活。

4. 加快要素流动，促进产业功能融合

随着农业产业分工的细化，市场需求日趋个性化、多元化、定制化，农业产业间各种要素的流动越来越快，经济要素有序自由流动、资源高效配置和市场深度融合，加速各技术领域相互渗透、交融，促使农业产业功能转变提升（从单一的生产功能向创新功能提升、从单一的第一产业主导向一二三产业融合转变、从单一的产业功能向城市服务功能拓展），创造新产品、新服务、新业态和发展新优势，实现生产、生活、生态“三生”及商业服务空间功能的有机融合，打造和谐文明新村镇。

农业综合体内产业多功能融合可以划分为农产品经济功能、生态功能、就业与社会保障功能（简称社会功能）、景观文化与休闲功能的融合，各个功能在其功能基本属性的基础上都有不断拓展、延伸的方向。①农业经济功能及其拓展方向。主要通过与科技、信息的融合，不断提升农业的技术含量，提高农业的劳动生产率和农产品附加值。②农业的社会功能及其拓展方

向。通过吸纳大量农村劳动力，保证农村社区的稳步发展具有独特功能。同时通过互联网技术和科学技术，使农业在产前、产中、产后的全过程中尽可能提升其专业化、社会化、服务化水平，增强社会就业吸纳能力。③农业的生态功能及其拓展方向。通过具有显著的土壤保持、水源保护、气候调节、生物多样性保护等生态调节作用，对化肥、农药施用量等采用量化负向评估指标。对于农业生态功能的拓展来讲，应加强正向功能，抑制负向功能，通过提高农业补贴，加强农业生态功能价值内化，生产出更多的绿色有机无公害农产品。④农业的景观文化与休闲功能及其拓展方向。对于这种以“文化”为核心理念的属性功能，一般可分为两个方面，首先，农业作为延续千年的产业系统，已成为记录延续农耕文明、传统文化的重要载体，承载着重要的历史文化信息，一些特殊农业生态系统已成为人与自然和谐发展的体现与见证；其次，农业具有的休闲、教育、文化旅游的服务价值，也可以被称之为一种人文资源，通过农业旅游的开发使之实现市场价值。联合国粮农组织于 2004 年 5 月开展了“全球重要农业文化遗产”项目，我国农业部于 2012 年 3 月开展了中国重要农业文化遗产发掘工作，对于这项功能的拓展，一方面要加大农业文化遗产的挖掘与保护，另一方面要引入市场机制，发展农业旅游等创意产业，通过农业景观文化与休闲功能的拓展构建新型的现代农业产业体系（刘自强和李静，2014）。

五、综合体“多元融合”产业体系的运行保障

（一）提升基础设施和装备水平，夯实产业融合发展基础

按照现代农业综合体“多元融合”产业体系和打造高新农业产业经营园区的要求，改变现行现代农业园区基础设施投入大、设施高档、功能不配套的突出问题，推进包括水处理中心、营销和分销中心、处理和包装中心、中央知识中心、中心商店（种子、工具等）、能源中心为一体的基础设施和配套设施的提升改造。推进现代农业“机器换人”和“设施增地”，提高基础

设施的产出效率和效益；推广应用信息化、智能化设施装备和农业物联网设施。改变现代农业园区缺乏流通平台，自身效益低的突出问题，改善涉农仓储、保鲜、烘干等设施条件，在农产品集中产区改扩建一批集散功能强、辐射范围广的农产品产地批发市场和农产品加工配送中心。打造“多元融合”的重时效和商品化的食品供应链和生产流程，创造一个高效的农业价值链，实现全产业链增值增效。根据休闲农业和乡村旅游发展需要，建设交通导引牌、乡村停车场等旅游基础设施，强化休闲农业集聚区周边环境整治。

（二）推动农业科技创新，强化产业融合发展支撑

研发中心（可称之为“知识中心”）以及技术转移平台是整个现代农业综合体“多元融合”产业体系的基础支撑和核心要素。改变现代农业园区缺乏研发能力、科技研发含量低、缺乏技术转移平台，难以发挥技术示范和辐射作用的突出问题，在现代农业综合体设置知识中心，即现代农业园区自身应拥有知识和培训的项目和设施，以保证在该领域创造长期的社会和经济发展机会。该知识中心应包括农民教育（课堂和实地的素质拓展服务）、应用研发中心（实验室、温室、苗圃和组织培养室）、农民合作渠道、营销和物流研发（后作物管理），形成一个可持续的知识、创新和创业平台。

集成创新，实现全程科技支撑，引导金融资源服务农业科技企业，强化对农业科技企业的金融支持，加强农业技术的集成创新与应用培育以农业高新技术企业为主体的创新型企业集群，支持农业企业建设高水平研发机构，建立起企业主导技术创新的体制机制和完善的农业技术创新推广体系。重点推进互联网技术、物联网技术、生物技术、资源循环利用技术、新能源技术、新材料技术等在农村产业融合发展中的应用。

支持科技人员提升创新创业能力。对于参与产业融合发展的科技人员，鼓励他们参加多种形式的培训、交流，支持他们领办或参与产业融合项目开发；对于在产业融合发展中做出重大贡献者给予重奖。完善科技特派员制度，鼓励科技人员到新型经营主体任职、兼职或担任技术顾问，强化对基层

专业技术人员的辅导和帮扶职能。

（三）拓展主体培育途径，挖掘产业融合发展潜力

以创业创新为导向，营造大众创业、万众创新的政策环境，加大对农村产业融合发展需求的各类人才培训支持力度，鼓励企业家和各类人才到农村创业和从事产业融合项目开发。

着力培养复合型人才，开展人才教育终身培训。鼓励高校开设跨领域、会经营、懂技术的复合型人才培养专业和相关课程，建立农业综合体所需复合型人才的定向培养机制。采取产教结合，鼓励高校和职教机构在农村产业融合发展示范区和重点企业建立复合型人才教学和实训基地。开展人才教育终身培训，分类别、分专题、分批次，组织对农业综合体内农村产业融合发展主体进行轮训。积极打造创新创业孵化基地，通过各功能区有机联动与互动而形成的融农业生产、农业加工、农业商贸、农业旅游等为一体的全产业链创业环境与平台，让有一技之长的农民或农业企业有能够施展的空间，培养一支有文化、懂技术、会经营，能将农业生产技术和现代农业新型业态用活，能推动产业融合发展的高素质人才队伍。

创新新型经营主体培训机制。在农业综合体创新实践商业化运作的新型职业农民和新型农业经营主体“培训—培育—培养”机制。整合人社、农业、教育、扶贫等部门的培训资金、设施、师资等资源，增加补贴规模，扩大培训补贴范围，将新型经营主体带头人纳入培训对象。优先面向种养大户、家庭农场负责人、专业合作社管理者、龙头企业领导层、农民企业家、农创客、农家乐和农产品网店经营者开展专家授课、参观考察、研讨交流等多种形式的培训，优先支持培育对象所在组织承担产业融合项目、申请各类资质认证、打造农产品品牌和进行技术改造。推广农科教、产学研模式，鼓励专家、学者与新型农业经营主体对接，探索建立新型农业经营主体顾问团，推行农村创业导师制。

（四）完善利益联结机制，共享产业融合发展成果

“多元融合”产业体系是一个多产业、多业态、多功能、跨地域组成的体系，要把尊重市场规律与强化企业的社会责任有序结合，建立紧密型利益联结机制，推进农业综合体内农村产业融合可持续发展。应以市场发展要求为导向，通过市场机制将不同地域、不同业态、不同产业的生产者、加工者、销售者和服务者联结在一起，优化土地、人才、资金、科技等生产要素的配置，合理分配各类生产要素在产前、产中、产后各环节的投入比例，提高资源产出效率和产业整体利润，获取各自的平均利润。

创新股份合作型利益联结。引导农业综合体内外龙头企业和农民合作社通过双向入股方式实现利益联结，鼓励专业合作社、家庭农场、种养大户和普通农户以土地、劳务、资金等入股企业，支持企业以资金、技术、品牌等入股领办专业合作社。探索建立以农业企业为龙头、新型家庭农场为基础、农民专业合作社为纽带，基于股份制和专业化分工的现代农业产业联合体。支持企业采取入股分红、二次分配等形式，让农民分享加工流通环节的收益。

推动产销联动型利益联结。支持农产品产销双向合作互动，鼓励批发商、零售商与农民合作组织共建规模化、标准化农产品基地，扶持农民成立农产品流通合作组织，并以加盟或入股形式成为大型连锁超市会员，强化“农超对接”利益联结。探索新业态利益联结模式，鼓励农业综合体内农户和城郊消费者围绕农产品和土地，按照农业众筹方式形成产销利益共同体，探索休闲农业股权众筹等新型利益联结机制。

强化链式利益联结。借鉴荷兰农业产业链管理经验，依托核心企业，利用价值链、信息链和物流链整合各方利益主体，建立农业技术开发、农产品生产标准体系和上下游连接的质量追溯体系，着力打造纵向和横向产业联盟，鼓励通过交叉持股、联合研发、交互许可、供应商契约等方式结成利益共同体。依托龙头企业或行业协会，联合专业合作社、种养大户和家庭农场

设立共同营销基金，专项用于农产品销售推介、品牌运作和出口服务。

（五）健全公共服务体系，优化产业融合发展服务

创新企业商业化运作的农业公共服务体系，为农村一二三产业融合发展提供农业技术服务中心、农产品检测中心、农产品营销服务中心、农产品配送中心、新农民学校、园区服务中心等综合性服务，主要功能定位于农民技术服务、农民培训、农产品检测服务、农产品配送、园区服务等，为当地及周边农民和农业企业提供农业生产服务、农产品检测服务、农业项目申报服务、农产品营销服务、培训服务、园区后期保障服务等功能的农业综合服务机构。

针对农村产业融合发展需要，打造四大公共服务平台。搭建农村综合性信息化服务平台，提供农业物联网、农业移动互联网应用、电子商务、品控追溯、休闲旅游等全程信息化综合解决方案；优化创业孵化与法律援助平台，为中小新型农业经营主体提供经营场地、政策指导、项目顾问、人才培训、仲裁调解、诉讼代理等创业扶持服务；建设公益性农副产品批发市场、产地集配中心、农业博览会或展销会等农产品公共营销平台，提供价格信息、经纪交易、品牌培育等营销服务；建设农村产权评估与交易平台，围绕农村土地经营权、林权、农村房屋和农业设施所有权、集体建设用地使用权、集体经济组织股权、农业知识产权等，提供信息发布、资产评估和交易服务。

参考文献

白明月，2011. 荷兰：创意农业的产业链条［J］. 农经，249（11）：74-76.

鲍铁英，郭海方，王冠星，2015. 调转结合，构建现代产业体系［N］. 河南日报，07-08.

蔡中雨，2014. 构建农业综合体　发展现代农业［J］. 现代农业（2）：12-15.

程郁，2015. 日本发展六次产业的主要做法与启示［R］. 调查研究报告（国务院发展研究中心）（44）.

崔振东，2010. 日本农业的六次产业化及启示［J］. 农业经济（12）：6-8.

姜长云，2015. 推进农村一二三产业融合发展　新题应有新解法［J］. 中国发展观察（2）：18-22.

今村奈良臣，1996. 把第六次产业的创造作为21世纪农业花形产业［J］. 月刊地域制作（1）89.

厉为民，2003. 荷兰的农业奇迹——一个中国经济学家眼中的荷兰农业［M］. 中国农业科学技术出版社.

梁伟军，2010. 农业与相关产业融合发展研究［D］. 武汉：华中农业大学.

刘丽伟，2011. 荷兰：创意农业发展迅速　产业链条完整发达［N］. 经济日报，08-14.

刘自强，李静，2014. 农业多功能的拓展与现代农业产业体系的构建［J］. 现代农业（9）：22-25.

马晓河，2015. 推进农村一二三产业深度融合发展［N］. 农民日报，02-10.

彭青，高非，2013. 法国乡村旅游面面观［J］. 中国乡镇企业（3）：80-82.

王志刚，江笛，2011. 日本“第六产业”发展战略及其对中国的启示［J］. 世界农业，383（3）：80-83.

席晓丽，2008. 产业融合视角下的现代农业发展研究［D］. 福州：福建师范大学.

赵建华，2014. 农业多元价值导向下郑州城郊宜农社区发展研究［D］. 广州：华南理工大学.

专题二　现代农业综合体建设中“支撑引领”科技体系的构建

一、农业科技体系的相关理论及发展演进

（一）农业科技体系的内涵界定及基本构成

1. 农业科技体系的内涵界定

2017年中央1号文件明确提出，要强化科技创新驱动，引领现代农业加快发展。构建现代农业的科技体系是引领现代农业发展的核心工程。现代农业科技体系是指许多从事农业科研的机构和个人相互合作，在农业科技知识和信息的产生、转化、传输、综合、存储、检索、扩散和应用的过程中发挥各自作用，促进所在国家有关农业或农业某个领域的科学决策、理论创新和科技问题的解决。

目前，农业科技体系至少要考虑解决3个问题：一是如何解决农业产业体系各生产环节对技术的需求，包括提高农产品质量和产量，降低生产成本、促进农业绿色发展、优化农业产业结构及农业物流等；二是如何提升农业供应链体系效率，包括贸易、物流、加工、食品原料、饲料原料等生产在内的体系建设；三是如何实现区域农产品品牌质量提升和产品差异化发展，在生产消费者需要和信任的好产品的同时，使区域农产品品牌成为农业产业集群（多元产业）发展的生命力。

2. 农业科技体系的基本构成

农业科技体系包括科技管理与评价、科技创新活动、科技成果推广等多

方主体，是农业领域许多从事相关活动的机构或个人有机紧密连接在一起创造、共享知识、技术和成果的体系，其目的是促进农业多元产业融合，实现农业可持续发展。各方关系和定位的科学性、准确性和协调性直接影响到农业科技成果的创新与应用，影响到国家农业现代化进程与可持续发展。

在国际上，农业科技体系构成曾经有过深入的研究。农业科技体系及科技成果流动应包括科研机构与研究者、各级推广机构，可用 Chambers 的 TOT 模型（图 1）表示。在这一模型中，研究者承担着实现“科技突破”的职责，这些技术突破随后会转移给推广人员，由推广人员再传递到农户等各种生产经营主体。随后，众多研究者在这个模型上进行拓展，推出双向 AKIS 模型（图 2）（Havelock，1986）、AKIS/RD 模型（图 3）及 AKIS 模型（图 4）（Rivera et al.，2005）。在这些模型中，科技体系中的主体数量与主体地位发生变化，更加突出了科技创新主体的作用与农民作为核心的作用（Roling，1990）。

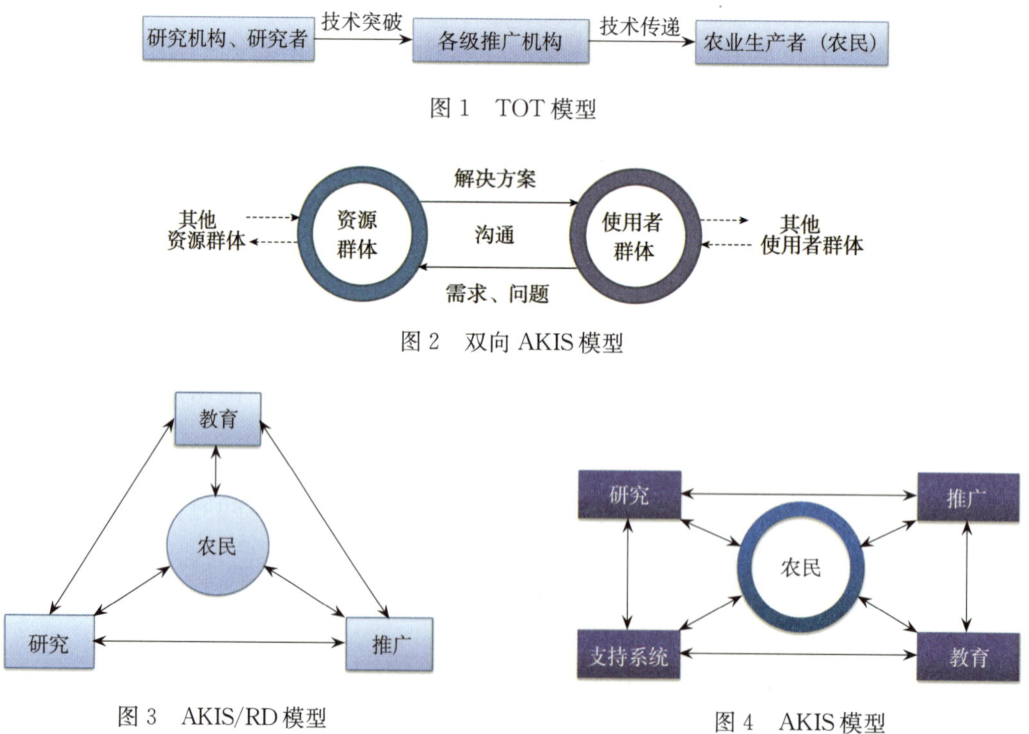

图 1　TOT 模型

图 2　双向 AKIS 模型

图 3　AKIS/RD 模型

图 4　AKIS 模型

（二）我国农业科技体系的发展演进及机遇挑战

1. 我国农业科技体系的发展演进

谈及我国农业科技体系的发展研究，不得不先理顺 3 个相关概念，即农业科技体制、农业科技机制和农业科技体系。体制是社会系统的各构成要素的组织结构（组织体系）及规定其间的相互关系（机制和运行机制）的制度。简言之，组织结构和运行机制的有机结合就是所谓的体制。机制是社会系统中各构成要素之间相互联系、相互作用的手段、方式及其原理。运行机制则是各要素之间相互联系的运行方式。可见，体制必然包含了机制，体制是运行机制的物质载体，没有体制，则不可能形成相应的机制和运行机制。体制可理解为就是一场运动会，体系则是运动员、裁判员、服务员等及其之间的关系组合，机制类似于运动会的比赛规则。机制不仅创造机会也形成约束，体系是在既定约束下利用机会为实现目标而创立的，是对其成员策略和技能加以组织的方式。

因此，有必要对我国农业科技体制的发展历程进行梳理。1949 年以前，我国农业科技与农业发展已经具有一定的科技体制基础。1949 年以后，相关高等院校农学院（系）重组或合并、中国农业科学院组建及各省级、市级农科院所建制的完成，标志着新中国当代农业科技体制的形成。此后，农业部成立科技管理局和科学技术委员会，倡导构建由中国农业科学院中央一级农业科研机构与各省份农科院及相应的专业科研所的省一级农科机构组成的两级农科体系，并于“文化大革命”期间建立了具有基层农技推广功能的“四级农业科学实验网”。其间，不时借鉴国外农业科技体制建设的经验，如 20 世纪初学习日本，通过设立国立与省立农事试验场等产生农业科技体制建设的雏形；30 年代借鉴欧美做法，在农业高校形成农科教育、科研、推广于一体的农业科技体制格局；50 年代学习苏联，建立高度集中的计划管理模式，模仿苏联列宁农业科学院组建中国农业科学院等，完成了当代中国农业科技体制的架构。1978 年十一届三中全会召开，农林科研机构及农业科技工作秩序恢复，国家开始调整充实农业科研组织机构，进入了农业科技体制改革发展的准备阶段，基本形成了农业行政部门为主导、中央地方两级的各类研究机构研究方向、任务各有侧重的农业科技体制。到 1985 年颁布的《中共中央关于科学技术体制改革的决定》提出，通过改革拨款制度，调整科研方向、任务和专业结构，实现技术成果的商品化、产业化，开拓技术市场，扩大科研机构的自主权，促进科技与经济的紧密结合，成为我国科技史上的一个重要里程碑，中国农业科技体制也从此走向改革。改革开放 30 多年以来，我国农业科技体制积极探索改革发展的路径，从先注重机制性改革到进入结构性改革，拟定全国农业科研体系的结构与研究层次布局，以便与国内外农业科技发展要求相适应；随着我国农业科技体制全面改革的逐步深入，出台了《国家农业科技创新体系建设方案》（农科教发［2007］3 号）和《现代农业产业技术体系建设实施方案（试行）》（农科教发［2007］12 号）两个方案，再次推进我国农业科技体制改革，以期通过新的国家农业科技创新体系建设，破解我国当前农业科技体制中的问题，为实现《国家中长期科学和技术发展规划纲要（2006—2020 年）》中提出的农业科技发展目标，即“农业科技整体实力进入世界前列，促进农业综合生产能力的提高，有效保障国家食物安全”提供强大的体制与制度保障。

与上述农业科技体制发展与改革相对应，我国农业科技体系改革经历 3 个阶段：第一阶段（1985—1991 年），农业科技体制改革全面启动；第二阶段（1992—1998 年），提出“稳住一头，放开一片”的工作方针；第三阶段（1999 年至今），科技体制进行战略性调整（黄登，2007）。

作为农业科技体系的重要组成部分，我国基层农业科技推广体系发展演变大致经历了 4 个阶段：第一阶段，20 世纪 80 年代农业技术推广体系发展迅速，建立了较为完备的农业技术推广系统，农业技术推广效果好，推广人员力量强；第二阶段，20 世纪 90 年代初至 2000 年“三权”下放，部分地区不同程度地对农业技术推广机构减拨或停拨事业费，推广体系开始收缩；

第三阶段，2002—2003 年机构改革，削减农业科技推广体系，将乡镇原来的种植业、林业、畜牧业、农机、水产推广站合并为综合性的乡镇农业技术推广服务中心；第四阶段，2004 年至今选聘机制趋于完善（杨燕等，2013）。

我国农业科技成果推广转化模式很多，归纳起来大致就是政府机构实施、科研机构和院校实施及企业实施的 3 种模式。其中企业实施的推广，目的是推广自身生产和经营的生产资料和农机装备。企业出钱委托院校和科研单位做的推广，也是出于同一目的。

2. 我国农业科技体系面临的机遇与挑战

当前，我国农业科技创新正迎来许多发展机遇。第一，过去 30 多年，我国已建立了庞大的、学科分类较为齐全的农业公共科技体系，为农业科技创新提供了人才和平台保障。第二，农业科研单位普遍实行全员聘任制，以“基础工资＋岗位津贴＋绩效奖励”为核心的工资制度改革，初步实现了农业科技人员的绩效与收入挂钩，运行机制得到一定程度的改善。第三，自 2000 年以来，政府财政拨款的农业科研投入年均实际（扣除物价）增长率达到 15%以上，虽然目前农业科研的投入水平还相当低，但近年来政府农业科研经费投入的快速增长为农业科技创新提供了一定的资金保障。第四，农业科研领域开始吸引一批企业参与投资，为农业科技创新注入新的活力。中国科学院农业政策研究中心 2007 年开展的一项大规模农业企业调查表明，企业向农业科研投资的经费从 1999 年的不到 2 亿元，迅速提高到 2006 年的近 20 亿元，相当于当年政府农业科研投资的 15%。估计目前这一比例已经达到 20%。第五，过去 30 多年，尽管我国的农技推广体系经历了坎坷而又艰难的改革过程，但目前，我国基层农业技术推广站遍布所有乡镇和边远地区，是全球分布最为广泛的农技推广体系，为加速农业技术推广提供了组织体系保障。最后，也是最重要的，即十八大明确提出实施创新驱动发展战略，特别指出科技创新是提高社会生产力和综合国力的战略支撑，必须把科技创新摆在国家发展全局的核心位置。对农业而言，就是把农业科技创新摆在我国农业发展的核心位置，这是未来我国农业科技创新和发展的重要机遇。

我国农业科研体系也面临着巨大的挑战，急需改革和创新。目前，农业科研体系存在的突出问题主要包括如下几方面。一是相对于其他部门的科研机构，农业科研尚缺乏吸引力，难以吸引大批的顶尖科技人才参与；二是农业科研体系不能很好适应农业生产形势的变化，农业科研立项同现实技术需求存在脱节的现象，难以较好满足农业生产对各种技术的需求；三是农业公共科研单位定位不清，社会公益性和商业性科研活动混淆，而不少涉农企业缺少科研和推广力量，企业在相当长的时期内还难以成为我国农业科技创新的主体；四是虽然农业科研投资强度（农业科研投资占农业国内生产总值的百分比）正逐渐提高，但到 2012 年政府在农业科研的投资强度也仅为 0.7%左右，农业科研投入依然不足，同时竞争性项目投入比例偏大，使科研人员忙于申请项目、应付检查和汇报，科研方向也往往随研究课题的变化而变，出现急功近利现象，使重大研究成果难以形成。

与此同时，基层农技推广体系面临更大的挑战，农技推广体系更需改革和创新。一是基层农业技术推广部门的职能定位还未完全厘清，抽调从事地方党政中心工作的较多，农技推广人员难以专职从事公益性的农技推广工作；二是基层农技推广管理体制没有完全理顺，一些地方基层农技推广机构的人财物“三权”上收的改革还存在许多实际困难；三是技术推广人员缺乏激励机制，难以充分发挥积极性，同时农技推广人员待遇较低，难以吸引优秀人才加入；四是技术推广队伍建设薄弱，推广能力偏低，难以适应新技术扩散要求；五是传统的从上到下的技术推广方式难以适应农业发展需要，对农民技术需求的信息缺乏反馈机制，推广技术难以满足农民增收的多元化需求；六是农业技术推广投入严重不足，使基层农技推广部门难以发挥应有的作用。问题不少，究其原因，主要是各级政府对基层农技推广体系的职能与重要性认识不足。近几年，虽然我国基层农技推广体制和运行机制改革取得一定进展，重新修订的《中华人民共和国农业技术推广法》亦于 2013 年 1 月 1 日开始执行，但要充分发挥农技推广体系的作用，改革仍将任重道远。

（三）现代农业综合体“支撑引领”科技体系的地位与作用

1. 世界农业的演变趋势和农业科技体系创新方向

农业多功能性和多元产业融合是农业现代化发展的基本趋势。世界主要发达国家的农业都已进入“理性发展”阶段，农业产业政策正在朝着环境友好、多功能、可持续的模式发展。相关理论可追溯到欧洲各国乡村地区政策和农业科技发展战略的演变历程。1988 年欧盟委员会在颁布《乡村社会的未来》政策中提出多功能农业理论，指出农业除生产功能外，其社会、文化和生态等非商品功能尤为重要。新世纪以来，欧美国家又涌现出诸如农业城市主义、食物农业主义、连续性生产景观等新的学术思潮，分别从区域、乡村社区和建筑等不同角度对农业与城乡产业融合发展进行研究。联合国粮农组织基于发展中国家乡村地区发展，提出了农业多功能价值概念及其界定，强调了农业的食物安全、经济功能、环境功能和社会功能等综合价值。经济合作与发展组织也分析了农业多功能价值的理念，强调农业在生产食品和纤维的同时，农业活动在土地保护、生物多样性保护、可再生自然资源管理、乡村社会经济发展和景观塑造等方面可持续发展中的重要作用。世界银行在“以农业促发展”为主题的《2008 年世界发展报告》中分析了农业多功能的贡献，提出农业作为一项经济活动是国民经济增长的源泉；作为一种谋生手段，为当地社区提供了大量就业机会和社会福利保障；农业活动对于环境具有正面和负面双重功能（表 1）。

表 1　多功能农业属性特征

属性分类	非商品性	商品性
功能分类	生态保护、生物多样性保护、水土治理、动物栖息地保护	食物生产与安全、纤维生产
	农业景观、可再生自然资源管理	农村就业、乡村旅游、文化传承

（续）

属性分类	非商品性	商品性
关联性	农业产品结构与农业生产（作物生长与畜牧养殖）对生物多样性和农业景观的影响 农业投入品（矿物肥料、农药、饲料、抗生素和激素等）对水质和生物多样性的影响 轮作和耕作方式对土壤质量的影响 粮食生产与全球食物安全	

在农业多元产业空间理论指导下，农业不但提供安全和营养食物，而且是高度融合的系统化产业体系；农村发展兼负提升农村生活质量、环境土地管理和经济多元化竞争力与凝聚力等重任。其中，对农业多元产业空间最具代表的认识是在1990年由东京大学今村奈良臣教授提出的“六级产业”概念，强调农民作为主体应分享农业生产的大部分利润，要依靠农业经营综合加乘效应，提高初级农业主体性。

此后，齐藤修一以农业综合企业论提出区域内自行发展及一产集聚论，同样强调农业从最初的第一产业延伸出加工、流通和服务等具有连锁性价值的农业经营方式（蔡本原，2014）。欧洲各国及美国、日本、韩国等日益重视农业在国民经济和社会中的战略作用。在比利时，以多功能农业为战略起点，立足农业产业发展，通过建立地区合作平台，为乡村地区带来食品工业、乡村景观、乡村竞争力的协调发展（高宁，2012）。系统化产业综合体将农业生产相关的上、下游产业在区域内联系起来形成产业集聚（潘伟光，2011）。在韩国，“新村运动”以农业为核心，将农业多功能性作为经济新增长点，政府出台长期推动生产与加工结合及品牌行销、农业休闲等政策。第六计划等农业政策致力于推动农业培育成为一个高质量、高附加值且具有竞争力的产业，通过扩大产业范围将农业转变为一个增长型产业。基于此，促进农业多功能拓展和多元产业融合将是农业科技创新的主要方向。

2. 现代农业综合体农业科技体系创新的地位与作用

在农业产业集聚效应引导下，多元产业融合将是提升农业相关产业产值和经济增长的一种新形势和重要途径。依托农业多元产业空间，叠加文化、旅游、休闲养生等功能，实现产业链纵向延伸和横向联结，将成为现代特色农业强镇新路径。近年来，浙江、上海等沿海发达地区的现代农业发展的亮点主要体现在一二三产业联动，包括农产品流通、农产品电子商务、农业休闲旅游、创意农业等多元产业融合发展，实现土地产出提高、农业综合效益增加和生态环境友好。

以多元产业为核心的现代农业综合体，其“支撑引领”的科技体系是指在农业综合体建设中紧紧围绕农业综合体先进的发展理念，通过市场化运作方式，重点创新农业科技成果研发与成果转化方式，将农业科技研发、成果转化与推广工作纳入农业综合体创新链与价值链中，吸引科研机构与科研人员主动对接农业综合体生产经营的科技需求，围绕综合体农业发展需要突破的科技薄弱环节、重点环节与价值集聚环节，加强科技研发与技术攻关，从而对农业综合体的发展起到强有力的支撑作用，并对我国农业科技成果开发与应用起到引领与示范作用。通过构建农业综合体中的“支撑引领”科技体系，农业科技人员有积极性主动对接农业综合体的科技需求，农业综合体自身的农业技术需求能够得到高效解决，带动国家的农业科技成果转化率大幅度提高，形成多方协作共赢的局面。

二、国内外现代农业科技体系发展经验借鉴

（一）荷兰模式

随着生产模式发生变化，技术的复杂性、融合性和创新的不确定性加剧，重大创新活动的组织和实施更依赖于多学科、多领域的交流与合作，这就凸显了协同创新的必要性。由于单一的创新主体受多种因素限制，通常难以胜任重大科技创新活动所涉及的全部研究、开发、产业化或商业推广工作，或者承担这些工作的成本过高或效率太低；而协同创新可以通过优势、能力和经验互补，促进创新资源有效集成和最佳配置，进而降低创新风险和

成本，加速创新产业化进程，因而在市场对资源配置发挥决定性作用的商业环境中，多个创新主体的协同合作就成为推动创新成功的重要策略。协同创新要解决的最大问题是如何减少协调成本并降低难度。正是得益于众多创新主体的协同合作和功能互补，作为基础研究成果的 Rondeel 理念，才得以成功解决其产业化推广中可能存在的各种法律、融资和社会问题，被应用于家禽养殖农户生产经营的创新实践。Rondeel 饲舍系统协同创新经验表明，适当的机制，如组建技术委员会、创新商业公司运营和商业推广模式等，有助于降低资源整合成本与难度，促进协同创新的成功运行。

荷兰是世界闻名的农产品贸易大国，其在农业技术创新和动物福利改善方面一直处于世界领先地位。在过去的十几年里，欧洲家禽业不但面临着来自家禽新兴出口国竞争的压力，而且面临全社会对动物福利、食品安全和环境污染等方面越来越高的要求。基于此，瓦赫宁根大学动物科学研究中心开展了一项名为“护养母鸡”的研究项目，目的在于推动家禽养殖产业可持续发展。为此，该研究团队在充分考虑产蛋母鸡动物福利、家禽养殖环境、养殖农户理想工作条件及公司社会责任的基础上，提出了名为 Rondeel 的关于家禽饲养的独特饲舍概念和一系列创新解决方案。迄今为止，Rondeel 已在荷兰等多个国家得到认可，成为荷兰农业创新成功的典型。

Rondeel 模式的协同创新体现为企业、政府、研发机构、中介机构和用户等诸多主体为了实现重大科技创新而开展的大跨度资源整合和产业组织模式。在 Rondeel 饲舍系统创新案例中，参与协同创新的主体主要包括瓦赫宁根大学动物科学研究中心、K 和 V 两家商业公司、动物福利和企业社会责任咨询机构、南方农民协会，以及荷兰地方和中央政府。正是这些具有不同功能的创新主体之间存在协同合作和功能互补，才使家禽业创新系统实现了产业化和商业化，从而大大提升了荷兰畜禽产业可持续发展竞争力。各主体的主要职能如下：

瓦赫宁根大学动物科学研究中心——原始创新者。瓦赫宁根大学动物科学研究中心在动物饲养、动物健康、动物福利、可持续发展等方面有着丰富的研究经验。Rondeel 饲舍系统创新的理念、产业化建设技术标准和可视模型等的设计均得益于该中心的基础研究和智力贡献。该中心还投入大量资源，针对家禽养殖户的需求和市场推广中存在的问题不断对 Rondeel 饲舍系统进行再设计和创新，使该创新系统符合相关法律法规和行业标准，赢得广泛的社会认可。

K 公司——创新领航员。K 公司拥有 Rondeel 商标，是将 Rondeel 创新理念引入产业化过程的发起人。K 公司首先结合巴纳费尔德镇政府打造国际畜禽养殖中心的愿景，设计了 Rondeel 饲舍系统产业化发展框架，并促成巴纳费尔德镇政府成功建设第一个示范性 Rondeel 饲舍系统。K 公司虽在 2007 年退出 Rondeel，但其在 Rondeel 商业化发展前期发挥了举足轻重的作用，尤其在寻找该系统合作创新者和推动产业化技术标准建设和示范方面作用巨大。

V 公司——创新护航者。V 公司隶属于 Venco Groep 集团，是一家全球性家禽养殖生产设备和饲舍系统制造商与供应商，总部设在荷兰，在加拿大、美国、巴西、英国和泰国等国均设有办事处与分支机构。在以合作创新者身份加入 Rondeel 饲舍系统创新活动之后，V 公司以其在家禽养殖业积累的生产经验全力推进 Rondeel 饲舍系统的产业化试验和推广工作，负责解决筑窝、鸡蛋收集和粪便运输等生产技术问题。在相关技术标准和建设模型等关键技术问题解决后，V 公司不失时机地根据产业化推广示范的需要建立了 Rondeel B. V 有限公司，这使 Rondeel 饲舍系统的产业化应用与推广实现了里程碑式转型。此外，V 公司还在该创新系统获得农民接受、风险投资与荷兰动物保护协会认可的过程中，不断与农民、农民协会、荷兰农业食品安全部、荷兰动物保护协会等部门进行沟通与协商，对 Rondeel 饲舍系统创新产业化、最终实现商业化做出了重要贡献。

动物福利和企业社会责任咨询机构——创新润滑剂。动物福利和企业社会责任咨询机构在 Rondeel 饲舍系统商业化推广过程中起到了创新润滑剂的作用，不仅为 Rondeel 饲舍系统的再设计、商业推广计划设计和健康发展提供指导和咨询服务，还为化解 Rondeel 饲舍系统创新与地方建筑、环境、安全法规之间的冲突，获得系统建设许可等与荷兰动物保护协会进行沟通和协调，与荷兰农业食品安全部进行多次对话，最终为 Rondeel 饲舍系统获得荷兰动物保护协会的星级认证、荷兰农业食品安全部认可和接受等做出了贡献。这些成果为 Rondeel 饲舍系统在产业化进程中争取银行、分销商的合作支持奠定了重要基础。

南方农民协会——创新核心合作方。南方农民协会是一个在荷兰南部从事农业和园艺服务的社会组织，代表着荷兰南部 3 个省近 18 000 名成员的利益。南方农民协会通过项目支持和商业建议等方式为成员谋求利益，同时也参加食品和农业领域的战略策划与创新活动，以提高其成员在当前和未来市场竞争中的地位。南方农民协会比较认可 Rondeel 的创新理念，通过自身知识、网络和资源为 Rondeel 提供支持，贡献其参与经营 Volwaard Chicken（一个有关畜禽产业发展的创新理念，与 Rondeel 饲舍系统类似，旨在促进传统和有机畜禽产业发展）的经验，表达了家禽养殖户的利益诉求，并通过联合经营方式有效促进了 Rondeel 饲舍系统的市场推广。

荷兰地方和中央政府——创新重要推动者。首先，巴纳费尔德镇政府在 Rondeel 饲舍系统获取建设生产许可的过程中发挥了重要作用。巴纳费尔德镇政府认识到，Rondeel 饲舍系统是使巴纳费尔德镇成为国际化畜禽养殖中心的一个契机。在巴纳费尔德镇政府协助下，Rondeel 饲舍系统顺利获得了建筑环境、消防安全方面的法律许可，为 Rondeel 饲舍系统的工程化实践提供了必要条件。荷兰农业食品安全部也为该协同创新项目的实施提供了重要支持。当 Rondeel 饲舍系统市场推广面临困境时，该部门及时受理 Rondeel 公司提交的正式书面申请，协调解决 Rondeel 饲舍系统创新中的问题，帮助提出财务数据更加详细的商业计划，并依法为 Rondeel 饲舍系统创新项目提供风险投资担保，促成 Rondeel 公司与银行达成相关融资协议，也促进公司与分销商的合作关系，为 Rondeel 饲舍系统的产业化推广创造良好的社会条件。该部门还通过提供补贴许可，降低了 Rondeel 饲舍系统建设的投资成本，并许可 Rondeel 产品按照普通有机鸡蛋售价进行市场销售，为 Rondeel 饲舍系统产业化提供了重要支持。

总之，Rondeel 饲舍系统协同创新案例表明，中介服务公司、政府的创新支持项目等都可能发挥创新经纪人作用。如在瓦赫宁根大学动物研究中心和家禽设备制造商 V 公司之间发挥能动和协同作用的 K 公司，在 Rondeel 公司、巴纳费尔德镇政府和荷兰动物保护协会之间发挥协同和沟通作用的动物福利与企业社会责任咨询机构，以及促进荷兰农业食品安全部与南方农民协会认识到 Rondeel 作用的 Transforum 项目咨询专家和服务机构等，都大大促进了创新资源的优化配置，降低了创新产业化推广的成本和风险，对 Rondeel 饲舍系统协同创新的顺利推进做出了贡献。正是他们在相关创新主体之间开展了杰出的沟通协调、信息共享和战略咨询等创新中介服务，将 Rondeel 理念转化为可运作的技术体系和建设标准，帮助 Rondeel 公司有效化解了创新系统在产业化推广中可能面临的环境标准、融资和市场准入及社会接受等难题。

Rondeel 家禽饲舍系统协同创新案例给予我们的最大启示是：创新不仅是各参与主体协同互动的结果，也是协同创新组织网络与外部环境和网络外其他机构进行物质、能量和信息交换与整合的结果，当不同参与主体在组织文化、创新观念、功能目标等方面存在较大差异时，多主体间的协同创新行动必然会面临各种沟通、协同障碍，这就不仅需要参与主体在整个协同创新活动中发挥主导性作用，还需要参与主体或组织机构通过跨界沟通与协同发挥能动性的协调作用。所以，我国要实现以创新促进农业可持续发展，除了加大对农业科技创新的政策支持力度外，还必须在国家创新体系建设、相关制度安排和政策激励中充分考虑农业创新中介服务机构的独特功能和作用，为推进农业科技协同创新提供多层面服务支持和社会资本。

（二）美国模式

美国农业科研体系的形成可以追溯到 1862 年 5 月立法通过的“赠地法

案”，根据该法案，由国家投资，并在每州各拨出 3 万公顷联邦土地建立了一批主要为土著人服务的大学和学院，其中包括 16 所黑人农学院及 29 所部落农学院。1887 年国会通过以出售公用土地的方式支持农业试验研究的哈奇法案，在各州普遍建立农业试验站。1977 年通过全国农业研究、推广和教育政策法，确定美国农业部为负责农业科学研究的联邦一级的主要机构。美国农业科教体系的建立和完善前后经历了 100 多年的时间。美国农业部是集中管理农业科研、推广和教育的唯一政府部门（汪飞杰，2006；王建明，2009）。联邦政府内部的科研项目主要由美国农业部下属的农业研究局承担。政府以外的科研推广项目主要由各州的公立农学院（即赠地学院）及其 56 个州农业试验站承担，由美国农业部州际合作研究教育推广局负责协调管理。除此之外，私立科研机构也是美国农业科研中的一支重要力量。概括而言，美国的农业研究体系根据资金来源渠道不同，分为公共科研机构与私立科研机构两大部分。

美国农业公共科研机构发达且定位清晰。一是美国农业研究局。联邦政府内部的科研项目主要由农业部下属的农业研究局承担。农业研究局是美国最大的国家级农业科研机构，该机构由国家研发中心、7 个区域性研发中心、4 个海外研发中心及 100 多个农业试验站构成。目前该局有约 2 200 名专家，承担着 20 个国家农业研究项目，约 850 个研究课题，这些项目每年可从联邦政府获得约 11 亿美元的公共财政支持。二是赠地学院、综合试验站与农业推广服务站。各州的赠地学院及 56 个州的农业试验站主要从事区域性的农业技术研究和推广工作。具体而言，各州的农业试验站以本地形式多样的技术需求为依托，与学院和推广站共同形成了一个侧重于本地区农业技术研究和推广的网络。试验站每年能获得高达 10 亿美元的财政拨款用于工作的开展，相应项目和经费由农业部农业研究局负责组织管理。三是县级农业推广服务站。一般设立在县政府所在地，是州农业技术推广中心的派出机构，同州推广中心一起联合指导该地区的农技推广，帮助农民解决农场经营中的实际问题。目前全国共有约 3 100 个县级农业技术推广站，且人员素质普遍较高，多数是大学毕业，也有不少研究生。美国农业研究局和州农业试验站是美国农业科技体系的主体。

美国私立农业科研机构实力十分强大。私立科研机构主要是与农业相关的私营企业、家族基金会、协会等兴办的农业研究所、实验室和试验站（汪飞杰，2006）。一些较大规模的独立科研机构也拥有研究农业的分支机构，一些私立大学也设有农业基础和应用研究的科研机构。由于私营企业科技投入的增加，农业科研机构的数目也在增长。根据近几年的报告，美国每年用于农业科研的经费为 50 亿～60 亿美元，其中，私营机构为 26 亿～27 亿美元，占总数的 53％；联邦政府的经费为 19 亿～20 亿美元，占总数的 31％左右；州政府的经费占 16％左右。

美国完善的农业科研体系、合理的分工及良好的运行机制，保障了科研活动的高效性。公共研究机构在美国农业科研体系中起着不可替代的作用，重点承担具有基础性、探索性、前瞻性的公益性研究，以及难以在短期内产生经济回报的研究项目。各州的农学院及 56 个州农业试验站主要承担对本州经济有影响的应用技术研究及推广任务。私营农业研究机构，如杜邦、孟山都、斯坦福大学等，重点从事有直接经济效益的产品开发。

（三）以色列模式

以色列耕地少，自然条件恶劣，但由于科技兴农，使该国农业获得令人瞩目的发展。其农业发达，科技含量高，附加值高，滴灌设备、农作物新品种培育举世闻名。以色列粮食已基本自给，水果、蔬菜和花卉除了满足国内需要外，还出口到欧美市场；棉花单产水平是世界最高的，水果和蔬菜单产水平也位居世界前列。以色列农业科技贡献率达 96％，其农业技术体系发展程度之高，世界罕见。以色列的农业科研与技术推广优势是该国现代农业发展的基础支撑。

农业科技管理机构健全。采用全国农业科技管理委员会统一管理的农业科研体制，该委员会由农业部、科研与农业技术推广机构、农业组织的代表构成，全面负责全国农业科技政策的制定、主要科研领域和方向的确定，以及全国农业科技项目的行政审批。农业部下设首席科学家办公室，牵头做好农业科研与发展政策草案起草，科研项目申请指南发布，负责农业科研项目落实、监督、跟踪和评估。办公室另设 7 个专门委员会，分别做好各相关领域农业科研项目的初审事宜。

农业科研机构实力强大。主要包括公益性研究机构、科教机构和企业性质的社会科研机构。公益类科研机构有农业研究组织（ARO）、韦斯曼科学研究院及相关农业专业研究所。其中 ARO 是最知名的公益性研究机构，主要职责在于研究、解决全国性农业科技的重大问题，并开展前瞻性的农业科技基础性研究，下设园艺、畜牧科学等 7 个研究所，4 个区域性研究站和 1 个种质资源基因库。该组织科技力量雄厚，有员工约 2 700 人，其中科学家 300 名，专业技术人员 500 名，其运行经费一半来自政府赞助，另一半则来自农业部首席科学家办公室、农民组织、国际合作基金和科技成果转让收益。而韦斯曼科学研究院具有世界一流的基础研究实力，下设 5 个研究中心，共汇集了 800 多名农业科学家。涉农科教机构则以希伯来大学农学院和以色列技术学院为代表，其中希伯来大学农学院建有农业生物化学系、动物科学系、大田作物系等 7 个系，综合治虫和土壤水分科学 2 个研究中心；以色列技术学院在工程方面享有盛誉，建有食品工程与生物技术、农业工程 2 个涉农系及所属的水与土壤农业工程研究中心、农业机械研究中心等 5 个科研机构，共有科研人员 180 余人。另外该国还建有众多的企业型农业科研机构，研究内容也非常广泛。

农业技术推广部门设置科学。由国家中心和区域中心两个层次构成。以色列历来重视农业技术推广，建国之初就在农业部下设了农业技术推广服务局，专门负责农业技术推广工作，并根据农业发展需要细分为牛、羊、禽、蜂等 14 个专业委员会。为了更好地推动农业科研成果向农业生产转化，以色列还根据不同农业区域发展特点建立了 9 个区域推广服务中心，每个推广服务中心一般有 10～30 名工作人员，并根据区域技术推广特点分设了一些专业委员会，这些专业委员会同区域服务机构一道接受国家农业技术推广中心的行政领导。以色列农业技术推广具有很强的公益性色彩，其大部分经费来自政府财政拨款，仅有约10%的经费来自农业生产者。政府鼓励农业科研人员和技术推广人员结合自身专长，在自己的农场、土地、果园、畜棚上开设私人示范农场，集中推广先进技术。此外，技术推广服务人员还在政府扶持下，开办农业科技型企业、推广型培训示范基地，通过定期出版农业实用技术小册子、录像和光盘，举办培训班等方式直观地传播新技术、新品种，因此，农民很快就能掌握新型的农业生产技术。

培训和教育体系发达。以色列具有发达的教育体系，全力推行全民科技素质教育和创新能力教育，优先支持信息等理工类新型学科的建设，并注重产学研相结合，因此，农民科技素质较高成为该国现代农业建设中的一个突出优势。为了进一步提高农民科技文化素质，该国专门成立了农业教育培训机构，如希伯来大学农学院、以色列技术学院和国际农业培训中心等，每年组织专家免费教授农民水利、气象、农产品加工等方面的知识，同时不同区域中心也成立了相应的培训机构，信息网络技术也被广泛应用于农业科教中。这些举措促进了农民对农业技术知识的掌握。

（四）中国模式——以现代农业产业技术体系为例

1. 现代农业产业技术体系建设思路

现代农业产业技术体系（以下简称“体系”）是在农业部和财政部支持下，依托具有创新优势的中央和地方农业科研机构、基地和基础资源，于2007年创建。基本目标是按照优势农产品区域布局规划，围绕产业发展需求，以农产品为单元，产业为主线，从产地源头保障、生产过程保护到产品质量保证各个环节紧密衔接、环环相扣、服务国家需求（图5）。主要职能是围绕农业产业发展需求进行共性技术和关键技术研究、集成和示范；收集、分析农产品的产业及其技术发展动态与信息，为政府决策提供咨询，向社会提供信息服务；为用户开展技术示范和服务，为农业产业发展提供技术支撑；推进产学研结合，提升农业区域创新能力，增强我国农业竞争力（尤石和，2008）。

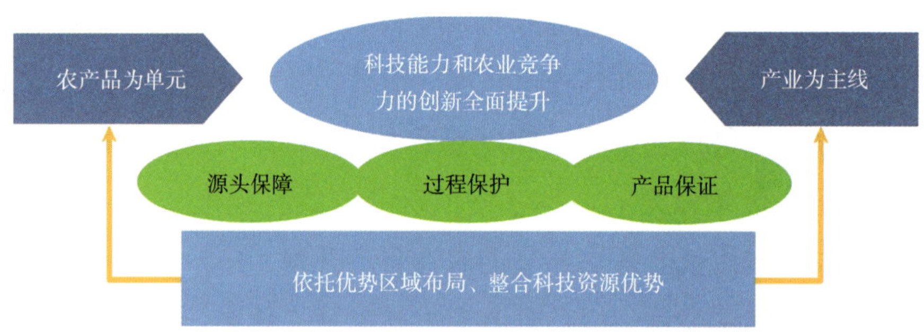

图 5 现代农业产业技术体系运行基本目标构成

2. 现代农业产业技术体系运行管理

1）结构设置

现代农业产业技术体系（以下简称“体系”）由产业技术研发中心和综合试验站两个层级构成。

①产业技术研发中心：依托优势国家或省级科研机构建立农产品研发中心，设首席科学家 1 名。中心下设 4～6 个功能研究室，每个功能研究室设 1 个主任和 4～7 个科学家岗位。一般每个产业设置 25～30 个科学家岗位。

②综合试验站：在每个农产品主产区设立 20～40 个综合试验站，每个试验站设 1 个站长岗位。试验站主要任务是接受首席科学家和岗位科学家的工作安排，完成产业综合集成技术的试验、示范；技术推广人员、科技示范户的培训和技术服务；生产问题与技术需求信息的调查、收集，疫情灾情监测、分析，以及相关问题的协助处理。每个综合试验站要求具有辐射带动周边 5 个县、市、区生产的功能。

2）相关主体及其职责

①创新技术供给主体：产业技术研发中心和综合试验站。以提升农业产业自主创新能力与效率、增强农业产业竞争力为目标，集聚了国家与地方技

术创新优势力量与资源（苏小珊，2012）。

②技术需求主体：农户、农民专业合作社和涉农企业。农户、农民专业合作社和涉农企业作为体系的技术需求主体，提供技术需求信息，反映生产实际中遇到的问题与困难，及时反馈创新技术在应用中存在的缺陷与不足，并提供技术改进的相关建议。

③技术创新投资与保障主体：中央、地方政府和体系建设依托单位。在体系建设中，中央、地方政府及体系建设依托单位主要行使科研经费投资和保障技术创新各相关基础设施、设备、实验条件、人员福利的职能。

④体系监管主体：管理咨询、监督评估委员会和执行专家组（高发端，2011）。在不打破现有管理体制的前提下，根据决策咨询、执行和监督权责明晰的原则，农业部成立体系管理咨询委员会、执行专家组和监督评估委员会，并负责总体布局与协调管理。管理咨询委员会由相关政府部门、产业界、农民专业合作组织代表及有关专家组成，负责审议体系发展规划和分年度计划，统筹不同产业、不同区域的协调发展，综合评估体系发展状况及其贡献。下设办公室，负责日常工作，建立管理平台，动态监管各体系运行管理情况（马佳和俞菊生，2009）。各产业技术体系执行专家组由各产业技术研发中心首席科学家、功能研究室主任和综合试验站代表共同组成，负责实施本体系发展规划和分年度计划中的相关任务，组织开展相关科技活动，指导、协调和监督各岗位功能研究室和综合试验站的具体工作，起到“上情下达与下情上达”的桥梁作用。监督评估委员会由行业管理部门、主产区政府主管部门、相关学术团体、推广机构、行业协会、产业界、农民专业合作组织代表及财务和管理专家组成，负责对各产业技术研发中心、综合试验站进行监督和评估，以及对体系中有关人员职责履行情况进行评估。

3）运行机制

体系建设每 5 年为一个实施周期，实行“开放、流动、协作、竞争”的运行机制。

（1）任务确定：体系是为完成国家目标而设置的，岗位人员承担的是产业发展需要开展的研发任务，是专家个人的研究兴趣和特长服务于国家目标，具有公益性、政产学研相互结合的特点。每5年由首席科学家组织本体系内的人员，全面调查征集本产业技术用户包括中央和主产区政府部门、推广部门、行业协会、学术团体、进出口商会、龙头企业、农业合作社提出的技术需求，经执行专家组讨论梳理后，提出本体系未来5年研发和试验示范任务规划与分年度计划，报经管理咨询委员会审议后，由农业部审批下达。

（2）任务执行：首席科学家根据农业部审批下达的5年研发和试验示范任务规划和分年度计划，制订本体系年度工作方案，经执行专家组讨论通过后，将任务落实到每个功能研究室和每个研究岗位和综合试验站。

（3）任务考核：建立体系内部绩效考评制度。每年度由首席科学家组织对体系内每位人员进行考核，将考核结果报管理咨询委员会。监督评估委员会负责首席科学家的年度考核，并将考核结果报管理咨询委员会。综合考核不合格的人员进行及时调整。

4）保障制度

（1）资金来源：体系建设资金主要由基本建设支出、仪器设备购置费、基本研发费、人员经费等构成，由中央和地方、体系建设依托单位共同承担。

（2）人员保障与管理：依托单位主要负责体系中聘用人员的工资福利、人事管理和后勤保障，提供必要的研究辅助人员。所有聘任人员均需保证优先完成体系科研、试验示范和培训任务，保证将产生的技术成果优先交给体系及相关试验示范与推广应用部门使用。

（3）信用管理办法：农业部科技教育司出台《现代农业产业技术体系信用管理办法（试行）》，对体系人员进行信用管理，规定对连续2个年度信用评价不合格的专家进行调整。

（4）知识产权和成果管理：体系形成的知识产权归国家所有，国家将其授予体系建设依托单位。建设依托单位可依法协商决定实施、许可他人实施、转让等。同时，国家根据需要保留无偿使用、开发、使之有效利用和获取收益的权利。体系收集整理的国内外技术发展动态信息、技术经济信息、知识产权信息、生产贸易信息等向社会、企业和个人免费开放共享。

3. 体系初步成效

这是我国农业科技领域的一次重大管理创新，也是我国农业科研机制改革的一次成功探索。自 2007 年年底启动建设至今，50 个产业技术体系凝聚了包括 25 名院士在内的全国 2 237 名专家，形成了科技创新整体合力，实现了全国农业科技“一盘棋”；按照农产品从生产到餐桌的关键环节，形成环环相扣的产业创新链，串起了农业产业科研“一条线”；给予长期稳定经费支持，保证了科技人员安心科研，把科研人员凝聚成“一条心”。

9 年来，体系围绕农业产业发展的重大需求和应急性、基础性问题，持续开展研发、集成和试验示范，取得了大批新技术、新成果，在全国范围建立了上万个示范基地，有力地支撑了粮食安全、食品安全和农业可持续发展。体系在运行实践中不改变体制，通过机制创新和管理创新，成功地解决了科技与经济脱节、联合协作不畅的科技体制顽疾，为我国科技体制改革提供了一种新机制和新模式，受到科技界、产业界和经济界的普遍认同。

据统计，9 年来体系共研发提供了 900 多个新品种、350 多项新技术新工艺、110 多个新产品新装备，节约成本 1 384 亿元，减少损失 2 021 亿元。仅“十二五”期间，由体系参与研发和推广的品种占农业部主推品种近一半，获得国家三大科技奖数占所涉领域的 67%（曹茸等，2016）。

此外，体系的任务职责根据需求迅速扩展，由最初的新技术研发和试验示范，已经延伸并涵盖了产业技术研发、示范转移、应急技术服务、决策咨询、战略规划、产业与农产品商业模式的规划设计、人才培养等领域，发展成了一个综合性大型科研组织，成为国内农业综合技术研发、决策咨询及其应用指导的主力军，成为产业理念、技术和产业发展的引领者，并与农业行政管理、各级农技推广队伍、龙头企业、生产基地、有关金融组织、农产品市场及国外农业领域各类研发机构等建立起日益紧密的联系，由此，体系的市场化前景也日益显现出来。

4. 体系发展特点

（1）以农产品为单元，产业链为主线，以综合试验站为基点配置科技创新力量，这是体系最大的特色。围绕产业链布局研发创新链，聚焦制约产业发展的关键共性技术问题进行攻关、集成及推广应用，有效破解了农业科技与经济“两张皮”难题。体系以促进科技与产业结合为首要出发点，将研究内容定位在用户需求上，将研究成果定位在快速转化应用、解决生产实际问题上，推动农业产业档次升级。

（2）以现有科研机构为依托，大范围聚集优势研究力量，跨学科协同创新，是体系又一特点。体系以应用为导向构建激励约束机制，人员通过自我推荐和体系遴选的双向选择，体现了公平、平等、竞争的原则，调动了各地优秀农业科研人员参与农业技术创新的积极性。在选题与立项上打破了以往专家内部循环的弊病，根据用户需求（包括主产区政府主管部门、推广部门、行业协会、农民合作组织、龙头企业、种养大户）来确定研究方向；评价由技术用户组成监督评估委员会对体系的年度工作进行评价；对科研人员的考核关注创新技术的实际应用价值，根据技术在生产实践中的使用情况来考核。

（3）以知识产权国家所有与授予相结合的方式，体现了体系具有公益性、服务大众的特点。体系明确科技创新成果为国家所有，并保障信息与技术的共享，降低了科技创新成本，减少了低水平重复研究，使技术创新带来的利益真正惠及广大农民，也克服了传统创新技术有效需求不足的问题，加快了农业技术创新步伐。在规定知识产权无偿使用、开发的基础上，体系同时也采取其他灵活的方式，如允许国家授予的体系建设依托单位可以依法将知识产权有偿转让，获得自身利益回报。

（4）以立体化为组织模式形成体系网络。从横向来看，涵盖了 50 个农产品产业，以 300 多个农业科研教学单位为依托，吸纳了 2 000 多名优秀农业科研人才，结合地方现代农业产业技术体系创新团队，加强中央与地方之间的资源整合。纵向来看，国家产业技术研发中心的功能研究室涉及农产品的育种、病虫害防控、种植与养殖、设施设备、产后加工、产业经济等多个环节，贯穿了农产品从生产、加工到市场销售的全过程，实现了各农产品的“纵向产业链条化”。设置产业技术研发中心和综合试验站两个层级，将科研与实践紧密、直接、有效地连接起来，将科研人员与基层技术使用者联系起来，提高农业科技成果转化率。

（5）以决策权、执行权、监督权“三权”分离为特点构建管理体制。体系管理咨询委员会、执行专家组和监督评估委员会是在不打破现有管理体制的前提下，根据决策咨询、执行和监督 3 个层面权责明晰的原则构成的体系“三权”分离的管理体制。执行专家组是由各产业技术研发中心首席科学家、各功能研究室主任和综合试验站代表共同组成，是各体系建设与运行的决策机构。

5. 体系形成的优势

（1）优化科技资源配置。体系整合了全国各个产业的优势科技力量，展开互为补充的合作活动，一定程度上避免了重复研究，促进了科技资源优化配置，提高了资金使用效率。同时，采取“以需求定项目，以任务定经费”的方式支持科研人员科技创新，重点考查技术应用效果和技术服务能力，调动了科研人员的创新积极性。

（2）加快农业科技成果的创新与应用。体系集聚全国各优势科技力量，采用立体化的组织管理模式和稳定灵活的科研经费支持方式，促使产学研有机结合，加快了科技创新与推广，加快了农业科技成果的创新与应用。

（3）提高创新成果推广运行效率。作为农业创新技术的示范区、试验点，综合试验站为产业技术研发中心提供技术实验平台，同时国家财政每年给予分布在全国各地的综合试验站一定的资金，以保障试验示范推广工作有序进行，提高了试验站参与体系建设的积极性。同时，各省根据自身发展情况和特色，成立地方创新团队，扩展农业技术创新的服务范围，促使更多的农户享受到体系建设带来的创新技术服务，促进现代农业发展，提升农业可持续发展能力。

（4）促进农民收入增长。体系作为一项国家财政支持的公益性事业，最终目的是通过农业科技的创新与应用，促使农产品增产、农民增收。运行 9 年来，体系对提高农民掌握和应用创新技术水平，促进农民收入增加起到了重要的作用。

三、现代农业与科技体系创新互动发展的实践做法

发达地区传统农业向现代农业的转型升级，也是促进城乡一体化发展的重要途径。在这个过程中现代农业综合体建设主要依靠技术创新实现要素投入减少和产出效率提高，利用动植物新品种新技术实现增产增收；同时也借助一二三产业融合发展延伸产业链与提高产品附加值，使农业景观、农业可再生资源保护得到重视，使农业从业人员收益得到提高，从而形成以农业为核心的农业多元产业结构。

（一）农业多元产业发展与农业科技创新的互动机制

从现有文献资料分析，很难找到现成理论较好地解释现代农业综合体发展与农业科技创新的一般关系，加之不同国家对农业多元产业发展的认识存在差异，使得分析这两者之间的关系显得十分困难。为此，本文尝试从产业结构延伸（农业多元产业空间）、系统化技术集成、绿色发展、产业效率等多个视角出发，分析两者之间的互动关系，以此阐述两者的互动机制（图 6）。

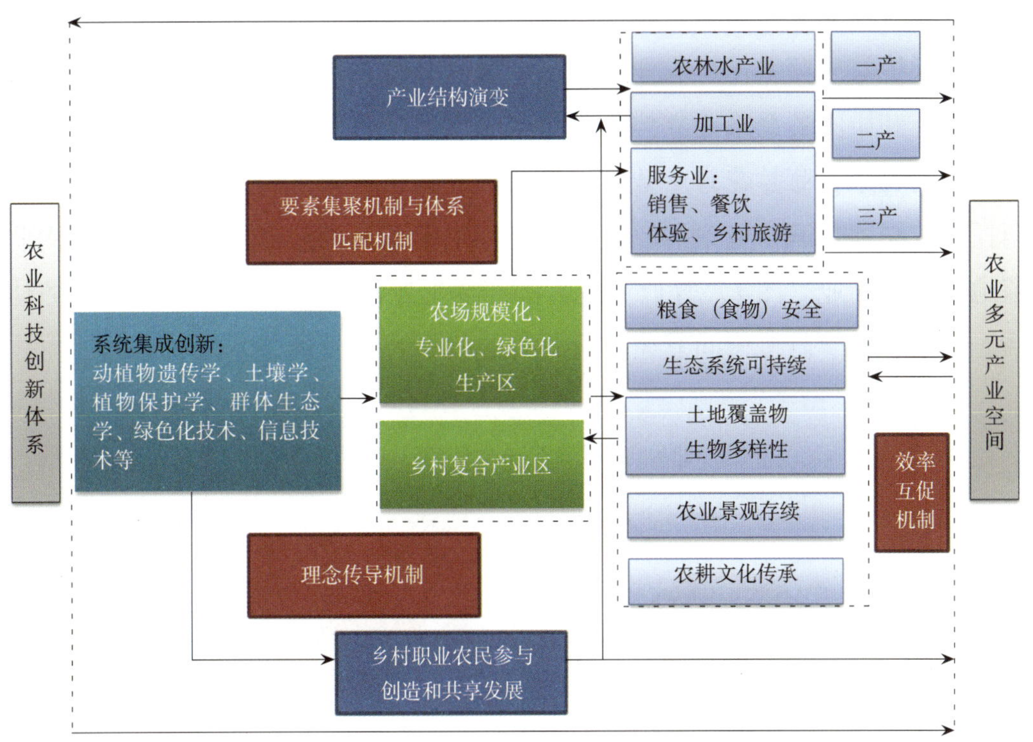

图 6　农业多元产业空间与农业科技创新体系互动机制

1. 产业结构视角：要素集聚机制与体系匹配机制

农业产业结构在演变过程中依靠科技进步推动产业转型升级。在现代农业综合体建设进程中，农业不但提供安全和营养食物，而且是高度融合的系统化产业体系。具体地说，农业作为国民经济的基础产业，将继续发挥保障食物安全和纤维生产的基础性作用；同时，农业作为一产的功能正从生产逐步向加工业和服务业方向延伸，特别是服务业发展，农业新兴产业和新兴业态的成长有利于扩大农业产业就业，吸纳大量就业。从产业结构演变看，在整个农业现代化进程中，农业多元产业发展可以推动农业上、中、下游产业在区域内形成产业集聚，产业发展带动各类要素向农村综合产业区集聚，这种要素集聚机制有利于加快产业结构延伸。产业集聚水平也将要求农业科技体系与之匹配，尤其将对农业提出生产规模化、专业化、绿色化水平的新要求，依靠科技支撑与引领生态系统维护、可持续发展、农业景观塑造、生物多样性保护等多项工作。农业多元产业空间与科技创新体系要通过彼此的互动、耦合和协同关系来确立体系支撑与引领匹配机制，两者之间总体上呈现正向互动关系。荷兰花卉产业集群、法国勃艮第地区葡萄酒产业集群、意大利托斯卡纳葡萄酒产业集群、美国加利福尼亚葡萄种植产业带、韩国庆尚北道地区汉方药业（图 7）等产业集群的布局形成都得益于健全的政策服务体系，更依靠产学研机构间紧密的合作，提供源源不断的技术服务。

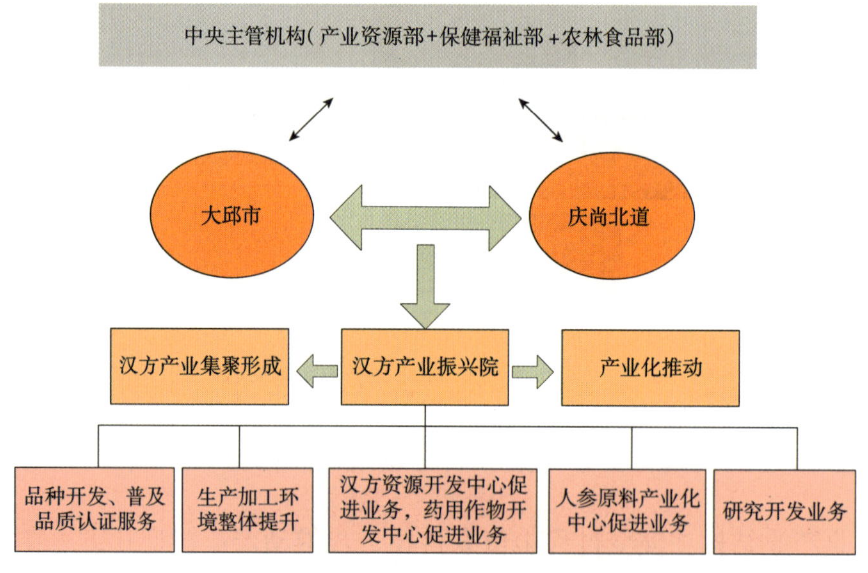

图 7　韩国庆尚北道地区汉方产业集聚

（资料来源：日本农林水产政策研究所，台湾经济研究院生物科技产业研究中心）

2. 绿色发展视角：理念传导机制

绿色发展是新型农业要树立的一种理念，绿色化发展理念必将导致农业结构变迁、技术路线变迁、生产规模变迁、组织模式变迁、特色优势变迁、政策制度变迁，实现一二三产业融合，走资源节约、环境友好、生态循环的发展道路。绿色农业可持续发展，必须通过绿色技术支撑和引领，满足生态系统可持续、多样化食物生产、生物多样性利用、土壤及水资源利用、动

（植）物栖息地保护、土壤改良等现代农业发展的内在要求。绿色发展也将从农村土地规划、种植结构与规模、技术解决方案等多个维度为农业多元产业空间注入新的活力。同时，绿色发展理念也将贯穿于农业科技体系中整体科技研发内容、科技组织方式、科技评估系统，通过发展绿色农业，导入生态农业发展计划、食物链安全生产标准、农场规模化专业化生产等可持续农业发展模式，使农业多元产业发展既满足未来健康食品的产量和质量要求，又保持土地长期肥沃、水质量和空气质量优良，保护生物的多样性，提高可再生资源的重复利用率。

3. 产业效率视角：效率互促机制

在新常态和供给侧结构改革新时期，现代农业发展规划不仅要注重提高农产品质量和数量，更要重视通过联合生产农产品和提供一系列的生态服务，加大对新型农业生态系统的设计与投入，以产业效率平衡生产要素结构与配置效率，从而使农业生产效益与生态效益平衡增长。农业产业效率的提升是维持产业竞争力优势的基础，也是提升乡村职业农民收益的有效保障。欧盟将乡村发展作为提升乡村生活质量、环境土地管理和经济多元化的竞争力与凝聚力。因此，在欧洲乡村计划“欧洲领导者＋”及创新联盟计划“2020 旗舰计划”中，积极促进农业研究与粮食生产、生态农业、有机农业有机结合，并在农业科研、市场、消费者、生产者和政府管理部门间建立可持续的创新伙伴关系，共同塑造一个低投入高产出相互促进的农业体系。日本在六级产业化战略背景下，农业科技创新与成果转化示范主要集中于 3 点：①加快用作新商品原料的新品种育成和转化；②建立土地、水及相关资源有效利用的生产方式；③建立降低农林水产业产品生产成本的生产方式，强化农林水产业产品生产、销售相关环节技术研发，以及降低新产品生产成本的生产方式或机械等研究，重视农产品品质管理方面的技术研发。韩国庆尚北道地区汉方药业和食品产业集群发展中，农业相关行政部门与产业研究院以“生产者、消费者、社会”为核心的合作机制，推动了农业产业集群发展。

（二）农业多元产业发展中的系统化工程化研发战略

现代农业综合体建设中的农业多元产业体系，得益于多学科、多部门在共同利益目标下的协作，产业转型升级的核心是农业科技创新。生物技术、信息技术、新材料技术等前沿技术成果必将不断向农业产前、产中、产后一体化发展领域渗透。发达国家经验为我国农业科技工程创新提供了新思维、新理论、新技术、新方法。

1. 构建系统化工程化研发战略体系

国外典型农业多元产业空间的成功源于多学科的协作，形成政府、大学、研究机构、农场组织、农业公司及其他利益相关机构互动机制。农业科研与农业经济研究不仅集中于初级农业生产，更重视农业生产链上各环节系统化发展，形成以农业多元产业为核心的现代农业综合体。一方面重视生产体系建设，确保农产品质量安全；另一方面，开发传统农产品高级技术和产品销售，振兴乡村多元产业。以技术研究机构与农协及企业合作，实施特色产业技术指导、促进行业企业间合作、建立消费者反馈渠道等联合技术研发推广方式，使农产品生产能跟随现代消费者新的需求进行不断的改正和适应，最终使农产品提升的附加值留在农业地区、回归农业从业者。比如，荷兰农业综合体致力提高农业生产要素的质量和利用率，改善农业投入品供应和农产品销售，以技术创新和品种更新不断适应市场、环境和生产过程中的技术要求。在韩国，农林食品科技水平提高的目的在于提升农业产业商业化率，提高农业对经济增长的实际贡献度。在挖掘传统农林食品产业的高附加值化基础上，促进农业科技融合营养需求、气候变化、灾害、疾病等研究，实现农业生产、观光、文化为一体的多元农业产业生产模式。在美国，农业研发以提高自然资源利用基础和生态环境保护为目标，为农村居民提供经济机会，评估美国人营养需求，确保高质量安全的粮食和其他农产品生产，以农业多元产业将农村社区和城市社会融为整体。日本作为最早提出六级产业的国家，不断扩展未来农业产业发展空间，强调以农业产业为核心，建立技术开发、生产、加工、销售一体化的农业产业链。

2. 启动农业多学科协同重大优先战略项目

欧美等发达国家作为当今世界的主要知识生产中心，非常重视重大科技战略或计划的设计与实施。首先出台农业产业可持续管理政策，重点关注农业对多样化食物生产、温室气体排放量、生物多样性、土壤及水资源利用的影响，着力解决农业和城市环境挑战。为此分别提出了不同的政策措施，并设计交叉指标体系，提升食物链安全生产标准、农场收入、农业产业竞争力、森林水草等可持续农业资源和环境利用率。

同时，启动农业多学科重大优先战略项目，以优先科技战略和配套政策措施，应对全球气候变化对农业生产的影响，以及消费趋势对食品和纤维需求的变化，维护国家农业大宗商品价格和农业收入增长。农业多学科重大优先战略项目的设计与实施，旨在实现更加广阔的政策目标（如绿色经济、乡村重建）和解决全球性问题（如健康、老龄化、气候变化等）。

美国与欧盟各国等国家农业多学科重大优先战略项目概要如表 2。

重大农业研究计划的整体组织设计原则，充分考虑了国家科技和产业发展计划的协调性，注重设计长短期相结合的预见性研究主题与有效技术传播。针对主要农作物生产需求，集成农学、生物学、生态学、经济学、社会学等学科，形成技术研究比较与集成→形成策略系统→建立网络平台→开展推广/培训/咨询活动→评价适应性和实施效果（技术/经济/生态/社会）→食品安全的全产业链研发模式。一方面以高新技术，包括动物基因工程、动物克隆、新植物品种、动物生物技术和纳米技术等，促进农产品安全生产和贸易。另一方面，加强农业政策和科技项目对农业可持续发展的引导，主要包括土壤质量、农业面源污染、空气质量、野生动物栖息地和农业景观多样性、多元化水灌溉等。

表 2 国外农业多学科重大优先战略项目概要

国 家	科技战略/行动计划	战略/计划的主要内容与特征
美国	美国农业 2014—2018 战略规划	科学制定美国农业部 2014—2018 年度财政战略，引导实施农业科技战略规划，更好实现农村繁荣、森林和土地保护、可持续农业、安全营养食物生产，并为美国人提供更多就业机会
欧盟	地平线 2020：欧盟研发创新框架计划	欧盟有史以来规模最大科研创新计划，旨在提升欧洲农业生产力和农业可持续发展，塑造低投入高产出型欧盟新农业。其中粮食安全、可持续农业和林业、海洋和内陆水及生物经济领域科研经费预计达 38.51 亿欧元
	欧盟重大工程专项 ENDURE	针对农业可持续发展，开展多样化作物保护（防控技术、植保产品、抗性品种、耕作制度、生防制剂、准确支持系统、精准农业、其他）等领域研究，重点关注农药抗性管理、作物遗传抗性可持续利用、自然生物控制利用、入侵虫害和草害生物学等，涵盖欧盟农业主要作物（小麦/玉米/苹果/梨/番茄/马铃薯/香蕉/葡萄/蔬菜）的病虫草害研究
德国	德国 2020 高科技发展战略	强调技术变革为人类利益服务，重点关注5个领域：气候/能源、保健/营养、机动性、安全性和通信
	德国乡村发展政策计划	强化粮食生产基地功能，保护农村生态环境，开发乡村地区特有经济潜能
日本	日本六级产业化事业计划	用活地域资源、促进农林渔业等产业发展，促进地域农林水产品相关产业发展，改善粮食与食品市场萎缩、农业产值下降，农业所得下降等问题；支持优质农产品，提高粮食自给率
韩国	农业“未来增长产业化”计划	在农村振兴地区设立农村复合产业区，发展农业、食品加工、流通、农家食堂、农业观光等一体化的未来增长型产业，同时将集群性第六产业复合区从 3 个扩充至 9 个，农产品综合加工中心从 22 个扩充至 30 个。设立 100 亿韩元的农业基金，鼓励更多人从事农业第六产业的创业；增加对信息技术设施的支援力度；增加产地食品直销店至 100 个；建立达到发达国家水平的农业职业教育体系

（三）应对农业科技工程进步面临的生态和社会要求

为了适应农业多样化和多功能开发需求，通过集群创新整体优化研发策略，集成生态工程、景观生态学和生物学、地理学等学科，研究探索适应区域农业可持续发展的路径，使农业生产更加具有稳定性和可预测性，将现代农业科技工程创新与食品供应、能源安全、环境可持续性、缓解和适应气候变化紧密相连。

1. 注重农业生态和社会系统设计

新时期欧美国家围绕农业农村发展创造低碳可持续的经济体系，以多部门合作共同塑造一个低投入高产出的农业产业。加大对新型农业生态系统的设计与科技经费投入，在2003—2010年美国农业部农田保护计划中环境保护支出经费增加了10倍，将农田持续保护、增强保育休耕、湿地保护、环境质量激励等相关研发计划和项目融为一体。在欧盟2000年议程中，欧洲农业发展模式被确定为可持续发展的高质量农业，计划通过系列改革措施使农业不仅服务生产，增强农村创业活力，而且维护农村区域环境质量和美好风景。为此，确立了“欧盟优先发展农村”6条法规：加快农业、林业和农村地区的知识转变及革新；增强农场的活力和竞争力，实现农林技术创新和可持续发展管理；在农业生产中构建食品链，注重动物福利和风险管理；提高农业与森林生态系统的恢复和保护；提升农业、食品和林业的资源有效利用率，创造低碳可持续的经济体系；增大乡村地区的社会包容性、减少乡村地区贫困人口和加快乡村经济发展。

2. 最大化数据共享与影响评估

基于多功能农业属性特征，许多尖端农业科学研究战略项目设计目标大胆且方法灵活。许多合作型科研项目广泛涉及生态、社会和伦理等方面的综合因素。通过最大化研究数据共享，既满足科研缩短数据产生和发布相隔时间的要求，又以数据最大化促进项目绩效评估，使研究计划的建设、维持和发展成为系统性工作。如在欧盟ENDURE项目所设计的农业耕作技术与评估系统（DEXiPM）中，利用技术创新系统（使用创新的技术组合方法或新技术），从环境可持续性等角度考虑资源利用、环境质量和生物多样性，使农业资源在能源、水、矿物肥料和土地等方面实现可持续利用(ENDURE’s position on European pesticide policy，2012)。

四、现代农业综合体中“支撑引领”科技体系的构建

顺应世界现代农业多元产业、多功能性和可持续发展的趋势，围绕我国现代农业发展中薄弱环节、重点环节和价值集聚环节的重大科技需求，在农业综合体中建立由农业企业主导的农业科技体系，不仅提高企业自身创新能力，而且通过机制创新，整合利用多方农业科技力量和资源，弥补我国农业科技体制机制的缺陷，为农业综合体建设和发展提供支撑引领作用。

农业综合体科技支撑引领体系坚持农业科技活动市场化运作，切实推进农业科研、农技推广、产业发展三者一体化发展，打造多方协同、合作共赢的农业科技新格局，为有效破解农业综合体建设中遇到的科技问题提供强有力的支撑，引领示范我国现代农业可持续发展。

（一）构建的基本准则

（1）市场化运作。农业科技活动根据属性可以分成公益性和商品性两类。公益性活动不能建立商业模式，只能由政府去做。商品性活动应该建立商业模式，让市场去做，政府花了钱去做，也不一定做得好。与农业综合体市场化运作机制相一致，科技支撑引领体系的构建与运行应该采用市场化方式，开展那些可以建立商业模式的科技创新、转化和推广工作。除了采用品种引进、科技咨询、技术指导等常规方式外，大胆探索研究转让、课题承包、技术购买、股权激励、合作分红等方式，及时高效地满足农业综合体科技支撑与引领的需求。

（2）多方协同。充分发挥农业科技创新方、农业技术推广方和农业技术需求方的优势，通过机制创新与价值整合，吸引各方加盟农业综合体科技支撑引领体系，促进各方围绕农业综合体发展开展协同创新与服务。发挥农业高校科研院所实力雄厚、创新能力强等优势，做好农业综合体科技创新和技术创新集成工作。加强与国家现代农业产业技术体系、农业科技推广部门交流与合作，及时引进先进技术，降低技术应用成本，提高农产品生产质量和

效益。同时，农业综合体内部也要组建科研团队和研究院，提高企业自身研发、集成和应用先进实用科技成果的能力。

(3) 合作共赢。充分尊重科技各方诉求，加强各方交流沟通，创新多种激励方式，提高各方积极性，做到合作共赢，为研发活动在经费保障、经费使用、科研条件、资源共享、成果利用、持续研发等方面提供便利与支持，同时也应确保科技创新的绩效，切实解决农业综合体发展中遇到的科技问题，进而达到多方共赢和综合体科技体系良性运转的局面。

（二）体系的主要目标

及时有效解决现代农业综合体科技需求。农业科技创新一般具有投资大、周期长、专业性强等特点，与生产流通中出现的突发性、区域性、季节性、多样性、综合性技术需求经常难以匹配。通过以农业综合体为载体构建新型科技支撑引领体系，整合多方农业科技力量，及时有效解决环境监测、良种推广、绿色生产、智能控制、效率提升、品质保障、质量追溯、信用建设、功能融合、物流加工、消费引领等方面中遇到的农业科技难题，促进现代农业可持续发展。

推广应用国内外先进的农业科技成果。农业综合体的先进性不仅体现其生产关系的先进性，而且体现其现代农业科技成果示范应用的先进性。因此，通过构建强大的农业科技支撑引领体系，把农业综合体打造成先进农业科技成果应用推广示范基地，突出农业综合体国际性发展视野，大力推广应用品质卓越、营养保健、消费便捷、外形美观的新品种，建立病虫害绿色防控、废弃物资源化利用、高效生态栽培、机械化、标准化生产等新模式，以及发展智慧农业、创意农业、健康农业、品牌农业、都市农业、第六产业等农业新业态。

探索完善农业科研市场化高效运作模式。发挥农业综合体在农业发展方面创新先锋作用，不断探索完善农业科技市场高效运作模式，为我国农业科技市场化改革探明突破点。大胆采用委托承包、技术购买、科技入股、股权激励、合作分红等方式，提升科技支撑方的参与意愿与潜能挖掘，及时高效地满足农业综合体科技支撑引领需求。

（三）体系构建的核心任务

1. 促进农业科技创新

农业综合体科技支撑引领体系要按照农业供给侧改革需要和市场多样性需求，根据产业链布局技术链（图 8），加强对薄弱环节、重点环节与价值集聚环节的技术攻关，促进农业多元产业各环节的技术配套。在技术创新实现路径上，以解决生产应用性问题为重点，加强项目自主设计，以农业高校和科研院所为支撑，探索、优化、完善利益分配机制，开展产学研合作攻关，解决农业综合体发展中的技术瓶颈。在农业科技创新攻关重点上，加快生态循环农业和农机农（牧）艺融合为重点的技术研究和集成应用；加强育

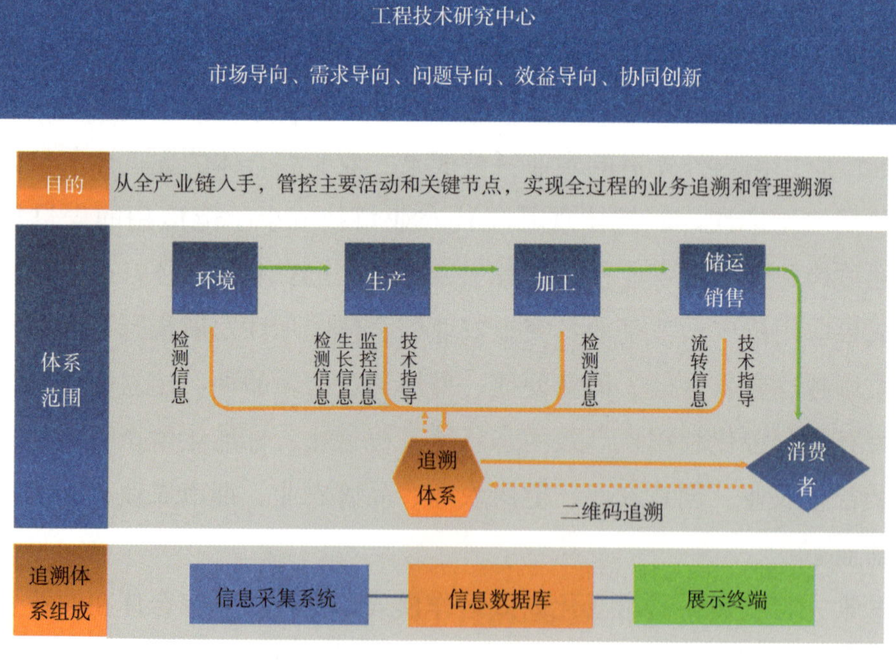

图 8 基于产业链布局创新链的农业综合体工程技术研究中心

种技术、生物技术、工程技术集成的研发和转化应用；加强农作物和畜禽良种、优质高产栽培及养殖、农业节本增效控害、动物重大疫病与植物有害生物绿色防控、农产品质量安全和标准化、农业机械化、农产品储运保鲜和精深加工、农业节能减排、农业信息化、农业抗灾减灾等领域的技术集成、示范与推广。在农业科技决策咨询上，分析农业产业技术发展动态与信息，开展美丽乡村建设、创意农业发展、现代农业与农村经济发展等战略研究，成为各级政府和社会化服务的智库。

2. 加快农业科技成果转化

农业综合体科技支撑引领体系按照服务大产业、组织大项目的思路，以知识产权为纽带，面向区域农业主导产业和特色产业集聚区，组织实施农业科技成果转化工程。以农业科技企业、农民专业合作社和种植（养殖）大户作为转化应用的主要对象，加强农业新品种示范、高效生态技术与农产品加工技术成果的转化应用，建立成果转化示范基地。建设农业科研机构成果转移新机制，探索建立政府引导、市场主导、企业化运作的农业科技成果转化新模式、新机制，促进创新成果与农业产业生产发展对接。对接区域农业科技成果转移中心，推动专业化、市场化运行，建立目标一致、分工明确、权责明晰、利益共享的“一条龙”农业科技成果转移服务体系（农业部，2015）。

3. 加强农业技术推广

农业综合体联合国家现代农业产业技术体系、现有农业技术推广机构、农业科研机构、涉农高校、农民专业合作社、涉农企业、行业协会等力量，建立网络化、标准化、专业化、商业化、社会化的新型推广体系。通过核心基地、加盟基地、辐射基地以及家庭农场等层层传导，开展试验、示范、培训、指导以及咨询服务等，把先进科技成果和实用技术普及应用于产前、产中、产后全过程，为区域现代农业发展提供科技支撑（图 9）。农业技术推广涵盖良种繁育、栽培、肥料施用和养殖技术；植物病虫害、动物疫病和其他有害生物绿色防控技术；农产品收获、加工、包装、贮藏、运输技术；农业投入品安全使用、农产品质量安全技术；农田水利、农村供排水、土壤改良与水土保持技术；农业机械化、农业气象和农业信息技术；农业防灾减灾、农业资源与农业生态安全和农村能源开发利用技术等。同时，农业综合体再通过订单回收这些生产者生产的优质农产品和其他关联产品，通过流通渠道配送到消费者手里。

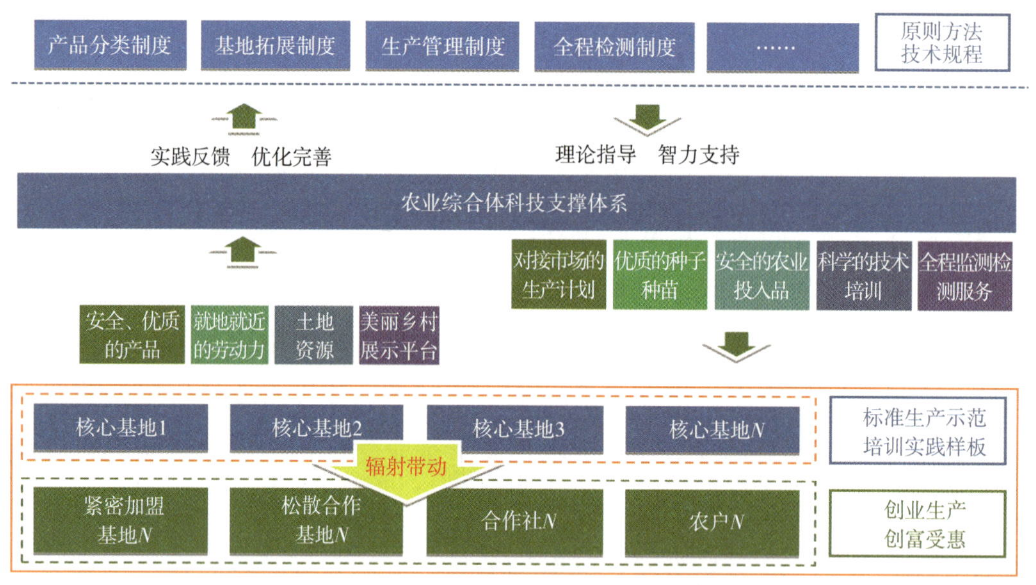

图9　农业综合体中的科技推广和成果转化系统

4. 加强农业科技人才培养

以农业综合体为平台，整合农业高校、科研院所、农业企业等科技力量，促进政产学研用的紧密结合，为培养既能把握农业科技发展趋势，又会面向生产需求、产业发展的研究型和应用型人才创造良好条件。通过共同开展重大技术难题、共性关键技术等项目攻关，共同建设重点实验室、工程中心、创新基地等，加速培养一批农业综合体首席技术专家、首席技术推广专家和技术骨干，促进传统产业提升和新兴产业培育。

5. 加强职业农民培育

农业综合体是农村实用人才与职业农民培育的重要基地。综合体中标准化、规范化、专业化科技示范基地大大提高了农业技术教学的效果。以提高科技素质、职业技能和经营能力为核心，以农村实用人才带头人和农村生产经营型人才为重点，通过教学与实训相结合，提高实践与操作能力，培养造就一大批经营能人、生产能手、能工巧匠，建设有觉悟、懂科技、善创业、会经营、有特色的农村实用人才队伍。同时，纳入政府农民培训教学计划，紧密结合农业农村经济发展和广大农民群众的培训需求，深入实施“农村劳动力培训阳光工程”“百万农民培训工程”和“绿色证书”培训等。实现农民培训工作从“培训”到“培育”、从“办班”到“育人”、从培训过程考核到绩效考核、从传统培训到现代化、信息化培训“四大转变”。

6. 探索产学研合作新机制新模式

以农业综合体为载体，坚持问题导向、市场导向和绩效导向，集产学研于一体，以“设计施工一体化”的工程理念，建设农业工程技术研究中心，将农业科技成果进行工程化开发，着力打造网络化专家团队、信息化管理服务、项目化支撑引领、制度化规范运行的新机制。通过农业综合体的实践与探索，推动产学研结合的各项政策制度完善，加快建立产学研合作利益共享机制，完善技术创新分配激励机制，充分调动各方面积极性，从而增强科技工作针对性和有效性，加快成果的转化与产业化应用，有效提高科研绩效的新模式（陈剑平等，2014）。

（四）“支撑引领”科技体系的整体框架

1. 多元合作的创新主体

农业综合体根据区域农业产业发展需求，围绕现代农业发展中的共性、关键、重大科技问题，由主导企业以知识产权为纽带，或者通过一定的利益共享机制，协同农业科研推广机构、社会力量等多方参与，构建多元合作的科技支撑体系。同时，充分考虑创新和带动周边的农业组织和农业生产者在农业技术创新方面的需求和活力。

这种创新主体多元合作的机制突破了传统农业科技创新主体单一的局限，统筹了给予积极引导支持的政府、善于经营管理的农业龙头企业、提供资金支持和服务的金融机构、提供技术和人才支撑的高校科研院所及进行生产经营的新型职业农民等主体。尤其是强化了企业科技创新的主体地位，构建企业主导的创新机制，打破企业和高校、科研机构的界限，建立跨界联盟，促进产学研贯通，推进产业链和创新链融合，加快创新成果转化为现实生产力。

2. 精干高效的科研团队

农业综合体以农产品为单元，由主导企业建立由首席专家、岗位专家和农技人员组成的科研团队，实行“金字塔”式的管理模式，层层落实责任，信息双向传导，运转有序高效。首席专家主要负责本团队的组织协调工作，开展产业技术发展需要的基础性工作，解决产业技术发展的重要问题，收集、监测和分析产业发展信息与动态，以及开展产业政策的研究与咨询、组织相关学术活动等，同时参与整个区域或综合体内发展规划和分年度计划的制订、统筹不同产业协调发展、区域发展状况及其贡献的评估。岗位责任专家主要围绕区域内本领域（产业）发展的目标和计划，开展科技项目组织实施、产业技术瓶颈技术协同攻关，指导、协调和监督各相应环节的业务活动，做好技术人员培训等。技术人员主要承接技术转移，开展产业集成技术的试验、示范和推广，培训科技示范户，开展技术推广服务；调查、收集生产实际问题与技术需求信息，监测分析疫情、灾情等动态变化并协助处理相关问题。

3. 协同创新的科研机制

在农业综合体建设中，企业通过加强与科研机构合作，搭建攻关研发平台，集成和共享创新资源，实现创新资源的有效分工与合理衔接，突破农业产业共性和关键技术瓶颈；实施技术转移，加速成果的商业化运用，提升产业整体竞争力。具体可以有两种模式：

模式一：农业综合体以高校科研院所的专家、技术、平台为依托，组建相应的工程技术研究中心，设定相应的工作机制，建设一批核心基地和加盟基地，集成高校科研院所的科技力量对产品分类、基地拓展、生产管理、全程检测等进行前瞻研究。农业综合体通过整合科技资源，提供优质种子种苗、安全投入品、科技培训、全程质量监控技术，进而辐射周边更多个紧密型或松散型的生产基地，促进科研与生产、科研与市场的紧密结合，实现科技服务产业、产业促进科技，产业面向市场、市场引导科研的良性循环（图 9）。

同时，高校科研院所围绕农业综合体建设目标，在农业龙头企业的支持下，组建首席专家负责制的科研团队，根据农业综合体的产业链布局研发链和推广链，突破农业共性和关键技术瓶颈，实现创新资源的有效分工和合理衔接。地方政府、农业龙头企业和科研机构通过合作，建立专业性、公益性、商业化、社会化等多层次于一体的新型农技推广服务体系，并全面带动和培育大量新型职业农民。

模式二：农业综合体组建自身的研究院，开展科技研发和技术服务工作，同时，类似于模式一，可以借助外部科技力量开展必要的研究与推广工作。

4. 产业推动的服务机制

农业综合体围绕区域内一个或多个农业主导产业，引入科研机构，建立科技示范基地，孵化农业科技企业，以核心基地、加盟基地、辐射基地为技术扩散圈，通过产业推动和示范引导进行科技服务。科技服务人员对生产全程监控、指导，在技术规程、标准和市场需求下，按照统一整地播种、统一施肥打药、统一田间管理、统一收获储运、统一技术培训的方式，实行标准化生产、品牌化经营，从而把新的实用技术应用到产前、产中、产后全过程。企业是带动新技术推广的核心力量，在延伸产业链，推动产业升级，带动农民掌握新技术，促进周边地区的技术辐射中起主体作用。农业专家则发挥科技创新、成果展示示范、农民教育培训、科技信息传导等方面优势，使最新的品种、技术成果能够直接推广应用到农业生产流通第一线，减少了中间环节，缩短了成果转化周期，提高了科研绩效。

5. **市场运作的转化机制**

农业综合体以企业、股东、科技人员、用户、消费者等多方相关利益体都满意为目标，坚持农业科技成果转化的公益性服务与商业化运作相结合，既突出公益性，又明晰市场化运营模式。以企业为农业科技成果转化的主体，发挥市场在科技资源配置中的决定性作用，利用市场化机制打通科技支撑与产业发展之间的通道，解决科技与经济“两张皮”问题。科研机构的科技成果主要以许可方式对外扩散，鼓励以转让、作价入股等方式促进技术转移。

当地政府建立完善的科技成果转移工作体系，加强专业化的机构和职业化的人才队伍建设，强化知识产权保护、运营权责；建立有利于农业高新技术产业发展的资本市场，有健全的风险投资机制和撤出机制，规范风险投资的市场行为，促进科技与金融紧密结合；建立配套的科技成果转化公共服务平台，包括各类中介评估评审机构，各类知识产权、专利交易平台，各类法律服务平台等，为农业综合体建设和运行提供良好的政策环境。

农业综合体依托与商业组织协同对接的平台优势，牢固树立农业科技创新活动的市场化导向，建立健全农业技术创新的激励机制，充分调动科技人员积极性。通过改革科技成果产权制度、收益分配制度和转化机制，激发科技人员持久的创新动力。通过创新科研评价机制和人才评价机制，让更多的优秀农业科技人才脱颖而出，一展身手。

6. 合作共赢的科研平台

农业综合体对接国家和区域现代农业产业技术体系，采用新型科技资源组合模式，打造合作共赢的科研成果转化平台，实现科技力量整合和资源共享，巩固强化联合协作的新格局，进而通过市场化运作，把现代农业产业技术体系支持的生产基地所生产的农产品变成商品，大幅度提高农民的收入。农业综合体可充分发挥现有的渠道优势，对国家现代农业产业技术体系的专家资源、产品资源、科技成果资源、基地资源等进行有选择、有针对、有重点地聚集整合，使现代农业产业技术体系成为农业综合体发展的重要科技支撑力量，或把农业综合体纳入到现代农业产业技术体系中去，作为农业科技公共性与市场性有机结合的桥梁与纽带，促进现代化农业企业整体战略发展与目标的实现，以及现代农业产业技术体系升级。

一是利用现代农业产业技术体系的专家资源。采取灵活的、柔性的合作机制，聚集相关岗位科学家形成农业科学家战略联盟，成为现代农业综合体的智库，参与、帮助、指导甚至直接承担综合体的农业科技开发、产业研究、模式探索、项目规划等任务，对综合体进行相关的专业培训和辅导，共同协作申请省级甚至国家级的重大农业科技项目与产业化项目。

二是利用现代农业产业技术体系的产品资源。结合农业综合体的业务战略定位，从现代农业产业技术体系所覆盖的农产品种类中筛选优质的水果、蔬菜、水产、畜禽肉产品，丰富综合体的产品系列，通过农业综合体的流通渠道，为广大消费者提供更多更好的安全健康放心的农产品。

三是利用现代农业产业技术体系的成果资源。结合农业综合体的整体发展战略，对现代农业产业技术体系开发的科技成果如新品种、种植（养殖）技术与模式、加工保鲜技术、食品安全检测与控制技术等进行合理筛选，应用到农业综合体自身的生产、加工体系中，提升农业综合体生产加工的科技水平，提升产品与服务的科技含量，提升产品的品质与品牌。

四是利用现代农业产业技术体系的基地资源。从现代农业产业技术体系下的万余示范基地中，选择与农业综合体业务相关的名特优果蔬、水产、畜禽产品基地，通过多种合作方式将其打造为综合体的联盟基地，扩大农业综合体的产品供应渠道与规模，更好地以轻资产运作的方式实现综合体基地规划与业务规模的增长。

（五）“支撑引领”科技体系的建设路径

1. 创新农业科研运行机制

农业综合体通过建立“支撑引领”科技体系，健全产学研协同创新机制，强化创新链和产业链有机衔接。构建以企业为主导、产学研合作的产业技术创新战略联盟，制定促进联盟发展的方案和措施，按照自愿原则和市场机制，进一步优化联盟在重点产业和重点区域的布局，加强产学研结合的中试基地和共性技术研发平台建设，推动高校院所与优质农业龙头企业合作，走联合、集成的路子，强化协同创新。

在模式上，以农业综合体为载体，以“领域、课题、任务”为主线，以服务区域重大产业领域、重大技术需求和前沿技术研究为导向，形成“现代农业技术联盟＋工程技术研究中心＋创新平台……”的农业综合体科技支撑引领体系，推动跨学科、跨行业、跨部门、跨区域的协同创新，逐步改变传统的以专业所和课题组为单元的科研组织模式。

在机制上，健全技术创新市场导向机制，发挥市场对技术研发方向、路线选择、要素价格、各类创新要素配置的导向作用。以解决农业技术关、市场关和效益关为核心，以“设计施工一体化”的工程设计理念，围绕农产品从田头到餐桌的关键技术、生产标准等一系列问题，组织科研攻关，开展协同创新、成果转化与推广。完善产学研结合的各项政策制度，促进建立产学研用合作利益共享机制，完善技术创新分配激励机制，充分调动各方面积极性，从而提高研究的针对性和有效性，加快农业科技成果的转化与产业化。

2. 培育农业企业创新主体

在培育农业企业创新主体方面，虽然已涌现出一批具有强烈创新意识和强大创新能力的农业科技型企业，但总体上讲，企业自身科技创新人才不多，研发投入不足，研发能力不强，可持续发展动力不足。通过农业综合体这个平台，借助技术创新的市场导向机制和政府引导机制，吸引各类创新要素向农业企业集聚，促进农业企业逐步成为农业技术创新决策、研发投入、科研组织和成果转化的主体，使农业科技创新转化为实实在在的农业产业活动，培育农业新的增长点，促进农业转型升级、提质增效，促进优势产品、优势产业向适宜区域集中，形成专业化、规模化的农业企业集团和农业全产业链。

同时，农业综合体主导企业通过产业延伸、品牌嫁接、资本运作等方式投身农业，提升农业企业创新推广能力。农业综合体主导企业根据自身农业产业发展需要，建立企业研究院，并与具有相关优势的科研机构建立长期、稳定的合作关系，共同创建产业科技创新联盟，共同开展技术攻关，提高产品科技含量和竞争力，加大力度培育市场整合能力、品牌创建能力、创新带动能力。

3. 完善科技创新服务体系

农业综合体创建高科技农业企业孵化器，强化农业高科技成果的组装集成、转化示范、孵化带动，促进农业高科技和主导产业科技创新及其能力提升。农业综合体通过建立商业模式，成为各级农业科技园区和特色农产品生产基地的科技成果供给体，孵育科技企业、科技农场、科技大户，发挥农业科技示范带动作用。

农业综合体也可成为各种技术创新服务机构、技术评估机构、技术经济机构、知识产权服务和第三方检验检测认证等农业科技中介组织，打造科技成果转化服务平台和联通全国农业科教系统的农业科技服务云平台，构建科技信息服务、技术转移对接、科技投融资、网上技术交易等一体化的新机制。建立农业技术经纪人队伍，促进农业科技成果转化服务专业化、职业化，逐步向中介服务组织网络化、功能社会化、经营专业化、收益股份化、信誉品牌化方向发展，为加速农业技术创新成果的转让提供良好的服务。通过培育技术市场，建立农业高校院所、各类技术服务机构和涉农企业紧密结合的农业科技推广服务网络，为各类科研成果开发单位和个人提供成果交易场所。

4. 激活农技推广服务体制机制

农业综合体作为推进农技推广体制改革机制创新的载体，大力发展按区域化布局、市场化运作的多元化农技推广服务组织，逐步建立起公益性的综合服务组织与市场化的专业服务组织相结合、多种所有制服务主体并存的新型农技推广服务体系。在农业综合体中，凡是能够面向市场的农技推广服务项目，都要按照市场化运作的原则实行有偿服务，并由市场化的农技推广服务实体来承担。对于以社会效益为主的公益性、共性关键技术的推广和示范工作，政府要继续给予支持。

5. 拓宽农业科技合作途径

农业综合体主导企业要与高校科研院所形成创新利益共同体。积极探索区域特色的企业立题、协同解题的产学研合作创新之路，加强顶层设计和资源系统整合。农业综合体主导企业与高校科研院所紧密结合，以知识产权为纽带，以项目为依托，形成各方优势互补、共同发展、利益共享、风险共担的协同创新机制；以配套关键技术攻关为突破口，联合建立农业综合体研究院、产业技术创新联盟、博士后工作站等技术创新组织，联合申报科技攻关项目和产业化项目，加强农业综合体主导企业与配套企业的协同科技创新与协同技术推广。

以农业综合体为平台，通过高校科研院所和农业企业之间在科技资源方面的组合与协作，把高校科研院所的科技人才优势、科技创新优势、技术优势与农业企业的市场优势、管理优势和资金优势等紧密结为一体，在产权清晰，责权利规范的前提下，实现院企间科技资源的充分共享、优化配置和高效利用。强化高校科研院所对农业企业技术创新的源头支持，增加企业的市场竞争优势，提升农业企业自主创新能力和整体科技实力。

政府在农业综合体"支撑引领"科技体系建设中扮演主导的重要角色，具有不可替代的作用。政府要按照市场规律创新机制，做好规划与政策制定，加强区域资源要素的统筹，重点扶持引领作用大、服务能力强、辐射范围广的农业综合体农业龙头企业；引导新型农业经营主体积极参与投资，充分发挥其在资金投入、技术应用、组织管理、市场开拓等方面的优势；以人才联合、科技联合、资本联合为重点，把农业企业、种养大户、高校院所等有机组织起来，建立"利益共享，风险共担"的利益机制。

五、政策保障与对策建议

（一）建立农业科技成果商品价值第三方评价制度，促进科技与经济结合

毋庸置疑，农业科技对我国现代农业发展起到了重要作用。但是，长期以来我国农业科技成果评价主要方式是通过专家成果鉴定或评价会，对农业科技成果的学术水平和推广应用后所产生的经济社会生态贡献进行评价，很少对农业科技成果或知识产权本身的商品价值进行评价。事实上，目前我国既没有权威的第三方知识产权商品价值评价机构，也缺乏农业科技成果技术就绪度和商品价值测算方法和标准。至今以产业化为目的用于市场交易的评价较少，存在第三方评价报告的法律效力尚不明确、分类评价的指标体系还不健全、咨询专家的评价水平有待提高等问题。即使通过技术市场拍卖的农

业科技成果，大多数也是买卖双方事先达成的意愿和交易，没有体现农业科技成果真正意义上的商品价值。

农业综合体作为区域现代农业发展的一个创新载体，其中的农业科技创新体系具有农业科技成果价值的整合者、提供者、放大者和共享者的功能。农业综合体需要以知识产权为纽带，整合、集聚高校院所及其社会各方农业科技资源为自身产业发展所用。需要以知识产权入股，吸收高校院所及其社会各方为股东，结成利益共同体。作为技术交易平台进行农业科技成果转化。作为服务商进行农业科技成果商业化示范推广。从而需要有一套权威的知识产权商品价值评价方法和标准，开展农业科技成果商品价值市场化的科学评价和交易。事实上，为了更好地贯彻落实新的科技成果转化法，也需要建立农业科技成果第三方评价制度，以促进科技与经济的密切结合。科技部有关科技成果第三方评价工作经过 5 年试点，已积累大量经验，构建农业科技成果第三方评价制度的政策环境日趋成熟。

因此，建议加快推进农业科技成果评价机制改革，建立农业科技成果第三方评价制度，健全标准化、市场化和社会化的农业科技成果和国家、区域、机构农业科技创新能力评估系统。

建立健全农业科技成果第三方评价机制主要可从以下几个方面着手：一要加快建立健全农业行业科技成果第三方评价规章制度，制定农业科技成果第三方评价管理办法，以农业部规章的形式对农业科技成果第三方评价工作加以保障，使农业科技成果第三方评价工作步入规范化、制度化的轨道（边全乐和杨韵，2014）。二要建立农业科技成果评价指标，对农业科技成果进行综合评价。特别要针对动植物育种、农机装备、农业工程、农业生产投入品、种养服务技术、专利技术、工艺技术等不同学科领域成果的个性与共性特点，构建起门类齐全、科学可行的农业科技成果分类评价指标体系。三要加强对第三方评价机构及其工作的监督与管理（边全乐和杨韵，2014）。农业部应建立独立的评价监督机构，受理社会投诉、调查并处理有关评价工作中的违规问题，并定期向农业部报告科技成果第三方评价工作开展和执行情况。

（二）加强农业综合体主导企业农业科技创新主体的培育

相比农业高校院所，农业综合体主导企业跟市场联系更为紧密，更加熟悉市场环境和需求情况，更具抗风险和参与竞争的能力，在农业科技成果转化中效率更高、效益更显著（谭华等，2010）。农业综合体主导企业在农业科技创新、成果转化过程正在逐渐发挥重要作用。此外，我国也已涌现出一批具有强烈创新意识的农业科技企业，但是，这些农业科技企业无论在资金规模、人才团队、创新能力、技术储备以及运营机制等方面还不能与国外大型科技创新型农业企业竞争，我国农业企业创新主体地位尚未真正确立（陈萌山，2014）。

因此，建议通过现代农业综合体这个平台，在主导综合体发展的农业企业内，建立“企业农业研究院”，优选并整合国内外农业科技资源，不求所有，但求所用，发挥企业先进的科技成果运作模式，提高农业企业科技创新能力，逐渐使农业企业成为农业科技创新主体。

坚持政府引导与市场主导相结合，吸引各类创新要素向农业综合体主导企业集聚，全面提升农业企业技术开发、产品熟化和产业化能力，促进农业企业逐步成为技术创新决策、研发投入、科研组织和成果转化的主体，使科技创新转化为实实在在的产业活动，培育新的增长点，促进农业转型升级、提质增效，促进优势产品、优势产业向适宜区域集中，形成专业化、规模化的企业集团和产业生产链。

（三）促进农业综合体主导企业与国家现代农业产业技术体系对接

国家现代农业产业技术体系是按照优势农产品区域布局，依托具有创新优势的中央和地方科研力量，围绕产业发展需求，以产品为单元，以产业为主线而建设的。但是，由于没有将农业企业纳入体系中，也就缺少了应用先进农业科技成果，解决农产品流通市场关、效益关的重要主体，或者说，在从农产品生产源头保障、过程保护和产品保证各个环节紧密衔接、环环相扣的科技—生产—流通全产业链、服务国家目标的国家农业产业技术体系建设中，缺少了商业化推动力。

农业综合体是引领区域现代农业发展的一个新型载体，除具有自身的生产功能外，还应具有农业科技创新、农业技术推广、科技成果转化、科技人才培养、新型职业农民培育、科研模式探索和农产品流通等重要功能。农业企业作为农业综合体经营的重要主体，通过一定的商业模式和利益机制，成为国家现代农业产业技术体系的重要组成部分，有助于国家农业产业技术体系作用和价值的进一步提升。

因此，建议把农业综合体主导企业通过一定的筛选标准纳入国家现代农业产业技术体系，一方面企业承担一部分科研创新任务，把自身变成现代农业产业技术体系的组成部分，借助市场化机制实现现代农业产业技术体系的农业科技活动与市场有效对接。另一方面，农业综合体与现代农业产业技术体系科技示范基地对接，提升基地生产的农产品商品价值，拓展流通渠道，辐射带动农业增效、农民增收。

通过将农业企业，特别是农业综合体中的主导企业，通过一定的筛选标准纳入国家现代农业产业技术体系，不仅能够提升农业科技国家财政资金的绩效，而且能够真正培育以市场化为导向的农业科技创新机制，带动微观主体增收，带动农业可持续发展，提升农业的国际竞争力，同时反哺科研，实现多方共赢。

（四）以完善制度创新为主抓手，推进农业科研院所管理体制改革

更好地服务从事农业生产经营的各种社会生产力量是农业科研院所进行农业科技创新活动的出发点与根本目的，其中，农业企业是重要的服务对象之一。然而，当前农业科研院所仍然存在农业科技政策与制度供给滞后、忽视农业科研基本规律、科研项目碎片化，科研经费管理缺乏弹性，科研业绩评价偏低，科研人员积极性、主动性、能动性与协作性不高等问题。

因此，建议以农业供给侧结构性改革为总要求，进一步推进农业科研院

所管理体制机制改革，发挥价值引导与资源配置的导向作用，释放农业科研院所创新活力，增强农业科研院所科技创新能力。

一要指导农业科研院所优先进行学科创新和有序布局，处理好公益性研究与技术商业化的关系，明确不同学科服务和不同任务评价的定位，完善绩效评价体系和科技保障政策。

二要推进制度创新，做好管理“加、减、乘、除”4篇文章：“加”就是通过增加制度供给，激发科技人员创新创业的激情和热情；“减”就是为各类科技人员减负，提高管理和服务质量，让科技人员集中精力，做好本职工作；“乘”就是聚焦重大科技问题、聚合多学科专家、聚集优势科技资源，加强科技创新活动的协同、合作和共享，创造一批聚变性、标志性的科技成果；“除”就是消除思想观念误区和体制机制障碍，杜绝弄虚作假不诚信行为，消除惰性科研思维。

（五）以农业供给侧改革为目标，提升农业科技工程创新能力

适应农业转方式调结构新要求，调整农业科技创新方向和重点。农业生产效率和效益的提升得益于科技创新、管理创新和服务创新。同样，消费者对农产品的信赖很大程度也取决于农产品及其生产过程中的科技运用。依靠以农业科技工程为支撑，树立大农业观，整产业链、全绿色化、深融合度、高附加值、强竞争力的新理念，不断挖掘农业商品与非商品属性潜力，实现区域农业多元产业可持续发展。面对现代农业多功能性和可持续发展趋势，农业多元产业空间的构建将得益于多学科多部门合作。农业科技工程创新战略在创新模式上，将由单项技术突破向以产业发展为目标的系统创新转变；在创新组织上，由区域范围内的简单创新组合向以产业链条为主线的集群创新转变（杨雄年，2015）。

因此，建议国家农业科技创新体系设计与建设，以农业供给侧结构性改革为目标，聚焦大农业观，整产业链、全绿色化、深融合度、高附加值、强竞争力发展中的重大科技问题，构建工程化跨学科跨界协作攻关机制，提升

农业产业的效率和效益，培养农业新产业和新业态，促进农业多元产业可持续发展。

一是创新国家农业科技运行管理模式，用适应工程化跨学科跨界合作的新思维，建立“顶层设计”与“自下而上”的科技协同创新机制，以农业多功能性、整产业链、全绿色化发展布局科技工程创新链。针对农业工程技术创新、集成与应用需求，以联合研究项目设计和联合研究团队协同为抓手，推动实施集团化、集约化、一体化的研发策略。把过去分散独立的项目设计，转为以需求目标为导向，从研发到成果转化、示范和推广一体化的项目计划模式（杜琼和陈剑平，2013）。使产业关键技术、技术路线、解决方案等研发环节实现工程化组织研发，最终使研发成果与农业产业需求相配套，实现科技成果工程化与产品市场产业化的紧密结合，提高产业和生态综合效益，达到自动化、标准化、信息化和低风险化的目标，全面保障区域或国家粮食安全、农产品质量安全和生态环境安全。

二是强化国家农业创新体系内利益各方的协同新机制，激发“内生动力”，使多元产业空间聚集农业科研机构、农业企业、农产品信贷公司和农业产业配套服务机构，聚焦农业生产、农业生态和生活管理，形成农业生产、加工制造、商品流通、信息服务和金融支持的产业综合体，以高科技含量、高资本投入、高产出和高商品率为特点，建立以农工贸综合企业、工商企业和农业合作社等行业组织为主的产业化经营体系，打造农产品生产、加工、营销各环节紧密相连的农业产业链，使各方参与者享受到更多的经济回报。

三是围绕多元农业产业效率提升，完善农业科技创新体系农业科技工程研发结构，促进农业新产业与新业态成长。农业科技工程创新作为现代农业的动力源泉，有助于破解多元农业产业发展面临的重大科技瓶颈问题。通过挖掘丰富的动植物多样性，开发新的农产品，满足多样化的市场需求。挖掘农业科技工程潜力，促进大生物农业、大生态农业、大健康农业、大数据农业、大品牌农业发展，形成农业新产业价值链、供应链、物流链和商业模式创新等新业态，最终实现农业整产业链增值。

四是围绕现代农业绿色发展的理念，国家农业科技创新体系要支撑和引领可信赖食品生产，构建农业生产、食物链及安全风险一体化管理机制。针对可持续农业生产，维护土地、水资源等环境效益，重视温室气体排放、生物多样性保护、农业投入品监管，农业科技将注重解决农业生产中土壤贫瘠化，水和空气质量下降，动（植）物栖息地被破坏等不利环节，推动自然资源、气候资源和食物生产可持续管理，使农业生产在保障公共农业环境资源的前提下，拓展农业产业空间，建立人类、动物及植物健康标准，发挥农业生态涵养功能。

（六）以市场前置引导研发生产，提升我国农业标准化生产水平

随着我国农业商业化进程的加快，现代农业综合体以市场前置和科技支撑为特征，依托市场运行机制，将加速农产品的商品化、生产的集约化、组织规模化和产业商业化水平。

农业科研机构学科建设要根据农业产业链进行布局，不仅提供促进农业产业发展的关键理论、关键技术和实现路径，更要促进先进技术向企业转化，进而实现产业反馈科研，而且还要在互联网经济、创意农业、都市农业等文化创意引领下，运用市场前置的作用，使科研立项更加关注生产者和经营者的需求和效益，更加注重消费者对农产品质量、品质和营养的要求。

在商业化运行模式下，企业通过市场动态监控和发布市场需求计划，布局各加盟基地与农民专业合作社的生产结构与规模，建立产业化、规模化、标准化生产基地，连通科研、生产、市场和销售，发挥产业集群的带动功能，提高农业层次和经济效益。商业化运行融入工商资本和社会资本，充分发挥企业经营理念、资金实力、科技人才、市场营销等优势，通过重新塑造品牌化农业，促进传统农业生产和销售管理模式变革。

因此，建议农业科技创新活动在坚持科学研究战略性和前沿目标的同时，应创新完善农业科技创新与推广服务模式，实现科技创新与技术服务市场化之间的平衡，以市场前置引导研发和生产，提升我国农业标准化生产

水平。

一是加强公共科技资源与市场的有效对接，提高公共财政对农业科技的投入效率。随着农业科技事业的发展，农业科研机构也应从科技创新的本质内涵与主体分工角度进行再认识，树立公益性科研机构要为社会提供公共产品和公共服务，为企业研发提供理论和技术支撑的管理理念（陈剑平，2014）。创新新型农业经营体系之间资源组合新模式，探索农业商业化背景下的公共农业科研机构关键技术攻关、成果转化及示范推广新路径，加快培育以企业为代表的现代农业经营主体，促进地方政府、农业科研院所、高校和企业构建实质性政产学研用协同创新合作新模式。同时，发挥企业化产业示范基地中试转化作用，以企业商业化运作和市场带动，加速新技术和新品种推广应用；以技术辐射促进农户基本能做到标准化生产，以市场需求指导生产计划，加速破解小生产对接大市场的难题。

二是探索农业科技推广商业化运作模式。欧美、日本等农业发达国家实践证明，农业科技推广体系的发展得益于公益性和商业化推广模式的有效配合。我国农业科技推广多年实践也证明，农业科技成果可以分为公益性和商品性两类，公益性成果无法建立商业模式，只能由政府买单，通过公益性路径加以推广。而商品性成果应该用商业手段进行转化推广，以降低公共财政推广支出，其实这类成果用公益性模式也是推广不好的。通过农业科技推广体系的商业化运作，深入挖掘市场数据价值，为产业发展、政策制定、科研院所与企业发展提供更有价值的信息（杜琼和陈剑平，2015）。

农业科研机构也应不断拓宽成果物化和科技成果推广思路，加强与商业化运作的农业科技推广系统合作，特别是在提升农业投入品标准化水平方面，使系统化技术研发与现代农业产业化、规模化、标准化生产相配套；逐步形成系统布局的区域农业科技创新体系，使科研方向与产业发展相配套，避免研究机构学科方向趋同和碎片化扩张等问题。

网络化技术辐射特征体现为加速知识、技术、信息和资金流动，有效缩短科研成果转化周期。通过建立有效的数据信息共享机制，突破一家一户小农生产和各类园区技术创新能力不足的弊端，以产业示范基地带动新型农业经营主体，以规模化、专业化、标准化生产体系为核心，形成一套点、线、面相结合的农业科技示范推广网络新格局，逐步适应市场化运作，最终实现科技资源共享。比如，通过产业示范基地统一的农产品物流配送系统，使实施农产品标准化生产和运输在分散型农业生产格局中成为可能，从规划、实施到生产，全程一对一地参与，建立“确定一个主体、执行一套标准、培育一个品牌、制作一张生产模式图、建立一份生产档案”的农业标准化生产和销售体系，实现从土壤、水资源、气象条件分析，到品种、技术等组装配套，再到农产品质量全程控制。同时，建立农产品冷链物流网络等关键环节控制技术，有效降低因仓储物流布局不全和技术水平不高，而导致的食品新鲜度降低、营养流失和其他安全风险。

三是通过技术服务市场化，有效提升农业产业发展水平。以蓝莓产业为例，智利 Subsole 公司产品的损耗费只有 3%～5%，而在我国，因为生产和物流链等环节失控，损耗波动大，最高可达 60%。因此，农业产业发展亟须农业科研工作突破传统农业学科概念，以营销前置引导科研和生产，加强后作物管理，包括物流、冷链、保质期、营养价值和消费者需求研究。从品种选育、中试、推广种植，到生产、物流和市场终端，以市场化运行理念强化对产业链每个环节的科技创新和运营管控。

科研机构研发立项要进一步聚焦产业发展瓶颈，做企业想做而又做不了的产业共性技术研发。比如，德国弗朗霍夫应用技术研究院，30%经费以政府基本资助模式获得，70%经费则来源于竞争性研发合同，专注应用技术研发，服务中小企业技术需求。通过技术研发服务增强企业竞争力，有效促进技术扩散。相对于传统技术推广服务模式，技术服务市场化模式将各类主体融入产业链，使成果更为便捷地转化到产业发展环节，打造重时效性和商业化的食品供应链和生产流程，实现产业利润最大化。

四是以制度设计保障公益性农业科研机构与企业的协同创新。构建农业科研机构与农业企业的协同创新体系，迫切需要政府加快完善相关政策。在完善现代科研院所治理体系方面，应明确定位不同领域农业科研机构研发和技术服务职责。通过制度保障，使科技创新活动建立在合法性机制内，以相关法律和政策鼓励和规范科研机构与企业的合作效率，避免科研机构和企业的同质性竞争（杜琼和陈剑平，2015）。

在政府相关政策研究制定方面，要注重创新政策的动态研判，建立从信息分析、产业趋势、经费支持、政策配套的科学管理体系。特别在我国大力培育企业作为技术创新主体的阶段，只有明确新的公共-私营部门合作（PPP）形式、程序、渠道、范围以及政策方向，才能使科研机构与企业的合作顺利建立起“利益共享、风险共担、全程合作”的可持续运行模式。

参 考 文 献

边全乐，杨韵龙，2014. 论新形势下农业科技成果第三方评价制度的构建［J］. 中国农村小康科技，4（8）：118-124.

蔡本原，2014. 农业产业六级产业化策略发展之探讨［J］. 台中区农业改良场专题讨论专集（1）：255-260

曹茸，李丽颖，吴佩，2016. 农业科技创新的“体系模式”——农业部现代农业产业技术体系发展纪实［N］. 农民日报，05-07.

曹执令，杨会全.2011，论我国农业科技服务体系的创新思路［J］. 人民论坛，29：238-239.

陈剑平，2014. 推动省级区域农业科研协同创新之我见［J］. 农业科技管理，2（33）：4-7

陈剑平，吴永华，2014. 以现代农业综合体建设加快我国农业发展方式转变［J］. 农业科技管理（5）：1-4.

陈萌山，2014. 加快体制机制创新—提升农业科技对现代农业发展的支撑能力［J］. 农业经济问题（10）：4-7.

陈尚文，2015. 韩国“第六产业化”重塑现代农业［EB/OL］.（2015-02-05） ［2015-08-04］. http：//finance. people. com. cn/n/2015/0205/c1004-26510029. html.

陈艳丽，2014. 金寨县山区特色农业发展调查［J］. 农村工作通讯（22）：40-42.

程腊梅，李艳，2006. 在新农村建设中发挥科学技术的作用［J］. 工业技术经济，8：112-113.

崔振东，2014. 日本农业的六次产业化及启示［EB/OL］.（2014-03-01）［2015-09-08］. http：//

www. ccrs. org. cn/list _ show. php? id=7652.

丁琪，1999. 加强农业科技体系建设 促进农业科技推广［J］. 云南科技管理，4：43-44.

董颖聪，杨景峰，于平福，等，2010. 广西农业科技现状、发展需求与对策研究［J］. 农业科技管理（4）：13-16，96.

杜琼，陈剑平，2013. 欧盟 ENDURE 研究计划及其对中国农业工程化研发的启示［J］. 世界农业，11（415）：35-40.

杜琼. 陈剑平，2015. 基于产业链视角的农业科研创新基地建设模式探讨——以浙江省农业科学院“一园两基地”为例［J］. 农业科技管理，8（4）：42-48.

樊帅峰，2011. 伊川县农业科技服务社会化体系建立问题研究［D］. 洛阳：河南科技大学.

奉公，1999. 实施科教兴农战略　建设国家农业科技创新体系［J］. 中国科技月报，(1)：30-31.

奉公，周莹莹，何洁，等，2005. 从农民的视角看中国农业科技的供求、传播与应用状况［J］. 中国农业大学学报（社会科学版）（2）：6-10.

高发瑞，2011. 现代农业产业技术体系建设研究［D］. 泰安：山东农业大学.

高宁，华晨，2012. Georges · Allaert. 多功能农业与乡村地区发展［J］. 小城镇建设（4）：84-88.

韩长赋，2012. 加快推进农业科技创新与推广［J］. 中国集体经济（3）：7-9.

何津，2014. AKIS 视角下农业科技服务体系创新研究［D］. 北京：中国农业大学.

洪岚，张滨，2007. 现代农业科学和技术发展及其产业化问题研究［J］. 陕西农业科学（3）：140-143.

胡瑞法，黄季焜，2011. 中国农业科研体系发展与改革：政策评估与建议［J］. 科学与社会，1（3）：34-40.

黄大昉，2006. 加快推进国家农业科技创新体系建设［J］. 中国科技产业（4）：24-25.

黄登，2007. 农业科技创新体系研究［D］. 长沙：国防科学技术大学.

黄季焜，胡瑞法，2008. 完善农业科研改革 促进农业科技创新［J］. 农村工作通讯（13）：18-20.

黄顺安，陈飞香，2012. 珠江三角洲地区基层农业科技平台创新模式探索［J］. 广东农业科学（9）：218-220.

简小鹰，2007. 以农户需求为导向的农业推广途径［J］. 科技进步与对策（7）：44-46.

姜孟东，2004. 潍坊市农业科技成果转化机制研究［D］. 泰安：山东农业大学.

金晓伟，2012. 山区农村现代化农业投入机制创新研究——以浙江省衢州市为例［J］. 内蒙古农业大学学报（社会科学版）（6）：24-26.

李光普，刘晓琳，2004. 农业科研院所在科技成果转化中存在的问题及成因浅析［J］. 农业科技管理，23（4）：46-49.

李荣，涂先德，高小丽，等，2014. 泰国农业技术推广与循环农业发展的启示［J］. 世界农业（9）：146-148.

李文伟，邱凤鸣，2009. 农业科技成果转化机制探析［J］. 安徽农业科学（36）：8201-8203.

郦藏，丁淑丽，李剑春，2009. 高效农业科技创新体系的建设举措［J］. 河北农业科学，13（1）：113-115.

林新，林银凤，谢岳昌，2009. 梅州农业科技创新现状与对策［J］. 广东农业科学（7）：345-347.

刘辉，黄大金，李东辉，2005. 构建现代农业科技体系的思考［J］. 湖南农业大学学报（社会科学版）（5）：27-30.

刘剑飞，2012. 农业技术创新过程研究［D］. 重庆：西南大学.

刘利花，尹昌斌，2014. 对中国农业商业化发展的思考［J］. 生态经济，1（30）：120-123.

刘梅，鲁德银，易法海，2003. 对我国农业科技创新机制的探讨［J］. 科技进步与对策（7）：47-49.

刘宁，吴卫成，朱富云，等，2015. 新时期畅通农业科技成果产业化渠道的模式和策略［J］. 农业科技管理（5）：80-82，93.

刘绍银，张凯，徐建武，等，2008. 我国农业科技成果转化的制约因素和对策研究［J］. 华中农业大学学报（社会科学版）（4）：35-40.

刘亭，郭涛，李博文，2011. 基于创新视角的农业科技发展［J］. 安徽农业科学（29）：18343-18344，18369.

刘宇东，王春，2009. 关于构建农业科技支撑体系促进农业增长方式转变的研究［J］. 黑龙江科技信息（1）：138.

鲁柏祥，2007. 基于知识的国家农业技术创新体系研究［D］. 杭州：浙江大学.

卢良恕，2006. 现代农业发展与社会主义新农村建设——（五）科技创新是现代农业发展的强大支撑［J］. 安徽农学通报（10）：1-3.

马佳，俞菊生，2009. 关于加快上海农业科技创新体系创建的研究［J］. 中国科技论坛（5）：126-131.

美国食品药品管理局［EB/OL］.（2013-0-01）［2016-1-4］. http：//www. fda. gov/

农业部，2015. 农业部关于深化农业科技体制机制改革加快实施创新驱动发展战略的意见［J］. 中国果业信息，32（10）：1-5.

欧洲联盟驻中国和蒙古国代表团科技环境处，欧洲食品安全局，2012. 欧盟科研创新框架计划中国实用指南［EB/OL］.（2012-06-28）［2015-12-08］. http：//www. efsa. europa. eu/

潘斌，2007. 论我国农业科技创新体系的建立和完善［J］. 苏南科技开发（10）：52-53.

潘伟光，2011. 韩国三农［M］. 郑靖吉，主译. 北京：中国农业出版社.

彭蓉，2009. 论我国农业技术推广体系的现状、问题与对策［J］. 农村经济与科技（3）：89-90.

秦亮生，2009. 我国农业推广体系的问题与对策［J］. 广东农业科学（7）：312-313，320.

单昆，2010. 基于农户视角的农业技术服务有效性研究［D］. 泰安：山东农业大学.

苏小姗，2012. 国家农业产业技术体系建设与发展［D］. 武汉：华中农业大学.

孙苏阳，2007. 淮安市农业科技发展及其产业化研究［D］. 南京：南京农业大学.

谭华，王开义，刘忠强，2010. 农业科技成果转化资金运行机制研究［J］. 中国科技论坛（7）136-139.

唐彩艳，2008. 论科学技术普及与新农村建设［J］. 江汉石油职工大学学报（3）：45-47.

王春安，李鹏，2009. 我国农业技术推广体系存在的问题及对策［J］. 现代农业科技（11）：309-311.

汪飞杰，2006. 美国农业科研体系研究及启示［J］. 农业科研经济管理（2）：12-14.

王建明，2009. 国外农业科研投资管理制度及对我国的启示［J］. 科技进步与对策，26（6）：75-79.

汪龙，万伦来，2014. 论中国特色农业科技推广体系［J］. 管理观察（3）：100-102，105.

温卡华，2001. 现代农业是发达的科技型产业［J］. 农业经济问题（12）：28-33.

翁新汉，2006. 以科学发展观为指导 促进福建农业可持续发展［J］. 福州党校学报（6）：47-50.

西亮，2015. 黑龙江垦区农业现代化进程中“三大”创新体系构建研究——以黑龙江省农垦北安管理局体系创新为例［J］. 农场经济管理（2）：5-14.

萧玉田，2014. 日本六次产业化法之制定与水产振兴［J］. 渔业咨询（417）：15-23.

许越先，许世卫，2000. 建立农业科技创新体系　提高农业科技创新能力［J］. 中国农业科技导报，2（4）：68-71.

徐哲，孙园媛，2010. 农业科技成果转化模式效果评析［J］. 农业科技管理（1）：78-79，85.

杨雄年，2015. 加快农业科技创新　推动农业发展方式转变［J］. 农业科技管理（1）：1-3.

杨燕，翟印礼，2013. 基层农业科技推广体系发展演变与启示——基于辽宁省农业科技人才队伍的调研［J］. 山西农业大学学报（社会科学版）（1）：38-44.

杨忠娜，陈嚷，张淑云，2009. 加快推进基层农业技术推广体系改革的对策及建议［J］. 贵州农业科学（37）：233-235.

易宇欣，钱新成，姜令芬，1999. 对长沙未来农业科技体系建设的思考［J］. 科技进步与对策（3）：83-86.

殷世才，2014. 农业生产现代化的发展思路［C］//农村农业改革创新与农业现代化论文选编（下册）. 中国云南丽江：470-473.

尤石和，2008. 云南农业科技发展的调查与建议［J］. 社会主义论坛（12）：27-29.

岳继和，罗建军，2010. 加速山西农业科技进步的思考［J］. 山西农经（6）：12-26.

张凯，2005. 加强农业科技创新能力建设的几个问题［J］. 行政与法（10）：63-65.

张心宇，2010. 潍坊地区外向型农业发展研究［D］. 北京：中国农业科学院.

赵国锋，高征，段禄峰，2012. 国外农业科技体系对中国西部地区农业发展的借鉴［J］. 世界农业（9）：14-17.

赵建华，田银生，屈寒飞，2014. 农业多元价值导向下城乡结合部产业空间发展研究——以郑州市为例［J］. 国际城市规划，29（5）：15-21.

赵威武，2014. 农业科技在生态农业建设中的作用研究［D］. 长沙：湖南农业大学.

中共浙江省委、浙江省人民政府关于加快农业科技进步的若干意见［N］. 浙江政报，2002-03-05.

周波，2005. 构建我国农业科技创新体系［J］. 学习论坛（12）：42-44.

周新庄，2004. 关于深化农业科技推广体制改革的几点思考［J］. 湖南行政学院学报（5）：42-43.

Agricultural Resources and Environmental Indicators，Edition［EB/OL］.（2014-0-01）［2016-1-4］. http：//www. ers. usda. gov/topics/natural-resources-environment. aspx

USDA Strategic Plan for 2014—2018［EB/OL］.（2014-5-01）［2017-8-30］. https：//www. ocfo. usda. gov/usdasp/usdasp. htm P226

C 埃德奎斯特，L 赫曼，2012. 全球化、创新变迁与创新政策——以欧洲和亚洲 10 个国家（地区）为例［M］. 胡志坚，译. 北京：科学出版社.

Carney R M，Saunders R D，Freedland K E，1995. Association of depression with reduced heart rate variability in coronary artery disease［J］. The American Journal of Cardiology 76（8）：562-564.

Cary J W，Barr N F，Wilkinson R L，1993. Community attitudes to salinity control strategies：reconciling conflicting perceptions［J］. Land Management for Dryland Salinity Control：169-175.

Chapman R，Tripp R，2003. Changing incentives for agricultural extension：A review of privatised extension in practice［M］. Overseas development institute（ODI）. Agricultural Research & Extension Network（AgREN）.

ENDURE' s position on European pesticide policy［EB/OL］.（2012-6-01）［2015-12-08］. http：//www. endure- network. eu/what _ is _ endure.

Farrington J，1995. The changing public role in agricultural extension［J］. Food Policy，20（6）：537-544.

Havelock R G，1986. Modelling the knowledge system［J］. Knowledge，Generation，Exchange and Utilisation. Westview Press，Boulder，Co：77-105.

Kaplan H，Dinar N，1996. A Lagrangian dispersion model for calculating concentration distribution within a built-up domain［J］. Atmospheric Environment，30（24）：4197-4207.

Kidd A D，Lamers J P A，Ficarelli P P，2000. Privatising agricultural extension：caveat emptor［J］. Journal of Rural Studies，16（1）：95-102.

Lerman Z，Csaki C，Feder G，2004. Agriculture in transition：Land policies and evolving farm structures in post-Soviet countries［M］. Lexington Books.

Multifunctionality：towards an analytical framework. OECD（Publications Service），2001.［EB/OL］.（2001-10-10）［2016-04-03］

http：//www. oecd-ilibrary. org/content/book/9789264192171-en

Nicholas Jordan，Keith Douglass Warner. BioScience Vol. 60，No. 1（January 2010）：60-6.

Pingali P L，Rosegrant M W，1995. Agricultural commercialization and diversification：processes and policies［J］. Food policy，20（3）：171-185.

Rivera W，Omar K，Mwandemere H，2005. An analytical and comparative review of country studies on Agricultural Knowledge and Information Systems for Rural Development（AKIS/RD）［J］. Rome：FAO/UN.

Roling N，1990. The agricultural research-technology transfer interface：a knowledge systems perspective［M］. London：Westview Press and ISNAR.

Wallace I，1997. Agricultural education at the crossroads：present dilemmas and possible options for the future in sub-Saharan Africa［J］. International journal of educational development，17（1）：27-39.

韓國忠南發展研究院，2015. 忠南農漁業六級產業發展中心报告［EB/OL］.（2015-6-01）［2015-12-08］. http：//cdi6. re. kr/introduction/introduction03 _ function. php

日本農林水產省，2013. 韓國農業六級產業化推動事例［EB/OL］.（2013-05-06）［2015-09-08］. http：//www. maff. go. jp/primaff/meeting/kaisai/pdf/yunhoukoku. pdf

日本農林水產省，2014. 韓國產業聚落之發展可行性［EB/OL］.（2014-02-01）［2015-09-08］. http：//www. maff. go. jp/primaff/meeting/kaisai/pdf/ijehyon. pdf

日本厚生劳动省，2012. 日本六次產業化發展，［EB/OL］.（2012-07-09）［2015-12-10］. http：//www. mhlw. go. jp/english/

专题三　现代农业综合体建设中“创新创业”经营体系的构建

一、农业经营体系的相关研究、历史演进及问题剖析

中共十八大提出要“构建集约化、专业化、组织化、社会化相结合的新型农业经营体系”。尔后，党的十八届三中全会以及2013年、2014年、2015年和2016年的中央1号文件都强调要加快新型农业经营体系构建。构建新型农业经营体系的重要目的是要实现现代农业经营主体与现代农业支撑体系的有机结合和融合发展，以促进新型农业经营主体健康成长、多元化农业服务体系尽快形成、多类型农业规模经营有效发展、多种农业经营机制与产业组织模式有机耦合、农业产业化水平和市场竞争力不断提升。对于现代农业综合体建设中“创新创业”经营体系的构建，首先有必要从多维度、多层次角度把握现代农业经营体系的科学内涵。

（一）农业经营体系的内涵界定

1. 现代农业体系与经营体系

现代农业体系由技术体系、产业体系、经营体系和组织体系4个相互关联的体系构成（黄祖辉，2013）。

“农业经营”的含义较广，既涵盖农产品生产、加工和销售各环节，又包括各类生产性服务，是产前、产中、产后各类活动的总称。“体系”泛指有关事物按照一定的秩序和内部联系组合而成的整体，既包括各类农业经营主体，又包括各主体之间联结机制，是各类主体及其关系的总和（赵海，

2013)。简言之，现代（新型）农业经营体系实质上是一种适应农业转型发展和现代市场竞争的农业经营体系，是一种具有多维度视角、多层次特征、多功能属性的系统集成，是现代农业体系的重要组成部分。

2. 现代农业经营体系的分析视角和构成要素

1）现代农业经营体系分析的“三个维度”

一是纵向维度，它体现为农业经营主体与农业全产业链的契合关系。二是横向维度，它一方面体现为某类农产品经营体系中的单位主体或组织规模；另一方面体现为关联性农产品经营体系的相互联系度。三是区域维度，它体现为农业经营体系在区域空间的跨度。

2）现代农业经营体系的“三个层次”特征

一是产业体系特征，主要体现为区域化布局、集约化生产、规模化经营、组织化分工、多元化服务和市场化运营“六位一体”相互协同。二是组织体系特征，现代农业经营体系的组织特征是以合作组织为核心的农业产业组织体系，是农户组织、合作社组织、公司（企业）组织和行业组织的“四位一体”与有机衔接。三是制度体系特征，集中体现为家庭经营制度、合作经营制度、公司经营制度、产业化经营制度和行业协调制度“五位一体”优势互补。

3）现代农业经营体系构建的“一个关键”

产业组织与组织制度的选择和安排是农业转型发展和现代农业经营体系构建的关键。组织首先是主体，主体状态与行为决定组织效率。作为主体的组织，是现代农业经营体系的灵魂，现代农业经营体系中的组织就是经营主体与主体关系的集合。组织更是制度，制度是主体行为的指南。作为制度的组织，现代农业经营体系中的组织就是决定主体行为的产业组织制度与相关产权制度的集合。在信息化和互联网时代，网络世界正在从时空的界面对农业资源、产品、要素的流动和组合方式产生革命性的变革。作为网络的组织，现代农业经营体系中的组织就是网络结构中的桥梁、纽带和载体。由此可见，现代农业经营体系实际上是现代农业产业体系、组织（主体）体系、制度体系和网络体系的集合体，通过高效协作和职能细分，优化配置农业产业的各种资源，包括各种大大小小的、边边角角的零部件，不浪费一个“螺丝”、不放弃一个“创意”，将整个社会带入农业多元产业融合、多功能价值创造和吸收的大循环。

4）现代农业经营体系“五位一体”要素

概括地讲，现代农业经营体系是由三大经营主体和一纵一横的协同体系与组织构成。三大经营主体分别是家庭经营、合作经营和公司经营；一纵体系即产业化生产体系，一横体系即行业协调体系。

（二）农业经营体系国内外研究

1. 国外研究动态评述

国外农业经营体系基础理论研究主要侧重于农业组织化和农业产业组织体系这两大核心问题的研究。

关于农业组织化的研究。一般而言，国外学者认为农业组织化主要指农产品生产纵向协调问题，即在农产品生产与销售体系中，各个经营主体（农场主、农产品加工、销售企业）通过纵向一体化，实现上、中、下游生产环节上的紧密结合，使得处于上、中、下游环节的生产经营单位形成一种稳定的连接关系（Eswaran 和 Kotwal，1985）。由此，国外学者主要从纵向协调视角进行研究，即主要讨论以下一些问题：①什么时候和什么条件下合约或所有权控制的纵向协调会出现；②农产品生产链中哪些阶段需要通过纵向协调机制进行连接；③在合约或所有权控制的协调体系中谁将拥有最大的控制权；④在合约或所有权控制的协调体系中，各参与方是如何分享利益和分摊风险的。对于上述问题，国外学者运用交易费用理论、新制度经济学理论进行了卓有成效的研究（Cook et al.，2004）。

关于农业产业组织体系的研究。Robbins（1974）对组织体系的研究指出，产业组织体系是由若干相关组织相互联系、互相制约而构成的行动集体。农业产业体系是由生产、经营、市场、科技、教育、服务等诸方面相互作用和相互依赖的具有提升农业地位、增强农业竞争力、促进农村经济发展、推动农村现代化进程的有机整体。美国生物技术的发展对美国农业产业的演进过程展开研究，证实随着农业生物技术的发展，受农业产业化与商业化运行导向，美国农业产业组织形态也出现了垂直整合与横向联盟并存的局面，农业企业战略和行业结构之间的相互作用日趋复杂。通过对美国农业产业组织结构、农业产业化、农业产业主体构成以及生产发育状态的研究，更多关注的是农业企业化运作对粮食产量、食品安全以及整个农业发展进程的影响。近年来，由于西方国家的现代农业已具备较为完整的产业体系，其研究重点主要集中在如何通过产业链整合资源发挥集群效应来实现产业竞争力，以及如何通过产业集群来实现由农业龙头企业引领的生物技术创新（Enzing et al.，2011；Traill 和 Meulenberg，2002）。

随着农业商品化与全球化的深入推进，一部分国外研究者逐渐将视角聚焦在农业产业组织体系或者农业产业链框架内小农户如何提升其市场竞争力，如何与其他组织行为主体进行关联，甚至如何通过组织合作来全面参与农业产业组织体系或产业链构建的研究上（Markelova et al.，2008）。在有关实现产业组织体系有效运行的关键因素研究中，研究者指出社会资本、交流便利性、相互信任、学习能力以及合作机制设计等起至关重要的作用（Mungandi et al.，2012；Matopoulos et al.，2007）。

从总体上看，国外学者对农业产业组织体系的研究更多地着眼于微观层面研究某些农业产业的产业链构成与价值链攀升演化机制，而对于农业产业组织体系的整体架构设计，以及如何构建和优化农业产业组织体系（各行动集团协调互补作用的体现）并没有过多的描述与论证。

2. 国内研究动态评述

国内主要集中于农业经营主体、农业经营组织、农业经营方式和农业经营体制等四大方面的研究。

关于农业经营主体的研究。国内学者有关现代农业经营主体的观点归纳起来，可分为单主体推崇论、多主体推崇论、不同主体评析论等 3 种。单主体推崇论主要分为专业大户推崇论、家庭农场推崇论、农业合作组织推崇论、农业产业化龙头企业推崇论等 4 种；多主体推崇论认为基于中国国情、农情与现实发展阶段，目前并不存在一个最佳的主体，而是需要有不同的经营主体与之相对应；不同主体评析论方面，黄祖辉和俞宁（2010）认为，以农业专业大户、农民专业合作社和农业企业为代表的新型农业经营主体日益显示出发展生机与潜力，已成为中国现代农业发展的核心主体。周立群和曹利群（2001）认为，合作社和“龙头企业＋农户”组织形式都存在缺陷，有必要形成“龙头企业＋合作社＋农户”或“龙头企业＋大户＋农户”等新的组织形式。各类主体的变化趋势受当地自然禀赋、经济发展和土地流转情况的影响。

关于农业经营组织的研究。研判农业组织化研究成果，不难发现，所谓农业组织化，一般是指各涉农要素主体，以利益机制为纽带，以产业化经营为基本形式，依据农业产业网络关系，进行有效整合的过程或状态。不少学者的研究都表明，农业组织化的核心问题是利益机制问题，关键是要建立健全合理的利益分配机制，使不同的利益主体形成利益共同体，实现利益共享、风险共担（牛若峰，2002；罗必良，2007；黄宗智，2010）。

关于农业经营方式的研究。德国农业经济学家泰尔、屠能、艾瑞保和布林克曼等把农业经营方式描述为属于农业生产经营技术范畴的农业种植制度或土地利用方式；日本许多学者认为，农业经营是历史范畴，其经营方式是以经营组织形态为尺度反映农业经营组织特点的。我国的传统经济学家认为，农耕制度属于农学研究范畴，以王征兵（1998）的观点最具代表性。他认为农业经营方式包含三方面内容：一是涉及生产要素的种类，二是各种生产要素的份额，三是生产要素的组合方式。黄祖辉和傅琳琳（2015）提出农业经营方式选择时要考虑农产品的多类型特性，将农产品分为土地密集型、资本密集型和劳动密集型三类。部分学者指出了新型农业经营方式的发展趋势。发展农业产业化经营是继农村家庭承包经营责任制以来，在农业管理、产业组织和经营形式上的第二次革命。农业合作经济组织是实现农业产业化的重要途径。公司化、园区化、合作化，是农业经营形式的“三大新趋势”（李俊超，2007）。

关于农业经营体制的研究。农业经营体制创新的支撑体系包括农产品流通和市场推广体系、农业保障体系、农业信息体系、农产品标准和检疫检验体系、农业经营的信用体系和农地产权制度创新体系。农业经营体制创新的运行机制包括利益调节机制、服务保障机制、科技推动机制、多元投入机制和宏观调控机制。同时，推进农业经营体制机制创新，还要研究土地承包经营权能、发展适度规模经营、培育新型农业经营主体和发展农业社会化服务等理论问题。推进农业经营体制机制创新的重点任务是大力培育专业大户、家庭农场，发展农民专业合作社，培育壮大龙头企业，强化农村集体“三资”管理，创新农村集体经济发展新路子，构建新型农业社会化服务体系（陈晓华，2012）。在新型农业经营体系建构中，要重视合理运用农业股份合作制和土地股份合作制、处理好农业家庭经营和企业经营的关系、防止新型农业主体培育的主体异化等三个问题（黄祖辉和傅琳琳，2015）。

（三）我国农业经营体系的历史演变

1. 改革开放前的30年

1949年以来，我国的农业经营体系与制度发生曲折而深刻的变化。总体而言，20世纪50年代变化相对频繁，然后是70年代后期的改革巨变。在中华人民共和国成立初期的1950—1955年，我国农业实行的是家庭经营制度，同时，土地和其他农业生产资料也是农户家庭所有。其间，农业生产中出现了互助性质的产业组织——互助组，互助组就是农户之间的互助合作，主要体现在劳动力和农业生产资料方面的互助与共享。而后，出现了农业的初级社，初级社是在互助组的基础上，在一个村范围内农户之间的农业生产合作，初级社的社员是相对独立的家庭经营者，初级社的农业生产资料以及土地也是归农户家庭所有。然而，我国农业初级社的生存历史并不长，1956年，国家掀起了一个农业高级社的运动。高级社与其说是初级社的升级，毋宁说是农业合作社的异化，它的主要变异是包括土地在内的农业生产资料产权关系和农业经营体制变异，即从初级社的农户家庭所有和农户家庭经营转变成高级社的村集体所有和村集体统一经营。1958年，我国农村又出现了大跃进和人民公社化浪潮。人民公社与高级社的主要区别体现在农业经营与管理的规模不同。高级社是以村为单位，而人民公社则是以乡为单位，公社社员的报酬按照“评工记分”的方法获得。这种农业经营制度是典型的“一大二公”制度，劳动者缺乏自主性和积极性，因而形式上轰轰烈烈，实际上效率并不高。中央在1959—1961年的三年自然灾害后召开中央工作会议，专门对农业经营管理体制进行了调整。由原来的乡统一经营的人民公社体制改为乡、村、队的“三级所有，队为基础”的人民公社经营管理体制。即，农村产权是乡镇、村和生产队三级所有，生产队作为农业核算与经营基础。总体来看，这一调整仍然没有解决农业集体统一经营、统一分配的低效率体制问题。

2. 改革开放后的30年

1978年，我国开始了改革开放，改革首先从农村开始，引入农业的家庭承包责任制。将土地所有权和经营权分离，所有权仍然归村集体，使用（经营）权则以承包的方式归农户家庭，形成了一种被称为“统分结合、双层经营”的农业经营体制。农业家庭承包责任制的推行充分调动了广大农民的生产积极性，1978—1984年是这一改革效应最好的时期，农民收入快速增长，并且首次出现了新中国成立以来的“卖粮难”现象。国家从1984年以后开始调整以粮为纲的农业结构，提出在稳定粮食生产的基础上，积极发展多种经营，解决了农业结构过于单一情况下的粮食相对过剩问题。进入

20 世纪 90 年代后，随着农业生产的不断发展，我国又出现了农产品的过剩现象。这一过剩与 80 年代的粮食相对过剩现象有本质的不同，除了农业产业结构仍不能适应市场需求外，农业产业组织与经营体系的不适应也是重要原因。这种农产品“卖难”现象实际上已表明，仅靠分散和小规模农业家庭经营是难以适应激烈的竞争市场的，亟须在农业产业组织与经营机制上进行完善与创新。这个时候国家通过对农业龙头企业的扶持，发展农业产业化经营，寄希望于农业龙头企业带动农户进入市场，解决农产品的卖难问题。山东省寿光、诸城出现了“公司＋农户”“产供销、贸工农一体化”农业产业化经营模式，中央及时总结山东经验，出台文件支持“公司＋农户”式的农业产业化经营模式的发展。“公司＋农户”的农业产业化经营模式对解决我国农产品的“卖难”问题是有贡献的，但公司（龙头企业）与农户的关系本质上不是一个利益共同体，有时双方会出现利益矛盾。

3. 进入新世纪以来

进入 21 世纪以后，我国农业经营体系和产业化经营模式又发生了新的变化，这就是围绕农业市场化的农业组织得到了发展，一些农业技术推广协会和产业协会向实体化、合作社方向转变。浙江省在这方面走在了全国的前列，并于 2005 年在全国率先出台了省（区）级层面的农民专业合作社条例，而后，国家于 2007 年也出台和颁布了《中华人民共和国农民专业合作社法》。我国农民合作组织在经历了历史曲折后，又一次登上了历史舞台。但与上一次不同的是，这次我国农民合作社的发展不是在计划经济的背景下，而是在市场经济和全球化的背景下，它预示着农民合作组织将在我国农业经营体系和农业产业化经营中扮演越来越重要的角色。“公司＋农户”“合作社＋农户”的产业化经营模式开始向“公司＋合作社＋农户”“合作社＋公司＋农户”的产业化经营模式转变，这四种不同类型的农业产业组织模式各有其优点、不足或局限性（表 1），均有其相对适应的产业领域和环境条件，同时也都需要在发展中不断地完善与优化。

表 1　不同类型的农业产业组织模式优点和不足对比

	“公司＋农户”	“合作社＋农户”	“公司＋合作社＋农户”	“合作社＋公司＋农户”
优点	农户能直接依托下游公司（龙头企业）在资金投入、技术支持与市场营销等方面的优势，使农业生产向下游延伸，使农产品更快进入市场	农户与合作社是利益共同体，容易实现组织内部专业化分工，进而可以从合作社得到多种内在化生产、营销等方面的服务与收益，并提高其进入市场或与产业相关主体谈判与交易的能力	在很大程度上能够消除“公司＋农户”“合作社＋农户”两种产业组织模式不足，是一种相对理想的农业产业组织模式	将公司（公司经营制度）和农户（家庭经营制度）内化在合作社框架中，因而农业产加销的纵向一体化程度较高，有助于实现产业链各环节的“无缝”链接，能够形成组织的规模优势和对市场的控制力，组织的市场交易成本也很低
不足局限	公司与农户并不是一个利益主体，难以形成有效、合理的利益共同体，同时，公司与分散农户间往往存在明显的交易不确定性，双方交易成本较高，产业纵向稳定性不够，缺乏合理的运行和利益分配机制	在向产业链延伸，尤其是向加工领域延伸过程中，往往受制于资本、技术及管理能力不足而不得不止步于上游领域，因而不易获取农业产业纵向增值收益，缺乏合理的运行和利益分配机制	公司和合作社仍不是利益主体，如缺乏有效、合理的运行和利益连接机制，也易导致冲突和较高交易成本	组织内部治理结构复杂，合作治理与公司治理并存，治理成本较高，缺乏合理的运行和利益分配机制

4. 党的十八大和十八届三中全会对农业经营体系提出的新要求

党的十八大报告提出，坚持和完善农村基本经营制度，培育新型经营主体，发展多种形式规模经营，构建集约化、专业化、组织化、社会化相结合的新型农业经营体系。党的十八届三中全会通过了《中共中央关于全面深化改革若干重大问题的决定》，把“加快构建新型农业经营体系”作为健全城乡发展一体化体制机制的重要决策。2015 年中共中央办公厅、国务院办公厅印发的《深化农村改革综合性实施方案》清晰地勾画了加快构建新型农业经营体系的路径图，对“谁来种地”“种怎样的地”“怎样种地”等关键问题的解决做了详尽的部署和安排。“谁来种地”，新型农业经营主体；“种怎样的地”，承包经营权规范有序流转的土地；“怎样种地”，集约化、规模化、组织化、社会化、产业化经营。

5. 我国农业经营体系历史演进述评

随着农村改革发展变迁，农业经营体系从无到有、从方向确立到路径明晰，其内涵经历了一个演变、拓展与升华的过程。中央有关农业经营体系的理论阐述越来越深刻，对构建新型农业经营体系的思路也更加清晰。从上述动态演进视角审视农业经营体系的内涵变化，抓住农业经营体系变迁中的不变与变化的内容，对于理解农业经营体系的内涵具有重要价值。

“一个不变”，即坚持家庭经营。我国现阶段实行的家庭承包经营、统分结合的农村基本经营制度，仍然是未来农业经营体制创新的基础，也是构建复合型现代农业经营体系的法律和制度基础。

“三大变化”，即宏观架构不断完善、微观主体不断丰富、发展主线不断突出（黄迈和董志勇，2014），逐渐适应现代农业发展要求。

一是宏观架构不断完善。党的十八大报告提出构建集约化、专业化、组织化、社会化结合的新型农业经营体系，标志着农业经营体系宏观架构初步形成。这“四化”间是紧密联系、相互促进、互为条件的统一整体，其中，集约化和专业化属于“分”的层次，着眼于提高农业生产效率；组织化和社会化属于“统”的层次，更着眼于提高农产品市场竞争力（赵海，2013）。

二是微观主体不断丰富。自20世纪80年代的农村基本经营制度建立以来，在很长一段时间里，农业经营的市场主体只有农户，集体经济组织、专业合作社、工商企业等只是作为“统”的层次，强调对农户的服务功能。党的十七届三中全会提出，有条件的地方可以发展专业大户、家庭农场、专业合作社等规模经营主体，首次将这些组织纳入农业经营主体范畴。党的十八大提出培育新型农业经营主体，农村集体经济组织、农民专业合作组织、工商企业等功能定位由提供社会化服务向农业经营主体转变，之前各类服务组织被提高到与农户同等重要的位置，微观主体不断丰富。

三是发展主线不断突出。党的十七大提出稳定和完善土地承包关系，按照依法自愿有偿原则，健全土地承包经营权流转市场，有条件的地方可以发展多种形式的适度规模经营。党的十八大提出发展多种形式规模经营。党的十八届三中全会进一步指出，鼓励承包经营权在公开市场上向专业大户、家庭农场、农民合作社、农业企业流转，发展多种形式规模经营。随着形势的发展变化，中央对加快土地流转与规模经营的认识越来越清晰，加快构建新型农业经营体系的发展主线越来越突出。

（四）目前我国农业经营体系存在的突出问题

通过上述宏观我国农业经营体系历史演变脉络梳理，可知，随着工业化与城镇化深入推进、农村土地和劳动力快速流动，我国农业经营格局正在发生重大变化，土地碎片化、农户兼业化、劳动力弱质化、农业副业化、生产非粮化等问题十分突出，这意味着，若今后我国农业劳动力素质、农户生产能力以及农业经营规模等，不能满足现代农业发展的底线需求，那么，与之相关的农业现代设施装备、科技应用、产品质量、务农收益、从农热情等，就有可能越来越难以为继，最终将危及国家粮食安全乃至整个农业现代化建设。概括起来，目前我国加快构建新型农业经营体系的突出问题表现在以下四个方面。

1. 经营主体异化和扶持机制不顺

近年来，我国农业出现了不少名目繁多的新型农业主体和组织，如家庭农场、股份合作农场、股份合作社、土地股份合作社、合作社的联合社，等等，其中不少是新型农业主体或组织制度创新，但也有不少是农业主体和组织制度的异化。表现为有的是由于这些新型的农业经营主体建设尚不完善，也有的是借新型农业经营主体之名，行异化得利之实，值得引起高度关注。

农业主体和组织被异化的原因则与政府相关政策的导向有关，并且这种异化过程往往不为政府部门所觉察。比如，近年政府在构建新型农业经营体系和培育新型农业经营主体过程中，出台了不少鼓励和支持农民专业合作社、家庭农场或者股份合作社（农场）发展的政策，不少地方将其纳入政绩考核目标。为获得支持或完成上级考核任务，各类型的合作社、家庭农场以及股份合作社应运而生，但深入考察后发现，不少新兴的农业组织都存在异化现象。如不少家庭农场并不是家庭自我经营，而主要是雇工经营。不少股份合作社和合作社，实际并不存在合作制元素，而是“挂羊头、卖狗肉”，政府部门却往往不能予以科学甄别，依然对其进行奖励、补贴与宣传。如果这种现象不能引起足够的重视，不能及时予以纠偏，则不仅会使中国的农业经营体系建构误入歧途，并且引发农业产业组织与组织之间的矛盾，还会加剧农业组织制度的异化，扭曲经营主体的行为，导致政府农业政策的失效。

此外，近年尽管各类农业经营主体不断发展壮大，但未来仍面临诸多问题亟待解决。

一是登记注册制度与信息监测机制尚须改进。由于各级政府对家庭农场的界定标准、登记办法、扶持政策并未出台专门规定，目前家庭农场有两种登记方式，一是作为企业，向工商行政管理部门登记，二是作为社会组织，向民政部门登记，而两者登记提交的材料、组织形式存在不一致等问题。国内尚没有部门或机构开发相应的信息统计系统，缺乏对新型农业经营主体发展的统计监测与跟踪研究。

二是农村金融保险支持体系有待完善。农村金融供给无法满足农业经营主体的资金需求。农业保险发展缓慢，覆盖面有限、保障水平不高，农民参保意愿不强，无法有效分散农业经营面临的自然风险冲击。此外，农村银保市场之间也缺乏有效互动。

三是新型职业农民培养机制有待完善。受农村经济社会发展水平和农民总体素质的制约，目前培训投入远不能满足职业农民培育实际需求，农民本身也缺乏培训与创业的意愿，缺乏对农村职业技术教育和农民科技培训激励、监督和保障机制。

2. 土地流转与规模经营面临制度性障碍

放活土地经营权是未来实现土地规模利用和集约经营的重点，主要面临以下问题。

一是农村土地流转制度缺位导致土地流转不规范。土地流转存在二轮延包不完善、确权不到位等制度安排不完善问题，是导致土地流转困难的根源。农户之间自发的土地流转多为口头协议，有的地方土地流转管理和服务组织缺位，容易造成双方主体资格不明确，导致土地纠纷多发。

二是土地承包经营权入股的具体制度安排尚不清晰。目前我国农村土地流转形式中占主导地位的仍然是转包和出租，占总流转的78.2%（国务院发展研究中心农村经济部课题组，2013）。尽管政府鼓励土地承包经营权入股，但同时又强调土地用途管制，这使得农民入股获取收益的空间有限，一旦出现经营风险，农民权益无法得到保障。有关土地流转的问题，最近中央已出台了关于土地三权分置的文件，随着文件的贯彻和细则的出台，这些问题都可逐步得到解决。

三是农村社会保障体系不完善。我国农村社会保障制度存在管理分散化、覆盖面窄、保障水平低等问题。最低生活保障制度建设缓慢，养老保障低、社会互济性低、保障能力弱，农村合作医疗可持续发展面临困境。农村社会保障制度没有全面建立起来，无法有效替代土地所担负的生存、就业等保障功能。

3. 农业社会化服务相对滞后

现阶段，农业社会化服务已基本覆盖农业生产各环节，但仍存在服务水平不高、机制不活等问题。

一是农业社会化服务体系不健全。公共服务机构供给不足，服务能力不强，尚不能成为农业社会化服务的依托力量。专业服务公司实力较弱，农村经纪人队伍规模小、组织松散、管理不规范，难以发挥有效作用。现有社会化服务在农业生产各环节分布不均衡，尤其是产后环节的服务薄弱，无法满足农民多层次、多形式、多元化服务需求。

二是农业社会化服务组织职能分工不明晰。公益性社会服务组织、以各类农民专业合作组织为载体的半公益性服务组织、营利性服务组织之间的角色缺位、串位，导致某些公共服务明显供给不足。

三是农业社会化服务投入支持不足。公益性农业社会化服务在农技推广、动植物疫病防控和农产品质量安全监管等方面，缺乏完善的支持配套政策。

4. 农业组织化程度仍然偏低

我国农业生产经营仍存在着“小生产”和“大市场”之间的矛盾，面临自然、市场和质量安全“三重风险”，迫切需要解决农业生产组织化程度偏低问题。

一是农民参与组织化的选择渠道有待拓宽。现有农民合作社带动成员达7 221万户，不到农户总数的30%，还有相当一部分农户没有被各类组织覆盖，市场风险抵抗能力较弱。同时，部分合作组织自身规模小、实力弱、发展困难，带动能力不足。

二是农民专业合作社内部机制有待完善。一些农民专业合作社内部制度不健全，民主决策机制不完善，运作管理随意性大，不规范问题普遍存在，面临能人治社与民主决策的冲突，难以发挥基础性作用。有时甚至还会出现经营收益被少数负责人占有的个别现象。

三是龙头企业和农户间的利益联结机制还不健全。龙头企业与农户缺乏长期稳定的利益链接，不能有效发挥骨干作用。在一些“公司+农户”的利益联结中，农民处于劣势，话语权不高，议价能力不强，只能获取小部分增值收益。受农产品特性和交易复杂性约束，农业产业化经营的“公司+农户”组织方式时常面临订单履约率不高的窘境（万俊毅，2008）。

（五）现代农业综合体中农业经营体系重点关注的问题

2016年习近平总书记提出要以构建现代农业产业体系、现代农业生产体系、现代农业经营体系为抓手，加快推进农业现代化。从三大体系的关系来看，现代农业生产体系重在提升农业生产力，现代农业经营体系重在完善农业生产关系，现代农业生产力和生产关系的相互作用、有机融合，共同支撑和促进现代农业产业体系发展。作为支撑现代农业发展的“三大支柱”之一，现代农业经营体系是现代农业经营主体、组织方式、服务模式的有机结合，重点是解决“谁来种地”和经营规模问题，是现代农业组织化程度的显著标志。

现代农业综合体作为区域现代农业发展的新载体和现代农业发展的综合开发模式，本专题研究内容聚焦：一是现代农业综合体的经营体系是怎样的？特征是什么？主要经验是什么？在“互联网＋”等信息技术引发宏观经营体系变革的背景下，农业综合体是如何运用信息技术等创新现代农业经营体系的；二是现代农业综合体下核心农业企业与农户、合作社、其他企业、园区等生产者的关系，以及相应的利益机制创新；三是挖掘现代农业综合体企业商业化运作的农业公共服务体系运作模式。

从现状来看，农业从业人员的总体情况和基本素质堪忧。根据抽样数据统计，农村人口中的常住人口占比只有47%，而从15～64岁的劳动人口情况来看，常住人口的比例更低，只有42.5%；从全国统计数据来看，全国农业从业人员文化程度相对较低，小学及以下文化程度占50.6%，具有高中及以上文化程度的人员仅占4.3%。“70后不愿种地、80后不会种地、90后不谈种地”已成为我国现代农业不得不面对的尴尬局面；老龄化低素质的传统承包农户、兼业农户等“小、散、短期”经营主体严重限制了现代农业经营体系的优化创新。

目前，我国正处在传统农业向现代农业转型的关键时期，大量先进的农业科学技术、农业设施装备、现代经营理念越来越多地被引入农业生产的各个领域，迫切需要培养一批“懂技术、会种地、能经营”的真正的新型职业农民。培育新型职业农民逐步走上“家庭经营＋合作组织＋社会化服务”新型农业经营体系的组织路子是务农种粮有效益、不吃亏、得实惠的长效机制。可以说，职业农民培育在现代农业经营体系建设中居于核心地位，培育新型职业农民就是培育现代农业的现实和未来。因此，本专题研究的另一个重要内容即：农业综合体是如何培育职业农民队伍的？农业综合体培育职业农民的优势和特色体现在哪些方面？农业企业如何培育职业农民，机制和模式是什么？以及相应的职业农民培育与农业综合体的利益机制创新。

二、国内外农业经营体系构建经验借鉴

（一）典型国家农业经营体系构建经验借鉴

1. 美国：全面构建家庭农场制的组织形式

家庭农场制为美国现代农业的实现奠定了良好的组织基础。美国农场以个人或家庭农场、合伙农场和公司农场 3 种形式存在，其中家庭农场占 90％以上。美国农业资源丰富，但是劳动力相对短缺。家庭农场在维系劳动力的稳定性方面可以利用血缘关系、感情和道德习俗的力量，创造家庭内聚力，因此家庭农场制的组织形式一直从自然条件恶劣的拓荒时期延续至市场竞争激烈的现代美国。与此同时，为家庭农场服务的农机生产、销售和服务体系、农业科技服务推广体系以及农业资本市场体系的建立完善，使工业化的技术成就、开发资金的社会化等现代经济因素与家庭生产方式结合起来，巩固了家庭农场商品生产者的地位。美国家庭农场与农业商品化、机械化、规模化、科学化等现代生产力因素的结合，使得它们虽然仍旧以家庭为单位，却已具备了现代农业企业的基本特征。

2. 荷兰：做强适度规模家庭农场，做大农工商一体的农民合作社

全球农业面临的共同难题是基础农产品价格波动大，生产风险高，经营利润低。荷兰的解决方案是家庭农场自发组建大规模奶农合作社。合作社通过组建加工、销售乳制品的公司，向产业链下游发展，以工业和商业利润反哺农业。“家庭农场＋合作社”模式已成为世界现代农业经济组织的重要组成部分，荷兰的花卉、马铃薯、番茄、养猪等名列世界出口额前茅的农业领

域，也主要采用类似模式。

以世界乳业巨头荷兰皇家菲仕兰公司为例。这是一家合作社性质的跨国公司，经过140多年的兼并扩容，如今已走出国门，联合了荷兰、比利时、德国近2万名会员农场主，成为世界第五大乳品公司。合作社全资所有，支撑了荷兰当地一座中型城市的繁荣，还使荷兰瓦赫宁根大学成为世界一流的畜牧业和食品加工研究中心。

从生态文明和食品安全的视角看，荷兰的生态文明和食品安全体系建设，除严格的政府监管外，更多地依靠家庭农场、合作社组织和乳品公司职业经理人的三方制衡，以及现代农业组织形式提供的自律机制。在荷兰，家庭农场是世代传承的，保护土地生态不仅事关自己和家庭，还事关子子孙孙以及家族财富和荣誉。根据全体会员农场主表决通过的决议，在菲仕兰合作社，奶农第一次严重质量违规，合作社对其做出的罚款和赔偿相当于这个家庭农场全年营业额的3%，全年净收入的15%。两次严重质量违规，将被终止合作社成员资格，从而被彻底逐出奶牛养殖业。现代农业组织模式，又把食品安全的监管权交给了全体农民和农民自治组织。家庭农场和合作社出于追求世代传承、永续经营的目标，又会对其刹车叫停，从而被形成多数人对少数人的制衡。因此在世界农产品和食品市场上，合作社一直成为食品安全、品质保证的“金字招牌”。

而上述食品安全的基础是善待农民、发展农民。家庭农场的做强和合作社的做大，使农民得益成为“体面的职业”。在荷兰，农场主属于中等偏上收入人群。2012年，皇家菲仕兰合作社一个中等规模家庭奶牛农场的营业收入合计约为29万欧元，经营利润6.4万欧元。其中79.4%来自销售牛奶和牛犊的收入，20.4%来自跨国公司通过合作社组织分发给农场主的现金分红、债券分红、债券利息。家庭农场主还是整个产业链的主人，菲仕兰合作社的各级管理人员和重大事宜决策，均通过会员农场主投票表决。合作社下属跨国公司高管，虽然大多数来自世界500强和知名企业，但他们的任免和考核，由9名会员农场主代表和4名外部专家组成的公司监事会负责。会员农场主是老板，职业经理人是打工者。荷兰农民要成为会员“有进入门槛”：一个年轻人需要接受5年专业教育后才能从事养牛；至少在家庭农场见习3年以上才能独立工作；三十而立，甚至人到中年后才能继承父辈产业，成为家庭农场主。

3. 法国：生产专业化和农工商一体化并重的现代生产组织结构

农业生产专业化一般以地区专业化、农场专业化和工艺专业化3种形式体现。其中，地区专业化指根据不同地区的客观地理条件、生产经验和区域经济特点等发掘具有特色且收益较高的主导产品，形成不同农业产业区域集群，充分发挥区域优势，提高产品产出效率。农场专业化指农场生产单一农产品或以某一农产品生产为主，辅以二三种有联系农产品的生产模式。法国农场专业化按照经营内容大体可分为畜牧农场、谷物农场、葡萄农场、水果农场、蔬菜农场等。工艺专业化则指农产品加工过程分为若干可独立操作但相互联系的流程，由不同专业农业企业完成。这种规模化和专业化生产有利于提高法国农业生产效率，同时，法国农业与上、中、下游产业联系越来越紧密，使其成为农工商综合体的一部分。

所谓一体化，就是在专业化的基础上进行相互之间的协调与配合。具体地说，就是在农业生产过程中做到供、产、销三方面业务的有机配合。这三方面结合起来统一经营，不仅可以做到相互协调，提高工作效率，而且还有利于相互促进，增加企业盈利。因此，现代化的法国农业，逐渐发展到与工业和商业结合在一起，成为“农工商综合体”中的一个组成部分。

在“农工商综合体”中，许多家庭农场通过合同关系，向规模大的工商企业出售农畜产品，并由这些企业向农场提供农业生产资料和各种服务。这样，这些家庭农场主就变成了类似19世纪织布工人在家里为工厂主织布一样的劳动者。在这种情况下，农场生产农畜产品的数量、质量、价格等就都处于工商企业统一计划安排之下。另外，通过这种合同关系，工商企业不仅保证了一体化农场的产品销路和收入，而且还及时地向农场提供先进的生产工具和必需的生产资料，帮助他们提高生产技术和经营管理水平，从而使一体化的农场获得更高的生产效率；而农业的发展，又反过来促进一体化组织中工商企业的发展。

4. 日本：推行绿色生态技术密集型的生产经营模式

20 世纪 80 年代，日本开始重视农业环境问题，提出发展“有机农业”“绿色农业”“自然农业”等多种绿色生态技术密集的可持续农业生产发展模式。“MIDORI”源于 2001 年由日本土地改良会牵头发起的“振兴 21 世纪土地改良运动”，理论基础由冈田茂吉提出。冈田认为必须通过立法控制农业现代化进程中的化肥施用量，以纠正农业生产过度依赖化学药品实现增产的错误观念，避免农业用地出现衰退和污染。他的思想在 20 世纪 80 年代被发扬光大，并形成固定的组织形式，使自然农业观念深入人心。具体而言，“MIDORI”意味着保持水资源、土地资源和农村居住环境的绿色环保，避免农业生产对环境造成不良影响。事实上，“MIDORI”绿色生态建立在日本人口老龄化、环境污染严重和农业呈现萎缩迹象的挑战基础上，试图通过建立以国家和相关农业发展部门为组织基础，由各农业科研机构和高校提供科技支撑，以农户作为实施的最小群体，以发展生态农业为最终目标，实现水资源和土地资源有效利用的新型农业生产体系。在这种农业发展模式下，农户、居民和各组织机构之间能够相互协调沟通，以资源可持续利用为核心，取得社会公众对发展生态农业的理解和支持，最终完成土地改良和社会效益增加的目的。

5. 国外农业经营体系构建的几点启示

一是以适度规模的家庭农场作为主要农业组织经营主体。综观世界农业发展史可以看出，随着农业生产的机械化、集约化、组织化、社会化和科技进步的实现，家庭经营这一传统组织形式非但没有被挤出历史舞台，反而成为历史舞台上的主角。为什么这些发达国家的主要农业经营形式都是家庭农场？根源就在于家庭农场具有其他经营主体没有的生命力和独特功能。家庭农场是以农户家庭为基本组织单位，以市场为导向，以利益最大化为目标，以充分发挥家庭成员潜能为手段，具有一定规模和竞争力的经济实体。袁赛男（2013）认为，从农业发展规律来看，适度规模的家庭农场能够有效解决劳动高投入、收益不确定性的双重矛盾；从农业生产效率来看，适度规模的家庭农场能够有效避免规模小而无效、规模大而不稳的弊病；从农业发展趋势来看，适度规模的家庭农场能够有效破解农民老龄化、农业兼业化的双重困境。适度规模的家庭农场既把现代农业要素融入传统意义上的农户家庭经营中，又避免了雇工农场大规模流转土地所带来的劳动力过剩、企业运行风险积累及农作精细化程度不够等问题，是农业从传统农业走向现代农业的最佳路径选择。

二是以经营主体发展作为主要抓手。拥有高素质的农民群体是现代农业经营体系最基础的细胞单元。很多国家通过法律手段，将农业生产经营、农场继承和管理与接受农业教育程度挂钩，建立了严格的农业就业制度。欧洲各国普遍实行农民资格考试，政府规定必须完成一定的农业职业教育，一般两年以上，考试合格者发给“绿色证书”，才有资格当农民。德国 1969 年颁布了《职业教育法》，规定受训者必须经过正规的职业教育取得职业农业证书才能获得农场经营权。法国政策规定，农民必须接受职业教育，取得合格证书，才能享受国家补贴和优惠贷款，取得经营农业的资格。丹麦规定须经过 10 年初等教育，并在农业学院经过 3 个阶段约 5 年的学习，第一阶段包括 6 个月的农学院课程和在指定农场的 12 个月的正式培训实习；第二阶段是在完成第一阶段的基础上追加 18 个月的农场实习和 6 个月的学校课程；第三阶段是 4 个月在农学院上课，才能拿到绿色证书。丹麦为了确保农民真正热爱农业，避免半途而废，要求农民不得向自己的子女无偿赠送或遗赠农场，后者只能按照市场价格购买。因此，青年农民购买农场时，必须投入新的资金。一般情况下，农场是逐步移交给下一代的，也就是说，青年农民先买下农场的一半，与其父母一起经营数年后，再接管整个农场。其结果是，通过这个过程获得农场的人会将毕生心血投入农业生产和农场经营。实行上述农民职业资格准入制度，确保宝贵的农业资源让高素质的农民来使用和经营。

三是以多元化、多形式、多层次的社会化服务体系作为主要支撑。建立覆盖全程、综合配套、便捷高效的农业社会化服务体系是农业现代化的重要方面。综观发达国家农业社会化服务体系的主要模式，共性是形成政府部门、农工商综合体、私人企业、合作经济等多种成分、多种形式共同竞争、共同发展，公共、集体、私人三种服务体系互为补充、相互协调的服务体系（王树勤等，2013）。公共农业社会化服务体系包括农业教育、科研和推广体系，发达国家农业科研和推广系统重视尖端农业创新技术的重大突破和普及应用。私人农业社会化服务系统主要包括两种形式。一是农业关联企业与农场结合成一个产业链条相对完整的一体化的农工商综合体，相关农业社会化服务在农工商综合体内部就可以得到较为彻底的解决；二是上述私人农业关联企业通过与农场主签订合同，严格明确双方的责任、权利和义务，按照市场规则向农场主提供服务的一种经营形式。集体农业社会化服务系统的主体是农业合作社。一是农场主合作社，这是分散的农场主为了保护自身利益，共同对抗工商资本家而形成的生产、加工、销售服务组织，包括生产合作社、销售合作社、农资采购合作社和科技服务合作社等；二是合作农业信贷体系，这是为降低农场主向私人商业银行贷款成本而建立的补充机制，能够有效解决农场主贷款渠道和资金来源的不足。

（二）国内外农业园区化建设和管理经验借鉴

当前，我国农业以及整个社会经济环境都发生了巨大变化，对农业产业化发展机制、发展模式及发展水平都提出了更高的要求。现代农业园区化发展是要素集聚、主体培育、组织模式、土地流转等经营体系创新的主要载体，以农业技术组装集成、科技成果转化及现代农业生产示范为主要目标，是我国新阶段推进新的农业革命，实现传统农业向现代农业转变的必然选择。

1. 国内外农业园区的主要类型和特点

从各地园区建设实践来分析，高标准的农业园区要求具备科技含量高、科技成果转化率高、综合经济效益高、经营管理机制新“三高一新”4个基本特征。表2介绍的是国内外农业园区的主要类型和特点。

表2　国内外农业园区的主要类型和特点

项目类型	特点	代表项目
科研型（试验基地）	以新技术、新品种研发，教育、试验、示范、推广为主要功能，一般由政府投资，非商业化运作，资金投入和政策扶持力度大	浙江省农业科学院杨渡基地、北京小汤山国家农业科技园区、西安杨凌农业高新技术产业示范区
生产型	面向中高端人群推送“绿色”“有机”优质农产品，强调应用现代化农业生产技术、商业和系统管理理念开展种植加工、品牌建设和配送服务	嘉峪关市现代农业示范园、蒋镇现代新有机农业园、以色列基布兹集体农庄
观光型	以智能温室、新奇特品种、地缘民俗为主要载体营造室内外景观，提供观光、采摘、农事体验、餐饮娱乐等农业旅游服务	上海光明都市菜园、北京蟹岛绿色生态度假村、成都五朵金花、台湾清境农场、美国黑莓农场、荷兰库肯霍夫公园
综合型	遵循和应用农业多功能性原理，依托自然景观和农业生产属性，结合人文资源，集农业生产、文化创意、休闲观光、科技展示为一体的多功能、多业态组合	上海多利农庄、上海孙桥现代农业园、日本小岩井农场、新加坡兰芝乡村

2. 国内外农业园区发展的案例分析

1）上海多利农庄

上海多利农庄位于上海市郊，总占地面积3 370亩，是目前上海规模最大的专业从事有机蔬菜种植和销售的有机农庄，也是唯一参展2010年上海世博会的有机农庄。现在，上海多利农庄拥有在建的种植基地面积超万亩。

定位：集“有机种植、加工配送、休闲度假、观光旅游、务农体验”为一体的综合都市有机农庄，打造中国都市有机农业第一品牌。

目标客群：北京、上海两大城市中高端家庭，每年蔬菜购买花费 1 万元左右。

销售渠道：B2B 团购、个人购买与电子商务的比例是 4∶4∶2。

核心竞争力：上海最大的高标准种植基地；拥有来自银行、证券、国企、酒店等高端客户密集领域的忠诚客户；提供切合客户消费习惯的宅配和多样化的增值服务。

发展战略要点：标准化—品牌化—规模化。

经营策略：专注于有机种植，2004—2008 年，在几乎没有销售收入的情况下持续投入进行土壤有机改造和基础建设；B2B 与 B2C 销售联动迅速支撑起销售额，以员工福利和礼券等形式，由公司客户延伸至会员制的个人客户；引入日本黑猫雅玛多宅急便物流负责稳定订单，自建物流负责分散订单，配送范围覆盖半个上海；围绕会员客户提供农场一日游、农事体验等增值服务，培养客户忠诚度；围绕园标准化生产、物联网建设，积极寻求与高校、科研单位合作申请项目，获取政策、资金和智力支持。

生产基地发展策略：持续投入土壤改良、水系改造和净化、物联网化生产控制技术等高标准基地建设内容；制定严格的“从农田播种，到蔬菜上桌”的农产品质量可追溯系统，建立条形码管理体系；运用 ERP 管理系统、OA 管理软件以及 CRM 客户管理系统，进行专业化、科学化、透明化管理；将不易保存的绿叶类蔬菜生产集中在城市近郊，耐贮存和运输的块茎类蔬菜分散到其他土地成本更低廉的地区，大幅降低土地成本和产品损耗。

2）日本小岩井农场

小岩井农场位于日本岩手山山脚，创立于 1891 年，是一座拥有约 120 年历史的民间综合农场，是日本最早、规模最大、最具代表性的民营农场。农场总面积 3 000 公顷，从 1952 年起事业主体转到畜产，以经营酪农、绿化造园、山林事业、观光事业等为主（表 3）。

主要业务：动植物品种改良、繁殖和销售；生产、销售畜牧产品；园林绿化和美化业务；农业旅游（图 1）。

表 3　日本小岩井农场发展及其主要业务演变

发展阶段	积累阶段 1891—1966 年	起步阶段 1967—1992 年	发展阶段 1993 年至今
发展背景	19 世纪 40～60 年代，日本进入战后经济高涨期，都市农业形成并迅速发展 1890 年，日本铁道会社开始往岩手县铺设铁路，井上滕发现了小岩井丰富的资源和其中的商机，于是和民间企业合作，开创了这座农场	20 世纪 70 年代，日本农村地区（包括山村）开始出现了规模化、专业化的“农村观光”经营场所 20 世纪 80 年代，日本各地农村出现了利用民间资本大规模开发乡村度假村和农村旅游建设的热潮，一批大型休闲度假村相继建成	20 世纪 90 年代以来，日本的乡村旅游更是迈入了高速发展期，呈现出多元化、专业化、社会化、精品化的特点，其经营范围更加广泛，经营成效日益显著，已发展成为前景良好的新型旅游业态之一
主要事件	1898 年，建立家畜饲养中心；建设育林基地 1899 年，在上丸地区建立了牛舍 1901—1907 年，引入牛、羊、马等优良品种，建设马场、乳品厂等 1938 年，小岩井农场有限公司成立 1962 年，家禽繁育基地建立	1967 年，旅游开发起步 1972 年，农场景观区域对外开放 1980 年，农场科研中心成立 1992 年，骏河台乳业工厂成立	1993 年，Makiba 农业观光园正式建成 1996 年，农场的九座建筑物被评为国家有形文化遗产 1998 年，农场农产品全面对游客销售 2001 年，通过 ISO14001 认证，农场甜品工房正式建成；2002 年，通过 ISO9001 认证；东京开设小岩井农场餐厅，扩大农场影响力 2003 年，农场植物园开业经营 2008 年，“牛奶之家”乳制品制作工坊建成

主要经验：高品质农场，以畜牧养殖、技术研究和推广为本，打造兼具历史感和科技感的多功能农场；畜产资源、自然风光、田园风光、农业娱乐的完美融合构成核心竞争力；农场免费开放，并被作为“岩手雪祭”的会场，保留“旧四部”等历史性建筑，打造日本民族性综合农场，扩大影响力；建设小岩井农场观光园（面积仅占农场 0.12%），结合畜牧生产开展集购物、餐饮、体验为一体的农业旅游服务（收入占整个农场 60%）。

3）案例启示

一是园区成长、发展和壮大过程存在客观规律，功能设置紧紧围绕定位

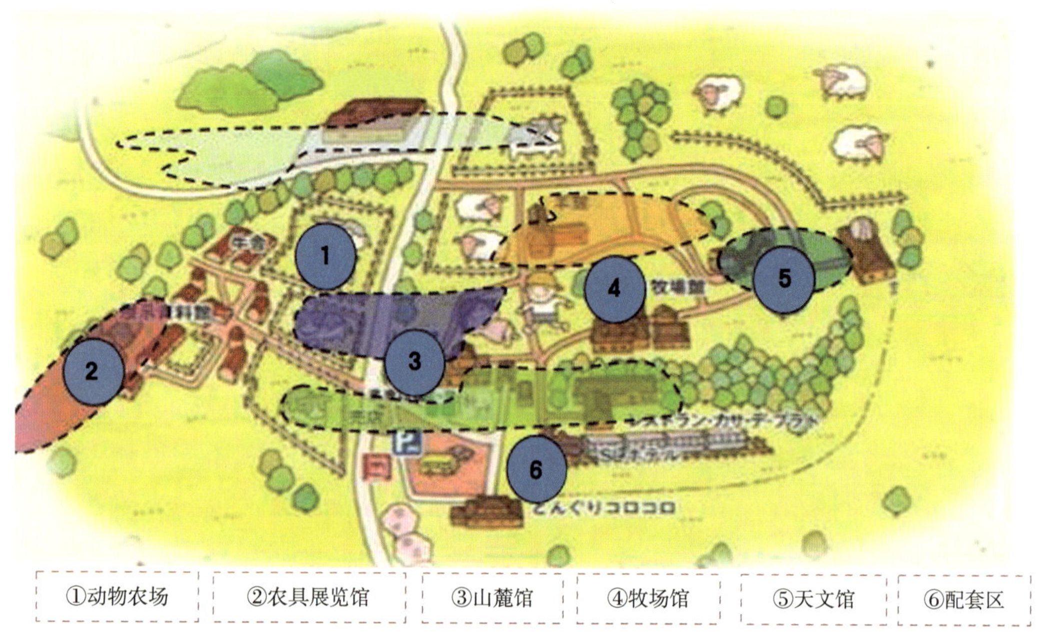

图 1　日本小岩井农场功能分区

展开，需要经历若干年技术改进和经验积累，不断提升，不断完善。

二是依据客户需求和农产品市场表现确定种植品种，并根据实际匹配建设相适应的设施温室。

三是定位中高端客户，提供高附加值农产品，开发多功能性农业产品，多种渠道提高产品效益。

四是围绕园区生产，结合当地的自然和人文资源，提供观光、采摘、农事体验等多样性的增值服务，大幅度增加客户的体验感和忠诚度。

（三）我国现代农业园区建设和管理中存在的问题

截至 2014 年，我国各类农业园区已达 4 000 多个，农业园区化用地面积已达到 1 180 万公顷左右。然而，目前我国开展园区化建设用地规模占农业用地总规模比例还不到 2%，农业园区化发展模式面临良好机遇。

2010 年，浙江省委、省政府启动“两区”建设工程：计划通过 8～10

年的努力，在全省范围内建成800万亩“粮食生产功能区”和一批“现代农业综合区”，分别发挥粮食安全和高产高效的功能。到2015年年底，全省累计建成粮食生产功能区7 886个、面积676.74万亩；累计建成现代农业综合区107个、主导产业示范区200个、特色农业精品园511个，现代农业园区总数818个，面积516.5万亩。

经过6年多的努力，“两区”基础设施、经营活力、发展层次、助农增收等都得到全面提升，成为引领浙江现代农业发展的先行区和示范区。

一是设施装备明显改善。“两区”内农田道路、排灌渠道、电网、泵站等基础设施得到全面改造，抵御自然灾害能力显著增强。粮食生产功能区累计新建和修复排灌渠道1.6万公里、机耕路1万公里。现代农业园区累计建成设施农业87.5万亩、喷滴灌63.2万亩、机耕路1.5万公里。农业机械化水平得到提升，各类先进设施装备在“两区”得到推广应用。

二是发展层次明显提升。农业新品种、新技术、新机具广泛应用，“千斤粮万元钱”等新型农作模式不断创新，早稻单产连续数年位居全国第一。“一控二减四基本”率先实施，绿色防控、肥药减量和统防统治技术深入推广。农产品质量安全达到新水平，“三品”认证产地面积达到540万亩，农产品抽检合格率常年保持98%以上。

三是经营活力明显增强。农业适度规模经营稳步推进，现代农业综合区土地流转率达到62.3%，高出全省平均13个百分点。新型农业主体茁壮成长，“两区”内共有县级以上农业龙头企业1 557家、家庭农场3 664家、农民专业合作社6 759家，县级以上品牌产品991个。社会化服务体系基本建立，共建成1 109个基层农业公共服务中心。

四是助农增收明显加快。“两区”建设推动了农业提质增效，带动了农产品加工流通、休闲观光农业等二、三产业发展，促进了农民收入持续较快增长。粮食生产功能区粮食产量比面上提高7%以上，现代农业综合区亩均产值超过1万元，比周边高出20%以上。

但是浙江省农业园区化建设、管理和运行过程中还存在短板和问题，这些问题在全国各类农业园区中具有普遍性。

一是投资大、设施档次高、功能不配套。大多数农业园区重视高档次的基础设施投资，但功能不配套。例如灌溉水直接引自周边河道，没有经过清洁处理，难以满足高质量农产品生产要求；缺乏足够的种子、农药、化肥储藏标准设施，难以满足绿色标准化生产的要求；缺乏农产品分拣、处理和包装场所，难以保障农产品质量和实现优质优价的要求；缺乏科技示范、农民培训的设施与场所，难以开展先进技术转移辐射的功能。

二是生产管理水平不高，科技成果示范辐射能力不强。园区生产管理团队缺乏专业性分工，不能做到按照市场需求和设施生产能力，安排周年生产计划，实现园区效益最大化。经常可以看到大量高档设施闲置或当作普通大棚甚至大田使用。大多数园区缺乏具有产业特点的研发中心和技术转移平台这一核心功能，难以开展农业科技示范、农民培训、农民合作等工作，从而成为一个可持续的科技知识、创新创业平台，发挥技术示范和辐射作用（图2）。

知识中心

农民教育
课堂和实地的
素质拓展服务
·农作物生产
·灌溉
·施肥
·耕种
·整地

应用研发中心
实验室、温室、苗圃
和组织培养
·受控环境下的生产系统
·多样性试验
·灌溉优化
·植物保护
·新技术

农民合作渠道
·指导
·实地体验反馈
·土壤养分含量
·病虫鉴定

营销和物流研发
后作物管理
·产品保质期
·冷却链需求
·安全性和质量控制问题
·满足消费者需求的改变

图 2　现代农业园区研发中心和技术转移平台的基本功能

三是缺乏技术服务和营销物流（后作物管理）系统，自身效益低。大多数园区没有建立技术服务和营销物流平台，不能为周边农户提供技术和托管服务，不能给农户提供价廉质优的农业投入品和标准的生产流程，也不能提供订单组织周边农户生产，品牌影响力和市场竞争力不强，自身效益低，综合效益和促农增收发挥不够（图 3）。

图 3　现代农业园区“集成式”供应链示意

四是功能单一，同质化严重，难以实现全产业链增值增效。大多数园区以传统种养业为主，农产品加工能力偏弱，特别是缺少精深加工企业和高附加值的产品，迫切需要向二、三产业延伸融合和多功能拓展，实现全产业链增值增效。近年发展休闲农业观光园（点），但建设水平不高、同质化严重。利益联结机制不健全，农民难以共享产业发展的红利。

三、现代农业综合体农业经营体系创新实践

（一）现代农业综合体的基本内涵和建设现状

农业综合体作为区域现代农业发展的新载体，其概念和理论体系是由陈剑平于 2012 年首次提出的。现代农业综合体是以发展现代农业为核心和主业，以要素整合、全产业链整合、功能价值整合、城乡空间整合为支撑和动

力，通过多方主体合作，把人口集中、产业集聚、要素集约与生态涵养、绿色景观、低碳经济的优势叠加，建设集农业改革新特区、农业产业新园区、农业科技新城区、农民居住新社区、农村历史文化传承区、农业生态涵养区、农业服务经济区等于一体，以农业现代化支撑新型城镇化的多种综合性功能的区域政治、经济、科技、文化发展新平台（图 4）。可以说，现代农业综合体是现代农业发展的高级阶段和综合开发模式，是现代农业园区化发展的高级形态和升级版（蒋文龙和朱海洋，2014）。

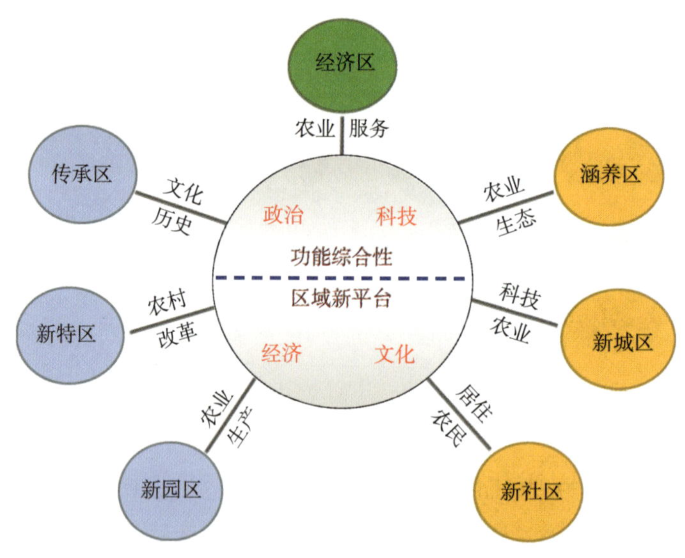

图 4　现代农业综合体的基本定义

现代农业综合体具有极为丰富的内涵。建设现代农业综合体，是通过进一步加强资源集聚、产业融合和机制创新，促进农业转型升级和功能拓展，环境整治和美丽乡村建设，发展生态文明和乡村旅游等的一体化推进，逐步淡化农业与非农产业的组织边界，拉近乡村与城市的空间距离，强化城乡产业与资源的交流互动，在特定区域内实现农业生产方式、农民生活方式和农村休闲方式等的综合性变革和功能的复合性提升。现代农业综合体具有明确的内容，即构建以现代农业为基础的综合产业体系，培育以新型农民为主体的现代经营体系，树立以生态文明为核心的“三生”发展体系，优化以农村社区为中心的管理服务体系，着力打造新产业、新农民、新环境、新家园和新文化，形成凝聚力和辐射力较强的区域发展中心，与大都市群相呼应，并全面融入现代都市经济圈（图 5）。

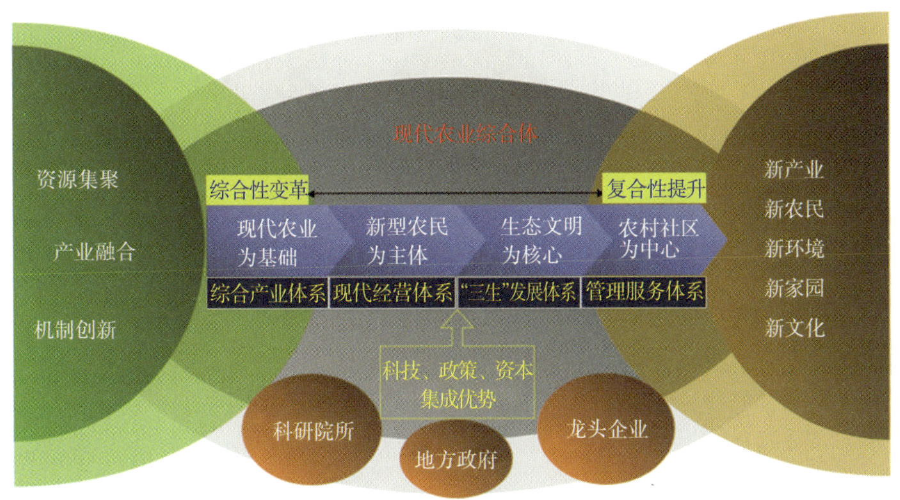

图 5　现代农业综合体的丰富内涵

陈剑平提出农业综合体概念 5 年多来，已经在浙江省嵊州（彰显新农业发展的嵊州现代农业综合体，图 6）、奉化（彰显新农村建设的奉化现代农业综合体，图 7）和庆元（彰显山区特色的科技与生态联动发展的庆元现代农业综合体，图 8）3 个地方进行了实践。

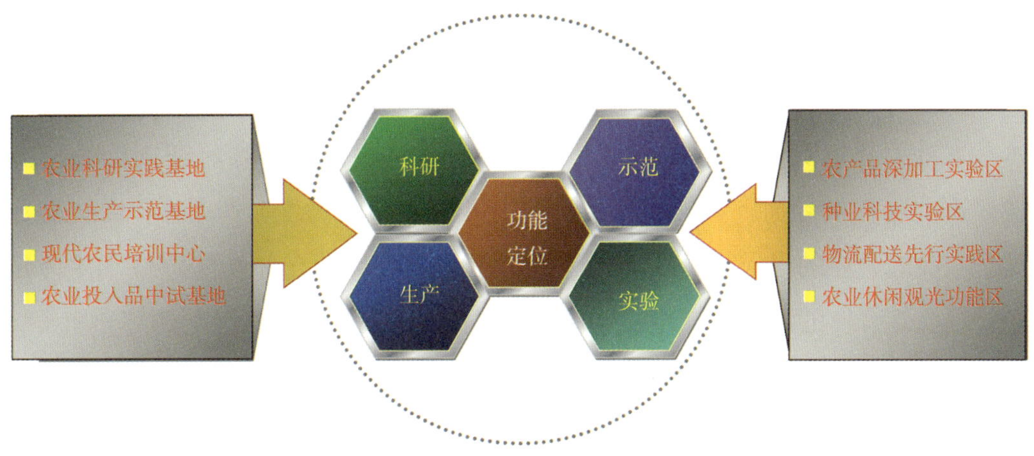

图 6　嵊州现代农业综合体功能定位

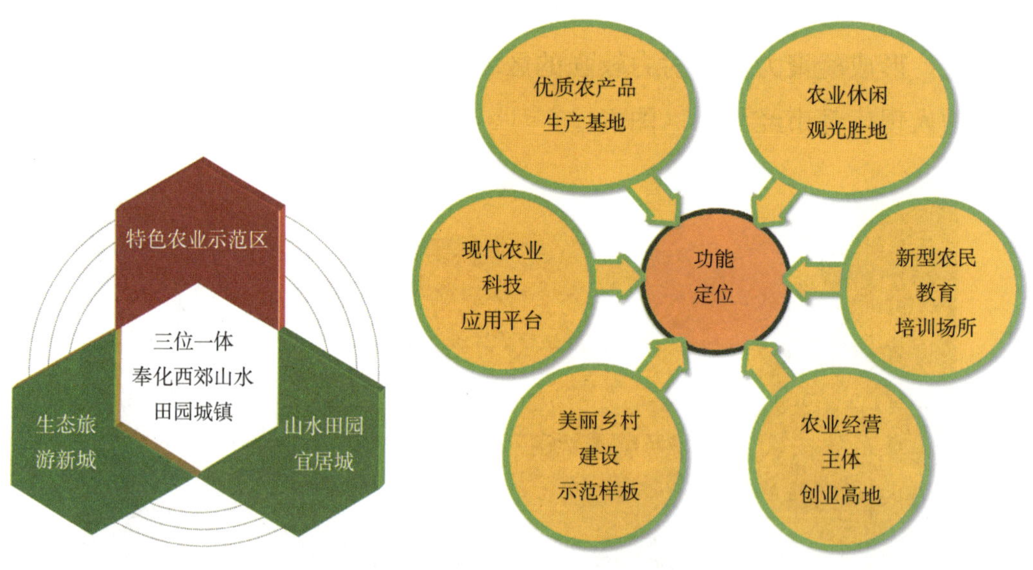

图 7　奉化现代农业综合体功能定位　　图 8　庆元现代农业综合体功能定位

（二）现代农业综合体运行机制的构成要素和相互关系

作为新时期探索和发展的现代农业新型模式，现代农业综合体将现代农业依靠的政策、科技、投入、市场等要素有效整合，使之成为现代农业发展的有效抓手。作为诞生于农业发展新阶段的新事物，现代农业综合体以新理念、新内涵、新模式、新机制、新使命，彰显其鲜明的时代特征。

依据内涵和功能，现代农业综合体的运行机制必须有政府积极引导和支持、农业龙头企业现代经营管理、金融机构提供金融支持、科研机构提供技术和人才支撑以及现代职业农民进行生产经营。包括地方政府在内的不同主体，都要在市场导向下，形成彼此促进、相互支撑的高度合作关系，共同促成现代农业综合体的形成、发展和壮大。依据现代农业综合体功能定位和主体角色特征，综合体的运行机制构成要素之间的相互作用主要包括以下几部分。

第一，地方政府牵头，联合科研机构，通过优化农业功能区布局，做好规划与政策制定，加强区域资源要素的统筹，建设特色化、专业化、区域化的产业基地和产业群，促进农业规模化、标准化、集约化生产；同时，通过重点引进、培育和扶持引领作用大、服务能力强、辐射范围广的农业龙头企业，培育农业种子种苗、农产品精深加工、农产品现代物流、农业生产性服务、农业休闲观光、农业生物质能源等新的增长点。

第二，加大对现代农业综合体建设的金融支持是综合体得以稳步推进的动力之一。金融支持农业产业化发展必须有步骤、有计划地稳步推进，金融部门要坚持促进农民增收与加强自身发展相结合、因地制宜与因时制宜相结合、筹资多元与信贷集中相结合的原则，明确分工，加强业务创新，建立适应农业产业化经营的农业信贷投入机制。同时，作为非银行金融机构，信托公司应积极探索以信托模式解决“三农”问题，以推进加快农业发展方式的转变和农业产业结构的调整。

第三，农业龙头企业真正成为现代农业综合体的经营主体，在地方政府支持和科研机构指导下，促进集约化家庭生产经营与产业化合作服务相结合，建立健全新型生产经营管理体系；通过推行大食物观、整产业链、全绿色化的农业标准化生产，构建现代农业安全生产体系，使无公害农产品、绿色食品和有机食品产业不断壮大；积极拓展农业功能，拉长农业产业链，提升农业附加价值，拓宽农业发展的新领域。

第四，现代企业作为经营主体不仅全面介入生产领域，而且深度介入农产品流通市场，建立现代农产品流通体系，大幅度降低农产品流通成本，提高效益，让农民也享受农产品流通领域带来的增值效益，更好地促进农民增收，实现企业与农民双赢，最终反哺农民。

第五，农业科研单位围绕现代农业综合体的建设与生产目标，在农业龙头企业的支持下，实行以县（市、区）为单元的首席专家制度，组建专家团队和工程农业研究中心，借助现代生物技术、现代信息技术和新材料技术，从育种繁种、农业标准化生产、产品精深加工等方面进行科技创新与服务；通过发展创意农业、休闲农业、循环农业、健康农业、都市农业、设施农业、数字农业、装备农业等新业态，不断开发农产品新种类，提升农产品文化含量和品牌知名度，从规划、实施到生产全程“一对一”地参与现代农业综合体建设。

第六，地方政府、农业龙头企业和科研单位通力合作，通过建设一支由产学研、农科教结合的首席专家、推广研究员、责任农技员、科技特派员和农民技术员等构成的多层次新型农技推广与托管服务队伍，全面带动和培养一批新型农民（生产经营、专业服务和社会服务），推动现代职业农民队伍不断壮大。

（三）现代农业综合体产业化经营组织模式创新实践

现代农业综合体发展核心问题是构建和优化现代农业经营体系，重中之重即在于创新适合于现代农业综合体发展模式的产业化经营组织体系。通过探索政府、企业、金融机构、科研院所之间新型合作机制，以及培育懂经营、会管理、能将跨界理念和农业新型业态用活的高素质的新型农业经营主体和职业农民队伍，进一步建立各主体之间合理的利益连接机制，以打造结构完整、功能齐全、运转高效，具有自我更新和自我优化能力的全产业链发展模式（邱乐丰等，2015）。

1. 核心细胞——新型家庭农场

将新型家庭农场作为现代农业综合体产业化经营组织模式创新的核心细胞是基于对江南水乡农耕传统和对农业家庭经营的深刻认识。

首先，传统江南精耕农业具有独特优势。千百年来，江南水乡一直是我国人口最稠密、经济最为富庶的农村地区，精耕细作是其区域特点，乡间民居往往同时具有生产和生活双重功能，对自然要素的利用和保护发挥到极致，江南水乡堪称人类历史的奇迹，是高度和谐而可持续的人类生态系统的楷模。江南传统农村以“铁犁牛耕，劳动密集”为主要特点。在小农经济状态下，个人、家庭、村落相对和谐，但缺乏系统性发展。在现代农业背景下，需要变革和发展。

其次，坚持家庭经营仍是现代农业最基本的经营方式。农业，尤其是农业上游的种养业，家庭经营的普遍性不容置疑，它不仅适应传统农业，而且也适应现代农业，这在世界上是很普遍的现象。2013 年中央 1 号文件提到了发展家庭农场，从一定意义上讲具有两层含义，一是仍要坚持农业家庭经营制度，但家庭经营制度要不断完善，家庭农场是一个方向，是高层次的农业家庭经营。二是表明农业家庭经营可以有多种类型，家庭农场是其中的一种类型。因此，现代农业综合体将农民家庭作为现代农业创业经营主体，既传承江南精耕细作优秀文化、适合江南地区农业特点，又符合党的十八大提出的新型农业经营体系的总体要求。综合体内家庭农场通过种植规划布局，实现家庭农场内部资源合理配置。

具体而言，新型家庭农场主要通过在精品农业示范园布局种子种苗、农业生产、加工、创意农业等各类适度规模的家庭农场，采用农业高校、科研机构的最新品种及各类先进栽培技术，农民作为精英主体进行就地创业；农业公司负责家庭农场群体、合作社或统一规划建设、管理培训、技术指导和产品销售服务，传承江南精细生态农业的发展理念，以科技、创意为支撑，通过创新土地制度、完善服务体系、搭建就业平台，为发展现代家庭农场提供良好的外部环境，建设具有高科技内涵、文化创意理念的新型家庭农场，打造浙江乃至全国新型农业经营体系的示范样板（各主体运作见图 9）。

2. 组织单元——新型家庭农场集群

如上所述，融“现代生产、宜居生活、科技效益”于一体的新型家庭农场，是现代农业综合体的“核心细胞”。新型家庭农场按照现代农业综合体提供的技术和标准专注于农产品生产，从而提高农业生产的集约化、规模化、设施化和标准化水平，通过多个新型家庭农场功能联动和横向集群联合，建立承包型、紧密型和松散型等三种合作关系，打造有机的产业链，形成新型家庭农场集群，构成具有完整农业产业价值链功能的现代农业综合体（图 10），进而构建以新型家庭农场为基础和新型家庭农场为组织单元的现代农业生产流通体系（图 11）。

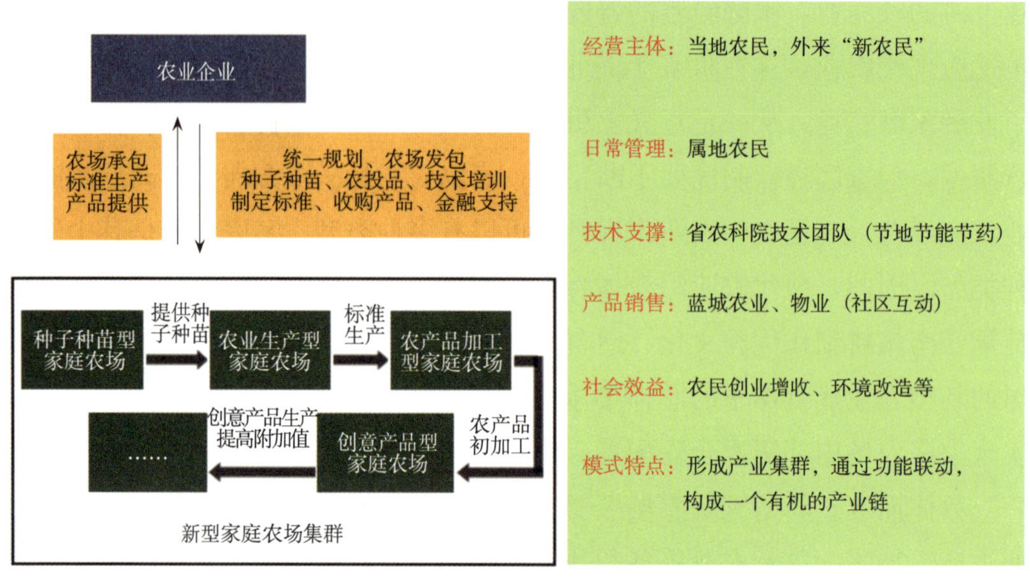

图 9　现代农业综合体新型家庭农场运作模式示意

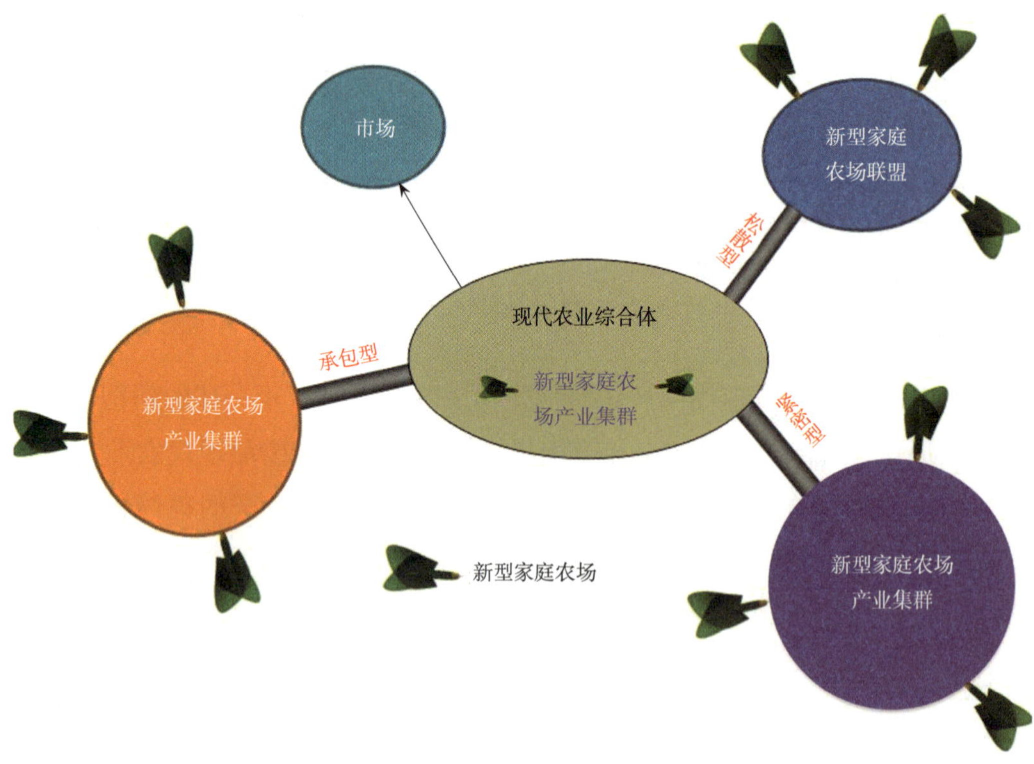

图 10　现代农业综合体产业化经营组织构成

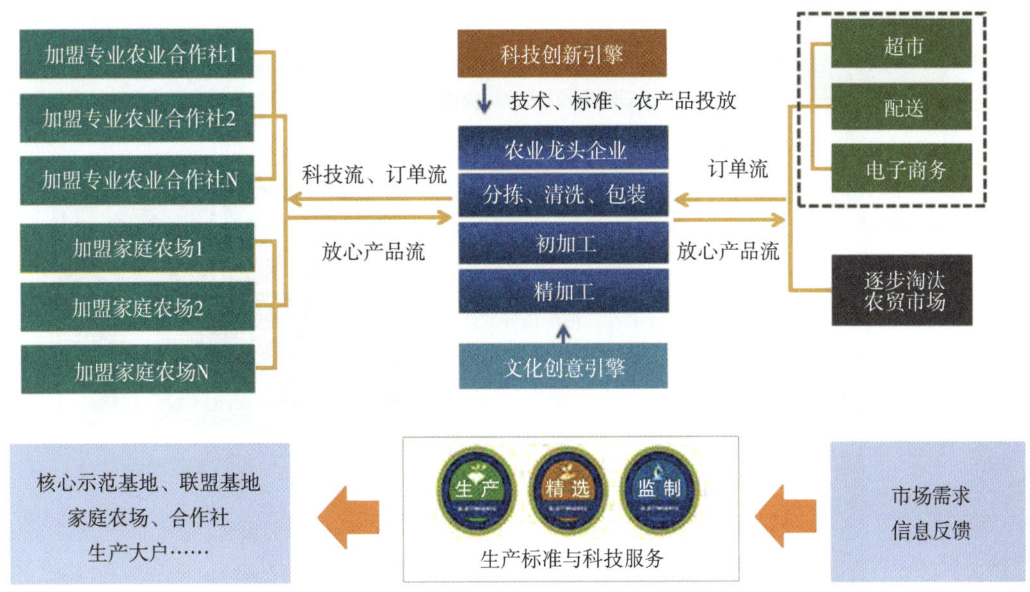

图 11　现代农业综合体生产流通体系示意

3. 组织模式——新型股份合作

现代农业综合体在现代农业生产经营组织体系构建方面的创新实践：

（1）保障流转土地农民“失地增收”。现代农业公司把土地流转的农民优先聘回园区从事生产或管理工作，让农民在自己流转出去的土地上变成产业工人，既可以领到土地的租金，又可以每月拿到工资，将来还有可能作为承包园区内土地的“小农场主”，农民身份发生了多元变化，农民利益得到了最大化保障。

我们以嵊州现代农业综合体实践为例，致力于农民用工管理制度新模式的探索，蓝城农业作为投资和经营农业的工商企业将企业经营和家庭经营有机结合，将流转整理的土地以“反租倒包”或“再承包”的形式再让农户承包经营，同时按照现代农业的要求，对“再承包”农户建立相应的激励约束机制，企业与农民真正实现了互惠共赢。2014 年年底，嵊州基地开始在果树区和温室区推行“农民利益共同体”，在短短的半年时间内，基地生产总成本比 2013 年同期下降 29%，农产品产量增加 24%，优果率提高 18%。此外，农民工作积极性和人均收入也整体提升。

蓝城现代农业综合体“农民利益共同体”案例

一、何为“农民利益共同体”？

“农民利益共同体”是在企业与农民签订合作协议的保障下实行的。即先由企业和农民共同核定农产品的单位成本和用工数量，并确定单位目标的产量和品质要求（如果树区要求优果率达到 75%以上），最终以定额工资的形式承包给农民自发组建的生产小组。同时，生产小组必须服从企业的统一安排，按照企业制定的生产技术流程标准进行生产操作，遵从企业技术人员的指导，肥料和物资等由企业提供。

以 160 亩的果树区为例，现已承包给由农民俞进祥带队的甲组和农民陈锦明带队的乙组，两个小组的年定额工资共为 37 万元，果树区的日常管理就由两组组长带领组员进行。另外，甲组和乙组之间开展相互竞争和学习，通过产量和质量的比拼，竞争下一年单品承包权的归属。

温室区的日常管理不同于果树区，它是既有分工又有合作的用工模式。温室区日常管理原则上是“一人一棚”，三人一小组。待温室面临播种或采收等高额用工时，小组三人共同进行生产操作，互帮互助，提高工作效率。

二、为何要推行“农民利益共同体”？

蓝城现代农业综合体基地曾以雇佣周边农民到基地上班，给农民发放固定工资的形式进行日常生产管理，但如吃大锅饭一般的生产模式经济效益和社会效益都不佳。

农业生产与工业生产最大的不同在于农产品是鲜活的生命体，自然环境里的温度、阳光、风雨，每一天都在变化。同样，农业生产用工也属于季节性用工，农忙时节需要大量生产工人，但这些生产工人在用工淡季又变成了多余的劳动力。如果辞退多余工人，那么下次农忙时又会出现招工难现象。所以嵊州基地前期雇佣农民的用工方式直接导致了农资消耗大、生产成本高、工作效率低、产品质量差等一系列问题。

蓝城农业根据基地的实际情况和农民的反馈意见，通过不断实践与探索，为嵊州基地量身订制了“农民利益共同体”激励约束机制。“农民利益共同体”将农民的收入与农产品产量、质量直接挂钩，激发了他们的工作积极性。在农忙时节，承包区的农民会主动叫上自己的亲朋好友来帮忙，企业临时招工难的问题迎刃而解。据统计，“上下班制”和“农民利益共同体”调动农民积极性的效能比相当于 1∶6，生产效率提高了 5 倍。

三、“农民利益共同体”的效益

“农民利益共同体”自 2014 年推行至今，取得了显著的成效。首先是生产成本大幅度下降，果树区和温室区 2014 年上半年农民工资总额为 59.2 万元，2015 年同期，在生产面积增加了 100 亩的情况下，农民工资总额反而下降至 42.4 万元。由此预计，嵊州基地 2015 年的农民工资较之 2014 年可减少 35 万元。

其次是农民生产积极性上升。原先的农民按 8 小时工作制在基地上班，每天按照技术员要求进行生产操作，朝九晚五准时上、下班，面对企业技术员的指导也不积极响应，很多问题在多次指导后也效果平平。自从“生产责任承包制”推行后，因为农作物的产量和品质与农民实际收入直接挂钩，农民们的工作氛围和精神面貌焕然一新，将承包区当成了自家的种植地。为了赶工，农民们常常凌晨 4 点起来工作，农忙时，甚至会全家总动员一起下地抢进度，并且时常会给技术人员带些自做的土特产如笋干菜、榨面等，要求技术人员“开小灶”进行额外单独指导，用俞进祥的话来说就是：“种得好有奖金，大伙儿都上心！”

此外，嵊州基地农产品的产量和质量都取得了很大进步。以黄桃为例，2014 年产量为 2 万千克，2015 年产量为 2.3 万千克，增幅 15%；优果率从

2014 年的 42%猛增至 75%，同比增长 33%。

值得一提的是，虽然嵊州基地的生产成本降低了，但农民的人均收入由 2.2 万元/年上升至 3.1 万元/年，对于每季表现特别突出的农民，企业采用发放奖状和奖金的方式进行奖励，所以这个模式也受到农民们的普遍欢迎。

（2）由现代农业公司通过资金、技术、品牌和市场渠道等优势，牵头组织、整合项目辐射地区的农民专业合作社或家庭农场，形成以农户流转土地承包经营权为权益资产入股，按现代企业制度明晰责权利关系的“公司＋农民专业合作社联社＋农户”“公司＋家庭农场”的产业化经营模式，形成各方相互依存、互惠共赢、紧密合作的关系。

（3）现代农业综合体将家庭农场作为新型农业经营体系的核心细胞，通过保留、改进、完善独具江南水乡特色的家庭农场，同时，通过多个新型家庭农场功能联动和横向集群联合，建立承包型、紧密型和松散型等三种合作关系，形成新型家庭农场集群，再通过家庭农场集群与企业通过土地、资本等要素创新性股份合作，形成一个整体的股份制为特征的现代企业制度，既发挥家庭经营在生产领域的优势，又发挥企业在加工和贸易领域的优势，从而推进农业产业延伸，实现农业产业纵向一体化发展。

另外，现代农业综合体内通过与村集体协商，农民可以通过长久不变的土地承包权或经营权入股获得相应收益，还通过与综合体内村集体和外部其他企业交叉换股、逐步换股，实现溢价农业，从而通过土地股份合作制的应用，使土地所有者——村集体，土地长久承包者——农户，从事现代农业综合体建设的企业以及有意愿从事现代农业经营的其他企业或组织能够更好地实现各自的权益，尤其是有助于实现农民的财产性收入和使土地资源得到优化利用，而且还有助于村集体经济通过土地的合作制安排，使集体土地所有权在经济上得到实现，进而增强村集体经济的实力与活力。

简言之，现代农业综合体在农业组织模式方面的创新实践，尤其是合理运用农业股份合作制和土地股份合作制，同时发挥家庭经营制度、合作经营制度和股份制度的优势，使公平、民主和效率在农业经营活动中融为一体，而这恰恰是新型农业经营体系构建和中国农业经营体系转型发展所需要重点解决的问题。

此外，嵊州等地现代农业综合体创新企业商业化运作的农业公共服务体系，包括农业技术服务中心、农产品检测中心、农产品营销服务中心、农产品配送中心、新农民学校、园区服务中心等，主要功能定位于农民技术服务、农民培训、农产品检测服务、农产品配送、园区服务等，为当地及周边农民和农业企业提供农业生产服务、农产品检测服务、农业项目申报服务、农产品营销服务、培训服务、园区后期保障服务等功能的农业综合服务机构。

同时，积极打造创新创业孵化基地，通过各功能区有机联动与互动而形成的融农业生产、农业加工、农业商贸、农业旅游等为一体的全产业链创业环境与平台，让有一技之长的农民或农业企业有能够施展理想和能力的空间，培养有文化、懂技术、会经营、能将农业生产技术和现代农业新型业态用活的新型职业农民。

四、综合体“创新创业”经营体系的构建思路

（一）“创新创业”经营体系的构建目标

围绕党的十八大报告提出的构建集约化、专业化、组织化、社会化相结合的新型农业经营体系的总体要求，适应现代农业综合体多主体共建的基本特征和为全省乃至全国现代农业建设提供示范借鉴的总体目标，加快构建以组织模式创新为核心，以土地流转、主体培育、社会化服务“三驾马车”为引擎，以农户家庭经营为基础，多种形式的合作与联合为纽带的立体式复合型现代农业经营体系，促进新型农业经营主体健康成长、多元化农业服务体

系尽快形成、多类型农业规模经营有效发展、多种农业经营机制与产业组织模式有机耦合，提升农业产业化经营水平和市场竞争力。

所谓立体式复合型现代农业经营体系，首先，从整体视角看，“立体式”，侧重描述多角度、多方位、多层次、多渠道、多元化的农业经营体系，而非仅仅是农业经营体系各组成要素之间的简单组合。其中，经营主体可以多元化，合作与联合方式可以多样化，社会服务子体系本身也是立体的。所谓“复合型”，不仅是对单一型传统农业经营方式的创新和发展，也是对未来新型农业经营体系发展方向和路径的具体把握。

其次，从微观组成看，“以农户家庭经营为基础”是指构建复合型现代农业经营体系要坚持家庭经营的基础性地位，强化家庭经营的主体功能，是由农业生产特征和家庭社会经济属性共同决定的，是对农民权益的尊重与保护；“以合作与联合为纽带”是指在家庭经营的基础上充分发挥各类经营主体的功能优势，探索多元互动、多元互补的合作与联合方式，从而形成有机连接的纽带，发挥协同效应；“以社会化服务为支撑”是将各种生产要素更好地注入家庭生产经营中，为农民提供全方位的生产经营服务，对经营主体发展、经营体系完善起到良好的促进作用。

再次，从核心机制看，复合型现代农业经营体系构建的核心与根本是土地权利问题。“不断探索农村土地集体所有制的有效实现形式”，就是从机制创新角度指明了完善农村土地承包经营权制度的具体方向，将极大促进土地流转和适度规模经营，也为完善农业经营体系提供持续“落实集体所有权、稳定农户承包权、放活土地经营权”，在保证农民土地承包权的同时，加快促进土地经营权的自由流转。

（二）“创新创业”经营体系构建的重点问题

按照党的十八大报告提出的构建集约化、专业化、组织化、社会化相结合的新型农业经营体系的总体要求，结合前文分析的现代农业综合体农业经营体系已有创新实践，在构建现代农业综合体“创新创业”经营体系思路中，需要重视以下三个方面的问题。

1. 处理好农业家庭经营和企业经营的关系

无论是在研究抑或实践中，面对工商资本投资农业，不可回避的问题就是如何处理好农业家庭经营和企业经营的关系？如何构建共赢的利益联结机制？如何同时发挥家庭经营制度、合作经营制度和股份制度的优势，使公平、民主和效率在农业经营活动中融为一体？上述三个问题是优化发展现代农业综合体农业经营体系，构建新型经营体系首先需要回答的问题。

始于20世纪80年代的中国农业家庭承包经营制度，虽然赋予农民比较稳定和长久的土地承包经营权，调动了农民的生产积极性与创造性，促进了农业与农村经济的迅速发展，但也呈现出农业经营主体老化、经营规模偏小、服务体系滞后、组织化程度和产业化经营水平不高、国际竞争力不强等问题。然而，中国农业家庭经营所面临的这些问题，并不意味着建立与现代农业发展和现代市场竞争相适应的新型农业经营体系，要抛弃农业的家庭经营制度，相反，是要在农业家庭经营的基础上，对农业家庭经营制度进行完善，是要建立既能发挥农业家庭经营制度优势，又能克服其局限的现代农业经营体系。

值得注意的是，近年来，尽管有不少工商企业投资农业和经营农业，推动了农业的规模化、品牌化、市场化，但不少企业却处理不好农业家庭经营与企业经营的关系。比如，不少企业在流转农民土地后，虽然对农业要素进行了整合，采用了规模化的布局、现代化的技术和统一化的营销，但却常放弃上游农业的家庭经营，而是用企业化的雇工经营方式取代农业家庭经营，也即通过一定的专业化分工，雇请农民为其打工，结果不仅用工成本不菲，而且田间劳动控制成本高，生产效率降低，陷入发展困境。而有的投资或经营农业的工商企业却将企业经营和家庭经营有机结合，将流转整理后的土地以“反租倒包”或“再承包”的形式再让农户承包经营，同时按照现代农业要求，对“再承包”农户建立相应的激励约束机制，效果很不错。这表明单纯按企业雇佣制管理模式来经营农业，尤其是农业上游，并非最合理的选择，还是要以家庭经营制度为基础，同时引入合作制、股份合作制或公司制，以实现农业的家庭经营、合作经营、公司经营优势互补和有机结合。简言之，工商企业应进入其适宜的农业领域，如农产品深加工、现代储运与物流、品牌打造与统一营销等农户家庭或农业合作组织不具优势的领域，尤其应与农民、农民合作社形成共赢关系，资本可以替代劳动，提高劳动生产率，但不应替代或取代农业家庭经营制度或合作经营制度。

2. 合理运用农业股份合作制和土地股份合作制

面对由工商资本、科研院所、地方政府等多主体共同打造的现代农业全新模式，已实践的现代农业综合体遇到的最大障碍就是土地流转问题，如何通过创新土地流转机制，既保证工商资本的长期规模投资经营，又有助实现农民的财产性收入，同时兼顾村集体经济活力，可以说是现代农业综合体农业经营体系发展优先需要解决的问题。

首先，要合理运用农业的股份合作制。股份合作制是农业特有的制度。农业为什么要搞合作制？原因在于家庭经营在农业中的普遍性。迄今为止，家庭经营制度依然是农业领域内最基本、最有效的组织制度，家庭农业不仅能适应传统农业，而且也能适应现代农业，这已为世界农业实践所证实。但是，农业家庭经营也存在一定局限性，其局限性主要体现在两个方面的能力局限。一是对家庭经营规模扩张的能力局限，二是在买方市场竞争中的能力局限。如果要寻找一种既能保持其制度优势，又能克服其局限的组织制度与其相匹配，那就是合作制。这就是合作制在农业领域这么普遍的原因，如果什么时候农业不需要家庭经营了，那么合作制也就失去了其在农业存在的理由。合作制与农业家庭经营的关系给我们的政策启示是：不要轻易否定农业的家庭经营，不要搞没有农业家庭经营的农业合作社。

然而，为什么又要在农业合作制中引入股份制，进而形成农业的股份合作制？在国外，这一制度被称作新一代的合作制，其主要原因是在市场竞争环境下，为了控制和占领市场以及获得产后增值收益，农业合作社具有向农业产业下游延伸，实现纵向一体化发展的动力和需要。合作社在向农业下游延伸的过程中，必然会进入农业的加工和贸易领域，这实际是农业合作社进入二、三产业领域。而二、三产业，尤其是第二产业，适宜的组织制度并不是合作制，而是以股份制为特征的现代企业制度，如果既发挥合作制在农业中的优势，又发挥股份制的优势，股份制与合作制相融合的股份合作制便是一种理想的制度安排。这进一步表明如果一个农业组织能处理好股份制与合作制的关系，能合理安排合作制和股份合作制，那就表明它能同时发挥家庭经营制度、合作经营制度和股份制制度的优势，使公平、民主和效率在农业经营活动中融为一体，而这恰恰是新型农业经营体系建构和中国农业转型发展的方向。

其次，要重视土地股份合作制的应用价值。尽管股份合作制在世界各国农业中很普遍，但土地股份合作制却在我国较为流行，原因是我国特有的农村土地制度。我国农村土地实行的是农村社区集体所有、农户长久承包经营和经营权可流转、可抵押这样一种独特的土地三权分置制度，而国外的农村土地制度要么是私有，要么是国有，通常农业合作社无须在农业经营中或向农业下游延伸中引入土地股份制，而是引入作为股份的技术或货币资本。但在我国现行的农村土地制度框架下，尤其是在农户土地承包权市场化交易受限、土地承包者向非农产业转移就业情况下，为了使土地所有者——村集体，土地长久承包者——农户，能够实现各自土地权益，土地股份合作制将是一种比较理想的制度选择。

土地股份合作制在现阶段可以成为中国特色土地产权制度有效实现的制度选择。这一制度的重要性，不仅在于农民可以通过长久不变的土地承包权或经营权入股获得相应的收益，不仅在于通过土地股份合作制的应用，使农业的土地资源得到优化利用，而且还有助于村集体经济通过土地的股份合作制安排，使集体土地的所有权获得相应的经济回报，进而增强村集体经济的实力与活力。简言之，我国农村土地的股份合作制如果搞得好，既有助于农民实现财产权利，又有助于村集体焕发活力，并且走出一条独特的农村土地集体所有制度有效实现的路子。

3. 保障新型农业经营主体培育中的健康发展

除“地”的问题，现代农业综合体可持续健康发展另一个不可回避的问题即是“人”的问题，如何构建一支懂经营、会管理、能将跨界理念和农业新型业态用活的高素质新型农业经营主体和职业农民队伍，同步实现新型职业农民培育、新型农业经营主体发展、新型农业经营体系优化“三新”并行与融合，是优化发展现代农业综合体农业经营体系面对的又一个重点和难点问题。

近些年来，我国农业出现了名目繁多的新型农业主体和组织，如家庭农场、股份合作农场、股份合作社、土地股份合作社、合作社的联合社等，其中不少是新型农业主体或组织制度的创新，但也有不少农业主体和组织制度的异化，现代农业经营主体的“异化”问题（黄祖辉，2014）。在构建创新创业为导向的现代农业综合体农业经营体系中值得关注。

判断一个农业合作社或股份制合作社是否被异化，关键是看两个方面。一是看合作社社员是不是相对独立的农业经营者，二是看合作社社员是不是合作社的所有者和使用者。如果具备这两个特性，则说明该组织的基本性质没有变，反之，就不能称其为真正意义上的农业合作社或股份合作社。至于家庭农场，家庭自我经营应该是其本质属性，现代家庭农场无非是传统农业家庭经营的升级版，如果家庭农场主要劳动者已不是家庭成员，而是雇佣劳动者，则其经营基础就已非家庭经营，而是雇工经营了，如果是这样的话，这个家庭农场实际上就是被异化的家庭农场。要防止新型农业经营体系建构中的主体与组织制度的异化，规范农业合作社与家庭农场的发展，需要现代农业综合体中企业、地方政府等的共同努力。

（三）“创新创业”经营体系构建的主要任务

1. 培育充满活力、富有竞争力和创新能力的新型农业经营主体

要在完善农村基本经营制度的同时，通过促进农村土地流转和农业规模经营，鼓励专业大户和家庭农场的发展。结合改造提升农户家庭经营，积极支持农民合作社、龙头企业等新型经营主体的发育。通过促进新型农业经营主体的成长发育，为发展现代农业提供新的载体和带动力量。总体而言，培育新型农业经营主体，要把促进新型经营主体带头人（或企业家）的成长放在突出位置。因为无论哪类新型经营主体，其带头人的“企业家精神”或素质，都是决定其活力、竞争力和创新能力的关键。

2. 发展引领有效、支撑得力、网络发展的农业生产性服务业

借鉴日本等国的经验，随着农业劳动力老弱化、农户兼业化的发展，特别是以“二兼农户”为主导的农业经营格局的形成，将培育农业企业家和发展农业服务业有机结合起来，有利于解决发展现代农业“谁来种地”“如何种地”等问题。在一个地区，如果有几个精明强干的农业企业家“带着农民干”，帮助农民选择经营方向，老弱化的农民发展现代农业“从何着手”“向何处去”的难题，就比较容易解决。因为“带着农民干”的农业企业家，既可能是家庭农场的农场主、专业大户的户主，也可能是农民合作社甚至农业企业的带头人。“少数农业企业家＋发达的农业生产性服务业＋大量老弱化的农民”，不失为发展现代农业的重要途径之一。

3. 形成分工协作、优势互补、链接高效的现代农业产业组织体系

培育新型农业经营主体和服务主体的过程，以及推进现代农业的组织创新，一方面表现为各类农业产业化组织为节本增效、降低风险、优势互补、增强竞争能力、抗风险能力和可持续发展能力，而采取的追求规模经济和范

围经济的努力；另一方面，表现为各类农业产业化组织之间为增强协同效应和网络效应，更好地对接要素市场、产品市场和增强竞争优势，而采取的横向一体化或纵向一体化努力（姜长云，2013）。随着新型农业经营和服务主体数量的增加，新型主体自身的问题和局限也会日益凸显。较为突出的共性局限主要是组织规模小、层次低、功能弱、服务能力差，甚至同质性强。随着对外开放扩大和国际竞争国内化、国内竞争国际化的发展，面对横向一体化或纵向一体化程度较高的跨国公司，增强我国农业产业组织的竞争力日趋迫切。因为，随着农业对内对外开放的扩大与深化，农业产业组织如果没有竞争力，农业就不可能有竞争力，建设现代农业更是无从谈起。发达国家的农业跨国公司，往往经历了长达几十年甚至上百年的发展。在农业的大多数领域，我国难以在短期内形成能与跨国公司竞争的大型企业或企业集团。但通过引导农业产业组织的分工协作和优势互补，通过促进农业产业链不同环节的有效合作，有望形成有竞争力的农业产业组织体系。因此，加快形成分工协作、优势互补、链接高效的现代农业产业组织体系，应该是现代农业产业体系建设的主要任务之一。

4. 按照构建新型农业产业体系的要求加快制度创新和政策创新

构建新型农业产业体系，完善制度和政策环境至关重要。形成分工协作、优势互补、链接高效的现代农业产业组织体系（姜长云，2014），除培育新型农业经营或服务主体之外，可供优选的路径主要有以下几条。首先，通过创新商业模式及联结农户的方式，增强对农户或现代农业发展的服务功能；其次，引导新型农业经营或服务主体之间加强联合，培育农业产业链合作伙伴关系，实现农业组织创新的规模经济、范围经济和协同效应、网络效应，推进农业组织功能的转型升级；再次，通过成立行业协会或产业联盟，增进行业共同利益或解决特定农业产业（链）的共性问题，发挥核心企业在现代农业产业链整合中的作用；最后，通过支持发展现代农业集群，促进现代农业产业链的一体化，推进农业生产性服务业的集群化和网络化发展，培育农业产业链的竞争优势，提升农业的品牌效应和农业产前、产后环节的集聚效应。

（四）“创新创业”经营体系构建的基本路径

围绕现代农业综合体打造立体式复合型现代农业经营体系的重点领域和关键环节，以夯实微观基础、推进机制创新、强化服务支撑为重点，加快构建机制灵活、运转高效的复合型现代农业经营体系。

1. 积极培育新型农业经营主体

构建立体式复合型现代农业经营体系的重点是加快培育新型农业经营主体，夯实建设现代农业的微观基础。

一是大力培育新型职业农民。以培育“以德务农”“以法务农”“以能务农”最终实现农民现代化为发展目标，培养一支懂经营、会管理、能将跨界理念和农业新型业态用活的高素质的新型职业农民队伍。根据现代农业综合体发展对农村人才的现实需求，从长远发展来看，要扶持返乡农民工和大学生（农二代、创二代）等“年富力强”的新型职业农民；从经济效益角度来看，要扶持懂经营、会管理、能将跨界理念和农业新型业态用活的复合型“强效辐射”的新型职业农民；从社会效益来看，要扶持农村种养能人、家庭农场主和农村干部带头人等“土生土长”的新型职业农民。围绕“以产业培育人才，以人才推动产业”的基本方针，采取“传帮带”培训模式，成立省级专家帮扶导师组，组织实施“名师带高徒”活动，围绕综合体主导产业，筛选产业带头人与专家结对，采取办班讲课、实地指导、科技推广和项目合作等多种形式进行帮扶培育；成立农业产业带头人帮带服务团，组织实施职业农民传帮带计划，采取1＋10＋100结对帮带形式，重点帮带好10户科技示范户和100户职业农民；强化对职业农民职业素养、敬业精神的培养，创新开展“互联网＋”、创意农业、乡村旅游、民宿民俗、养生养老等农村新型业态等系列培训。

二是重点发展新型农业经营主体。结合现代农业综合体已有创新实践，继续重点培育独具江南水乡特色的家庭农场作为现代农业综合体产业化经营模式的核心细胞，将新型家庭农场集群作为现代生产流通体系的组织单元。此外，根据现代农业综合体农业经营主体现状和发展趋势，重点发展三类新型农业经营主体：一是专业化、规模化、集约化经营的家庭农场、合作农场；二是具有合作生产、加工、营销功能的农民专业合作社和联合社；三是与农户和合作社结成利益共同体的产业化合作经营的农业龙头企业。

三是强化经营主体间的互动与合作。引导同行业各主体、产业上下游各主体以及工商企业、科研机构和农民之间，通过土地、资金、技术、品牌等入股，或以合同制、订单制、委托制、代理制等方式，开展生产和服务合作，形成紧密的风险共担、利益共享的共同体。

四是积极打造创新创业孵化基地。通过各功能区有机联动与互动而形成的融农业生产、农业加工、农业商贸、农业旅游等为一体的全产业链创业环境与平台，让有一技之长的农民或农业企业有施展的空间。成立现代农业综合体农民大学，实行培训常态化，尤其是要重点定向培养懂经营、会管理、能将跨界理念和农业新型业态用活的高素质复合型农业经理人，作为现代农业综合体合伙人分派到各基地，对农户进行生产标准等方面的指导。对于现代农业综合体自己培育的高端职业农民，采取合伙制管理，给予一定股份，多余钱放在基金，逐年分配。此外，对于农业方面的“土专家”“田秀才”也要创新激励机制，探索以其农业技术等人力资本入股，成为现代农业综合体合伙人，分享资本收益。

2. 创新土地流转机制与推进适度规模经营

土地流转和适度规模经营是现代农业综合体最具有创新空间的领域。

一是多主体参与共创土地流转机制。土地经营权的流转和交易对于土地优化配置、农业的规模经营和农民的土地权益实现，均具有正向的作用。对于现代农业综合体土地流转创新涉及多方利益主体自身权益的博弈，既包括地方政府的相关政策创新，又包括土地所有者——村集体，土地长久承包者——农户以及土地长期租赁者——相关企业等。

首先，从地方政府层面，要研究探索农户土地承包权的有偿退出机制与交易通道，迫切需要在对土地确权（涉及对土地是否确权确地、或者确权不确地、确权确股，并且股权固化与活化等问题）和颁证（涉及所有权证、承包权证、经营权证、股权证等4种权证的颁发）的基础上，建立与土地三权分置相适应的土地三权交易体系与市场。就土地承包权交易体系与市场而言，除了国家征地交易制度需进一步完善外，地方政府、村集体和企业还可考虑其他两条途径：一是土地承包权的股份化和可交易化。这既能保障和实现农民的土地权益，又能使农民土地权益实现实物化与非实物化的分离，进而不影响土地这一生产要素在空间的优化配置；二是研究探索非股份化的农民土地承包权的市场直接交易机制及其可行性。

其次，从村集体和企业层面，在上述地方政府制度创新和保障基础上，村集体和企业（综合体内外）继续大胆创新土地股份合作制，发展出租、转让、托管、入股等多种流转形式，继续探索“工商资本＋村集体土地入股”等土地股份合作制，允许职业农民尤其是现代农业综合体自身培养的高端农业经理人以承包经营权入股、以合伙人身份参与现代农业综合体建设。探索土地价格合理增长机制，保障农户土地“租金＋股金＋工资”综合性收入。

二是着力构建多种类型农业规模经营体系。

首先，农业规模化经营与农业服务体系是相辅相成的，没有农业的规模经营，农业的服务体系将失去服务对象，反之，没有农业的服务体系，农业的规模经营将失去服务支撑，两者的相互协调既是中国农业转型发展的内在要求，又是新型农业经营体系建构的重要内容。

其次，农业的规模经营必须讲究规模适度，比较利益是农业经营规模是否适度的基本参照。所谓比较利益，就是从事一定经营规模的农业主体的机会成本。由于比较利益是个动态的概念，农业适度经营规模也是动态的，随着农民收入水平的不断提高，农业的适度经营规模会不断地扩大。

再次，农业的规模经营还必须强调多种类型，不能仅以土地规模经营为唯一标准。多种类型农业规模经营的必要性在于农产品的多类型特性和农业的多形态特性。就农产品的多类型特性而言，农产品可分为三大类型：①偏向于土地密集型的产品，以粮食等大宗农产品为主；②偏向于资本密集型的产品，以加工农产品和设施农产品为主；③偏向于劳动密集型的产品，以蔬菜、水果、茶叶和养殖类产品为主。在这三种类型农产品中，土地密集型农产品的规模经营主要取决于土地与资本的匹配关系；资本密集型农产品的规模经营主要取决于不变成本和变动成本的匹配关系；而劳动密集型农产品的规模经营主要取决于劳动和资本的匹配关系。因此，除了大宗农产品外，土地经营规模并非是农业规模经营的决定因素。从农业多形态特性看，农业规模经营不仅可以体现为土地的规模经营，而且还可以体现其他多种形式。比如，可以通过农业专业化服务体系的建立，形成生产小规模、服务规模化的农业规模经营；又如，可以通过农业供给侧结构性改革和适度土地规模，形成粮经饲结合，种养加结合等复合型、立体型的农业规模经营；再如，可以通过适度土地规模、农业多元产业融合和产业化经营，形成纵向一体的农业规模经营。总之，推进农业规模经营，既要从比较利益原则出发，把握土地规模的适度性，又要从农产品特性和农业特性出发，注重农业规模经营的多样性，实现农业规模经营效益和多样性的统一。

最后，由农产品特性所决定的农业规模经营的多类型特点，也要求新型农业经营体系的建构要针对农产品及其经营方式的特点，突出相关重点。对于土地密集型农产品的经营体系建构，应重视资本（机械）对劳动的替代和服务体系的建构；对于资本密集型农产品的经营体系建构，应重视固定投资品和变动投资品的合理匹配，重视上下游经营方式的合理匹配；对于劳动密集型农产品的经营体系建构，应重视家庭经营、合作经营和公司经营的有效结合，重视劳动激励与约束的制度安排。

3. 积极探索农业经营组织模式创新

农业经营组织模式的选择和安排是新型农业经营体系建构的关键，是新型农业经营体系的灵魂，体现了经营体系中经营主体与主体关系的集合，直接关系新型农业经营体系的活力与效率。围绕现代农业综合体创新实践中各主体现状特征和发展趋势：

一是继续优化和改进以家庭农场为核心细胞的生产流通模式。重点发展“家庭农场＋家庭农场集群（合作社或合作社联社）＋公司”的产业化经营模式，鼓励家庭农场集群或合作社（合作社联社）参股综合体内外农业产业链企业，以多种形式共同投资农业全产业链经营，推动龙头企业和核心细胞家庭农场以及组合单元家庭农场集群的深度融合，从而形成紧密的利益共同体，分享资本收益。

二是稳步推进农民专业合作社的联盟化和规范化。在信贷、农村商品和劳务、工商业商品和劳务、消费、住房等方面建立合作社纵向组织体系，提高农户市场谈判地位、促进农户进入市场、加强地方合作社运行管理等方面发挥管理中枢作用。

三是推广以龙头企业为核心的组织带动模式。重点发展“龙头企业＋专业合作社（专业协会、集体经济组织）＋农户”的组织带动模式，鼓励农户和村集体经济以承包土地入股合作社或龙头企业，鼓励龙头企业开展利润返还、股份分红等多种形式，带动农民增加综合性收入。

四是探索农业综合体内外多种松散型或紧密型的合作模式。现代农业综合体作为一个开放的政、产、学、研、用开放系统，对于没有直接参与农业综合体建设的家庭农场、合作社及企业，一方面可以通过加盟、交叉换股等多种形式进行农业综合体内外的合作，另一方面农业综合体内的龙头企业可输出各项技术指导、相关标准，甚至是综合体自身培养出来的高素质的农业经理人。

4. 加快建立多元化农业服务体系

新型农业经营体系的一个基本特征是集约化、组织化、专业化的农业经营主体与产业化、规模化、多元化的服务体系的互动融合和双层经营。其中，建立多元化的农业服务体系，不仅是稳定和完善农业家庭经营制度的需要，而且是提高农业服务体系效率的需要。农业具有自然再生产和经济再生产双重属性，具有经济、生态和社会的三重功能，农业的这些属性和功能决定了不同的农产品和农业的服务品会具有私人品、公共品和俱乐部品（社区公共品）等特性，与此相适应，农业的服务体系和服务品供给应呈现多元化的特性。这种多元化服务体系的特性，主要体现在两个层面，一是服务主体与制度导向的多元性，包括政府主导型、市场主导型、合作主导型、行业主导型、社会主导型以及不同类型的结合等；二是服务形式的多元性，体现为服务的外包化（如公共服务的外包化和私人服务的外包化）、服务的内部化（如合作社为其社员提供的服务）、服务外包化与内部化的结合（如社会组织和行业组织为农民或农业企业提供的服务）。

针对目前现代农业综合体服务体系创新实践基础，多元化农业服务体系的构建需要把握三个重点：

一是建设农民专业合作社为主体的联盟合作式社会化服务体系。在农业综合体内探索建立由合作社联盟、农民联合会、农业联合会和农业协会四部分构成的联盟合作式社会化服务体系。其中，合作社联盟侧重提供农民经营方面的服务，农民联合会侧重提供农民生活方面的服务，农业联合会侧重提供农业技术方面的服务，农业协会作为农民和农业利益的代表在国家与社会的良性互动中产生重要影响，通过农协来影响政府决策，使政府的政策有利于农民，并通过举办农业展览会、技术研讨班等推动农业进步与发展。以上四大民间组织分工协作、相互支持，为农民在生产、销售、生活、教育等方面提供了全方位服务，从而增强农民自组织的内部化服务功能，拓展农业自身服务的深度与广度。

二是优化现有公益性农业服务体系。通过创新机制，引导农业综合体与地方政府主导的农业公共服务机构合作，为农业综合体及其周边加盟、合作农户、农民合作社提供新品种技术示范推广、土壤环境监测、农作物病虫害统防统治、区域疾病防疫、产品质量监管等基础性领域的服务。通过政府订购、定向委托、招标等方式，扶持社会力量广泛参与农业产前、产中、产后服务。支持在农业社会化服务中开展应用性研究和教育，培训、推广、促进农科教有机结合和农业科技成果有效转化。

三是大力支持企业开展经营性服务。继续完善以农业综合体内外企业为主体的商业化服务模式，主要功能定位于农民技术服务、农民培训、农产品检测服务、农产品配送、园区服务等，为当地及周边农民和农业企业提供农业生产服务、农产品检测服务、农业项目申报服务、农产品和农业投入品营销服务、培训服务、园区后期保障服务和技术托管服务等功能的农业综合服务机构。

五、新型职业农民培育的相关研究、历史演进及问题剖析

（一）新型职业农民问题的相关概念界定

1. 农民

目前学术界从不同角度来界定农民，主要包括认为农民是一个职业概念、身份概念、阶级或阶层概念、文化概念。一般认为农民是指在农村长期承包土地从事规模化种植（养殖）生产经营的自然人或法人，不仅包括身份农民，还包括职业农民。一些学者将新型职业农民与传统农民、兼业农民进行了比较指出，传统农民是社会学意义上的身份农民，强调的是一种社会结构；职业农民是经济学意义上的理性人，强调的是产业结构。

2. 职业农民与新型职业农民

目前认识比较一致的新型职业农民应符合四个基本条件，即以农业为职

业、占有一定的资源、具有一定的专业技能、收入主要来自农业。本研究认为职业农民是通过自主选择，有能力、有条件、有意愿将农业作为长期投资长期经营的职业，收入主要来自农业，取得等同或高于社会平均收益，实际从事农业生产经营活动的人员。与传统身份农民相比，职业农民应具有以下几个特点。

首先，职业农民具有独立自主性。职业农民摆脱了传统农民“世袭”身份的不可选择性。传统农民是“世袭”的身份和社会地位的象征，这就决定了其只能世世代代从事农业生产，具有强制性和不可选择性，而职业农民则完全是出于自己的意愿。一些佼佼者凭借自己的经验、技能、知识、资金、经营管理水平，经营农业取得了较好的经济效益和社会效益，不仅让“农民”迸发出极大的职业魅力，且吸引一大批潜在的“职业农民”投身农业。不仅如此，职业农民还有独立的社会地位和平等的发展机会，有获得更多社会资源的能力和与其他阶层共享所创造成果的权利。

其次，职业农民具有很强的流动性和开放性。与被束缚在户籍制度下，难以流动的“土生土长”的、具有封闭性的传统农民相比，职业农民彻底摆脱了传统农民的世袭身份，不受户籍制度及地域束缚，为实现农产品在市场交易的利润最大化而自由流动，既可以是本地农民，也可以是外地农民，还可以是城镇居民。

再次，职业农民采取集约化经营方式。职业农民打破了传统农民生产规模相对较小，生产过程简单化，商品化和市场化率极低的粗放经营方式，为实现利润最大化的生产经营目标，职业农民不仅注重增加投入，扩大生产规模，而且突出经营特色，通过提高农产品附加值，提高农业及其相关收入。除了自身发展，职业农民还将引领、参与规模化家庭经营、合作经营和公司制经营，通过横向合作和拓展农业产业链中产前、产中、产后的纵向关系，以及参与农民专业合作社、协会或者行业组织等，获得更多的资源。职业农民不仅成为现代农业产业体系的集约化、规模化和专业化的主力军，并将盘活现代农业经营体系和现代农业产业体系。

最后，职业农民具有较高的素质。与不重视农业科技知识、经营管理知识和资金投入，主要依靠经验和传统习惯从事农业生产的农民不同，职业农民必须具备较高的科技知识、劳动技能、管理经验和较多的资金实力，因而更能适应和推动农业产业化和现代化发展的需要。

从具体案例来看，国外的职业农民具备经营规模大、素质水平高、生活条件好等特征（表 4）。

表 4 国外职业农民的主要特征

特征	美国案例	德国案例	荷兰案例	日本案例
经营规模大	1 200 公顷	100 公顷	52 公顷	
综合素质高	同时胜任多个角色	高材生子女接手农场	生产经营多面手	善于品牌宣传推广
应用先进技术	精准化作业、信息化管理		应用物联网技术	开展农产品精深加工
享受政府补贴和支持	政府补贴是利润的主要来源		政府补贴占农场收入的 1/5	政府支持开展农业教育
生活相对富足	与城市居民的生活基本没有区别		比城市居民富足	
农业后继有人		高材生子女接手农场	农业学院学习的儿子将子承父业	培养孩子对农业生产的兴趣

（二）新型职业农民培育问题的研究现状与述评

1. 新型职业农民问题国外研究现状

应用“Google Scholar” “CALIS 外文期刊网”，用关键词“Farm Occupation”进行模糊搜索，主要资料类型是网页新闻和美国劳动局(United States Department of Labor)、加拿大农业人力资源理事会(Canadian Agricultural Human Resource Council，CAHRC) 等相关机构网站，相对于我国提法“新型职业农民”，国外主要提“农业人力资源”。

通过国外文献研究得出两点启示：一是综观世界农民发展道路（身份转换），主要有两条，一条是工业革命时期资本主义强行“剥夺”农民的道路，即农民被作为现代化阻力而被加以消灭。如西方历史上的圈地运动，农民大批破产失业，无产者工人数量激增等。在这种野蛮转化中，标志着某种政治、社会身份的农民被彻底消灭了，转换成标志某种职业类别的新型农民；另一条是20世纪以来部分发达资本主义国家的“福利”农民道路。即通过早期的殖民地剥削和进行不平等的世界贸易体系积累的财富，依靠本国国力坚实的优势，以福利农业的形式对农民进行保护和转化。二是基本确立了“农民是职业、职业有标准”的发展理念，如加拿大分水产养殖、肉牛和奶牛、禽蛋、猪、其他动物、粮食作物、水果和蔬菜、花卉和技能服务、其他九大类，每一大类分六级职业农民等级认定标准，包括Enery-Level，Mid-Leve，Specialized，Supervisory，Management，Owner/Operator/CEO，并规定每个等级认定所需要技能和接受的相关培训。值得注意的是，国外专门机构还提供每年农民发展报告，如Strengthening Human Resources in Agriculture（Annual Report），汇总每年农村劳动力就业情况、技能和培训情况、农民人力资本变动情况、培训机构和培训经费等，客观上保障了政府对各类各等级农业人力资源开发的长效机制。

2. 新型职业农民问题国内研究现状

利用CNKI中国知网数据库，用“新型职业农民”搜索，从检索结果看，我国关于该问题研究最早始于2005年，大量研究集中在2012年“中央1号”文件发布后，主要资料类型以期刊和网页新闻为主以及少量会议论文和学位论文。从期刊分布来看，刊发关于新型职业农民的期刊非常分散且档次较低，尤其是农业经济领域对该问题给予特别关注的极少。

国内关于“新型职业农民”问题的研究主题主要集中在四个方面。

一是关于新型职业农民培育的必要性。多数学者在现代农业社会分工和职业分化的背景下，从发展现代农业（产业发展和技术推广）、新农村建设、推进“三化”同步发展、保障粮食安全（数量安全和质量安全）四个方面阐述培育新型职业农民的必要性。

二是关于新型职业农民的内涵。新型职业农民的内涵应有四个特质：一是全职务农，二是高素质，三是高收入，四是获得社会尊重；新型职业农民除了符合以上基本条件，还必须具备三个条件，即新型职业农民是市场主体、具有高度的稳定性、具有高度社会责任感和现代责任观念。一些学者将新型职业农民与传统农民和兼业农民进行了比较，传统农民是社会学意义上的身份农民，强调的是一种社会结构；职业农民是经济学意义上的理性人，强调的是产业结构。据此，新型职业农民的培养对象应为种养大户和家庭农场主，亦有一些文献提出培养对象为农民企业家、农民致富带头人、社会化经营管理者、非农产业工人、农村基层干部等。

三是关于国外新型职业农民培育的经验介绍。一些学者系统总结了美国、英国、韩国、德国在职业农民立法、农民职业资格准入制度、农民职业教育公益性定位三个方面的发展经验，尤其对日本和韩国关于农渔民后继者培养制度（培训体系/经费来源/培训方式等）、机构设置、扶持政策及对我国的借鉴意义作了详细介绍，总结了荷兰结合“活力四射的农村”（类似我国新农村建设）对职业农民进行培育的经验，详细介绍了以色列农业科技发展政策、农业科技创新体系以及农民科技培训与教育的经验，对于我国如何将农业科技研发和推广与职业农民培育有机结合提供了发展思路。

四是关于新型职业农民培育途径。主要包括稳定的财政投入机制、完善农业行业就业准入制度和农民教育培训体系等。新型职业农民的成长需要特定环境，包括确立土地流转和稳定的土地使用权制度、充分的社会尊重、良好的学习氛围、城乡一体化要素流动的环境（朱启臻，2012），以及新型职业农民培育的政策保障、安全保障、法律保障和组织保障。

3. 新型职业农民培育问题国内外研究评述

综观国内外研究，国外职业农民培育问题已经有了“农民发展学”“农民人力资源”等明确的学科归属；我国主要是马克思主义理论和思想政治教育、社会学等专家进行了相关研究以及政府、农广校等垂直管理系统进行了相关政策解读。

目前我国新型职业农民培育问题研究主要存在以下问题：一是缺乏解决该问题顶层“纲举目张”的研究，即该问题研究的起点是什么？理论说明是什么？发展最终方向又是什么？二是将新型职业农民教育培训与新型职业农民培育相混淆。三是国外经验介绍笼统，文献研究本身存在互相抄袭，缺乏借鉴针对性。四是缺乏全国各地新型职业农民培育基于大样本调研的经验总结和提炼、困难和制约因素的识别。五是对新型职业农民的认定标准这一关键环节以及“认定标准—教育培训—政策扶持”的制度体系研究缺失。

（三）典型国家职业农民培育经验借鉴

1. 美国模式

美国依托高度发达的农业机械化水平和世界领先的农业科技实力，仅占美国总人口2%的农业人口经营着约10亿英亩的广袤土地。美国通过构建完善的、以农学院为主导的农业科教体系，实现了农业教育、农业科研与农技推广三者的有机结合，从而提高农民整体素质。

美国农民职业教育培训的主要对象一般为青年学生和准备务农的青壮年农民。具体培训方式有以下4种：

一是辅助职业经验培训（SOE)。是正规农民职业培训的一种典型形式，授课者多是一些专家学者，主要教授有关生产管理和农业投融资技巧。

二是未来美国农民（FFA）培训。目的是帮助农民培养创业能力、领导能力及团队合作能力，使青壮年农民建立自信，拓宽其在农业领域的就业渠道。

三是辅助农业经验（SAE）培训模式。这是一种“干中学”，将学到的知识应用于实践的方式，指学生将课堂学到的农业生产经营等技能应用到自家农场或当地社区、企业，教师进行家访并进行指导的方式。

四是课堂指导的农业培训模式。美国公立学校提供的农业教育培训，多在农村地区的高中开设农业课程，通过这种早期教育培训，为未来的农民教授种植养殖技术和农机具使用方法，以此提高农民整体科技素质。

2. 法国模式

法国农民职业培训是法国农民教育的重要组成部分。法国于 1960 年以后建构了一个科学完备的培养高、中、初三级农业技术人才的教育体系，充分发挥农业教育功能（李玮，2009）。政府规定农民必须接受职业教育，取得合格证书后，才能取得经营农业资格，享受相应的政策优惠。法国农民培训非常注重实效，培训内容一直围绕着农业生产如何适应市场需要、如何适应农民的需要来安排。重视农业基础知识普及、新技术与新产品的普及和推广、农场的经营管理、农产品加工和销售、畜牧良种培育等。农民接受培训形式灵活多样，既不影响工作，又便于农民提高专业知识水平，且农民参加培训基本上是免费的。法国各级学校教育分工明确，培养目标各不相同，职业培训深入田间地头，落实到农民家庭，对农民实行现场指导培训。农民参加培训的时间比较灵活。近年法国农民培训十分重视农业资源开发、现代生物技术、无公害生产、绿色食品生产和农业旅游等内容。

3. 日本模式

日本职业农民培训由国家统筹规划，政府农业部门与相关部门分工指导和协作，以教育系统为农民培训主体，农业改良普及事业系统予以配合。日本自二战后先后颁布了《社会教育法》《青年学级振兴法》等大力支持农民培训。日本根据农业改良组合法创建了农业者大学校，以培养农业后继者为目标，重点培养其发展现代农业所需的技术和经营革新所需的应用能力，以及适应不断发展变化的经济、社会的开阔视野和合作能力。日本在农业教育上投入大量人力和物力，不但政府给予大量投入，而且鼓励民间力量对农民培训进行投资，形成了各级农业科技教育培训中心、农业院校、培训服务机构、行业协会、农村经济合作组织等共同参与的多元化培训主体，促进了农民培训事业的发展。

4. 韩国模式

韩国经济的快速发展，得益于持续发展的农业，而持续发展的农业得益于分类指导、分层次培训的农民教育体制。通过制定法律出台政策扶持农民教育，韩国政府于 1980 年颁布《农渔民后继者育成基金法》，1981 年开始组织实施农渔民后继者培养工程。1990 年韩国国会通过的《农渔民发展特别措施法》，为培养农业后继者和专业农户提供法律上的保证。韩国农民培训也是由国家统筹规划，实行农科教结合的领导、管理和服务方式。由政府农业部门和相关部门分工指导协作，法律中明确培训主体以农业技术推广指导机构和民间团体为主，逐步建立起农业专门学校开展系统的正规培训。韩国十分重视农业后继者培养和专业农户培养，近年来致力于培养高素质的农业劳动者，发展具有国际竞争力的高新技术与资本密集型农业，积极发展环境友好型农业和有机农业。为改变培训目标与农村发展不能很好衔接的问题，韩国大中专农业院校积极探索新的教育培训形式和机制，通过专家教授下乡指导、高层次农民培训等形式，实现农民培训多元化、个性化、特色化和人性化服务。

5. 国外职业农民培育的基本经验

一是明确农民职业教育公益性定位。很多国家建立了层次分明的农民教育培训体系，对农民实施不同层次的各类培训。普遍建立了高等教育、中等职业教育、继续教育和农技推广多个层次相衔接的农民教育培训体系，以满足农业现代化发展对人才的数量、质量、类型等方面的需求（郭智奇等，2012）。美国农民教育培训的核心体现在农科教体系的建立和完善上，由农业部推广局统管，各州设有农学院、实验站和推广站，农学院负责全州的农业教育、科研和推广工作，三位一体，使高等农业职业教育、中等农业职业教育和各类农业短期培训班有机结合，农民能够参加各类层次的教育培训，掌握最新的科研成果和农业技术。英国农民职业教育与技术培训以农业培训网为主体力量，以高等学校及科研与咨询机构为辅，形成高、中、初级相互衔接，学校类型多样，学位证、毕业证、技术证等各种教育目标明确，正规教育与业余培训相互补充，学制种类和学习期限灵活多样的农民职业教育与技术培训体系。法国的农业教育培训由农业部主管，分为高等职业教育、中等农业职业技术教育和职业培训三部分，形成了较为完善的农民教育培训体系。不同层次的学校教育分工明确，各自有不同的培养目标，从农业工人、技术员到工程师级科研人员都有相应的机构承担。德国围绕为现代化农业培训新型农业从业人员和推广农业使用新技术、新品种两个明确的教育目的，建立了完善的农民职业技术教育培训管理体系，各州都建有农民职业技术教育培训学校及实验基地，主要负责农民职业技术教育和等级证书的颁发，试验研究及对农户进行技术咨询。韩国农民教育培训由国家统筹规划，《农业振兴法》明确界定了农民教育培训的主体是具有教育培训资质和职能的科研、教育和培训机构，包括农业协作合同组织（简称农协）、农业大学和农村振兴厅，同时积极地吸收社会其他力量共同参与对农民的培训，形成各个培训部门分工指导、协同合作、上下贯通、一体化的指导体系。日本除中央和地方政府有关行政部门主要负责农民教育培训外，农业改良普及中心、农协和农业青年俱乐部等几个农业组织和团体也有向农民进行农业技术知识普及的义务。

二是建立农民职业资格准入制度。有关这方面的经验已在国外农业经营体系构建的几点启示一节陈述，这里不再重复。

三是重视持证职业农民的权益保护。很多发达国家都有明确规定，给予持证农民政策优惠，保证农民的务农积极性。如有权购地租地，有权申请建立企业和经营农场，可以得到政府提供的低息贷款，创办农场第一年可以得到政府资助和补贴，初始几年减免税收，受过农业教育的子女在继承农场上享有优先权等。丹麦规定，要购买30公顷以上农业用地的人员，必须是通过基础教育、技术教育、管理教育三个阶段的学习后并获得绿色证书者，有绿色证书者还可以享受政府给予地价的10%利息补助，并能获得欧洲共同市场有关环境保护的经济补助。韩国每年选拔未满35岁创业型农民1 000名，对这些愿意成为创业型农民的年轻人，政府可以免除他们服兵役（这项政策在韩国是最有效的），同时政府为每人提供农业经营固定资金贷款最高可增加至2亿韩元。

（四）我国农民职业化的演化过程和职业农民群体构成

本部分重点研究我国农民职业化的演化过程和职业农民群体构成，拟从我国农业在现代化、工业化、城市化的背景下由劳动力转移、职业与阶层分化，再到部分转移农民市民化职业化和务农农民专业化职业化这样一个完整的历史过程，把握职业农民出现和发展的内在逻辑性以及目前我国职业农民群体的基本构成。

从时间节点划分来看，2013年是改革开放35周年，本研究以党的十一届三中全会召开为界限，分为改革前、改革后、近5年三个阶段。

1. 改革开放前的30年：从独立小农到集体农民

在改革前的30年里，农民经历了从依附农民到个体小农、再从个体小农到合作社社员、从合作社社员到人民公社社员数次大转换。在这个大转换中，农民始终被束缚于农业，被固定在土地上，他们之间没有明显的社会等级差异，彼此在身份上是均质性的。所以，这一阶段农民的转换是线性的、一元化的，没有发生层变，都还是“传统农民”。尤其是60年代初实行的户籍管理制度成为一种不平等社会身份的象征。至此，农民被严格束缚在其所居住的地域中，几乎不存在进入城市，改变职业和身份地位的可能，成为“世袭农民”。以上情况表明，该阶段农民作为集体经济的所有者，貌似是全职务农，但并没有真正成为生产经营的主人，还没有出现农民阶层分化和职业分化，“农民”更多的是一种身份、一种社会等级、一种生存状态、一种文化乃至一种心理状态。

2. 改革开放后的30年：从被动生产的农民到自主经营的农民

80年代初及其后出现的三大变迁，给我国农业阶层分化和职业分化带来重大影响。

1）家庭联产承包责任制对农民阶层分化和职业分化的影响

从1981年起连续5年，中央以1号文件的形式将土地公有、家庭承包的双层经营制，定性为社会主义所有制的一种实现形式。家庭联产承包制是在坚持土地等重要生产资料集体所有的前提下，以家庭为基本生产经营单位的新的生产组织形式。家庭联产承包责任制使广大农民获得了生产者和经营者的独立地位，他们有了独立地进行商品生产的自主权，获得了选择生产经营方式的自由。农民由集体劳动者，变为独立的商品生产者之后，农民的积极性被充分地调动起来，推动了农民现代化主体性的重塑。随着农村联产承包责任制的推进，农民获得农业生产和经营自主权，获得了职业流动的分配权。这是改革开放以来，中国农民最本质的变化。这一变化，主要体现在4个方面：

第一，联产承包制的引入为农村社会分化提供了契机，因为农民有了相对自主的生产和经营自主权，不但有可能对农业结构进行调整，出现一批农业生产专业户，改变了农业经济以粮为主的单一结构，而且还使剩余的农村劳动力摆脱土地束缚，向其他行业作水平和垂直社会流动，在职业、收入等方面出现分化。

第二，联产承包制使区域流动有了可能，一方面就地、就近的小城镇、旧集贸中心因流动得以繁荣、扩大；另一方面许多农村人口在完成责任田的生产任务时，试探着走向大中小城市务工经商，从此，旧有的城乡关系网络被撕开了裂口。

第三，联产承包制实施后，农村生产发展确实很快，许多地区的农民不但很快解决了温饱，而且有了生产剩余，农村商品经济得以发展，冲破了高度集中的计划经济体制不允许商品经济存在、发展的限制，为我国从计划经济向市场经济转变做了试验，开了先河。农村在 80 年代初形成了许多农村专业市场、集贸市场，为中国经济体制改革积累了经验。

第四，职业流动和城乡流动，连同农村商品经济的发展，使得农民的生活方式和价值观念从传统小农经济的桎梏里解脱出来，为农村进一步发展甚至为中国整体现代化准备了思想条件，因为人的现代化，特别是价值观念现代化是现代化的关键，一批农村能人因观念上的改变脱颖而出。

2）乡镇企业和小城镇对农民阶层分化和职业分化的影响

80 年代初期，随着改革的推进和生产的发展，我国农村隐藏着的大量剩余劳动力开始显现，而城乡隔离政策却使得农村剩余劳动力向城市的流动与分化相当困难。“文革”中发起的知识青年上山下乡运动，使得一批城市的技工和知识分子进入农村，为农村带来了兴办工业所必需的知识和技术以及与改革初期政策转变、公社制取消所带来的农村中农业、副业、工业格局的形成与发展等问题，一下促成了我国乡镇企业在农村的快速生成与发展。在此基础上大量农村个体、私人经济也得到较快发展，其中乡镇企业是所有非国有经济中贡献最大、增长速度最快的部分。乡镇企业实际上脱胎于人民公社时期的社队企业，到 1978 年我国已有乡镇企业 152.4 万多个，吸纳了 2 826.8 万农村劳动力，生产了 11.6％的工业总产值。这时分化出来的农民“离土不离乡，进厂不进城”。随着乡镇企业大发展，农村剩余劳动力非农化职业分化越来越多，不仅带动了农业人口向工业的转移，更成为传统封闭型农业社会向现代开放型工业社会转变，实现农民社会历史性分化的最直接、最现实的媒介。同时，我国乡镇企业的发展还带动了中小城镇在 80 年代的兴盛，为农民的“进城”实现农民群体真正意义上的分化，实现我国由传统农业国向现代工业国的转变等提供了一种可行的解决思路，使得改革开放以前的传统城乡分离局面有了很大改观，而我国未来的城乡一体化趋势也正蕴含其中。

如果说乡镇企业和小城镇是农民分化和流动进而实现转移农民职业化的主要途径和方式的话，那么农村产业结构调整则为务农农民职业化提供了有效激励。国家从 1984 年以后开始调整“以粮为纲”的农业结构，提出在稳定粮食生产的基础上，积极发展多种经营，使农村经济结构从以第一产业（农业）为主的经济结构向以第二和第三产业为主的经济结构转变。产业结构的调整加快了农村社会阶层结构的分化，使农村从事单一农业的农民向多职业、多阶层转变。正是由于产业结构的调整引发了农村文化观念和生活方式的变化，现代市场理性观念被越来越多的农民所接受和发扬。

3）农业经营体系和制度对农民阶层分化和职业分化的影响

进入 20 世纪 90 年代，随着农业生产的不断发展，我国出现了农产品过剩现象。这一过剩与 80 年代的粮食相对过剩现象有本质的不同，虽然当时粮食还没有完全放开，但至少非粮食作物与养殖业都可以发展了，在这样的农业生产结构下又出现农产品“卖难”问题，除了农业产业结构仍不能适应市场需求外，农业产业组织与经营体系的不适应也是重要原因。这种农产品“卖难”现象实际上已表明，仅靠分散和小规模的农业家庭经营是难以适应激烈竞争的市场的，亟须在农业产业组织与经营机制上进行完善与创新。此时国家提出通过对农业龙头企业的扶持，发展农业产业化经营，寄希望于农业龙头企业带动农户进入市场，解决农产品的卖难问题。山东诸城在那时出现了“公司＋农户”“产供销、贸工农一体化”的农业产业化经营模式，中央及时总结山东经验，出台文件发展“公司＋农户”等农业产业化经营模式。进入 21 世纪后，我国农业经营体系和产业化经营模式又发生了新的变化，围绕农业市场化的农业组织得到了发展，一些农业技术推广协会和产业协会向实体化、合作社方向转型。浙江省在这方面走在全国前列，并于 2005 年率先出台了省区层面的农民专业合作社条例，而后，国家于 2007 年颁布了《中华人民共和国农民专业合作社法》。“公司＋农户”农业产业化经营模式以及农民专业合作组织迅速发展，一批专业大户、合作社带头人、贩销大户等“能人”在农业内部迅速分化出来，他们构成职业农民群体的雏形。

以上三大变迁实际为农民分化提供了体制前提，乡镇企业和小城镇与美国等发达国家通过劳动力转移为农业规模化经营进而为职业农民发展创造条件的基本经验相吻合。同时，农村剩余劳动力非农化职业分化不仅带动了农业人口向工业的转移，更成为传统封闭型农业社会向现代开放型工业社会转变，实现农民社会历史性分化最直接、最现实的媒介。农业产业结构调整和现代农业经营体系和制度带来农村内部逐步分化，一批专业大户、合作社带头人、贩销大户等“能人”在农业内部迅速分化出来，成为职业农民群体的雏形。

3. 近 5 年：从身份农民到职业农民及职业农民群体形成

随着 2004 年开始持续 10 年中央 1 号文件出台惠农政策、2006 年全面取消农业税以及实施园区化建设等项目改善农田水利等基础设施、新农村建设改善农村生活环境，加之各种农业补贴，农业已经成为具有吸引力的行业之一。如果说农民分化的形式是职业分化，本质是经济分化，那么“农民职业化”不仅是整个经济体制改革的渐进性结果，也是农民对自身职业的理性选择。2008 年国务院发展研究中心主持的“百县农民工回乡创业调查”显示，农民工回乡创业步伐正在明显加快，它打破了农村劳动力长期向城市和发达地区单向转移的旧格局，呈现出农村劳动力双向流动与双向就业的新局面。在农户兼业化、村庄空心化、人口老龄化背景下，面对“谁来种地”的问题，2012 年中央 1 号文件明确提出“培育新型职业农民”，2013 年 1 号文件又进一步提出创新农业生产经营机制，确立培育新型农民作为推进现代农业建设的核心和基础地位；随着农业惠农政策和原始积累的增加，职业农民群体已悄然产生。

首先是新型职业农民的“白领”——农业经营管理者。主要包括龙头企业老板、合作社社长等。这类农民往往见识广，阅历丰富，处事公道，经济实力强，有创新能力，有很强的凝聚力和社会责任感，往往能够带领农户组建法人实体进行公司制经营及产业化拓展甚至是区域内行业协调。他们在职业农民中扮演主要角色，是职业农民群体的“领袖”。如作为农民专业合作社发源地的浙江省，目前正在试点规模化养殖基础上的产业化合作经营模式（称为“第二代”合作社），它是以规模化家庭养殖场为基本生产主体，以专业合作经营为主载体，以农业产业化经营为主线，以社会化服务经营为纽带，形成集畜禽种业、规模养殖、饲料生产、兽药供应、畜产品加工销售等于一体的利益共享、风险共担、安全共保、生态共护的自愿联合、民主管理的互助性经济组织。例如，作为试点的龙游龙珠合作社理事长赵春根，他当过兵，担任过文化员、乡镇长、乡镇党委书记、县二轻局局长等，自己所办的猪场又非常出色，生产水平高，经济效益好，在全县同行业中处于领先地位，其他社员愿意跟他合作。目前他所带领的“新一代”合作组织（社）已经探索出“合作制管理＋公司制经营”利益联结模式，通过规模化养殖场“抱团”，不同主体间的股份合作、相互渗透，形成你中有我、我中有你的共创共富的经济联合体，涉及饲料、种畜禽、屠宰加工、产品销售、有机肥加工、金融服务等，产业链得到迅速延伸和拓展。

其次是新型职业农民的“蓝领”——种养能手。主要包括种植能手和养殖能手。这类农民具有丰富的种养技术和田间管理水平，是我们俗称的“土专家”，他们是传统农耕技术和文化的主要传承者，也是传统农业精华与现代科技相结合提高农业生产率的主要载体。在实践中表现为以下几种形态：一是种植（养殖）经营大户及其“升级版”家庭农场主。需要特别强调的是，调研中，课题组深刻感觉到2013年中央1号文件发展家庭农场的深意，一般家庭农场主多为具有多年种养经验的经营大户，适度规模经营带来的比较效益，吸引“农二代”在接受了高等教育后投身农业，从而成为新型职业农民的主力军，其所引领的新型职业农民为现代农业带来持久发展动力，一定程度上解决“农业后继无人”的现实问题。因此，基于家庭农场的职业农民培育应该成为新型职业农民培育的一条捷径。调研发现，往往经营大户和家庭农场各自或交叉联合，形成家庭经营和合作经营相互依存的产业和组织模式，通过横向合作规模扩大，与下游龙头企业建立稳定的购销关系。二是农业产业工人。有部分农民在农场、林场、牧场、渔场等规模较大农业企业，从事一些带有专业性和技术性的工作，获取相应的工资报酬。这些人的生活方式已经完全脱离了传统农民，演化为农业产业工人；还包括“公司＋基地＋农户”产业化经营模式中订单生产的农户。三是田间管家。在我国，土地对农民来说兼有社会保障的功能，所以即使农民外出打工，有些农户也不愿意将土地长期流转出去，于是本地种植（养殖）能手成为外出打工农户的田间管家。俞德苗是浙江省诸暨市的种粮大户，从 1996 年就开始种粮的他如今打理着 280 多亩土地。“村里有 70 多户自愿把地流转给了我，可以选择要钱或者要粮。然后他们去厂里上班，我来当农民。这样大家都不用分心，各自从事自己擅长的行当，最终大家都得益。”俞德苗说。

再次是社会化服务人员。主要包括贩销大户、农民经纪人、农机手、植保员、防疫员、沼气工等各类生产经营和技能服务人员。现代农业离不开新型职业农民群体中社会化服务人员提供的各项专业化服务和规模化服务，既包括植保员、防疫员、水利员、信息员、沼气工等政府主导型农业服务体系中的职业农民，也包括新型职业农民引领的市场（企业）主导型的农业服务体系，诸如种子公司、饲料公司、农机专业服务公司（企业）等，还包括合作社主导的服务体系。此外，工商资本大量涌入农业，其生产管理团队也应视为新型职业农民群体的组成部分。

（五）我国新型职业农民培训现状及存在问题

农业是立国之本，而农业人才资源则可以说是农业发展之本。人力资源是第一资源，现代农业人才是强农的根本，是实现农业现代化的强有力支撑。我国正处在传统农业向现代农业转化的关键时期，大量先进的农业科学技术、农业设施装备、现代经营理念越来越多地被引入农业生产的各个领域，迫切需要培养一批“懂技术、会种地、能经营”的真正的新型职业农民。培育新型职业农民就是培育现代农业的现实和未来，而新型职业农民培训是提升农业从业人员素质的最直接的手段。

1. 我国农民教育培训的现实状况

调查显示，当前89.3%的农民尚未参加教育培训，尤其是在西部地区，这一比例更高，大部分地区尚未开展农民教育培训活动。进一步调查显示，大约有一半的农民并不知道政府哪个部门主管或负责农民教育培训；另外，有87.6%的农民没有听说过农民教育培训，或者虽然听说过但并不了解农民教育培训；89.4%的农民不知道或不确定如何参加农民教育培训。此外，有21.7%的农民不了解开展农民教育培训对推进农业现代化或建设美丽乡村的重要意义；大部分农民之所以没有参加农民教育培训，是因为不了解农民教育培训，觉得没什么用。

1）当前农民参加教育培训的主要类型

目前，农民参加教育培训的主要类型分别为：科学种田培训、综合素质教育和手艺技能技巧培训（图12）。

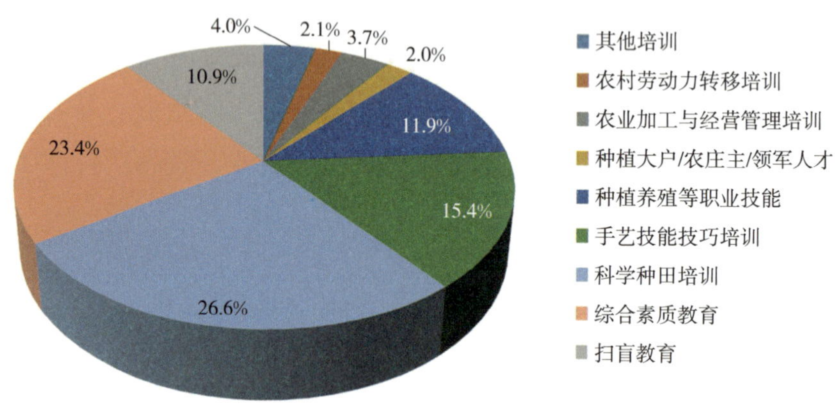

图12 农民培训的主要类型分布示意

2）当前农民参加教育培训的主要动机

农民参加教育培训主要动机是基于对自己有帮助和对培训内容感兴趣；

此外，政府的鼓励与支持、村里要求参加培训以及看别人参加也跟着参加也是农民参加教育培训的基本动因（图 13）。

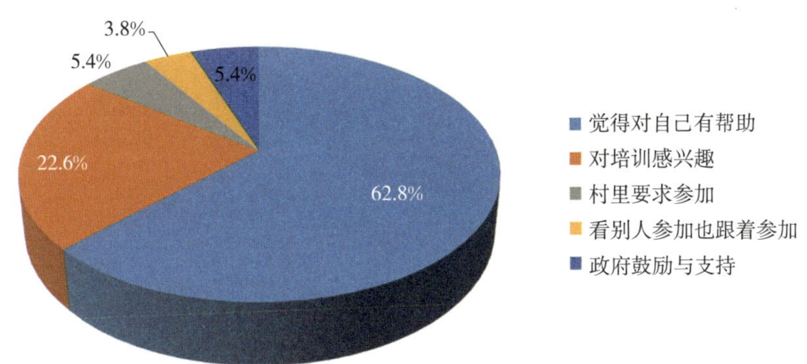

图 13　农民参加教育培训动因分布示意

3）当前农民参加教育培训的主要目的

调研结果显示，目前农民参加教育培训的主要目的是学习知识和获得政府补贴，这在一定程度上反映了，政府补贴是农民参加培训的重要因素（图 14）。

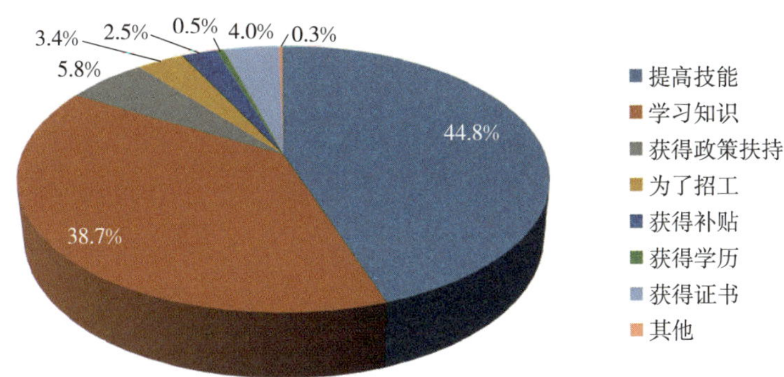

图 14　农民参加教育培训的主要目的分布示意

4）农民参加教育培训的主要内容

从目前农民参加教育培训的主要内容来看，主要集中在与实际生产相关的专门技术和专业知识两方面，另外比较平均分布在法律政策、文化普及和健康卫生等基础层面上（图 15）。

5）农民参加教育培训的授课方式

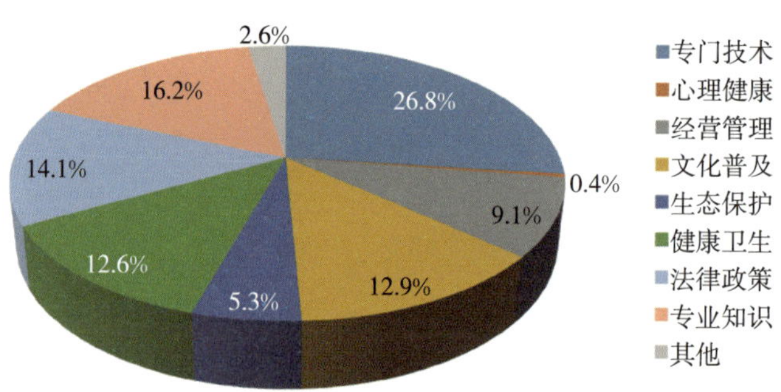

图 15　农民参加教育培训主要内容分布示意

目前农民参加教育培训授课方式主要集中在课堂集中授课和现场实地指导两方面（图 16）。

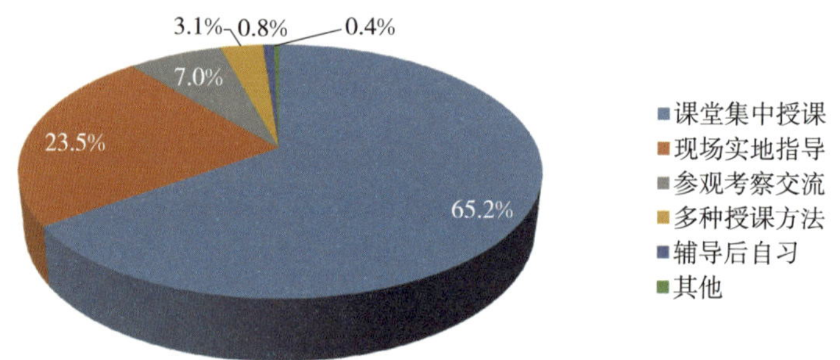

图 16　农民参加教育培训授课方式分布示意

6）农民参加教育培训的主要作用或效果

从目前农民参加教育培训的实际效果来看，主要是对科学种田的指导作用、相关培训内容引导科技致富以及获得相应证书取得政府相关补贴等三个方面（图 17）。

7）农民教育培训的主要问题

目前农民教育培训的主要问题是培训时间短、交通不便以及培训内容不切实际（图 18）。

8）农民以后是否参加教育培训的主要心态

从农民参加教育培训后是否继续愿意参加此类培训来看，主要体现在两个方面，一方面是表示“如果有时间就参加”和“免费可以参加”等消极的态度；另一方面则表示“克服困难也要参加”等积极的态度（图 19）。

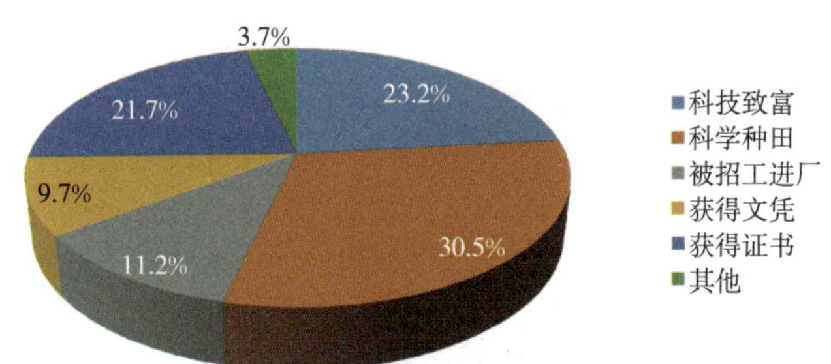

图 17　农民参加教育培训主要作用分布示意

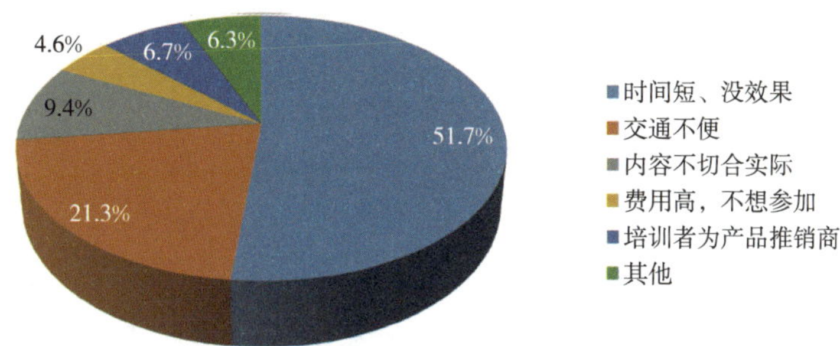

图 18　农民教育培训主要问题分布示意

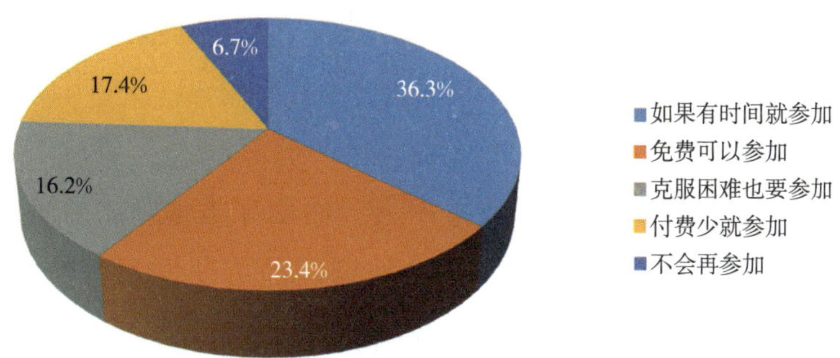

图 19　农民参加教育培训后是否有继续参加意愿的分布示意

9）农民希望参加的教育培训类型或内容

从日后农民希望参加的教育培训类型和选择的内容来看，主要希望继续参加的培训内容包括：科学种田培训、综合素质教育、手艺技能技巧培训、种植养殖职业技能以及扫盲教育（图 20）。

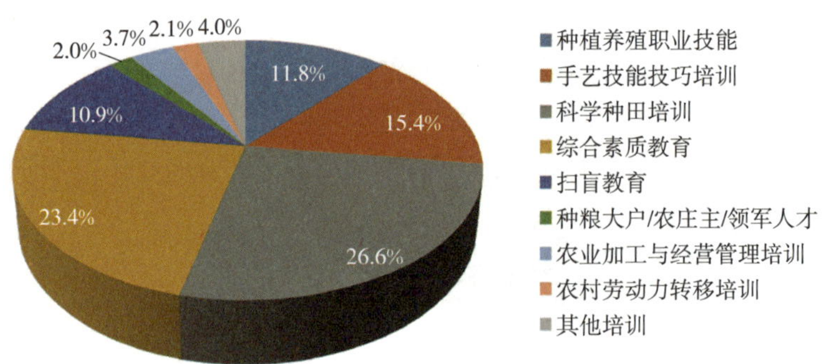

图 20　农民希望继续参加的培训类型（内容）分布示意

2. 我国新型职业农民培训存在的问题

1）培训资金严重不足

当前新型职业农民培训以“政府埋单”的形式为主，培训机构需先行垫资开展培训，在一定程度上影响了学员的积极性。虽然近几年地方财政对农民素质培训的资金投入不断增加，但总体而言，用于改善设备的资金有限，造成培训机构的设施陈旧落后，难以适应产业发展的需求。

2）生源组织越来越难

随着各地农民素质培训工程的不断深化，一大批具有发展意识、自身素质较高的农村劳动力已通过培训转移出去。而留守本地从事农业开发的农民年龄普遍偏大，文化素质普遍偏低，参加培训的主动性不强、认识不到位，对职业技能的接受能力较弱，造成生源组织越来越困难。同时，还存在培训时间与农民意愿不协调的问题，一些农民不愿为学习投入较多的时间而耽误农活。

3）培训体制尚未完善

新型职业农民培训虽然由农办牵头，但培训工作涉及多个部门，在实际工作中，各类培训主体在项目、资金、师资、教材、场地、证书等方面缺少统筹安排。

4）培训内容不能满足需求

过去农民素质培训的对象主要是转移农民，新时期农村既要培训留在农村本土上的农民，又要培训转移到城镇企业务工的农民，还要培训每年新生的劳动力。这就需要既要有职业技能培训，又要有农业技术培训和创业技能培训。生产的多样性带来的个性化需求更加明显，培训的连续性、时效性、实用性也更强。这是新型职业农民培训面临的一个多样化挑战。

5）培训项目缺乏创新

目前农业正由传统农业向商品经济农业转变，产业结构由过去的种养为主，向种养、加工、服务等共同发展转变；生产手段向机械化、农业高新技术应用转变；生产经营方式向农业产业化经营、社会化服务转变；农业市场向国际、国内两个市场转变。另外工业正面临转型升级，分工也进一步细化，新的领域不断拓展，急需新的培训项目。随着高新技术不断运用，已接受初级技能培训的农民急需更高层次的培训。

6）职业农民培训存在盲目性

一是人员培训与产业发展脱节：没有按照产业发展需要制定培训计划，人员培训后难以做到学以致用。

二是特色人才缺乏培养机制：特色经济需要特色人才，而特色人才如何培养缺乏设计。

三是培训模式无法满足应用需求：论坛讲座培训模式培训理论系统性强，内容广泛、资源互通，但实际应用转化弱，缺乏个体性和系统性服务。技术推广模式专业性强，但缺乏服务的全面性和系统性。

四是职业农民结构不平衡影响作用发挥：现有职业农民数量不足、结构不合理，且表现为同质性、低水平，没有按照产业链安排职业农民分工和专业培训，势必影响整体培训效果发挥。

7）培训机构缺师资缺教材

从目前主要从事农民培训的机构来看，总体上，缺乏“大农业”概念，而将学科切分得过细，不利于创新型、应用型和复合型人才的培养。具体而言，大专科研院校往往理论与实践脱离，中等职业学校，基础理论老化，缺乏现代农业前沿科技知识与应用；而一般培训机构，培训内容单一，缺乏综合性教材和师资。加之，目前推广主体数量少、质量差、体系散、待遇差以及散户、兼业农户等接受培训主体知识水平低、经济基础薄弱、思想观念保守，直接影响培训对象的应用效果（图 21）。

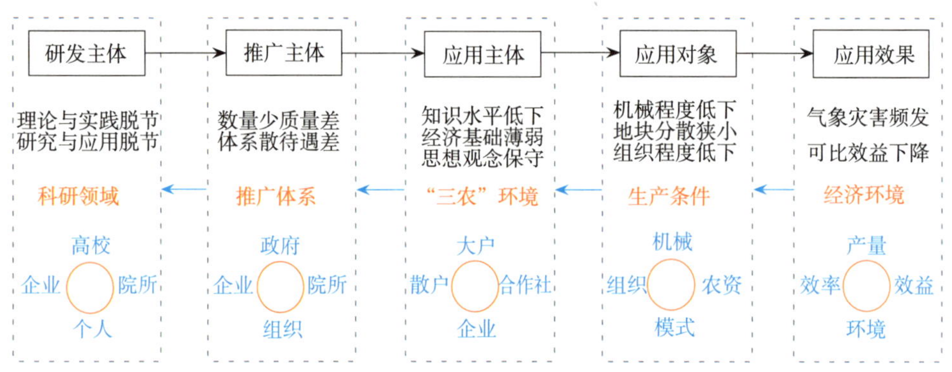

图 21　农民培训各方存在的问题分布示意

六、综合体建设中新型职业农民培育的思路构想

现代农业要发展，关键是效益提升和新型职业农民队伍建设。通过商业化机制，由综合体主导企业结合产业发展进行职业农民培训培养培育是农业综合体的重要职能和主要特色。

（一）新型职业农民商业化培育模式构想

1. 新型职业农民商业化培训模式的概念诠释

新型职业农民商业化培训模式，就是要摒弃传统的单一技术培训的模式，将农业综合体建成基于商业模式的职业农民大学。农业综合体系统性地把现代农业发展理念中“新产业、新品种、新模式、新技术、新装备”等，通过商业化机制，由农业综合体主导企业结合产业发展进行生产经营、专业化服务和社会化服务等三种类型职业农民的培训培养培育，政府通过补贴农业综合体企业做好职业农民培育，并支持培养的职业农民与农业综合体企业加盟合作发展产业，职业农民作为农业价值生产者、提供者，农业综合体作为农业价值整合者、放大者，构建利益共同体；通过创造性地把农业价值开发成两种产品类型即“知识产品”和“服务产品”，“知识产品”商业价值是创造心理需求，再把这种心理需求逐步转化为真正的市场需求，“服务产品”具有可满足市场需求的商业价值。

2. 新型职业农民商业化培训模式的运营策略

1）免费培训

以提供现代农业基础知识和经营理念、盈利方式、先进技术等知识为主。

2）有偿服务

提供专业化的咨询服务、产业规划、品种选育、经营模式、技术培训、托管服务、品牌规划等。

3）增值服务

提供技术装备、农业投入品、市场营销、资质认证、检测服务、金融服务、信息服务、大数据服务等。

3. 新型职业农民商业化培训模式的培训对象

现代农业发展需要一大批拥有规模化生产和经营的管理者，以及具备高素质和发展潜力的一线农业生产和专业化社会化服务的专门人才。农业综合体根据产业（产业链条生产、市场和销售各环节）发展需要，培育专业大户、家庭农场主和农民合作社带头人等生产经营型职业农民，农业工人、农业雇员等生产技能型职业农民以及适应产前、产中、产后服务的诸如农业信息员、农村经纪人、农机服务人员、统防统治植保员、动物防疫员等农业社会化服务人员。后续通过不断培养、吸纳、选择、再培养、输出等过程，筛选培养出复合型农业人才，最终形成紧密围绕产业发展需要的农业专业人才、农业产业工人、农业复合型人才的现代农业生产经营者队伍。在这个过程中，政府通过补贴农业综合体企业做好职业农民培育并与企业合作发展产业。

4. 商业化培训与传统培训模式对比

农业综合体商业化职业农民培训模式与政府传统公益性培训模式相比，不同之处在于商业化模式是根据大农业观、整产业链、全绿色化、高附加值、深融合度、强竞争力的农业发展新理念，以现代农业产业发展和市场需求为导向，进行不同类型（生产经营、专业服务和社会服务）的职业农民培训培育培养。培训内容针对性和操作性强，可学可看可用，培训后可以得到农业综合体持续的指导和服务，也可加盟农业综合体进行农业生产和专业服务，与农业综合体联结成为利益共同体。同时，可以解决传统公益性培训模式资金不足、培训与产业脱节、机制不活、效果不佳等问题（表 5）。

表 5　商业化培训与传统培训模式对比

序号	对比内容	传统培训模式	商业化培训模式
1	培训资金	政府经费有限	免费＋付费
2	生源组织	越来越难	主动参与
3	培训体系	单项技能型的培训	系统型培训
4	培训内容	培训与产业脱节	商业针对性
5	培训项目	转化较难	实现项目转化
6	增值服务	无	提供服务
7	新型职业农民发展	有限	快速

（二）搭建商业化职业农民培训平台

1. 指导思想

以现代农业高素质人才的能力培养为核心，以培养现代农业发展急需人才为重点。坚持科学人才观，遵循人才成长规律，创新人才培养模式。通过商业化的运作机制，帮助各级政府、涉农企业、职业培训机构、农业种植大户等培养一支适应现代农业发展的人才结构合理、农业技术一流、经营管理高效的高素质农业人才队伍。

2. 培训宗旨

以培养“未来中国职业化农民”为宗旨。主要帮助新型职业农民培养创业能力、领导能力及团队合作能力，培养现代农业高素质、复合型的新型农业人才，并为他们提供创新性领域的技术服务与指导。

3. 培训理念

用国际化视野、引入世界一流技术，培养中国现代农业人才。

4. 培训对象

拥有规模化生产和经营的管理者，以及一线农业生产的具备高素质和发展潜力的现代农业人才。

5. 借助企业

以现代农业综合体主导企业为平台，创办现代农业技术教育学院，组织国内外农业科学家、农业企业家、农业培训专家对现代农业经营主体和职业农民进行全程（全生命周期）的培育、培养和培训。以现代农业技术教育学院为基础，为农业综合体内各类型主体搭建创业就业平台（图 22）。

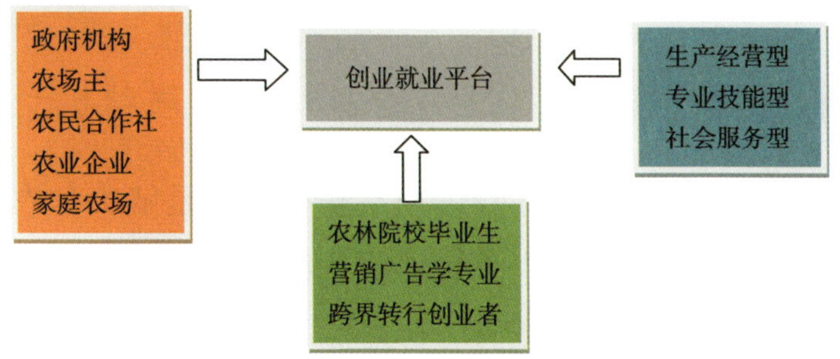

图 22　现代农业综合体创业就业平台

其中，创业服务平台为农业综合体内外各主体提供的商业化服务主要涉及：一是组织开办培训班，讲授农业领域创业知识技能，帮助农业综合体内外农业创业者避免创业的盲目性，提高创业成功率；二是帮助创业者形成自己的创业项目构想，并对其未来相关农产品、客户、市场发展前景和商业模式等做出明确的定位和发展规划；三是就创业者在创业实践中所涉及的知识、政策、法规以及各种常见的问题提供咨询和解答；四是为创业者分析和确定创业资金需求，协助完成创业融资所需的商业计划书，提供融资和引资方面的洽谈和对接服务等；五是采用回访调查、后期支持和长期顾问等方式，协助各经营主体创业者应对和解决创业实践中不断出现的新问题，帮助他们顺利起步以及改善家庭农场和农民专业合作社的经营管理。

就业服务平台为农业综合体内外各主体提供的公益性服务主要涉及：一是职业介绍与人才引荐，建立相关数据人才库，对新型职业农民，农林在校、毕业生就业提供就业渠道；二是职业技能培训，建立与干部继续教育、工人岗位培训类似的新型职业农民全员经常性培训制度，帮助其适应农业政策调整、农业科技进步和农产品市场变化新要求，不断提高生产经营水平；三是技能认定管理，与当地农业局、农技站合作，建立相应岗位技术认定标准，定期培训、考核，发放相应资格证书。重点考虑三个因素：一是以农业为职业，主要从职业道德、主要劳动时间和主要收入来源等方面体现；二是教育培训情况，把接受农业系统培训或中等及以上农科教育作为基本认定条件；三是生产经营规模，主要依据以家庭成员为主要劳动力和不低于外出务工收入水平确定生产经营规模。

（三）创新职业农民培育与农业综合体的利益联结机制

创新职业农民培育与农业综合体利益联结机制是解决务农种粮有效益、不吃亏、得实惠，从而保障务农长效增收，使农业最终成为有奔头的行业、使农民成为体面的职业的关键环节。利益联结机制创新保障职业农民分享现代农业全产业链的收益，使得培育起来的新型职业农民逐步走上具有相应社会保障和社会地位的职业化路子。

1. 强化链式利益联结

借鉴荷兰农业产业链管理经验，依托核心企业，利用价值链、信息和物流链整合各方利益主体，建立农业技术开发、农产品生产标准体系和上下游连接的质量追溯体系，着力打造纵向和横向产业联盟，鼓励通过职业农民领班家庭农场、农民专业合作组织等与产业链条各企业主体交叉持股、联合研发、交互许可、供应商契约等方式结成利益共同体。依托龙头企业或行业协会，联合专业合作社、种养大户和家庭农场设立共同营销基金，专项用于农产品销售推介、品牌运作和出口服务。推进官产学研合作，打造政府、企业和研发队伍三方利益联结机制，培育以企业为主导的农业产业技术创新战略联盟，允许农业科研人员以科技成果、职业农民以人力资本分享产业融合利益。

2. 推广股份合作型利益联结

参照重庆等地经验，鼓励地方政府探索发布辖区内农村土地指导价，为农户资产入股提供议价基础。引导农业综合体内外龙头企业和职业农民领班的各类农业经营主体通过双向入股方式实现利益联结，鼓励专业合作社、家庭农场、种养大户和普通农户以土地、劳务、资金等入股企业，支持企业以资金、技术、品牌等入股领办专业合作社。借鉴安徽宿州经验，探索建立以农业企业为龙头、家庭农场为基础、农民专业合作社为纽带，基于股份制和专业化分工的现代农业产业联合体。完善利润分配机制，推广“保底收益＋按股分红”分配方式，明确资本参与利润分配比例上限，维护农民利益。

3. 推动产销联动型利益联结

支持农产品产销双向合作互动，鼓励批发商、零售商与农民合作组织共建规模化、标准化农产品基地，扶持农民成立农产品流通合作组织，并以加盟或入股形式成为大型连锁超市会员，强化“农超对接”利益联结。及时总结推广新业态利益联结模式，鼓励农户和消费者围绕农产品和土地，按照农业众筹方式形成产销利益共同体，探索休闲农业股权众筹等新型利益联结机制。

典型案例 1：职业农民引领——打造综合体的先行者

“先在村庄周围建设现代农业产业园区，通过延伸产业链条和拓展农业功能，带动农民增收。在此基础上，把传统村庄改造为新型农村社区，咱的‘田园综合体’梦想也就有了雏形……为此，再苦再累也绝不言弃。”日前，山东省鱼台县王庙镇古李村 80 后返乡创业大学生、鹤来香食品有限公司总经理李小刚，在得知自己入选第十届“全国农村青年致富带头人”时激动地说。

李小刚老家山东省鱼台县位于微山湖西岸，肥沃的土地、温润的气候，使得这里出产的稻米远近闻名。在青岛已带着全家跳出农门的李小刚，没有忘记生养他的故乡，回乡创业，靠山吃山、靠水吃水，带着乡亲们致富。他回乡做的第一件事是出资近 30 万元给村里修路，还资助 4 名困难学生直到大学毕业。

2011 年年底，李小刚流转了村里 100 多亩的土地，探索种植有机水稻。“农业投资周期长、风险大、见效慢，这些挫折是事业发展的必然阶段。”接下来，李小刚调整了发展思路，在他以前擅长的加工和销售领域下工夫，收购了当时资不抵债的当地农产品加工企业——鱼台县鹤来香食品有限公司。立足鱼台丰富的优质农产品资源，李小刚和他的团队充分发挥销售特长，鹤来香公司很快实现扭亏为盈，线上线下业务齐头并进，旺季每天发货 1 500 件，日销售额达 5 万元。目前，该公司已发展固定职工 30 多人，2016 年销售收入超过 600 万元。

李小刚为自己的田园综合体梦想制定了“三步走”发展方略：一是加强农业企业的带动能力。整合土地资源，提高农民组织化程度，发展现代农业，为企业提供绿色健康原材料；企业发展精深加工和品牌销售，实现增值。二是企业给当地农民提供就业岗位，让农民就地变成产业工人；盘活农民的集体资产资源和土地资源，增加财产性收入。三是当农民的主要收入来源变为工资性收入和财产性收入后，推进建设新型农村社区，让农民不走出农村就过上城里人生活。

目前，李小刚通过农业企业带动建立土地股份合作社，整合了当地土地资源，种植绿色健康农产品，给农民提供就业岗位。建设田园综合体的梦想，已走出了坚实的一步。近期，李小刚又去北京注册了北京玖禾农业发展有限公司，招募全国各地返乡大学生参加，营销由全国各地回乡创业大学生生产的特色农产品。

典型案例 2：1＋1＋1 是如何大于 3 的

——安徽省现代农业产业化联合体的实践

“建立紧密的产业、要素、利益联结机制，充分发挥市场配置资源的决定性作用，促进要素在联合体内各经营主体间自由流动。”这句话被写进了“安徽富煌三珍现代农业（渔业）产业化联合体”的章程中，成为富煌三珍“公司＋合作社＋养殖大户”联合体经营模式下各方都要遵守的“金科玉律”。

作为联合体中的核心，龙头企业富煌三珍深谙，只有抱团才能获得更大利益。他们采取订单、入股分红、利润返还等方式，与农民合作社、养殖大户和家庭农场形成紧密型利益关系；在联合体内将每年的经营利润按一定比例计提，形成风险基金，提高联合体抗风险能力；强化各主体间诚信合作机制，降低经营主体违约风险，实现利益共享、风险共担。

淮河种业有限公司是现代农业产业化联合体的最早创立者。2011 年，公司在埇桥区灰古镇流转 2 000 亩土地进行良种繁育，但在经营中遇到自身繁育良种规模不足问题，又有合作农户繁育良种存在质量难以保障的困扰。为解决这两大难题，公司尝试委托周边付湖、秦圩等村的家庭农场和合作社进行规模化繁育良种。为缓解家庭农场缺技术缺资金难题，淮河种业提供技术支持并垫付原种等农资款，最终所繁育的良种被公司以高于市场价的价格全量收购。如此，一个由淮河种业有限公司牵头，从种子到农资、从耕作到购销的完整产业链形成了。同时基于各个生产主体之间的需求，淮河种业加速各生产要素在各主体间的流动，用服务和收益促使各主体走到一起，从而逐渐形成了一套利益联结机制，奠定了现代农业产业化联合体的初始形态，而淮河粮食产业联合体也由此应运而生。

产业联结超前紧密，订单生产节本增收，联合抱团勇闯市场，让联合体各经营主体有一种上了保险栓的踏实感。现代农业产业化联合体的核心就在“联合”二字上，如何“联”出规模、“合”出效益，是检验一个联合体存在价值与运转效率的根本标准。不仅形成紧密的产业联结，联合体还实现了订单生产所带来的节本增效。对于成员中的合作社和家庭农场，不仅享受最优惠的农业社会化服务，比市场价低 5%左右，还可以享受其他成员单位最低的农资价格，这样可以降低他们的投入成本。种业公司直接对接订单农业，一举破解了卖粮难。联合体内各经营主体发挥各自优势，开展多元化、社会化服务，涵盖产前的种子、化肥、农药、薄膜等农资供应环节，产中的耕、种、管、收等机械化作业环节，以及产后的销售、运输、加工等环节，实现了生产要素在联合体内的有效自由流动。

除了在发展订单农业方面有突出优势，联合体在整合企业力量，抱团开拓市场方面也有不俗表现。安徽富煌三珍食品有限公司专注水产食品全产业链体系建设，通过实行“公司＋合作社＋养殖大户”联合体经营模式，凭借富煌三珍强大的加工、技术、市场、品牌优势，集聚了一批养殖大户、家庭农场和上下游关联企业。

七、政策保障与对策建议

上述现代农业综合体“创新创业”经营体系可供选择的路径能否有效转化为构建新型农业经营体系的现实，主要取决于能否通过深化改革和制度创新，形成有效的制度和政策环境。

（一）完善农村土地产权制度与集体经济制度创新

按照2016年中央先后颁布的《关于完善农村土地所有权承包权经营权分置办法的意见》和《中共中央国务院关于稳步推进农村集体产权制度改革的意见》精神，在不突破国家相关政策的前提下，现代农业综合体在农村产权制度和集体经济改革方面的制度创新可考虑以下两点。

一是要为各利益主体做好土地流转创新的基础性工作。建立农户土地承包权的有偿退出机制与交易通道，迫切需要在对土地确权（涉及对土地是否确权确地、或确权不确地、确权确股，并且股权固化与活化等问题）和颁证（涉及所有权证、承包权证、经营权证、股权证等4种权证的颁发）的基础上，建立与土地三权分置相适应的土地三权交易体系与市场（黄祖辉，2014）。就土地承包权交易体系与市场而言，除了国家征地交易制度需进一步完善外，还可考虑其他两条途径：一是土地承包权股份化和可交易化。这既能保障和实现农民的土地权益，又能使农民土地权益实现实物化与非实物化分离，进而不影响土地这一生产要素在空间的优化配置；二是建立非股份化的农民土地承包权的市场直接交易机制。

二是要大胆创新农村社区性集体经济制度。如何在城乡人口不断流动的背景下，既保障农民作为农村社区集体成员的权益，又将这种成员身份与其特定身份相分离，实现农民的土地承包权益、宅基地住房权益和集体经济权益从其身份依附到非身份（契约）依附的转换，进而降低农民土地权益、房屋权益以及集体经济其他权益的交易门槛，扩大农民土地与财产交易的市场空间，是中国农村改革深化、新型农业经营体系建构和工业化、信息化、城镇化、农业现代化和绿色化“五化”协调发展中必须解决的问题。可供选择的改革思路与方向是：通过改革深化，使农村社区性集体经济制度逐步从政社不分向政社分离转变；从单一所有向混合所有转变；从封闭性运行向开放性运行转变；农民在集体经济中的权益从使用权、经营权的拥有向财产权的拥有延伸；从实物化拥有向非实物性的资产化和股份化拥有转变；从成员身份依附向市场契约依附转变。而上述内容突破，将为现代农业综合体内部各利益相关者其他方面创新提供最基本的制度保障，也为国家深化农村土地产权制度和集体经济制度改革提供示范样本。

（二）创新农村金融服务体系

鼓励现代农业综合体内外部金融机构、企业等主体创新信贷产品和服务方式，拓展抵质押担保物范围。可将各类农业经营主体纳入信用评定范围，建立信用档案（王慧敏等，2015）。在此基础上，试点开发订单质押、农产品预期收入质押、大型农机设备抵押、畜禽圈舍抵押等适合新型农业经营主体需要的金融产品。

建立由各级财政出资的农业担保公司，支持具备条件的社会法人投资设立融资担保机构，为新型农业经营主体提供贷款担保。

创新金融服务模式，试点推广“企业＋农民专业合作社＋农户”“家庭农场＋合作社＋公司”“经营主体＋银行＋保险”等农业产业链金融服务模式，积极开展联保、联贷等业务。

（三）采取差别化的扶持政策

在新型农业经营主体动态信息化管理的基础上，研究制定梯度扶持政策。针对不同规模的新型农业经营主体及其发展的不同阶段，确定扶持政策重点，如给予不同利率、不同期限的贷款支持。在发展初期，着力帮助解决信贷担保、基础设施、土地流转、设施用地等问题；在成长成熟期，着力帮助解决质量安全、品牌建设等问题。

制定发达地区和贫困地区新型农业经营主体差异化扶持政策。未来农业综合体将有不同的试点，可能如现在的试点一样，存在像嵊州、奉化这样的发达地区，也有丽水这样的山区等欠发达地区，建议总结不同区域新型农业经营主体发展情况和特点，采取区域间差异化的扶持政策，制定贫困地区新型农业经营主体优惠政策，鼓励发达地区和贫困地区新型农业主体和职业农民人才层面的“山海协作”。

明确职业农民享受独享性扶持政策的条件。逐步推进农业从业人员准入制度，将大中专学历证书和农业职业资格四级（中级）作为准入条件重要内容。科技示范户、家庭农场主、合作社社长应为职业农民；在合作社和农业龙头企业中职业农民也应占一定比例；积极引导农超对接、订单农业的用人单位优先聘用持证人员。

（四）探索农村人才长效培育机制

由地方政府、现代农业综合体内企业等相关机构制定针对农村实用人才、新型职业农民、新型农业经营主体的专项人才培养计划，建立终身学习、终身培训的长效培育机制。

给予新型农业经营主体经营者与其他人才队伍同等的待遇，如，享受政府津贴、考察交流、专项奖金、公开表彰、免费培训等，让新型农业经营主体经营者有影响、有地位、有荣誉，营造全社会关心、支持职业农民和新型农业经营主体经营者的浓厚氛围。

多渠道创立新型农业经营主体发展基金，用于支持大中专毕业生，尤其是农校毕业大学生、农二代、返乡创业农民工、农技人员和基层干部从事现代农业创业，以及新型农业经营主体经营者在互联网＋、创意农业、乡村旅游、民宿民俗、养生养老等农村新型业态等方面的创新实践。

参　考　文　献

陈剑平，吴永华，2014. 以现代农业综合体建设加快我国农业发展方式转变［J］. 农业科技管理

（10）：13-18.

陈晓华，2012. 现代农业发展与经营体制机制创新［J］. 农业经济问题（11）：1-6.

郭智奇，齐国，杨慧，等，2012. 培育新型职业农民问题的研究［J］. 中国职业技术教育（5）：8-12.

黄迈，董志勇，2014. 复合型现代农业经营体系的内涵变迁及其构建策略［J］. 改革（1）：15-26.

黄宗智，2010. 中国的隐形农业革命［M］. 北京：法律出版社.

黄祖辉，俞宁，2010. 新型农业经营主体：现状、约束与发展思路［J］. 中国农村经济（10）：16-20.

黄祖辉，2013. 现代农业经营体系构建与制度创新——兼论以农民合作组织为核心的现代农业经营体系与制度构建［J］. 经济与管理评论（6）：28-35.

黄祖辉，2014. 农业产业组织制度要创新而不是异化［J］. 中国乡村发现（12）：2-8.

黄祖辉，傅琳琳，2015. 新型农业经营体系的内涵与建构［J］. 学术月刊（7）：50-56.

姜长云，2013. 农业产业化组织创新的路径与逻辑化［J］. 改革（8）：18-22.

姜长云，2014. 关于构建新型农业经营体系的思考——如何实现中国农业产业链、价值链的转型升级. 人民论坛［J］. 学术前沿（1）：1212-1128.

蒋文龙，朱海洋，2014. 一场科学家和企业家的跨界联姻［N］. 农民日报，11-22.

李俊超，2007. 农业经营形式“三大新趋势”——公司化、园区化、合作化［J］. 江苏农村经济（12）：12-18.

李玮，2009. 国外农民培训对我国培育新型农民的启示［J］. 农业经济（8）：6-8.

罗必良，2005. 农业产业组织：一个解释模型及其实证分析［J］. 制度经济学研究（1）：59-70.

牛若峰，2002. 当代农业产业一体化经营［M］. 南昌：江西人民出版社.

邱乐丰，孙永朋，方豪，等，2015. 现代农业综合体标准化建设评判方法的研究［J］. 浙江农业科学（3）：2201-2213.

万俊毅，2008. 准纵向一体化、关系治理与合约履行——以农业产业化经营的温氏模式为例［J］. 管理世界（12）：93-102.

王慧敏，龙文军，张震，等，2015. 加快贫困地区新型农业经营主体培育［N］. 中国县域经济报，06-18.

王树勤，李长璐，宗宇翔，等，2013. 发达国家农业社会化服务体系模式比较与经验借鉴［J］. 农村财政与财务（10）：12-18.

王征兵，1998. 中国农业经营方式研究［D］. 杨凌：西北农林科技大学.

袁赛男，2013. 家庭农场：我国农业现代化建设的路径选择——基于家庭农场与传统小农户、雇工农场的比较［J］. 南方农业（4）：20-22.

赵海，2013. 新型农业经营体系的涵义及其构建［J］. 农村工作通讯（6）：48-50.

周立群，曹利群，2001. 农村经济组织形态的演变与创新 [J]. 经济研究 (1)：4-12.

Cook M L，Chaddad F R，Iliopoulos C，2004. Advances in cooperative theory since 1990：Areview of agricultural economice lierature [M] //George W J. Restructuring Agricultural Cooperatives. Amsterdam：Hendrikse：65-90.

Enzing C M，Pascucci S，Janszen F H A，Omta S W F，2011. “Role of Open Innovation in the New Product Short and Long-Term Market Success：Evidence from the Dutch Food and Beverages Industry” [J]. Journal of Chain and Network Science，11 (3)：235-250.

Eswaran M，Kotwal A，1985. A Theory of Contractual Structure in Agriculture [J]. American Economic Review，75，352-367.

Markelova H，Ruth M，Hellin J，Dohrn S，2008. Collective Action for Smallholder Market Access [J]. Food Policy (10)：1-7.

Matopoulos A，Vlachopoulou M，Manthou V et al，2007. A Conceptual Framework for Supply Chain Collaboration：Empirical Evidence from the Agri-Food Industry [J]. Supply Chain Management：An International Journal，3 (12)：177-186.

Mungandi S，Conforte D，Shadbolt N M，2012. Integration of Smallholders in Modern Agri-food Chains：Lessons from the KASCOL Model in Zambia [J]. International Food and Agribusiness Management Review，15 (3)：155-176.

Robbins S P，1974. Managing Organizational Conflict：A Nontraditional Approach [J]. Eaglewood (Cliffs，New Jersey)：Prentice Hall.

Traill B，Meulenberg M，2002. Innovation in the Food Industry. Agribusiness [J]. An International Journal，1 (18)：1-21.

专题四　现代农业综合体建设中“安全可控”质量体系的构建

一、现代农业综合体建设中“安全可控”质量体系的研究背景

（一）我国农产品质量安全发展概况

农产品质量安全被称为老百姓舌尖上的安全问题，直接关系到人民群众的身体健康、生命安全。习近平总书记在党的十八大报告中明确指出，食品安全关系群众身体健康，关系中华民族未来。要用最严谨的标准、最严格的监管、最严厉的处罚、最严肃的问责，确保广大人民群众“舌尖上的安全”。按照2006年11月1日起施行的《中华人民共和国农产品质量安全法》的规定，农产品质量安全，是指农产品质量符合保障人的健康、安全的要求。近年来，我国多次出现了严重的农产品质量安全问题，对人类生命的健康和安全构成极大威胁，提高农产品质量安全已成为全社会最重大的关切。在农产品质量安全问题长期累积、人类活动持续产生大量危害物、毒理学和分析技术的进步不断发现新问题、人类社会对农产品质量安全问题的关注度持续提高的背景下，很多农产品质量安全问题将长期存在，并呈现出下列新常态（陈剑平等，2015）。

1. 农产品质量安全的危害因素种类繁多，并将持续增加

农产品质量安全既关系公众的身体健康，也关系到农业的产业发展。农产品质量安全问题已受到世界范围的广泛关注。影响农产品质量安全的因素

是一项极为复杂的系统。结合现有相关研究报告，目前已知的农产品质量安全危害因素主要有：

1）化学性危害物

是指在农业生产过程中，由于不合理使用化学合成物质而对农产品质量安全产生的危害，主要有化学肥料、农药、兽药（渔药）、食品添加剂、饲料添加剂、非法添加物、重金属、有机污染物、无机化学物（如亚硝酸盐）、生物毒素等。

2）物理性危害物

是指来自农产品生产或收获过程中操作不规范，不慎在农产品中混入有毒有害杂质，包括各种放射性核素等。

3）生物性危害物

主要指自然界中各类生物性污染对农产品质量安全产生的危害，如在流通、储运、销售过程中的霉烂、变质，运输工具、储藏设备、销售货栈等带来的包括各种致病微生物和寄生虫等。

4）营养平衡因素

如不良饮食习惯带来的营养失调等。

5）现代新技术因素

如现代生物技术可能带来的一些新的危害因素。

其中各类危害因素中又有很多种类，如我国目前登记使用的农药有效成分有600多种，还有大量难以统计的有毒杂质和助剂，以及使用后产生的各种有毒代谢物等（陈剑平等，2015）。

2. 食物急性中毒持续减少，对人类健康慢性危害日益突出

据国家卫生和计划生育委员会办公厅通报的2006—2015年全国食物中毒事件统计，近十年我国食物中毒发生量呈明显的减少趋势（图1）（王卓，2015；国家卫生计生委办公厅，2016）。事实上，大多数的社会公众都可以感受到周围发生的急性食物中毒事件已经非常少见。

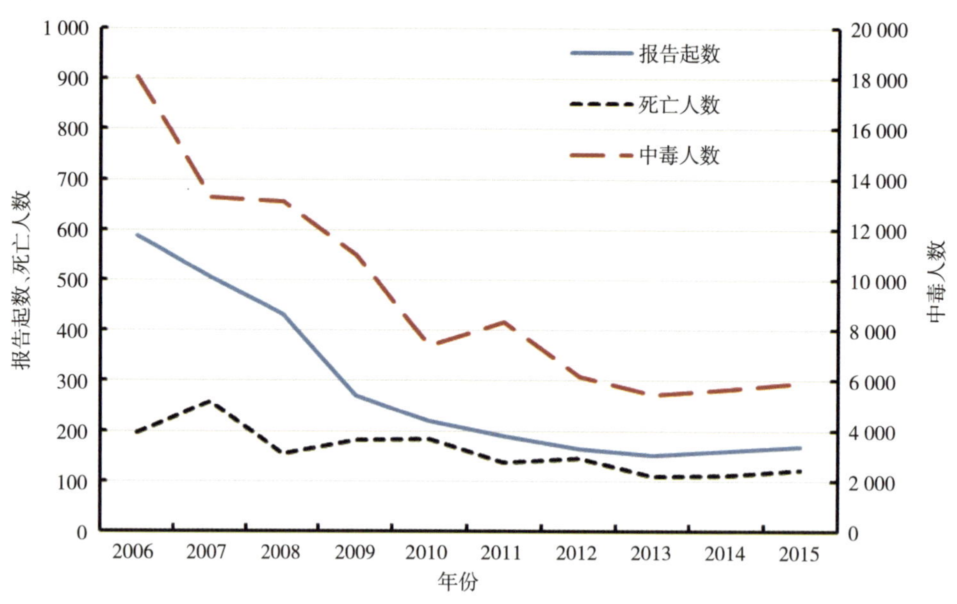

图 1　2006—2015 年我国食物中毒发生情况

但是，食物对人类健康的慢性危害日益突出。据全国肿瘤登记中心发布的《2012 中国肿瘤登记年报》，我国近 20 年来的癌症发生呈现年轻化及发病率和死亡率走高的趋势，每年新发肿瘤病例估计约为 312 万例，平均每天 8 550人，全国每分钟有 6 人被诊断为恶性肿瘤。全国肿瘤发病率为 0.286%，城市高于农村。虽然癌症发病原因是多方面的，而且很多因素事实上尚未搞清，但专家普遍认为，饮食（其中大部分是农产品）是肿瘤和多种慢性疾病高发的主要原因之一（陈剑平等，2015）。

3. 农产品农兽药残留总体上明显向好，局部性问题依然频发

近十多年来，对农产品中有毒有害物监测最多的是农兽药类农业化学物残留。通常监测的农兽药有几十种，偶然会有上百种。从官方公布的监测结果看，农产品中的农兽药残留显著向好，近年蔬菜、水果、茶叶和食用菌的总体合格率稳定在 95%以上，畜禽产品合格率在 98%以上，水产品合格率也在 90%以上。但局部地区部分农产品仍会偶发性出现某些农兽药残留超标或禁用农兽药检出的情况，如 2010 年的“海南‘毒’豇豆”事件和 2013

年的“山东‘毒’生姜”事件等（陈剑平等，2015）。

4. 农产品重金属污染问题严重，并有进一步恶化的趋势

近年来我国经济快速发展，工业布局和产业结构改善滞后，生产工艺和污染治理水平没有有效提高，全国涉重金属的重点行业产能持续上升，重金属污染物排放量仍在增加。谷物、蔬菜和水产品是我国居民重金属摄入的主要来源，其次是畜禽产品、水果、食用菌、豆类、薯类。部分地区大米中镉、铅、镍、砷含量较高，特别是镉超标比较严重（陈剑平等，2015）。

5. 很多农产品质量安全危害因素缺少系统研究，不确定性大

我国现有对致病微生物、生物毒素、有机污染物和放射性核素等危害物的监测尚不够系统，危害存在很大的不确定性。其中食品中致病微生物和生物毒素污染虽有改善趋势，但仍是目前我国食物急性中毒的主要原因之一；有机污染物和放射性核素对农产品的污染有加重的趋势。

6. 国际评价我国食物安全总体上居中上水平

据英国经济学人智库（EIU）发布的2013—2015年全球食物安全指数报告，我国的全球食物安全指数在109个评价的国家中处于中上水平（表1）（袁士芳等，2014；刘潇潇，2015；EIU，2015）。

表1　我国的全球食物安全指数及其排名

年份	食品价格承受能力		食品供应能力		质量安全保障能力		总分	
	指数	排名	指数	排名	指数	排名	指数	排名
2013	58.5	49	61.7	40	65.7	45	61.0	45
2014	58.9	48	63.5	37	66.6	43	62.2	42
2015	61.0	50	65.2	39	69.3	38	64.2	42

注：排名的国家总数为109个。

（二）农产品质量安全管理体系的发展概况和主要问题

提高农产品质量安全水平需要社会各个主体的共同参与。为了更好地构

建现代农业综合体中的农产品质量安全体系，需要全面把握农产品质量安全体系的架构与运作，并针对与农业综合体内部农产品质量安全管理体系构建直接相关的方面进行分析。

1. 标准体系方面

标准是为了在既定范围内获得最佳秩序，促进共同效益，针对现实或潜在问题，按照规定的程序，经协商一致制定，为各种活动或其结果提供规则、指南或特性，供共同使用和重复使用的文件（中华人民共和国国家质量监督检验检疫总局等，2014）。在绝大多数发达国家，所谓农产品质量安全标准基本包含在食品安全标准法规体系之中。需要强制性执行的由官方制定，以技术法规的形式发布。不需要强制性执行的，通常由民间组织制定（如学会、协会、联盟等），以技术标准的形式发布，由市场主体自愿执行。市场主体会根据标准的社会声誉和可行性等选择执行的标准，但如果市场声称执行某一项标准，它就有严格执行的义务，政府监管部门和社会公众都可以监督其是否按照该标准执行。如美国联邦层面的技术法规全部收集在 The Electronic Code of Federal Regulations（e-CFR）中，e-CFR 共分为 50 个大板块，涉及农产品质量安全的法规主要分布在第 7、21 和 40 板块（主题分别为农业、食药和环保）（US Government Publishing Office，2016）。许多民间标准，由于其先进的理念、较高的技术水平、良好的可行性、高度的社会声誉而在世界范围内被广泛采用，并逐渐成为真正的国际标准，如 AOAC International、ISO、IFOAM、EUREP 等。

我国农产品质量安全标准体系建设经历了长期的发展道路。从清代初期出现稻谷分级，到民国时期军粮收购标准，到中华人民共和国成立初期的农作物种子、种畜禽标准，直到 20 世纪 90 年代以来，我国的农产品质量安全标准体系建设快速发展，已经涵盖了农产品品种、产地环境、生产加工、产品分等分级、安全卫生、包装储运等农产品生产流通的全过程。目前已制定颁布农产品质量安全相关国家标准及行业标准5 000余项，各级地方标准

7 000余项，另外还有大量的企业标准，初步形成了以国家标准和行业标准为骨干，地方标准为基础，企业标准为补充的农产品质量安全标准体系（谢瑞红等，2012；冯忠泽，2007）。

虽然经过近 20 多年的快速发展，我国已初步构建起了农产品质量安全标准体系，但标准体系还存在着很多问题，主要有：

1）标准体系乱

体系构建不合理，标准之间以及标准与法规之间不配套。以农药最大残留限量标准为例，目前国际上几乎全部发达国家及部分发展中国家都已建立了准许清单制的标准体系，而我国至今未能启动农药残留限量标准体系的改革，造成标准涵盖范围局限性大，漏洞多。

2）民间标准弱

在我国的标准体系中，国家标准、行业标准和地方标准等政府主导的标准占据绝对优势，企业标准虽然数量很多，但难见有影响力的企业标准，未能有效发挥民间组织在标准体系建设中的重要作用。值得一提的是，2015 年 3 月国务院发布的《深化标准化工作改革方案》，鼓励发展团体标准，目前已有少数学会等社会团体正在试点制定团体标准。

3）标准内容虚

部分标准缺少可操作性的实质内容，如许多操作规范类标准不接地气，难以实施，或通篇“参照执行”，没有自身的实质内容。

4）标准水平低

主要反映在缺少风险评估基础，科学依据不足；缺少实践验证，可行性差；缺少利益相关方的充分协调，争议性大。

5）标准意识差

农产品的生产经营者、农业服务业和相关产业从业者及农产品消费者的标准化意识总体较差。

6）标准执行软

绝大多数发达国家对于需要强制实施的标准都以技术法规的形式发布，

而我国则以强制性标准的形式发布，其他非强制性标准也可以通过技术法规和强制性标准的引用或生产经营主体的承诺而成为强制性的要求，但总体上强制力没有技术法规来得直接，加上标准意识差，监管不到位，执行力比较软弱。

2. 过程管控方面

1）国际上过程管控概念的提出与发展

农产品质量安全过程管控的概念可追溯到20世纪20年代，当时在欧洲提出了一种新的生产方式——有机农业的概念。1972年，全球性非政府组织——国际有机农业运动联合会（IFOAM）在欧洲成立，并积极倡导在生产过程中不使用化学合成的肥料、农兽药和畜禽饲料添加剂等物质，也不采用基因工程获得的生物及其产物的有机农业生产体系（周泽江等，2002）。

过程管控的一个重要理论基础是危害分析关键点控制（HACCP），它起源于20世纪60年代，美国宇航局等单位为了确保宇航员的食品安全共同开发了通过过程控制达到最终食品安全的管理方式。80年代以来，以HACCP原理建立起来的食品和农产品安全管理体系已被国际上广泛接受和认可，许多国家在农业和食品行业都推行了HACCP管理体系，如美国、加拿大、英国、德国、澳大利亚、日本、泰国、阿根廷等（林剑波，2013）。

在HACCP、良好卫生规范（GHP）和可持续农业的基础上，1997年欧洲零售商协会（EUREP）农产品工作组在零售商的倡导下提出了“良好农业规范”（Good Agricultural Practice，GAP）的概念，简称为EUREPGAP；2001年EUREP秘书处首次将EUREPGAP标准对外公开发布。EUREPGAP标准主要针对初级农产品生产的种植业和养殖业，分别制定和执行各自的操作规范，鼓励减少农用化学品的使用，关注动物福利、环境保护、职业安全与健康福利，保证初级农产品安全（黄卫萍等，2008）。

2007 年 EUREPGAP 宣布将名称和标识更改为 GLOBALGAP。

2）我国过程管控的主要实践

我国的 HACCP 管理体系应用始于 1990 年，是为了应对国际贸易中的技术壁垒，并首先在涉及水产品、肉类、低酸罐头等出口农产品和食品企业实施。2002 年，国家质量监督检验检疫总局颁布的《出口食品企业卫生注册登记管理规定》中明确提出涉及产品目录内的食品企业必须实施 HACCP 管理体系。同年，国家认证认可监督管理委员会颁布了《食品生产企业危害分析和关键控制点（HACCP）管理体系认证规定》，第一次提出实施 HACCP 认证，进一步推动了 HACCP 管理体系在我国食品行业的应用。在畜禽养殖方面，农业部于 2007 年先后出台了《肉用家畜 HACCP 管理技术规范》《肉用家禽 HACCP 管理技术规范》等行业标准，为畜禽养殖场应用 HACCP 管理体系提供了指导（林剑波，2013）。

同样是在 1990 年，农业部农垦司在吸取国际有机食品概念的基础上，提出了具有中国特色的绿色食品概念，并在随后的绿色食品认证监管中又提出过程管控的理念。在 2000 年发布的《绿色食品　产地环境技术条件》（NY/T 391—2000）、《绿色食品　食品添加剂使用准则》（NY/T 392—2000）、《绿色食品　农药使用准则》（NY/T 393—2000）和《绿色食品　肥料使用准则》（NY/T 394—2000）等准则类标准中给“绿色食品”的定义是“遵循可持续发展原则，按照特定生产方式生产，经专门机构认定，许可使用绿色食品标志，无污染的安全、优质、营养类食品”（中华人民共和国农业部，2000）。这个定义明确体现了过程管控的概念。2012 年 7 月 30 日发布的新版《绿色食品标志管理办法》中，对绿色食品的定义进行了进一步的修正和完善，即“绿色食品是指产自优良生态环境、按照绿色食品标准生产、实行全程质量控制并获得绿色食品标志使用权的安全、优质食用农产品及相关产品。”（中华人民共和国农业部，2012）。这个定义更加强化了过程管控的理念。

还是在 1990 年，第一个农产品基地由浙江省茶叶进出口公司申请有机认证，加拿大的国际有机认证检查员 Joe Smillie 先生受荷兰有机认证机构 SKAL 委托，对位于浙江省和安徽省的 2 个茶园和 2 个茶叶加工厂实施了有机认证检查（周泽江等，2002）。从 1994 年起，国内建立了自己的有机食品认证体系。随着我国有机农业的发展，过程管控在农业生产的实践进一步深化。特别是在我国的 2005 年版和 2011 年版有机标准（GB/T 19630《有机产品》）中充分体现的国际有机农业运动过程管控的理念，大部分篇幅是关于农产品生产加工和管理过程的要求（中华人民共和国国家质量监督检验检疫总局等，2005；2011）。

2002 年，我国部分农产品基地开始申请 EUREPGAP 认证。2005 年，参照 EUREPGAP 的 2005 年 2.0 版标准，结合中国国情和法律法规，制定了首批中国的《良好农业规范》系列国家标准（共 11 个部分），2008 年又发布了该系列国家标准的 24 个部分（包括 9 个部分修订），2013 年再次对部分标准进行了修订。

3）我国过程管控存在的主要问题

总体认识浅：随着有机食品、绿色食品、HACCP 和 GAP 等贯彻过程控制理念的安全农产品的发展，相关专业技术人员、农产品质量安全监管部门和农产品生产经营者对过程控制理念在农产品质量安全管理中重要性的认识虽有所提升，但总体上对过程管控的认识还远未到位，在实践中也未得到重视。

环境控制差：对农产品产地环境缺少系统评价，部分已受污染的土地仍被用于食用农产品的生产。

假劣农资多：对假劣农业投入品缺少简便的甄别机制，时有假劣投入品（特别是隐性添加农兽药或叶面肥）进入农业生产系统。

化学品使用滥：对农业化学物的使用缺少规范，农兽药、抗生素、防腐保鲜剂和化肥的滥用仍较普遍，违规使用时有发生。

卫生管理弱：农产品收储运环节缺少卫生管理规范，食源性病原微生物、生物毒素和包装物等的污染风险较大。

3. 追溯体系方面

1）国外农产品质量安全追溯管理概况

可追溯性是指通过登记的识别码和记载的文件系统，在时间和空间维度上追寻商品生产使用过程历史轨迹的能力。农产品（食品）质量安全的追溯管理体系起源于欧盟，为应对疯牛病危机，欧盟引入追溯制度作为应对措施，并于1997年制定了追溯规则，目的是一旦发现危害人类健康安全问题时，可从生产源头至最终消费的各个环节所记载的信息，追踪流向和问题根源，以便更有针对性地消除危害，改进管理体系的缺陷（罗斌，2014）。2000年，欧盟出台了第1760/2000号法规，要求从2002年1月1日起，所有在欧盟国家上市的牛肉产品必须具备可追溯性（The European Parliament，2000）。2002年又出台了第178/2002号法规，要求从2005年1月1日起，在欧盟范围内销售的所有食品都能够进行跟踪和追溯，否则不允许上市销售（The European Parliament，2002）。2002年，美国国会通过了《公共健康安全与生物恐怖应对法》，要求企业建立产品可追溯体系；并规定自2003年起，输美生鲜产品必须提供能在4小时内回溯的产品档案信息，否则，美方有权进行就地销毁；2005—2009年，美国开始探索建立全国范围分类别的农产品内部追溯系统。日本从2001年开始推动“食品可追溯制度”，并在2005年之前建立农产品追溯认证制度，对进入日本市场的农产品进行“身份”认证（童兰等，2012；罗斌，2014；吕佳等，2014）。近年，全球农产品和食品产业界及许多国家政府越来越重视供应链的质量安全可追溯性，作为加强食品安全信息传递、降低风险隐患的手段（李佳洁等，2013）。

2）我国农产品质量安全追溯管理概况

我国的农产品质量安全追溯体系建设始于21世纪初。2002年，农业部发布了《动物免疫标识管理办法》，规定猪、牛、羊等需要进行疫病强制免疫的动物，必须佩戴免疫耳标并建立免疫管理档案（中华人民共和国农业部，2002)。2006 年发布的《中华人民共和国农产品质量安全法》规定“农产品生产企业和农民专业合作经济组织应当建立农产品生产记录”（全国人民代表大会常务委员会，2006)。同年农业部发布了《畜禽标识和养殖档案管理办法》（中华人民共和国农业部，2006)。2007 年农业部发布了《农产品地理标志管理办法》和《农产品追溯编码导则》（NY/T 1431—2007)，规定了农产品产地溯源要求和编码规范（中华人民共和国农业部，2007a；中华人民共和国农业部，2007b)。同年，北京市为了确保奥运期间的食品安全，启动了首都奥运食品安全追溯系统（夏雪等，2014)。2009 年发布的《中华人民共和国食品安全法》要求在食用农产品生产及食品生产经营的主要环节建立记录制度（全国人民代表大会常务委员会，2009)。同年农业部发布了《农产品质量安全追溯操作规则通则》，制定了包括水果、谷物、茶叶、畜肉、禽肉、蔬菜和面粉等七项质量安全追溯操作规程。2011 年商务部发布了《“十二五”期间加快肉类蔬菜流通追溯体系建设的指导意见》（夏雪等，2014)。2015 年修订的《食品安全法》要求“食品生产经营者应当依照本法的规定，建立食品安全追溯体系，保证食品可追溯”（全国人民代表大会常务委员会，2015)。

除了有机食品、绿色食品等的质量安全认证要求实施可追溯管理之外，近年，多个部门和地区都在构建农产品质量安全追溯体系方面进行了有益的实践。如商务部从 2010 年开始，分批支持开展城市试点，建设以中央、省、市 3 级追溯管理平台为核心，以屠宰、批发、零售和消费环节及“产销对接”核心企业追溯子系统为支撑，以追溯信息链条完整性管理为重点的肉菜流通追溯体系。至 2014 年年底，试点达到 58 个城市，有2 000多家流通企业纳入了追溯体系。农业部已建立全国种植业产品、水产品、农垦农产品及动物疫病 4 个行业追溯体系，已在行业内试点实施。国家出入境检验检疫总局已启动出口食品追溯管理，要求企业严格标识代码管理，通过标识代码从产品到原料进行溯源（罗斌，2014；曹庆臻，2015)。从 2015 年开始，我国正在部署新一轮的农产品质量安全追溯体系建设推进计划，国务院办公厅

2015 年 12 月 30 日发布的《关于加快推进重要产品追溯体系建设的意见》把食用农产品和农业生产资料作为推进追溯体系建设的重要产品之一（国务院办公厅，2015）；建立农产品质量安全监管追溯信息系统已被列为我国“十三五”国家战略的百大工程项目之一；农业部在《2016 年农产品质量安全监管工作要点》的第三部分专门部署了“加快推进追溯管理”（农业部办公厅，2016）。

在地方层面，北京、上海、天津、浙江、四川、江苏、厦门和山东寿光等地都结合当地农产品质量安全监管的特点和实际需求，从搭建追溯平台、统一标识编码和规范信息采集入手，探索建立了地方农产品质量安全追溯体系，形成了各具特色的追溯模式。其中，四川模式从“三品一标”入手推进，厦门模式采取分级管理和诚信管理，无锡模式实现流通节点链条式监管和设置准入要求等（罗斌，2014）。

3）我国农产品质量安全追溯体系建设存在的主要问题

我国农产品质量安全追溯体系建设整体发展仍然处于探索阶段，由于缺乏统一认识、顶层设计、相互协调、信息共享和实施动力等原因，追溯体系建设仍任重而道远（罗斌，2014）。存在的主要问题有：

法律依据软：现行的《农产品质量安全法》和 2009 年版《食品安全法》都只提出了一些简单的记录要求，没有提升到可追溯层面，2015 年版《食品安全法》虽提出了“建立食品安全追溯体系，保证食品可追溯”，但追溯范围是否要求涵盖种植养殖过程仍不明确。在《关于加快推进重要产品追溯体系建设的意见》（国办发〔2015〕95 号）中也没有强制性的要求。

技术体系差：国际上追溯体系支撑技术总体上日益成熟，如 EAN-UCC 系统、GS1 系统、IC 卡识别技术、RFID 射频技术、DNA 技术等，特别是 EAN-UCC 系统和 GS1 系统已被广泛使用（曹庆臻，2015）。而我国从事追溯体系开发的单位众多，很多单位热衷于局部创新或纯粹的重复性工作，没有集中解决我国农业生产经营分散等带来的信息采集难度大、效率低和成本高，部门之间信息隔离带来的产地环境和农业投入品基础信息资源难以共享，以及缺少顶层设计带来的系统集成度低等问题。农业部、国家质量监督检验检疫总局、中国物品编码中心等部门虽已出台了一系列涉及农产品质量安全追溯的规程、办法、指南、要求等标准，但标准之间兼容性差，内容交叉和部分重要内容缺失并存。实践中，多部门、多系统、多渠道、各地区分头操作，缺少顶层设计，追溯链条不对接，追溯信息不共享。同时，也容易出现工作不延续等问题（曹庆臻，2015）。

主体意愿弱：中国农业是典型的小农生产体系，农产品种植养殖环节以农户为主，生产规模小，产业化、标准化程度低。这给农产品追溯信息的采集带来了巨大挑战，增加了农产品质量安全可追溯体系建设的成本和难度，造成追溯效益难体现，市场主体缺少主动性，追溯体系难推广（曹庆臻，2015）。

追溯信息虚：我国现有的农产品质量安全追溯体系建设以政府推动为主，追溯与市场准入对接的机制尚未建立，追溯投入的市场回报率低，加上对追溯信息缺少监管，生产经营主体以应付为主，信息的完整性和真实性不足。

4. 检测体系方面

国际上的农产品质量安全检测体系多种多样，但大多数国家采用官方实验室和民营实验室分工负责，相互协作，共同组成农产品（食品）质量安全检测体系。其中官方实验室通常以提供技术支持、方法开发、质量控制和监督检验等工作为主，民间实验室以满足社会的检测需求或承担政府的经常性监测工作为主。如欧盟的检测实验室分为欧盟参照实验室（CRLs）、成员国参照实验室、官方认可实验室和其他实验室。欧盟参照实验室由委员会任命，按专业设置（目前共 34 个），为整个欧盟提供科学技术支持，包括负责为各成员国参照实验室提供详细的分析或诊断方法和技术培训等。欧盟成员国建立了与欧盟参照实验室平行的国家参照实验室（NRLs）网络系统，负责建立欧盟范围内日常检测程序和可信的检查方法，来检测和甄别饲料与食品以及动物健康方面的安全问题。为了完成该网络框架，每个成员国至少为欧盟每个 CRL 指定一个 NRL，来与 CRL 开展该领域的合作和宣传 CRL 的有关指南。同时协调官方认可实验室的活动，如组织比对试验等，为中央政府提供科学性和技术性支持。官方认可实验室主要由政府主管部门授权，负责法律执行中抽检样品的分析，但也从事一些其他社会服务活动，这些实验室一般都是私立的，或者属于地方主管部门。其他第三方检测机构则主要提供社会检测服务（邱流文，2011）。

20 世纪 90 年代以来，我国农产品质检体系稳步发展，尤其是 2006 年以来，国家先后批复实施了“十一五”和“十二五”两个五年建设规划，农产品质检体系不断完善。截至 2014 年，两个五年规划已投资建设各级农产品质检项目2 548个，农产品质检机构硬件设施条件大幅改善，检测能力显著提高。单从农业系统主导建立的检测机构来说，数量已经相当庞大，部级质检机构就有 275 家，省级有 105 家，地市级有 800 家，县级有2 000多家，大部分的乡镇还建有快速检测室。农业系统检测机构的实验室总面积达 200 多万平方米，仪器设备原值 120 多亿元（中华人民共和国农业部，2014）。除了农业系统的检测机构之外，还有质监、食药和出入境检验检疫局系统的实验室参与农产品的检测工作。除了官方的检测机构之外，近年还有农产品生产经营企业自建的检测机构或快速检测室，以及第三方检测机构。我国的农产品检测体系虽然有了很大发展，但也存在严重问题，主要有：

1）检测资源散

现有的农产品检测机构以中小型为主，检测范围窄，检测能力弱，难以形成规模效益。

2）技术水平低

很多小型实验室的人员技术条件没有有效配套，也不利于技术提升，事实上难以形成真正的检测能力，更没有市场竞争力。

3）经营理念差

很多官方检测机构服务意识差，市场开拓力弱，长期依靠财政项目支持，或直接由财政经费维持。

4）第三方检测弱

虽然已有少数第三方检测机构开始发展连锁实验室，具备一定规模，有较高技术水平，社会信誉开始形成，但第三方检测机构总体上发展滞后，数量少，实力弱，社会信誉有待培育。

5. 认证体系方面

国际上安全农产品的认证是从有机食品开始的。1980 年，国际有机农业运动联合会（IFOAM）首次发布了《有机生产和加工基本标准》。随后，部分 IFOAM 成员就开始了有机食品的认证（马文娟等，2011）。近 30 多年来，有机食品认证在世界范围内得到广泛发展，并成为认证数量最多，最具有国际性的安全农产品认证类型。同时世界各国根据当地的具体情况，建立和发展了一些新的安全农产品认证类型，如环境友好型农产品、生物动力学农业、HACCP、GAP、NSF、地理标志等。大多数的安全农产品类型，最初是由民间组织提出的，有些发展到一定程度后，政府牵头或参与推动，对认证标准进行统一和规范，对认证过程进行监管。但绝大多数国家，具体的认证工作都由第三方认证机构来完成。

目前，我国的安全农产品认证有有机产品、绿色食品、无公害农产品、地理标志产品（农业部、国家质量监督检验检疫总局和国家工商总局分别构建了认证体系）、HACCP 和 GAP 等（图 2）。其中绿色食品、无公害农产品和地理标志产品由官方机构认证，有机产品、HACCP 和 GAP 则基本与国际接轨，由第三方认证公司认证。我国农产品质量安全认证体系存在的主要问题有：

1）机构品牌弱

绝大多数第三方认证机构未能创建起自身的品牌形象和社会声誉，总体

图 2　中国主要安全农产品认证标志

公信力不强。

2）行政干预多

官方认证机构虽然可用资源较多，也相对强势，但时有出现行政行为干预认证的现象。

3）机构监管软

对认证机构的监管软弱，特别是对官方认证机构事实上没有有效的监管机制。

4）认证过程虚

认证过程普遍存在强调形式，实质性的检查和风险甄别被简化。

5）认证后监管缺

缺少认证后的持续监管机制。

6）财政支持少

公共财政对由第三方认证机构认证的有机产品、HACCP 和 GAP 等的支持不足。

（三）现代农业综合体“安全可控”质量体系的基本构想

尽管近年我国的农产品质量安全事业取得了显著的进步，但人民群众对农产品质量安全的要求也在快速提高。农产品质量安全现状与人民群众日益提高的质量安全要求的矛盾，仍是我国当前社会生活中的一大主要矛盾，并引起了党和政府，特别是习近平总书记的高度重视（新华网，2013；新华网，2015）。现代农业综合体在这样一个历史时期诞生与发生，必须正视这个矛盾，勇于担当，针对现代农业综合体的主导产品——农产品，构建起“安全可控”的质量体系。

所谓“安全可控”质量体系，是指现代农业综合体内各个相关部门或系统为实现农产品质量安全目标进行分工合作所形成的一体化工作网络。它贯穿于农产品的生产、加工、储运、销售和消费，即“从农田到餐桌”的整个过程，是为保证农产品质量安全所采取的全部措施的总和。

现代农业综合体“安全可控”质量体系的主要特征是：

1. 主动性

现代农业综合体构建“安全可控”的质量体系虽然也是为了符合国家和当地法律法规和强制性标准的考虑，但综合体的质量体系远超出了法律法规和强制性标准的要求，更多的是综合体自身的主动行动，在体系构建和实施过程中具有强烈的主动性。

2. 整体性

现代农业综合体具有多元融合和产业链完整等特点，在这样的经营主体中构建农产品质量安全管理体系，不仅具有完整的产业基础，通常也会有良好的顶层设计，必然具有整体性的优势。

3. 经济性

作为一个综合体农业经营主体的主动行动，现代农业综合体的农产品质量安全管理体系必然会注重解决成本效益问题。也就是说，与目前很多由外部推动构建的质量体系相比，综合体的质量体系必然会更有利于实现自身的经济价值。

现代农业综合体构建农产品质量安全管理体系的实践，将会有效地解决我国当前农产品质量安全管理体系存在的生产经营主体主动性不足，缺少整体设计，管理体系的经济效益难体现等问题。

现代农业综合体作为社会主义市场经济中的一类新的大型综合性经营主体，其运行体系的构建是一个复杂的系统工程，但其中的质量安全管理体系是综合体在市场中立足、发展和壮大的根本，是整个系统工程中的一个主要方面。

二、国内外农产品质量安全体系构建的实证分析与经验借鉴

（一）明康汇

1. 概况

明康汇是海亮集团（在2014年中国企业综合实力500强中居第133位，在中国民营企业500强中居第16位）下属的农业食品板块，目前包括2个集团公司，即明康汇生态农业集团和明康汇健康食品集团。

明康汇生态农业集团创建于2012年10月，是一家集种植和养殖（含畜禽和水产养殖）为一体的现代化农业集团，致力于打造安全、健康、口感好的生鲜农产品知名品牌，争创中国生态农业领军企业。明康汇生态农业以保护和改善生态环境，帮助农民增加收入为己任，致力于为社会公众提供安全、健康的生态产品和服务，实现动植物、生态环境和人类健康的和谐统一。明康汇生态农业集团严格甄选适合动植物生长、繁育，环境优美的地区

开展种植、养殖业务。以我国东北、西北、华北、华东及澳大利亚为粮油、饲料的主要种植和禽畜养殖基地，优选特大型湖泊水库建立生态水产养殖基地，同时，还规划建设以旅游观光、休闲体验、会议及展示推广为主的生态农业科技示范基地和现代农业园（范丽敏，2015）。目前国内已建起 22 个基地；在澳大利亚已购 3 个牧场，总面积 700 多万亩。此外，还配套建设有机饲料、有机肥料加工厂。

明康汇健康食品集团注册资本 10 亿元，是一家集生鲜食品生产、加工、储运、销售为一体的现代食品集团。2013 年 1 月投资约 16 亿元，在上海金山现代农业产业园内建设明康汇长三角健康食品产业园，已建成集研发、加工、检测、仓储、配送等于一体的综合性食品园区。以全球知名的天然食品超市 Whole Foods（全食）为标杆，开设自营生鲜食品连锁专卖店。专卖店以销售自产生鲜为主，并荟萃国内外名优特色的品牌食品。首批 20 家专卖店于 2015 年春节前陆续开门迎客，至 2016 年年底已增加至 27 家，主要分布在杭州、绍兴和上海等长三角地区（陈灵，2015；明康汇生态农业集团，2017）。2015 年下半年开始，以专卖店为支点，开拓周边区域性的线上销售，打通生鲜 O2O 电商模式。

明康汇生态农业集团和明康汇健康食品集团组成的农业食品板块，已经实现了自己生产、自己加工、自己储运、自己销售的全过程食品质量安全管理。按照海亮集团的规划，今后还将成立 1～2 个集团公司，专门负责 OEM（代工生产）、即食产品生产和电商业务。

2. 农产品（食品）质量安全体系构建及主要经验

明康汇认为，生鲜食品安全问题的主要根源是诚信缺失、产销分离、信息不透明等，针对这些主要的问题根源，明康汇用“六大体系”为顾客提供“买得明白，吃得放心”的好生鲜。

1）严明的诚信经营体系

农业食品做的是良心，靠的是诚信。海亮深知，违背诚信是经营农业食品产业最大的风险，由此给企业造成的打击是毁灭性的。因此，海亮在大规模进入农业食品领域时，建立了苛刻的诚信体系。诚信不仅仅面对消费者，也包括生产经营中的其他利益相关方和公司员工，同时，也要求公司的每一位员工在工作中坚守诚信，每一位员工的诚信是企业诚信的保障。为了践行诚信，集团公开自身的承诺，接受消费者和其他利益相关方的监督；设立诚信监察室，出台《员工诚信守则》，与全体员工签订诚信协议；在公司官网设立诚信曝光台，对违背诚信行为，自己首先曝光，并实施严格的问责，不让任何非安全健康食品流入大众餐桌。如 2015 年 3 月 22 日，因员工操作失职，导致该日加工蛋品的部分包装盒所打印的生产日期发生严重错误，发现后即于 4 月 11 日在集团官网诚信曝光台公布相关事实和处理结果。

2）完整的生鲜食品产业体系

食品生产产业链长，环节多，包括从田头到餐桌的整个过程。整个过程的每一个环节都可能出现问题，由于诚信缺失和信息不畅，出问题后很难追溯到问题的根源。为保障食材从生产源头到零售的每个环节不出问题，明康汇投入巨大的人力、物力、财力，全力打造自己生产、自己加工、自己储运、自己销售的全产业链生鲜食品生态（图 3）（张乔生等，2015）。从种植养殖、屠宰基地到配送中心再到专卖店，根据每种食材的保鲜需求，自建超大型冷链物流、仓储配送系统（首期配置 63 辆生鲜配送车），进行全程冷链运输和储存。明康汇开设自营生鲜食品连锁专卖店，并结合网上配送，分销自产的生鲜食品。自产的农产品和食品全部通过自己的连锁专卖店分销，不通过第三方销售。专卖店除销售自产生鲜食品外，也荟萃国内外名优特色的品牌食品，但自产产品与其他产品有明确的标示区分。

3）严格的企业标准体系

鉴于国内安全农产品（食品）认证体系存在的诚信污点，明康汇除 1 个基地采用有机认证之外，其他产品均不谋求外部认证，集中精力和财力，树立自己的明康汇品牌形象。为此，明康汇从原则承诺、基地甄选、药物控制、技术规范到产品要求构建严苛的企业标准体系。

图 3 明康汇完整的生鲜农产品产业链（明康汇生态农业集团，2016）

4）全程的质量监管体系

明康汇执行良好农业规范（GAP）和危害分析关键控制点（HACCP）体系，特别重视基地选择和环境污染控制，药物使用规范和残留控制，转基因成分污染控制，冷链物流和在途可视化监控，对所有自产及外采食品进行严格的检验检测。在各个农业基地、加工厂、屠宰厂配备质量检测室，在明康汇长三角健康食品产业园，建设面积近5 000平方米的检测中心，购入国际一流的检测设备，如 LC-MS-MS、ICP-MS、AAS、GC、GC-MS、UPLC 等约 110 类，共计 190 多台（套）。检测能力基本涵盖农业和食品类检测项目，包括产地土壤、水源、农业投入品以及食品的农兽药残留、重金属、亚硝酸盐、生物毒素、添加剂、转基因成分等1 000多个项目。

5）翔实透明的追溯体系

为保证质量和加强管理，全面实现相关信息可追溯，集团与SAP、IBM、富基融通、北京农林科学院等业内知名信息管理咨询单位合作，投资近亿元进行信息化项目建设，搭建全产业链产销协同计划体系、产品质量追溯体系、共享服务体系，志在将整个生产流通过程的详细信息电子化，树立明康汇的透明诚信品牌，促进中国食品的安全与健康。翔实的信息仅限于明康汇自产的产品，其中蔬菜类产品包括但不限于产地信息、是否转基因、播种与收获日期、种植方式、投入肥料信息、用药标准、最后一次用药信息、检测报告、物流温度与时间等。

6）强大的科技支撑体系

明康汇设立生态农业研究院多方引进专业技术人员，包括从全球顶尖农业科技公司先正达等引进技术精英。截至2014年12月，明康汇已有2位专职教授、1位半职教授担任公司高管；技术、管理团队中有博士5名、硕士82名（吴正懿，2014）；农业专业技术人员135人，食品安全专业技术人员11人，国家公共营养师25人。同时，还聘请了来自中国农业科学院、中国农业大学、南京农业大学等国内顶尖农业科研院所的13位教授常年为明康汇提供技术指导。

明康汇的质量安全管理体系得到了G20杭州峰会食品安全保障体系的充分认可，峰会期间，明康汇的各基地承担着23个品种、130余吨的蔬菜供应任务，占据整个峰会蔬菜用量的半壁江山（曾波，2016）。

3. 存在的主要问题和拟采取的应对措施

1）投资回报期长，目前尚未盈利

应对措施：一是集中力量把明康汇培育成为国内中高端安全健康生鲜产品第一品牌，将品牌溢价作为主要盈利模式。二是进一步延长产业链，提升综合效益，计划组建一个新的集团公司，专门负责即食产品生产和电商业务。三是在海内外进一步扩大基地规模，提升规模效应，摊薄管理成本，如在澳大利亚的3个大型牧场投产后每年将供应100万头活牛。四是开创新的经营模式，计划组建一个新的集团公司，专门负责OEM（代工生产）。五是进一步提高专业化、机械化和信息化水平，降低单位产品成本。

2）标准体系的完整性及已有标准的可行性和实用性有待提高

应对措施：一是进一步强化技术力量，充分利用各类科技资源，尽快构建比较完整的标准体系；二是根据实际应用情况，完善标准的具体内容。

3）追溯信息尚不完整

应对措施：一是根据信息化项目的目标，细化各环节需要录入的信息内容。二是明晰职责，落实责任；并拟参照连坐制，按3～5人划分小组，形成利益共同体，出现信息错误和重要遗漏的，除直接责任人外，小组内的其他人员负连带责任。

（二）泰森食品

1. 概况

泰森食品（Tyson Foods）始建于1931年，是目前国际上最大的畜禽产品生产、加工、配送和零售综合性企业。泰森食品拥有员工11.3万人，家庭农场1.1万户，规模化养鸡场57家、养牛场13家、养猪场9家，以及食品加工企业41家，2014年公司销售收入总额高达376亿美元。公司总部在行政总裁领导下设有零售品牌部、战略发展部、全球发展部、食品商务部、北美业务部、运营服务部、财务部、公共事务部、人力资源部、法律顾问部，其中运营服务部负责食品安全、员工安全、环境管理、信息系统、采购、配送、动物健康和营养等事宜（Tyson，2015）。

2. 质量安全管理体系

泰森食品的产品质量安全团队（Food Safety and Quality Assurance,

FSQA）有2 300多名员工，质量安全管理体系覆盖从农场、运输、工厂、零售到消费的各个环节。农场、运输和加工工厂环节具有严格的 HACCP、SSOP（卫生标准操作规范）、SPS（卫生与动植物检疫措施）、GMP 要求，零售环节中对零售商具有 SSOP 要求，此外，通过标签标注、培训等活动保障消费环节的质量安全（Tyson，2015）。

泰森食品自 1999 年开始执行“哨点计划”，即在 HACCP 的关键控制点进行严格的危害物监测，尤其是病原微生物，每周的检测结果将用于评价和验证 HACCP 的有效性，如发现问题，及时对 HACCP 进行调整更新（Tyson，2015）。

泰森食品对动物健康状态、药品和激素使用、HACCP 体系管理、冷链运输、产品可追溯性、第三方监督、产品质量安全认证等多方面向公众公开承诺，具有一系列的承诺书文件，接受消费者和监管部门的监督（Tyson，2015）。

3. 关键控制点及其控制措施

（1）泰森食品为协议农场统一提供健康的牛和猪幼仔，及家禽饲料。

（2）统一制定动物养殖标准和投入品使用规范，投入品的使用严格按照 FDA 动物用药指南的规定。

（3）公司为农场配备兽医技术人员，每周对动物健康和疫病进行检查。

（4）2012 年 10 月开始进行“农场检查”行动，根据检查结果，对家庭农场中的动物养殖场所、抗生素及激素使用监控、养殖户培训等进行大量人力和资源的投入。

（5）改善动物福利，目前泰森公司所有家禽均不再采用笼养，圈养设施内装备有自动喂食系统，为动物提供更好的自由行动空间、流通空气和光照条件，同时避免恶劣天气和疾病对动物的影响。

（6）公司鼓励家庭农场对牛群进行放养，保证每头牛的平均活动空间，2014 年放养比例为 24％，2015 年年底拟达到 32％。

（7）在抗生素使用方面，泰森公司的原则是只能按照兽医处方使用

FDA 批准清单中的抗生素，禁止在动物养殖中添加激素或类固醇类药物，逐渐减少人用抗生素在动物中的使用，并公开承诺于 2017 年全面禁止人用抗生素使用；使用后密切关注药物残留情况，上市前产品符合 FDA 和 USDA 的药物残留检测要求（Tyson，2015）。

（8）养殖过程中要求农户每周对动物健康状况进行检查，FSQA 每月对动物健康状况进行检查，同时，邀请第三方组织对动物健康、动物福利等进行检查。

（9）每年对养殖户进行大量的动物饲养，疫病健康和产品安全方面的专业培训。

（10）产品流通全过程冷链覆盖，禁止使用任何添加剂，运输司机均接受专业的食品安全运输培训。

（11）泰森公司产品在各地大型超市和餐馆进行销售，公司对零售商进行专业的食品安全培训，提供科学的 SOP 指南，以保障产品在销售环节的质量安全。

（12）泰森公司建有顾客和消费者专用网站，自 1991 年起启动消费者信息服务系统，配有专业团队为消费者提供有关食品配方、营养、质量安全等多方面的问题解答和投诉受理服务，平台接受顾客、消费者和社会媒体的电话、邮件等多途径交流方式，承诺 48 小时内给予客户满意答复。2013 年该团队接受近 20 多万名消费者的问询和投诉，消费者对答复基本满意。

4. 检测体系

泰森食品建有商业化的检测公司（WBA 分析实验室），总部位于阿肯色州，实验室分布在艾奥瓦、密歇根、北卡罗来纳和得克萨斯州，平均每月检测样品 28 万多个。该公司拥有大批专业检测人员和研究人员，经美国实验室认证协会考核，通过 ISO9001 和 ISO17205 认证，此外，该实验室是美国农业部食品安全监管局（USDA-FSIS）认可的食品中化学物质、农药残留检测实验室，是阿肯色和俄克拉荷马州环境质量局承认的废水检测实验室，同时，还是美国农业部动植物检验检疫局认可的禽流感检测实验室（Tyson，2015）。

该检测公司不仅承担泰森公司自农田至餐桌的样品检测，还对外接受客户承检。目前，实验室可基于仪器分析方法和分析化学测试法进行药物残留和营养物质检测，检测技术包括气相色谱分析（ECD，FID，GC-MS）、液相色谱分析（HPLC-RI，UV，Coulochem，ELSD，HPLC-MS/MS）、电感耦合等离子体光谱（ICP）、离子色谱等。实验室可定量检测食品、饲料和环境中的微生物，进行货架期研究、分子分型和卫生监测，同时还可以进行动物血清检测，监测禽流感等动物疫病。此外，公司还提供研究服务，如检测方法评价、杀菌措施评价、DNA 指纹图谱等。

5. 追溯体系

泰森公司的所有猪、牛、禽类产品均有可追溯机制，产品标签的条形码中含有动物品种来源、饲养地、屠宰地和日期、运输信息、零售日期等相关信息，标示的可直接读取信息包括初次运输时间、净含量、产品来源、序列号、工厂信息、保质期和召回编码等（图 4）（Tyson，2013）。

6. 产品认证

泰森公司在各州生产的肉类产品均标有美国国家卫生基金会（NSF）的认证标签，对其产品的质量等级和安全进行认证（图 5）（Tyson，2013）。

7. 产品召回

泰森公司建有严格的产品召回机制，对错误标签、不正确配方、不符合消费者要求和被污染的产品进行召回。除了具有明确的安全问题之外，即使在仅有可能发生安全问题的情况下，公司也会开展消费者自愿性召回行动。此外，公司定期模拟开展召回行动，为运输、配送团队提供实际操作演练，

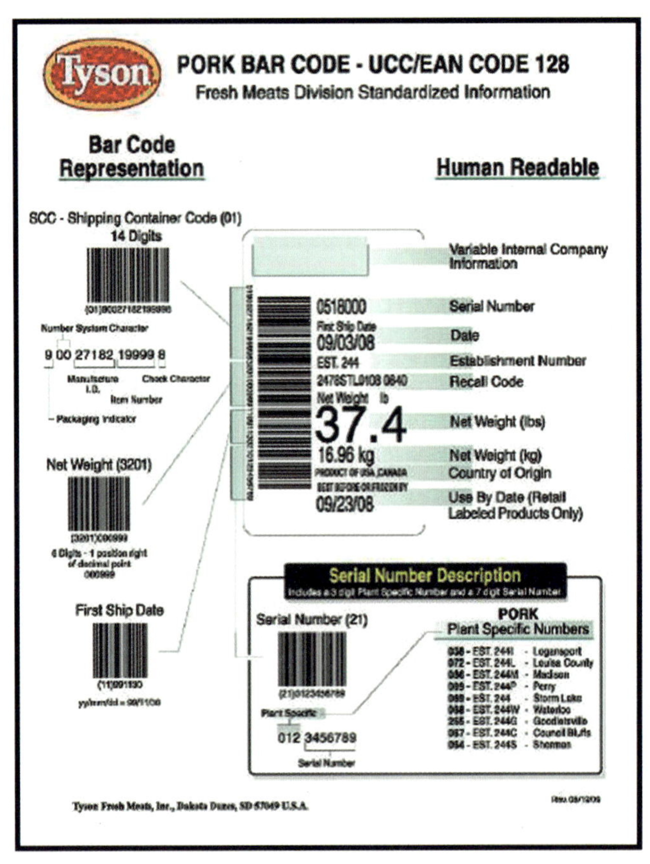

图 4　泰森公司产品标签

不断提高召回行动的及时性和有效性。泰森公司于 2013 年因错误或不明确的标签问题展开召回行动 2 次，2014 年因产品可能污染沙门氏菌和可能含有国外原料问题各展开消费者自愿性召回行动 1 次（Tyson，2015）。

8. 主要经验

（1）通过对整个生产流通过程进行深入的研究分析，明确质量安全的关键控制点，公司对协议农场在关键控制点环节强化介入和监管，实现了管理体系的高效运行。

（2）建立起了涵盖所有自营企业和协议农场的完整的质量安全追溯体系，在有效提升消费者信心的同时，也为准确高效的产品奠定了基础。

Audit Date
14 June 2014

Next Audit Due
(Jun 20, 2015 -
Jul 18, 2015)

Certificate Expiry Date
29 August 2015

Certificate Number
C0005064-BRC7

BRC Reference No
2921029

BRC Auditor No
233005

Date of Issue
01 July 2014

Tyson Foods - Joslin
Highway 92 Joslin Illinois 61258 United States

Has been audited by NSF International #0216 and found to meet the requirements of

Standard:
Global Standard for Food Safety
Issue 6 July 2011

Scope of Certification:
The slaughter, evisceration, cutting, boning and packing of fresh beef products and the packing of fresh ground beef products.
Exclusions: None.

And has been found to meet its requirements for category:
1: Raw red meat
3: Raw prepared products (meat and vegetarian)
Grade Achieved: A

Signed on behalf of NSF International

Robert Prevendar
Global Managing Director, Supply Chain Food Safety

NSF International, 789 N. Dixboro Rd., Ann Arbor, MI 48105

This certificate remains the property of NSF International.

图 5　泰森公司的 NSF 认证标签

（3）自建高水平的商业化检测公司，并获得了多个联邦政府部门的认可，除承担泰森食品自农田至餐桌的样品检测外，也对外接受大量的检测业务。在为泰森食品提供有效的质量安全保障的同时，也有效地提升了消费者和社会公众对泰森食品的信心。

（三）麦咨达

1. 麦德龙与麦咨达企业概况

1）麦德龙股份有限公司

麦德龙集团是全球最大的零售和贸易公司之一，2014/2015 财年销售额约 590 亿欧元。目前，集团在全球 29 个国家拥有约220 000名员工和超过

2 000家商场。1995年麦德龙来到中国，与上海锦江集团合作，建立了锦江麦德龙现购自运有限公司。1996年，麦德龙在上海普陀区开设了第一家商场，截至2015年，麦德龙在中国的57个城市开设82家商场，拥有超过11 000名员工和逾400万采购客户，2014/2015财年销售额达26.62亿欧元（麦德龙，2015）。

麦德龙的现购自运是现代商业领域最为成功的业态之一，公司在其50年的成功发展中，一直坚持为专业客户提供量身订制的高质量产品组合。麦德龙现购自运主要服务专业客户，包括酒店、餐馆、食堂、中小型零售商、企事业单位等，同时也满足热衷品质生活的消费者的需求。其产品系列以品种多样、高品质和高性价比而著称。与其他贸易零售商相比，麦德龙现购自运商场在生鲜食品方面拥有更高的专业性（麦德龙，2015）。

2）麦咨达农业信息咨询有限公司

2007年年底，麦德龙集团在中国投资成立了一家全资子公司——麦咨达农业信息咨询有限公司，由瑞士农业专家汉思·彼特担任总经理，总部位于安徽合肥，2015年迁到上海。麦咨达按照欧盟的GLOBALGAP（全球良好农业规范）等标准，采用咨询公司＋企业＋基地的合作模式，为中国700多家农产品生产流通和加工龙头企业和合作社（涵盖畜禽、果蔬、水产类、乳品类、综合类）提供生产、加工、包装、物流及市场运作等方面的专业培训和咨询，指导它们建立从农田到餐桌的质量安全可追溯体系。通过麦咨达指导并进入市场的可追溯高品质产品近2 200种，年销售额超过13亿元人民币（麦咨达，2010；武淑贤，2011；王序勉，2013；王刚，2013；麦德龙，2015）。

2. 农产品质量安全管理体系设计及执行情况

麦咨达致力于提升农产品质量安全水平，通过评估、技术指导和建立可追溯系统，建成了一套完整清晰的农产品质量控制与提升体系，以保证农产品从基地、农场、加工、物流到销售符合消费者的安全要求，使农产品处于安全可控的范围（麦咨达，2013；王序勉，2013；杨文刚，2013）。农产品种类涉及水果、蔬菜、畜禽、水产、乳制品和综合类等（图6）。

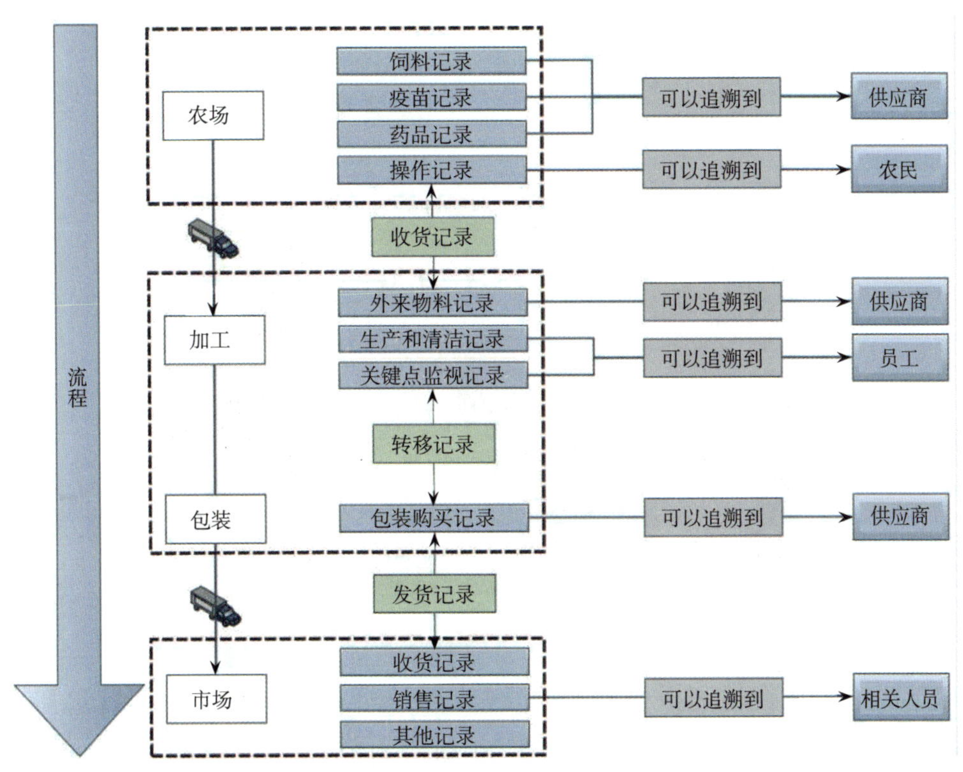

图6　麦咨达的农产品质量安全追溯系统（麦咨达，2013）

麦咨达的农产品均贴有可追溯码，到达消费者手中的农产品，可以从产品上的追溯码，了解产品的原材料、生产过程、包装及物流等信息（杨文刚，2013）。消费者在麦咨达网站的追溯框中输入产品追溯码后即可查询到企业简介、产品信息、生产流程、源头信息、工厂信息、检测报告、物流信息、食谱信息和可持续信息等（图7）。

在企业简介中，可以知道供应商信息，如企业规模、地址、种植作物、企业认证信息等；在产品信息中，可以查询到黄瓜的种植过程和包装日期；在源头信息中，可以查询到黄瓜的产地地址坐标、黄瓜种类、种植土壤、基地面积、产量等信息；在工厂信息中，可以查询到黄瓜加工的工厂名称、地

图 7　麦咨达的农产品质量安全追溯信息查询

址和年加工量；在检测报告中，可以查询到黄瓜的检测报告，内容包括检测单位、检测时间、检测仪器、检测标准和检测项目（重金属、农药残留等）和检测企业证件照等；在可持续信息中，可以查询到运输过程物流信息，如物流工具、运输冷链温度和运输路线等。

麦咨达根据一些国际标准的要求或麦德龙的企业标准，看供货企业是否达到某一基本标准，这是商超对供应商资质的要求。对于符合基本标准的企业，麦咨达通过对供货企业的培训和辅导让他们提高质量安全管理水平，达到国际标准要求。参照的标准主要有 2 个系列：一个是 GLOBAGAP（全球良好农业规范），涵盖所有的养殖、种植类产品；另一个是 IFS（国际食品供应商标准），覆盖所有加工环节的国际性标准，培训环节包括农产品生产加工的全过程，从源头一直到分割包装上市。另外，麦咨达还遵循 SSOP（卫生标准操作规程）、HACCP/ISO22000（危害分析与关键控制点）、International Slaughtering Standard（国际屠宰标准）等标准。

目前，麦咨达的合作企业70%是基地，另外30%为农业合作社和实体公司等。农产品质量安全监管以检查、访谈和检测为主，检测包括企业自检和麦咨达抽检，如企业每年对生产基地的土壤和水质等检测一次，而农产品则是每半年检测一次。麦德龙公司采购人员也会在到现场进行采收时，通过检查、观察及与植保员等技术人员沟通的方式直接了解农产品的质量安全情况，并抽取样品送至第三方检测机构进行检测。

除此之外，麦德龙和麦咨达会要求相应的子公司对合作供货企业的工作进行抽查，若抽检不合格或者产品质量出现问题，则要求企业停止供货，并为企业提供相应的技术支持直到检查合格。

3. 农产品质量安全管理的主要优势和实践经验

麦咨达构建可追溯体系，可以为消费者提供所购产品的信息，并作为产品市场宣传的新亮点。更为重要的意义在于一旦发生食品安全事故，可追溯体系可以实现下列功能：①准确定位受影响的产品；②减少召回范围，降低召回频率；③迅速找出问题的真正原因；④明确责任，风险转移至真正的责任者。

麦咨达的培训能实现3个目标：一是在农产品质量安全和可追溯方面会有明显提高，一般能达到麦德龙、家乐福、沃尔玛等超市的标准；二是在各个环节优化生产过程，帮助生产基地降低成本；三是受培训生产主体的效益会有所提升，投入相同的资本会有更多的产出。

4. 质量安全管理体系存在的主要问题及进一步发展构想

（1）麦德龙要求合作的供货商都应达到IFS标准，但在中国一般达到这个标准的70%就可以被零售商接受，同时要求企业在2～3年达到国际标准，如果一开始就按100%的标准要求，可能就没有供货商来供货了。

（2）在产品的可追溯过程中，合作企业能否将每一批产品按照麦咨达标准进行生产包装，以及能否如实登记产品信息，是目前追溯系统运转过程中的一大难点，暂时只能依靠抽查及检测实现，更为有效的办法正在进一步探索中。

（3）由于公众对农兽药的使用高度敏感，目前的追溯信息中没有列出每次农兽药的使用信息，因为麦咨达担心太过具体的用药信息可能会造成消费者的反感，不利于农产品销售。基于这一实际情况，目前的追溯系统中不涉及具体的农兽药使用情况。

三、现代农业综合体质量安全体系构建的实践——以蓝城农业为例

（一）现代农业综合体概况

“蓝城农业”是陈剑平院士提出现代农业综合体概念后的第一个实践，由绿城集团和浙江省农业科学院共同组建。该综合体在利用绿城集团工商资本的同时，全面传承绿城优秀的文化理念、产品理念和服务理念，紧密依托浙江省农业科学院科研力量和创新成果，整合地方政府、金融机构以及合作社等各方面资源，以推动农业现代化为使命，通过农业科研、技术服务、生产流通、生态休闲与生活体验的一体化发展，打造科学安全的生产管理系统、扁平高效的商品流通系统、全程追溯的监测检测系统，构建具有辐射带动功能的现代农业新载体，实现农业产业升级、市民餐桌安全、农民创富增收和美丽乡村四者之间的互惠共赢。蓝城现代农业综合体的框架如图8所示。

综合体中最先注册（2012年10月）的是蓝城农业科技有限公司，主要承担农产品的生产、示范和流通。目前公司拥有3个自有核心基地，102个加盟及意向基地，总面积10万余亩，可提供6大品类，560余种产品。目前，公司已初步建立起一支由国内相关领域顶尖专家领衔，博士、

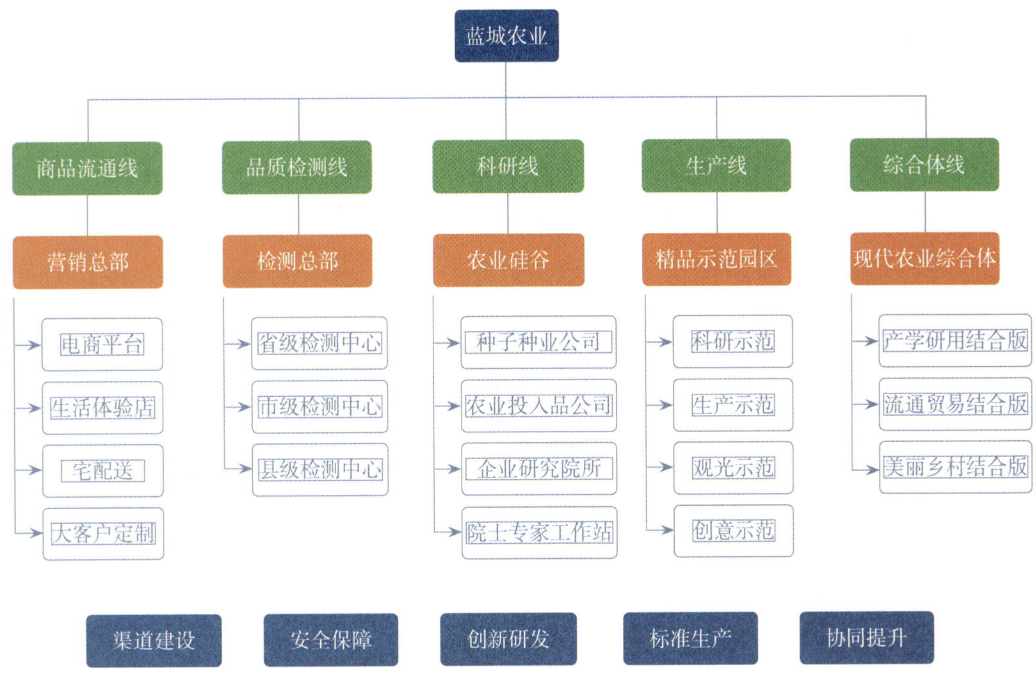

图 8　蓝城现代农业综合体业务框架（蓝城农业公司，2016）

硕士团队为骨干的战略研究和创新研发队伍，具有专业背景的现代农业运营团队已达 100 余人。在整体架构上，已初步形成现代农业、生态农业、热带农业等三大板块；初步构建起以院士专家工作站、企业研究院、工程技术中心为核心载体的科技体系；建设从田间到餐桌的全程冷链物流配送系统，着力打造基于蓝宴生活 APP 和蓝宴生活体验馆，线上线下互动的 O2O 营销模式。

2014 年 1 月，绿城农科检测技术有限公司取得工商登记，标志着蓝城农业检测板块的启动。这是综合体为确保农产品质量安全，与浙江省农业科学院开展全面战略合作而成立的第三方检测机构。公司立足于蓝城农业和社会各界对农产品质量安全的需要，以科学、公正、专业、高效为宗旨，以建设国内一流的农产品和食品综合性检测实验室为目标，通过广纳人才、精炼技术、高效管理、市场运作等方式，提供检测及相关技术领域的高效率、高质量、高水平服务，逐步打造成为第三方农产品和食品检测行业具有竞争力的品牌企业。公司现设有综合管理部、业务管理部、检测一部、检测二部、项目开发部、财务管理部。现有员工 80 余人，专业技术人员占比 60%以上，实验室面积近4 000平方米，配备国际尖端的检测设备。一期设备投资逾4 000万元，拥有气相色谱串联质谱、液相色谱串联质谱、电感耦合等离子体质谱等 178 台套仪器设备。检测范围涵盖各类农产品、食品、食品添加剂、饲料、肥料、产地环境（土壤、大气、水质等）、保健食品、化妆品等 29 大类，829 种产品，2 324个检测参数，包括农兽药、防腐保鲜剂、食品和饲料添加剂、重金属及其他元素、土壤养分、有机污染物、品质营养、微生物及生物毒素等。公司还在浙江丽水建立了一个子公司——丽水蓝城农科检测技术有限公司。绿城农科检测技术有限公司和丽水子公司均在 2015 年获得检测机构计量认证证书和检测机构考核合格证书（图 9）。检测板块除了满足蓝城农业自身的检测需求外，也广泛提供对外的检测及耗材供应服务。

图 9　第三方检测机构计量认证证书和检测机构考核合格证书

（二）农产品质量安全体系架构

蓝城农业为满足城市中高端社区的居民对优质安全农产品的需求，依托自有基地的科技示范带动外部基地的合作，共同打造“优选、精品、安心、健康”的产品。蓝城农业通过建立严谨的标准体系、科学的监控体系、先进的检测体系、完整的追溯体系创建让客户安心的农产品品牌。

1. 标准体系

在浙江省农业科学院的支持下，蓝城农业把目前我国特有的绿色食品标准确立为蓝城农产品标准体系的起点，按照国际先进的全程标准化安全生产和质量控制理念，构建与欧美等发达国家农产品质量安全要求总体相当的蓝城农产品标准体系。蓝城农业标准体系涵盖产地环境标准、生产流通技术规范、质量安全管理规范和产品标准等方面的内容。

目前，公司已经制定特色精品农产品安全生产全程质量控制规范，编制了精品甜橘柚、草莓、番茄、松花菜、杨梅、甜瓜等共计 10 余个产品的生产技术规程和产品标准。也制定了部分产品的合作基地验收检验标准和产品分级标准等。

蓝城农业通过产品标准化，有效规范了产品的商品化等级和质量安全水平，逐渐得到客户的认可，为企业带来不错的收益。例如，牛油果因其极高的营养价值，深受儿童、妇女、孕妇等人群的喜爱，但牛油果内部极易出现“黑丝”，影响其食用。“黑丝”与牛油果的贮存条件有关，也与果实的外观有联系。蓝城农业通过分析牛油果外观特性与内部品质的关系，制定和实施《牛油果商品化分级标准》（图 10）。

产品标准实施 5 个月后，其天猫旗舰店销售的牛油果产品即受到线上客户的认可，其产品品质高于该行业水平的 4.87%，其月销量稳定在同品类店铺前 3 名。

蓝城农业通过标准体系来推动产业升级，并带动行业标准化水平的提升。如近年在地方政府的支持下，蓝城农业参与编制了《甜橘柚生产技术规程》（DB3311/T28—2014），规范了甜橘柚的生产过程，包括苗木、栽培技术、病虫害防治、果实及包装处理等。有效地推动了甜橘柚产业的转型升

图 10　牛油果商品化部分分级标准

级，促进甜橘柚产业向设施化、标准化、规模化发展，甜橘柚也成为蓝城农业的明星产品。

2. 监控体系

蓝城农业坚持合格产品是生产出来的理念，从生产环境选择、生产过程管理、配送运输过程等方面开展质量安全管控，控制质量安全风险。在浙江省农业科学院农产品质量标准研究所的参与下，蓝城农业建立了以风险管控为核心的质量安全监控体系，制定了对生产主体的约束制度、产地环境定期评价制度、农业投入品监管制度、农产品质量安全巡查与检测制度、产品追溯和召回制度等。对不同合作方式的基地进行风险分级，筛选关键控制点。制定了种子种苗选用，投入品采购和验收，施肥、用药、采摘、分拣包装、巡查、抽检、到货验收、存储、运输、配送等关键环节的管理规范。实施了生产投入品集中采购、贮存和使用制度，包括品种、品牌和供应商评估，存储规范、领用程序和使用规范等。

蓝城农业通过定期稽查控制产品质量安全，实施三级监管体系。一级监管体系为评价基地植保人员自我控制的有效性，二级监管体系为公司品质部门的定期稽查，三级监管体系为聘请浙江省农业科学院的技术专家对体系实施情况进行检查，稽查的核心内容是对种子种苗、农药及肥料的来源、存储和使用情况进行审查，发现生产管理过程中的改善点，鼓励和实施管理创新，提升产品质量安全水平。通过质量安全风险管控，2015 年蓝城农业产品入库检验合格率达到 98.4%，较 2014 年提升 1.5%。

另外，针对影响产品质量安全的相关环节，蓝城农业也通过现代科技手段进行管理，以确保整个产业链上产品的安全。如，需要冷链的生鲜农产品，对从产品采收到入库再到零售配送的全程冷链物流进行监管，重点关注预冷和分级包装、冷链的完整性、温湿度控制情况（图 11）、关键节点产品新鲜度等。

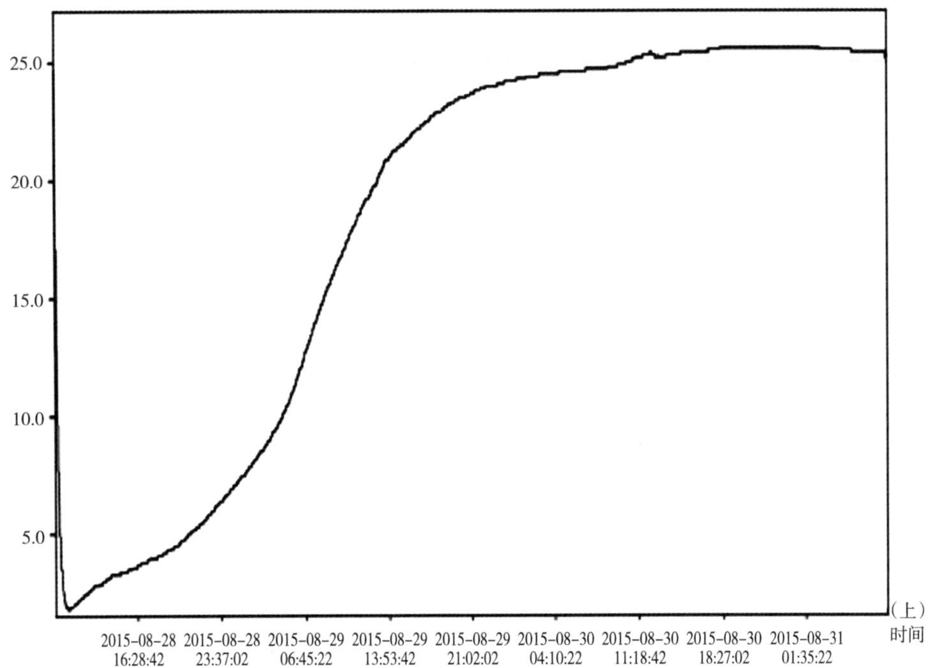

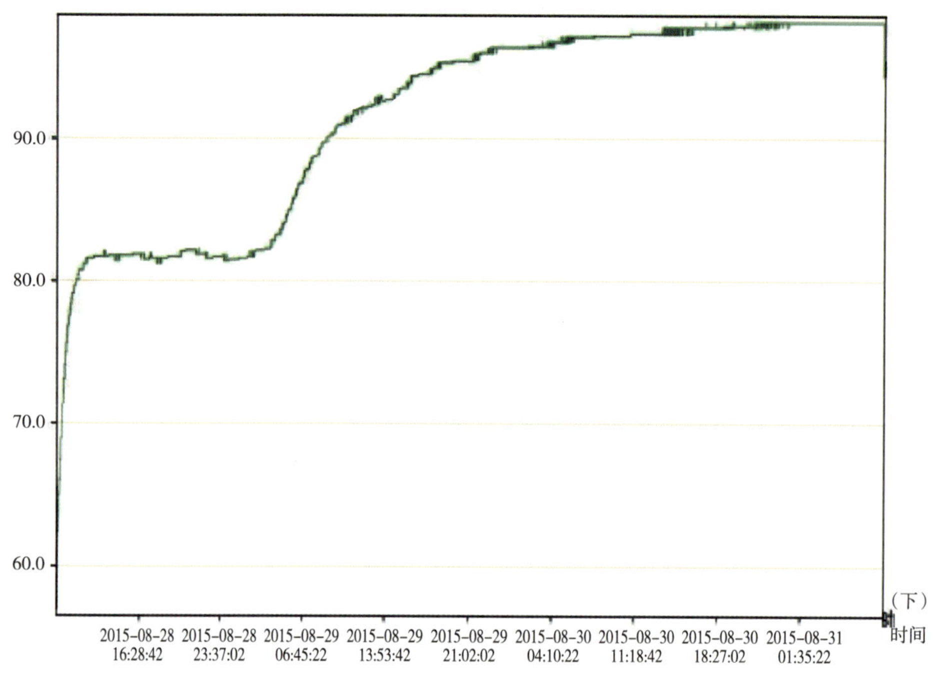

图 11　全程冷链物流车温度（上）和湿度（下）实时监控曲线

3. 检测体系

蓝城农业在检验环节设置三道“防火墙”：产品采收前检验、入库前检验和发货前检验。检测主要依托综合体自身的检测机构，包括自有基地和合作基地的产地环境、产品品质和安全指标等方面的检测（图 12）。蓝城农业在产品采收上市前的现场抽样送检，主要基于生产过程的全面管理。蓝城农业对产品安全项目的检测有较高的针对性，检测项目重点是验证生产过程中使用的投入品是否存在残留，这样既可控制产品风险，又能够有效降低检测费用。

综合体的检测板块除了满足综合体自身的检测需求之外，大部分的检测能力用于对外服务，进一步提升对外检测和其他农产品质量安全技术服务能力是综合体的一个重要发展领域。这一领域主要有两个发展方向：一是向基层延伸；二是在其他省（自治区、直辖市）复制综合体在浙江的实践。

图 12　综合体自身的检测技术人员正在进行土壤采样（左）和检测（右）

4. 溯源体系

目前，蓝城农业综合体内已经建立起产品质量安全追溯管理系统，包括生产过程追溯和产品责任追溯，生产过程追溯系统记录了作物在生长过程中每天的田间管理作业（如播种、浇水、施肥、施药、采收等），通过系统可以查看生产作业详细情况；责任追溯可追溯到生产基地的田块和操作责任人（图 13）。

蓝城农业的产品上贴有追溯二维码，客户通过扫描该二维码可以查询到产品的种植信息、生产加工信息和检验结果等。蓝城农业还重点增加产品营养成分等的解读信息，让客户以更加简单、清晰的方式了解产品的品质特性。

（三）存在的主要问题和拟采取的应对措施

（1）农产品产业链较长，影响质量安全的因素较多，生产过程的标准化难以有效落实。要进一步普及“安全农产品是生产出来的”理念，加强农业标准化和质量安全监控体系培训，并完善相关制度，建立更为有效的监督机制。

（2）公司虽建立了产品监控体系，在合作基地的生产过程中，是否如实

图 13　蓝城产品质量安全追溯管理系统

记录生产管理过程，仅仅通过抽检和验证证据的方式还是存在监管的漏洞。公司将加强考核手段，提高与基地合作的紧密性，同时增加自动化的设备，优化记录方式，提高实施效果的有效性。

（3）产品在全生产链上开展追溯存在一定的困难，企业自身难以承担全部的流转过程，必须依靠第三方来实现，但第三方在流转过程中对于安全的管理意识较弱，同时追溯较难。

（4）企业质量安全信息的全面公开仍有一定的局限性，如客户对使用农药方面的公开信息较敏感等。

四、现代农业综合体农产品质量安全体系构建战略

能否在食品安全上给老百姓一个满意交代和一个重要的品牌形象，是现代农业综合体建设所面临的重大考验。现代农业综合体农产品质量安全是

“产”出来的，也是“管”出来的。在现代农业综合体建设中要始终让农产品质量安全成为“高压线”，通过构建“安全可靠”的质量体系，形成现代农业综合体倾力维护农产品质量安全的铜墙铁壁。

针对我国农产品质量安全管理体系存在的主要问题，根据近年提出的现代农业综合体理论，结合食品安全风险分析、全面质量管理、HACCP、标准化、信息不对称、信用经济学等相关理论，通过对现代农业综合体的优势分析，研究提出了现代农业综合体建设中“安全可控”的农产品质量安全体系构建的原则要求、发展思路、建设路径、构建模式和发展目标。构建的战略框架如图 14 所示。

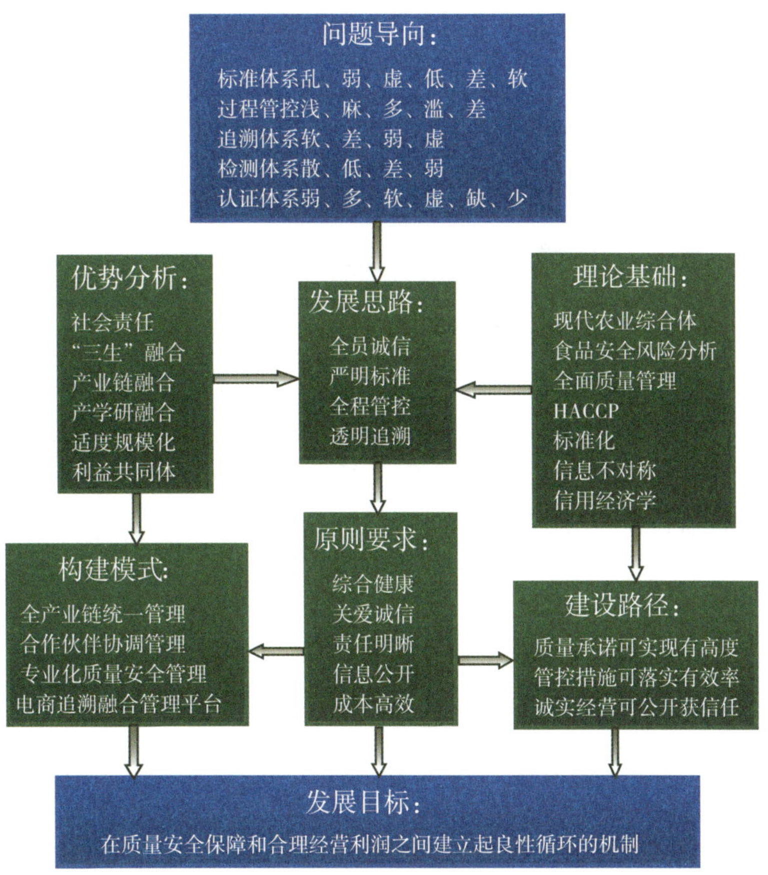

图 14　现代农业综合体农产品质量安全体系构建的战略框架

（一）优势分析

1. 社会责任感增强农产品质量安全事业的内生动力

企业社会责任（Corporate social responsibility，CSR）是指企业在其生产经营活动中对其利害关系人应负的责任。利害关系人是指所有可以影响、或会被企业的决策和行动所影响的个体或群体，包括员工、顾客、供应商、社区团体、母公司或附属公司、合作伙伴、竞争者、投资人和股东等（王成，2010）；责任包括经济、法律、伦理、健康、环境以及慈善等方面（杨莉等，2011）。

企业社会责任的萌芽可追溯到古代社会商人在社区压力下追求社会利益的行为。随着18～19世纪的世界工业化进程发展起来的资本主义理论认为，企业唯一的目标是实现自身利润的最大化和股东利益的最大化。19世纪末20世纪初，西方工业化进程在带来经济繁荣的同时，也带来了诸多社会问题，诸如贫富分化、社会穷困、劳工问题和劳资冲突等。尤其是公司巨型化引发的社会问题日趋严重，民众对企业的不满情绪日益高涨，社会矛盾加剧。在这样的历史背景下，美国学者谢尔顿（Oliver Sheldon）首先于1924年提出了“企业社会责任”的概念。他把企业社会责任与企业经营者满足产业内外各种人类需要的责任联系起来，并认为企业社会责任包含道德因素在内。谢尔顿的观点带来了20世纪企业社会责任运动的出现，并导致了企业价值观的改变。现代国际社会普遍认同，企业不但要实现利润的最大化，还要切实承担起企业的社会责任，推动社会的可持续发展（王晓红，2010；魏一博，2015；曹淑静，2012）。

农产品是人民群众的生活必需品，公众非常关注农产品的质量安全问题。因此，对于农业企业来说，履行企业社会责任的关键在于向消费者提供优质安全的农产品或服务，在市场上树立良好的企业形象，继而产生品牌效应，转化为消费者的货币选票，使得农产品的销售量和销售价格以及企业的市场开拓能力得以提升。根据对我国农业上市公司的研究结果表明，农业企业履行社会责任对企业竞争力具有显著的正向影响，特别是战略性企业社会责任（马少华等，2014）。

现代农业综合体是企业法人（或由多个企业法人所组成），是现代农业企业的一种新的组织形式，无疑也应承担相应的企业社会责任。而且，现代农业综合体与普通的农业生产经营主体相比，具有规模大、产业链长等特点，也通常有比较长远的发展规划，对企业的可持续发展能有更大的关注。因此，现代农业综合体一般会有更强的社会责任感，非常注意树立自身良好的社会形象。而努力确保农产品质量安全是现代农业综合体履行社会责任，提升品牌影响力和市场竞争力，提高自身可持续发展能力的主要途径。

2. “三生”融合增进对农产品质量安全的理解

现代农业综合体的“三生”融合是指生产、生活和生态的融合。从“三生”融合的理念来理解，安全的农产品不仅仅指农产品本身所含的危害物控制在一定的水平之下，也指农产品的整个生产流通和消费过程对生态环境和相关人员健康没有明显的不良影响，并符合生产主体的各种声称和对社会的承诺。这个理念有利于让现代农业综合体的管理者站在更高的视角，从更远的视野来进行现代农业综合体的顶层设计，构建农产品质量安全标准和管理体系。通过农产品质量安全这一抓手，实现经济、社会、生态和谐发展的总体目标。

3. 产业链融合促进农产品质量安全管理的协同效应

现代农业综合体的“产业链融合”具有纵向一体化和横向多元化的双重特性，不仅打通了各产业链条的上下游，也将具有相互联系的不同产业链融为一体。产业链融合的主要类型有：种植业与养殖业的融合，传统农业生产与农资生产经营、其他相关技术服务业、农产品加工和流通、互联网、社区生活服务和乡村旅游服务等的融合。

产业链融合的首要目标是实现协同。协同关系包括了产业链内部上下游之间的纵向协同、产业链之间的横向协同和不同产业链中不同环节之间的网状协同。协同的内容也是多方面的，包括经营理念、管理体系、品牌培育、原料供应、资源利用、共性技术、物流和信息流等。

农产品质量安全问题可能发生在产业链的各个环节，产业链融合所产生的协同效应能有效地避免因经营理念冲突、管理衔接问题、物流和信息流障碍等带来的质量安全风险，也有利于安全优质品牌的培育和公众认可。另外，不同产业链融合发展到一定程度可能形成新的产业链延伸，有利于从更远的源头上控制农产品质量安全危害因素，掌握影响农产品质量安全的信息；跨产业融合即使不形成新的产业链延伸，不同产业链参与人员的交融也有利于农产品质量安全信息的交流，使更多的人能理解和监督农产品的生产过程，有利于农产品生产经营者与消费者和社会公众建立互信机制（耿宁等，2014）。

4. 产学研融合提升科技对农产品质量安全的支撑力度

现代农业综合体的产学研融合是指传统农业生产经营主体、工商资本与相关科研机构和高等院校中技术力量的融合。农产品质量安全是农业产业中对科技需求很强的领域，产学研融合为综合体的农产品质量安全体系构建提供了强大的技术支撑。

5. 适度规模化便于推进农业标准化

现代农业综合体不同于目前我国仍占主流的农户分散经营模式，具有显著的规模化集中经营的特点。从某种意义上说，农业生产的规模化不仅能够促进先进技术的采用、提高生产效率，还有利于推行农业标准化和提高农产品质量安全水平。我国自家庭承包经营责任制实施以来，农业生产经营以农户家庭经营为主，尽管农业产业化的进程促进了各种类型的农业产业化经营组织、生产基地和农业产业集群的形成与发展，但农业产业链上生产、加工、销售等环节横向低组织化仍然是质量安全事件频发的源头（耿宁等，2014）。

6. 利益共同体有利于综合体形成协同机制

组成综合体的相关方通过现代农业综合体这个纽带形成了利益共同体，在这个利益共同体内部，有共同目标和利益，不需要相互博弈，综合体内的农产品质量安全相关信息能自由传递，有利于建立产业链各环节的协同机制。

（二）发展思路

1. 重塑全员诚信体系

农产品的质量安全问题通常是在其生产加工和流通过程中发生和发展的，但农产品的质量安全更多地具有经验品（Experience Goods）和信任品（Credence Goods）的属性，在农产品的交易环节，很多消费者很难从产品本身直观地把质量安全问题甄别出来（耿宁等，2014）。也许很多人会想到我们可以加强过程监管，可以用现代化的检测技术来甄别质量安全问题，但至少有5个方面的原因，我们不能把农产品质量安全问题都寄托在监管和检测上。一是监管只能是抽查式的，涵盖面非常有限，不可能每一个生产经营主体，每一个环节都能监管到。二是如果诚信缺失，仍有办法应对监管。三是虽然最近几十年检测技术发展很快，但仍有很多质量安全问题无法检测或很难检测，如地沟油。四是检测需要时间，特别是生鲜农产品的交易很难等待检测结果出来。五是农产品标准化程度低，样品代表性差，检测成本难以承受。但是很多的农产品质量安全问题，生产经营者很清楚。比如是不是地沟油，是否用过高毒农药，是否使用过漂白剂，是不是注水猪肉。假如卖方能诚实地通报生产过程，买方能相信卖方通报的信息，交易将变得简单，并可以节省很多成本。当然，要使卖方诚实且获得买方信任并不容易，特别是在当今诚信普遍缺失的大环境下。

近几年来，农业部按照社会信用体系建设部际联席会议的统一部署，强化农业投入品和农产品生产经营主体诚信管理，加强制度建设，引导行业自律，强化诚信监督，开展诚信示范，取得了积极进展。但是，当前我国农产品质量安全信用体系还很不健全，一些生产经营者诚信意识淡薄，制假售假、违规使用投入品、非法添加使用禁用物质等问题仍然比较突出，严重损害了广大人民群众的切身利益，打击了消费者的消费信心，也削弱了我国农产品在国际市场上的竞争力。近年来发生的一系列农产品质量安全事件，都暴露出农产品质量安全信用缺失问题（陈晓华，2014；农业部，2014）。国人在海外市场抢购奶粉等食品和农产品就是对国内生产经营者屡次失信于消费者的直接反应。加快我国农产品质量安全信用体系建设步伐，具有重大而深远的现实意义。

现代农业综合体重塑诚信体系的主要措施：

（1）将诚信经营确立为综合体的核心价值观、企业承担社会责任的重要方面、全体成员行为规范的主要内容及控制企业经营风险的主要战略。

（2）将诚信经营理念、职业道德规范和农产品质量安全相关法律法规和标准列为员工职业培训和继续教育的重要内容。

（3）综合体在要求员工诚信的同时，也要真诚地对待每一位员工，赢得员工的心，才能保障产品的质量安全和企业的可持续发展。

（4）在选择供应商和其他合作伙伴时，将诚信经营列为首要考虑；在确定合作对象后，在诚信方面互相做出承诺，并建立必要的相互监督机制，形成公平交易、利益共享、风险共担的合作机制。

（5）在诚信经营方面积极配合政府监管，同时综合体自身还应建立对员工违反诚信原则的内部监管机制，并接受社会和利益相关方的监督。

近年来，农产品生产经营者缺少诚信，质量安全问题频发，广大消费者和社会公众对国产农产品的信任受到重大打击。现代农业综合体作为一种新型的农业生产经营主体，应该积极承担起社会责任。通过坚持诚信经营，保障农产品安全，有效聚集和积累人力资源及社会资本，提升自身化解各种危机的能力，加速树立起良好的企业形象，进而转化成为农业综合体在国内外市场的竞争优势和盈利能力。

2. 构建严明标准体系

现代农业综合体具有规范化和综合性的特点，有必要也有能力构建自身的企业标准体系，对于由多个企业法人构成的综合体，也可构建自身的团体标准体系。综合体的标准通常由综合体自己的技术人员或委托其他技术人员制定，由综合体管理层批准，在综合体内部实施。必要时，经综合体管理层批准，也可采用适当的外部标准，批准采用的外部标准也是综合体标准体系的组成部分，具有综合体标准的全部属性。经过协商，综合体标准也可在产业链相关合作伙伴的生产经营中实施。综合体标准不仅具有标准的一般属性，涉及外部利益的内容也是对利益相关方和社会公众的承诺。

现代农业综合体农产品质量安全标准体系构建主要应掌握以下原则：

1）合法性原则

现代农业综合体应模范地执行国家和生产经营所在地及农产品目标市场所在地的相关法律法规和强制性标准，综合体的标准体系不能与这些法律法规和强制性标准冲突。

2）可行性原则

要求从综合体自身农产品生产、加工、储存、流通和消费的现实出发，实事求是地分析技术和经济可行性，保障综合体农产品质量安全标准和相关承诺的可实现性。

3）进取性原则

要求在合法性和可行性的前提下，积极进取，充分体现综合体自身农产品质量安全的水平、优势和特色。特别是要从生产、生活和生态融合的综合体理念出发，综合考虑消费健康、职业健康和生态健康要求，使农产品质量安全标准体系在实现消费者保护目标的同时，也实现职业保护和生态保护目标。

4）全程性原则

要求用全程质量控制的理念来设计综合体农产品质量安全标准体系，应有效地涵盖从产地环境、生产过程、农业投入品、采后处理、加工储运、产品配送、内部管理、外部监督、危机处理等综合体农产品质量安全管理的全过程。

3. 强化全程管控体系

为了有效地管控好农产品的质量安全问题，确保标准体系得到落实，综合体应建立一个运行高效的质量安全全程管控体系及其组织构架。主要包括：

1）建立管理部门

通常应该建立一个专门的农产品质量安全管理部门，负责农产品质量安全全程管控体系的构建和运行。

2）进行危害分析

按照 HACCP 原理和标准体系的要求，对整个生产过程进行危害识别和评估。危害识别是对整个生产过程各个环节可能产生的潜在危害（生物性、化学性、物理性）进行分析确认。危害评估是对所列出的危害根据其发生的可能性和造成后果的严重性进行分析（林剑波，2013）。

3）确定关键控制点

针对识别出的可能存在的各种危害，分析控制系统的主要脆弱环节，确定其关键控制点。如环境污染物危害的关键控制点可能有基地的评估和选择、产地环境监测和保护等；农药残留危害的关键控制点可能有农药品种和品牌的选择、农药使用规范制定和执行等。

4）制定控制措施和管理制度

针对每一个关键控制点，制定相应的控制措施和管理制度。如产地环境监管制度、合作基地和农资供应商评估规范、农药集中采购规范等。

5）巡查监督

综合体中的农产品质量安全管理部门应定期和不定期对农产品的生产流通过程进行巡查，重点查验针对关键控制点制定的控制措施和管理制度是否得到有效落实，是否出现其他非预期的农产品质量安全问题。

6）监测验证

针对主要危害物制定监测抽查计划，在农产品交收等关键环节进行抽查监测，评价其与标准的符合性。

7）持续改进机制

对于在巡查和监测中发现的问题，追踪分析其发生的根源，提出生产技术和管理措施的改进方案，经进一步论证后修改标准和管理体系文件，并实施。

8）建立和保存文件记录

包括建立有关农产品质量安全管理体系活动的相关文件记录，以及实施管理体系过程中产生的文件记录等（林剑波，2013）。

9）客户投诉

包括建立客户投诉渠道，制定接受投诉规范和投诉处理程序，处理结果的反馈等。

10）应急预案

包括在农产品生产流通过程和售后突发的农产品质量安全问题的应急预案制定、模拟演习和实施等，如使用了假劣农药、不合格产品召回、媒体炒作应对等。

4. 落实透明追溯体系

1）构建可追溯体系的目的

农产品出现质量安全问题的一个重要原因在于信息不对称、责任不可追溯造成的市场失灵。构建可追溯体系的目的是增强农产品质量安全信息的透明度，促进生产流通过程的规范化和责任主体的明晰化。通过在农产品市场上形成优质优价机制，激励生产经营者提高质量安全水平；通过明确责任的潜在惩罚机制，促使生产经营者提高质量安全水平（窦欣，2012）。现代农业综合体作为一种先进的现代农业生产经营组织类型，具有实现质量安全可追溯并从市场上获得产品价格溢价的优势，也有责任在实现我国农产品可追溯方面起引领作用。

2）追溯体系的定位

根据法律法规要求的不同，追溯体系可分为强制性追溯和自愿性追溯。强制性追溯是指法律法规要求必须达到的企业产品可追溯程度，否则不允许上市销售。自愿性追溯则是企业从自身角度出发，为了提高产品的档次和赢得消费者的信任，自愿实施的追溯。目前，我国法律法规对农产品质量安全追溯的强制性要求仅有 2015 年版《食品安全法》的原则性表述，即“食品生产经营者应当依照本法的规定，建立食品安全追溯体系，保证食品可追溯”，但没有具体要求（全国人民代表大会常务委员会，2015），因此，现代农业综合体构建追溯体系总体上仍以自愿性追溯为主。

追溯体系可分为内部追溯和外部追溯两大部分。内部追溯指管理主体对自身内部生产过程的追溯，一般以农产品生产加工和流通的主要环节为追溯点，是企业农产品质量安全控制系统的重要组成部分。外部追溯指在整个产业链不同环节企业之间原料或产品交接信息的追溯，一般以供应链成员企业的原材料、半成品或产成品为追溯点，主要为了明确产业链各个环节不同企业的责任问题。现代农业综合体的追溯体系一般应将两大部分相互衔接，形成以责任追溯为基础、质量安全追溯为目标的追溯体系（罗斌，2014）。

3）追溯体系的技术和制度系统

农产品质量安全追溯体系包括两个系统。一是技术系统，就是利用现代信息管理技术给农产品标上号码、保存相关管理记录，能够追踪农产品从生产、加工、流通和销售整个过程的相关信息系统，包括信息的采集、转换、连接、传递、标识和查询等。二是制度系统，即通过制定相关制度保障追溯系统持续地规范运行（罗斌，2014；曹庆臻，2015），除了政府相关部门对追溯体系的要求外，现代农业综合体还要根据自身实际，追溯体系的定位和目标等，制定综合体自身详细的追溯体系管理制度。

4）可追溯程度的衡量标准

农产品质量安全可追溯程度可以用宽度、深度和精度三个维度的标准来衡量。其中追溯精度是指可以追溯到的产业链源头最小追溯单元的大小；追溯宽度是指系统所包含的可追溯信息的范围；追溯深度是指可以向前或向后追溯信息的距离（丁鲲，2010；罗斌，2014）。追溯的宽度、深度和精度往往与追溯的成本相联系，在现代农业综合体可追溯体系建设实践中，不同追溯体系的维度标准应根据自身的业务需要和条件及追溯体系的定位和目标等来设定。

5）可追溯体系的成本效益分析

生产具有完整质量安全信息的可追溯农产品势必增加额外生产成本。作为农产品的最终购买者，消费者既是农产品质量安全信息的接受者，也是农产品质量安全体系建设的意见反馈者。他们对于一个新的农产品质量安全体系的接受程度以及支付意愿，对这一体系的普及起到至关重要的作用（王志刚等，2013）。

围绕消费者对农产品可追溯体系的支付意愿问题，国外学者做了大量研究。总的来看，影响消费者对农产品可追溯体系支付意愿的变量可分为三类：一是人口统计学因素，包括性别、年龄、受教育水平、职业背景、家庭规模、在家庭和社会中扮演的角色等；二是经济因素，包括消费者收入以及可追溯农产品与同类普通农产品的价格差别程度等；三是心理因素，包括消费者对可追溯农产品质量安全的感知和信任程度等。如美国和加拿大的大多数消费者具有对加贴信息可追溯标签牛肉的支付意愿（WTP），美国消费者 WTP 价格溢出为 7%，加拿大消费者为 9%。国内研究也显示，大多数被调查者表示愿意为可追溯农产品支付高于普通农产品的价格，其中有支付意愿的被调查者中有 30.1%的人愿意支付高于 10%的价格溢价（王志刚等，2013）。

现代农业综合体构建农产品质量安全可追溯体系，必须重视追溯体系的成本效益分析，只有追溯体系能够产生正向效益，才能保持追溯体系长期持续运行，并有效地带动全国的农产品质量安全追溯体系建设。

（三）原则要求

1. 综合健康原则

包括消费健康、生态健康和职业健康等；总体上，这些方面的健康是相辅相成的，土壤、植物、动物和整个生态系统的健康是人类健康的基础，从业者的健康是消费者健康的保障。

2. 关爱诚信原则

关爱和诚信贯穿于农产品质量安全事业的各个环节，是事业成功的基础；关爱和诚信不仅仅是指对农产品的消费者，也对相关从业者、社会公众、动植物和生态环境，不仅仅指当代人，也包括子孙后代。

3. 责任明晰原则

要求农产品质量安全的相关从业者有高度的责任心，同时，在综合体的管理体系中要明晰每一个相关部门和人员的具体责任和监督机制。

4. 信息透明原则

农产品质量安全问题隐蔽性强、利益相关方多，仅仅靠默默的关爱和诚信是不够的，必须通过信息透明展示从业者的爱心、诚意和专业，赢得消费者和社会公众的信任，同时也督促其保持爱心，规避邪念。

5. 成本高效原则

农产品的生产加工和流通是一项经济活动，综合体是社会主义市场经济体制下的一类新型经营主体，本身的可持续发展需要有合理的利润做保障，同时产品价格还应与社会普通民众的购买力相适应。因此，农产品质量安全的技术和管理措施必须是低成本和高效率的，应避免过度和低效。

（四）路径与目标

针对农产品质量安全的主要瓶颈问题，充分利用现代农业综合体的自身特点和优势，按照质量承诺可实现有高度，管理体系可落实有效率，诚实经营可公开获信任的路径，探索破解的机制和方法；在综合体平台上，建立起农产品质量安全保障与合理经营利润之间的良性循环机制，并推动我国农产品（食品）安全事业的健康发展。

（五）构建模式

现代农业综合体可以根据自身的优势和当前农产品质量安全管理存在的主要问题，构建有针对性的管理模式。主要的管理模式有全产业链质量安全统一管理模式、产业链合作伙伴质量安全协调管理模式、质量安全关键环节专业化服务管理模式、质量安全追溯与电商融合管理平台模式等。其中全产业链质量安全统一管理模式和产业链合作伙伴质量安全协调管理模式的主要实施者是农产品生产经营主体，具有管理体系整体性好和涵盖的产业链比较完整等优点；质量安全关键环节专业化服务管理模式、质量安全追溯与电商融合管理平台模式由第三方服务主体为主实施，具有能涵盖的产业规模大，影响面广等优点(图 15)。

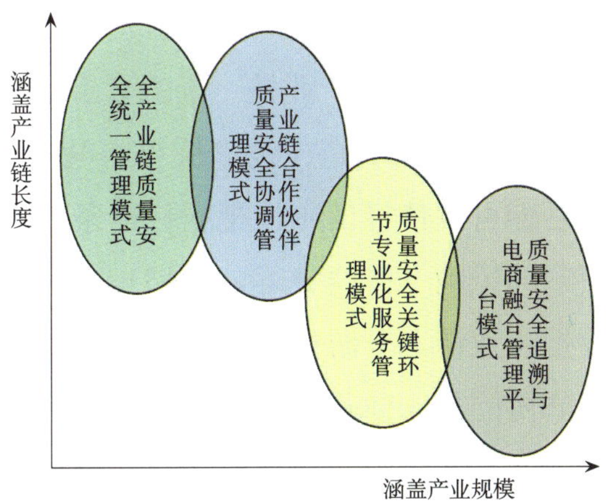

图 15　综合体农产品质量安全管理模式及其特点

1. 全产业链质量安全统一管理模式

我国农产品（食品）质量安全问题频发的一个重要原因是农业的小规模生产、小批量流通与社会化大市场的矛盾。传统的小生产和小流通模式下，由于流通环节多，牵涉的利益相关者多，带来的安全问题也多，造成安全风险向下游不断累积扩散（张晓林等，2013）。即使像三聚氰胺和瘦肉精案件发生前的三鹿和双汇这样的大企业，也还是“半截子”的产业化模式。在这样的产业链前端，还是分散经营的众多农户，难以实现标准化的生产管理和全过程的质量监控追溯，要实现监测目的成本也很高，而农户的违规行为则隐蔽性强，成本低。

全产业链模式的核心在于打通整个产业链，构建一体化的生产流通体系。全产业链的“全”，体现在农产品生产流通的全过程把控、全环节介入，强调构建从产业链源头到消费终端的完整产业链条。它强调以消费者需求为导向，充分发挥企业自身的资源优势，通过对原料获取、物流加工、产品营销、品牌推广等关键环节的有效管控，实现从源头到终端产品的全产业链贯通和全过程循环（张晓林等，2013）。

全产业链模式的优势：一是通过对产业链全环节、全过程的介入，将农产品生产、加工、流通及其他活动置于统一的控制之下，形成对产品品质的有效把控，避免产业链某个不可控环节的问题引发产品的质量安全危机；二是通过全产业链介入来延伸和打通产业链，提高整个行业的效率和集中度，有效解决农产品流通环节多、成本高、效率低等问题，实现产销高效衔接。同时，产业链的纵向延伸可以使经营主体把握住链条中的高利润环节，从而降低单一环节经营带来的风险（张晓林等，2013）。

全产业链模式要把产业链上下游简单的买卖或协作关系提升到全产业链整合与布局，形成战略协同的一体化关系。联结产业链主体间的关系纽带可以是产权关系、契约关系或管理关系。全产业链构建的核心主体可以以独资、控股或参股的方式参与产业链各环节的投资经营，而又与其他产业链主体在某些功能环节上以合同契约、战略联盟等方式进行联结（张晓林等，2013）。

在全产业链一体化组织模式下，农产品生产流通主体规模化、集中化经营，流通环节被精简，有利于建立从“农田到餐桌”的全程可控、责任明晰、相互制约和利益联动的农产品产业链，形成高效的农产品质量安全保证体系（张晓林等，2013）。

2. 产业链合作伙伴质量安全协调管理模式

1）传统供应商关系存在的主要问题

对于传统的农业生产主体与其产业链上的供应商而言，两者仅仅是一种简单的买卖关系，生产主体的目标就是要以最便宜的价钱买到最好的东西，两者交易的关注点在于每次的交易价格（周雅，2013）。生产主体会同时面对很多供应商，与供应商的关系是短期或一次性交易，供应商在利润受到挤压时，常常会采用提供假冒伪劣产品来降低自身成本。很多与农产品质量安全相关的产品质量因素在交易环节很难直接感知，假冒伪劣很多时候很难发现。如果生产主体要对每次交易的产品质量问题进行检测甄别，则要承担很高的交易成本，会造成生产主体、供应商乃至整个产业链上的相关方在内部管理绩效上互相抵消，进而带来整个产业链效益的降低（周雅，2013）。在农产品质量安全受到社会公众高度关注的市场环境下，一旦因供应商的假冒伪劣产品导致农产品质量安全问题，将给生产主体带来巨大的经营风险。由于整个供应链没有完整的可追溯体系，事后也很难追责。因此，传统的生产主体与供应商的关系模式已经无法适应可持续发展的需要，对于供应链上一切的节点企业来说，追求自身利益最大化的目标冲突与内耗使他们在综合效益上无法实现最优。在成本管控上，因为双方之间的交易成本、搜寻成本的提升，一方面抵消了企业内部原有的成本节约，另一方面还使总成本增加甚至会超出原有预算。同时在管理上，因为生产主体要面对的供应商多且分散，又提升了管理的难度（周雅，2013）。

2）产业链合作伙伴模式及其优势

基于上述情况，生产主体与供应商必须寻求更为有效的模式来应对市场竞争，与供应商构建长期稳定的合作伙伴关系成为现代农业综合体的首选模式（周雅，2013）。在这个新模式下，现代农业综合体中的农产品生产经营主体与供应商的关系不再仅限于单纯的买卖交易和对手关系，而表现为一种更为紧密的合作关系。产业链上的各个主体间基于一种长期直接的合作关系，达到观念一致，构建相互间的信任，确立共同目标和行动计划，注重资源共享，共同研究决策，一致面向市场，不断提高农产品质量安全水平（周雅，2013）。现代农业综合体供应链合作伙伴关系与传统供应商关系的比较如表 2 所示。

表 2　传统供应商关系与供应链合作伙伴关系的比较

因素	传统供应商关系	综合体供应链中的合作伙伴关系
合作关系	短期、松散、不稳定	长期、紧密、稳定
供应商选择	主要基于竞价	基于长期质量和绩效保障的综合分析
交易处理	秘密博弈	基于双赢的协商机制
问题处理	供应商自行解决	共担风险，共同处理
质量控制	每次交易时进行检验	共同参与过程质量管理，信息共享，质量安全可追溯，并能有效衔接
供货保障	风险大	有计划，有保障

3. 质量安全关键环节专业化服务管理模式

我国现有的农产品质量安全管理基本上可以分为生产经营主体的内部管理和外部管理。外部管理主要包括对生产经营行为的规范化检查、生产流通过程的产品质量安全监督抽查和质量安全认证等。但是，这种官方式的外部管理只能是抽查式的，涉及面和频率都非常有限。加上这种管理带有监督的特性，很难为生产经营主体提供周到的服务，很多生产经营主体不能真心实意地配合，并融合到内部的质量安全管理之中，而是沦为猫捉老鼠的游戏。内部管理涉及农产品的整个生产经营过程，主要的关键环节包括内部管理体系构建，产地环境的评价和管控，农业投入品的甄别和采购及合理使用，动植物疫病的防控，采收屠宰、贮藏保鲜和包装运销过程中霉变、腐烂、污染及其他质量安全问题的控制等。但由于质量安全管理是一项技术性很高的工作，很多农业生产经营主体由于管理技术上的限制影响了管理的成效。而在关键环节能提供专业化的服务，将会有效地提升其农产品质量安全管理水平。适合由专业机构提供农产品质量安全管理服务的关键环节主要有：

1）质量安全检测和监测评价服务

检测和监测是质量安全管理的重要手段，我国现有的检测资源主要由公共财政构建，主要为政府监管服务，缺少独立性和第三方公正性，为农业生产经营主体和消费者服务的意识也不强。近年虽有少数第三方检测机构（包括跨国和本土检测机构）出现，但多缺少农业背景，特别是对我国农产品质量安全问题的特点及农业生产经营主体的需求了解不深，服务往往局限于对来样的检测。现代农业综合体将依靠自身贴近农业的特点和相关技术优势，为其他农业生产经营主体、质量安全监管部门和广大消费者提供全方位的农产品质量安全检测和监测评价服务。服务面向各环节的农产品及其产地环境的质量安全，可以直接接收样品，对样品的检测结果负责；也可以包括监测计划制定、样品采集、实验室检测、检测结果评价、问题分析和改进建议等。

2）农业投入品质量保障和合理使用技术服务

当前影响农产品质量安全的一个重要方面是农业投入品质量的混乱和滥用。提供这类服务的农业综合体将介入农业投入品的流通和使用环节，成为农业投入品生产企业与农业生产主体之间的新桥梁。综合体在为农业生产主体提供周到的农业投入品供应和使用技术服务的同时，承诺不会出现因农业投入品使用产生的农产品质量安全问题，否则将由综合体承担全部责任。另一方面，综合体依靠自身的专业、规模和农业投入品可追溯体系，在与农业投入品生产企业的博弈中取得对等的地位，并建立平等的合作关系。综合体将对每一批次农业投入品的质量进行验证，在任何环节发现农业投入品质量问题，将启动对生产企业的责任追索。

3）质量安全管理体系的设计和构建服务

我国当前农产品质量安全问题频发的一个重要原因在于生产流通过程没有有效的质量安全管理体系。综合体可依靠自身的专业和经验，帮助农业生产经营主体构建起科学高效的农产品质量安全内部管理体系。包括管理体系架构设计、管理团队建设、管理制度制定、关键控制点甄别、标准和可追溯体系构建等。

4）农产品质量安全认证服务

国内现有的农产品质量安全认证有无公害农产品、绿色食品、有机食品、地理标志产品和良好农业规范（GAP）等，其中无公害农产品、绿色食品、地理标志产品完全是政府行为。政府行为虽然有财政资金支撑、可利用资源丰富等优点，但也存在认证机构的主动性和自主性弱化、市场机制被忽略、长官意志影响尺度把握等。有机食品和良好农业规范（GAP）虽然按照国际规范由第三方认证机构负责认证，但现有的认证机构普遍存在专业基础薄弱，没有形成自身的特点和品牌声誉，认证的质量和公正性经常被质疑等。在此背景下，需要现代农业综合体承担起重建认证声誉的重任。进入农产品质量安全认证行业的综合体，只有坚守诚信、公正和专业，尽快构建起自身的品牌声誉才能有生命力，并形成市场优势，实现自身的经济收益。

5）农产品质量安全技术和标准培训及法律援助服务

主要利用综合体自身农产品质量安全技术团队的质量安全系统知识和丰富的实际经验，以及贴近生产经营主体和农产品消费者的优势。服务内容可涵盖农产品安全生产和加工流通技术、农产品质量安全管理、检验检测技术、安全农产品选购和健康消费、农产品质量安全标准法规等。服务形式包括授课培训、现场操作培训、技术和信息咨询、农产品质量安全相关刑事和民事案件的法律援助等。

4. 质量安全追溯与电商平台融合管理模式

1）传统的农产品批发市场流通模式不利于农产品生产过程信息的传递

我国农业的一个显著特点是生产经营分散，而分散的生产主体与农产品大市场的连接渠道主要是农产品批发市场。进入批发市场后，农产品生产过程的相关信息流往往很难随着物流继续向下传递。零售商和消费者在购买农产品时难以获得农产品生产过程的信息，选择农产品的主要依据就是感官，这给假冒伪劣和有潜在质量安全问题农产品的流通留下了很大的空间。为了改变这一局面，前几年大力提倡农超对接，并取得了一定的实际效果。但小规模生产主体仍然难以进入这一模式，且有很大的地域局限性。

2）农产品电子商务的快速发展迫切要求质量安全控制措施介入电商环节

近年我国农产品电子商务快速发展，全国涉农电子商务网站达3 000多家，其中 2013 年农产品网上期货交易额达 31.53 万亿元，大宗农产品电子交易额超过 10 万亿元，国家粮食局系统粮食网上交易额接近2 000亿元，商务部夏冬两季农产品网上交易会的交易额达到 839.33 亿元。阿里电商平台的农产品交易额从 2012 年的 134.1 亿元增长到 2015 年的 695.5 亿元，年均复合增长率达到 73.1%（表 3）（阿里研究院，2014；2015；2016）。特别是原先认为电商化比较困难的生鲜农产品，近年也有了迅速发展，如阿里平台 2015 年的交易额达到 180 多亿元，京东平台也超过 100 亿元〔中国食品（农产品）电子商务研究院，2014；洪涛等，2015；阿里研究院，2016〕。尼尔森最新出炉的《中国生鲜电商行业发展白皮书》调查发现：生鲜网购消费者以 30 岁左右为主力，平均年龄为 33 岁，八成以上已婚，学历较高（81%为本科及以上），平均家庭月收入高达 1.9 万元左右，职业以公司白领为主。各生鲜品类中，网购奶制品的消费者占比最高（63%），其次是水果（51%），网购蔬菜、肉类和水产品的消费者比例相对较低（合计 38%）。生鲜电商网站中，本来生活和天天果园的品牌溢价表现较好，分别有 31%和

28%的消费者愿意为其支付更高的价格（尼尔森，2015）。但整体而言，各个品牌差异化优势不明显，品牌建设也会是未来各农产品电商发展过程中的重要一环。若能在电商环节开拓出农产品质量安全控制的有效措施，将会迅速提升电商平台的形象，产生良好的品牌溢价。最近，农产品质量安全控制措施介入电商环节已经有了局部性的尝试，如阿里电商平台与洛川苹果合作社合作，构建洛川苹果物流全链路标准化体系（图 16）及其溯源和品控系统，洛川苹果迅速成为“网红”（图 17）。

表 3　近年阿里电商平台销售的主要农产品类目及其交易额年度增长率（%）

农产品类目	2013 年	2014 年	2015 年
零食、坚果、特产	92.66	50.40	47.13
水产、肉类、蔬果、熟食	194.58	76.94	63.80
茶叶、咖啡、冲饮	130.15	69.12	43.33
传统滋补营养品	78.29	51.59	33.18
粮油、米面、干货	113.14	69.90	41.87
其他（鲜花、绿植、园艺等）	98.95	164.87	86.78
农产品合计	112.15	69.83	43.99

3）整合农产品电子商务和质量安全追溯平台是现代农业综合体新的发展方向

“互联网+农业”是现代农业综合体中产业链延伸和融合的重要领域之一。随着农产品电子商务的发展，电子交易农产品的流通过程已经完全信息化。网上直销模式的出现，使生产者直接面对消费者，消费者就有可能在交易过程中直接获得生产过程的相关信息，消除了传统流通模式对产业链信息的阻隔，这为农产品质量安全追溯信息的电子化，以及信息流和物流的整合提供了非常有利的条件。现代农业综合体可考虑以农产品质量安全追溯和电商平台融合为抓手，对进入该平台的农产品生产主体设立门槛，要求提供完整的电子化追溯信息，在交易平台上向消费者和社会公众公开。通过生产流通过程信息的透明化，获得消费者的信任。平台还应建立追溯信息完整性和真实性的监管机制，包括上传信息核查、现场巡查验证、公众和媒体访问监

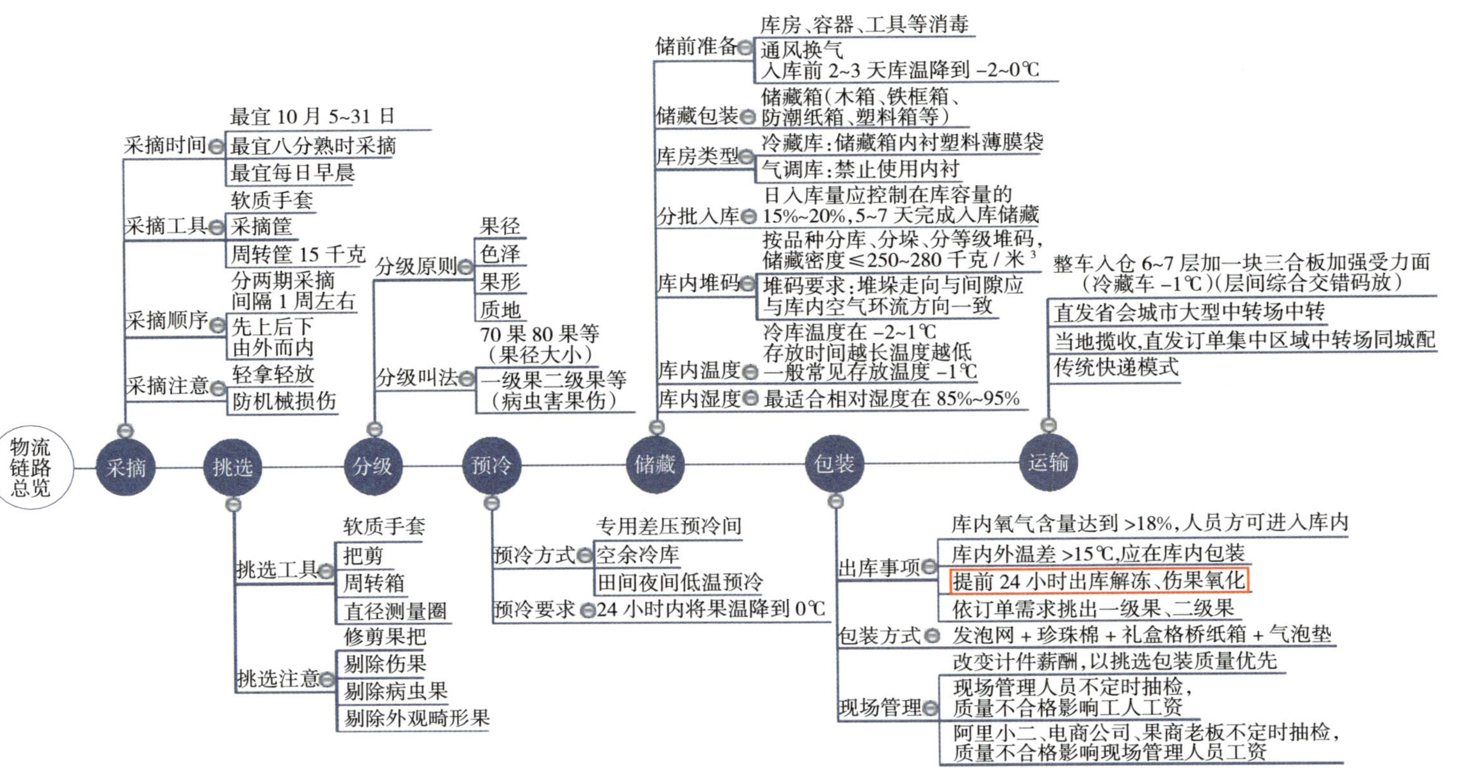

图 16　洛川苹果物流全链路标准化概览（阿里研究院，2016）

图17　电商溯源和品控系统使洛川苹果成为网红（阿里研究院，2016）

督等。通过信息公开和公众参与，平台上的农产品获取消费者信任，带来品牌溢价。农产品电商和追溯融合平台上的交易双方，在提增质量安全信心和实现经济目标的同时，也建立了质量安全互信的机制。

五、构建现代农业综合体农产品质量安全体系的政策建议

（一）强化安全农产品的激励机制

一是系统设计和调整农业补贴政策，减少或取消对农兽药和化肥等农业投入品生产流通及使用环节的补贴，将农业补贴的重点放到激励绿色安全农产品的生产和农业生态环境的保护上。

二是加强对成熟消费群体的培育，引导社会公众和消费者积极参与农产品质量安全监督，提高科学识别质量安全和信用问题的能力，优先选购安全、优质、环保和高信誉的农产品，并愿意为这些农产品支付合理的溢价，形成通过市场途径激励安全农产品的机制。

（二）推动建立真实完整并与市场准入相衔接的可追溯体系

加快建立农产品和农业生产资料质量安全全程追溯协作机制、信息公开共享机制以及追溯信息的真实性和完整性的监督监管机制，鼓励农产品生产经营者以统一的追溯码为载体，建立以责任追溯为基础，质量安全追溯为目

标的全程可追溯体系。完善《农产品质量安全法》等法规制度，改变对不同类型的生产经营主体有不同的可追溯要求的规定。以有机和绿色认证产品及生产主体自愿承诺的农产品为突破口，以市场准入倒逼追溯体系建设，真正实现食用农产品从农田到餐桌全过程可追溯。2016 年农业部启动新的追溯试点工作（农业部办公厅，2016），建议优先将现代农业综合体列入追溯试点，并制定政策鼓励区域性农产品电商平台设立可追溯门槛，连接可追溯信息平台。

（三）鼓励现代农业综合体参与或主导农产品质量安全标准制定

农业标准化是现代农业综合体发展的重要基础，作为农业标准化的积极实践者，现代农业综合体对农业标准化的意义有深刻的理解，对标准可行性的把握有独到的经验。建议在农产品质量安全相关标准制定中鼓励现代农业综合体参与，特别是涉及实际操作类标准，应有农业综合体参与验证；在团体标准的相关管理规范中，明确具备相应专业和标准化能力的现代农业综合体具有主导制定并发布相应领域团体标准的资格。

（四）将现代农业综合体列为信用体系建设的试点对象

国务院发布了《社会信用体系建设规划纲要（2014—2020 年）》（国发〔2014〕21 号），并将农产品和农业投入品生产、检验检测和认证类的中介服务等列为诚信建设的重点领域（国务院，2014），但一年多来信用体系建设成效仍不明显。建议将现代农业综合体列为信用体系建设的试点对象，实行农产品质量安全信用评价制度建设，探索信用体系建设模式，在农业综合体发展初期，率先建立起诚信的社会形象。

（五）强化现代农业综合体农产品质量安全监管机制建设

建立现代农业综合体中最严格的覆盖全过程的农产品质量安全监管制度和运行机制，落实生产经营主体质量安全责任，加快健全以农产品质量安全标准为重点的农业生产监管制度体系，农产品质量安全检验检测体系，农产品质量安全风险评估体系，综合体农产品产地准出、市场准入、质量追溯、退市销毁等制度。严格落实生产档案记录制度和源头管控措施，加强农业投入品监管。建立农产品安全信息报送、通报和发布制度等。

参 考 文 献

阿里研究院，2014. 阿里农产品电子商务白皮书（2013）[DB/OL]. http：//i. aliresearch. com/img/20140312/20140312151517. pdf，03-12/2016-04-16.

阿里研究院，2015. 阿里农产品电子商务白皮书（2014）[DB/OL]. http：//i. aliresearch. com/file/20150601/20150601222304. pdf，06-01/2016-04-16.

阿里研究院，2016. 阿里农产品电子商务白皮书（2015）[DB/OL]. http：//www. aliresearch. com/blog/article/detail/id/20897. html，04-13/2016-04-16.

曹庆臻，2015. 中国农产品质量安全可追溯体系建设现状及问题研究 [J]. 中国发展观察（6）：70-74.

曹淑静，2012. 企业社会责任的演进与发展 [J]. 现代经济信息（21）：53.

陈剑平，王强，张志恒，2015. 在新常态下浙江省农产品质量安全科技发展目标和主要任务的思考 [J]. 浙江农业科学，56（11）：1701-1705.

陈灵，2015. 海亮高调布局生态农业 [J]. 小康·财智（1）：56-59.

陈晓华，2014. 强质量之本固安全之基加快推进我国农产品质量安全信用体系建设 [N]. 农民日报，08-09（1）.

丁鲲，2010. 关于建立农业企业质量安全追溯系统的思考 [J]. 中国农村科技（10）：74-75.

窦欣，2012. 物联网对我国食品供应链安全的影响及对策 [J]. 经济导刊（2）：38-39.

范丽敏，2015. 海亮跨界"豪赌"现代农业 [N]. 中国贸易报，01-08.

冯忠泽，2007. 中国农产品质量安全市场准入机制研究 [D]. 北京：中国农业科学院.

耿宁，李秉龙，2014. 产业链整合视角下的农产品质量激励：技术路径与机制设计. 农业经济问题（9）：19-27.

国家卫生计生委办公厅，2016. 国家卫生计生委办公厅关于 2015 年全国食物中毒事件情况的通报（国卫办应急发〔2016〕5 号）[EB/OL]. http：//www. nhfpc. gov. cn/yjb/s7859/201604/8d34e4c442c54d33909319954c43311c. shtml，02-19/2016-08-26.

国务院，2014. 社会信用体系建设规划纲要（2014—2020 年）（国发〔2014〕21 号）[EB/OL]. http：//www. gov. cn/zhengce/content/2014-06/27/content _ 8913. htm，06-14/2016-02-28.

国务院办公厅，2015. 关于加快推进重要产品追溯体系建设的意见 . 国办发〔2015〕95 号 .

洪涛，张传林，2015. 2014—2015 年我国农产品电子商务发展报告 . 中国商论（Z1）：44-54.

黄卫萍，覃海元，农志荣，2008. 食品质量安全认证［J］. 广西质量监督导报（10）：6-7.

锦江麦德龙现购自运有限公司，2015. 麦德龙食品安全体系［DB/OL］. http：//wenku. baidu. com/link? url = z2x _ S5axMNMkUxyeIAcPWUhL5ZAmY-uA18GSR7enLgOtqlCN6dnpaugjSlX8x0lJVDSZARU 1yVIgE _ 4FFuuXj1y7RCzxQyygNDhBYWlpz77，04-28/2015-10-28.

蓝城农业公司，2016. 蓝城农业［DB/OL］. http：//www. bluetowngroup. com/lcny，02-28.

李佳洁，王宁，夏慧，等，2013. 基于 FAHP 法的共享式食品追溯系统实施效力评价体系构建［J］. 生态经济（9）：132-136.

林剑波，2013. 运用 HACCP 原理建立畜禽养殖场兽药安全管理体系 . 中国畜牧杂志，49（18）：42-45.

刘潇潇，2015. 2015 全球食品安全指数报告发布 中国排名 42 位居上游［DB/OL］. http：//www. ce. cn/cysc/sp/info/201507/17/t20150717 _ 5964656. shtml，07-17/2016-03-03.

罗斌，2014. 我国农产品质量安全追溯体系建设现状和展望 . 农产品质量与安全（4）：3-6.

吕佳，陈万明，2014. 英国苏格兰地区农产品质量安全追溯体系概述 . 世界农业（10）：89-92.

马少华，欧晓明，2014. 农业企业社会责任、企业声誉与竞争力研究 . 经济与管理，28（4）：50-55.

马文娟，和文龙，韩瑞阁，等，2011. 国际有机农业运动联盟有机生产和加工基本标准研究 . 世界农业（2）：7-11.

麦德龙，2015. 麦德龙中国官方网站［EB/OL］. http：//www. metro. com. cn/，12-14.

麦咨达，2013. 麦咨达公司的质量标准及可追溯体系［DB/OL］. http：//wenku. baidu. com/link? url = 0EL6PjwYTqoB3k82WUnsSej5vRPIICx _ -XFhX8E6gaKJf6P6sZ1SuGr8GVa0yxMire3mPNvvqx9OT2foWLI3r9ofhR-0A-I3ctSPPt1259q，08-20/2016-02-28.

麦咨达，2010. 麦咨达可追溯体系：食品供应链全程监控成为可能［J］. 食品与生活（10）：2.

明康汇生态农业集团，2016. 明康汇［DB/OL］. http：//mingkanghui. com. cn/news/group? tag=2，02-28.

明康汇生态农业集团，2017. 明康汇［DB/OL］. http：//www. mkh. cn/，01-05.

尼尔森，2015. 中国生鲜电商市场研究白皮书［DB/OL］. http：//finance. youth. cn/finance _ Ecommerce/201511/t20151111 _ 7299136 _ 1. htm，11-11/2016-02-28.

农业部，2014. 关于加快推进农产品质量安全信用体系建设的指导意见［EB/OL］. http：//www. moa. gov. cn/zwllm/tzgg/tz/201412/t20141225 _ 4309898. htm，12-24/2016-02-28.

农业部办公厅，2016. 2016 年农产品质量安全监管工作要点（农办质〔2016〕5 号）［EB/OL］.

http：//www. gdemo. gov. cn/zwxx/zcfg/gjzcwj/gjbmwj/201602/t20160209 _ 224837. htm，02-05/2016-02-28.

邱流文，2011. 江西省农产品质量安全检验检测体系现状及发展对策研究 [D]. 南昌：南昌大学.

全国人大常委会法工委，2006. 中华人民共和国农产品质量安全法释义 [M]. 北京：法律出版社.

全国人民代表大会常务委员会，2006. 中华人民共和国农产品质量安全法（中华人民共和国主席令第 49 号） [EB/OL]. http：//www. gov. cn/flfg/2006-04/30/content _ 271633. htm，04-29/2015-12-14.

全国人民代表大会常务委员会，2015. 中华人民共和国食品安全法（中华人民共和国主席令第 21 号）[EB/OL]. http：//www. gov. cn/zhengce/2015-04/25/content _ 2853643. htm，04-24/2015-12-14.

全国人民代表大会常务委员会，2009. 中华人民共和国食品安全法（中华人民共和国主席令第 9 号）[EB/OL]. http：//www. gov. cn/flfg/2009-02/28/content _ 1246367. htm，02-28/2015-12-14.

童兰，胡求光，2012. 中外农产品质量安全可追溯体系比较 [J]. 经营与管理（11）：95-98.

王成，2010. 利益相关者视角下上市公司社会责任与绩效关系探析 [J]. 财会通讯（35）：23-24.

王刚，2013. 麦咨达：从农田到市场的食品安全服务 [J]. 海洋与渔业 · 水产前沿（8）：45-47.

王平，2012. 国内外标准化理论研究及对比分析报告 [J]. 中国标准化（5）：39-50.

王晓红，2010. 企业社会责任基本理论探析 [J]. 法制与社会（29）：283-285.

王序勉，2013. 关于新媒体视域下农业信息的传播 [D]. 武汉：华中农业大学.

王志刚，钱成济，周永刚，2013. 消费者对猪肉可追溯体系的支付意愿分析——基于北京市 7 区县的调查数据 [J]. 湖南农业大学学报（社会科学版），14（3）：7-13.

王卓，2015. 近十年全国食物中毒情况统计报告 [DB/OL]. http：//wenku. baidu. com/link? url＝OVAiBxmdwvsiJfJ6j66tAsACrPWPuAJuoZV9OT7M _ Z1pectpSjujZ2 _ voaRu3sizkDMfFo1d QSchcrtbKU6epfDP-N1t2zfscsS8BKmCxQ _ ，10-13/2016-03-05.

魏一博，2015. 农业企业社会责任评价与影响因素研究 [D]. 大庆：黑龙江八一农垦大学.

吴正懿，2014. 海亮集团“尝鲜”农业全产业链 [N]. 上海证券报，12-24.

武淑贤，2011. 食品安全不？拿手机一刷就知道——麦咨达提供生鲜产品“可追溯体系”[N]. 中国食品报，10-13（7）.

夏雪，丘耘，胡林，等，2014. 农产品质量安全追溯系统中信息技术的研究及应用现状 [J]. 食品研究与开发（15）：107-112.

谢瑞红，杨春亮，王明月，等，2012. 我国农产品质量安全标准体系存在问题及应对措施 [J]. 热带农业科学，32（12）：91-93.

新华网，2015. 习近平主持中共中央政治局第二十三次集体学习 [EB/OL]. http：//

news. xinhuanet. com/politics/2015-05/30/c _ 1115459659. htm，05-30/2015-12-14.

新华网，2013. 中央农村工作会议在北京举行习近平、李克强作重要讲话［EB/OL］. http：//news. xinhuanet. com/politics/2013-12/24/c _ 118693228. htm，12-24/2015-12-14.

杨莉，汪冬梅，2011. 农业企业社会责任研究［J］. 科技与管理，13（1）：100-103.

杨文刚，2013. 农超对接模式与农产品效益提升路径研究［D］. 武汉：华中师范大学.

袁士芳，张亮，张杰，等，2014. 全球食品安全指数视角下的食品安全对策研究［J］. 食品研究与开发，35（18）：343-347.

曾波，2016. 泸西成为 G20 峰会的“菜篮子”［DB/OL］. http：//www. yn. xinhuanet. com/2016honghe/20160908/3430008 _ c. html，09-08/2017-01-08.

张乔生，叶丹艳，2015. 海亮集团打造全国农业生产基地［N］. 中国食品安全报，01-08.

张晓林，于战平，2013. 农业产销体系创新的全产业链模式研究［J］. 北京工商大学学报（社会科学版），28（5）：9-14.

中国食品（农产品）电子商务研究院，2014. 2013—2014 年中国农产品电子商务模式发展报告［DB/OL］. http：//www. 199it. com/archives/198885. html，03-02/2015-11-23.

中华人民共和国国家质量监督检验检疫总局，中国国家标准化管理委员会，2014. 标准化工作指南 第 1 部分：标准化和相关活动的通用术语（GB/T 20000. 1-2014）［S］. 北京：中国标准出版社.

中华人民共和国国家质量监督检验检疫总局，中国国家标准化管理委员会，2005. 有机产品（GB/T 19630—2005）［S］. 北京：中国标准出版社.

中华人民共和国国家质量监督检验检疫总局，中国国家标准化管理委员会，2011. 有机产品（GB/T 19630—2011）［S］. 北京：中国标准出版社.

中华人民共和国农业部，2006. 畜禽标识和养殖档案管理办法（中华人民共和国农业部令 2006 年第 67 号）［EB/OL］. http：//www. gov. cn/flfg/2006-06/29/content _ 322763. htm，06-26/2015-12-14.

中华人民共和国农业部，2002. 动物免疫标识管理办法（中华人民共和国农业部令 2002 年第 13 号）［EB/OL］. http：//www. gov. cn/gongbao/content/2003/content _ 62566. htm，05-24/2015-12-14.

中华人民共和国农业部，2000. 绿色食品 农药使用准则（NY/T 393—2000）［S］. 北京：中国农业出版社.

中华人民共和国农业部，2012. 绿色食品标志管理办法（中华人民共和国农业部令 2012 年第 6 号）［EB/OL］. http：//www. moa. gov. cn/zwllm/tzgg/bl/201208/t20120802 _ 2814698. htm，07-30/2015-12-14.

中华人民共和国农业部，2007a. 农产品地理标志管理办法（中华人民共和国农业部令 2007 年第 11

号）[EB/OL]. http：//www. gov. cn/flfg/2008-01/10/content _ 855116. htm，12-25/2015-12-14.

中华人民共和国农业部，2007b. 农产品追溯编码导则（NY/T 1431—2007）[S]. 北京：中国农业出版社.

中华人民共和国农业部，2014. 农业部关于加强农产品质量安全检验检测体系建设与管理的意见（农质发〔2014〕11 号）[EB/OL]. http：//www. moa. gov. cn/govpublic/ncpzlaq/201406/t20140611 _ 3935664. htm，06-11/2015-12-14.

周雅，2013. 生鲜超市农产品质量安全保障问题研究 [D]. 长沙：湖南农业大学.

周泽江，肖兴基，杨永岗，2002. 有机食品的发展现状及趋势探讨 [J]. 上海环境科学（12）：700-704.

EIU，2015. Global food security index 2015：An annual measure of the state of global food security [DB/OL]. http：//foodsecurityindex. eiu. com/Resources，05-19/2016-03-05.

The European Parliament，the Council of the European Union，2000. Regulation (EC) No 1760/2000 of the European Parliament and of the Council of 17 July 2000 establishing a system for the identification and registration of bovine animals and regarding the labelling of beef and beef products and repealing Council Regulation (EC) No 820/97 [DB/OL]. http：//eur-lex. europa. eu/LexUriServ/LexUriServ. do? uri=CELEX：32000R1760：EN：HTML，07-17/2015-12-14.

The European Parliament，the Council of the European Union，2002. Regulation (EC) No 178/2002 of the European Parliament and of the Council of 28 January 2002 laying down the general principles and requirements of food law，establishing the European Food Safety Authority and laying down procedures in matters of food safety [DB/OL]. http：//eur-lex. europa. eu/legal-content/EN/TXT/? uri=uriserv：OJ. L _ . 2002. 031. 01. 0001. 01. ENG&toc=OJ：L：2002：031：TOC，02-01/2015-12-14.

Tyson，2015. Tyson Foods [DB/OL]. http：//www. tysonfoods. com/，08-28.

Tyson，2013. Tyson foods 2013 Sustainability Report [DB/OL]. http：//www. tysonsustainability. com/2013/Products/Food%20Safety%20And%20Quality/，2013/08-28.

US Government Publishing Office，2016. Electronic code of federal regulations [DB/OL]. http：//www. ecfr. gov/cgi-bin/ECFR? SID = 64a1129efaf92d6159af19afd3e1a1b2&mc = true&page = browse，02-25/2016-02-28.

专题五　现代农业综合体建设中“互联网+”流通体系的构建

一、农产品流通体系相关概念及国内外研究综述

（一）农产品流通体系相关概念

1. 农产品物流

《中国物流发展报告》中定义的农产品物流，是指为销售农产品而引起的农产品在供需双方之间发生的实物流动。包括为销售农产品而进行的运输和存储，为满足农产品消费需要而进行的流通和加工等一系列相关活动。这一过程发生于生产者和消费者之间,能够实现农产品价值提升(周洁红,2010)。

2. 农产品供应链

农产品供应链是供应链管理理论发展和实践的一个产物（陈中耀等，2014)，国内有“农业供应链”“农产品供应链”“食品供应链”等定义，国外有“agricultural supply chain”“agri-supply chain”等。张明玉（2011）定义农产品供应链是围绕核心企业，通过控制物流、资金流和信息流，把农产品从农资供应，农产品生产、采购、加工、运输，经由销售网络把农产品送到消费者手中，而将生产者、核心企业、分销商直到消费者连成一个整体的功能性网链结构模式。

3. 农产品物流体系

农产品物流体系是利用现代高新技术、现代组织方式形成的服务农产品

全球流通的重要平台。目的是为解决农产品生产和销售过程中有关市场和信息、中介和龙头企业、科技推广和应用、农产品加工、包装和经营，以及市场检测和检疫等系列问题（岑丽阳，2015），形成农产品物流、流通服务和信息流的统一体。

4. “互联网+”

“互联网+”代表着一种新的经济形态，是创新2.0下的互联网与传统行业融合发展的一种新形态、新业态，即充分发挥互联网在生产要素配置中的优化和集成作用，将互联网的创新成果深度融合于经济社会各个领域，提升实体经济的创新力和生产力，从而形成更广泛的、以互联网为基础设施和实现工具的经济发展新形态（高荣伟，2015）。“互联网+”代表了先进生产力，是互联网思维的实践成果，它能够推动经济形态的演变，带动社会经济实体展现生命力，也为改革创新提供了宽广的网络平台，从而催生出具有六大特征（跨界融合、创新驱动、重塑结构、尊重人性、开放生态、连接一切）的“互联网+”时代。

相关行业领军者也纷纷提出自己的看法。马化腾认为，“互联网+”是以互联网平台为基础，借助信息通信技术与各行业进行跨界融合以推动产业转型升级，并不断创造出新产品、新业务与新模式，构建连接一切的新生态。阿里巴巴指出“互联网+”是在经济、社会生活各部门的应用过程。

李克强总理在政府工作报告中提出制定“互联网+”行动计划，推动包括移动互联网、云计算、大数据、物联网等整套信息技术等与现代制造业结合，促进电子商务、工业互联网和互联网金融健康发展，并引导互联网企业拓展国际市场。

5. “互联网+”流通体系

“互联网+”流通体系建立在对“互联网+”深刻认识的基础之上，是传统流通体系经过互联网改造，通过技术、设备、商业模式等诸多方面提升后实现的在线化和数据化的体系，是生产与消费终端之间信息共享的桥梁与纽带，是产品流、物流、技术流、服务流和信息流的双向互动一体化。从已有实践来看，“互联网+三农”已在一定程度上改变了农产品流通体系。

（二）国内外关于农产品流通体系的研究综述

1. 国外研究综述

国外对农产品流通体系的研究主要是从农产品营销渠道（agricultural product marketing channel）、农产品供应链（agricultural product supply chain）以及农产品物流（agricultural product logistics）等方面展开。其中，日本学者对农产品流通的研究比较系统和深入，而西方学者更注重农产品供应链和农产品物流。总的来说，国外学者对农产品流通体系的研究主要围绕以下视角（郑鹏，2012）。

（1）基于农产品营销渠道的农产品流通问题研究脉络的视角（Weld，1916；Breyer，1924；Sterm，1969；Rose et al.，2004）。

（2）基于农产品供应链管理和农产品物流的农产品流通问题研究脉络的视角（den Ouden et al.，1996；Reardon et al.，2002；Collins，2005）。

（3）基于“小农户”和“大市场”联结模式的农产品物流问题研究脉络的视角（Hobbs，1997；Martinez，2002；Bignebat et al.，2008）。

（4）基于合作经济组织参与农产品流通系统的农产品流通问题研究脉络的视角（Hellin et al.，2009；Moustier，2010）。

2. 国内研究综述

国内对农产品流通的研究主要从农产品流通内涵、流通效率、流通主体、流通机制和模式以及流通现代化等视角展开。张岩（2007）认为流通是商品由生产领域向消费领域社会性转移的过程，包括纯粹的商品交易和商品客体的物质运动两个过程。就流通内涵而言，我国大部分学者都认可流通是生产与消费的中间环节这一观点。宋则（2003）从时间和空间上分析了流通效率的本质，并指出减少库存量是提升整个流通产业效率的有效路径。张吉隆等（2005）则重点研究了批发市场组织、流通合作组织和产销一体化组织对农产品流通主体创建的重要性。陈淑祥（2006）则从流通环节、市场信息和管理等方面分析了农产品流通机制的影响因素。肖为群和魏国辰（2010）基于供应链的角度对我国农产品流通模式进行了研究，认为农产品供应链的合作关系、组织创新、农产品协议流通是我国农产品现代市场体系的重要内容和方向。胡永仕和王健（2009）在综述了农产品流通现代化的内涵后，提出农产品流通现代化的路径选择是流通组织、流通载体、流通方式、流通技术以及流通的支撑和保障体系等五个方面的现代化。就上述研究来看，目前国内对农产品流通的研究涉及范围极广，这对未来流通体系的构建和完善具有重要意义。

二、农产品流通体系的研究背景及主要问题

（一）我国农产品流通体系面临的形势

1. 农产品流通的市场环境正经历着前所未有的变化

经济发展、经济结构调整和城乡一体化在很大程度上改变了人民群众的消费方式、消费结构和消费观念。主要表现为：

一是农产品的安全问题越来越受到重视。近年来，随着人民群众物质生活水平的提高以及各类食品安全事件的频频曝光，广大消费者对于绿色、安全农产品的需求与日俱增。从国际上看，日本有 91.6％的消费者对有机蔬菜感兴趣，77％美国人和 40％欧洲人喜爱无污染、质量安全的绿色食品。在中国国内市场，无污染、质量安全的绿色食品也受到广泛的欢迎，一项对北京、上海两个城市的调查表明，超过 80％的消费者宁肯花高价也愿意购买绿色食品（范忠伟，2008）。人们对绿色食品的消费已成为一种时尚，尤

其是食品安全屡屡暴露出问题后，人们的食品安全意识进一步增强，绿色食品渐成消费主流（王英姿等，2011）。加强对农产品安全问题的监管，必然要求整个农产品流通体系从生产者到消费者所有流通环节之间的相互协作，这对监督众多小农户生产者的生产经营行为以保障农产品质量安全提出了挑战（郑鹏，2012）。

二是网购行为越来越普及。根据中国互联网络信息中心（CNNIC）发布的《第37次中国互联网络发展状况统计报告》，截至2015年12月，中国网民数量达到6.88亿，互联网普及率为50.3%。其中，农村网民规模为1.95亿，占网民总数的28.4%。网购成为我国网民的最主要应用。截至2015年12月，我国网络购物用户规模达到4.13亿，较2014年年底用户增长14.3%。从2011年开始，网络购物的用户增长逐渐平稳，未来网购市场规模的发展，将不仅依托于用户规模的增长，还将依靠消费深度不断提升来驱动（闫成印，2012）。

2. 以电子商务为主要形式的新型流通模式快速崛起

在互联网的催化下，农产品的流通模式也在发生嬗变，以电子商务为主要形式的新型流通模式快速崛起，在流通主体、组织方式、上下游影响等方面都呈现了积极的创新和变化。

一是涉农电子商务快速发展。电子商务的跨地域特性，能够帮助农村居民打破以往的有形市场的物理局限，有效拓展全国乃至全球市场。在电子商务平台的帮助下，涉农电子商务从2009年起呈现快速增长态势。从最开始的零散农户在网上卖土特产，发展到形成以村、镇、县为单位的产供销产业群，如江苏睢宁沙集镇、浙江义乌青岩刘村、浙江缙云北山村、河北清河县、浙江遂昌县等。

二是农产品电子商务受到各类平台的重视和投入，包括阿里巴巴B2B、淘宝网、天猫、京东、当当等平台，均将农产品电子商务作为重要业务拓展。与此同时，“农超对接”、宅配等新型流通模式也在不断发展。

三是越来越多服务商加入农产品电子商务的发展潮流。较之从事农产品经营的网商主体，服务商在专业技能和资源统筹能力等方面具有明显优势，一定程度上可以带动整个农产品电子商务的规范和繁荣发展。例如，在遂昌县农产品电子商务发展模式中，网店协会发挥主导作用，并使农产品电子商务模式升级为“网络＋协会＋公司＋农户”的形式，网店协会既为网商做好服务，也为网商争取更大利益，同时制定标准对接生产方，实现品质监控和集约化营销。

3. 现代企业进军农业加速、加深农业市场化程度

进入21世纪，国家持续加大对农业的支持力度，连续多年出台了一系列强农惠农政策，在国家政策支持、科学技术进步等共同作用下，我国传统农业向现代农业转变进程加快。同时，城乡居民消费的升级，促进了绿色农业、设施农业、休闲农业、农业服务业等产业的快速发展。这些附加值高、投资回报快的产业提高了农业综合利润，成为吸引工商资本进入的重要领域（涂圣伟，2014），掀起了资本市场对农业领域的投资浪潮。2007—2013年，我国农业领域已披露的投资案例达到114起，涉及金额137.06亿元，其中2010年投资额呈现惊人增长，额度达前4年总和。

之后，中国农业获得了资本市场越来越多的关注。一方面，农业巨头经过多年的产业深耕逐渐建立起覆盖全产业链的战略性资源布局，另一方面，来自IT、互联网、金融服务以及房地产的资金或技术密集型企业也高调入局农业。目前全产业链经营已经成为工商资本投入农业的主要方向，中国农业产业链融合的趋势已经日益加强，一些传统的农业企业如新希望、蒙牛、双汇等纷纷布局，将企业业务向上下游产业广泛延伸（叶伟文等，2014），探索出了“合作社＋农户”“龙头企业＋合作社＋农户”“合作社＋基地＋农户”“龙头企业＋合作社＋基地＋农户”等多种符合当地实际需要和产业特点的经营组织形式。通过全产业链经营，企业可以使上下游各个环节紧密对接，实现不同环节的优势互补，产生系统效应，进行覆盖全产业链的监督和

管理，从而保证食品安全和产品质量。

2014 年，全国各类农业产业化组织已达到 33 万个，其中龙头企业 12 万多家，实现年销售收入 7.9 万亿元；辐射带动农户 1.2 亿户，农户参与产业化经营年户均增收 3 000 多元，保障供给、带动就业增收效果持续显现。工商资本进入农业产前和产后领域，提高了农业产业链整体效益，为促进农产品流通体系变革、加速农业市场化进程发挥了重要作用。

4. 农产品流通领域的技术创新与应用越来越广泛

农产品流通技术现代化不仅是农产品流通现代化的重要内容，也逐渐成为推进农产品流通现代化的重要手段。可追溯的农产品流通技术作为解决农产品质量安全的有效尝试越来越被广泛应用于现代农产品流通体系中。2011 年 1 月财政部和商务部联合下发了《关于 2011 年开展肉菜流通可追溯体系建设试点有关问题的通知》，要求在试点城市建立覆盖全部大型批发市场、大中型连锁超市和机械化定点屠宰厂，以及不少于 50％的标准化菜市场和部分团体消费单位的肉类蔬菜流通追溯体系。条形码技术作为自动识别技术中的一种被广泛应用于农产品流通，使得农产品追溯体系建设、农产品供应链管理等农产品流通体系建设获得了巨大的发展机会。利用现代信息技术建立来源可追溯、去向可查证、责任可追究的质量安全追溯链条，从而通过农产品生产源头自控、到农产品中间流通各环节管控、再到农产品销售终端检测等多方努力共同营造健康、安全的农产品消费环境，促进整个农产品流通产业的持续健康发展（郑鹏，2012)。生鲜农产品保鲜和冷链流通技术研发与应用不断加强。生鲜农产品出口企业率先引进国际先进的 HACCP（危害分析和临界控制点）认证、GMP（良好操作规范）等管理技术，普遍实现了全程低温控制。大型肉类屠宰企业开始应用国际先进的冷链物流技术，从屠宰、分割加工、冷却成熟等环节低温处理起步，逐渐向储藏、运输、批发和零售环节延伸，向着全程低温控制的方向快速发展。适应我国国情的低能耗、低成本的冷链处理技术广泛推广，推动以水产品和反季节果蔬为代表的高价值量农产品冷链迅速兴起。智慧农业、物联网、大数据等现代信息技术也使农产品流通体系发生深刻改变。农产品流通新技术的应用促进了流通领域的自动化、信息化和农产品流通信息系统建设走向标准化，从而促进了农产品流通的现代化（李丽，2010）。

5. 国家政策加大支持农产品流通体系创新

鉴于农产品在国民经济和“三农”问题中的重要作用，国家多次出台支持农产品流通的政策。2012 年中共中央、国务院发布的中央 1 号文件中提出：“要充分利用现代信息技术手段，发展农产品电子商务等现代交易方式，探索建立生产与消费有效衔接、灵活多样的农产品产销模式，减少流通环节，降低流通成本。”2012 年 1 月，国务院办公厅印发了《关于加强鲜活农产品流通体系建设的意见》，提出了加强鲜活农产品流通体系建设的主要目标，进一步明确了重点任务和相关保障措施，是今后一个时期推动鲜活农产品流通体系建设的政策指导文件。近年来，商务部推广农超对接、农批对接、农工对接、农社对接、农餐对接等多种形式的产销对接形式，实施农产品现代流通综合试点，此外，还开展了南菜北运和西果东送试点。2012 年 12 月 19 日，商务部出台了《关于加快推进鲜活农产品流通创新的指导意见》，明确提出要加强交易创新，引导鲜活农产品经销商转变交易习惯，鼓励利用互联网、物联网等现代信息技术，发展线上线下相结合的鲜活农产品网上批发和网上零售，发挥网上交易少环节、低成本、高效率的优势，激发传统农产品流通企业创新转型，形成以农批对接为主体、农超对接为方向、直销直供为补充、网上交易为探索的多种产销衔接的流通格局。2015 年，政府部门出台多项政策促进网络零售市场快速发展（董迅，2016）。《“互联网＋流通”行动计划》和《关于积极推进“互联网＋”行动的指导意见》明确提出推进电子商务进农村、进中小城市、进社区，线上线下融合互动，跨境电子商务等领域产业升级；推进包括协同制造、现代农业、智慧能源等在内的 11 项重点行动。上述政策有利于电子商务模式下农产品大消费格局的构建。《中共中央关于制定国民经济和社会发展第十三个五年规划的建议》提出将“共享”作为发展理念之一，而“互联网+”的“平台型经济”顺应了这一发展理念，使广大农民和消费者在企业平台的共建共享中获益。

（二）我国农产品流通体系存在的问题

1. 产销衔接不紧密，流通组织成本高

近年来，商务部在创新农产品产销对接机制方面做了很多工作，包括推广农超对接、农批对接、农工对接、农社对接、农餐对接等多种产销对接形式，实施农产品现代流通综合试点，此外，还开展了南菜北运和西果东送试点。但目前农产品产销衔接仍然不够紧密，流通环节多且不连贯，农产品销售组织成本较高（王丽娟等，2014）。农产品流通市场缺少农户与消费者的直接对接，没有形成像欧美发达国家的生产、加工、销售一体化作业，流通供应链不连贯，渠道不畅通，供应链在纵向上被分割成由买卖交易连接而成的很多阶段，横向上集聚了大量从事相同活动的参与者，市场交易成本高（陈超等，2013）。据测算，蔬菜从田间到达消费者餐桌一般经过 4～6 个环节，每增加一个流通环节，即增加了农产品运输路线、装卸搬运和包装次数以及物流损耗，加上各种税收和管理费用，销售组织成本成倍增加（图 1）。以在浙江兰溪生产 1 千克黄瓜流通到杭州零售给消费者为例，生产环节，生产成本包括化肥农药、种苗、水电、地膜、人工、土地租金、大棚折旧等支出，每千克黄瓜成本 1.86 元，农民出售给贩销户成交价 2.30 元，扣除成本每千克获利 0.44 元。加工批发环节，成本包括田头收购、清洗、包装、装卸、运输以及一部分损耗等，大约每千克 0.46 元，从兰溪出发的运菜车经过 2 个多小时车程运到杭州农副物流中心，批发价格每千克 3.30 元，剔除收购价 2.30 元和加工批发成本 0.46 元，批发商每千克获利 0.54 元。杭州二级批发市场，二级批发商再把黄瓜从杭州农副物流中心运到杭州城区农贸市场，二级批发价格变成每千克 3.60 元，其中，摊位费、人工费和出车

费算下来每千克成本 0.12 元，二级批发商每千克获利 0.18 元。零售环节，最终消费者支付价格为每千克 5.00 元。零售商成本开支包括摊位费、人工费、因不能及时卖出造成的黄瓜损耗等，约合成本每千克 0.86 元，零售商每千克获利 0.54 元。

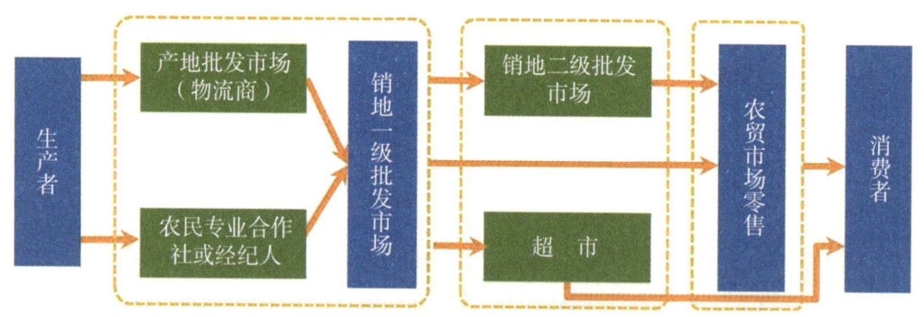

图 1　我国农产品流通环节示意

2. “小农户与大市场”矛盾突出，农产品价格波动大

当前保持农户家庭经营的主体地位是符合现代中国农业生产实际的。但是，小农户自身具有鲜明的“生产＋销售”特征，无法满足农产品现代化流通体系对农业生产和流通强化分工以提升整个农产品流通绩效的要求（郑鹏，2012），因此，我国农业生产“小农户与大市场”的矛盾依旧存在，造成农产品流通“买难卖难”的情况十分突出。一方面，部分农产品在局部地区发生滞销现象，严重损害了农民利益；另一方面，消费者在购买果蔬等农产品时，依然遭遇“买贵”。由于农民无法及时、准确地了解市场上农产品的需求信息，使得农民农产品种植养殖决策缺乏科学依据，当某种农产品供不应求存在较高利润时，农民会一哄而上种植养殖，这种盲目、从众的决策方式带来的是农产品市场供应严重超过市场需求（刘放，2014），从而造成农产品价格剧烈波动，小农户分散经营成为实现农产品流通现代化的主要障碍。以浙江平湖芦笋为例，芦笋是平湖市近年来发展的一个特色新兴产业，2013 年前芦笋产量供不应求，市场价格也节节攀升，农户的种植热情越来越高，到 2013 年全市芦笋种植面积达到了 4 400 亩，而上海、江苏及省内

湖州、温岭、嵊州、建德等地也开始大面积种植芦笋。随着各地芦笋的大量上市，2013 年春季芦笋价格一路下滑，售价从 2012 年同期的 10 元/千克跌破成本价 7 元/千克，大量种植户亏本。从 2013 年浙江省农业厅的一项调查来看，“市场需求波动大，难以预测”已经成为当前浙江农产品销售存在的最大问题（图 2）（王丽娟等，2014）。

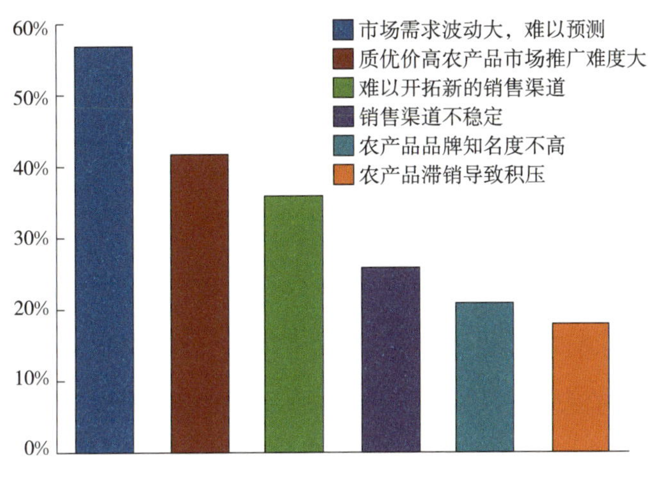

图 2　浙江农产品销售存在的主要问题

3. 物流体系不健全，农产品物流成本较高

农产品与工业品不同，是有生命的动物性与植物性产品，有季节性、易腐性、品种多、级差大和保鲜难等特点（田晓剑，2014），大部分农产品，尤其是生鲜农产品，具有特殊存储环境要求，在物流过程中对包装、装卸、运输、仓储有特定的要求。目前，我国农产品物流配送体系尚未健全，全国范围的物流配送能力不足，物流网络体系效率不高，导致农产品物流过程中损耗较大，大大增加了农产品的物流成本。

一是农产品物流基础设施建设滞后，主要表现在：农村交通网络不发达，使农产品流通不顺畅，增加了物流成本和经营风险；物流设施和装备的标准化程度低，没有建立农产品物流标准，在物流用语、计量标准、技术标准、数据传输标准、物流作业和服务标准等方面未与国际同行业标准接轨

（陈凯田等，2011）；农产品冷链物流设施建设滞后，非正式统计表明约有80％的水果、蔬菜、肉类和水产以传统的车厢（常温和保温车）进行运输。

二是农产品物流技术相对落后，目前常温物流或自然物流仍占主导，且运输过程中的保鲜、包装和加工技术比较落后，农产品在流通过程中损失严重。我国粮食产后损失占粮食总产量的12％～15％，水果蔬菜等农副产品在运输、储存等物流环节上的损失为25％～30％（陈凯田等，2011）。

三是农产品物流信息体系仍不健全，农产品物流信息系统所能提供信息类别和质量不能满足需要，在整个农产品供应链上各节点间缺乏信息交换与协同平台。

四是农产品第三方物流发展滞后，农产品第三方物流在我国还处于起始阶段，专业的农产品第三方物流企业数量还很少、规模普遍很小，物流的集约化、规模化和标准化水平还有待进一步加强（王丽娟等，2014）。

五是农产品物流政策不系统，我国农产品物流管理体制处于条块分割状态，政府引导不足，政策不到位，缺少及时的引导、扶持、协调（陈凯田等，2011）。

4. 农产品流通体系中利益错位，农民获利微薄

近年来，农产品市场价格不断上涨，但真正获利的不是处于供应链最初端的农民，而是流通环节中的中间商（宋闻欣，2008）。我国农产品市场是一个生产者完全竞争和买方垄断的二元市场。近年来我国农民组织化程度逐步提高，但农产品生产者仍存在分散经营、规模较低等问题，农产品在初级批发市场上竞争程度高，收购价格较低（陈阿兴，2008）。而作为买方的中间商是具有垄断性质的，在农产品交易市场上具有价格优势。由于双方在经济实力，文化素质，对人力、物力、财力等各项资源组织的严密性方面存在着巨大的差距，这就必然地决定了传统农民在市场交换中处于被动地位，不可能在市场博弈、谈判中居于主导和获利一方（宋闻欣，2008）。中间商在每一个流通环节提高了农产品的价格，抬高了农产品的市场价格，获得了高

额利润，而农民只是被动的价格接受者。我们对浙江省生产的 1 300 亿～1 500亿元农产品生产流通体系中各方成本和效益分配进行测算，发现农民的生产成本占总成本的 56%，其分享的利润则仅为 26%；而中间商流通成本只占总成本的 18%，其分享的利润则高达 43%，存在明显的剪刀差（表1）。而且当农产品流通体系越是流转畅通，即市场机制越是发挥作用时，农民就越有可能失利（陈阿兴，2008）。农民在获利微薄的情况下还得承受着销售不出去和遇到自然灾害的风险。同时，我国农产品的价格已经接近或超过了国际市场价格，我国农产品的竞争力下降，农产品出口困难，农民的利益进一步受到损害。这就是“农民增产不增收”“农产品赚钱不等于农民赚钱”的深刻原因。

表 1　浙江省农产品流通各环节成本及利润占比情况

	生产者	加工与营销商	零售商
成本构成（%）	56	18	26
利润构成（%）	26	43	31

三、国内外农产品流通典型案例及经验借鉴

（一）发达国家（地区）农产品流通模式及其经验借鉴

1. 美国的农产品流通模式

美国农业生产以各地不同的自然条件和比较优势为基础形成了合理的农产品生产布局，农场结构以少量大农场和许多小农场并存的形式存在，前者以少量存在贡献大部分农产品产出，后者尽管数量众多，但实际的产出却只占小部分。在农产品流通过程中，广泛应用先进的技术和流通基础设施，构成了其较为完善的农产品加工、储存和销售专业化的农产品流通网络，使得当前其果蔬类产品的损耗控制在 1%～2%。当然，目前美国能够在农产品流通领域保持优越性，离不开其具有雄厚的农业人才储备和健全的农业生产及流通政策支持。

美国先进完善的农产品流通模式并非一蹴而就，而是经历了漫长艰苦的探索。19 世纪末 20 世纪初，在美国农业优势生产布局未成形的背景下，农产品流通为农业生产者直销消费者模式，到 20 世纪 20 年代随着农业机械化提高，出现了中间商主导模式，再到 20 世纪 50 年代，演变成以农产品加工工业和农商综合体为中心的农业生产者联合参与农产品流通的模式，直至今日构建成多种流通主体并存的农产品流通模式，中间经历了流通主体及其权利的多次变更。就目前的模式来看，流通主体呈现多元化，使得环节中追求利益最大化的激烈竞争关系转变为合作共赢的健康常态，并形成了特征明显的农产品流通模式，主要表现为：

（1）具有规模庞大的物流市场和相对分散的消费市场。基于合理的农产品生产布局，高度的区域化和专业化形成了大流量的物流市场。

（2）具有完善的农产品物流基础设施和先进的技术体系。美国具有结构完善的水陆空多种途径结合的运输网络，甚至有专门的铁路专线用于农产品采购、加工和仓储过程中的运输。同时，投入资金完善仓储设施和各环节的机械化。在美国政府农业政策的支持下，从生产、包装、加工到冷链运输，都引入了先进的技术手段，形成了以信息技术为中心的物流技术体系。

（3）具有组织化程度极高的流通主体。市场中很少有个人独立进入，一

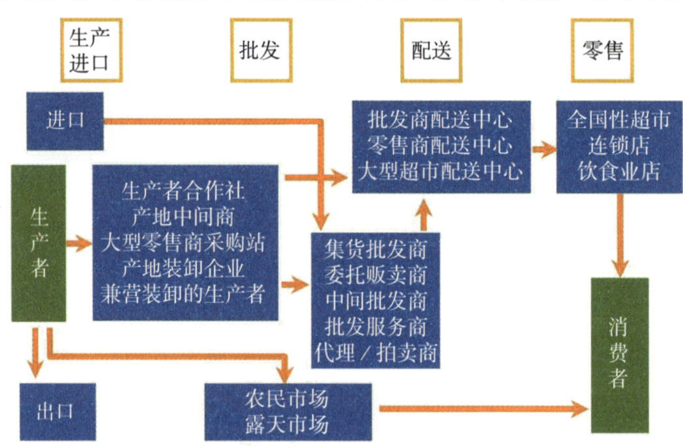

图 3　美国农产品流通渠道模式示意
［根据 Kohls & Uhl（1990）的文献绘制］

般以组织的形式进入流通市场，参与农产品的流通。新一代的合作社或者行业协会使得农业生产者对农产品的生产、市场销售过程的信息掌握更加全面，目的性更明确，从而更好地销售农产品。

（4）流通渠道广、环节少、效率高（图 3）。流通渠道主要为生产者—批发商—零售终端—消费者，生产者—零售终端—消费者，生产者—消费者。三种模式由于不同的优势而共存，形成了广渠道的流通网络。同时三种模式都在可承受范围内尽可能减少流通环节，减少流通损耗，从而保证产品的质量，降低了交易的成本，农产品的流通效率也进一步提高。

2. 日本的农产品流通模式

日本人多地少、户均耕地面积较小，农业生产与流通的基础设施完善，农业生产精细化程度高，受政府干预性强，农产品流通具有“小生产、多渠道”特点。日本农业生产、经营、流通等环节是由政府主导的农业合作组织（农协）统一管理与运行，在农业生产和流通中地位突出。

日本在农产品流通中建立了市场竞争机制，日本政府对农产品流通一直采取政治、经济和法律手段进行干预。20 世纪 40～60 年代中期，受粮食供应需求变化的影响，日本的流通体制是以保护型农产品价格为主，政府出台了相应的政策制度，尤其是对稻米流通渠道主体及其业务范围进行了严格的规定与限制。20 世纪 60 年代后半期至今，随着农业生产能力逐步改善，农产品价格流通体制由保护型逐渐转向市场型。政府对农产品价格流通体制进行宏观调控，由封闭式向半开放式转变，一方面对流通领域进行一些直接管理和计划要求，另一方面不断扩大市场机制在农产品流通中的作用。

在日本，中间商一般不能直接从事批发业务，农产品进入零售阶段前一般都要经过两级甚至两级以上的批发渠道，导致农产品流通环节多、成本高，因此少数批发商可直接从产地进货，而大多数批发商要经过多级批发市场才能进行农产品交易，大大增加了农产品流通成本。尽管近年来日本在简化流通环节、减少流通成本上推出了新的农产品直销模式——直卖所，但效果并不理想，通过地区市场层层分销仍是日本农产品流通的主要形式（郑鹏，2012）。

日本政府在农业生产、加工、经营等环节由政府协同组合农户成立农协来运营与管理，对农产品流通渠道的规范与保护也相应的制定了法律法规与管理规范。农协是政府依法设立，受到法律保护，是农户自愿加入的非完全营利性质的农民合作组织。农协帮助农户进行农产品的生产、加工和销售，为农户提供生产资料、技术支持和信贷服务，帮助农户开拓市场，销售农产品受到广大农户的支持和信赖，日本规模最大、覆盖面最广、组织化程度高的农业合作组织，在农产品流通中占据重要地位（图4）。

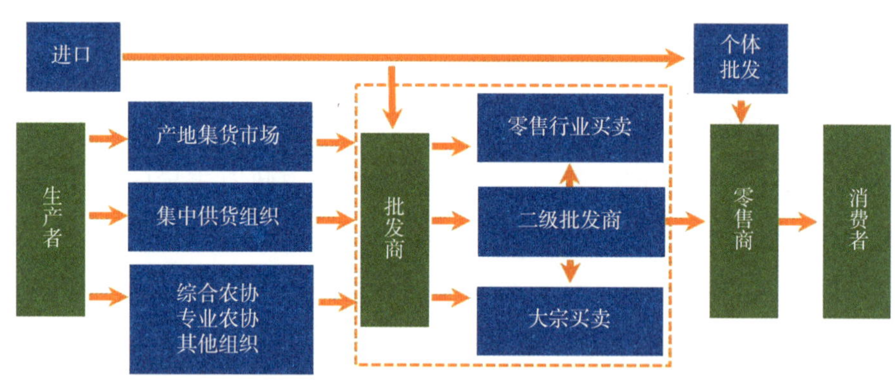

图4　日本农产品流通渠道模式示意

［资料来源：小林康平等，1998］

3. 法国的农产品流通模式

法国农业资源禀赋介于美国和日本之间，农业具有地区特色优势，农业生产经营活动专业化程度很高，主要依靠农业合作社和农业协会等专业组织，农业生产者为规模农场。

19世纪中叶至20世纪40年代，法国农产品流通模式是以农业小生产为主导，生产主体为自给自足的小农户。20世纪50年代以来，法国农场经营规模较小与农业现代化的矛盾突出，政府出台相应政策以解决农产品流通与市场需求变化的问题，促进了农业流通领域合作组织发展壮大，形成了各种农业合作组织主导的农产品流通模式。

法国农产品流通渠道是以批发市场为主，大型公益性批发市场与其他中小型规模的农产品批发市场是农产品流通的主要渠道，农产品流通主体呈现多元化，由农业合作社、农业联益公司、销售组合、农业工会等多种形式构成，共同参与农产品流通（郑鹏，2012）。各主体的职能与分工也不尽相同，农业合作社是法国农产品流通的重要主体，是法国农产品流通主体最主要的形式之一，各农业合作社在纵向上存在紧密的合作关系，呈现产供销一体化趋势。农业联益公司在农产品流通中扮演着重要角色，不仅可以销售非成员的产品，也可以与合作社合作在原料产地收购、加工、包装、储存和销售水果和蔬菜，促进了不同主体之间的合作。各种销售组合是法国农产品流通的特色，具有生产者组合和农业经济委员会两种形式，其职能也各不相同；前者主要任务是制定行业规章以加强对成员的规定和约束，凡是参加组合的农业生产者必须服从这些规定；后者的任务是协调各生产者组合所制定的行业规章，并实施上市的共同规则。因此，销售组合既有助于保证市场的供求平衡，又能促进农场主提高农业生产技术水平，有利于农场的现代化。

4. 台湾地区的农产品流通模式

我国台湾地区农业生产主要以专业化程度高、组织化运行效率高、农产品批发市场建设和管理以政府主导等为特点。从 20 世纪 50 年代开始，农产品流通模式经历了一系列演变。随着商品化率的提高和市场的完善，农产品流通从主要依靠政府与农民联合开展，以及繁琐的委托流通，转为由贩运商广泛参与作为生产者与市场间纽带的流通（图 5）。

台湾地区农产品流通模式中，农会组织发挥了重要作用，例如农资供应、农业技术推广、向农户提供金融服务等。台湾地区各级农会基本由农民自发参与，使得农会与农民有着紧密的关系。此外，农会还参与批发市场、直销中心、配送中心和超市等的建设和经营，其中以批发市场为主要流通渠

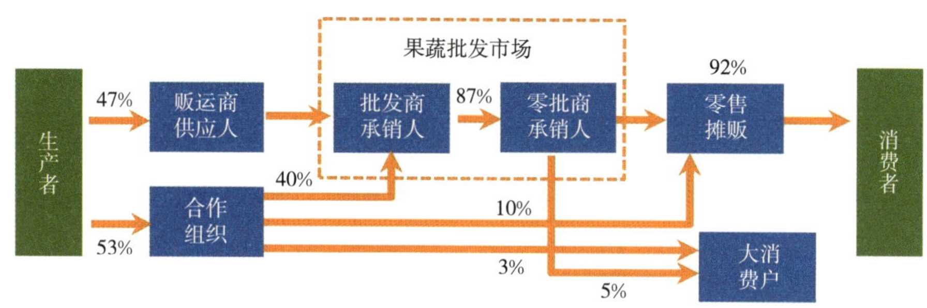

图 5　台湾地区流通渠道模式示意
（资料来源：许文富．农产运销学．台北：中正书局，2004）

道。目前台湾地区一共有 158 个农产品批发市场。直销市场则是新近的销售形式，没有批发交易环节，大大降低了流通成本，保证了产品新鲜度，对生产者和消费者来说都是有利的，批发市场与直销市场并存，形成了互促互进的农产品市场现代化机制。近年来，又形成了直销与超市对接的形式，超市的发展也带动了直销形式的兴盛，形成了有力的市场竞争力。

5. **经验借鉴**

上述国家和地区农产品流通体系差别极大，但在农产品高效流通体系建设方面，也有其共性。

第一，系统性。农产品流通体系连接着农产品生产源头和消费终端，牵涉诸多环节，因此农产品流通体系是一项复杂的系统工程，必须有序安排各项子系统，实现各个子系统的无缝对接。

第二，专业性。农产品流通体系涉及各个专业，每个子系统的专业化程度极高，如物流基础设施建设、物流网络设计等，只有专业性操作，才能实现农产品流通体系的高效运转。

第三，信息化。现代信息技术成为构建农产品流通体系的基础条件。现代经济社会运行的复杂性，只有依托信息技术，同时借助现代通信技术，搭建一个高效的信息传输平台，才能进行巨量数据的处理和传送。

发达国家和地区农产品流通体系系统性、专业性和信息化的共性内容，对我国农产品流通体系的构建，具有重要参考意义。

（二）国内农产品流通模式及其经验借鉴

1. 浙江省新田园连锁零售模式及启示

1）企业简介

浙江省新田园农产品股份有限公司（以下简称新田园）是由浙江省供销社和台州市供销社联合发起的以经营名特优农产品为主的股份有限责任公司，成立于2010年9月，是一家非上市的股份制企业，是浙江省农产品流通领域的龙头企业之一。新田园以中小型名特优农产品连锁超市为业态定位，其客户群体大多以中高端收入消费者为主，产品以走高端路线为主。2012年公司被评为浙江省骨干农业龙头企业。

2）运营模式

新田园农产品股份有限公司目前配送模式主要有自营配送、供应商直供配送、第三方物流配送，其配送比例各占50%，45%，5%。企业充分对照自身经营产品的属性、经营规模的大小、经营成本和利润的配比等因素来选择优化配送模式。

公司自营配送模式：新田园已建有两个配送中心，配送中心的商品采用ABC分类法，主要流程包括订货处理、进货作业、仓储作业（包括盘点、补货、移仓等）、发货作业、拣货作业、退货作业和配送作业等流程。新田园经营的农产品有些是保质期比较长的，且对保鲜度要求不是很高的产品，采取中心统一采购和配送的自营配送模式，节约了多次采购的成本。

合作社等涉农企业直供配送模式：新田园是以经营本土农产品起家的，为了保证农产品的新鲜度，采取就近原则供应商直供配送模式占了很大的比例。

物流外包配送模式：新田园的业务已经扩展到内陆地区，目前在北京、新疆等地都建立了门店，对于这些门店的配送外包给物流企业运作，目前第三方物流占新田园整个物流份额的5%左右，但新田园在开发第三方物流配送上有明显的滞后性。近几年和公司合作的物流公司主要是德邦物流、新邦物流、天地华宇等物流服务公司。

3）案例启示

自身优势：新田园是依托浙江省供销社系统资源发展起来的，主要以经营供销社系统内优质、高端、特色农产品为主，从根本上践行为农服务理念，通过名特优农产品连锁超市这个平台为合作社和广大农户解决农产品销售困难问题，提升企业服务“三农”形象，将农产品品牌经营做大做强。

采取源头直供配送模式，节省了成本：新田园凭借自身优势条件能够就近采取源头直供配送模式，节省了两头的物流成本。

配送中心作业方式，提高了效率：配送中心的出现很大程度上解决了名特优农产品连锁超市小批量、多样化、多批次的订单需求，解决了生产供应商大批量生产的矛盾，随着供应链管理和供应商库存管理的流行，配送中心的作用更被强调。当前新田园配送中心的基本功能在传统配送中心的功能上又多增加了包装这一项目。目前配送中心的基本功能包括商品集散、仓储、分拣挑选、包装与深加工、信息服务、计划预算等。

2. 永辉超市鲜活农产品流通模式及启示

1）企业简介

永辉超市成立于1998年，总部设在福建省福州市，是中国500强企业之一，是国家级流通及农业产业化双龙头企业，也是中国内地首批将生鲜农产品引进现代超市的流通企业之一，目前已发展成为以零售业为龙头，以现代物流为支撑，以现代农业和食品工业为两翼，以实业开发为基础的大型集团企业。

生鲜经营是永辉超市的最大特色，永辉各门店的生鲜经营面积都达到40%以上。经过数年发展，永辉超市业已形成了较为成熟的鲜活农产品流通体系。其体系建设要点：建立高效物流配送中心、合理配送流程和全程信息管理，实现生鲜产品从采购到分拣、分割、包装、陈列、销售、残次处理等全过程的高效运转与管理并着重加强信息技术管控，极大地提升供应链效率、商品服务能力及物流调度能力。建立从门店端、物流端到客户端的生鲜冷链物流系统，从 2015 年开始全面规划建设生鲜冷链物流供应链，含冷链设备改造、冷链运输环节优化等。

2）案例启示

“永辉模式”得以成功实施，完全有赖于其多年来培养的优异的供应链管理和整合能力，对于农业综合体农产品流通体系的构建具有借鉴意义。主要包括完整的采购体系、日益完善的配送体系、门店的标准化管理、高效的库存管理和控制以及不断优化的信息系统。

完整的采购体系：采购环节最核心的竞争力来源于强大的生鲜采购团队和 200 多个生鲜单品的“订单农业”采购模式。与国内许多大超市主要依靠批发商供货或与厂商联营不同，永辉坚持所有生鲜商品自己直营，并在全国建立起 20 多个采购基地。通过足够的规模和实力，直接针对生产者的现款采购，永辉确立了采购的品种优势和对抗农贸市场的价格优势。

日益完善的配送体系：永辉目前拥有 1 个配送中心和 3 个配送中转站、1 个现代食品工业园，通过工业园 10 多个生产车间的分类、加工、整理等处理，再根据需求将生鲜产品配送到各门店；通过这种方式，能够有效控制和降低生鲜产品的库存量和损耗率，有利于保证生鲜产品的质量和分类管理。

高效的库存管理和控制：高频率的货架整理保证货源充足和及时供应，对商品陈列和日期的严格把关保证货架商品的质量，门店仓库商品按品类属性有序排放保证商品的出库效率。此外，在对于生鲜的存货管理上，永辉对门店仓库的独特设计以及对生鲜库存流程的严格把控是支撑其生鲜领先经营模式的又一重要竞争力。在高效的库存管理和控制下，生鲜及加工商品的存货周转率保持在 50 次以上，食品用品类也均在 8 次以上，2009 年整体存货周转率为 12.31 次，高于行业 8.99 次的平均水平。

不断优化的信息系统：信息化是超市供应链后台管理中另一个重要部分，随着规模不断扩大，永辉日益重视对信息系统的建设，积极采取自主开发与外部委托相结合的方式，在采购、会员管理、物流、销售、财务辅助核算、办公自动化、员工管理等方面逐步实现信息化。管理制度和营运流程在信息系统中得到实现，提高了整体运营效率。

四、现代农业综合体构建“互联网＋”农产品流通的框架设计

（一）现代农业综合体“互联网＋”农产品流通体系概述

现代农业综合体“互联网＋”农产品流通体系是以互联网思维为导向，以移动互联网、物联网、大数据等信息技术为支撑，有效联系农产品供求双方，促进生产者与消费者终端之间进行信息共享，快速掌握市场信息，从而降低各方沟通交易的成本和市场波动引起的风险的农产品流通方式，是传统农产品流通体系的改造和升级。

1. 内涵特征

现代农业综合体“互联网＋”农产品流通体系是现代农业综合体的信息中枢，利用云计算、大数据、物联网等信息技术，让流通体系中的各利益方直接进行信息交流，使供需信息及时传递；农业综合体“互联网＋”农产品流通体系是连接农业综合体各个体系与环节的纽带，使生产、加工、流通、销售和服务等构成的产业链无缝对接，使自然、社会、经济、技术等领域要素有效整合；农业综合体“互联网＋”农产品流通体系是农业综合体动态平稳运行的支撑，使线上与线下平台合作运行、本地与外地市场对接流通；农业综合体“互联网＋”农产品流通体系是农业综合体各功能平台有效协同的保障，使资源整合平台、组织管理平台、信息控制平台、安全监管平台相互相连、高效运转，最终实现农业综合体中产业价值的最大化。

现代农业综合体“互联网＋”农产品流通体系具有效率最优化的特征。

借助大数据、物联网等新兴信息技术改造传统农业，将感知、传输、处理、控制融为一体，可以提升农业各环节智能化、标准化、自动化程度，大幅提高生产效率，实现“环境可测、生产可控、质量可溯”。

现代农业综合体“互联网＋”农产品流通体系是对大数据的集成优化。以互联网为核心，集成ERP、BMP、LMIS、EDI、RFRID等信息技术，实时捕捉消费需求、跟踪市场变化，围绕农产品流通市场开展生产、市场、管理等基准数据分析，促使“生产导向”向“消费导向”转变，实现农业生产需求变化与资源变化的深度耦合，实现农业“全要素、全过程、全系统”生产的一体化。

现代农业综合体“互联网＋”农产品流通体系具有商流模式多元化的特征。以农产品流通中的商流、物流和信息流为主线，以市场需求为导线，完善农产品电子商务、增强农产品商流模式多元化，建立智能化的物流配送体系，完善农产品物流一体化网络系统。

现代农业综合体“互联网＋”农产品流通体系是对多尺度资源的有效整合。对农产品生产、加工、流通、管理、营销以及生产环境、流通环境、市场环境等多维度多环节资源整合，并通过建立数据仓库管理系统，对整合来的信息资源重新组织、深度加工，反馈到生产商、中间商、消费者，提高农产品生产经营决策的效率与正确性。

现代农业综合体“互联网＋”农产品流通体系衍生出新商业生态。借助互联网平台和工具，联合农产品生产商、供应商、消费者、销售渠道、技术合作伙伴、其他社会团体等众多主体跨界合作和横向资源的整合协同，保持垂直纵深的业务同步进行，打破垂直化、纵深化的产业链格局，实现行业间的跨界和重新组合，形成优势互补、资源共享、风险共担的价值生态系统。

2. 现代农业综合体“互联网＋”农产品流通体系的作用

现代农业综合体“互联网＋”农产品流通体系能够解决产供销信息不对称，流通环节复杂效率低，农产品运输成本高、损耗大、产品品质和安全难以保障，各主体利益协调性差等问题。具有对农业经济发展的先导性和基础性作用、促进生产和引导消费、推动经济结构调整、对交易市场实施监控与管制、实现产品市场的无国界联动等作用。

1）对农业经济发展先导性和基础性的作用

“互联网＋”思维下的农业综合体农产品流通产业是现代流通行业中的先导性产业、基础性产业、战略性产业，对农业经济发展具有重要作用。农产品流通力是行业销售商品和提供服务的能力，它包括流通规模、流通结构、服务功能和营销能力，明显表现为生产力和有效配置社会资源和充分利用资本的能力。

2）推动经济结构调整的作用

面对目前流通领域仍存在企业规模偏小、组织化程度低、农户自主性不高、市场体系不够完善等缺陷，“互联网＋”农产品流通体系切实落实科学发展观，能够有效整合市场资源，建设更为完善的消费市场，发展更为高效流通贸易，做活互联网农业产业服务体系对于加快推进线上线下销售一体化，促进经济结构调整，促进城乡协调发展和国民经济持续又好又快发展具有重要作用。

3）促进生产和引导消费的作用

市场经济条件下，新型“互联网＋”农产品流通体系既决定农业生产的规模，又决定农产品消费的效益。“订单生产”“精准作业”是现代流通引导生产的目标模式（洪涛，2010）。

4）对交易市场实施监控与管制的作用

充分发挥互联网的技术在农业综合体建设中的优势，对农产品市场进行实时监控与反馈，使现代流通产业要求与现代市场体系相适应，实现现代农产品流通模式的发展和升级，促进交易市场规模控制、结构调整、交易创新、管理升级。

5）实现产品市场无国界联动的作用

开放经济条件下，把握内外贸一体化在跨境电子商务发展中的良机，完善农业综合体流通体系，建设“互联网+”流通体系交易平台。建设跨境电子商务的商家对消费者（B2C）平台，使零售业与国际贸易相结合，构成无国界农产品贸易绿色通道，搭建农产品流通一站式平台，提供农业综合体网络服务能力。

3. 现代农业综合体功能定位

在“互联网+”背景下，现代农业综合体特别是生产流通型农业综合体应定位于区域农产品流通体系的关键节点和中枢，面向全国乃至世界各地，服务区域农产品流通，在链接“小农户”与“大市场”、服务区域农产品流通、孵化新型流通主体创业等方面发挥重要作用，体现农业综合体在流通领域的功能融合。

1）链接“小农户”与“大市场”的平台

现代农业综合体“互联网+”农产品流通体系将源头厂商（农业龙头企业、农民专业合作社、家庭农场）的农产品通过网上电商、实体店等平台实现产销对接，构建结构扁平化、流转效率更高、供需互动性更强的高效农产品流通体系，能有效破解我国农产品生产“小农户”与“大市场”的矛盾。一是通过简化流通环节，减少流通渠道存货和耗损，提高农产品流通效率，实现分利农民和市民的目标；二是利用互联网科技对市场的实时监控，综合预测国内外消费市场供需要求，营销前置引导农产品生产，建立形成源头生产厂商、农业综合体、市场三者之间互惠互通的现代网络流通体系（图 6）。

2）本地农产品流通的服务枢纽

伴随展示展销、包装加工、质量检测、仓储物流以及电子商务运营等多样化、专业化的农产品流通服务持续集聚，农业综合体升级成为本地农产品流通服务枢纽，服务范围超越入驻的企业，覆盖周边区域，甚至扩展至相邻县市，充分发挥辐射服务作用。随着辐射范围不断扩展和辐射作用持续积累，更多新型农产品流通主体、服务商将集聚于综合体及综合体周边，从而极大地强化农业综合体作为本地农产品流通服务枢纽的核心地位和战略作用。

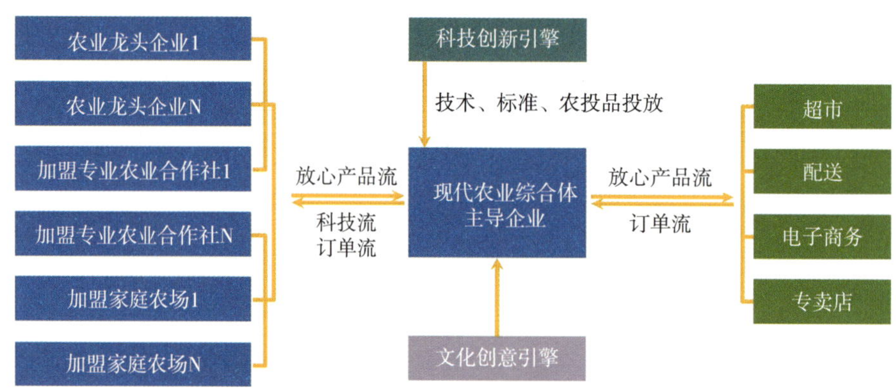

图 6　现代农业综合体链接“小农户”与“大市场”示意

——包装加工功能。采用先进的科技成果，通过标准化生产、加工、包装、储运和一体化管理，对农产品进行精深加工，提升区域农产品附加值和竞争力。

——质量检测功能。成立区域优质安全农产品认证中心，为农产品交易提供质量安全标准，采取产地检测和市场准入检测的双道把关，为区域农产品流通提供质量安全卫生监管的检测、检验、认证服务。

——物流仓储功能。配备保鲜、冷藏和防疫等物流设备、相应的温控设备和防潮设备，为采购商、区域农业企业等提供更好的第三方物流服务；为经销商、消费者提供优质高效的配送服务。

——展示交易功能。创造良好的会展条件，使之成为区域优质名特农产品的展示展销平台，成为食品生产企业及农产品生产基地的直面交易平台。区域农产品的集散中心，也是各农业企业、消费者和中间商的一站式采购中心，增强农产品采购者和消费者的体验。

——技术研发功能。与科研机构形成战略联盟，建立研发中心，为区域农产品生产提供种子种苗、种养技术、生鲜保鲜、精深加工等技术和培训。

——信息服务功能。建设区域农业信息港，为区域农业提供信息服务平台，使之成为客商了解区域农业的重要窗口；通过大数据支撑，为当地政府部门、生产者、经营者提供决策参考。

——综合协调功能。制定相关严格的规章制度，构建信誉平台，形成行为自律，解决区域内农产品生产群体庞大、个体弱小、无序的恶性竞争，促进农产品流通健康发展。

3）新型流通主体创业的孵化器

农产品电子商务进入门槛低、成长空间大，已经成为大众创业、万众创新的巨大舞台。农业综合体服务于应用农产品电子商务的创业者和小企业，成为全新的孵化器。依托服务体系、信息资源、人脉网络等，农业综合体能有效降低孵化成本和风险。创业者和小企业获得场地、资金、培训、技术等方面的支持，沐浴浓厚的创业、创新氛围，从而快速成长和发展。各类新型主体、服务商集聚于农业综合体，通过各种正式、非正式的交流，专业知识得以广泛传播和扩散。长此以往，农业综合体演变成富有活力的知识创新社区，营造出良好的学习氛围，有利于各类主体、服务商的成长。还可以经常邀请外地专家、讲师等参与交流，举办公众形式的沙龙、培训和论坛等，进一步促进本地知识网络和外地知识网络的链接和互动。

农业综合体产业集群的特点是一方面加速了竞争，另一方面也能促进农村的小微企业创新，推动新技术、新产品、新业态和新商业规模的不断涌现。在“互联网＋”浪潮下，农业综合体作为孵化器，有望帮助更多创业者和小企业应用电子商务与农业融合创新，战略价值格外显著。以农业综合体建设为平台，能够带来更多的创业和就业机会，扩大了本地就业、带动多元化服务业发展，推动“本地化就业”“离土不离乡”的就业模式，并能帮助农民增收致富，也为新型城镇化提供新的思路。

（二）现代农业综合体发展“互联网＋”农产品流通体系的战略目标

1. 目标定位

1）流通资源的优化配置

引领互联网企业的各路资本进入农业综合体农产品流通领域，改变长期以来流通产业自我扩张的发展格局，为农业综合体流通产业带来新的资本，创新经营理念和交易模式，促进各类资源的优化配置。

2）营造良性合作关系

对农业综合体农产品流通供应链进行创新，整合生产商、加工商、物流商、批发商、零售商、消费者等各个环节的流通主体及其资源，形成良好的利益共同体，实现流通体系生态平衡和综合效益最大化。

3）创造新的商业平台

以往的商业革命都是基于传统平台的更新，“互联网＋”流通创造了一个全新的贸易平台——虚拟贸易平台，农业综合体农产品流通体系更应该利用虚拟交易平台，整合线上线下、国内国外的资源，扩大交易的范围，扩展农产品流通领域，促进国内外贸易的发展。

4）改变流通地区格局

将“互联网＋”的思维不断植入农业综合体农产品流通建设，不断完善流通模式，拓展第三方物流合作运营，开拓网购统一的国内外大市场，打破以往根据行政区划分割农产品零售总额的地区格局，构建信息化、智能化、现代化的农产品流通体系。

5）提升网络服务能力

利用“互联网＋”的基因，将云计算、大数据、物联网、电子商务等互联网技术运用到农业综合体农产品的管理、加工、流通、经营和服务全产业链，形成线上与线下对接、本地与外地对接的多层次农产品 O2O、B2B、B2C 模式，构成无国界农产品贸易绿色通道，搭建农产品流通的一站式平台，提供农业综合体网络服务能力。

6）优化物流基础设施

加大对农业综合体物流基础设施的投入，引入物联网、互联网、电子商务等信息技术，整合资源，借助第三方物流模式，优化物流资源配置，完善农产品流通体系结构。

7）疏通农产品信息渠道

利用互联网技术对农产品市场进行监测，对农产品的需求量和价格进行预测，并将市场信号反馈给农业综合体，农业综合体可根据市场信息做出相应的判断，迅速把农产品通过流通体系送达消费者市场，减少流通渠道存货和耗损，提高农产品流通效率。

2. 价值体系和评价体系

现代农业综合体中“互联网+”流通体系的价值体系表现为：

（1）客户需求导向：多样性、及时性、安全性；

（2）现代物流发展：综合物流供应链管理的完善与提升；

（3）现代科技引领：信息技术、冷链技术、农产品贮藏保鲜技术、新能源技术等现代科技的有效运用；

（4）绿色低碳理念：物流过程中控制物流对环境造成危害的同时，实现对物流环境的净化，使物流资源得到最充分的利用，同时尽可能降低物流领域碳强度，实现保护环境和可持续发展；

（5）集成创新：在流通体系中实现系统集成、跨域整合和多流并合；

（6）效率提升：流通体系在互联网技术下能更好满足客户的要求。

根据上述价值体系，我们提出现代农业综合体“互联网+”流通体系评价指标体系（表2）。

表2　现代农业综合体“互联网+”流通体系评价指标体系

现代农业综合体流通体系评价	经济性指标	成本降低
		效益增长
		价值提升
	技术性指标	快速性
		便利性
		直达性
		安全性
		舒适性
		灵活性
	社会性指标	社会节约程度
		社会综合发展程度
		提高物流的整体服务质量

（三）现代农业综合体发展“互联网＋”农产品流通体系的基本原则

1. 遵循市场经济规律

实现“互联网＋”思维下的农产品流通体系构建，要遵循市场经济规律，合理配置和利用资源。以市场机制为主，政府干预为辅（韩喜艳，2013），通过农业综合体这一平台，整合市场资源，优化流通组织形式，对市场农产品供应需求和价格进行实时监控，并根据变动引导资源或生产要素合理配置。

2. 因地制宜，循序渐进

构建农业综合体农产品流通体系要立足现实，循序渐进，不能“一刀切”。就农产品自身属性而言，我国农产品种类繁多，地域差异较大，不同种类的农产品流通特性不一，流通渠道和模式也有较大差异，因而要因地制宜，因材施教，有针对性、有层次、有次序地改进流通体系。

3. 效率优先，兼顾公平

我国农产品流通体系要以提高农产品流通效率为主要目标，同时兼顾农产品各流通主体利益分配的公平性。我国大部分农产品要经过收购——级批发—二级批发—零售这 4 个基本环节（韩喜艳，2013），冗长的流通环节加大了流通成本，制约了整个农产品流通体系的流通效率，而农业综合体流通体系建设要通过互联网技术的加入，减少流通环节，大幅度提高农产品流通效率。

（四）现代农业综合体发展“互联网＋”农产品流通体系的模式设计

现代农业综合体“互联网＋”农产品流通体系主要通过与各地政府、金融机构、科研机构等进行合作，加强与农户、源头厂商、合作农场、加盟基地等流通主体的协作，整合技术、产品、资金、农资、人才等资源要素，充分整合相关利益主体与各环节社会、技术、经济等要素，紧密对接生产领域与消费领域，以互联网、云计算、大数据等信息技术为核心支持，以市场需求为导向，形成技术流、政策流、资金流、产品流、信息流、服务流、物流有序发展，构建一体化、智能化、现代化的流通体系（图 7）。

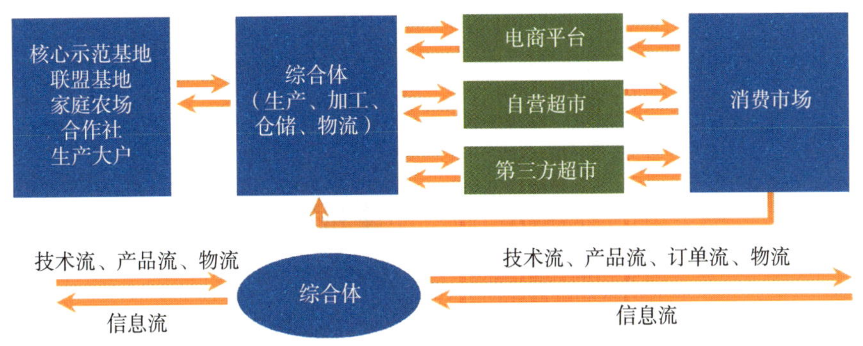

图 7　现代农业综合体流通模式

现代农业综合体“互联网+”农产品流通体系模式主要包括要素整合、利益相关者整合、环节整合。

1）要素整合

把产品、农资、信息、资金、政策、技术、设施、设备等各种要素有机系统地整合到农业综合体的流通网络中，使各要素能紧密围绕产品流通过程相互联系、相互作用，确保流通过程的流畅运转，提升整体流通水平和效益。

2）利益相关者整合

通过农业综合体平台，把生产者、加工者、政府、金融部门、第三方物流部门、消费者等流通过程中的利益相关者有机整合，使各利益相关者围绕产品流通过程高效合作，降低协作成本和交易成本，提升流通整体效益，实现利益相关者共赢。

3）环节整合

实现生产、加工、仓储、物流各环节无缝对接，利用互联网技术对市场的实时监控，第一时间反馈市场信号，提升流通效率，降低农产品损耗，确保农业源头生产与城市终端消费无缝、安全、高效、低碳地对接。

五、现代农业综合体构建“互联网+”农产品流通的瓶颈约束

（一）“互联网+”农产品流通体系建设的瓶颈约束

1. 产品标准化滞后

我国在农产品尤其是鲜活农产品的品牌和标准化生产体系建设上一直相对滞后，这已成为“互联网+”农产品流通的一个痛点。农产品标准化包括外在和内在两个方面。口味好，色泽、形状、大小等外观达到一定标准、统一，是外在的。而质量主要反映的是产品的内在标准。有没有标准的一个表现，就是看有没有做到量化。由于中国几千年来靠天吃饭、靠经验生产的家庭单位耕作方式并未革命性改观，生产者技术水平和地域的差异使产品品质千差万别。农产品自身的特性也使产品生产难以实现标准化，不同地块、不同批次生产的农产品，口感、颜色、形状、大小等都会不同，即便是相同地块、相同批次生产的农产品也有一定的质量差别。国内行业标准滞后，产品品质分级模糊，上网销售的品牌农产品很难保证都是原品牌业主生产的，导致一方面以次充好的现象时有发生，另一方面使消费者有时对产品产生误解，引起差评、投诉和纠纷。农产品标准化程度的高低，也在一定程度上影响网销的接受程度。以淘宝网花卉产品为例，销量最高的产品是种子、种球、种苗、多肉植物、盆器等标准化程度较高的产品，其他产品的购买率并不高（薛倩，2013）。

2. 诚信机制难建立

产品质量安全是农产品流通的生命线。移动互联网与传统商超流通渠道

相比，极大地节约了交易成本，提高社会经济运作的效率，但是，农业产业链中的信任问题并不因为移动互联网的便捷高效而增强。按照现行的农产品质量安全认证办法，食品安全认证是一个很高的门槛，认证手续烦琐、认证费用高昂。对于广大的电子商务企业和个人卖家，按照传统的食品监管体系进行全部认证缺乏现实可行性，而农产品质量检验检测手段欠缺，没有快速、标准、权威的检测条件，没有一套完整的农产品可追溯体系（李玉清，2015），“互联网+”流通体系中产品质量安全存在潜在风险。移动互联网平台跨越了时空的限制，平台更大更快，政府和社会传统的监管体系难以跟上节奏，鱼龙混杂的可能性更大，移动互联网的这个特性对于农业产业链的信任而言是减分的。

3. 山区产品难运出

近年来，随着人民群众物质生活水平的提高以及各类食品安全事件的频频曝光，广大消费者对于绿色、安全农产品的需求与日俱增（王丽娟，2014）。浙江“七山一水二分田”，广大山区蕴藏着极为难得的无污染农业水土资源和清洁农业生态环境，生产的农产品具有天然、绿色、安全的特点，有些甚至已经达到了有机农产品的标准。随着“互联网+”农产品流通的发展，山区农产品在市场上受到追捧，市场前景相当可观。由于地处偏僻山区，虽然近年来交通基础设施建设有较大改善，但与其他地区相比，交通基础设施建设仍然滞后，一些农产品甚至因为地处偏僻、难以运输而卖不出去。如表 3 所示，浙江 10 个典型山区县的境内平均公路密度和高速公路密度分别为 72.12 千米/百千米^2 和 1.17 千米/百千米^2，仅为全省平均水平的 65.09％和 32.14％，位于浙西南山区的文成县和泰顺县甚至还没有高速公路，表明山区公路基础设施特别是高速公路建设明显滞后。山区落后的交通状况严重影响了农产品的运输，成为浙江“互联网+”农产品流通体系建设的不利因素。

表 3　浙江典型山区县（市）公路建设情况

县（市）	公路密度（千米/百千米^2）	高速公路密度（千米/百千米^2）
淳安县	59.04	0.29
文成县	62.18	0.00
泰顺县	58.23	0.00
磐安县	95.97	1.51
开化县	67.31	2.20
龙泉市	79.66	2.12
云和县	88.48	4.37
庆元县	78.86	1.11
遂昌县	65.53	1.14
景宁畲族自治县	93.78	0.62
平均	72.12	1.17
全省	110.80	3.64

4. 流通主体待转型

大部分经销商固守传统渠道，不参与或对新营销渠道浅尝辄止，头脑中原有的批发、零售模式根深蒂固。经营批发模式的企业不愿涉足电商领域，在他们眼中电商代表零售市场，这是“麻烦”的代名词，单笔交易额小、沟通时间长、问题多，而且他们对电商批发同样不热衷，因为他们认为客户总喜欢实地看货，网络只能是“摆设”。零售市场的实体商户同样不愿意做网销，认为交流、包装耗费时间长，影响了实体店的经营，而且由于实物与照片不同，或者物流问题会发生退货和差评，与物流公司的利益纠纷常不了了之，做网销就是“赔本赚吆喝”。由于行业缺乏普遍认知，对电商平台的应用有限，对开发电商渠道的难度认识不足，一些人以为开网店、建网站就是拓展了网销途径，然而仅仅有网页并不算建立了电商渠道，如何形成有效购买才是关键。业内在产品营销推广方面很欠缺，多半是被动等待而非主动出击，营销手段也过于单一，缺乏精心运营（薛倩，2013）。“互联网＋”使现有的传统农产品流通组织难以适应电子商务时代流通的需要，传统的农产品流通组织必须进行再造和创新，整合各自的资源，建立新的平台，转型升级成为适应“互联网＋”农产品流通体系的新型流通组织。

（二）现代农业综合体发展“互联网＋”农产品流通的瓶颈约束

1. 用地制约

现代农业综合体担负着区域农产品物流仓储、展示交易、包装加工、质量检测等重要功能，对办公、物流、仓储、加工等的空间需求十分强烈。但在我国实行最严格的耕地保护制度宏观背景下，土地“闸门”不断收紧，建设用地指标控制越来越严，各县（市）土地指标极为有限，与实际需求之间往往存在较大缺口，农业综合体建设的用地指标难以落实。此外，土地使用的报批手续烦琐，工作难度大，运作周期长，涉及土地利用规划调整、农用地转用审批、征地及补偿等，使项目落户、开工受到影响，一般从达成合作意向纳入用地计划，到项目落地需要 3 年左右的时间，严重挫伤了投资主体的积极性，资本的趋利性决定了其不愿意等待而失去投资机会，导致有意向的建设项目频频流失。

2. 资金制约

农业综合体发展“互联网＋”农产品流通需要建设的内容十分复杂，从物流、仓储、办公等硬件设施，到各类服务平台、信息系统等的软件设施，包罗万象，工程庞大，耗资动辄亿级甚至是几十亿级，投资量巨大。此外，农产品流通投资建设的回收期长，其收益构成主要包括服务收益、租金收益和投资收益等（图 8），据物流行业数据，物流企业资金回收期大约需要 15 年的时间。大规模的资金仅仅依靠单个企业或主体自身是难以筹集的。从农业综合体功能设计来讲，农业综合体建设工程具有很强的正经济外部性，即农业综合体建成将对整个区域经济带来正向的影响，而成本却由农业综合体建设主体承担，意味着主体收益或成本与社会收益或社会成本不一致，导致经济活动缺乏效率，影响投资主体的积极性。农业综合体流通体系建设的外部性需要政府补贴等手段加以补偿。

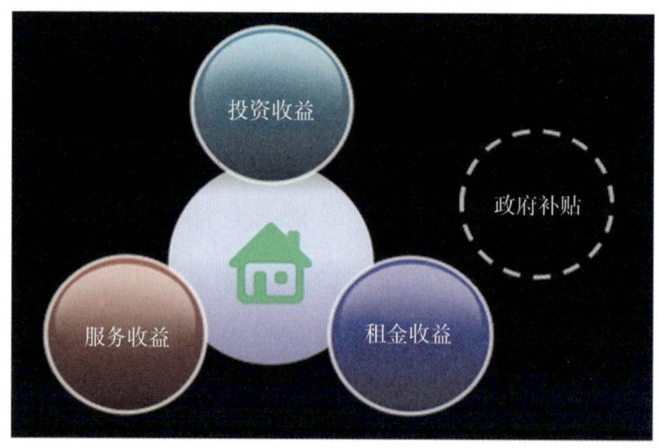

图 8　现代农业综合体农产品流通的收益构成

3. 植入障碍

农业综合体定位于区域农产品流通体系的关键节点和中枢，作为一种新型的农产品流通组织形式，其与区域现有的农产品流通规划、流通主体、流通平台、信息平台、物流体系关系如何？如农业综合体与现有的流通体系关系不明确，定位重复，势必互相消耗，产生不了竞合效应。农业综合体建设如另起炉灶建设平台，势必重复建设造成浪费，且与现有平台之间形成消耗性竞争。因此，如何植入区域现有的流通体系，形成一种新的流通秩序和流通结构，实现整合发展，是农业综合体流通体系建设发展面临的重大课题。

4. 服务制约

发展农产品电子商务不光要有货真价实的产品，还要有营销手段，如网店美工、产品摄影、产品介绍、信息采集、在线客服、营销推广、行情分析、促销活动策划，在 QQ、微博、微信、论坛传播产品信息等，都需要有计算机、网络知识以及实际操作技能（孔伟仙，2014），专业的事让专业的人做，电子商务服务业的发达和完善程度，在很大程度上决定着一个区域的电子商务的规模和质量（胡卉然等，2015）。当前，浙江物流快递行业已经得到长足发展，一些县（市、区）的快递企业数量都达到了两位数，但包括设计装修、摄影、代运营、培训、金融等在内的第三方电子商务服务业依然不够完善，这制约了区域整体竞争力的提升，同时也成为农业综合体发展“互联网＋”农产品流通的障碍。

5. 人才制约

农产品现代流通虽然具有较强的创富效应，但由于地处农村，居住、交通、娱乐、购物、教育、医疗等基础设施较差，对人才的吸引力也十分有限。当前农产品现代流通人才供需矛盾突出（罗明，2016）。一是招聘难。近年据浙江省农业厅组织开展的全省农产品电子商务调研，66.8%的农产品电商反映招聘困难，有经验的美工、摄影、文案等员工年薪均超过10万元，对中小型农产品电子商务企业来说经济压力很大。二是留用难。因地域的经济水平、人文环境、待遇、企业文化等各种因素，技术人员流动频繁，有近30%的受访对象受此困扰。如何吸引高水平的电子商务人才、留住这些人才，是农业综合体发展“互联网＋”农产品流通面临的巨大挑战。

六、现代农业综合体发展“互联网＋”农产品流通的对策建议

（一）“互联网＋”农产品流通体系建设的对策建议

1. 构建标准化的产业体系

为了适应发展农产品现代流通的需要，政府行业协调机构应当尽快引导广大农民加快执行国家有关农产品质量等级标准、重量标准和包装规格等标

准体系，以提高农产品质量标准，为实现农产品的电子交易奠定基础。

一是机制保障，加大对农业标准化工作的投入力度。对有关推行农业标准化全局的公益性、基础性建设和农业标准化示范基地建设等方面，政府每年安排农业标准化专项资金，列入财政预算，确保落实到位。逐步建立多元化的投入机制，拓宽融资渠道，对用于农业综合开发、农产品商品基地建设、市场建设等方面的项目资金，也要顾及农业标准化建设的需要，合理安排使用。同时调动各方面的积极性，引导生产者、经营者、消费者提高质量意识，多渠道增加对农业标准化的投入。

二是示范带动，以点带面推广农业标准化示范效应。坚持实施省、市、县 3 级农业标准化推广示范项目全覆盖，加强县级农业标准化示范项目的申报和验收质量。农业标准化示范基地要严格根据绿色、无公害食品标准进行生产，通过示范基地使农民掌握农业标准化生产模式，依托示范基地推动农业标准化生产的发展。农业生产龙头企业应充分发挥自身优势，为农民建立农业标准化种养基地提供帮助。农业技术人员应积极参与农业标准化基地建设，大力推广农业标准化生产技术，以标准化示范项目的示范效应带动全县的农业标准化生产程度不断提高。

三是创新驱动，推行以龙头企业为主体的发展模式。积极引导和规范“龙头企业＋农民专业合作经济组织”和“龙头企业＋基地”等多种利益联结模式。鼓励龙头企业参与农业结构调整和农产品标准化生产基地建设，支持多方投入，建立农产品生产、加工和销售基地，逐步形成专业化、标准化和规模化的农业产业带。鼓励和引导龙头企业按行业进行联合，推进农业标准化的实施。

四是加强培训，深化农业标准化知识普及工作。农业标准化的实施需要生产者、经营者、服务者、消费者和组织管理者的共同参与。农业技术推广部门要加强农业标准化技术的系统培训，做好农业系统管理人员、质量监督和技术推广人员的培训工作，全面普及质量管理知识、标准化知识，提高从业人员素质，有效指导农业标准化工作的开展。采取多种形式把农业标准化知识送到千家万户。同时，加强农业标准化研究与教育工作（沈均水，2014）。

2. 构建严格的监管体系

加强农产品网络销售线下安全品质管理，首先要研究建设农产品网络营销标准化体系，探索并完善“电商＋政府＋协会＋网商”的模式，积极消除农产品电子商务的质量安全隐患。推广浙江遂昌网店协会管理模式，统一宣传销售当地土特农产品。协会整合供应商、基地、农户，并实行开店培训、统一采购、统一仓储、统一配送、统一物流、统一包装物料、统一服务的运营模式。协会采取前期建立可追溯台账制度，中期产品进出进行品控检测、后期采用预先赔付等制度，保证农产品质量安全。建议县级政府要注重加强农产品质量检测和标准化体系服务平台建设，并创造条件建设与电子商务相配套的农产品配送检测中心。

其次，要强化监管，营造农产品电子商务诚信发展的良好环境。监管缺失是电子商务发展过程中的一个重要问题，需要高度重视，着力解决。政府要加紧相关立法，打击弄虚作假、欺诈、侵犯知识产权等违法行为，提高市场准入门槛，从而维护市场的正常交易，保证农产品电子商务有序快速发展（吴志坚，2012）。

第三，积极营造诚信为本、守信激励和失信惩戒的社会信用环境，完善社会信用体系的监管。一是以诚信度为依据，通过构建农产品信用记录体系和诚信交易档案，开展农产品生产经营主体的诚信等级认定，促进农产品流通的信用体系不断完善；二是制定并完善信用中介机构管理办法，培育和发展信用调查、信用认证、信用评估、信用担保等社会中介组织，发挥信用中介机构的重要作用（周丹等，2015）；三是建立并完善信用信息动态更新和共享机制，提升信用信息使用的规范化和制度化；四是充分发挥国家基础数据库以及银行征信等数据库的基础与协同作用，促进电子商务信用信息与社会其他领域相关信息的有序交换和共享，支撑社会信用体系建设。

最后，要强化政府监督和行业自律，要推动开展部门指导、行业组织、企业和消费者参与的农产品电子商务自律规范制定工作，大力推进企业和行业自律。

3. 构建完善的物流体系

一是科学规划现代农业物流体系。以保障农产品流通为主，重视农业物流园区和节点布局、重大农业物流基础设施建设、大型农业物流企业培育等方面，科学规划现代物流农业体系，形成布局合理、设施先进、功能完善、运行高效的跨区域农产品物流通道、物流节点网络体系。

二是加快农产品物流的基础设施建设。具体包括农村公路建设与提升；具有公益性质的农产品批发市场、农贸中心以及农产品储备设施、大型物流配送中心、农产品冷链物流设施的建设和改造；农产品绿色通道建设等。重点是要加大财政转移支付力度，加快山区交通基础设施建设，达到县市政府所在地通高速公路或高速铁路，中心镇、中心村通较高等级公路的目标；完善农产品快递配送、物流仓储等基础设施，切实解决电商“最后一公里”问题。

三是大力扶持、重点培育龙头物流企业，推进农产品物流产业化进程。运用现代物流理念，推动传统农产品物流企业创新经营管理机制，加快技术和设施设备更新改造步伐，实现向现代物流企业的转型。组建大型现代农产品物流企业集团，实施名牌带动战略，鼓励大型物流企业向农村拓展经营网络。与此同时，支持中小物流企业特别是小微企业专业化、特色化发展，或通过兼并、重组、收购、控股等方式组建大型企业集团。重点培育一批发展潜力大、经营效益好、辐射带动能力强的农产品冷链物流企业，鼓励大型零售企业加快生鲜食品配送中心建设，在做好企业内部配送的基础上逐步发展为社会提供服务的第三方冷链物流中心。

四是加快推进农业物流信息化建设。结合广电网、电信网等商业网络以及现有的农村信息平台，采用电子商务、地理信息系统、RFID等信息技术和网络技术，不断完善服务功能，扩大覆盖范围，建设区域性乃至覆盖全国的农产品物流公共信息平台。通过营销网、物流网、信息网的有机融合，提高企业仓储、采购、运输、订单处理等环节的管理水平。通过公共信息平台建设提升各类信息资源的共享和利用效率。

五是加快现代农产品物流人才培养，在加强在职从业人员培训的同时，引导物流企业与高职院校合作办学，培养农产品物流专门人才。

4. 构建匹配的科技体系

一是加大农产品物流技术的研究和开发的投入力度。按照建立与产业链相配套的技术链的思路，加强对薄弱环节的技术攻关，推进产业各环节的技术配套。依托高校和科研院所，坚持以解决生产应用性问题为重点，加强项目自主设计，开展产学研合作攻关，围绕鲜活农产品产后流通中减损增值关键性问题组织科技攻关，重点研发推广鲜活农产品产后贮藏保鲜技术及材料、冷链流通技术及设备，突破冷链产品品质控制等关键技术。鼓励研发推广农产品仓储流通功能性设备，提高技术装备水平。进一步提升物流配送中心机械化和信息化水平（雷百战等，2014）。促进新一轮农产品物流技术的改造创新、升级换代。同时通过引进、吸收、转化国外先进物流技术和管理经验，提高农产品物流业的发展水平，使农产品现代物流业走上快速、协调、健康的可持续发展之路。

二是加强农产品质量安全和标准化生产技术的集成应用示范。加强冷藏技术、物联网技术、可追溯体系建设、信息处理技术等集成研发和转化应用。推进产销一体化整合，将农产品的需求、流通和生产有机地联系在一起，实现冷链工程技术、智能信息技术、品质安全工艺技术和供应链管理集成，推动农产品流通中节能冷链与深加工关键技术和装备创新结合。推广果蔬冷链物流操作规范、技术和重点农产品工厂化生产技术，制定农产品产地预冷、预选分级、加工包装、冷库储存、冷链运输等环节的技术标准。以高校和科研院所为龙头，整合、建设一批各级共享的研发平台。鼓励农业龙头企业研发和应用农产品物联网。同时，加强国际农产品质量标准研究，为农产品出口的市场准入创造条件。

三是联合国家农业技术推广机构、农业科研单位、涉农高校、农民专业合作社、涉农企业、群众性科技组织等力量，建立网络化、标准化、专业化的新型推广体系。通过核心基地、加盟基地、辐射基地以及家庭农场等层层传导，开展试验、示范、培训、指导以及咨询服务等，把种植业、林业、畜牧业、渔业的科技成果和实用技术普及应用于农业生产的产前、产中、产后全过程，为区域现代农业发展提供科技支撑。

5. 构建新型的组织体系

把电子商务作为农产品流通产业发展的战略重点，充分利用互联网、云计算、物联网、大数据等技术和多种物流业态，以及现代金融手段，发展多主体、多形式和多层次的电子商务，做大农产品电子商务流通网络（周丹等，2015）。

一是支持农业龙头企业开拓电子商务。对发展电子商务的农业龙头企业给予支持，树立在天猫上开旗舰店的典型，对有电子商务团队、有自主品牌、有仓库、有发货场所、网上交易额达到一定数额的农业龙头企业给予补助，作为发展农产品电子商务的导向。

二是鼓励和支持农产品批发市场开展电子商务。农产品批发市场发展电子商务已具备较好的条件，有产品、有场地、有经营经验。在鼓励市场经营户在第三方电子商务平台上开网店的同时，要支持农产品批发市场在现有的基础上组建电子商务公司，开展好电子商务营销，吸收更多的中小企业和农民专业合作社组织加入大型商业企业现有的网络营销中。

三是扶持区域性电子商务公司拓展农产品营销。随着农产品电子商务的发展，区域性电子商务公司应运而生。一类是自己搭平台，组织货源，网上销售，包装发货；另一类是在第三方电子平台开设店铺，代为合作农业企业销售农产品，按交易额多少提成。应建设和认定一批示范性区域电子商务公司，发挥其对推动农产品电子商务的积极作用。

四是扶持农民专业合作社组织和农户利用现有的电子商务平台开展市场营销。及时总结浙江遂昌等地发展农产品电子商务的实践经验，积极推广“农户（企业）+网商+协会（公司）+平台”的电子商务发展模式，推动遂昌经验的复制和推广。

五是扶持第三方电子商务平台发展。应充分利用现有第三方平台优势，加强地方与企业合作，推动和支持农产品电子商务第三方平台建设，鼓励第三方平台开发面向农产品电子商务需求的定制服务，打造共享信息、品牌、渠道和业务的商务“社区”，为农民网商提供技术支持和各方面服务。整合社会各方面资源，依托渠道商、第三方物流实现线上和线下的互通互动。

（二）现代农业综合体发展“互联网+”农产品流通的对策建议

1. 加强项目用地支持

把现代农业综合体建设列入当地党委和政府重点工程，将建设用地指标向农业综合体倾斜，优先安排农业综合体建设项目用地。加大工作力度，把农业综合体建设的土地报批和用地服务、保障工作抓好抓实，加快土地报批进度，以保证农业综合体各项建设的顺利进行。依法搞好征地拆迁工作，维护被征地农户的合法权益，做到和谐用地。结合中共中央办公厅、国务院办公厅出台的《关于完善农村土地所有权承包权经营权分置办法的意见》文件精神，积极探索盘活农村集体建设用地用于农业综合体建设的运作机制，在符合土地利用总体规划的前提下，允许采用调剂、整理和置换等办法，优先安排农业综合体建设用地。村镇改造中盘活存量建设用地、新征集体建设用地，优先用于保证农业综合体建设用地。在加快推进土地承包经营权、农村居民房屋、林权的确权登记颁证工作的基础上，配合农村土地承包经营权流转和农房用地制度改革，按照依法自愿有偿原则，在不改变土地集体所有性质、不改变土地用途和不损害农民土地承包权益的前提下，大力推进农用地流转，促进土地向新型经营主体集中，努力提高农业集约化经营水平。

2. 加大财政扶持力度

在社会资本投资农业热潮的大背景下，积极引入资金雄厚的大型企业开展农业综合体投资建设。设立农业综合体建设专项扶持资金，根据农业综合体建设规划将专项扶持资金纳入地方财政年度预算计划优先安排，对农业综合体建设中涉及公共利益、具有正向外部性的部分进行财政补贴。建议优先支持农业综合体建设区域内的农业项目申报财政部农业综合开发项目以及其他各类项目，积极向上争取项目和资金，落实本级配套资金。鼓励各级资金、农口专项资金向农业综合体建设倾斜，加强各类支农资金的统筹整合，在分类整合农村发展类资金、生产类和产业类资金和农业基础设施建设资金的基础上，以农业综合体建设为契机，开展整合所有农口资金的创新试点，打造农业综合体支农资金整合平台。

在此基础上，进一步打造农业综合体建设资金融资平台，积极探索BOT、PFI、PPP等融资模式，使财政拨付的资金成为撬动民营资本的重要力量，为有效解决前期资金投入问题创造条件，多层次、多渠道、多形式筹措农业综合体建设资金。创新农村金融服务，探索开展农村土地承包经营权和宅基地使用权抵押贷款业务，解决农村融资担保难问题。加快发展村镇银行、小额贷款公司、农村资金互助社等新型农村金融机构或组织。

3. 加快现有资源整合

由各级政府牵头，将农业综合体的规划建设列入地方发展总体规划，与当地土地利用规划、产业发展规划、流通体系建设规划等各类规划进行统筹，制定区域“互联网+”农产品流通体系建设规划。由商贸、农业、共青团等相关部门合作成立农业综合体建设协调服务组织，负责区域农产品标准化、品牌化建设、网络宣传、活动策划、推广销售，共同推进农产品电子商务发展。整合企业网站和政府平台，有序推进建设综合性高的农业信息网站，对信息进行限制和筛选，科学的整合和技术上的补充，构建起区域大网络平台。避免同一地区不同部门重复建设电子商务平台，造成人力、财力、物力重复投入，资源分散浪费。

4. 加强服务体系建设

建议各级地方政府加强农村电商服务业建设，制定标准化服务体系、量化的评价体系，提供优惠政策，引进优秀的第三方电子商务服务商，积极培育当地服务商，完善当地电子商务产业链（胡卉然等，2015），为农业综合体提供集成化的服务，从而提升区域卖家群体的经营水平和整体竞争力。要鼓励电子商务交易服务平台、技术服务平台、中介服务平台的发展，培育一批具有行业影响力的电子商务服务企业，积极推动高附加值电子商务衍生品的开发与应用（吴志坚，2012），促进农业综合体“互联网＋”农产品流通体系建设与区域物流快递、商务软件、信息服务等新型物流和中介机构协同发展。

5. 加强人才体系建设

如何培养合适的电商人才和物流人才，是农业综合体建设“互联网＋”农产品流通体系的当务之急。要积极联系开设电子商务学科专业建设和物流人才培养的高等院校，通过联合培养等方式为农业综合体建设发展提供更多的高素质专门人才。建议各级地方政府加强农产品电子商务人才和物流人才体系建设，包括并不限于开展专业化新型人才教育培养，定期组织生产经营主体、现代农业园区建设业主、返乡创业青年、大学生村官等进行农产品网络营销技术和物流技术的教育培训（王丽娟等，2014）；将电商培训纳入地方商务系统的培训范畴，充分利用政府有关部门服务职能和电子商务公司技术力量，通过举办形式多样、生动活泼、图文并茂的电子商务科技宣传和培训，传播电子商务的应用方法和注意事项，扩大农村居民对电子商务的了解和认识（高亚娟，2011）；成立县级或市级的电子商务培训机构，以“能否开网店”作为培训效果的考评指标，批量化培训电商人才；加强对地方政府领导班子、基层干部的电商培训，以强化政府对电商经济的认知程度。鼓励有条件的地区营造良好的创业环境，吸引并帮助创新创业型人才成长。

参考文献

岑丽阳，2015. 创新广西农产品物流体系建设构想［J］. 山西财经大学学报（s1）：65-67.

陈阿兴，2008. 农产品流通过程中农民收入增长问题探讨［J］. 宏观经济管理（7）：55-57.

陈超，李斌，2013. 城镇化背景下我国农产品物流发展现状和问题及对策［J］. 农业现代化研究（3）：328-332.

陈凯田，张吉国，2011. 我国农产品物流体系发展现状、问题及对策［J］. 山东工商学院学报，25（4）：5-7.

陈中耀，殷朝华，2014. 供应链视角下农产品物流模式优化研究——以重庆市为例［J］. 物流科技，37（4）：89-91.

董迅，2016. 我国互联网人口普及率过半［N］. 人民邮电报，01-02.

范忠伟，2008. 我国绿色食品产业发展策略探析——基于需求市场的博弈分析［J］. 中国酿造（16）：116-118.

高荣伟，2015. “互联网＋”时代——房地产业转型升级［J］. 城乡建设（6）：75-76.

高亚娟，2011. 我国农产品电子商务发展策略研究［J］. 商业时代（14）：35-36.

韩喜艳，2013. 农产品流通组织化研究［D］. 北京：中国农业科学院.

洪涛，2010. “十二五”中国特色流通体系及其战略初探［J］. 北京工商大学学报（社会科学版），25（4）：1-7.

胡卉然，朱舒依，李硕，等，2015. 关于淘宝村网商发展策略的研究——以中国“网店第一村”浙江义乌青岩刘村为例［J］. 中国市场（45）：93-94.

孔伟仙，2014. 丽水农产品电子商务发展思路探讨［J］. 浙江农业科学（9）：1470-1473.

雷百战，刘亚琼，周灿芳，等，2014. 广东农产品流通与销售困局及其破解思路［J］. 南方农村（2）：45-48.

李丽，2010. 我国流通技术应用现状与展望［J］. 中国流通经济，24（2）：23-26.

李玉清，2015. “互联网＋”时代农产品电子商务物流发展的若干思考［J］. 物流技术，34（24）：59-62.

刘放，2014. 基于国外经验的农产品营销对策分析［J］. 世界农业（6）：147-150.

罗明，2016. 新常态下农产品电子商务发展的思考和建议［J］. 江苏农村经济（3）：4-6.

沈均水，2014. 关于推进基层农业标准化工作的思考［N］. 中国质量报，11-28.

宋闻欣，2008. 农产品流通中增加农民收入问题［C］. 中部商业经济论坛 .

宋则，2001. 促进流通创新提高流通效能的政策研究［J］. 市场与电脑（1）：6-15.

田晓剑，2014. 涉农电商为双 11 再添把“火”［N］. 人民邮电报 ，11-10.

涂圣伟，2014. 工商资本下乡的适宜领域及其困境摆脱［J］. 改革（9）：73-82.

王丽娟，陈百生，王慧智，等，2014. 浙江特色精品农业发展的总体思路与对策建议［J］. 浙江农业科学（10）：1505-1510.

王英姿，陈珂，2011. 食品企业绿色营销现状及对策分析［J］. 现代经济信息（19）：129-130.

吴志坚，2012. 突破制约电子商务发展瓶颈［N］. 经济日报，11-26.

许文富，萧清仁，1990. 农产品运销服务业发展之研究：主要农产品市场结构与运销效率［R］. 台北：台湾人学农业经济研究所 .

许文富，1992. 农产运销学［M］. 台北：中正书局 .

薛倩，2013. 三大瓶颈制约花卉电商［N］. 中国花卉报，11-05.

闫成印，2012. 互联网行业龙年年中回眸［J］. 互联网天地（8）：41-44.

叶伟文，龙永雄，黄伟，2014. 变潮涌动——全产业链布局现代农业［J］. 上海国资（9）：92-93.

张古隆，魏静，2005. 农产品流通组织创新研究［J］. 商业研究（14）：181-183.

张明玉，2011. 中国食品安全法制建设研究［D］. 沈阳：辽宁大学 .

郑鹏，2012. 基于农户视角的农产品流通模式研究［D］. 武汉：华中农业大学 .

周丹，王德章，2015. “互联网＋农产品流通”融合发展研究［J］. 学术交流（11）.

周洁红，刘清宇，2010. 基于合作社主体的农业标准化推广模式研究——来自浙江省的实证分析［J］. 农业技术经济（6）：88-97.

Alderson Wroe，1957. Marketing Behavior and Executive Action［M］. Homewood

Bignebat C，Koc A A，Lemeilleur S，2009. Small producers，supermarkets，and the role of intermediaries in Turkey's fresh fruit and vegetable market［J］. Agricultural Economics，40（s1）：807-816.

Breyer R F，1924. The marketing institution［M］. New York：Mc Graw-Hill.

Hobbs J E，1997. Measuring the importance of transaction costs in cattle marketing［J］. American Journal of Agricultural Economics，79（4）：1083-1095.

Collins J L，2005. New Directions in Commodity Chain Analysis of Global Development Processes［J］. Research in Rural Socidogy and Development，11：3-17.

Jon Hellin et al，2009. Farmer organization，collective action and market access in meso-america［J］.

Food Policy，34 (1)：16-22.

den Oudenetal M，et al，1996. Vertical cooperation in agricultural production-marketing chains，with special reference to product differentiation in pork [J]. Agribusiness，12 (3)：277-290.

Martinez S W，2002. Vertical coordination of marketing systems：lessons from the poultry，egg，and pork Industries. econounic research service [R]. U. S. Department of Agriculture，Agricultural Economic Report No. 807.

Moustier P，et al，2010. The role of farmer organizations in supplying supermarkets with quality food in Vietnam [J]. Food Policy，35 (1)：69-78.

Rose S，2004. Inter-organizational task and emotional conflict with international channels of distribution [J]. Journal of business research，57 (9)：942-950.

Stern，L W，1969. Distribution channels：behavioral dimensions [M] . Boston：Houghton Mifflin Company.

Reardon T，Berdegue J A，2002. The rapid rise of supermarkets in latin America：challenges and opportunities for development [J]. Development Policy Review，20 (4) 371-388.

Weld L D H，1916. The marketing of farm products [M]. New York：The Macmi Han Company.

专题六　现代农业综合体建设中"多重组合"投融资体系的构建

一、现代农业综合体"多重组合"投融资体系构建的背景与意义

（一）概念界定

1. 农业投融资

农业投融资是农业投资活动和农业融资活动的总称。

农业投资指的是特定经济主体为了在未来可预见的时期内获得收益或者资金增值，在一定时期内向农业领域投放足够数额的资金或实物的货币等价物的经济行为，可分为实物投资、资本投资和证券投资。

农业融资指的是农业生产经营主体为支付超过现金的购货款而采取的货币交易手段，或为取得农业生产经营资产而集资所采取的货币手段。通俗地讲就是农业生产、经营、建设主体的资金筹集的行为与过程，主体根据自身的生产经营状况、资金拥有的状况，以及未来经营发展的需要，通过科学的预测和决策，采用一定的方式，从一定的渠道向投资者和债权人去筹集资金，组织资金的供应，以保证正常生产需要，经营管理活动需要的理财行为。

农业投融资体系包括投融资主体、投融资方式、投融资渠道，其中，投融资方式是投融资的关键，包括投融资的决策方式、投资筹措方式和投资使用方式等，它是投融资活动的具体体现。

2. 现代农业综合体“多重组合”投融资体系

现代农业综合体“多重组合”投融资体系是指在现代农业综合体建设中，紧紧围绕现代农业综合体先进的发展方式，谋求通过农村投融资体制机制创新，吸引大量社会资本通过多种渠道主动对接现代农业发展，进而在农业投融资主体、投融资渠道、投融资方式三大方面实现“多重组合”，形成财政导向与市场化运作相结合的投融资体系，不仅满足现代农业综合体建设运营大资金需求，也满足社会资本投资现代农业的发展需要。

投资主体多重组合：从现代农业综合体集生产、生活、生态、生计、生机“五生”功能融合于一体的角度出发，积极争取各级政府的财政支持，建立健全以龙头企业为核心的全产业链融资，发挥村集体经济组织在现代农业和美丽乡村建设方面的作用，引入农业科研机构等专业型科技支撑主体参与现代农业综合体建设，打造农业生产主体、美丽乡村建设主体、农业科技支撑主体协同建设现代农业综合体的良好局面。

融资渠道多重组合：通过体制机制创新与金融创新，大力拓展社会资本进驻农业的渠道，在巩固各级政府、银行机构、保险机构、民间借贷 4 种农业传统融资渠道的基础上，积极拓展信托机构、风险投资、互联网金融、资本市场融资等多种新型渠道，进而构建现代农业综合体多种融资渠道并进的融资格局。

融资方式多重组合：结合现代农业综合体生产方式，创新农村投融资产品与投融资手段，进而建立起财政补贴、金融信贷、线上信贷、收益权信托、产业链融资、大众众筹等多重组合的农业融资方式。

（二）研究背景

1. 农业已进入转型升级加速新时期

当前，我国农业发展正在经历自中华人民共和国成立以来的第二次巨变。

一方面，经营主体出现分化，农民老龄化、妇女化、兼业化现象较为普遍，虽然庞大的小农户生产经营队伍依然是生产经营主体，但以农民专业合作社（合作社联合社）、家庭农场、专业种养大户、职业农民、农业龙头企业等为代表的新型农业经营主体逐渐成为农业生产主力，农业经营主体与结构发生巨变，促进新的生产方式与经营理念转变。

另一方面，伴随着生产经营主体的变化，飞速的农业科技进步与日新月异的信息产业，农业生产经营方式出现重大变化，标准化、规模化、专业化、设施化、品牌化等现代化生产、产业化经营、社会化服务成为农业发展与农业增长的着力点。传统零散的农业生产经营虽然在改革开放初期极大地促进了农业发展，是我国农业商品经济的主要发展形式，但进入 21 世纪以来，特别是“十二五”以来，这些“自给自足、自娱自乐”的传统农业正在逐步退出商品市场，向规模化、专业化、标准化和品牌化的现代农业生产转变。

综合来看，我国农业发展方式转变的内在动力已经形成，各地农业转型升级已进入加速期。

2. 金融是影响现代农业发展的关键因素

随着新型农业发展方式的全面推进和工业化经营理念的深入，金融对农业发展的支持作用不断上升，农业资金需求性质发生质的飞跃，已成为影响现代农业发展的关键因素。

从生产经营来看，随着生产方式与生产经营主体的分化，农业对资金的需求已由过去购买农资等产生的季节性小额资金需求向购买设备机械、扩大生产规模、引进先进生产技术、拓展生产范围、开拓产品市场等发生的大额资金需求转变，生存性需求向功能性需求转变，信用需求向产权抵押需求转变（刘西川和程恩江，2012）。

从基础设施建设来看，以沟路渠的建设、维修、提升与管护为核心内容的农业综合开发项目，以山塘水库建设为主的水利工程项目，以及以土壤改良为核心的农田质量提升工程，涉及面广、投资力度大，仅靠政府财政资金支持难以全面展开，急切需要引入现代社会资本进驻农业发展。

从传统农业改造来看，推进农业产业化是改造传统农业的有效路径与必然选择，而产业化如原料收购、农产品加工、产品储运及销售四个方面需要大量资金支持的项目，均没有得到足够支持，产业化龙头企业的自有资金难以满足发展需要，做大做强龙头企业需要金融系统的大力支持。

3. 现代农业发展投融资困境亟待破解

在我国农业现代化发展进程中，资金投入不足与融资困难已成为影响农业与农村经济发展、制约现代农业发展的主要障碍之一，也是各涉农生产经营主体急切盼望破解的突出问题之一。

财政资金总额投入支持仍然不足。虽然近年我国财政支农资金不断增长，仅中央财政资金就从1990年的221.76亿元增加到2014年的539.67亿元，24年间增长了1.4倍，显示出国家重视和支持农业的决心。但财政支农投入在多个方面存在不合理的现象，包括财政投入资金总量不足、投入结构不合理、资金配置效率低下。

农业发展对信贷资金仍然缺乏吸引力。由于农业发展在多个方面存在先天弱质性，难以吸引逐利金融资本的青睐。主要表现在：金融机构信贷支持不够，金融服务单一，不少金融机构退出农村市场，抵押物法律政策性束缚，贷款难、贷款贵问题仍没有得到有效解决，信用贷款额度低，难以满足新型农业经营主体发展现代农业对资金的需求。

农业农村自身积累资金仍然持续外流。农业资金周转慢、回报周期长，农业资金自我积累速度缓慢，资本的逐利天性导致农业农村资金“非农化”倾向严重，农业发展不仅“输血”量少，还存在“失血”现象，导致农业扩大再生产过程较为缓慢。

4. 现代农业综合体先试探索破解之道

现代农业综合体具有美好的市场前景、巨大的带动作用、共赢的经营模式，其概念、内涵、建设模式和路径提出后（陈剑平，2012），先在浙江探索实践。我国房地产龙头企业绿城房地产集团与浙江省农业科学院合作于2013年组建绿城现代农业开发有限公司，2015年更名为蓝城现代农业科技有限公司（下文简称“蓝城农业”），并于2012年率先在浙江嵊州市探索建设首个彰显优质农产品生产示范推广、休闲观光、科普教育和农民培训为特点的浙江嵊州蓝城现代农业综合体。随之，彰显农业特色小镇、休闲观光、文化创意和农业产业升级等特点的浙江奉化萧王庙现代农业综合体、彰显生态精品农业工程的丽水现代农业综合体等不同类型现代农业综合体也开始不断出现。

嵊州蓝城现代农业综合体由蓝城农业主导、浙江省农业科学院参与，资金主要由绿城房地产集团母公司出资，浙江省农业科学院技术入股，该农业综合体建设是工业反哺农业的典型代表。蓝城农业依靠自有资金已经完成了嵊州蓝城现代农业综合体的一期建设任务。由于农业综合体容积量大、涵盖“五生融合”（生产·生活·生态·生计·生机）多种功能，其基础设施建设、物质装备、农业景观打造、农业功能拓展等均需要大量的投资，完成这些任务建设需要寻求银行、信托、风投、政府等多种融资渠道，从而需要探索与农业综合体发展方式相适应的投融资方式。

（三）战略意义

1. 有助于优化现代农业综合体的投融资结构

现代农业综合体建设涉及全部“三农”问题，美丽乡村建设如火如荼，需要大量建设资金；农业现代化建设整体推进，需要大量基建与装备投资；农业“五生融合”功能齐头并进，大量项目建设需要资金支持。而现代农业综合体建设经营主体农业龙头企业、农民专业合作社、村集体经济组织以及中小农户等的自有资金显然难以满足投资需求，传统农业融资困境仍然有待破解，农业综合体建设需要大量的外部社会资金介入，形成外部社会资本为主、主体自有资金为辅的投融资格局，进而改善农业综合体建设资金需求。

2. 有助于增强政府财政资金的调控作用

现代农业综合体的建设，需要政府从政策、资金、技术、土地、人力、管理、法律等多个方面进行支持，是政府建设现代农业、发展农村经济、促进农民收入增长的新举措，是政府专心打造的现代农业发展大平台。构建农业综合体“多重组合”投融资体系，能够增强政府财政资金的宏观杠杆调控作用，通过补贴、奖励、投资、贴息、荣誉、宣传、服务等多种方式，用最小的财力引导社会各界资本致力于农业综合体建设，可以有效降低政府的财政压力，增强农业的可持续发展。

3. 有助于促进农村金融改革创新

构建“多重组合”农业综合体投融资体系，将在三大方面实现突破。一是改变农业以生产经营主体直接投资为主的方式，建立起主体直接投资与社会资本间接投资共同推进现代农业发展的机制。二是大幅增加投资主体类别，工商资本、实力强大的自然人、普通大众等均可以通过间接投资的方式，成为农业投资主体。三是创新农业投融资方式，有可能建立起收益凭证融资、信托投资、众筹筹资、工商资本入股、自然人入股等新的投融资方式。最终促进建立起以市场化运作为核心的农业投融资体系。

4. 有助于为社会资本投资现代农业提供多种选择

在经济发展增速由高速进入中高速新常态发展和供给侧结构性改革的背景下，伴随着我国经济发展转型升级，大量民间资本开始寻找新的投资领域，现代农业这个有着良好发展前景的绿色产业受到了民间资本的青睐。构建以市场化运作为核心的“多重组合”新投融资体系，创新投融资体制机制，能够为社会资本投资现代农业提供直接投资、间接投资、向单个主体投资、向多个主体投资等多种投资选择，打通了社会资本发展现代农业的投资通道。

（四）农业投融资相关研究状况

农业投融资问题对现代农业发展起着十分重要的作用，因此也是我国农业经济问题研究的重点和热点之一，这方面的研究积累较多。本专题对2010年以来的相关研究进行了整理与分析，发现从研究内容上看，主要聚焦在：①我国农业投融资存在的问题，②近些年我国农业投融资体制机制创新，③国外农业投融资发展经验及其借鉴。具体如下。

1. 我国农业投融资存在的问题

金融通过金融市场及金融政策作用于农业产业结构调整，发挥着资本形成、资本引导、产融结合、信用催化、信息揭示和风险管理的作用（程婵娟、潘璇，2012）。我国农业投融资体制机制滞后于现代农业发展，在农村金融市场上，农户、农村小微企业信贷融资难，现代商业金融机构放款难，一直是一个无可争议的事实，对于传统农区、偏远和贫困地区的农户、农村小微企业，信贷融资尤其困难（何广文，2012a）。我国农业投融资的困境在于资金总量不足与资金的非农化（张劲松等，2010；袁毅敏，2011），而农业投资不足制约我国农业现代化发展进程（黄金辉，2004）。正规融资具有显著正效应，国有银行和农信社融资都改善了农户自生产权利，非正规融资效应不明显，但是正规融资在总的融资量中比重较小，农户获得正规金融机构服务的机会较少（何广文等，2014）。传统的金融服务只覆盖了金字塔顶端的高端人群，无法满足处于金字塔中部和底部高成长型人群的需求，尤其对贫困地区、偏远地区而言，这种需求尤为迫切，因此应推进增量创新或让更多机构进入支农领域（何广文等，2012）。我国政策性银行农业发展银行的支农绩效处于规模经营递减区域，有较大的提升空间（孙建星等，2013）。财政支农资金作用受限、金融支持资金供给不足、社会投入资金增长有限三大资金困境使农业融资外化矛盾加剧（胡雪萍等，2015）。

由于我国农业发展条件存在地区差异，部分学者围绕本地农业投融资问题进行了分析。如，徐子尧（2010）对四川农村地区金融服务存在的问题进行了分析，柳剑平等（2012）对湖北省农业投融资问题进行了研究，沈义力（2012）对江西省农业投融资问题进行了研究。

近年来，我国农业金融系统不断进行改革创新，但其中仍然存在较多问题。在我国不少地区，农村土地经营权可以抵押贷款，但是土地如果不确权，金融信贷机构始终担心农村流转土地的使用权不能得到地方政府的保护，一旦发生土地流转纠纷，银行的风险就会很大（马翠莲，2014）。在2015年召开的“第九届中国农村金融发展论坛暨‘新常态’下农村金融改革与发展学术研讨会”上，何婧等（2015）指出政府持股的小额贷款公司在获得资金后，并没有增加服务深度和服务广度，也没有增加对于“三农”和小微企业等弱势群体的信贷投入；刘西川等（2015）总结了农村资金互助社的治理经验和治理问题；熊德平等（2015）分析了农村信用合作社所面临的困境，进而提出了农村信用社求同存异的发展策略。

2. 我国农业投融资创新研究

农业投融资创新理论研究。何广文（2012b）对合作社农村金融的发展从理论上进行了探讨，包括合作社参与农村金融的必要性、服务方式、需要注意的问题等方面，认为合作社参与农村金融，能够解决农村地区银行业金融机构网点覆盖率低、金融供给不足、竞争不充分等问题；2015年，他又对供销合作社参与农村金融的机会与模式选择进行了探讨（何广文，2015）。吕守明和文明涛（2013）认为创新农业投融资机制，需要从四大方面入手：一是整合各类支农资金、创新资金投入机制；二是设立现代农业发展基金，加大对现代农业的投入；三是扩大担保公司业务范围，为农业融资提供担保；四是发展新的农村合作性金融组织，创新农业农村融资方式。杨朵轶等（2014）从市场资源自由配置的角度出发，认为农业的相对价值在下降，金融资本投资第一产业的空间不多，农业价值创造将集中在流通环节，因此农业金融要从全产业链角度出发，着力点放在流通环节和行业集中度较高的行业。

在“第九届中国农村金融发展论坛暨‘新常态’下农村金融改革与发展学术研讨会”上，较多专家就农村金融理论与政策创新发表了多种观点：冯兴元指出农村金融领域的竞争性秩序最能发挥其金融功能，但必须重视农村金融制度选择对农村金融制度演化的影响，防止农村金融发展陷入低水平制度均衡（陷阱），应构建竞争性金融持续和普惠金融生态系统，为改善民资出路创造条件。何广文分析了我国互联网金融发展趋势与特点，提出互联网金融背景下的普惠金融创新，应大力发展电子银行业务、开展农村互联网金融教育、开放互联网金融产品等一系列鼓励创新、支持互联网金融稳定发展的政策建议。郭沛则在实证分析的基础上发现，追求财务可持续的商业目标与政策要求支农的目标之间存在冲突，是导致农村金融需求难以满足的重要原因，提出了应协调财政政策、产业政策和金融政策，进而将资金合理配置到农业产业的金融支农思路。周立指出为改善倚重商业性金融支农本身存在的多元目标悖论，应重新考虑多元化金融机构互相分工、互为补充的新型农村金融体系。罗剑朝认为农村土地承包经营权抵押担保融资是破解农户“抵押难、担保难、贷款难”的有效途径，也是活跃农村土地产权市场、释放农村生产要素潜力的必由之路。潘朝顺认为垂直联结农村金融产品创新可以实现正规金融、民间金融、农户以及政府的共赢。熊德平则指出村镇银行经过近十年建设与发展，有效丰富了农村金融市场的主体结构，已成为服务“三农”、支持小微的生力军。焦瑾璞研究了中国的小额信贷。

农业投融资创新实践研究。在实践中，我国多个省市进行了农业投融资创新，包括山东省（徐伟杰，2014；王文锋，2015）、四川省（陈海元，2011）、浙江省（杨大蓉，2014；何广文，2014）、江苏省、河北省（高强，2014）、湖南省（牛娟娟，2014）、陕西省（商文瑜，2013）等，其典型做法包括由财政投入资金搭建农业投融资平台，明晰农村土地和房屋权属，允许农村产权进行抵押贷款，并配套设立农村产权抵押融资贷款风险基金，以及将更多的主导品种纳入农业保险。近年来，在国家政策的指引下，邮储银行也在不断进行金融创新，加大对现代农业服务力度，围绕农民房屋产权、林权和土地承包经营权“三权”抵押，邮储银行开发的新产品已经在多地试点，并取得了突破性进展。2014 年，邮储银行的农村土地承包经营权抵押贷款，在山东、黑龙江、辽宁、吉林和北京等地累计放款超过 1 亿元；林权抵押贷款已经在江西、福建等 17 个分行开办业务，累计放款超过 13 亿元（韩四喜和赵志刚，2014）。

在“第九届中国农村金融发展论坛暨‘新常态’下农村金融改革与发展学术研讨会”上，部分研究者对农业保险制度创新阐述了自己的观点。其中，邱波等从农业保险供给的视角出发，建议通过财政补贴结构控制农业巨灾风险，并培育农业保险市场力量，以提高农业保险运行效率；贾士彬等研究发现，农业保险财政补贴效率有待提升，地方政府在农业保险发展中扮演了重要角色，农民农业保险有效需求刺激效果并不明显；袁祥洲、陈国强等介绍了美国农业保险财政补贴机制的主要内容，旨在为完善我国农业保险补贴制度提供借鉴（熊德平等，2015）。

3. 国外农业投融资创新研究

西方发达国家农业现代化发展水平较高，其在金融方面对农业的支持力度较大，支持体系相对更加完整，对发展中国家构建健康的农业投融资体系具有一定的借鉴意义。因此，对发达国家农业金融支持体系的相关研究也是我国农业经济学界较为关注的热点之一。

综合金融研究。鞠荣华等（2012）在对美国的农村金融供给体系及其机制进行研究的基础上，总结出可供我国农村金融市场借鉴的经验。卫志民等（2014）系统分析了美国农业金融体系的基本架构、特征及启示，发现非营利性农业金融体系、合作性农业金融体系和商业性农业金融体系是美国农业金融体系的三大支柱。曹鸿涛（2014）对美国农业金融系统的组成与发展、融资建设的现实基础与理论依据、法律保障等多方面进行了分析与总结。马涛和郭沛（2014）研究了国际小额信贷机构发展及其对我国的启示。李萍

(2015) 对日本农村金融体系进行了系统研究，发现日本形成了以合作金融为主体、政策性金融为辅助的农村金融体系，并且还构建了完善的风险防范体系以及金融监管制度。华东（2014）分析了美国、日本、法国农村金融体系，发现发达国家的农村金融体系一般有完善的金融法律体系、强大的财政支持、健全的农村金融保险体系，并充分发挥了合作性金融的基础性作用。于细婷（2011）研究了发展中大国印度财政与金融支持农业合作社发展的经验，发现印度建立了完善的农村政策性金融体系，包括印度国家农业和农村发展银行、区域农村银行、印度工业信贷和投资公司等，其中印度国家农业和农村发展银行处于核心地位。

专项金融研究。于洋（2012）研究了美国农业保险改革历程与财政补贴政策。吕晓英和李先德（2014）研究了美国农业再保险制度及其对我国建立农业大灾风险分散体系的借鉴。韩柱（2013）研究了日本农业保险，发现其具有减轻农民损失、稳定农业经营，提高凝聚力、促进协同发展，提高防灾、抗灾能力等社会化服务功能，对我国农业保险具有借鉴意义。黄庆河（2011）分析了美国、日本、法国农业保险经验及其对我国农业发展的启示。易欢等（2014）研究了法国农民专业合作社财政金融支持政策及启示。文娟（2010）研究了法国农村合作金融的发展及其对我国的借鉴意义，发现在近20多年里，面对越来越激烈的市场竞争和迅速变化的经济环境，法国农业信贷银行与时俱进，产品服务的持续创新以及管理方式和结构的调整，使法国农业信贷银行在法国一直保持较大的市场份额，并逐步地发展成全能银行。普萁喆等（2015）研究了美国农业兼并重组对农业龙头企业发展的重大作用。

二、国内外农业投融资体系的经验借鉴

（一）国外农业投融资的主要模式

从世界农业发展格局来看，美国农业、法国农业、日本农业分别代表了

美洲、欧洲、亚洲农业先进的发展水平，这些国家涉农三次产业呈现融合发展态势，城乡差距较小，不少地区的农村具有城市的发展功能，发达国家农业高水平发展背后离不开金融强有力的支持。

1. 美国模式

美国是世界上农业最发达的国家，拥有健全的农村金融体系，基本形成了金融机构、政府财政、农业保险三大系统为其农业发展提供强大的资金支撑与风险分担机制。

多元且分工相对独立的金融信贷体系。美国拥有较为完备的农村金融服务体系：以政府为主导的农村政策性金融体系、农村合作金融体系和农村商业金融体系。三者既相互竞争、互补合作，同时又形成了相对明确的分工：商业银行主要发放生产性短期贷款和一些中期贷款；联邦土地银行专门向农场主提供长期抵押贷款；联邦中期信用银行则向为农民提供服务的金融机构提供资金，而政府农贷机构主要投资具有社会公益性质的农业项目（王刚，2008）。职责明确、分工协作的金融体系，保证了整个体系运作的成功。

完备的法律保障与强大的财政支持。美国农村金融体系发展得益于政府强有力的政策支持，早在 1916 年，美国就通过了《农业信贷法》，开始建立合作农业信贷系统。以后陆续出台的《农村信贷资金管理办法》《联邦农业贷款案》《农业信用法案》《联邦农作物保险法》《农业保险修正案》等涉农金融法律法规，指导美国农村合作金融的健康发展，使农村金融运作有章可循、有法可依。为了解决农村金融组织吸引资金能力差的问题，美国政府还参与农村金融活动：一是通过政府政策性农村金融机构提供农村信贷资金；二是运用政府补贴办法，通过其他信用系统，保证农村资金供给，如政府支付商业银行补贴，再由商业银行发放农业贷款；三是政府扶助合作金融组织，促使农村金融体系得到不断完善（陈汉明，2009）。

强力的农业保险体系。美国农业保险体系主要由联邦农作物保险公司、私营保险公司、保险代理人和保险查勘人构成。联邦农作物保险公司并不直接参与保险业务的经营，主要负责规则制定、风险控制以及监督稽查等；私营保险公司则在联邦农作物保险公司的指导和监督下为农作物提供保险业务；保险代理人和保险查勘人，主要开展农作物保险业务的具体工作。美国的农业保险表面上是自愿投保，但 1994 年《农业保险修正案》的实施已使之成为事实上的强制保险。美国这种多元的农业保险体系离不开政府的主导与支持：一是税收支持，农作物保险免税；二是补贴支持，政府为承担农业保险的私营保险公司提供了一系列的保险补贴和业务补贴，并为农业保险的推广和教育提供大量经费；三是再保险支持，政府通过拨款给联邦农作物保险公司，向私营保险公司提供再保险和超额损失再保险等支持；四是保险法律支持，《联邦农作物保险法》为农业保险业务的开展提供了法律依据和保障（华东和何巍，2012）。

2. 法国模式

法国是世界主要农业生产国和农副产品出口国，拥有强大的财力支持与较为完备的农村投融资体系，以及不断创新的农村金融服务机构等为其农业发展提供重要保障。

政府有力支持的农业信贷银行系统。目前，在法国开展农村金融业务的银行都是国有或受政府控制，主要有法国农业信贷银行、互助信贷联合银行、大众银行和法国土地银行等（华东，2014）。其中，农业信贷银行是法国的农村金融组织体系的核心。农业信贷银行系统是法国最大的农村金融体系，由中央农业信贷银行（法国国家农业信贷银行总行）、地区（省）农业信贷互助银行和地方农业信贷互助银行组成。政府从农业预算中拨出大量贴息资金给农业信贷互助银行，农业信贷互助银行因而可以发放大量贴息的长期低息贷款。法国农业信贷银行贷款实行差别利率，并严格执行信贷审批制度。涉农贷款利率一般只及非优惠贷款利率的一半左右，利息差额由国家财政补贴。如果项目与国家政策和国家发展规划相符，能够优先得到支持甚至贴息。

完备的农村金融法律体系。法国农村金融的法律体系，既有专门的法律，更多的是融合到其他的相关法律体系中。其中，法国政府对农业保险制度建设十分重视，《农业互助保险法》《农业指导法》“农业损害保证制度”《保险法典》和《农业灾害救助法》等构成了法国农业保险法律体系。法国农业法律法规经过不断的调整、修改而臻于完善，使农村金融运作有章可循、有法可依，避免了行政干预和领导人更换等造成的不规范、不合理现象，保证决策的科学性，使之更能有效地实施（杨娇，2011）。

不断创新的农村金融服务机构。法国一些地区的农业就业人口开始下降，甚至趋向于零，法国农业集团除了继续为这些地区提供服务支持、优惠贷款外，也在这些地区利用信息技术手段提供“绿点”服务。这些“绿点”就是批准就近的商业店铺设立银行服务点，在很多情况下这些服务点也逐渐代替了传统的银行网点，既节约了成本，又提升了服务效率（杨娇，2011）。

健全的农业保险机构体系。法国的农业保险机构体系主要包括政策性的农业保险机构、农作物保险集团和农业合作保险组织，分别为官办、半官半民和民办，将保险覆盖了整个国家的农业。其中，专门的政策性农业保险机构的行政经费、农险基金赤字等都由政府实行直接的财政补贴，从而有力地保障了农业保险机构业务的开展。政府和社会共同联办的农作物保险集团的形式是政府控股为主体，社会参股，下设 4 个保险公司，分别承担不同方面的保险业务。农业合作保险组织是非营利性质，农协通过其他保险筹集资金，以非农保险资金来养农业保险，农民既是保险人，又是被保险人，从而达到了互助、共济的目的（张新生，2012）。法国对农业保险实施低费率高补贴政策，农民只需交保费的 20％～50％，其余 50％～80％由政府承担。

3. 日本模式

日本通过建立较为完善的农村金融体系、法律法规体系以及风险预警机制等为其农业发展提供强大的动力与支持，其农业现代化水平远远高于我国农业发展水平（华东，2014）。

健全的农村金融体系。日本高效的农村金融体系主要由合作性金融体系、政策性金融体系和其他辅助金融体系等三大体系构成，其中合作性金融体系又是日本农村金融体系的核心。

1）合作性金融体系

日本农村合作性金融体系是农协下属的一个子系统，也是具有独立融资功能的金融部门。日本农村合作性金融体系主要由最高层的中央政府所管理的农林金库、中间层的信用农业协同联合会（以下简称“信农联”）和最低层的基层农协构成（华东，2014）。其中，中央农林金库主要负责协调各地信农联的资金活动，并对信农联的工作提供咨询指导；信农联是连接中央农林金库和基层农协的纽带，以基层农协为服务对象，吸收基层农协的剩余资金，并在基层农协需要时提供融资服务；基层农协对其组织内的信用社、供销社和保险社的社员进行金融以及其他方面的分类指导，大量吸收农民存款，并以农协为平台，对农村项目、企业或个人进行贷款。日本农村合作金融机构除了办理传统的存贷业务外，还经营农业生产资料购销业务，办理结算、证券买卖、发行债券、保险等业务，并积极开拓国外市场（鲍静海等，2006）。另外，农协还可以从事各种国债性的投资活动，农林中央金库可以发行农林债券。

2）政策性金融体系

政府金融机构主要是指农林渔业金融公库，它以政府为主导，当中央农林金库及其他金融机构遇到资金困难时，向其提供必要的支持。它是负责农林渔业的唯一政策性金融机构，主要对从事农林渔业生产、加工、流通的个人和企业提供融资服务。农林渔业金融公库为其他金融机构提供的都是利率较低、期限较长的借款，能有效改善农协金融系统和商业银行贷款难以满足社会需要的现状。农林渔业金融公库的资金主要用于土壤改良、造林以及渔业、牧畜业等基础设施建设，同时还用于农业生产现代化建设、农业产业品种及技术改良、大型农产品交易市场以及农林渔业基础设施建设（谌玲，2014）。

3）其他辅助金融体系

主要是日本信用保险协会，其业务主要集中在保证保险和融资保险两部分。保证保险主要是通过保证的方式获得一定的信用贷款，对农业信用基金协会偿还债务能力进行保险；融资保险则主要是指通过一定的融资平台获得农业发展所需要的资金，对农林中央金库、信农联的农业现代化资金等贷款逾期不还事项进行保险，这样可以帮助其他机构有效规避风险（谌玲，2014）。

完善的农村金融法律法规体系。日本有比较完善的农业金融法律体系，农业活动同时受《农业协同组合法》《农林中央金库法》等涉及农业金融的专项金融法律法规的规范。这些法律法规都详细规定了农村金融机构的经营范围、权限等，并且日本政府每隔一段时间就会对现有的农村金融法律法规进行不断修订与完善，有效地促进农村金融机构作用的发挥，确保其资金安全及有效利用（赵可利，2008）。

完备的风险预警制度。日本的风险防范制度体系由三部分组成，包括存款保险制度、相互援助制度和农业信用保证制度。存款保险制度规定，农民不需要支付任何保险金，只要在农协合作金融组织进行存款，就可成为被保险对象。当农协合作金融组织的经营业务出现问题、停止兑付存款或者宣告破产并解散时，保险机构直接向储户支付保险金。相互援助制度规定，农协合作金融组织每年必须将其吸收存款的10%作为专项资金储备，由农林中央金库负责统一运用和管理，当农协的经营出现问题时，农林中央金库将从上缴的专项资金储备中提供一定数量的紧急性或再建性低息贷款。农业信用保证制度规定，对农协提供的损失补偿和债务保证，政府财政出资1/3，其余由农协合作金融组织、信用联合会、农林中央金库出资。

4. 印度模式

印度是典型的发展中国家，农业人口占绝大多数，农业在国民经济中的地位与作用比较明显，相对完善的农村金融体系对农村经济发展作出了很大的贡献，此外，政策支持、微额贷款也对印度农业起到了较大的支撑作用。

相对完善的农村金融体系。印度农村金融体系主要由印度储备银行、国家农业农村发展银行、商业银行、国家土地开发银行和农村合作银行组成。

1）印度储备银行

印度储备银行是印度的中央银行，主要解决农业生产和农村发展中的资金问题。长期以来，印度储备银行不断扩大对农业短期季节性贷款，并通过联邦合作银行及地区开发银行对农业提供中长期贷款。同时，该行还建立了农业筹资开发公司，对各类银行发放的农业贷款提供资金融通。

2）国家农业农村发展银行

国家农业农村发展银行（以下简称“国家农发行”）是印度支持农业发展的政策性银行，由印度政府和印度储备银行共同出资组建，不但提供支农信贷资金，对农村金融机构提供再融资，还监管地区农村银行和农村合作银行两类机构。

3）商业银行

商业银行是印度农村金融的主渠道，由国有商业银行、私人商业银行和地区农村银行组成。每个地区农村银行均由一家商业银行主办，其营业机构主要设立在农村信贷服务薄弱的地区，对特定的贷款对象提供优惠贷款利率，并向贫苦农民提供维持生活的消费贷款。通过分期偿还的形式借贷给农民，贷款利率相比商业银行和当地农村信用合作社有一定优惠。印度中央政府为弥补地区农村银行低利率的成本，不断增加对其补贴力度。据相关统计资料显示，截至2014年年初，商业银行总贷款量中农业信贷占比超过30％（尹彬，2014）。

4）国家土地开发银行

印度国家土地开发银行由联邦中心土地开发银行和初级土地开发银行构成，根据国家产业政策，其信贷投向为土地资源开发、农村水利灌溉设施、农村基础设施建设、农业现代化建设及机械化生产等领域。在贷款利率上给予很大程度的减免，每个具体项目在不同时期、不同条件和额度上的贷款利率也不同，均根据实际情况实施，一般保持在6%～9%（尹彬，2014）。

5）农村合作银行

印度的农村合作银行类似于我国农村合作金融机构，具体分为两种，一种是只为社员提供中短期贷款服务的农村合作银行，另一种是专门提供长期贷款服务的土地开发合作银行（臧景范，2007）。近年来，印度农村金融市场中正规金融机构的占比不断提高，覆盖范围也不断加大，有效改善了农村金融环境。

简单灵活的信贷合作社。信贷合作社联合农村中有共同经济和社会背景的人，把他们暂时不用的钱集中，按照需要或轮流贷给其成员。贷款不需要抵押和担保，利率低于钱庄利率，灵活、简单、效益高，而且大多数信贷合作社建立了比较灵活的工作制度和民主的管理方式，让每一个成员参与决策过程（段小丽和王玉春，2010）。

优惠的农业发展政策。1980年，印度政府为能对全国农村地区提供金融支持，以达到辅导农业与小型企业的社会目标，规定本国银行对农业、小型企业、出口产业等“优先部门”的放款不得低于贷款净额的40%，外商银行不得低于32%，其中直接用于农业部门的不得低于信贷净额的18%，对农业薄弱部门和农村地区有关活动的直接贷款须占对农业贷款的55%（段小丽和王玉春，2010）。这一举措满足了农业的资金需求，有力地促进了印度农业和农村的发展。

大力发展的微额贷款。微额贷款主要向低收入人群提供金融服务，帮助贫困者增加收入、摆脱贫困。1992年，印度农业和农村发展银行宣布了一项与自助团体合作的银行联系计划，不仅对基层商业银行的小额贷款提供再贷款支持，为农户自助团体提供贷款，也对自助团体的农户进行社会动员和建组培训。自助团体内部先进行储蓄和贷款活动，国家农业和农村发展银行验收后直接或通过基层商业银行间接向自助团体发放贷款，利用团体担保代替抵押，自助团体从商业银行获得的贷款，再转贷给农户。印度农业和农村发展银行的这一贷款模式，将商业银行筛选客户和监控的成本转移到自助团体身上，有效地分散了风险，减少了金融机构交易成本。

（二）国内农业投融资特色与实践

在现代农业大背景下，农业投资机会越来越多，金融机构和非金融机构开始在农业领域中投资布局，产业资本、民间资本通过商业资本市场加大对农业投入，这些资本注重融资方式和服务创新，积极盘活农村存量资产，青睐设施农业与机械、食品安全控制体系、农产品加工以及种子种苗业等细分领域，创新发展了一些农业融资产品，形成多样化的投融资模式。

1. 抵押物（物权）融资模式

抵押物（物权）融资即将农业生产用房、基础设施、大棚设施、土地承包经营权、知识产权等列为农业信贷抵押物，盘活农村资产，为农业发展提供资金支持。典型代表：山东寿光模式。

山东寿光抵押物（物权）融资模式

“寿光模式”，由政府建立中小企业协会和政策性担保公司，由银行创新信贷制度和金融产品，为农民和中小企业发展提供强力保障。自2009年先后推出了蔬菜大棚、农村住房、承包土地、林权、海域使用权、知识产权、盐田承包经营权、畜禽圈舍等抵（质）押贷款模式。

贷款流程。村委会牵头，推荐优质的农户，并对农户资产、个人信誉等进行基本考察。镇经管站对自留地、承包地、流转地、闲置地、大棚等用于抵押资产进行评估，如对于大棚，根据其使用年限、建筑材料和结构等进行评估，评估后办理大棚证、土地使用证等权属证明，进行抵押登记。银行凭土地承包合同、土地使用证、大棚证、抵押登记证等评估审核，进而授信并发放贷款。按土地承包经营权、大棚等评估价值的60%～70%进行授信。如1亩土地每年1 000元承包费，30年的土地承包费为3万元，给予贷款额度即1.8万～2.1万元。贷款年利率比一般贷款优惠20%左右。

抵押物处置。抵押物处置施行“定向流转人”制度。一旦农户到期无力偿还贷款，村委会将推荐村内的定向流转人，多为农业大户或合作社。该制度解决了金融机构对抵押土地的处置问题，并且保障土地仍以原用途在村集体内流转。由于农户贷款主要目的为扩大生产，一旦作物上市，资金便可周转还贷，极少出现抵押物处置情况。

政府系列支持。一是政策支持。2008 年，寿光市出台了《寿光市大棚抵押借款暂行办法》《寿光市农村住房抵押借款暂行办法》《寿光市土地使用权抵押借款暂行办法》等一系列农村金融改革试点办法。2009 年 5 月，寿光市政府印发《加快农村金融改革发展的政策措施》，为蔬菜大棚、农村住房、承包土地经营权抵押借款提供政策支持。二是金融支持。成立过桥互助基金①，寿光市财政出资 2 亿元引导设立会员制“过桥互助基金”，为企业银行续贷提供过桥服务，建立防范企业资金链断裂机制。设立金融创新风险补偿基金。对金融机构开展蔬菜大棚、承包土地经营权抵押借款等创新业务给予 1.5%风险补偿。三是担保体系。寿光市既组建政策性的政府全资或政府参股担保机构，也鼓励发展商业性、专业担保机构，全市担保公司已发展到 20 多家，其中融资性担保公司 5 家（含政策性融资担保公司 1 家），专为符合条件的中小企业提供贷款担保。四是成立中小企业协会。为提高中小企业的信用水平，寿光市民营局、金融办牵头，联合农业银行，共同筛选符合国家产业政策、经营状况良好、诚实守信的成长型中小企业，筹建寿光市中小企业协会，为会员单位之间联保提供基础平台。

① 过桥互助基金成立于 2012 年，主要由两部分构成，财政拨款和企业缴纳的入会资金（不低于 50 万元）。入会资金属企业所有，互助基金管理办公室按同期银行存款利率给予计息，企业在资金周转有困难时，可申请借用过桥互助基金，一般额度控制在实缴入会资金的 20 倍以内。互助基金筹集期为每年 3 月，借款期限原则上为 15 个工作日，最多不超过 1 个月。

2. 农业产业链融资模式

在“龙头企业＋合作社＋基地（家庭农场、农户）”的产业化发展模式下，由处于产业链下游的龙头企业对上游的成员如合作社、家庭农场和农户等提供融资担保，并对贷款实行封闭式管理。该融资模式有效地降低农业贷款的交易成本与风险，银行能更有效地监控农户的现金流，银行与借款农户之间的借贷博弈均衡更容易达到。典型代表：浙江海盐“万好”模式。

浙江海盐“万好”农业产业链融资模式

海盐是浙江省银监局确定的全省农业产业链服务试点县，由海盐县农信联社承担试点。万好产业链是首条签约的产业链，共有 1 家核心企业（浙江万好食品有限公司）、1 家合作社（嘉兴市万好蔬菜专业合作社）、13 个家庭农场和 499 户农户。

为了解决农业弱质、融资担保难的问题，在产业链各节点尚未发展壮大时，产业链上的龙头企业、生产基地（合作社、家庭农场、农户）形成利益共同体，下游对上游提供融资担保，在上游发展成熟后逐步以联保方式替代。信用社与生产基地（合作社、家庭农场、农户）及龙头企业三方签约，通过订单质押开展产业链融资。

龙头企业向生产基地（合作社、家庭农场、农户）下订单，并负责提供种子、生产技术指导和产品收购，承诺将农产品收购资金通过信用社代发至农户贷款账户。县农信联社根据农户订单以集中批量方式向农户提供优惠利率的信贷资金。农民向银行质押订单，获得贷款，根据企业的指导进行农业生产。

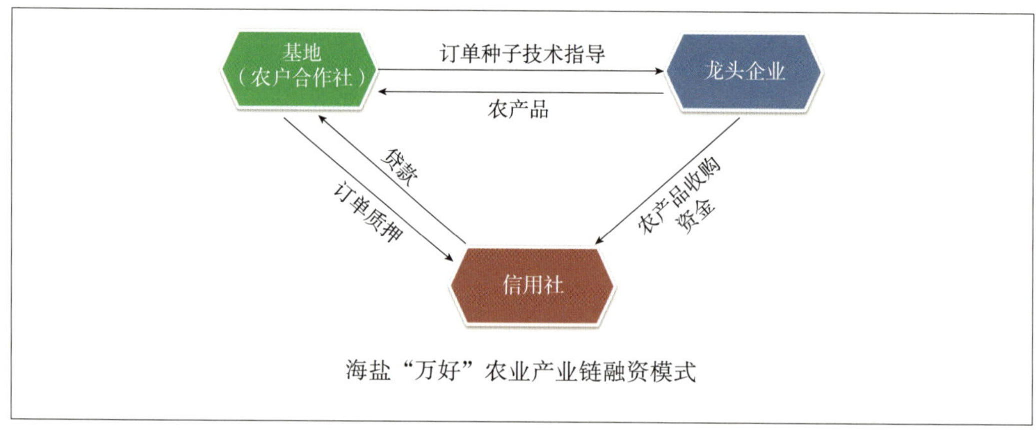

海盐“万好”农业产业链融资模式

3. 土地流转信托融资模式

土地流转信托融资模式即在坚持土地集体所有制和保障农民承包权的前提下，由政府出资设立的信托中介服务机构接受农民的委托，按照土地使用权市场化的需求，通过规范的程序将土地经营权在一定期限内依法自愿、有偿转让给其他公民或法人进行农业开发经营。

信托公司的信托报酬只能来自土地流转后所产生的地租提升及其他增值收益。也就是说，只有在信托公司对土地流转进行管理，产生了“增值收益”，信托公司收取信托报酬方可得到委托人(原土地承包权所有人)的认可，信托公司才有长期收取信托报酬的理由。典型代表:福建沙县土地流转信托。

沙县土地流转信托模式

2011 年，由县政府出资 150 万元，成立沙县源丰农村土地承包经营权信托有限公司（下称源丰公司）和沙县金茂农村土地承包经营权信托有限公司(下称金茂公司)。其中源丰公司挂靠沙县农业局，由农业局局长兼任负责人，负责全县除夏茂镇外的各乡镇农村土地流转，并在 11 个乡镇建立分公司；而金茂公司则专门负责沙县耕地最多的夏茂镇的土地流转事宜。

沙县土地流转信托资金流转方式如下：

田地租金。项目业主向农户支付土地流转租金。在项目业主与农户确定土地承包经营权流转意向时，项目业主支付定金；在签订土地流通合同后的 15 日内，项目业主补齐一年的田地租金。

土地增值溢价。在土地流转过程中，信托公司对土地进行改造、改良，产生增值溢价。增值溢价的 60％分配给农户；增值溢价的剩余 40％作为信托发展基金，以支持信托公司发展。

市、县配套资金。市、县政府扶持的土地流转项目，可以由信托公司申请配套资金对业主进行扶持，其中 60％无偿，另外 40％有偿。市、县政府以配套资金扶持项目业主；信托公司在信托存续期内逐年向项目业主收回 40％配套资金；收回配套资金的 40％作为信托发展基金，以支持信托公司发展；收回配套资金的 60％返还村集体，补充集体资金，并对参与土地流转的农户进行二次收益分配。

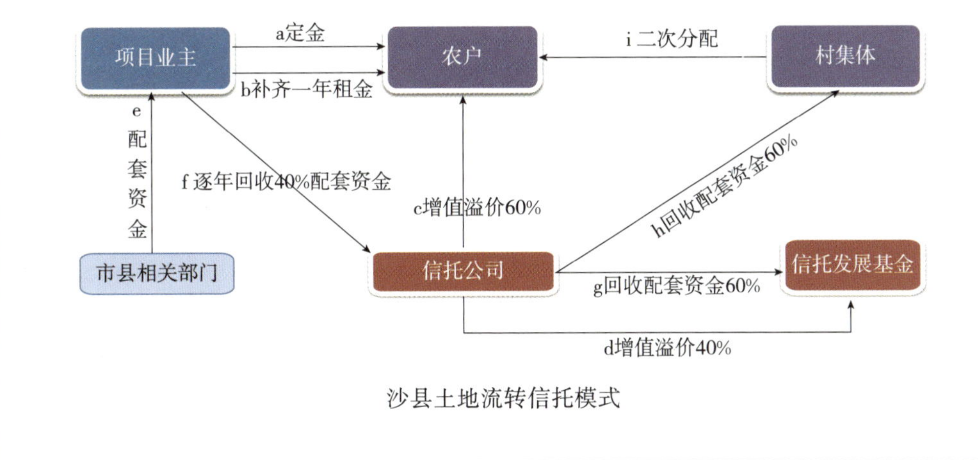

沙县土地流转信托模式

4. 农业众筹融资模式

众筹是一种向群众募资，以支持发起的个人或组织的行为。由发起人、跟投人和平台构成，一般而言是通过网络平台联结起赞助者与提案者，具有低门槛、多样性、依靠大众力量和注重创意的特征。农业众筹起源于美国，主要是采用互联网和社交网络，革新原有的农业生产流程。典型代表：“筹土地”融资模式。

有机有利“筹土地”农业融资模式

“我在乡村有分田”项目是有机有利网站“筹土地”项目中的一项。有机有利的“我在乡村有分田”项目可供认购的土地是山东省潍坊市禹田生态农庄的 200 亩土地，最终筹资成功的土地面积为 18 亩，筹款金额为 41 721元。该项目按照众筹土地面积的不同分为 4 种不同的认购类型：一分田、五分田、一亩田和三亩田，每人最多可认购 50 亩。权益为认购的土地 1 年的产出，以及相应赠品和服务。

资金流转方式。消费者通过第三方支付平台将认购金额支付给有机有利网站，有机有利网站在项目筹资成功后将筹资总额的 30％支付给禹田生态农庄，剩余 70％作为项目保证金，在回报全部发放后再进行支付。项目回报全部发放给消费者后，有机有利将剩余的筹资总额的 70％支付给禹田生态农庄，并收取筹款总额的 1.5％作为第三方支付平台的手续费。

有机有利众筹项目成本及收益

类型	成本（元）	回报内容
一分田	298	1×1＋2＋4＋5
五分田	1 490	1×5＋2＋4＋5
一亩田	2 980	1×10＋2＋4＋5
三亩田	8 940	1×30＋2＋3＋4＋5

回报详细内容：1. 选择种植品种，一分田可免费配送 1 次，最多可配送 30 次；2. 获得禹田生态农场价值 20 元的有机产品一份；3. 禹田生态农庄土鸡蛋 5 千克；4. 获得私人订制农场主证书，以及个人专属包装；5. 随时前来管理庄园或参观游玩。

备注：1. 若产出年份收成不好，则农庄提供保底产出。2. 可选种植品种：有机黑小麦、有机绿小麦、大豆、甘薯、菜用大豆、大蒜、潍县青萝卜等。

5. 其他模式

公益林信托模式。公益林信托是在不改变现有林地性质、权属和经营模式的基础上，以公益林补偿基金权益人作为受益人，以公益林收益权作为信托财产设立的信托计划。信托公司向受益人发放信托受益权凭证。每年信托公司收到财政、林业部门支付的损失性补偿基金（扣除管护费用）后，根据受益人份额进行分配。通过这种方式，信托收益权凭证作为一种金融凭证，可以进行流转、提供担保，进而实现资产证券化。浙江省万向信托公司“绿色摇篮”系列信托计划创新实践了公益林信托模式，由镇政府作为委托人，以村集体所有的公益林未来数十年收益权作为信托财产设立信托计划，向受益人即村民发放信托受益权凭证。万向信托每年在收到市财政支付的公益林补偿性基金后，向受益人分配。

O2O 金融服务模式。O2O（Online To Offline，线上到线下）是指将线下的商务机会与互联网结合，让互联网成为线下交易的前台。云信贷 P2C 互联网金融平台的“农场贷”是 O2O 金融服务模式的一个成功案例。借款人向担保机构提供 100%连带担保，由担保机构将全额资产抵押的优质借款项目推荐给云信贷平台，实现线下转向线上，云信贷平台将项目资金需求与投资人投资需求进行匹配，为借款人融资，借款人到期还本付息，投资人实现投资收益。“农场贷”为新型农业及农业经营主体提供金融支持，著名黑猪品牌，新郑某大枣品牌，南阳某种猪基地，红旗渠地区优质农产品，山药种植基地等众多农产品品牌从中获益。

PPP 模式。PPP（Public-Private Partnership，公私合作伙伴关系）模式是指政府公共部门与民营部门合作过程中，让私人部门参与提供公共产品和服务从而实现政府公共部门职能的管理模式。中国农业产业发展基金（以下简称“基金”）是农业投资领域 PPP 的一个范例。基金由财政部联合几家国有金融企业发起设立，首期注册资本 40 亿元。基金服务“三农”，为农业产业发展提供融资支持，促进产业转型升级，主要投资于不同农业子行业的龙头企业，以财政资金的参与增强信贷资金、民间资本对相关农业子行业及农业企业的信心，引导风险投资（Venture Capital，VC）、私募股权投资（Private Equity，PE）等社会资本进入农业产业升级的关键领域及环节。

（三）经验借鉴与重要启示

1. 国外农业投融资的重要经验启示

发达国家不仅农业发展水平较高，而且农业发展多以大中型家庭农场为最主要经营组织单位，农业发展业态丰富，产业化水平高，产业链条长，城乡统筹水平高，类似于现代农业综合体的发展模式，其金融支持经验对我国农业综合体发展乃至整个现代农业发展均具有十分重要的意义。

1）要建立健全农村金融体系

国外经验表明，支持农业发展的农村金融体系至少包括农村合作金融体系、农村政策性金融体系和农业保险体系。它们互为补充，互相促进，共同支持农业的发展。美国建立了多元化的金融机构，这些金融机构分工明确，在相互竞争中实现互补，共同促进美国农业的发展。印度既有合作机构如农村合作银行、土地开发银行为农业的发展提供短中长期贷款，又有政策性机构如地区农业银行为农业发展提供资金，且印度的商业银行也已涉足农业领域。

2）要实施强有力的政府支持

从各国实际来看，一般都制定了一系列扶持农村金融发展的政策和措施，建立了支持农业发展的政策性金融机构，并给予多方面的政策支持。一是减免税收，如法国政府对法国农业信贷银行实行税收减免政策；二是注入资金，如美国的联邦土地银行、联邦中期信用银行和合作社银行等 3 家农村合作银行创建之初都由政府拨付款项；三是实行利息补贴、损失补贴和债务担保，美国、法国对农业贷款都普遍实行贴息制度；四是实行有差别的存款准备金制度。美国、英国、日本等国家农村金融机构上缴的存款准备金比例均低于城市商业银行的上缴比例（石磊，2010）。

3）要配套较为完备的法律法规体系

农业政策性金融有别于商业性金融，需要专门的法律来规范、指导、支持其业务行为。考察农业投融资体系较为完善的国家，发现都有较为完备的法律制度与之相配套，如美国、法国、日本等。美国的《联邦农作物保险法》和《联邦信用社法》，日本的《农业协同组合法》和《农林中央金库法》，法国的《土地银行法》等一系列法律的颁布和实施指导了这些国家农村合作金融的健康发展（华东，2014）。这些法律在发展过程中不断完善，使农村金融机构的作用能够得到更有效的发挥。

4）要发挥农业保险的风险分担作用

从国际经验来看，农业保险被放在了重要地位上，它对分散风险、促进农业生产等方面发挥了重要作用。美国在20世纪30年代就开始了对农作物的保险，而随着保险制度不断完善，伴随着《1994年农作物保险改革法》的颁布实施，美国农业保险从最初的政府主导逐渐转变为私营模式，自愿保险变为事实上的强制保险。美国政府在参保人保费、机构业务费用及各项税款上采取了全面的补贴措施，不仅对承保人进行补贴，对保险公司的农作物保险业务费用的补贴比例高达20%～50%，还对涉农保险公司进行税收减免，并为农业保险的推广和教育提供大量经费。政策上的大力支持丰富了保险品种，提高了参保率，促进了农业经济的稳定发展。

2. 国内现代农业投融资试点的重要经验启示

在现代农业发展过程中，与发达国家完备的农业金融支持体系相比，我国农业金融支持相对落后，基本以常规的银行信贷、政府财政补贴、农业政策性保险为主，但不少地方在农业金融方面的创新实践对未来现代农业综合体发展具有十分重要的启示。

1）借助信托机制实现“高效率+低风险”

信托机制具有信托财产独立、财产权与受益权分离的特征，在现代农业投融资中能有效降低风险。信托公司深耕产业领域，具有丰富的产业投资运作经验，能够显著提升效率。土地流转信托中统一委托、统一流转、统一分配的工作机制，大大提高了土地流转效率；土地通过信托公司的管理，实现保值增值，提升投资效率。在土地流转信托及公益林信托模式中，信托公司作为联系土地流转相关方的独立主体，参与土地流转的全过程，土地承包经营权、公益林收益权一旦成为信托财产便独立于固有财产，单独保管、单独运作，起到风险隔离的作用。

2）引入互联网金融拓宽投融资渠道

互联网平台以其开放包容的特征降低了投融资门槛，拓宽了渠道，为农业综合体投融资开辟了全新的思路。线上线下融资方式打破了地域的禁锢，通过网络平台透明地反映项目进程，解决投融资双方信息不对称问题。众筹则以新颖的模式吸引众多消费者以预付形式为农业综合体提供融资，提升了在农业生产全过程中的参与度，增加了用户黏性，不仅有利于长期融资合作的实现，也同时打开农产品销路，提升品牌知名度。

3）财政资金与民间资本相结合放大扶持效果

农业投资回报率低、融资期限长的特点导致民间资本进入的困难，政府的全资支持则增加了财政负担，且不利于经济效率的提升，因此，政府扶持与民间资本结合的方式对于农业综合体投融资最为恰当。在PPP模式中，政府引导民间资本进入农业产业核心领域，为民间资本分担风险，有力地吸引民间资本参与农业产业转型，既实现政府职能，又有效利用了社会资本。

4）金融创新可大幅增强农业融资能力

在抵押物（物权）融资模式中，通过将蔬菜大棚、农村住房、承包土地、林权、海域使用权、知识产权、盐田承包经营权、畜禽舍纳入抵押物范围，充分将农民各项“死资产”活化，实现灵活便捷的融资，解决担保不足问题。农业产业链融资模式中，从全产业链而非单独环节考察融资需求与还款能力，对整个产业链授信，有效解决了上游融资能力不足问题。上游免于另外寻求担保，以质押订单获得融资，贷款按需随借随还；获得下游技术指导，确保收益。下游从源头上保障了采购农产品质量、数量；在产业链上游获得金融支持后，可进一步扩大采购规模，加速企业发展。金融机构着眼于整条产业链进行授信，以下游企业为切入口，辐射上游，以点带面，避免了单独授信所产生的上游违约的困局；产业链上下游的所有资金都必须通过该机构结算，封闭运行，使风险受到良好的控制。

三、浙江省现代农业综合体建设投融资实证分析

（一）浙江省农业投融资现状

1. 农业投融资基本情况

1）常规农业投融资

农业属于弱势产业，具有投资量大、周期长、回报低等特点，一向不能得到金融资本的青睐，导致农业现代化进程受到较大程度的影响，尤其是资金短缺问题成为制约其健康有序发展的瓶颈。浙江农业投融资与全国情况基本一致，不仅农业经营主体面临多重融资困难，而且潜在农业投资者也没有投资现代农业的多种正规渠道选择。

从农业投资主体来看，农业投资主体主要包括微观经营主体与宏观引导角色的政府，但是，二者的角色和定位存在差异与明显的分工。其中，农业经营主体主要将资金投向农业生产经营领域，包括土地流转、农业设施装备、农业机械器具、种子种苗引进等生产经营管理方面；政府财政资金主要集中在农业基础设施建设方面，包括农业水利设施、农田操作道路、农田沟渠建设、标准农田提升以及农业产业化项目方面，农业保险资金补贴也是政府农业投资的重点之一。综合来看，农业投资主体相对单一。

从农业融资渠道来看，随着农业投融资体制机制改革不断深化，浙江农业投融资体系呈现多元化发展格局，由传统的国家财政、农业银行、农信社为融资主渠道，发展成为国家财政、政策性金融、商业性金融、合作金融、农业保险、农业产业基金、证券等多元化农村金融服务体系（凌云，2011）。但在实际操作中，特别是在农业生产领域，仍然是以国家财政、农业银行、农信社三大传统融资渠道为主，农业保险等由于多种原因发挥的作用仍然有限。

浙江农业经营主体投融资现状

根据浙江大学中国农村发展研究院院长黄祖辉教授主持的一项省政府委托调研课题，于 2009 年对浙江 10 个县（市、区）、36 个镇（乡）、96 个村的 186 个农业专业大户、102 家农民专业合作社和 44 家农业企业的实地调研显示，新型农业经营主体的运营资金主要通过自有资金、银行或信用社贷款、个人或单位借款与政府补贴或扶持资金等渠道获得。在被调查的农业专业大户和农民专业合作社中，分别有 77.6％和 55.4％样本的农业投入资金主要靠自有资金；从银行或信用社贷款的比例分别为 16.4％和 26.7％。农业企业由于经营规模大，且大多涉及农产品产后加工环节，资金需求量大，主要依靠自有资金投入的样本比例较低，只有 14.0％；个人或单位借款为 27.9％；银行或信用社贷款比例为 58.1％，是其资金的主要来源。相比较之下，政府补贴和扶持资金在所有融资渠道中所占比例最低，说明其并未成为这些新型农业经营主体所需资金的主要来源。

2）新型农业投融资发展

“十二五”以来，浙江农业发生巨大变化，随着新型农业生产方式的推广与新型农业经营主体队伍的建立，农业资金供需矛盾日益突出。作为中国民营经济的发源地，浙江具有改革创新的人文精神，在农业投融资方面，浙江同样通过改革创新，在全国首创了新的农业投融资方式。

农村资金互助会。2014 年中央 1 号文件提出发展新型农村合作金融组织。在管理民主、运行规范、带动力强的农民合作社和供销合作社基础上，培育发展农村合作金融，不断丰富农村地区金融机构类型。浙江省结合自身民间资本充裕、民营金融发达的优势，对农村合作金融进行了有益尝试。作为全国金融改革试点市，温州首创农村资金互助会，是经核准在有条件的农民专业合作社或村股份经济合作社内部，由社员自愿入会组成、为会员提供资金融通服务的自我服务组织。当前，温州资金互助会正在激活“沉睡”已久的“三农”资本，农村农民、种养户融资难得到缓解。据数据统计，到目前为止，温州已有 57 家农村资金互助会正式营业，共有会员近 2.7 万户，入会金额 2.66 亿元，已累计发放互助金额达 8.3 亿元。

合作社（联合社）资金互助会。农民专业合作社资金互助会是指经农民专业合作社成员（代表）大会决议通过，以产业为纽带，以成员信用为基础，由社内全部或部分成员自愿出资入股组建，为内部成员开展农业规模化生产经营活动提供小额贷款的资金互助组织。当前，浙江农村资金合作社试点约占合作社总数的 1.5%。台州作为全国农业合作经济的发源地之一，合作社资金互助会走在前列，2012 年已有 2 家试点，分别为临海市涌泉镇忘不了农村资金互助社和温岭市箬横镇玉麟农村资金互助社，前者更是全省首家合作社资金互助会。2014 年，杭州市萧山区、桐庐县和富阳市被确立为农民专业合作社资金互助会试点县，2015 年 2 月 6 日杭州市颁发《杭州市农民专业合作社资金互助会试点工作办法》（杭政办函〔2014〕162 号），对萧山区、桐庐县和富阳市开展农民专业合作社资金互助会试点工作进行规范。

浙江合作社联合会资金互助会开始发展起来

2015 年 7 月 31 日，杭州市萧山区农民专业合作社联合会资金互助会成立大会召开，审议通过了《萧山区农民专业合作社联合会资金互助会章程（草案）》，并举行了首单互助金投放签字仪式。资金互助会作为杭州市供销社系统第一家农村合作金融组织，标志着萧山供销社创新发展涉农融资服务取得新的突破。

2015 年 8 月，桐庐县勤优农产品专业合作社联合社资金互助会正式注册登记成立，这是桐庐县登记成立的首家资金互助会，也是杭州市 3 个试点单位之一。勤优农产品专业合作社联合社资金互助会成员包括 19 家合作社，其中国家级的合作社有 4 家，省级 1 家，市级 4 家，县级 6 家，其他 4 家，共有社员 1 500 人，生产基地 13 240 亩。该资金互助会社员人数多、服务社员面广、产业链完整。

从2014年9月开始，浙江省确定了慈溪市、上虞区等7个“三位一体”农民合作经济体系试点地区，开展农民合作经济组织联合会（简称农合联）和农民资金互助会登记工作。试点工作开始近1年，7个试点县（市、区）已全部成立了县（市、区）一级的农合联，其中慈溪市、上虞区、诸暨市、义乌市的农合联均已在当地民政部门完成了社会团体的注册登记。慈溪、上虞、诸暨、义乌、平湖还开展了镇乡（街道）农合联的组建，目前共建有镇乡（街道）农合联84家，部分试点县（市、区）实现了镇乡（街道）的全覆盖。此外，7个试点县（市、区）还成立了农民资金互助会28家，其中大部分已在民政部门完成民办非企业单位的登记。组建农合联和农村资金互助会，构建“三位一体”农民合作经济组织体系，是浙江省农业发展创新探索的一项重要举措，今后还将对其运行机制、组织形态、资金管理等方面进行逐步规范和进一步完善。

公益林林权收益信托。龙泉市是浙江省重点林区，其住龙镇水塔村拥有5.88万亩公益林。在木材经济兴盛时代，水塔村过着非常富裕的日子，但20世纪90年代，龙泉开始封山育林；从2000年起，树不能砍，当前，水塔村公益林面积达到了3.8万亩。虽然浙江对公益林以21元/亩进行补偿，但不能帮助农民缓解大额资金需求。为实现公益林的融资功能，2014年，浙江省万向信托公司开发了公益林信托计划，发行公益林信托产品，即水塔村村民每年领取一次补偿金，变成合同期限为40年的收益权证。这样，抱守着公益林无法开采的村民，可以选择继续享受每年发放的生态公益林补偿金，也可以把收益权凭证用来抵押贷款，未来还可以用于交易变现。2015年，龙泉市农村信用联社专门为水塔村提供了300万元的贷款额度，村民拿着收益权证，去龙泉市农信联社住龙信用社，半小时内就能拿到贷款。

农村“三权”保证保险贷款。2015年，浙江省经济体制改革领导小组办公室批准在桐乡市开展农村“三权”保证保险贷款试点，率先破解农民融资难题，即农户用自己的“三权”（土地承包经营权、集体经济股权和房屋所有权）向保险公司投保，再由保险公司作为保证方，向银行申请贷款。据桐乡新闻报道，由浙江省发改委牵头，桐乡市政府、农业银行、人保财险和太平洋保险四方建立“银政保”合作机制，桐乡以政府性保险形式对每笔贷款的保证保险费用给予50%的补贴，同时设立信贷风险准备金，建立贷款风险预警、叫停和封顶机制。贷款只能用于农户或者经营主体的生产性用途，最高额度设定为50万元，期限最长1年，贷款利率和保费率都在政策允许范围内执行最优惠标准，还款可采取分期付息、到期一次性偿还本金等方式，方便用户。通过贷款助推农户创业创新，增加了农户财产性收入，最大限度盘活了农村闲置资产，真正体现改革红利全民共享。据桐乡统计，全市“三权”贷款试点全面推开后，有望新增5亿元贷款，为农民生产服务。

成立浙江省农业产业发展基金。浙江省政府于2015年成立省产业基金，产业基金总规模为200亿元，其中，农业产业基金为50亿元，全部由省财政出资。省财政厅8月21日颁发《浙江省财政厅关于印发浙江省农业发展投资基金管理暂行办法的通知》（浙财农〔2015〕166号文件），标志着浙江省农业产业基金正式运营。省农业基金初期规模为50亿元，今后根据省农业基金运作情况报省政府批准后逐步扩大规模，主要投资浙江省重大农业基础设施，部分用于现代农业发展，其中投资现代农业的规模为省农业基金初期规模的10%左右，区域协调发展的投资运作于2017年省农业基金增资后启动（浙江省财政厅，2015）。设立省农业基金，通过财政资金扶持方式的改变，实现政府支农政策导向与市场化运作的有机结合，引导和带动社会资本投向“三农”，强化农业农村基础设施建设，提升全省农业产业化水平，促进广大农民增收，助推全省区域协调发展、生态发展、绿色发展，加快全省“五化同步”和全面建成高水平小康社会的步伐。

2. 农业投融资存在的问题

传统农业生产活动回报率相对低下难以吸引金融逐利资本。与工业和服务业相比，农业有非常特殊的属性，属于有生命的产业，其在发展过程中，具有投资大、周期长等特点，还必须面对自然与市场的双重风险，不可控因素较多，导致资金回报率不稳定而且总体呈中低水平，其先天属性难以吸引金融资本的青睐。

农业经营主体信用体系不健全影响融资。在农业产业发展与农业投融资中，核心主体为农业经营主体，农业投资投多少、投向哪个环节、什么时候投等最终均取决于农业经营主体；同时，农业融资额度、向谁融资、什么时候融资等最终也均取决于农业经营主体。因此，农业经营主体自身存在的问题也会阻碍农业投融资活动的顺利开展。由于主体经营分散，法人主体数量较少，各项内部管理制度不完善,尤其是财务会计制度尚不健全,大部分生产经营主体无法为银行提供完整的财务报表和信息资料，造成主体与银行之间严重的信息不对称,从而影响了银行放贷的积极性,导致银行授信较为困难。

金融资本本质逐利且条件严格。自身利益最大化是金融机构最重要的经营目标，投资量大、回报率高的大项目成为金融机构的首选，而风险高、金额小、批次多、回收难的农业项目难以受到金融机构的关注与投入。作为最具有农民合作性质的农村金融组织，农村信用社经过近些年的改制，收益最大化趋向日益突出，在解决农业发展资金，尤其是一般性农民专业合作社和种养农户的资金需求上作用也非常有限。缺乏创新金融信贷产品动力，金融机构信贷产品的灵活性和多样性不足，有的甚至出现信贷产品萎缩现象，不能满足农业龙头企业特别是农民专业合作社和种养大户的信贷要求。此外，信贷条件高、手续办理复杂也影响农业信贷融资，农业、农业企业以及其他农业生产组织贷款融资往往缺乏相应的担保抵押物和担保人，进而造成信贷产品与农业发展需求难以有效对接。

农村资金互助会管理不规范。从已成立的农村资金互助会包括农民专业合作社互助会来看，其内部管理制度尚在摸索，风险控制、操作流程还不规范，特别是专业金融人才匮乏，为未来发展带来很大的不确定性。要加快顶层设计，在制度框架内明确资金互助会的法律地位和权利义务；同时，要协调有关部门，在同等条件下支持农村资金互助会、农信担保公司等优先接入征信系统，提高风险防范能力。此外，要围绕农户需求设计担保业务及反担保模式，尽快明确承接农房贷款担保、林权及其他涉农物权抵押贷款担保的法律地位（大学生村官之家网，2014）。供销社作为当前最大的合作经济组织，在改造自我、服务农民的过程中，应更加重视信用合作领域的改革创新，让农村资金互助会这个“草根银行”，在农村发展中发挥更大作用。

（二）现代农业综合体建设投融资创新实践

1. 现代农业综合体建设投融资主要模式

当前，已进入实质性建设与发展的现代农业综合体在浙江有嵊州、奉化、庆元三地，由于三地的农业综合体推进主体存在差异，因此其投融资模式也存在差异。

工业企业反哺农业模式——嵊州模式

2012年春季，嵊州市政府、绿城集团与浙江省农业科学院决定合作建设嵊州蓝城现代农业综合体，并于7月签订合作框架协议，11月，绿城集团现代农业开发有限公司（2015年更名为蓝城农业集团，以下简称“蓝城农业”）正式注册，注册资本金达1亿元。蓝城农业将围绕农产品品质检测、农产品商品流通、农业科研生产和农业综合体建设4个重心展开工作，努力构建高科技引领、涉农三次产业联动、农业“五生融合”功能一体的现代农业创新平台。

在嵊州蓝城现代农业综合体建设发展中，政府处于引导地位，蓝城农业处于核心主导地位，基本上形成了企业资本入股、科研院所技术入股、集体土地入股的新型投资方式，其中，企业为农业投融资的主角，集体经济组织积极参与，中小农户直接融资逐渐淡化。蓝城农业通过发挥自身的渠道优势、资金优势、人才优势、管理优势等多个方面的优势，采用“公司＋基地＋合作社＋农户”的运营模式，有力地带动当地农业增效、农村发展与农民增收。

在建设投资方面，蓝城农业充分发挥工商资本实力强大的优势，在基地建设、设施装备投入、规范管理、科技对接、渠道拓展、实验室建设等方面基本依靠自有资金进行投入，进而确保了嵊州蓝城现代农业综合体的顺利建设。经过近3年的发展，嵊州农业综合体已经从无到有，蓝城核心基地已经顺利投产，并具备科技展示、引领示范、科普教育、休闲观光、商务会议等多种功能。

为进一步推动嵊州蓝城现代农业综合体的建设与发展，蓝城农业正在与嵊州政府探讨财政支持的方式与力度，积极探索从商业银行、信托公司、风险投资公司等进行融资，同时，也在探索其他社会资本的注入与新型产业化投融资方式。

集体经济主导模式——奉化模式

奉化市现代农业综合体位于奉化市萧王庙街道，距奉化市区8千米，宁波市区20千米，区域总面积76.6平方千米。2014年奉化市人民政府、绿城集团与浙江省农业科学院三方决定通力合作，在萧王庙街道开展“中国美丽乡村示范区”建设，依托浙江省农业科学院的科技优势和绿城集团的市场营销优势，以改造提升农业产业为突破口，着力推进萧王庙街道现代农业产业的发展，进一步推进农业农村经济转型升级。奉化萧王庙现代农业综合体的定位是以生态农业为基础，以土地制度为核心推进综合体建设，打造集特色农业示范区、生态旅游新城、山水田园宜居城“三位一体”的奉化西郊山水田园城镇。

萧王庙街道已建成王家山水蜜桃产业示范园区、滕头园林花木基地、傅家岙芋艿（头）基地、丰岭岙五星蛋鸡场4个宁波市级特色农业产业基地和滕头省级现代农业示范区等一批现代农业园区和特色农业产业基地。拥有农业龙头企业6家，其中国家级农业龙头企业1家，拥有农民专业合作社24家，其中宁波市级以上示范性合作社6家。其农业现代化发展处于中高水平，开展农业综合体建设，是希望通过土地流转置换，盘活农村土地存量资源，一方面推进农地向规模经营集中进而推进农业转型升级，另一方面加快推进美丽乡村建设，拓展萧王庙的生活与旅游功能。

因此，土地制度创新就成为萧王庙现代农业综合体建设成败的关键，当地村集体成为农业综合体建设的核心力量，农业综合体建设投融资也围绕土地的流转置换展开。在这一项目建设中，集体经济组织将拥有农村建设用地复垦产生的新增耕地，用于拓展城镇建设用地空间，以及其他相关权益。绿城集团的引入，主要承担当地农村住房改造提升工程与休闲农业设施工程，投入资金主要用于打造美丽乡村与山水田园宜居城，缓解当地农村建设资金的不足。浙江省农业科学院的进入，主要承担萧王庙现代农业提升工程，包括生产基地改造、园区功能拓展、农业物资装备提升、农业科技孵化、农民科技培训等任务，大幅提升萧王庙农业现代化科技进步水平。

“院地企”多方共建模式——庆元模式

庆元县属九山半水半分田山区县。“十二五”以来，县委、县政府确立了“寻梦菇乡、养生庆元”发展战略定位，大力建设百个美丽乡村和百个现代精品农业基地。在此背景下，2013 年 10 月，庆元县与浙江省农业科学院签署战略合作协议，合作共建浙江庆元山地现代农业科技综合体（以下简称“庆元山地综合体”），拟通过山地现代农业科技综合体建设，集聚浙江省农业科学院的科技人才优势与当地的生态、资源、产业与政策优势，共同推进庆元现代农业跨越式发展，把庆元山地综合体打造为浙江省欠发达山区科技进步驱动农业农村经济发展的示范样板。

庆元山地综合体有六大功能定位：优质农产品生产基地、农业休闲观光基地、现代农业科技应用平台、美丽乡村建设示范样板、新型农民教育培育场所、农业经营主体创业高地。庆元将通过加大现代农业建设补贴、科技创新财政补贴、土地流转补贴力度，以及为主体创业提供系列政策优惠等多重举措，发挥财政资金的引导作用，集聚各类生产要素，吸引各类新型农业经营主体进驻，带动庆元生态高效农业的发展，带动农民增收致富。

县委、县政府坚持把建设富有浙南山区特色的山地现代农业科技综合体作为全县社会主义新农村建设的主要任务和实现全面小康社会的中心任务来抓，紧紧抓住重点环节，凝聚工作合力，注重政策支持，落实各项举措，不断加大财政投入力度，推进基础设施建设，激发广大农民和各类经营主体投资现代农业综合体的积极性。与此同时，积极实施与浙江省农业科学院的战略合作，依托省农业科学院综合科技优势，着力构建农业政产学研用一体化联盟，加快山地现代农业科技综合体建设步伐。

2. 农业综合体投融资困境

虽然新颖的发展方式使得农业综合体赢得了政府支持、大型投资主体注入和综合体内广大农户参与，但是从发展现状来看，仍然存在较多困难制约农业综合体在建设发展过程中顺利融资。

仍然面临抵押物与质押物的困扰。在常规融资渠道（商业银行和农信社），农业综合体经营主体，包括龙头企业、合作社、家庭农场、种养大户以及普通农户，仍然需要提供抵押物、质押物，否则难以得到足够的融资额度，一般仍处于生产过程中的农产品不能进行抵押担保，因此农业综合体仍然没有突破农业经营主体一般的融资困境。

主体信用评级工作有待深入推进。农业综合体是一个新生事物，多数投资综合体的新型主体还没有积累足够的涉农经验，如蓝城农业的母公司是一家房地产公司，投资现代农业经营只有短短几年时间，资信评级工作还没有全面建立起来，在商业信贷融资方面仍然受到制约，需要深入推进主体的资信评级工作。

农业主体融资渠道、融资方式单调。从现有农业综合体内主体的融资渠道来看，仍以农业银行与农信社两大金融机构为主，政府财政为辅，农村资金互助社也有少量发展，非金融机构如信托较少参与，其他工商资本间接投资也较少。农业综合体生产经营主体融资主要方式包括银行抵押贷款、小额信贷、财政资金补贴，新型融资方式较少，利用农业收益期权开展信托仍处在探索阶段，农业众筹也较少涉及，风险投资较少涉及，农业融资方式创新力度不够。

四、现代农业综合体“多重组合”投融资体系构建和模式创新

（一）基本体系框架

坚持财政积极导向、市场化运作、法人化管理的科学理念，以农业现代化建设、美丽乡村建设、新型农业业态发展为载体，以改善农业经营主体的投融资状况为主线，以高校和农业科研院所等科技支撑为依托，加大农村改革创新力度，重点创新农村投资与融资体制机制，盘活农村固定资产、生产资产、生物资产与信用资产，加大政策优惠力度，积极打造多方共赢的现代农业综合体投融资模式。通过财政资金支持引导，引导二、三产业投资偏好的产业资本、金融资本、民间资本、外资以及个体资本等通过灵活多样的渠道与方式集聚现代农业综合体发展，进而构建投资主体、投资渠道、投资方式多重组合的现代农业综合体投融资体系，加快现代农业综合体建设进程。

投资主体多重组合：现代农业综合体投资主体包括政府、村集体、农民、企业、科研机构等，其中，政府财政投资主要投向农业基础设施建设、农业现代化装备、农产品质量安全与品牌建设等方面，起到导向作用；农业科研机构主要是以科学技术成果为支撑，采用技术作资入股方式参与农业综合体建设与发展。与传统投资主体相比，农业科研机构的引入，将为农业综合体现代农业发展提供全方位的技术支撑；村集体不再仅限于村集体事务性

管理工作，将更加积极主导美丽乡村建设与农村土地流转工作，为农业综合体建设创造更加便利的条件。

融资渠道多重组合：农业综合体投资渠道包括政府财政、银行金融机构（商业银行、政策性银行、农村合作银行）、非银行金融机构（保险机构、信托机构、证券市场）、民间融资（产业资本、商业资本、个体资本）、互联网、外资利用等。其中，非银行金融机构、民间融资以及互联网融资有望为农业综合体建设提供强有力的资金支持，将突破一般农业发展中金融机构信贷融资一支独大与资金难求的局面，形成农业综合体融资新局面。

融资方式多重组合：农业综合体投资方式更加体现灵活性与包容性，依据其不同生产经营主体的生产需求以及资金的性质差异，包括财政扶持与补贴、金融信贷、产品信托、上市融资、资本注入、民间借贷、合作经营等。为形成多种有效的融资方式，需要依据农业发展特点加大金融信贷支农优惠力度，探索新的信贷放款条件，将规模化农业生产物资及其收益权纳入抵押担保范围，建立健全生产主体信用评级制度，不断创新金融信贷产品等，进而改善农业融资方式等（图 1）。

（二）主要新型模式

1. 生物资产凭证化融资模式

1）模式解读

现代农业发展决定了农业融资需求不再局限于农业播种前购买种子种苗、农药化肥等小额资金需求与季节性需求，更倾向于农地规模化流转、农业机械购买、设施大棚建造、智能设备安装、冷藏保鲜设施建设以及目标市场拓展等方面发生的大额资金需求与非季节性资金需求。现有的个人信用贷款额度偏低，不能满足其融资需求；抵押贷款担保物不足也制约了农业主体的融资能力。

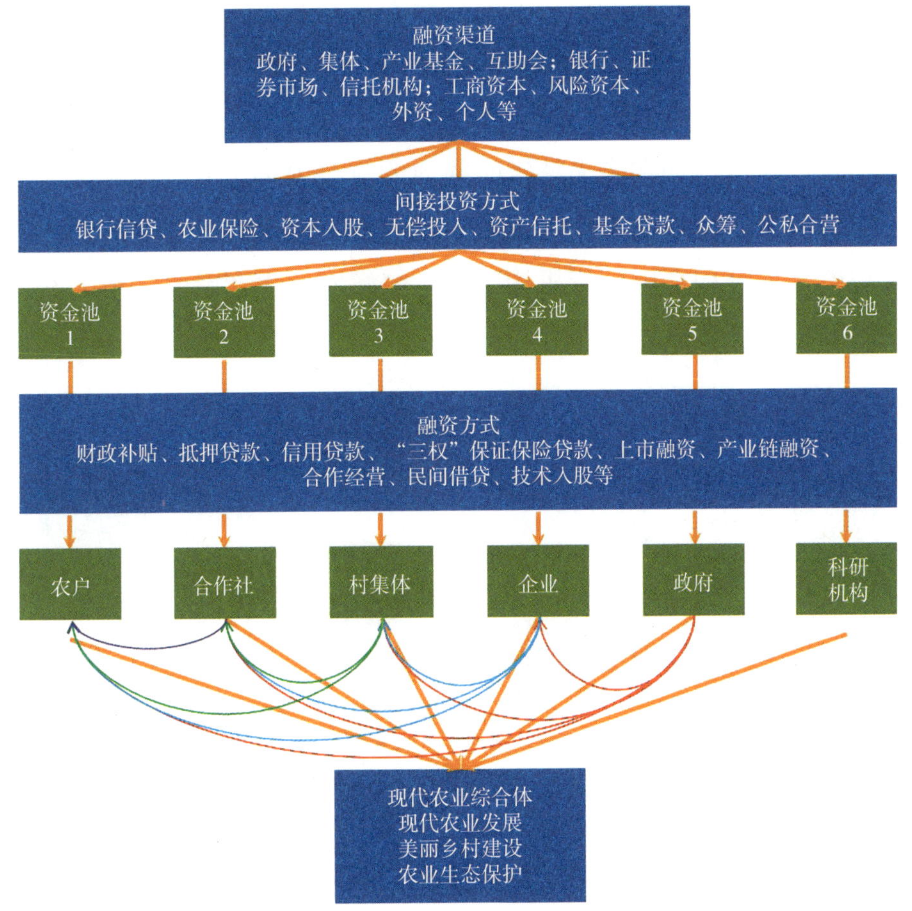

图 1　现代农业综合体建设中“多重组合”投融资体系构建

对于农业经营主体来讲，其农业生产核心资产可能是在生产过程中的林果、茶叶、畜禽、水产等在途的生物资产，然而，依照现有金融法规体系，这些在途半成品生物资产不能用来抵押质押，融资功能受限。但是，这些在途半成品生物资产能够在未来产生可观的经济价值，而且具有较高的市场变现功能，具有极高的融资产品属性。因此，应对这些宝贵生物资源资产进行凭证化，由生产经营主体用资产凭证向金融机构或者信托公司等金融主体进行抵押质押融资。

2）模式应用

多年生规模化林果、茶园、中药材基地与公益林、规模化养殖畜禽、规模化养殖水产等具有较高变现功能的特定农产品及涉农收益权，均可以成为生物资产凭证发放客体。

根据合理的评估方法，如结合动植物的生长规律与往年的市场行情，对上述生物资产生产活动在未来特定时间内的收益由第三方（地方政府或者其他组织机构）进行评估作价，进而发放生物资源资产凭证，生产经营主体用生物资源资产凭证向金融信贷机构融资，缓解农业生产经营主体大额、非季节性融资需求（图 2）。

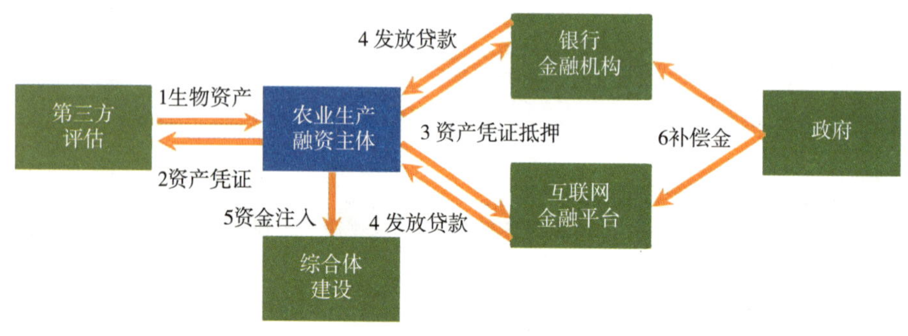

图 2　农业生物资产凭证化融资模式

2. 企业主导产业链融资模式

1）模式解读

农业产业化是现代农业的重要发展方式与重要实现形式，农业龙头企业是农业产业化的主导者，也是农业综合体建设的核心力量。一方面，农业龙头企业一般会从事农产品加工与营销，需要采购大量的原材料和保证原材料的品质，与地方农户之间的关系非常密切，对带动农户增收具有举足轻重的作用。另一方面，由于农业龙头企业一般具有工商业经营背景或从事农业生产经营多年，具有雄厚的资金实力与信用评级，在金融系统融资能力远远高于其他中小农业经营主体。

因此，应大力发挥龙头企业与农户联系密切且金融系统资信能力高的特点与优势，构建全产业链融资模式。该模式以农业龙头企业和农民专业合作社作为“核心”或“平台”，整合农村地区分散的农业信贷需求，以此改善农户信贷服务的可得性，同时提高对农户与农村小企业、微小企业贷款服务的质量（刘西川和程恩江，2013）。该模式可以大大降低金融企业贷款发放成本，增进企业与合作社、农户之间建立起更加密切的合作关系。

2）模式应用

现代农业产业化经营模式，包括“公司＋合作社＋农户”“公司＋基地＋农户”“合作社＋农户”等，均可以采用企业主导型全产业链融资模式。

先由龙头企业与商业银行达成金融信贷合作协议，龙头企业根据合作农户的生产交易情况，对合作农户进行信用等级授信，银行根据企业对农户的授信等级进行授信，基本满足农户生产融资需求。该模式具有风险小、手续简便、融资及时等多重优点（图 3）。

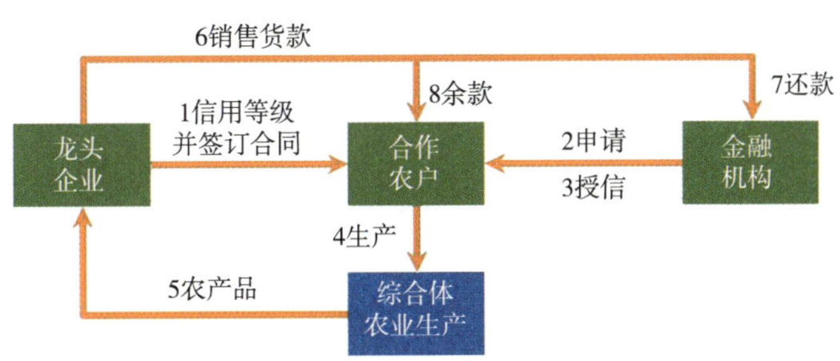

图 3　农业企业主导产业链融资模式

3. 互联网线上线下融资模式

1）模式解读

随着互联网与移动技术的飞速发展，农民的行为习惯也正悄然转变，互联网在农村普及程度逐步提高，智能手机的覆盖率越来越大，网购也不再是一个新鲜词汇，现实环境的改变为农村金融的崛起催生出新机会，互联网线上线下金融应运而生。

互联网模式下资源配置的特点是：资金供需信息直接在网上发布并匹

配，供需双方直接联系和匹配，不需要经过银行、券商或交易所等中介。通过发挥互联网信息功能强大、操作方便快捷等优点，互联网金融线上线下融资模式创新了征信手段，拓展金融业服务的目标人群，降低风险与信息不对称程度，从而可令信贷客户群呈现快速增长。可借助互联网金融的强大力量改善众多农业中小生产经营主体融资困难。

2）模式应用

互联网线上线下金融正进入蓬勃发展时期，包括 P2P 贷款模式、个人对企业贷款、O2O 贷款模式、小贷模式、众筹融资、余额宝模式等形式。通过一定的互联网金融平台，在线上集聚多方资金并收集融资主体的申请情况，线下门店提供体验、展示、客户信用调查等服务，在线下审核资金申请主体的资信状况，对满足融资条件的主体进行在线发放，将线下风控优势搬到线上，线上完成借款和出借的撮合服务。由于互联网金融线上线下融资模式仍处于探索完善阶段，当前，该融资模式多适用于中小农业企业与个体农业经营主体融资。

4. 资本市场与项目融资模式

1）模式解读

资本市场是政府、企业、个人筹措长期资金的市场，包括长期借贷市场和长期证券市场。在长期借贷中，一般是银行对个人提供的消费信贷；在长期证券市场中，主要是股票市场和长期债券市场。不管是企业主导的农业产业化项目，还是政府主导的农业水利设施建设、农田质量提升工程等，均需要大量资金投入，而企业、政府等投资主体的现有资金难以满足建设需求，需要进行融资。以企业资信与政府公信力在资本市场融资就成为一个相对较好的选择，然而，通常情况下，政府一般通过发行债券能够顺利实现融资目标，而企业则很难通过在二级市场上市融资，发行债券的成本也处于中高水平，同时还必须具备非常好的资信。

项目融资是指贷款人向特定的工程项目提供贷款协议融资，对于该项目所产生的现金流量享有偿债请求权，并以该项目资产作为附属担保的融资类型，它是一种以项目的未来收益和资产作为偿还贷款的资金来源和安全保障的融资方式，主要用于大型公共设施的建设运营。

2）模式应用

资本市场与项目融资模式主要包括 ABS 融资模式（Asset Backed Securitization）、发行债券融资模式、IPO 融资模式（Initial Public Offerings，首次公开募股）、PPP 融资模式（Public-Private Partnership，公私合作伙伴模式）、BOT 融资模式（Build-Operate-Transfer，即建设—经营—转让）模式及其变形模式。

这些模式是以项目所属的资产为支撑的融资方式，即以项目所拥有的资产为基础，以项目资产可以带来的预期收益或其分红为保证，通过在资本市场发行债券、在二级市场来募集资金或建设转让的一种项目融资方式。一般农业企业可用发行债券、ABS 以及 IPO 的方式进行融资，政府兴修农业基础设施可用发行债券、PPP、BOT 等方式进行融资。

5. 现代农业综合体内部互助融资模式

1）模式解读

现代农业综合体涵盖生产、生活、生态、生计和生机等五大功能，它不仅是一个农业生产场所，也是当地农村居民生活的场所，那里的农业生产主体和当地居民的共同目标是把现代农业综合体建设好。如果把那里的中小农业生产主体和当地农村居民存在闲置资金加以合理利用，可以缓解农业综合体生产经营主体融资的困境。

可以采用农村资金互助会的形式，将农业综合体内中小农户和居民的闲散资金集中起来，再按照一定的条件贷给有需求的生产经营主体使用，在一定程度上缓解中小农业生产主体融资难的问题，进而形成资金在农业综合体内部循环、造福农业综合体成员自身的良性循环状态。

2）模式应用

在法律法规允许范围内，可以借助一定的平台，如村集体、农民专业合作社、农民专业合作社联合社等村民自治组织与合作生产组织，成立农村资金互助会、农民专业合作社资金互助会、合作社联合社资金互助会等，将闲散资金集中起来，由组织根据一定的标准对成员进行信用评价，结合信用评价结果与融资额度发放贷款，主要将贷款用于农业综合体内的农业生产经营活动。

6. 合作与基地加盟融资模式

1）模式解读

与一般农业生产活动相区别，农业龙头企业在农业综合体发展中将起到主导作用，是农业标准制定、生产管理、品牌建设、市场对接、消费培育最重要的力量。但是，从现实发展来看，农业龙头企业不适宜直接从事大规模农业生产活动，否则将会因为资本沉淀过大、监督管理成本过高而影响其健康发展。应借鉴工业与服务业连锁发展模式，可采用合作模式与基地加盟模式，由合作加盟基地按照农业龙头企业制定的标准组织农产品生产，农业龙头企业通过合约收购合作加盟基地生产的产品，实施品牌化销售与价值提升。

2）模式应用

农业龙头企业可以是综合体内部的企业，也可以是外部企业，但农业综合体内部需按照统一标准生产、按照统一品牌销售，进而实现价值提升。在具体模式选择上，可选择合作模式，即由龙头企业主导，多方共同出资组建农业股份公司，由新的农业公司负责生产经营。也可选择加盟基地模式，由农业龙头企业提供生产标准，规模化加盟基地负责生产，产品按照合约销售。此外，还可同时结合两种模式，即同时采用合作生产模式与加盟基地生产模式。在同时采用合作模式与加盟基地模式上，蓝城农业基于过去几年的生产管理经验与对农业发展的宏伟设想，勾画出自己的双层双重资本制架构模式（图 4）。

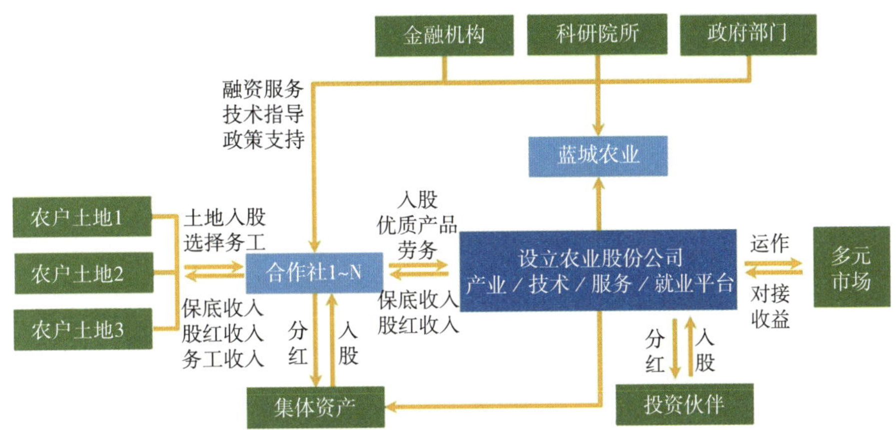

图 4　蓝城农业合作与基地加盟双重资本制模式

7. 土地流转类信托融资模式

1）模式解读

农业综合体内部成员拥有诸如公益林、优质耕地类资产或未来收益权益，这种收益可预期、可持续，但所产生的配套现金流比较分散、周期长，不能满足现代农业生产一次性投资量大的特点，即生产主体农业收入与投资需求不相匹配。在这种情况下，可引入信托公司，由信托公司以未来现金流为依据发放信托产品，根据生产者对应的资产状况发放信托凭证。据此，一方面信托产品购买人可以获得需要的产品或者其他服务，另一方面信托凭证权益人可以用此凭证用作抵押贷款等，获得与发展相匹配的资金。因此，信托模式可以在一定程度上解决农业综合体成员资金需求与预期收入不相匹配的问题，也能够帮助农业综合体生产优质产品的需求方得到更加有保障的服务。

2）模式应用

当前，农业生产信托融资模式在我国仍处于探索阶段，土地流转信托模式与公益林信托模式发展相对成熟，其中浙江龙泉公益林林权收益信托已经运转了两年，积累了经验。土地流转类信托融资模式可适用于土地规模化流转、公益林林权收益信托、优质农产品消费权益信托等几大类。其中，希望获得优质农产品保障的消费者为优质农产品消费权益信托的出资方，将消费资金交与信托公司，由信托公司委托综合体内农产品生产者在未来一段时期生产安全优质有保障的农产品。这种模式一方面可以为消费者提供有保障、可追溯的农产品，另一方面可以帮助综合体或农业龙头企业降低生产资金压力，满足对资金的需求（图5）。

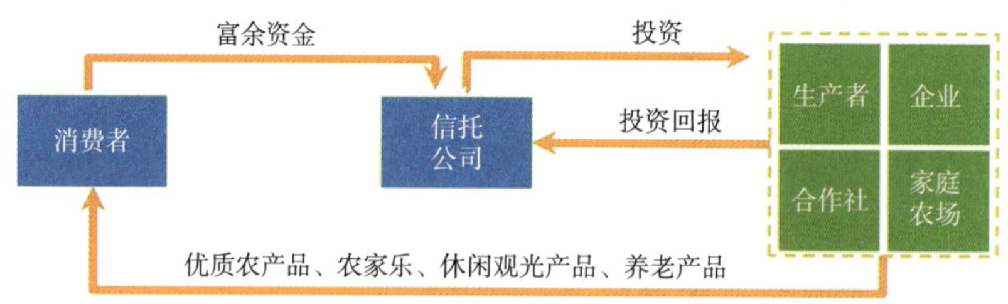

图5 现代农业综合体农产品消费权益信托产品模式

（三）建设机制

1. 构建以资金整合使用为重点的财政投入机制

当前，我国农业财政资金多部门管理，资金应用存在交叉，在客观上会造成一些真正需要财政支持的优秀农业项目得不到支持，但一些农业项目和生产经营主体却被重复支持，特别是一些市场竞争项目得到大量财政资金支持，造成财政资金的浪费，综合来看，我国财政支农资金生产效率低下。现代农业综合体是一个新生事物，必须破除传统财政资金管理方式，整合财政支农资金，确保财政支农资金在现代农业综合体建设中能够发挥应有的基础作用与引导作用。应按照资金使用性质、用途不变的原则，以发展规划为引导，有机捆绑，统筹安排，协调投入，促进资金的积聚和规模扩张。如土地整理项目可以整合农田水利项目、环保、农发项目等。调整财政支农结构，突出支农重点，把财政支农资本的重点放在农业综合体迫切需要增加投资的领域，加大农业基础设施投资力度，加大农业综合开发投资力度，加大农业现代化与新型农业业态发展的投资力度。

2. 构建以创新信贷产品为突破点的金融信贷机制

作为农业发展的传统融资渠道与主要融资渠道，在新中国发展历史中，金融信贷资金对我国农业发展起到了中流砥柱的作用，从发达国家的发展经验来看，在今后很长一段时期，金融信贷仍将是我国农业发展也是农业综合体建设最主要的融资渠道之一。应针对农业综合体建设对资金的多样需求与发展特点，加大金融信贷产品的创新力度，构建以创新信贷产品为突破点的金融信贷机制。

一是针对种田大户抵押物不足但拥有规模土地经营权以及高兑付性未来收益的现实情况，创新推出“担保公司＋土地经营权抵押贷款”信贷品种、“农业权益凭证抵押贷款”等。

二是针对农业综合体发展中对资金的短期需求，推出中短期流动资金贷款，在贷款前期调查、贷款后期管理方面，主要依据流动资金贷款的管理模式进行，满足主体不同种类融资需求。

三是结合农业生产周期与主体融资额度，结合不同贷款期限推出差异性贷款利率，满足不同农业生产经营者对信贷资金的需求。

3. 构建以创新融资模式为突破口的农业投融资机制

应加大农村金融改革创新的力度，改变传统农业金融投融资方式相对单一的局面，引入新型农业投资主体，拓展农业间接投融资渠道，引导社会资本与科技力量积极投入到现代农业综合体建设与发展中。探索并完善新型投资方式，包括科技入股、管理入股、服务入股等方式，引入农业科研机构等相关专业人员参与现代农业综合体建设，发挥科技与管理的生产力作用，提升农业综合体科技支撑水平；发挥集体土地的资产化作用及村级集体土地所有权的附属权利，积极引入社会资本参与农业综合体建设；发挥资金互助会的作用，实施经营主体互助融资，满足中低额度融资需求。拓展农业融资方式，将更多的农业生产物资纳入抵押质押范围，包括土地经营权、生物资产可预见性收益、钢架标准大棚、大型农业机械、农村住房等，进而增强农民的融资获得性。创新农业担保方式，探索推广政策性担保公司，提高担保额度与范围；建立健全产业链龙头企业担保机制，降低信贷金融机构的风险，切实提升中小主体融资能力。

4. 构建以提高保险力度与覆盖面的农业风控机制

自从我国农业保险实施以来，特别是近些年一些省份对农业保险的不断探索与完善，如浙江省将生猪价格指数纳入农业保险标的，将露地蔬菜等农产品纳入保险标的，大大降低了农业生产的自然风险，为农户进行灾后重建提供了资金保障，对我国农业发展起到了非常重要的引导作用。

在现代农业综合体建设中，应允许农业综合体先行先试，深入发挥农业保险风险规避的作用，为广大农业生产经营主体提供更多规避风险的选择。加大对农业保险的政策支持，提高农业保险的力度，切实提高广大生产经营主体的参保意愿与参保程度，确保在发生重大自然灾害之后，农民能够将损失降低到最小并能够尽快恢复生产，进而促进综合体生产平稳运行。加大农业保险政策覆盖面，把一些种植面积广、灾害破坏性大、对农民生产影响深远的农业品种纳入农业保险范围，如蔬菜、茶叶、中草药、水果、水产养殖、畜禽养殖、特种水稻等，降低农业生产的自然风险。此外，可探索将农业务工人员的人身安全纳入农业保险，消除农业务工人员的后顾之忧，促进农业适度规模经营。

五、构建现代农业综合体“多重组合”投融资体系的政策建议

（一）打造现代农业综合体高效投融资平台

在借用传统农业融资平台的基础上，不断改革创新，重点完善打造适合现代农业综合体的五大高效投融资平台。

一是打造农村资产高效流通平台。针对农村生产、生活特性，在第三方评估的基础上，对农村固定资产、生产资产、生物资产与信用资产进行凭证化管理，进而盘活农村、农业与农民的相关资产。

二是完善农业产业基金融资平台。将农业产业基金适当向农业综合体建设倾斜，将农业综合体各项建设任务进行整理打包，作为一个整体向农业产业基金申请融资，重点缓解农业综合体在重大基础设施建设与产业化发展方面的融资需求。

三是打造互联网线上融资平台。发挥互联网金融的多方优势，利用互联网广泛吸收闲散资金助力农业综合体建设与发展，重点支持具有法人身份的中小农业企业、农民专业合作社、家庭农场等新型经营主体的融资。

四是打造农业全产业链融资平台。以产业化推进龙头企业作为中小农业经营主体征信与信贷资金返还平台，对资金链实行封闭式管理，简化银行贷款手续并降低银行贷款风险，切实缓解农户融资难的困境。

五是打造农村资金互助会融资平台。吸纳内部会员闲散资金，确保资金在内部流动，使资金来源于内部并造福于内部成员的良好局面。

（二）设立现代农业综合体建设运营财政专项基金

现代农业综合体是推动区域现代农业发展的一个新载体，其建设机制与增长机制仍处于探索发展阶段，不少社会资本投资现代农业综合体仍处于观望阶段，从已有农业综合体的建设运行来看，强有力的财政资金支持是农业综合体顺利建设的重要保障。应把农业综合体作为农业发展特区，设立省、市、县三级现代农业综合体建设运营财政专项基金，实行专门管理、专门运营，在支持方式上，可采用拨款资助、贷款贴息和资本金投入等方式；在适用范围上，可支持农业综合体重大基础设施建设、农业技术创新、农业产业化项目、农产品质量安全和品牌建设，发挥农业综合体财政资金的基础性与引导性作用，吸引更多的社会资本投资农业综合体，提升农业综合体的创新服务和辐射带动能力。

（三）推动农业企业资本市场融资

实践证明，不会充分利用资本市场的企业，终究难以在市场胜出。农业企业应突破依靠自有资金与银行贷款缓解资金压力的束缚，借助资本市场的力量，通过在主板市场、新三板和区域性股权交易中心挂牌，融到大量可用于农业综合体建设的资金，在市场经济中获得足够的竞争力与可持续发展能力。通过上市融资借以带动管理、人才、市场、信用、品牌以及发展理念等多方面的全新变化，推动农业转型升级发展。政府应为农业企业上市融资创造系列优惠条件，设立现代农业企业上市绿色通道，允许经营现状良好与具有良好发展前景的农业龙头企业优先上市融资。政府应结合具体产业发展，出台相关政策并加以配套规划指导，鼓励具有强大生产基础支撑或具有传统发展优势的农业企业通过兼并重组等方式进行资源与资本整合，做大做强农业综合体内农业龙头企业，推动地方农业产业化水平。

（四）创新完善农业政策性保险

不断创新完善农业政策性保险，发挥农业保险的风险规避、生产保障的核心功能，为现代农业综合体建设保驾护航。加大政策性保险财政支持力度，提高保险公司的积极性，同时探索引入多家农业保险公司，通过加强竞争改善农业保险的服务质量。扩大农业保险的覆盖面，最终将大多数现代农业生产活动纳入农业保险范畴，确实发挥保险的普惠作用。提高农业保险的理赔力度，简化理赔手续，引导绝大多数现代农业经营主体参加农业保险，确保在受到自然灾害损失时，农业的发展不受大的影响。

六、关于现代农业综合体“多重组合”投融资体系的小结

（一）“多重组合”投融资体系及其主要特征

简而言之，“多重组合”投融资体系就是通过体制机制创新与金融创新，

改变农业较为单一的融资模式，大力拓宽融资渠道、融资主体与融资方式，打通多种社会资本投资现代农业的直接与间接通道，使现代农业综合体能够更加灵活地融到资金，满足其在建设与发展中对资金的需求。

普通农业投融资体系与“多重组合”农业投融资体系的主要区别

在普通农业投融资体系框架内，农业生产的投资主体主要包括两方面：微观生产主体负责农业生产经营投资；政府负责农业生产基础设施投资。融资渠道主要为银行信贷，融资方式主要为抵押贷款与小额信用贷款，贷款额度总体较低。综合来看，普通农业投融资体系中融资渠道、融资方式与融资主体均受到多方面约束，局限性较大。

在现代农业综合体“多重组合”投融资体系框架中，可以运用“三权”保证保险贷款、产业链融资、合作经营、民间借贷、技术入股、上市融资等新的融资方式，通过资本入股、无偿投入、资产信托、基金贷款、众筹、公私合营、科技入股等新的投资方式，吸引产业基金、互助资金、银行资本、证券资本、信托资本、工商资本、风险资本、外资、个人资金等不同渠道的资金投资现代农业，完全破解传统农业狭隘的投融资瓶颈。

总体来看，除了具备一般农业投融资体系的特征，“多重组合”农业投融资体系的显著特征可以概括为两点。

一是信贷抵押品更加广泛。在传统农业融资体系中，以银行信贷与政府补贴为主，而在农业银行信贷中，需要抵押品。但受制于抵押物法律上的严格规定等多方面的原因，农民可用于信贷抵押的物品较少，大部分资产与物资不能作为抵押品，因此在申请银行信贷方面始终处于被动地位，获得信贷批准的概率与可获得的信贷额度较低，难以满足现代农业发展需求。而在“多重组合”投融资体系框架中，仍处于养殖与种植中的畜禽、水产、蔬菜、水果、茶叶、中药材、坚果等在途农业生物资产将被允许用作信贷抵押品，大棚设施、农业机械、管理用房、农村住房、耕地（经营权）等均可作为抵押品。这些资产是农业经营者的最主要资产，允许抵押这些物资进行信贷融资，大量资产被盘活，从而可以大幅增强经营主体的信贷融资能力，与现代农业发展大额资金需求、长期滚动资金需求等较为契合。

二是投融资渠道、方式更加广泛。通过构建“多重组合”投融资体系，可以改变一般农业发展以直接投融资为主的局面，建立直接投资与间接投资兼重的农业投融资新格局。“多重组合”农业融资渠道包括银行、证券市场、信托机构、保险公司等金融机构，政府、集体经济组织、产业基金、互助会等组织，工商资本、风险资本、外资、个人等广大社会资本。“多重组合”农业间接投资方式包括：资本入股、资产信托、基金贷款、农业众筹、公私合营、农业保险、银行信贷、政府补贴等多种方式。“多重组合”农业融资方式包括：抵押信贷融资、信用贷款融资、财政补贴、“三权”保证保险贷款、上市融资、产业链融资、合作经营、民间借贷、技术入股等。

（二）“多重组合”投融资体系的地位与作用

资金是经济活动的第一推动力、持续推动力，能否获得稳定的资金来源、及时足额筹集到生产要素组合所需要的资金，对生产经营和发展都至关重要。因此，“多重组合”的投融资体系是农业综合体乃至其他各种现代农业园区稳定、持续、健康发展的动力条件。如果将农业综合体比作一个健康的人，那么“多重组合”投融资体系就是其强大的血液输送系统，只有血液输送系统健康，人体才会正常运转。

由于传统农业资金回报存在投资额度大、资金周转慢、投资回报率低、资金回报不确定性高等多重困扰，导致传统农业发展中遇到的最大障碍是融资困境。同样，虽然现代农业发展在资金回报率、资金回报确定性等多个方面较传统农业有了大幅提升，不少社会资本投资现代农业的积极性较高，但受制于抵押物法律严格规定及集体土地管理制度等，现代农业发展融资仍然不畅，严重制约了我国农业现代化进程。

现代农业综合体、现代农业园区同样具有强大的生产能力与生态功能，但前者显著区别于后者的是其具有三产融合功能与生活功能，且构建起以

“农业龙头企业＋农民专业合作社＋农民”为主线的现代农业经营模式及以农业全产业链融资为重点的投融资模式。与农业综合体先进生产方式相适应的“多重组合”投融资体系，将通过大幅拓宽农业融资与投资的渠道与方式，破解现代农业发展的投融资困境，促进农业发展资金需求与亲农资本投资农业有效结合。

“多重组合”投融资体系有助于优化现代农业发展投融资结构。现代农业综合体建设涉及全部“三农”问题，美丽乡村建设如火如荼，需要大量建设资金；农业现代化建设整体推进，需要大量基建与装备投资；农业“五生融合”功能齐头并进，大量建设需要资金支持。通过“多重组合”投融资体系，将吸引大量社会资本进驻现代农业综合体，可以建立起以外部社会资本为主、生产主体自有资金为辅的农业投资格局，优化农业投融资结构。

“多重组合”投融资体系有助于增强财政资金的宏观调控能力。构建综合体“多重组合”投融资体系，能够增强政府财政资金的宏观杠杆调控作用，政府通过补贴、奖励、投资、贴息、荣誉、宣传、服务等多种方式，用最小的财力引导社会各界资本致力于农业综合体建设，可以有效降低政府的财政压力，增强农业的可持续发展。

“多重组合”投融资体系有助于拓展社会资本投资农业的渠道。农业是个古老的产业，由于其是一个有生命的产业，意味着绿色与健康，因此在消费转型升级的大背景下，农业又表现为一个朝阳产业，赢得了大量社会资本的青睐。构建以市场化运作为核心的“多重组合”新投融资体系，能够为社会资本投资现代农业提供直接投资、间接投资、向单个主体投资、向多个主体投资等多种投资选择，打通了亲农社会资本发展现代农业的投资通道。

参　考　文　献

鲍静海，杨丽，李巧莎，2006. 日本农村合作金融支农的经验及启示［J］. 日本问题研究（3）：12-14.

曹鸿涛，2014. 美国农业融资建设解析［J］. 世界农业（3）：76-79.

陈海元，2011. 创新农业农村投融资机制促进现代农业发展和新农村建设［J］. 中国乡镇企业（6）：59-60.

陈汉明，2009. 美国农村金融组织制度及对我国的启示［J］. 科技创业月刊（3）：29-30.

陈剑平，2012. 农业综合体：区域现代农业发展的新载体［N］. 农民日报，11-3.

程婵娟，潘璇，2012. 论金融支持与产业结构调整——以陕西为例［J］. 西安石油大学学报（社会科学版）（4）：16-22.

大学生村官之家网，2014. “草根银行”供血农村金融［N］. http：//cunguan. youth. cn/wztt/201408/t20140804 _ 5592238. htm，08-04.

段小丽，王玉春，2010. 印度农村金融体系的发展及借鉴［J］. 西部金融（4）：46-47.

高强，2014. 强力构建现代农业投融资机制——对河北省玉田县深化农村金融改革的调查［N］. 中国城乡金融报，09-03（B02）.

韩四喜，赵志刚，2014. 发力现代农业金融　谱写“三农”服务新篇——邮储银行特色服务创新记［N］. 中国邮政报，08-04：1-3.

韩柱，2013. 日本农业保险运行机制与服务作用的思考和借鉴［J］. 农业展望，9（7）：35-39.

何广文，李莉莉，2012. 改革创新农村金融业发展的主旋律［J］. 农村金融家（8）：45-47.

何广文，苏小松，王力恒，2014. 不同融资途径对农户自生产权利的改进研究——基于东、中、西部612户农户的调研数据［J］. 河南社会科学 22（4）：78-84＋124.

何广文，2012. 构建金融服务体系缓解农村贷款困局［N］. 农民日报，05-08（2）.

何广文，2012b. 合作社农村金融服务参与模式及其创新［J］. 中国合作经济（10）：21-23.

何广文，2015. 互联网为农村普惠金融带来新机遇［N］. 农民日报，09-09（3）.

何广文，2014. 浙江农信的华丽“转身”［N］. 金融时报，05-15（005）.

何婧，何广文，王宇，2015. 政府持股对小额贷款公司财务绩效的影响研究［J］. 金融理论与实践（8）：38-41.

胡雪萍，董红涛，2015. 构建绿色农业投融资机制须破解的难题及路径选择［J］. 中国人口、资源与环境，25（6）：152-158.

华东，何巍，2012. 美国农村金融体系的特点与启示［J］. 南方金融（5）：47-50.

华东，2014. 美国、日本、法国农村金融体系的构成与启示［J］. 湖北农业科学，53（6）：1465-1469.

黄金辉，2004. 中国农业现代化的瓶颈：投资不足［J］. 四川大学学报（哲学社会科学版）（3）：5-9.

黄庆河，2011. 国外农业保险模式分析及对我国农业保险发展的启示［J］. 西部金融，3：41-42.

焦瑾璞，2013. 小额信贷在中国——农村信贷配给与小额信贷体系建设［M］. 中国财政经济出版社.

鞠荣华，何广文，2012. 美国农村信贷供给体系及其对中国的启示［J］. 世界农业（11）：61-64.

李萍，2015. 日本农村金融体系分析［D］. 长春：吉林大学.

凌云，2011. 我国农业投融资难点与对策［J］. 投资研究（6）：7-10.

刘西川，程恩江，2012. 农业产业链融资：案例考察与博弈分析［J］. 金融发展评论（3）：85-100.

刘西川，陈立辉，杨奇明，2015. 村级发展互助资金：目标、治理要点及政府支持［J］. 农业经济问题（10）：20-27.

柳剑平，蒋青青，2012. 优化湖北省农村多元化投融资体系问题研究［J］. 湖北社会科学（11）：57-61.

吕守明，文明涛，2013. 创新农业投融资机制策论［J］. 农村经营管理，121（3）：44-45.

吕晓英，李先德，2014. 美国农业再保险制度及其对中国建立农业大灾风险分散体系的借鉴［J］. 世界农业（10）：1-4+8.

马翠莲，2014. 创新农业金融服务　浦发银行开展土地流转经营抵押［N］. 金融时报，10-29（006）.

马涛，郭沛，2014. 国际小额信贷发展趋势及面临问题对我国的借鉴［J］. 经济问题探索（5）：103-108.

牛娟娟，2014. 支小再贷款渐次落地［J］. 中国金融家（7）：38-39.

普冀喆，彭军，郑风田，2015. 美国涉农企业兼并重组的经验及启示［J］. 世界农业（8）：15-19，转231.

商文瑜，2013. 金融支持新型农业经营主体发展的调查与建议［J］. 西部金融（10）：66-68.

沈义力，2012. 江西林业投融资现状、存在问题及对策分析［J］. 江西社会科学（6）：79-83.

石磊，2010. 国外农村金融发展的经验及启示［J］. 金融教育研究，23（4）：31-33.

孙建星，何广文，2013. 政策性银行绩效评价研究——以农业发展银行为例［J］. 江西社会科学（9）：52-55.

桐乡新闻网，2015. 农村“三权”换来真金白银［N］. 桐乡新闻网 http：//txnews. zjol. c，10-08.

王刚，2009. 我国新型农村金融服务体系的构建研究［D］. 泰安：山东农业大学.

王文锋，2015. 农村土地经营权抵押融资运行机制探索——基于山东寿光市与宁夏同心县的考察［J］. 世界农业（9）：102-104+106.

卫志民，李忠昶，关园，2014. 美国农业金融体系的基本架构、特征及启示［J］. 经济纵横（9）：105-108.

文娟，2010. 法国农村合作金融的发展及其对中国的借鉴意义［D］. 广州：暨南大学.

熊德平，李红玉，余新平，2015. “新常态”下中国农村金融改革与发展——第九届中国农村金融发展论坛学术观点综述［J］. 农业经济问题（11）：107-109.

徐伟杰，2014. 山东农民专业合作社融资供求机制研究［D］. 济南：山东财经大学.

徐子尧，2010. 农村地区金融服务的主要问题及改进思路［J］. 农村经济（2）：78-80.

杨大蓉，2014. 浙江新型农业经营主体融资现状及金融创新策略研究［J］. 浙江金融（3）：66-69.

杨朵轶，谢琴，潘小明，等，2014. 城镇化背景下现代农业金融的发展思路［J］. 农村金融研究（10）：67-72.

杨娇，2011. 法国农村金融体系对我国的启发［J］. 中国市场（22）：55-55.

易欢，谢元态，于细婷，2014. 法国农民专业合作社财政金融支持政策及启示［J］. 中国农民合作社（8）：59-61.

尹彬，2014. 印度农村金融体系的管理模式与经验［J］. 世界农业（7）：147-150.

臧景范，2007. 印度农村金融改革发展的经验与启示［J］. 中国金融（2）：31-34.

于细婷，2011. 印度财政与金融支持农业合作社发展的经验及启示［J］. 中国农民合作社（9）：59-61.

于洋，2012. 美国农业保险改革历程与财政补贴体系探索［J］. 保险研究（5）：95-98.

袁毅敏，2011. 当前中国农村金融市场面临的问题与对策研究［D］. 广州：华南理工大学.

张劲松，赵耀，2010. 当前农业投融资的困境：总量不足与非农化［J］. 经济研究参考（30）：23-23.

张新生，2012. 国外涉农保险法律制度的实践及其启示［J］. 河北法学，30（9）：173-177.

谌玲，2014. 日本农村金融体系运行模式及发展特点研究［J］. 世界农业（5）：149-151.

赵可利，2008. 日本农村金融发展现状及对中国的启示［J］. 世界农业（7）：36-39.

浙江省财政厅，2015. 浙江投入50亿设立农业发展投资基金［N］. http：//www. xinnong. net/news/20150917/1267343. html.

专题七　基于现代农业综合体的特色农业小镇建设

一、特色农业小镇建设的研究背景

当我国社会经历了经济快速增长、工业化不断发展、城市化快速推进的变迁与洗礼之后，大城市发展受到越来越多的诟病，富有内在气质的特色农业小镇（以下简称“特色农镇”）得到新生并被赋予新涵义，由农庄、农场等以家庭为单元主导的微观农业生产组织组成的特色农镇再次成为承载人们梦想的理想之地，激发出强大的生命力。

在我国，特色农镇融生产、生活、生态、生计和生机于一体，与现代农业综合体的内涵和运行机制高度匹配，是基于农业综合体的小镇。这样的特色农镇成为实践现代农业综合体的最重要载体，正受到越来越多的关注，并成为越来越多的人生产与生活的选择。作为江南农耕文明的发源地之一，浙江在改革开放的浪潮中极大地发展了第二、第三产业，但一直没有抛弃效益回报率比较低的农业，不忘初心持续发展农业，并开展大规模的农村环境整治和美丽乡村建设。浙江的现代农业发展和美丽乡村建设走在全国前列。

判断一个国家或一个地区处于发展阶段还是发达阶段的一个重要标志是看人的流向：发展中国家或地区的人从农村搬往城市，发达国家或地区的人从城市搬往乡村小镇。我国发达地区已经出现向往小镇生活的人群，他们希望到小镇中呼吸新鲜无霾的空气，品尝安全鲜美的佳肴，体验不轻不重的劳动，享受不快不慢的生活。所以，特色农镇建设是中国未来 30 年城镇化建设的责任与使命，更是战略机遇！是商业价值、生态价值与社会价值的系统集成，是根本性解决我国“三农”问题的一个重要路径。

浙江省委省政府审时度势，于 2015 年启动了新一轮特色小镇建设，而特色农镇在众多特色小镇中脱颖而出，再次将人们的发展目光聚焦在人类文明起源的农业上，一个个特色农镇正如雨后春笋般地在浙江大地上悄然兴起。古老的农业产业与现代生产方式、生活方式、生态文明在那里融合，农村当地居民、城市新农人、休闲旅游人、养生养老人等在那里聚首，创新、欢乐与祥和在那里聚集，特色农镇承载不同人的梦想在这里扬帆起航，成为融合多种产业、多种功能于一身的完美载体，并示范引领我国农村、农业的建设与发展。

为了更好地发展特色农镇，更好地践行现代农业综合体，更好地建设中国美丽乡村，需要对特色农镇进行系统解读，进一步勾画特色农镇发展蓝图。

二、对特色农业小镇的理解

（一）特色农业小镇的内涵

从“镇”的内涵出发，特色农镇应是居住在镇里的人基于血缘、地缘和精神构成的一个共同体。生活在镇里的人，往往是同族同姓，或基于姻缘关系、亲戚关系，所以它是一个血缘共同体；镇里的人们可以端着饭碗到隔壁邻居家吃饭，开心分享邻居家冒着热气的南瓜红薯，所以它也是一个地缘共同体；在农村里，大家围坐在溪水旁或大树下乘凉、聊天，有精神上的认同感，所以它还是一个精神共同体。

这样一个共同体，应该是一个农业产业发达的地方。大农业观，整产业链，全绿色化，多功能性，高附加值，强竞争力；农业与二、三产业深度融合，市场前置，科技支撑，文化创意，创新创业，生机勃勃；居住在这里的人们生活富裕。

这样一个共同体，应该是一个美丽的地方。现代农业生产形成整洁、美丽、清新的农业景观，农业生产经营者与环境和谐友好，农业生产与美丽乡村建设相辅相成，人是环境的保护者、共生者，小镇因为农业生产经营者而获得生命和生长，是自然主义的具体表现。

这样一个共同体，应该是一个微笑的地方。农业生产中形成的朴素的社会价值观根植于乡村建设中，根植于小镇的邻里、同族等各种关系之中，人与人和谐相处，熟人社会文化主导，破解现代文明下人与人之间的冷漠和对抗，是人道主义的具体表现。

这样一个共同体，应该是一个安心的地方。农业生产孕育生命，农业生产者充实自在，居民满足安心，小镇可持续发展力强，"吾心安处是故乡"，特色农业小镇是一个可以融入归属、重塑自我、叶落归根与世世代代生活的地方。

特色农镇的人际关系与城市不一样。在城市，公寓楼里楼上楼下住着的人互不认识、互不来往，城市中的人好比是被"社会原子化"了的单独个体。英国思想家齐格蒙特·鲍曼认为，生活在城市的人就是"在门口的陌生人"，城市是一个视若陌路的地点，作为一个空旷的巨大空间，是"经过而不是使用""通过而不在其中"的区域（张金玲，2003）。

改革开放30多年，我国致力于经济建设，当前已经成为全球第二大经济体，成绩令世人瞩目。但是，经济发展的目的不仅是追求GDP和税收，而是让人分享发展成果，更好地处理人与自然、人与人之间的关系，即促进经济、生态和社会的协同发展。而事实上，有些地方经济获得了发展，但生态反而被破坏；人们经济收入提高，但幸福感反而下降，人际关系变得冷漠对抗。所以，反思之后发现，必须通过特色农镇建设统筹做好经济、生态和社会三大学问。

（二）特色农业小镇的历史脉络

镇最早为军事据点，古代在边境驻兵戍守称为镇，镇将管理军务，有的也兼理民政（苏春雨，2015）。宋代，镇的军事色彩降低，为经济、人口比较发达的人口集聚区；宋以后称县以下的小商业都市为镇，现多为县之下，与乡同级但比乡经济发达的行政单位（苏春雨，2015）。镇在我国的社会经济发展中，一直起着中流砥柱的作用。

经历千年演变，尤其近年来的发展，我国形成了多种多样的小镇，有农业小镇、渔业小镇、商贸小镇、纺织小镇、旅游小镇、矿业小镇、电子小镇、健康小镇，等等。其中，农业小镇是在传统农耕文明基础上形成的小镇，农业较为发达并具有特色，是人们生产与生活的重要依赖，发展历史更加悠久。

小镇位于城市之尾、农村之首，其产业结构更接近于城市，但与农村经济的联系比城市要密切得多，发展最快、质量最高的小镇基本就是农村经济发展最好的地区，如浙东南、苏南和胶东半岛，以及法国格拉斯小镇、保加利亚玫瑰谷、美国布拉多克产业小镇和意大利 Verona 综合小镇等。

特色农镇是小镇中的个性小镇，建设以当地居民为优先，一般农业特色鲜明、农耕文明深厚、多种功能齐全、生态环境优美、公共服务配套，是“宜居、宜业、宜商、宜养、宜游”的发展空间平台。

农业在特色农镇中占有十分重要的地位，突出农业“特而强”、功能“齐而融”、形态“小而美”、机制“新而活”，注重农业、文化、旅游“三位一体”。在当地经济社会发展中主要表现为：在生产中，农业 GDP 占比相对较高，并对城镇化与工业化起到有力的支撑作用；在生活中，农业是较多人的生计手段；在生态中，农业对当地的生态环境起到十分重要的调节作用。它是聚合要素资源、提升产业发展的有效载体，是实现小空间大集聚、小平台大产业、小载体大创新的重要平台，是新常态下推动农业转型升级、统筹城乡发展，实现“五化”同步发展的重要环节和突破点。

（三）农庄的前世今生

1. 农庄前世为贵族阶层生活的象征

农庄又称庄园，在我国、在欧洲均有过辉煌的发展历史，它可以承载几代人的生活梦想。它是比农业小镇更小的单位，是农业小镇的基本单元之一，包括三要素，即农耕文明的文化形态和物质形态，有生产和生活的功能分区，而且必须有一定的占地规模。

据百度百科解释，庄园是指乡村的田园房舍，大面积的田庄，中国古代包括有住所、园林和农田的建筑组群。根据庄园主的地位，庄园有不同的名称：皇室的为皇庄，称苑、宫庄、王庄等；贵族、官吏、地主的为私庄，称墅、别墅、别业、别庄等；属于寺庙的称常住庄。范文澜和蔡美彪等在《中国通史》中指出：庄有各种别名，如庄田、田庄、庄园、庄宅、庄院、山庄、园、田园、田业、墅、别墅、别业等名称，实际上都是一个地主所拥有的一个农业生产单位（孙继民和张重艳，2015）。

据大英百科全书解释，庄园是一种大型私人居所，通常建于中世纪，一般包括周围的土地和建筑物。中世纪英、法等国出现带有防御设施的庄园宅邸，宅邸中的大厅为庄园主的会议厅和佃户集会的场所。

农庄是中国古代和中世纪欧洲共同存在的生产组织形式，是当时社会贵族的居所，也是一种自治的多功能的经济、社会、政治和文化的有机体，对社会的发展与文化的传承起着十分重要的作用。

我国的庄园起源于东汉初期，衰落于清代末期。著名历史学家王晓毅在《中国文化的清流》中写道："庄园是在传统的封建经济形态中迅速发展起来的一种新的生产组织形式。这种自给自足、多种经营的庄园，看起来是那样安逸无害，甚至蒙着田园诗般的面纱，但它却是这一时期社会猛烈动荡以及学术思想剧变的最根本原因。"

河南巩义康百万庄园主宅

河南巩义康百万庄园是明清时期曾经富甲一方的康氏家族的生活场所。康百万庄园始建于明朝晚期，历经康家12代，纵跨明、清、民国3个时期400余年的经营建造，距今已有近500年的历史。

康百万庄园依山傍水，由19个功能齐全、布局严谨、等级森严、风格各异的建筑群构成，建筑面积6.43万平方米，有33个庭院、53座楼房、97间平房、73孔窑洞，共571间房屋。

康百万庄园的建筑风格，既保留了黄土高原民居和北方四合院的形式，又吸收了官府、园林和军事堡垒建筑的特点，门类齐全、布局合理、设计精巧、独具特色，融南方之古朴幽雅与北方之粗犷厚重于一体，是中原民居中最有代表性的古建筑群体，被誉为中原艺术的奇葩。

英国的庄园起源于 1066 年诺曼王朝，加速了早已开始的封建化进程；1086 年英王威廉编成土地清丈册，大封建领主在各自的领土上建起大量的封建庄园；12 世纪英国庄园经济迅速发展，13 世纪达到鼎盛时期，14、15 世纪渐趋式微，16 世纪最终瓦解。《纽约时报》评《唐顿庄园》："掀开了英国贵族文化的衬裙……真正的贵族不是生活方式上细枝末节的奢华，而是沉稳的性格及守护传统的责任。"

庄园形成于生产力相对低下、商品货币经济不发达的社会背景，土地兼并形成大地产，行政上不受国家领导，类似"国中之国"，庄园内实行农奴制，庄园主对劳动力具有人身约束特权，自给自足的自然经济色彩浓厚。英国历史学家亨利·斯坦利·贝内特著《英国庄园生活：1150—1400 年农民生活状况研究》，一方面生动再现了英国乡村生活的场景，另一方面，书中围绕宗教和法律两个至关重要的因素，研究了庄园生活背后蕴含的深刻思想和独特内容。

"黑暗的中世纪"不仅不那么黑暗，而且充满了理性之光。庄园生活史，就是一部凭借法律的力量来争取权利和摆脱不合理负担的历史。

英国庄园不仅仅是一具空壳，它当中的丰沛充盈需要慢慢品味——蔓延在西方上层社会的庄园，不仅是赏心悦目的风景，更是一种彻底的精神和文化奇观。

随着社会制度的重大变革，庄园在全世界范围内逐渐瓦解，但是庄园生产形式留下高效的生产方式及其高品质的生活方式在当代仍然显示出独特的魅力。

英国沃德斯登庄园

位于英国白金汉郡洛奇山顶，俯瞰艾尔斯伯里山谷的沃德斯登庄园建于 1874 年至 1889 年，第一任主人是费纳德·罗斯柴尔德。它是凝固的历史，见证了犹太红盾望族的辉煌，它是艺术的宝藏，怀中奇珍异宝价值连城。投入其中，无疑是一次饕餮历史、建筑、艺术和园艺的忘情之旅。

罗斯柴尔德家族的名字源于 16 世纪祖先房子的名称——Zum Rotten Schild，意为“红色之盾”。罗斯柴尔德家族对于许多人来说是一个传奇。在 250 年前，第一代的麦尔·罗斯柴尔德开始创业时，也只是德国法兰克福的一个普通犹太商人，在不到 100 年的时间，这个家族已经是一个拥有 50 亿美元、富过八代的财富家族，他们曾控制并主宰西方世界的金融业长达百年，他们被认为是用金钱征服世界的“第六帝国”。

麦尔于 1743 年或 1744 年生于法兰克福。他头脑精明，从事古董交易，出奇制胜的一招就是将古钱币以邮购的方式有计划地推销给各地的皇亲贵族。因此，积累了丰厚资本，并与收藏家中的贵族建立了交情，从而得以涉足银行业。到 18 世纪 90 年代，他已成为法兰克福巨富之一，业务网络遍布阿姆斯特丹、维也纳、巴黎、伦敦以及整个德国。

当时，在法兰克福，像其他犹太人一样，罗斯柴尔德家族被限制聚居在设有围墙的犹太社区，环境偏僻、狭窄而又肮脏。麦尔与妻子共生了 19 个子女，其中 10 个长大成人。这些孩子的童年都在按照犹太社区标准建造的仅仅有 14 英尺*宽的房子中度过。由于房间太少，晚上睡觉的时候，麦尔和 5 个儿子一起挤在一个阁楼房间里。日后，5 个儿子都成了举世罕见的金融奇才，

* 英尺为非法定计量单位，1 英尺≈0.305 米。——编者注

分别在欧洲各国叱咤风云，并共同建立了罗斯柴尔德国际金融王国。

罗斯柴尔德家族永远不会忘记，也从不隐瞒这段窘迫历史。

费纳德的父亲安塞姆逝世于1874年7月，根据遗嘱，费纳德和兄弟共分得了父亲企业资产中的800万英镑。

费纳德想利用这笔钱买块地皮建城堡。1874年5月，爵位显赫而财力不丰的马尔伯勒公爵看到地价上涨，准备出售位于白金汉郡的2700英亩土地。费纳德很快完成了购买事宜。

费纳德聘用了当时法国最著名的建筑师之一加布里埃尔-西波立特·德思塔耶，打造了这座在英格兰境内最有法国特色大型精美的庄园。

沃德斯登庄园中陈列了大量17～18世纪的法国瓷器和家具，文艺复兴时的欧洲名画、壁挂、墙壁镶板、地毯、吊灯。

现年76岁的雅各布·罗斯柴尔德，1988年从表兄詹姆斯的遗孀手里继承了沃德斯登庄园。

沃德斯登庄园接待过诸如英国维多利亚女王、伊丽莎白二世、前首相撒切尔夫人及美国前总统里根和克林顿等皇族名流。如今，这里作为沃德斯登庄园博物馆对公众开放，罗斯柴尔德家族的藏品在时间的洗练中愈发熠熠生辉。

2. 庄园今生为农业先进生产的代表

现代庄园经济的发展改变了农业与消费者关系，它提供了一个与消费者互动交流的平台，可以切入消费者生活的方方面面。与此同时，现在农业庄园正在从单一的农业种养向一个更加系统化的多功能有机体演变，其中包括依托于农业基础的农副产品加工、依托于自然生态景观的观光休闲、依托于优质生活环境的旅游度假、依托于健康生活方式的养生养老、依托于有机绿色农产品的生产基地和依托于文化内涵的交流平台。

我国最早由政府部门认定的现代庄园经济方案是 1996 年提出的新疆“中国西部金色庄园工程”（于建嵘，1999）。1997 年 3 月，广东省龙汇庄园有限公司，以“统一租地、统一规划、统一开发、统一收益、一次投资、二八分成、50 年不变、产权归己”的模式，揭开了现代庄园经济招商的序幕，随后，在广东、海南、湖南、湖北、山西等地也先后出现了各种形式的庄园（于建嵘，1999）。

这种由广东首创的“庄园经济”发展模式，在大江南北蓬勃兴起，如辽宁辽中的“旅游庄园”、山西左权和榆次等地的“生态庄园”、广东番禺的“观光庄园”、北京郊区的“文化庄园”、成都的“金阳庄园”、武汉的“生态农业园”以及云南省普洱和玉溪创造的“柏联普洱茶庄园”和“玉溪庄园”等都取得了明显的经济效益、社会效益和生态效益，在农业现代化、产业化进程中扮演着十分重要的角色。

2005 年，山西左权县大力发展生态庄园经济，截至 2008 年全县发展生态庄园 118 处，经营规模 21 万亩。至 2013 年，全县生态庄园开发 241 处，经营面积达到 35 万亩。

我国政府和学者至今还没有给“庄园经济”一个明确的定义。学界普遍认同的观点为：①现代农村庄园经济有别于中国封建时期传统意义上的庄园制度；②现代庄园经济是一种建立在土地资本化、资产股份化、融资市场化、经营规模化、管理企业化基础上的农业开发和经营组织形式（王磊和李野，2011)；③农村庄园经济是一种农业产业化开发模式，具有资本创新、技术创新和功能创新的特点（表 1）。

虽然政府层面并没有给“庄园经济”一个正式的说法，但是，不少具有官方背景的人对庄园经济持肯定态度。

表 1　现代庄园与传统庄园的区别

	现代庄园经济	传统庄园经济
土地权属	实行土地所有权与使用权及经营权分离的组织形式，它通过标准化合约和经营代理制，将农村土地的使用权投向市场，是对我国农村土地资源配置市场化的重要探索	封建领主在大土地所有制基础上创办的田产经营组织制度
产业特征	将分散资金筹集起来进行规模农业生产的有效方式，是农业投资体制的大胆改革	自给自足的自然经济
生产效率	以资本的方式使城乡紧密联系在一起，一、二、三产业联动，推动农业生产效率提高	低效农业，只是简单劳动与土地的结合

庄园在当代被赋予新的涵义，融入家庭农场、农庄等新型农业生产组织之中，开始走向现代化、专业化、多功能化，得以延续与发展，并表现出强劲的生命力，成为特色农镇的重要组成部分。

农业部农村社会事业发展中心主任　王秀忠

近年来，现代农庄经济以市场为导向、以科技为支撑、以资本为纽带、以文化为特色，积极拓展农业功能，集中体现了多元化投资主体、多样化农庄类型、规模化生产经营、企业化管理运营、品牌化营销策略 5 大特征。对于加快发展现代农业、培育新型农民、建设美丽乡村、推进城乡一体化发展具有十分重要的理论价值和实践意义。

华中师范大学中国农村问题研究中心主任　徐勇

庄园经济是资本农业的有效载体：以市场为导向，引进先进生产要素，实现生产要素的优化配置，比较效益较高，创业者素质高，资本和劳动有效结合，走出一条有中国特色的农业发展之路——庄园主和农工不是人身依附关系，而是共生共荣关系。

云南省委书记　秦光荣

积极借鉴发达国家发展庄园经济的经验，把现代庄园经济作为一种重要组织方式、一种重要发展模式、一种重要实现途径，来推动我省高原特色农业实现大变革、大飞跃、大发展，形成一大批高原特色农业精品庄园，产出一大批高原特色农业产品。

烟台张裕卡斯特酒庄

酒庄指一个陆地单位，通常开展葡萄的种植，葡萄酒的酿造和贮存，以及葡萄酒的灌装等。酒庄是一个在产、供、销、游模式的基础上，以酒品营销为主，辅之酒文化博览，酒品与餐饮文化深度体验，以及生态度假相结合经营的商业单位。酒庄的功能包括酒品生产——红酒生产、销售为核心；商务会所——商务、养生度假平台；休闲度假——休闲旅游，高端餐饮服务；房产开发——别墅功能与酒庄文化的有机结合，提升了养生度假、生态居住的品味。

烟台张裕卡斯特酒庄由中国葡萄酒业巨头张裕公司和法国葡萄酒业巨头卡斯特公司合资兴建，位于烟台至蓬莱的黄金旅游线上。酒庄占地 2 100 亩，其中酿酒葡萄园 500 亩，主体建筑 50 亩，葡萄长廊、道路 20 亩。酒庄建筑为欧式园林风格，已经成长为中国最著名的庄园之一与最著名的葡萄酒品牌之一。

台湾清境农场

台湾清境位于南投县仁爱乡，全部面积广达800多公顷，而其中的清境农场面积约有760公顷。清境农场设有国民宾馆、青青草原、畜牧中心、旅游服务中心、游客休闲中心、寿山园生态区、清境小瑞士花园，将自然景观与农牧生产相结合以发展休闲农业。清境农场因海拔高1 748米，地势高出产高山蔬果、花卉、茶叶及畜牧养殖等。清境农场多元化的经营，以温带水果为清境农场最主要农产，以水蜜桃、苹果、梨、加州李为主。

清境农场原是台湾退辅会所经营的公营事业，原名“见晴农场”。如今的清境农场已经从单纯的农场，发展成台湾热门的观光农场。这个被台湾人称作“雾上桃源”的地方，不但拥有海拔2 000米的高山草原，台湾少数民族抗日最悲壮的一页、全台最为集中的欧式民宿群，还有艰辛的开垦史。

（四）特色农业小镇的核心细胞家庭农场

农户是农业生产最基本、最主要的生产组织单元，是农业发展最重要的力量，我国农业基本是以传统小规模农户家庭经营为主，组织化程度较低，农业生产基本是依靠经验积累，科技成分不足。近些年来，传统农业生产关系在多个方面开始不能适应新的生产力，以家庭农场、专业种养大户、农民专业合作社为主的新型农业经营主体不断涌现。面对这些新变化，“十二五”

期间中央政府正式提出大力发展以家庭成员为主的家庭农场。

特色农镇的形成，其生产也一定是建立在家庭生产单元基础之上，但是这种家庭不应是传统的农户家庭，而是采用现代科学管理方式、具有一定生产规模的职业农民家庭，即现代农业家庭农场与专业种养大户。如果现代农业家庭农业生产规模过小，农业生产经营收入不足难以支撑职业农民家庭农业持续经营，小镇的农业也不能良性发展；如果农业生产规模过大，由农业公司类主体进行经营，农业生产效益、文化多样性以及农业多功能性不一定能得到很好的诠释。因此，有一定生产规模的职业农民家庭生产单元才能在保持自身生产可持续发展的前提下，对区域农业生产进行很好的继承与发扬。在现代生产关系的渗透下，以职业农民家庭农场为代表的生产单元会以“农户＋公司”等多种组织形式出现，并且在农业公司组织下，根据农业产业链布局进行分工合作，变单干为联合、联盟，为小镇特色农业发展创造制度优势。

事实上，现代家庭农场作为特色农镇的基本“细胞”，特色农镇由众多现代家庭农场和几个现代农业园区（现代农庄）组成，特色农镇要有生命力，首先要让现代家庭农场不仅具有生产功能，而且还具有生活功能，是以农、林、牧、渔等特色农业生产、加工、经营为基础，以乡土文化、农作生产、农村生活为引线，以现代农业、生态林业、休闲养生、旅游度假和特色农镇建设为贯穿，充分融入科技、文化、创意、创业等发展要素，建筑与田园优化配置，实现生产、生活、生态融合的农业持续发展，实现城市与乡村和谐共荣、互惠互利的创新载体。

不同类型家庭农场定位与规模

①龙井茶主题家庭农场

定位：龙井茶种植、加工、观光、餐饮等。

规模：山坡地50～60亩。

品种：龙井43。

社会效益：开展龙井茶相关科普教育，每年游客 2 万人次。

②葡萄主题的家庭农场

定位：种植、加工、观光、餐饮等。

规模：山坡地或平地 50～60 亩（避雨设施）。

社会效益：开展葡萄采摘、科普教育，每年游客 2 万人次。

③草莓主题的家庭农场

定位：高品质、高产、节地的高科技种植模式。

规模：平地 20～30 亩（连栋温室）。

品种：红霞、章姬；产量：5 千克/米^2（亩产 3 335 千克）。

④番茄主题的家庭农场

定位：高品质、高产、节地的高科技种植模式。

规模：平地 20～30 亩（连栋温室）。

长季节基质栽培模式，优点：高品质、高产、省地、省工、无农药，空间利用率提高 60%，产量 40 千克/米^2（亩产 25 000 千克）。

⑤香料植物主题的家庭农场

定位：香料植物种植、加工、观光、餐饮等。

规模：15～20 亩，温室面积 1 000 米^2。

社会效益：开展香料植物相关科普教育，每年游客 6 万人次。

⑥仙人掌主题家庭农场

定位：仙人掌种植、观光、体验、餐饮等。

规模：15～20 亩，其中温室面积 3 000 米^2。

社会效益：开展仙人掌相关科普教育，每年游客 6 万人次。

⑦生态循环主题家庭农场

定位：种植、养殖、观光、体验等。

规模：150～200 亩，其中设施面积 50～60 亩。

社会效益：开展生态循环农业科普教育，每年游客 6 万人次。

三、特色农业小镇里农业的重要特征

农业在小镇的发展史中占有十分重要的地位，即小镇成长一般伴随着农业的发展，并不断向工业、商业、旅游业演化，在这一演化过程中，只有很少一部分小镇演化为特色农镇。能够支持小镇演化为特色农镇的农业一般具有以下几个显著的特征。

（一）农业特色鲜明并强力支撑经济发展

特色农镇的建设，绝不是通过引入建设主体凭空拔地而起的一个小镇，而应是在充分考虑小镇农业生产的基础上，通过优化农业经营机制，广泛推行标准化、生态化、机械化、适度规模化生产方式，大力提升特色农业发展水平，并将特色农业发展成为农民增收致富的重要来源。

特色农镇着眼于将农业产业作为一个有机整体进行系统化开发，十分注重提升农业的市场竞争力，坚持发展、整合、集聚、提升并重，强化农业三次产业联动发展与产镇融合化发展，打造产业特色鲜明、经济效益显著、产品品牌知名、乡土文化厚重的特色农业生产基地，形成功能分区明显、要素集约集聚的农业产业集群。

特色农镇并不一定以农业为主业，但农业在小镇的经济社会发展中一定占有十分重要的地位。农业 GDP 总量或者占比较高，且是较多农民的重要收入来源。强大农业生产能力能够为当地的工业化、城镇化提供农产品、劳动力、商贸、现金流、土地等多种支撑，优美的农业生产环境能够为居民提供良好的休憩场所。

（二）农耕文明深厚并在传承中不断创新

农耕文明决定了中华文化的特征，农业在中国五千年的发展中起着决定作用。聚族而居、精耕细作的农业文明孕育了内敛式自给自足的生活方式、文化传统、农政思想、乡村管理制度等，与今天提倡的绿色、和谐的理念不谋而合。几十年乃至上百年的农业历史也为特色农镇积累了大量的、珍贵的地方农业文化（谢高地，2013）。

特色农镇一定注重结合地域文化特色，充分发掘、整合、利用文化资源优势，将历史文化、餐饮文化、民俗文化、农耕文化等植入小镇建设的各个层面和领域，并保持农业文化的原生性与鲜活性，使无形的农业文化变成集聚财气、集聚人气的发展资本。

历经千年却历久弥香，渐次发展成农业小镇，并独具特色。这样的小镇一定是农耕文明深厚的小镇，一定是有一群坚守并注重传承农耕文明的人与制度。同时，传承与创新一定与社会经济发展变迁相关联，结合社会发展前沿，对地方文化进行继承、创新、再继承、再创新，尊重历史文化，但绝不墨守成规。

（三）产业链条健全且三次产业融合发展

农业的传统增长方式多依赖农产品数量的增长。但是，随着社会发展方式的变革，经济增长的重心由生产制造环节向加工物流环节转变，农业增长也不例外。

当前，农业生产的产后环节，包括加工、物流、营销与休闲观光等，成为农业价值集聚与价值增值的主要环节，农业生产环节创造的价值在农业全产业链中的占比不断下降且波动频繁，而产后环节创造的价值在农业全产业链中的占比不断提高且相对稳定。精深加工、产品集散、休闲观光、文化推介与专业化服务等，形成农业全产业链的关键环节，只有主导或参与这些环节的发展，让不同环节的主体结成利益共同体，才能让农业生产源头分享农业发展、社会发展产生的利润，进而保持特色农业发展并进一步做大做强。

如果没有这样一种融合发展机制，农业生产源头将是一盘散沙，无法形成稳定的生产预期，特色农业区域化发展几无可能。特色农镇是在做强特色农业的基础上，进一步拓展农业的多种功能、健全产业链条，将第一产业与涉农第二产业、第三产业的发展结合起来，进一步促进第一产业、涉农第二产业产生第三产业的价值，进而实现三次产业融合发展。做好这些工作，特色农镇才能更好地执行产业发展、文化传播、休闲旅游和生活服务等叠加的社区功能。

（四）生产生活生态等多种功能和谐共振

特色农镇必须生产发达，农业生产能力强大，能够为当地农民提供丰富的保证身心健康的农产品，能够为当地农民提供足够的就业机会，并能够从商业发展、现金流形成、产品供应、土地支持等多个方面为当地的工业化与城镇化提供有力支撑。

与现代农业园区相比，特色农镇的社区功能突出，其发展目的是让在这里的居民能够长期安心生活，需要建设大量的住房供小镇的人居住，并建设相应的学校、医院、公共服务中心、商店、体育、旅馆等多种配套设施，使小镇既享有城市生活的便利，也享有乡村生活的舒适。

因小镇坚持农业生态化发展，与城市相比，小镇的空气改良、景观营造、生态涵养等生态功能突出。因为农业孕育生命，长期以来形成了朴素的价值观与农耕文化，小镇生产关系融洽，邻里和睦相处，年轻人朝气蓬勃，小镇生机勃勃。

因为小镇产业体系完整、生产发达，能提供大量农业的与非农业的就业岗位，能够保证愿意工作的劳动力都能够得到一份稳定收入，并且这份收入至少能够维持就业者的生计所需，享受小康生活，小镇具有生计功能。

（五）注重公共服务并建有科技支撑体系

特色农镇是个发达、美丽、微笑和安心的地方，这是它的魅力，也是它的生命线，如果不能让人感受到这些特质，那么特色农镇将丧失竞争优势，不能吸引更多的人进驻，其发展也将落入一般传统发展路径。为充分展示其发达、美丽、微笑和安心的内在特质，特色农镇必须加强公共服务，提供更加优质、更加广泛的服务。

首先，特色农镇需配套公共服务设施。这些公共服务设施主要为原住居民和新居民提供生产、生活、生态等方面的服务，包括道路、交通、通信、教育、医疗、娱乐、餐饮、休闲、健身、咨询等多个方面的基础设施以及相应的管理，确保这里的居民能够享市井之便与乡村之恋。

其次，特色农镇根据需要，应有选择地建立农业公共服务中心。该中心涵盖农技推广、动植物疫病防控、农产品质量监管、土地流转服务、农产品市场营销、政策性农业保险、农村金融咨询、信贷办理等公益性功能，拓展工厂化育苗、农机作业、农机维修、农资供应、电子商务等经营性服务功能，满足新型农业生产经营主体和广大农民群众个性化、多样性的生产性服务需求。

最后，特色农镇应建有更加完善的科技服务体系。在发展历史变迁中，特色农业小镇重视农业科技，注重生产技术积累，培育自己的农技推广队伍，不断引进先进农业生产技术，并形成自己的技术服务体系，在众多小镇中脱颖而出，为特色农业的发展提供强有力的支撑，并促进小镇脱颖而出。

四、特色农业小镇的中西方情怀

（一）特色农业小镇的西方情怀

在大部分英国人心里，最理想的生活是赚到足够的钱去乡下买一间房舍，有着边际遥远的绿草坪和点缀其间的各种百年老树，房舍附近的花园里有灿烂的玫瑰，坐在养着盆栽秋海棠的小客厅里喝茶、看书，等待访客按铃，即便一生都实现不了这个理想，但这种梦一直代代相传。英国知名记者杰瑞米·帕克斯曼曾提出：英国人坚持认为他们不属于城市，而属于并不居住的乡村。

早在 1898 年，针对工业革命之后西方城市所出现的拥挤、污染等城市问题，英国城市规划师霍华德提出田园城市理论，其定义是一种兼有城市和乡村优点的理想城市，城市四周被农地围绕，严格控制城市规模，保证每户居民都能极为方便地接近自然，自给自足。

霍华德在田园理论中指出，城镇居住地中，四周围绕农业用地（耕地、牧场、果园、森林），还包括农业学院、疗养院。城镇的中央是一个公园，主干道从中心向外辐射。城镇用地与农业用地为 1∶5，以宽阔的农田林地环抱美丽的人居环境，兼有城市和乡村优点的生态城市。

自此之后，英国乡村小镇大多按照霍华德的理念建设，英国乡村小镇因此而发达，因此而美丽。

法国格拉斯香水小镇——全世界的香水之都

现代香水发端于 16 世纪法国南部的小镇格拉斯，俗话说：“世界的浪漫”在法国，法国的香氛在格拉斯小镇。

格拉斯小镇位于法国东南部，地中海和南阿尔卑斯山之间，是一座环境优美清幽、气候温和湿润、街道交错狭窄的中世纪小城。它地处山区，较为温暖，距离海边 20 公里路程，特殊的气候非常适合花卉种植，再加上地区人文和产业偏好，小镇重点产业逐渐偏向花卉种植业及香水工业。花卉种植业包括茉莉、月下香、玫瑰、水仙、风信子、紫罗兰、康乃馨及薰衣草等众多品种，其香精成为众多香水师趋之若鹜的理由。

法国是世界第一香水出口大国，占全世界香水出口量的 38%。而位居蔚蓝海岸的美丽小镇——格拉斯，则是法国香水的第一产地，这个不到 4 万人的地方，有超过 30 家的香水工厂。自 18 世纪末以来，格拉斯的香水制造业一直相当繁荣，风靡世界的品牌香奈儿 5 号香水就诞生于此，它也为法国赢得了“香水之国”的美誉。

格拉斯小镇生产法国 2/3 的天然芳香精，用于制造香水和食品调味料，每年香水业为小镇创造超过 6 亿欧元的财富。小镇因为香水也设有国际香水博物馆、弗拉戈纳尔美术馆、弗拉戈纳尔香水工厂、普罗旺斯艺术历史博物馆等著名景点，吸引全世界的爱香及旅游的人士到来。格拉斯每年举行国际玫瑰博览会和“茉莉花节”，在茉莉花节要举行盛大的活动，装饰华丽的花车穿过市镇，并设置焰火、免费派对、民间音乐团体和个人的街头表演等活动。格拉斯小镇已成为探访香水之路的旅行者们争相拜访的胜地之一。

格拉斯小镇傍山而建，陡峭的台阶像一条条蜿蜒的带子，把小镇那些散落的塔式建筑和窄窄的石板路串在了一起。这里面朝大海，夏季地中海吹来的季风湿润宜人，阿尔卑斯山下的地下水加上充足的阳光，使格拉斯成为花草优生地带。冬季圣诞节后，来自澳大利亚的黄绒花将格拉斯及整个蓝色海岸染成金黄色；春季，染料木的黄花取代黄绒花；夏季，田中是紫色的薰衣草；5、6 月是玫瑰的季节，7 月至 9 月茉莉盛开。此外，还有月下香、水仙、风信子、紫罗兰、康乃馨……由于格拉斯位处坡地，各个品种的花均找到了自己需要的海拔高度而各得其乐。每年在这个地区采集的花朵有 700 万千克之多。

在格拉斯小镇附近的山丘里，一座宁静的溪谷若隐若现，蜿蜒的乡间小路从中间划开，一条叫塞瓦涅的小溪平静地流过，另一边平坦的玫瑰与茉莉花田就是世界著名的香水胜地。这座名为 Le Petit Campadieu 的花田，法语的意思为“上帝的小营地”，是世界上最著名的香水的原料供应地。

其实，法国小镇格拉斯最初成名于皮革业，后来因环境污染发展了养花，再后来格拉斯便借了花的精髓成了世界的香水之都，如今旅游业又成了小镇的主导产业。由此可见，格拉斯小镇历经了多次的产业转型，并最终走上了以绿色农业为基础（鲜花）、新型工业为主导（香水）、现代服务业为支撑（旅游）的经济发展模式。

第一次转型从 16 世纪初开始一直持续到 17 世纪中叶，这次转型使格拉斯人抛弃了污染严重的手工皮手套生产，转而生产更环保、附加值也更高的香精和香水。这次转型有两个方面的成功之处，第一是实现了香味皮手套对异味皮手套的淘汰，实现了产业的升级换代，提高了人们的生活质量；第二是善于发现商机的手工匠们主动放弃了皮手套产业，转而进入附加值更高、具有更大社会需求的新兴产业——香精和香水产业，以获取更高的收益。

小镇第二次转型是近半个世纪左右的事情，它成功融入了全球产业链。今天，小镇里一般使用蒸馏法来提炼精油，为了保证精油的质量，尽管成本很高但是作为原料的鲜花一直是手工采摘，特别是当地一种素馨花只能在凌晨 4 点到上午 10 点间采摘，这种近乎苛刻的传统被一代代沿袭了下来。由于格拉斯本地采摘的鲜花成本过高，使得香水制造厂商进而转向进口原材料，比如高质量的玫瑰花从保加利亚、土耳其和摩洛哥等国进口；茉莉花来自埃及、意大利；依兰来自热带的科摩罗和印度尼西亚；苦橙和柠檬主要产地也是意大利；珍贵原料广藿香则多从印尼进口。

格拉斯小镇始终保持着活力，如今也仍在转型与发展中。

（引自《国外特色小镇，都是如何打造的》）

丹麦卡伦堡——工业共生的生态之城

想象一下，若工业城市的产业链就像条食物链，A公司的废物是B公司的食物，发电厂的蒸汽提供给制药厂，制药厂的污泥变成邻近农场的肥料，这样的模式可能发生吗？

丹麦卡伦堡市正是企业共生与循环经济的体现。卡伦堡位于丹麦首都哥本哈根西边约100千米，是个规模不大的小镇，居民约5万人。过去40年来，卡伦堡创造出产业共生模式，“你的废物是我的原料”概念，证明跨产业的资源循环利用并非梦想。

最初，这里只有一座火力发电厂和一座炼油厂。经过数年的发展，20世纪60年代末开始，卡伦堡的主要企业相互间交换蒸汽、不同温度和不同纯净度的水以及各种副产品或者“废料”。80年代以来，当地发展部门意识到它们逐渐地也是自发地创造了一种体系，将其称之为“工业共生体系”。“工业共生体系”的发展使这个不为人知的小镇在世界上知名起来，历经几十年的发展，其规模和影响力不断扩大，已经成为其他国家发展循环经济、实施区域循环经济的传统典范。

据了解，目前在卡伦堡工业共生体系中主要有4家企业：丹麦最大的火力发电厂阿斯耐斯瓦尔盖发电厂，发电能力为150万千瓦时；丹麦最大的炼油厂斯塔朵尔炼油厂，年产量超过 300 万吨，消耗原油 500 多万吨；丹麦最大的生物工程公司挪伏·挪尔迪斯克公司；瑞典企业吉普洛克石膏材料公司。

卡伦堡市政府也参与了该共生体系的运行，它使用发电厂出售的蒸汽给全市供暖。共生体系内的成员相互间的距离不超过数百米，由专门的管道系统连接在一起。此外，工业园区内还有硫酸厂、水泥厂、农场等企业参与到工业共生体系中。

由于进行了合理的链接，能源和副产品在这些企业中得以多级重复利用。这些企业以能源、水和废物的形式进行物质交易，一家企业的废弃物成为另一家企业的原料。炼油厂的废水经过生物净化处理，输送到发电厂，作为发电厂冷却发电机组的冷却水。炼油厂生产的多余燃气则作为燃料供给发电厂，部分替代煤和石油，每年能够使发电厂节约煤 3 万吨，节约石油 1.9 万吨。同时这些燃气还供应给石膏材料厂用于石膏板生产的干燥之用。发电厂产生的蒸汽供给炼油厂和制药厂（发酵池），同时，发电厂也把蒸汽出售给石膏厂和市政府，它甚至还给一家养殖场提供热水。发电厂一年产生的 7 万吨飞灰，被水泥厂用来生产水泥。企业间通过这种“互助”，实现了废弃物的循环利用，达到了节能减排的目的。

据了解，卡伦堡 16 个废料交换工程总投资为 6 000 万美元，而由此产生的效益每年超过 1 000 万美元，取得了巨大的环境效益和经济效益。

探求卡伦堡小镇的发展动力，可以看出，第一个驱动力来自政策机制。政府在制度安排上对污染排放实行强制性的高收费政策，使得污染物的排放成为一种成本要素。例如，对各种污染废弃物按照数量征收废弃物排放税，而且排放税逐步提高，迫使企业少排放污染物。为了防止企业在追求利益的动机驱动下隐瞒危险废弃物、逃避废弃物排放税而给社会造成巨大危害，对于危险废弃物免征排放税，采取申报制度，由政府组织专门机构进行处理。与此同时，对于减少污染排放则给予经济激励。这是卡伦堡生态工业模式产生的基本原因。

第二个驱动力来自企业经济效益和长期发展。卡伦堡地区水资源缺乏，地下水很昂贵，发电厂的冷却水若直接排放不仅会导致水的供给短缺，使得当地其他企业无水可用，发展受到限制，而且还要缴纳污水排放税。因此，其他企业就主动与发电厂签订协议，利用发电厂产生的冷却水和余热。因为在卡伦堡，对于那几家企业来说，加工废水重新利用与缴纳污水排放税相比可以节约50%的成本；而与直接取用新地下水相比可以节约成本约75%。因此，水的循环利用成为最早循环利用的生产要素。这是卡伦堡生态工业存在并发展的核心。

第三个驱动力来自企业的生态道德和社会责任。卡伦堡的制药厂利用制药产生的有机废弃物制造有机肥料，免费送给周围的农场使用，作为回报，企业从农场获得农产品做原料，使制药厂与农场之间成为循环经济联合体，实现了污染物的零排放。这是制药企业追求对社会负责任形象和生态道德的结果。

同时，丹麦卡伦堡还积极打造绿色宜居环境，引导地区居民健康的生活方式，形成绿色生产和生活方式的良性循环。

（引自《国外特色小镇，都是如何打造的》）

（二）特色农业小镇的东方情怀

我们必须明确，特色农镇建设首要目标和任务就是为了当地农民理想的生活，让当地农民发展农业产业，住上漂亮房子，享受幸福生活。同时，也要考虑到我国是个农业大国，大多数人都与农村有着脱不开的情结。改革开放初期我国的人口结构，80%以上的人为农业户口，当前虽然城镇化率达到了56.1%，但多数人出生或成长在农村，农村与农业是他们抹不去的记忆，因此，我国绝大多数人的“乡愁”在农村。

随着社会的发展与工业化、城镇化的深入推进，大约一半原来生活在农村的人走进了城市，在城市工作、生活。同时，城市也不断扩大，出现如上海、北京、广州、深圳等一线特大城市。大城市给人们生活带来便利的同时，也带来了较多的弊端：人口膨胀、交通拥挤、住房困难、环境恶化、资源紧张、食物安全问题，等等。城市之大，容不下“乡愁”，人们在大城市里是“过而不在其中”。

大城市发展的多种弊端，引起人们对我国发展路线进行反思。是走大城市路线还是走中小城镇路线？我国著名的社会学家费孝通在他的晚年曾经指出，中国应该走小城镇发展模式，通过小城镇解决大城市发展中的弊端。因此，在当前社会发展到后工业化时代，先富裕起来的一部分人开始向往特色农镇的生活，希望在特色农镇置业生活、修身养性、回归自然。

由于特色农镇建设是近年来刚刚兴起的、将彻底改变中国农村落后面貌的一项伟大工程，至今还很少有集生产、生活、生态、生计和生机于一体，并且有商业模式可供城里人置业的联想特色农镇建成。但是，杭州蓝城、绿城集团在杭州郊区临安打造的桃李春风小镇，虽然尚缺乏农业产业功能，却已经完美展示出江南特色农镇的房子怎么建，里面居民的日子怎么过，打造了中国特色农镇生活的新里程。

桃李春风小镇的案例给我们一个启示：我们能否通过对原来村庄和小镇的宅基地进行科学有序的整理，在优先满足当地原住居民中式庭院住房建设用地需要的前提下，腾出一些建设用地用来造一些适合有“乡愁”、愿意过田园生活的城里人居住的商品房。这种具有乡村情怀与文化归属感的中式庭院很受城市居民的欢迎，通过出售商品房赚到的利润补贴原住居民建房和特色农镇公共设施建设，进而达到特色农镇建设资金平衡。这种商业模式值得进一步探索。

杭州临安桃李春风小镇

杭州蓝城、绿城集团在杭州郊区临安开发具有乡愁的中式庭院住房，不仅适合农户居住，而且为具有“三农”情结的城市居民打通在特色农镇生活的通道。

蓝城、绿城集团为这个新型住宅区取了一个富有乡村气息的名字“桃李春风小镇”。房子都是具有江南特色的庭院，每套房子加庭院占地 83～183 平方米，按照 1∶1 比例配置院落，也就是一分多一点到三分地，完全是在农民宅基地的范围内。房子拥有全新精装内涵，地暖、新风系统、紧急呼叫系统……融入老年化设计、无障碍设计；独享私密的中式院子，配备定制化菜园，称之为“微农庄”；天人合一的中国传统居住文化，坐北朝南，自然通透，日照充足，让小镇里的居民能够真正过上霍华德所描述的田园城市生活。小镇还邀请知名医疗、教育等优势资源加盟，以“小镇中心”为核心完善配套设施，丰富园区生活内容。此外，利用互联网＋的大数据及智能化应用，实现线上线下健康数据信息服务，构建大健康管理服务系统，提升个性化居家需求服务水平。虽然这样的农镇设计营造尚没有解决多功能和特色农业产业问题，但已经呈现未来理想农镇房子怎么造，原住居民和新住居民生活怎么过的概貌。目前，蓝城、绿城集团在大量农镇设计建设中，以原住居民优先，以农业科技优先，致力于多功能和特色农业产业发展，并与房子建设和居民生活统筹融合。

通过这样的农镇建设新理念和新模式，利用蓝城、绿城集团的创造力与资金实力，不仅可以首先改善当地农户的住房条件，满足向往乡村生活的城市居民的愿望，而且可以解决地方美丽乡村与新型农镇建设所需要的大额资金，为地方引入了新鲜生活力量，达到多方共赢。

五、特色农业小镇的产业

（一）农业发展需要面对的关键问题

农业是人类的衣食之源、生存之本，也是解决人类生存条件最基本的行业。它为国民经济的其他部门提供粮食、副食品、工业原料、资金和出口物质，是其他生产部门的前提和进一步发展的基础，也是一切非生产部门存在和发展的基础，国民经济其他部门发展的规模和速度都要受到农业发展水平高低的制约。农业发展关系社会发展的多个方面，成为多方利益博弈的焦点。

第一，政府要粮食。中国是个超级人口大国，必须确保粮食安全，13亿人口的饭碗必须端在自己的手上，这关乎国家战略安全。但是在蔬菜、水果、畜禽、水产、中药材、苗木等高效益的驱动下以及城镇化与工业化深入推进的夹击下，农民种粮效益较低、积极性下降，粮食种植空间不断被蚕食，国家粮食安全受到挑战。

第二，农民要效益。粮食安全的主体是政府，粮食生产的主体是农民，农民与政府的出发点不同，农民以利益为导向，生产行动直接与利益挂钩，不会从宏观上考虑国家的战略安全。因此，在当前种粮效益低下、农业副业效益较高的比较效益驱动下，高效生态农业发展动力相对充足，而担负战略安全的粮食产业发展动力严重欠缺。如何破解政府要粮、农民要钱这对难题也是中国农业发展需要面对的棘手问题。

第三，市民要健康。在过去短缺经济年代，人们吃饱就行了，农产品质量安全被置于次要位置。但随着经济发展水平提高，人们健康意识增强，现在的人不仅追求吃饱，而且要吃得好、吃得营养、吃得讲究，对农产品质量安全问题零容忍。当前，我国农产品质量水平不断提高，质量安全可控，但局部存在安全隐患，距食品安全问题零容忍的要求还有一段路要走。

第四，环境要绿色。过去我国农业的发展导向以 GDP 增长为第一位，不重视农业生产对环境的影响，在农业生产过程中过量使用农药化肥等，导致水土生态环境严重退化，特别是在一些发达的东部沿海省份，这个问题更加严重。当前，保护生态环境是农业生产发展的前提，农业生产必须按照一定的规范进行。生态脆弱的地方，要去改善；生态破坏了的地方，要去修复；生态良好的地方，要去保护，在保护中开发利用。

第五，竞争力要强。作为一个农业大国，中国人的饭碗不仅要端在自己的手里，而且农产品也要装进别的国家人的饭碗里。但当前，我国的农业竞争力显然不够，国外大豆、玉米、大米、水果、猪肉、牛肉等众多农产品大量涌进我国，跃上普通百姓的餐桌。而反观我国的农产品，近年来出口总额增幅与国际市场份额不断下降，优势农产品国际竞争地位不高，我国农业整体竞争力亟待振兴。

如果上述五大问题解决不了，我国的农业现代化进程必然受阻，农业现代化只能是一个遥远的目标。

是什么阻止了上述问题的解决？为什么农民增收越来越难？为什么农产品质量管控实施这么难？如何才能平衡农业经济效益与农业生态效益？

总体来看，农民增收困难主要与我国的农业经营体制机制有关。20 世纪 70 年代末期始行的家庭联产承包责任制，奠定了我国农业生产格局，户均农业经营面积偏小，导致农业生产中的新品种、新机械、新模式等“三新”技术采纳率偏低，规模化、标准化、智能化、机械化、多功能化等现代生产方式不能广泛推广，传统农业生产方式不能成为农民收入稳定增长的保障来源。

在农产品质量安全管控方面，一方面，零散的农业生产格局导致难以推行农业标准化生产，农产品品质自然难以管控，各种安全隐患广泛存在；另一方面，优质优价的农产品市场机制在我国还未建立，优质农产品在市场中并不能获得相应的高价，导致优质农产品生产意愿降低。

在非规范化生产条件下，农业生产能够通过治理成本外部化来降低生产成本，进而扩大农业生产利润空间。但是这样，化肥过度使用引起的耕地土壤酸化、农药过度使用与畜禽粪便肥水随意排放引起的土壤污染与水体污染等突出环境污染问题，需要大量的社会成本进行治理，严重影响环境安全与社会综合生产效率。

这就需要研究农业结构的变迁、技术路径的变迁、经营模式的变迁、组织方式的变迁、比较优势的变迁以及政策制度的变迁。通过一系列变迁，实现涉农三次产业融合发展，科技创新驱动大农业观、整产业链、全绿色化、多功能性、深融合度、高附加值、强竞争力发展，促进农业走上资源节约型、环境友好型发展轨道。这些系列变迁是特色农业小镇产业体系构建中需要解决的。

（二）特色农镇中农业产业体系构建

我国农业正处于转型升级的重要时期，与传统农业相比，多数地区农业经营正发生翻天覆地的变化。主要发展趋势包括：农业价值集聚产业由第一产业转向第二产业和第三产业；农业增长由增加要素投入转向科技创新驱动；农产品市场竞争力由价格竞争转向质量竞争；农产品“互联网+”线上销售正在挑战传统线下批零销售模式；农业融资需求由季节性农资购买小额资金需求向设施设备购买、土地租赁、前沿技术引进等大额融资方向发展。存在的主要问题包括：由于农业效益低下，农业劳动力数量不断减少，70后不愿在农业、80后不会做农业、90后不谈做农业，农民老龄化、妇女化、兼业化现象较为普遍；小规模零碎经营对农民增收与生产效率提升的边际效用不断下降，单纯的农产品数量增加对农业增长的贡献正在不断下降。农业增效、农民增收已经变成农业增效和安全、农民增收和权益保障问题。

特色农镇较一般农业发展更前沿，农业发展中的各种转变在这里有一个较好的探索。那么，特色农镇中的农业与现代农业、现代农业园区等有什么不一样？从发展形态与发展阶段来看，特色农镇中的农业是农业发展的高级形态与综合开发模式，属于现代农业范畴但较现代农业功能更加多样，是农业园区化发展的高级形态和升级版。

从支撑系统来看，特色农镇的农业产业由多元产业融合、科技支撑与引领、生产经营与职业农民培育、食品安全与环境质量控制、互联网＋流通、农业公共设施与专业化服务、多重组合投融资、农业政策与法规等8大系统来支撑。特色农镇的农业产业系统组成及其功能与现代农业综合体基本一致，因此，特色农镇的农业产业主要经营载体就是现代农业综合体。

特色农镇的产业布局与发展，需要明确企业、农民、科技、金融、消费、政府等方面的协同机制。企业发动：企业是特色农镇产业发展的重要组成部分，像特色农镇的镇守力量一样，提供大数据和综合服务，起到主体的带头与带动作用。农民随动：农民是特色农镇产业发展中最基本的力量，就像生命体（特色农镇）的一个个细胞，围绕着龙头企业的生产计划去实施生产，进而推动特色农镇的农业产业化经营。科技驱动：科技是特色农镇产业发展的核心要素，就像特色农镇中的魔法棒，通过各种新技术成倍增加等量要素的产出，大幅提高农产品的品质，大量节约农业劳动力投入。金融助动：金融是特色农镇十分重要的组成部分，就像特色农镇的血液系统，供应量大小与流动速度能够大幅提升特色农镇的发展，能够快速帮助特色农镇实现现代化与多功能化发展。市场拉动：消费者是特色农镇发展的服务对象，也是特色农镇发展的拉动力量，市场是关键，效益是根本，特色农镇要围绕消费前沿变化组织生产与发展。政府推动：政府是特色农镇发展的重要推动力量，政府是特色农镇发展的策划者、协调者和组织保障者，在政策导向、服务支持、监督管理、基础设施建设等多个方面担负着重要的供给作用。最终，通过各方协同，实现农民增产增收、市民安全放心、企业可持续发展、环境生态、乡村美丽。

（三）特色农镇中农业产业的建设与运行

1. 农业产业建设中的次序问题

特色农镇的农业产业建设基于体系思维和创新思维，显著区别于以往地方政府的招商引资思维。

产业建设不仅要考虑一个产业的引入，而且要考虑这个产业在当地的适合性、竞争力，保证这个产业的健康发展，因此，对涉及产业发展的各个方面要进行系统设计，包括产业体系、经营体系、科技支撑、流通体系、目标市场、预期效益和利益分配等多个方面。而招商引资是地方政府（或地方政府成立的开发区）吸收投资（主要是非本地投资者）的活动，这种活动是基于项目思维，经常不成体系。

当前，我国地方政府在进行产业布局和发展时，一般采纳招商引资的项目思维方式。地方政府认为通过引进投资方，也就是通常所说的引进项目，加大投资力度就可以把特色农镇产业发展中的问题解决，其他科技支撑等问题可推迟解决，这种想法过于简单。事实上，也正是基于这样的传统项目思维，加上农业产业的特殊性，面对的是生命体，生长周期长，物种间差异大，个体与群体问题既相同又不同；影响农业的因素太多，农业生物与自然环境（土壤、水、气候、光照、经纬度），农业与环境中的其他生物（病、虫、草、鼠），农业与人类社会的经济、政治、文化制度等等，任何一个因素变化都会引发新的问题，通常是一个问题解决了，新的问题又出现了。从而至今为止，大量工商资本投资农业因为想得简单了，几乎都难以盈利，实现可持续发展。

产业建设中地方政府往往采用项目思维

某地方政府计划在当地发展现代农业，热情邀请某农业科学家去考察，帮助地方现代农业发展出谋划策，提供智力支撑。该农业科学家为便于同步研究产业建设和商业运营模式，邀请多位企业与金融机构的负责人一同前往。但是，见到投资商后，地方政府把企业与金融机构的负责人当作最核心的交流对象，甚至忘记了邀请该农业科学家的初衷。

总体上讲，一些地方政府以往对农业产业建设的思维和做法较为片面，在传统政绩观念下，过分重视招商引资这一环，而没有从系统角度去思考如何进行农业产业的建设，没有认识到应该先引进农业科学家，再引进农业企业家，让农业科学家先进行产业体系设计，并提出全产业链技术解决方案，再由农业企业家根据农业科学家的设计和方案组织生产，解决市场关和效益关。通过农业科学家和农业企业家合作把建设的产业做好做大做强。

事实上，如果没有农业科学家的帮助，工商资本投资农业不容易实现盈利，主要原因是农业产业具有特殊性，农业面对的是生命体，生长周期长，物种间差异大，个体与群体问题既相同又不同，影响农业的因素太多，包括农业生物与自然环境（土壤、水、气候、光照、经纬度）的关系，农业与环境中的其他生物（病、虫、草、鼠）的关系，农业与人类社会的经济、政治、文化制度的关系。任何一个因素变化都会引发新的问题，通常是一个问题解决了，新的问题又出现了。农业产业的成功需要苦行僧精神和工匠精神，尊重自然，市场前置，科技支撑，品牌引领，规模经营和轻资产运行。

在建设农业产业前，必须先对当地产业发展基础条件进行全面深入的分析，主要包括市场需求、资源条件和农民意愿。在完成这些基础条件评估后，再确定拟建设的具体产业，研究设计一套全产业链解决方案。

优先建设教育链与销售链。首先是教育链，通过宣传与教育培训，消除当地人的疑惑，赢得当地人的理解、支持与参与，使当地人理解农业小镇拟发展的产业是怎么回事、怎么干这件事、怎么才能把这件事干好等系列问题，进而促进大家形成合力，提升专业化、标准化水平。其次是建设销售链，商品销售渠道决定农产品市场竞争的成败，在农产品生产前，通过引入强有力的龙头企业，把销售渠道构建或整合好。在渠道没有构建或整合好的情况下，生产出来的农产品只能走一般市场竞争道路，有可能陷入价格恶性竞争格局，较弱的农业竞争力会进一步限制特色农镇产业的发展。

重点建设技术链与物流加工链。要以农业龙头企业为核心，通过现代合作方式引入农业科研院所，建立稳定的科技支撑，确保特色农镇农业生产的商品始终在市场中具有强竞争力，并能够为特色农镇农业发展提供及时高质量的技术服务。农业龙头企业制定农产品生产标准，农户按照质量标准开展农产品生产，并进行农产品分级与简单初加工，以龙头企业为核心就地大力发展农产品精深加工业，提高农产品的商品率、转化率与附加价值。结合新的消费趋势，建设农产品冷藏物流链，同时，积极打造“互联网＋”农产品流通格局，占领现代农业价值增值新高地。

着力建设休闲旅游链与生态链等。将特色农镇的休闲旅游农业纳入区域旅游业发展规划，促进城市旅游资源与农业旅游资源有效对接，增强特色农镇休闲旅游农业发展后劲。按照生态环境的承载量优化农业产业结构，大力发展生态循环农业，全面推行农业标准化生产与达标排放，提高农业的生态涵养作用，促进农业朝着多元产业融合、多功能拓展方向发展。

在建设每一条产业链前，清晰商业运作模式、主导方、投资方与受益方，做好顶层设计。这些工作由农业科学家来完成，这就是体系思维，待基础性工作完成之后，就可以由企业招商引资运作具体项目。

2. 农业产业建设中的企业定位

在特色农镇发展的各个方面，都离不开有社会责任感的农业龙头企业，龙头企业是特色农镇农业生产的核心组织力量。龙头企业作为核心经营主体，通过一手抓农民，一手抓市场，建立起新型生产流通体系，把千家万户的生产与千变万化的市场对接起来。根据市场前置和科技支撑的理念，特色农镇形成新的逆向产业链，把以前的“生产者—经销商—消费者”流向，改变成“消费者—设计者—生产者”流向，按照“创意—表达—展示—订单—生产—客户”的逻辑组织农产品生产流通。通过这种新的发展方式，进而把产业链转化成商品链、价值链，使企业从价值提供者变成价值整合者，最后成为价值的放大者。

龙头企业作为农业价值的整合者、提供者和放大者，通过客户细分、需求细分、资源细分，以客户思维重新构建核心价值链。如，农业园区、家庭农场、农民专业合作社等农产品生产者的需求为：良种、良法、优质投入品、高效农机、教育培训、安全检测、标准化服务等。作为特色农镇生产的核心，龙头企业需要考虑如何为他们提供优质服务。又如，城镇居民作为农产品的主要消费者，他们的需求为绿色农产品、创意产品、农业休闲观光、健康食品，因此，企业要考虑生产什么样的产品、如何组织产品生产、如何将产品及其安全信息传到消费者手中。但是，受企业规模大小、经营范围、队伍力量以及管理水平等多方面因素的影响，任何企业不可能每件事情、每个环节都自己干，都纳入企业内部生产和经营，所以，企业就要整合社会资源与要素。在操作层面，良种、良法、技术咨询等可以依靠农业科研院所，生产依靠周边农民土地和各类农业园区，劳动力保障依靠周边农民，农资依靠源头厂商，农产品流通依靠超市、电商等第三方平台，资金和保险依靠金融机构，政策依靠各级政府，通过建立高效的商业模式和利益共享机制把各方资源整合协同起来，根据不同客户需求，提供各种优质服务。

农业龙头企业与农业科研院所的携手合作是天然的，二者的协作通过农业生产基地的示范应用与辐射带动（双向互动一体化）的具体运行来实现并不断强化。

农业科研机构在产品分类制度、基地拓展制度、生产管理制度、全程检测制度等方面具有无可比拟的先天研究优势，并可将阶段性研究成果提供给龙头企业进行实践。农业龙头企业实践后反馈存在的不足，农业科研机构不断地优化，最后成为农业龙头企业成熟的制度，进而进行推广、示范、辐射，为生产者提供对接市场的种子种苗、生产服务、科技培训、质量监管等服务。

农业龙头企业与科研机构通过协作，达到互惠共赢。一方面，农业科研机构的品种、技术、标准、产品通过企业的辐射带动，应用到家庭农场、农民专业合作社、农业园区等新型农业生产主体中。另一方面，龙头企业回收优质农产品和其他关联产品，通过自建或整合的流通渠道配送到消费者手里。龙头企业通过回收与配送两条经营路径，进而不断地辐射带动，从核心基地到加盟基地，再到紧密基地、松散基地等等，龙头企业获得发展，农业科研院所获得发展，农业生产获得发展，最重要的是千家万户的农民和消费者得到了实惠。农业科研院所科技支撑与引领的价值也得到充分的释放和体现，因此，农业科研机构的价值应通过有实力、有社会责任感、有合理商业运作模式的农业企业来实现。

从中我们还可以发现，通过这样的科技流、订单流、商品流模式，以及农业龙头企业提供技术服务和托管的方式，不一定需要土地流转，就可以把千家万户农民组织起来，实现生产规模化、服务专业化、产品标准化、流通商品化、消费绿色化。

农业龙头企业在上述工作产业布局中，要尽力做好理念创新、机制创新和轻资产运行三件事情，尽可能地降低投资和运行成本。但是，在全程品质安全管控体系和信息化服务体系建设中，企业不能刻意节约成本，要加强“环境—生产—加工—储运—消费”的信息化管理。在消费转型升级与信息爆炸时代，谁能保证农产品质量安全，谁拥有精准农业大数据平台，谁就拥有核心竞争力，谁就能掌控市场。

3. 农业产业运行中的品牌建设

品牌简单地讲是指消费者对产品及产品系列的认知程度。农产品品牌是人们对一个农业企业或农产品产地及其产品、售后服务、文化价值、资源环境的一种评价和认知，是一种信任，是农产品综合品质的体现和代表。

我国的农产品品牌建设滞后，特别是市场影响广泛的大品牌较少，在很大程度上影响农产品是进普通的农贸市场？还是进级别较高的超市专柜？还是走个性化配送路线？大品牌、真正的品牌如何实现？

以领引我国现代农业发展作为自己使命而创建的蓝城农业集团建立了很多"蓝"字、"绿"字头的品牌，包括蓝颂（公司主品牌）、蓝宴（宅配品牌）、耘景（电商品牌）、绿呼吸（楼宇农业品牌）、Ufarm（农庄品牌）、蓝城农业（商超品牌）、蓝城检测（检测品牌），等等，就是把普通产品如何经科技创新提升为高档商品。农产品作为自己食用的为产品，只有卖出去了才叫商品，给普通消费者吃的叫一般商品，给名人吃的叫名品，给富人吃的叫奢侈品。文化可以让一个产品实现 4 次价值提升：商品，实现经济价值；礼品，实现社会价值；作品，实现文化价值；藏品，实现精神价值。不同市场定位的商品就有了不同的品牌，这就是蓝城农业的蓝颂、蓝宴等，大家一看到这个名字就知道这个产品是卖给谁的，内涵是不一样的，价格也是不一样的。

为了让消费者对不同的商品有体验，蓝城农业还建立了蓝宴生活馆。每个蓝城、绿城社区或蓝城、绿城集团正在建设的特色农镇里面都有这样的生活馆。这是五星级酒店水准的"农贸市场"，在里面享受品质生活，而不是熙熙攘攘、讨价还价。依靠生活馆的形式将蓝城农业的公司理念与价值鲜活地呈现在广大消费的面前，进而对线上产品销售起到有力的支撑作用。

六、特色农业小镇中的住房和生活

（一）应为特色农镇居民建设传统与现代相结合的住房

住房乃人们生活中的大事与要事，住房影响着一代人甚至两代人的生活与发展。住房问题解决得不好，人们的生活就不踏实，后续发展将会受到房子的制约；住房问题解决好了，人们的生活就会踏实，后续发展将会按照自己既定的方向发展。特色农镇建设一定要优先解决当地原住居民的住房问题。

在我国东部沿海地区，比如杭州市郊区，过去 30 年农民造了 3 次房子，换句话说就是一代人造了 3 次房子，建了拆、拆了建，现在政府拆迁一个农户，要花几百万元甚至上千万元，代价很大，浪费严重。如果能从一代人造 3 次房子变成三代人造 1 次房子，至少 100 年造 1 次房子，那么社会的发展成本将会降低很多。因此，解决特色农镇居民的住房，需要将两个问题结合起来考虑：一是农镇居民应该住怎样的房子，二是农镇居民应该享受怎样的生活。特色农镇最终要实现“五生”融合，即生产、生活、生态、生计与生机的融合，房子问题至关重要，房子是生活品质的一个重要标志。

特色农镇不仅要实现生产发展，也要让农镇居民住上功能优良的住房，享受健康的生态与文明。在进行特色农镇住房建设时，避免照搬城市住房建设准则。与其他农镇的居民相比，特色农镇居民住房不仅应保留原有的文化特色，而且应加入现代城市住房的新功能，使其拥有强大的社区功能以及科学的功能分区。同时，农户住房既要使农户生产便利，又要生活配套完备。通过特色农镇建设，农民住房将实现跨时代性变革，生活品质实现巨大跃升，才能实现“五生”的真正融合。

（二）应让特色农镇居民享受高品质生活

城市发展规模过大，渐渐带来很多不友好的东西，规划乱、跨度大、污染重、节奏快、汽车泛滥、日夜不分、四季不明、文化无根、精神空虚，生活在城市的人经常感到生活工作压力大，表现出亚健康、孤独、不快乐、无归属感、无安全感，幸福指数低。

特色农镇建设，需要克服城市发展的不友好，延续乡村生活的长处，建立优生活、慢生活、逸生活三大配套体系，满足特色农镇原住居民与新住居民对精致生活的要求。优生活配套体系主要是改善特色农镇居民的生活服务，促进居民享受现代化的便利，完善特色农镇生活配套体系，使特色农镇居民家门口就有优质的生活配套服务。慢生活配套体系就是拉近居民与自然的关系，创造居民静下心来、停下脚步感受自然并享受自然，建设融于自然的路网，让小孩一跑出去，家门口就是自然，第一堂就是自然课，孩子的好奇心、创造力就得到培养。逸生活配套体系主要是完善特色农镇生活配套，让居民和居民之间更加亲近亲密，对长者的尊重摆在重要位置，特色农镇全区域无障碍设计和老人休息坐的椅子，各种各样的居民俱乐部模式，以兴趣和圈层搭建邻里平台，以家庭公约倡导特色农镇文化，鼓励互动式的邻里关系，达到一种我为人人、人人为我的服务境界。

高品质的生活应通过多种先进工具与健康理念实现三个目标。

一是确保居民健康无恙。领先的颐养照护模式，包括社区诊所，日间照料中心，上门定制服务；配备一键式求助系统，园区游步道及休息区设置紧急求助按钮，如遇紧急情况可从容应对，确保居民安心无忧；智能穿戴设备，长者如在散步过程中可设定“回家模式”获得导航，如出现身体不适或其他情况，可随时紧急呼叫求助；O2O 健康管理平台，通过 APP 等智能手段搭建服务平台，为居民建立实时更新的健康数据库，并在家人之间实现健康信息互通等。

二是提升居民的身体活力。一流的健康管家服务，健康促进中心，一流的健康管理理念和检测仪器；适合特色农镇家庭的健康运动中心：根据不同身体状况，定制健身方案，包括室内泳池、健身房、壁球室等；营养膳食管理，特色农镇食堂，均衡饮食搭配＋健康膳食建议，宴会大厅和私宴包厢，满足特色农镇居民聚会需求。

三是实现居民的身心愉悦。创建“耕心学堂”，分为静态教室与动态教室两大板块，开设书法、绘画、皮具、陶艺等各类课程；创建身心愉悦的宜居生活设施，小剧场、儿童活动中心、图书馆；创建特色农镇金融服务，资产管理、家庭理财、保险等。

七、特色农业小镇的建设

为谁建设特色农镇？建设什么样特色农镇？怎么建设特色农镇？谁来建设特色农镇？这一系列问题是我们建设一个特色农镇前首先要弄清楚的。农镇建设不仅要防止百镇一面，千篇一律，也要防止房地产项目化。

（一）特色农镇建设要以农民为本

多年来，有些地方在建设风景区与工业园区时，盛行实施农户整体搬迁，把那里的农户全部搬到外围去，拆迁成本很大，有的农民很不情愿。祖祖辈辈居住在那里的农民，本是那里的主人，一下子就变成了局外人，这种身份变更对人的影响、对当地非物质文化传承的影响十分巨大。

现在有的地方搞特色农镇建设，同样存在以城市居民、以旅游观光人、以外来养生养老人为本，而不是以当地农民为本。如果以农民为代表的原住居民生活不幸福，特色农镇也就失去了内在魅力。一个没有内在魅力的特色农镇，一定不会持续吸引人，旅游业也不会兴旺发达。只有当地农民等原住居民生活幸福，特色农镇的内在魅力与外在魅力才会有机融合，特色农镇才会成为市民休闲旅游向往的目的地，外部居民才愿意去特色农镇旅游、度假，才会去特色农镇置业、养生养老。

农民在我国改革开放中为经济和社会发展做出了巨大贡献，但是在财富积累、医疗服务、教育资源、文化服务等方面与市民相比，农民获得的太少，全社会欠农民的太多。特色农镇建设是改善农民生活的重要契机，因此，要借助特色农镇建设，真心实意地从农民的角度去思考问题，善待农民，让农民发展好，过上幸福生活。

特色农镇建设之后，在特色农镇里面居住的将会由以农民为主的原住居民一个类群变为原住居民和新住居民两个类群。改革开放以来，在工业化与城市化浪潮的冲击下，大量农村青壮年到城里谋生发展去了，现在农村的原住居民更多的是“三留”群体：留守老人、留守妇女、留守儿童。而新住居民则是到特色农镇创新创业或休闲养生的人。

特色农镇建设要遵循马斯洛需求理论，让生活在特色农镇里的人从生存、安全、归属等层次的认可，向自我尊重、自我价值得到实现等更高层次的认可迈进，这也是各级政府官员能力、价值、尊严的终极体现。如果农民的生存、安全、归属、尊严、价值得不到实现，也就是说，被领导的人没有实现价值，那么，政府官员的相应价值也就体现不出来，政府的政治形象也会受到影响。因此，特色农镇建设的价值导向应是农民的价值实现和尊严实现，而不是政府官员的面子和政绩。只有这样，农业将不再是社会发展的短板，70 后不愿意做农业、80 后不会做农业、90 后不谈做农业这样的社会问题也就会大大缓解。

受这样的理念支配，进行特色农镇系统化设计与建设，使特色农镇达到“五生融合”的理想状态，即蓬勃的生机、和谐的生态、科学的生产、舒适的生活及可持续的生计。以人为本是达到这种状态的主线，一方面要以原住居民为本，使特色农镇里的原住居民生活得到升级、职业得到培训、创业得到引领、就业得到尊严，成为特色农镇当中美丽的动态风景。另一方面以新住居民为本，吸引新住居民到特色农镇落户，新住居民是创造者，也是消费者，满足他们的需求，给他们提供创业的平台、舒适的空间、田园的体验等，新住居民的到来为特色农镇注入新活力、新生机。这样特色农镇建设、人的需求、产业发展就能三位一体有机融合，以人为本比单纯追求 GDP 增长与税收增加所带来的长期效益将会更加显著。

（二）特色农镇建设要实现多种融合

特色农业小镇有很多类型，如发展的特色农镇、智慧的特色农镇、传承的特色农镇、生长的特色农镇、微笑的特色农镇、安心的特色农镇等，不同类型的特色农镇有不同的特质，但共性是多元融合。发展的特色农镇突出的是产业与功能的融合，智慧的特色农镇突出的是科技与创意的融合，传承的特色农镇突出的是传统与现代的融合，生长的特色农镇突出的是人与自然的和谐，微笑的特色农镇突出的是人与人的和谐，安心的特色农镇突出的是人与自我的和谐。

要成功建设特色农镇，需要有选择地在四个方面做到高度融合。

一是产业融合，农业＋N 产业，农业如何与物流加工、休闲观光、养生度假、金融信息、新能源等融合，农业发展如何实现跨界合作、跨产业融合。二是功能融合，生产＋N 功能，农业生产如何与观光休闲、养生度假、科普教育、文化传承、文明建设、展示推广、生态涵养、生物多样性保持等众多功能有机融合，找到价值共振点，通过多元价值培育提升农业发展的市场竞争力。三是城乡融合，特色农镇＋城市，特色农镇与城市之间实现要素自由流动、产业体系有机融合、基础设施建设高效对接、文化价值有机融合、空间景观有机融合等，特色农镇发展为城市提供农产品与休闲观光去处等基础性支撑，城市将自身的管理、服务、技术、人力、旅游资源、文化、资金等下沉到特色农镇，带动特色农镇一体化发展。四是人与人的融合，原住居民与新住居民的相互融合，互为服务与分享对象。

做到了这四个方面的融合，特色农镇基本上实现了“五生”融合，就可称之为理想的特色农镇。特色农镇作为创新创业的空间载体，实现产业、功能、城乡、居民的多元融合，农业不再是碎片化、线条化的发展，也就迈过了传统农业与当代农业，实现了现代化。

（三）特色农镇规划

1. 专题研究前置

在对特色农镇进行规划前，一定要做专题研究：特色农镇的根基是什么？未来的发展核心是什么？为什么需要系统思维？需要哪些专题研究？

第一，要研究特色农镇的根基。在信息化浪潮的推动下，当今世界正走向全球化，建设特色农镇也要站在全球高度，因地制宜又适当超前，否则不久就要被时代再次淘汰。全球高度并不意味着简单照搬外国的东西。曾经有个山区模仿瑞士，计划在当地打造一个瑞士山地旅游小镇，其典型标志就是在山谷里造了几栋尖顶的红房子。瑞士的山地旅游小镇，是在特定的山地生态、气候条件下形成的独特的生活、风俗、文化、历史和产业，经过几十年甚至几百年的演变与沉淀而逐步形成的。因为当地人幸福的生活场景感染了世人，才变成人们向往的旅游佳地，这样的旅游胜地不是短短几年的时间就能打造出来的。我国搞特色农镇建设不是一年设计、二年建设、三年开张、四年关门的打造。打造瑞士式的山地旅游小镇，除了最起码的瑞士式建筑要求，应该有瑞士人在这里生活，讲瑞士话，吃瑞士饭，内涵和样式都是瑞士的，最好还有一些瑞士的历史、文化和故事，但这对于中国这个异域国度很难做好。现在，全国多地特别是东部沿海地区都在大干快上搞休闲旅游农业，基本上是低水平、同质化、重资产，能搞的地方搞，不能搞的地方也在搞，没有沉淀与特色，可持续经营前景难测。也许未来 5 年、10 年，“去产能、调结构”的对象就是现在搞得轰轰烈烈的休闲旅游农业。

第二，要适当超前研究发展的核心。特色农镇建设要做时代发展的引领者，过去是计划经济，核心是按指令性计划来生产、分配；进入市场经济后，核心是创造利润，为了追求利润而去发展经济；现在进入互联网年代，核心是价值共享。共享经济是以消费为导向，根据消费需求来组织研发和生产，核心不是利润，而是价值共享。也就是说，工作的思维要从价值的提供者变成价值的整合者、价值的放大者，然后大家一起来共享。

第三，要系统化研究特色农镇建设专题。特色农镇建设一定要基于系统思维，除了区域性特色农镇发展布局，在建设之前，还要做民调专题、生态专题、文化专题、旅游专题、农业专题、健康专题等一系列专题研究，以及风险优势分析、建设用地指标、商业模式、可持续发展模式以及配套政策等研究。而每个专题的研究，至少应从硬件设施、制度体系和思想观念等三个方面加以认识，如在生态专题，应从生态基础设施、生态制度、生态观念等三个方面进行研究。生态基础设施主要是特色农镇的可持续发展所依赖的自然系统，是特色农镇及其居民能持续地获得自然服务，如新鲜空气、食物、体育、游憩、安全庇护以及审美和教育等基础设施。生态制度至少应该包括环境资源管理制度、法律补救制度、公众参与制度、政府责任制度等多个相关方面的制度。生态观念指特色农镇对于自然环境和社会环境的生态保护和生态发展观念，涉及特色农镇与自然环境、社会环境的相互关系。民情专题要调查清楚当地原住居民有多少人口、多少家庭及家庭类型，农业种养种类、结构、规模、生产水平，原住居民的经济收入，社会、教育、医疗、交通、文化、风俗等现状，及其他们的诉求，并提出通过农镇建设对这些问题的综合解决方案。只有这些问题搞明白了，再去决定“该不该建”“如何去建”“建成什么样的特色农镇”。

2. 科学规划指引

特色农镇规划必须根植于独特资源，根植于当地的农业基础，在此基础上，制定目标、策略、理念等，实现与已批、已建用地的衔接，实现农业与小镇的有机结合。

特色农镇规划的三大要领与配套策略。首先是品农，特色农镇建设不能脱离农业，要以农业资源为基础，通过对农业基础及未来发展形势进行科学研判，制定科学合理的路径，发展现代农业，坚持农业转型升级，发展精品农业，促进农业向六次产业化转型升级。可分步采用配套策略：依托自然山水生态基础，优化以农为主的生态产业；依托紧邻城市空间优势，谋求农业的六产业化转型；依托城乡互补发展契机，引入融合农业的新型产业，促成农业六产业化转型升级。换句话说，农业小镇中的农业是后现代农业，满足居住者或业主的需求（饮食、观赏、体验、参与、个性化）；满足生产者的产业发展需求（高效率、可持续，可加工、可销售、可获利、可培训、可输出技术，参与产业的全产业链各环节，成为农业产业工人）；满足市民的需求（观赏、体验、动手参与制作、心理治疗）；满足农业生物的生长需求（植物、动物、微生物循环）。从而农业小镇的农业产业须提前统筹进行布局规划，各个小镇产业各有特色，差别化发展，防止相互重复：可根据当地自然生态环境、传统农业优势与种植习惯；可设计成时尚精品小农场、精品小作坊、精品小企业或者居民自助式小企业；可把每个小镇的农产品全产业链，充分利用；可进行多个小镇间的产业互换、产品调剂。具体到某个小镇内，根据建设景观、人文特点、业主需求和小镇农业整体规划布局，技术上都可以实现：多样化的产业（种植、无味畜牧、水产）；多样化的种植（色彩和风味各异的粮油菜果花茶菌）；产品的单一化和多样化（通过早、中、晚熟的品种搭配、农艺技术，可实现周年有花有果、有不同颜色的花果、可周年供应上市）；一、二、三产业深度融合（生产、加工、服务、贸易、数据、文化）；农业资源的最优化利用（光温水土气、果实、花茎叶、秸秆、副产物）；国内外先进农业技术应用展示（新品种、新农资、新产品、新机具、新模式）；符合现代人文理念的消费引领（观赏、饮食、创意、文化、科普）；1＋N 的多元化收入模式〔1 个主体产业（产品）和休闲旅游、产品销售、广告、场景出租及其他〕。

其次是绘景，特色农镇建设不能脱离农业，要以自然禀赋为基础，根据自然景色特点，合理组织安排农业生产，有机融合自然景观与农业生产景观，打造特色农镇大景观，展示山水农林镇村的自然图景与独特魅力，为休闲农业发展打下坚实的基础。可采用的配套策略包括：遵循区域发展脉络，描绘发展格局；依托山水自然基础，构筑生态框架（生态结构、空间管制、景观结构）；梳理整合城乡功能，合理布局功能（规划结构、功能组团）；挖掘农耕文粹资源，促进旅游发展（游线组织、景点规划）。

特色农镇规划的重点、理念、融合及统筹。特色农镇规划必须坚持“三老”经济（老太爷经济、老祖宗经济和老百姓经济）和小镇建设两个重点；坚持生物多样性、文化多元性和需求多样性三大原则；体现生产发展、生活宽裕、生态良好和生机蓬勃“四生”理念；表达乡土味、人情味、文化味、趣味和回味“五味”思想；感受山与水的交融、城与乡的互动、动与静的结合、古与今的对话、中与西的合璧、情与景的升华六种境界（张好记，

2010)。此外，还要落实七大统筹：农村、农业、农民三个主体统筹，一、二、三三次产业统筹，产前、产中、产后三个板块统筹，城市、乡村、园区三个区域统筹，生产、旅游、物流三个环节统筹，生态、经济、社会三个效益统筹，核心、示范、辐射三个梯度统筹（张好记，2010）。

最后是营城，特色农镇建设不能脱离农业，要以农民、农业、农村为基础，坚持多方参与，让“三农”在城市发展力量的带动下充分分享发展成果，城乡力量汇聚一起齐“营镇”，打造城乡统筹发展的高效共盈实施途径。可采用的策略包括：村落整理，土地流转，要充分尊重和维护农民的合法权益，遵循土地流转模式与村落动迁安置模式；在此基础上，坚持土地资源统筹，合理布局乡村建设，要注意土地的高效利用，人口的合理分布，开发强度的大小，各个板块开发的时序；最终形成多方参与、合作共赢的模式，即共同投入，共享回报。

特色农镇规划中的农业产业定位。农业产业内容丰富，产业链长，在产业选择当中要进行科学把握。通常包括种植、养殖、科技、休闲、创意、养生、智慧等内容。在进行产业选择时，至少要明确三个问题：每个产业有哪些类型？核心功能是什么？主要目标的客群是谁？在能够清楚回答这三个问题的基础上，提出诸如产业展示、产业示范、专家工作站、创业孵化区、生态养生养老区等板块，然后再选择不同的项目导入不同的板块，最后通过现代农业科技的应用，从产前、产中到产后实现辐射带动。比如，甘薯小镇：种植规模 1 000～3 000 亩，平均每亩产量 3 000 千克，可集基地生产—高档加工—全国直销—观光体验等于一体；品种搭配：黄肉、紫肉、红肉；大、小规格；食用、菜用、饮料用；食品加工：中式、西式糕点，冰激凌；旅游：盆景制作，花期—收获期，手工制作糕点、冰激凌，甘薯宴。

浆果小镇：种植规模 500 亩，草莓、蓝莓、红莓，可集观花—采摘—加工于一体；品种搭配：每个月都有花可看、有果可采摘；旅游：花期观光，收获期采摘；加工：鲜果包装、速冻、鲜榨饮料、冰激凌、制干。

麦田小镇：种植规模 3 000 亩，麦田文化，金色麦浪，收割体验，食品加工（中西糕点）；麦秆制作：可以有 100～200 种，还可以根据生长季节和规模组合 2～5 种。

马铃薯小镇：种植规模 1 000～2 000 亩，看花、收获体验、不同颜色薯肉搭配、中西餐饮。

豆类小镇：种植规模 1 000～2 000 亩，绿豆、红豆、芸豆丰富多样的豆类展示、看花、芽菜制作、现场加工。

芝麻小镇：种植规模 1 000 亩，看花、现场小作坊制作。

菊花小镇：种植规模 200 亩，花店、观赏、采摘、制作、花果茶加工。

百合小镇：种植规模 200 亩，花店、观赏、制作、食用。

基于不同作物、动物产业链都可以设计、建设成独特的农业小镇。

在农业产业的规划中，也可以尝试一些突破。例如，用现代农业综合发展模式替代单一农业技术示范模式；用多功能农业发展空间替代传统单一农业生产空间；用田园生活方式替代休闲观光农业模式。另外，可以增加一些新的发展板块：科研板块、展销板块、交流板块、体验板块与服务板块。其中，科研板块的功能是协同未来产业硅谷与国内外知名农业研究机构和农业组织进行科研协同；展销板块的功能是为展示和交易全世界、国内外最先进的农业产业技术提供一个平台；交流板块的功能是围绕农业产业问题，打造一个全球的、开放性的、永久的农业论坛；体验板块的功能是打造一个体验农业产品、健康生活方式的平台；服务板块的功能是为农镇提供生产生活的综合配套服务；休闲板块的功能是提供运动、健身、养生的配套设施和服务。

总体上，特色农镇建设要将绿色生态佳园、科技文化硅谷、创业创新热土、养生养老福地、旅游度假天堂等板块通过科学的规划集成起来，变成一个农业硅谷、活力小镇、幸福家园。通过这样的规划设计，把山、水、林、田、湖、健康组成一个生命共同体。

（四）特色农镇再造的实现途径

1. 生活的再造

特色农镇因为在距离上“远城市近农村”，所以特色农镇居民的生活更加接近农村。长期以来，由于农村生活设施落后，生活方式封闭，生活质量单调，使农村居民在行动上“进城市离农村”。城市拥有充足的就业机会，现代化的交通网络、物流、互联网、基础设施和现代化的教育、养老、医疗体系，这些是农村比较缺乏的，这也是城市散发魅力的地方。建设特色农镇，需要把城市的这些功能与服务延伸、承接过来，才能集聚人气。也正是因为在距离上“远城市近农村”，特色农镇在很多方面与农村相像，如：网络式的农村社会结构、朴素的伦理道德价值观、深厚的农耕文明及传承文化、可持续的生态系统等。特色农镇很小，只能盛得下“乡愁”二字，特色农镇联结我们记忆中伴随成长的那景那物。特色农镇建设，如果能把城市的现代文明与农村的传统文明组合好，把现代化内部环境与生态化外部环境融合好，就能创造一个乡村人与城都人都向往的特色农镇新生活。

2. 生产的再造

生产再造的路径有两条：组织结构的再造与生产流程的再造，二者相互交织。现在很多地方的农业与其说是现代农业，还不如说是当代农业，因为仅在某个方面采用现代化生产方式，但没有建立起现代农业生产体系。农业发展，要按照传统农业—现代农业—未来农业的顺序，要通过特色农镇的系统化建设思维来真正实现现代农业，迈向未来农业。要遵循这一路径，需要对农业组织结构及其生产流程进行再造。

组织结构中的经营主体、劳动主体、土地利用、生产经营等再造前后会发生变化。经营主体再造前是家庭承包经营户，再造后拓展为家庭农场、农民专业合作社、产业集群、龙头企业等多元化的经营主体。多元产业融合和多功能拓展是未来农业发展趋势，经营主体必须多元化。劳动主体再造前是传统农民，再造后要变成生产经营型的、社会服务型的或专业服务型的新型职业农民。土地利用再造前是粗放式的，较为随意，再造后变成精细化、专业化、信息化、集约化、规模化。生产经营再造前是靠天吃饭，单纯种养和狭隘农业，再造后要靠科技创新实现保障，变成多元产业融合，变成集生产、加工、销售于一体，三产统筹的大农业，进而发展成为大生物农业、大品牌农业、大健康农业、大都市农业、大循环农业，等等。组织结构的再造必然伴随生产流程的再造，生产要素、供给侧调整、产前、产中、产后都要发生改变。

3. 生态的再造

生态再造包括保护耕地、高效用水、治理污染、提升产能、生态修复。习近平总书记反复强调生态优先绿色发展，通过生态再造，把特色农镇建设成美丽的地方。特色农镇的生态环境在很多方面优于城市，生态再造就是在特色农镇建设中通过优化生产布局、实施减肥减药工程、开展专业化生产与清洁化生产、发展生态循环农业等系列行动，美化农业景观与生产环境。只有美丽的地方，才能变成微笑的地方、安心的地方。即使发达了，富裕了，但生态环境不好，空气不干净，水不干净，生活品质也是不会好的，生活在那里的居民也不会幸福。

4. 服务的再造

特色农镇是一个成熟和谐的理想农村社区，为现代精致农业和社区品质生活提供创新创业机会和服务平台。这里的生产管家为生产者提供农业生产、园艺养护、种子种苗、农机农艺、技术托管、检测及安全评价、仓储加工、示范推广等服务。这里的生活管家为农镇居民提供生活配套、营养健康咨询、优质食材配送、康体活动、医疗教学、金融保险等服务。

通过把农技、农艺、农工、农通、农安、农校、农资、农金等元素从叠加到集成，从借用到共生，实现空间规划、产业布局、生活设计、群体融合，构建新的农村居民与自然和谐共生的生态系统，使得自然生态更美丽，社会生态更和谐，产业生态更强劲。

（五）特色农镇的开发建设

1. 特色农镇的开发建设形式

从理论上看，特色农镇的开发建设可分为开发型、改造型与嵌入型三种形式。

开发型特色农镇建设是指通过对特色农镇土地进行归并整理之后进行重新建设，或者在新土地上进行开发建设，建设完成之后，特色农镇面貌会发生重大变化，原来的面貌基本上成为过去，取而代之的是全新的建筑与配套服务设施。

改造型特色农镇建设是指在充分考虑特色农镇原来风貌与建筑特色的基础上，对不符合小镇发展定位或者发展形象、不再具有价值的房屋与公共设施进行改造，有的是推倒重建，有的是修缮维护，有的是改造加强，但在总体上是对特色农镇的各种资源进行优化整合，进而使特色农镇的外观与内涵更加一致，使生活在特色农镇的居民能够享受更加便捷、更加优质的生活。

嵌入型特色农镇建设是指在充分尊重特色农镇原来风貌与特色的基础上，基本上保留特色农镇原来的样子，在适当的地方增加新建住宅与配套服务设施，进一步突出特色农镇的特色与完整性，起到锦上添花的作用。

从三种建设类型的优缺点来看，开发型建设不仅需要大量的资金投入，而且难以做到对特色农镇传统的有效保持，应在建设中尽量避免这种造“镇”式建设。嵌入型建设基本保留了特色农镇原来的特色，能够高效保持特色农镇传统文化与整体特色，而且资金投入量较低。改造型建设所需资金与对特色农镇传统的保持介于前两者之间，也是较为现实的选择。因此，考虑到资金投入以及尊重原住居民的文化与特色，在特色农镇建设中，应尽量采用改造型建设模式与嵌入型建设模式。

2. 特色农镇的开发建设模式

那么，谁是建设特色农镇的主体？作为特色农镇的基本细胞，现代家庭农场如何设计？特色农镇住房该如何改造？谁来带领特色农镇实现“五生”融合？或者说，农镇建设首先要落实下列工作的实施者。

（1）农镇产业规划布局。主要针对大面积的生产基地种植、养殖或加工产业进行设计与规划，包括主产业、副产业的可行性研究、生产布局（产业链）设计、工程设计、实施监督等。

（2）农镇庭院的农业设计与规划。主要针对农镇的特色庭院种植，进行品种结构设计、空间布局设计、美化工程设计、栽培模式设计等。

（3）技术咨询。主要为农镇大面积生产基地，以及庭院农业提供常年的全方位的技术咨询与指导，包括种植计划、栽培模式、种子种苗、田间管理、病虫防控、收获保鲜等各个环节的技术和投入品的咨询服务。

（4）技术培训。主要为农镇的农业服务队伍以及农民提供全方位的技术培训。

杭州蓝城集团针对农镇建设与生产发展，通过捕捉前沿房屋消费与生活新理念，打造可靠的商业化运作模式，提出比较理想的解决方案，能够在提升农镇居民生活品质的同时仍然有序推进农镇的农业生产。

他们创新提出将传统家庭农场打造为接近农庄的现代家庭农场，这样的现代家庭农场由房屋、内园和外园三部分组成，房屋与内园是在原宅基地上改造或重建，是农民家庭成员的生活场所，外园是原先的承包经营地，根据农户选择的种养产业种类进行标准化设计和改造，是农业专业生产场所（图 1）。

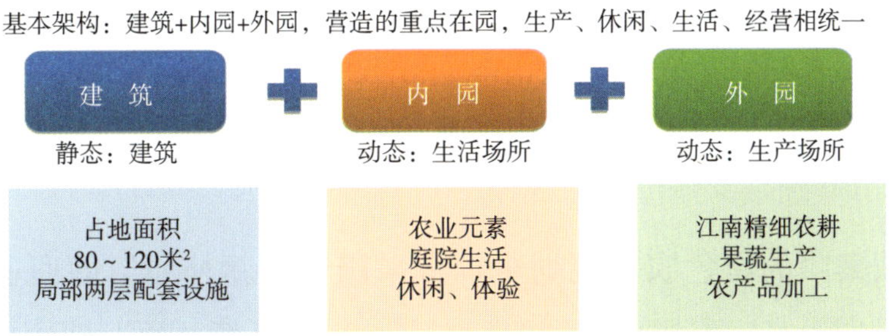

基本架构：建筑+内园+外园，营造的重点在园，生产、休闲、生活、经营相统一

建　筑　+　内　园　+　外　园

静态：建筑　动态：生活场所　动态：生产场所

占地面积
80～120米^2
局部两层配套设施

农业元素
庭院生活
休闲、体验

江南精细农耕
果蔬生产
农产品加工

图 1　特色农镇中的现代家庭农场三大组成部分

打造这样的现代家庭农场，可采用较为有效的“1＋N＋X”模式，其中，“1”为房屋，即主建筑部分，用于改善农镇居民的居住条件；“N”为农业经营项目，包括菜园、果园、花园等，用于改善农镇居民的生产与生活条件；“X”为提供的配套服务资源，主要是指公共区域配套设施，用于改善农镇居民的生活条件（图 2）。其中，现代家庭农场中房屋建筑将建设具有江南特色的品质庭院，在保留传统与文化的基础上，增强房屋的现代化功能，大力提升特色农镇居民的生活品质。图 3 为现代家庭农场中生活内园和生产外园的布局与设置，内园主要安排在房屋四周，可建设家庭生活区、墙面种植、顶架种植、玻璃暖房和花田种植等。外园安排离房屋有一段距离的地方，主要用于从事农业生产，种植蔬菜，养殖家禽，放置农具等。

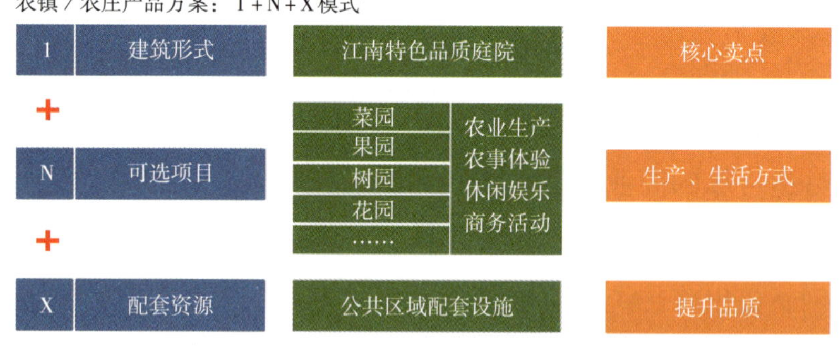

图 2　特色农镇（农庄）产品方案示意

在这样一种现代家庭农场中，农业科技将起到至关重要的支撑作用，在家庭农场内园提供自动灌溉技术、小型玻璃温室技术、立体种植技术、多功能田园管理机、农业废弃物无害化处理技术、光伏技术等，支撑内园的农业生产活动；在家庭农场外园提供精准农业技术、新型耕作模式技术、农业机械化技术、光伏农业技术、循环农业技术等，支持外园现代化农业生产活动（图 4）。

在蓝城集团的特色农镇规划中，将采用“以新补原”的商业化经营模式，以确保现代家庭农场可持续运营与推广。“以新补原”即原住居民用造房的成本价购买江南特色的品质庭院，而新住居民（包括市民、创新创业

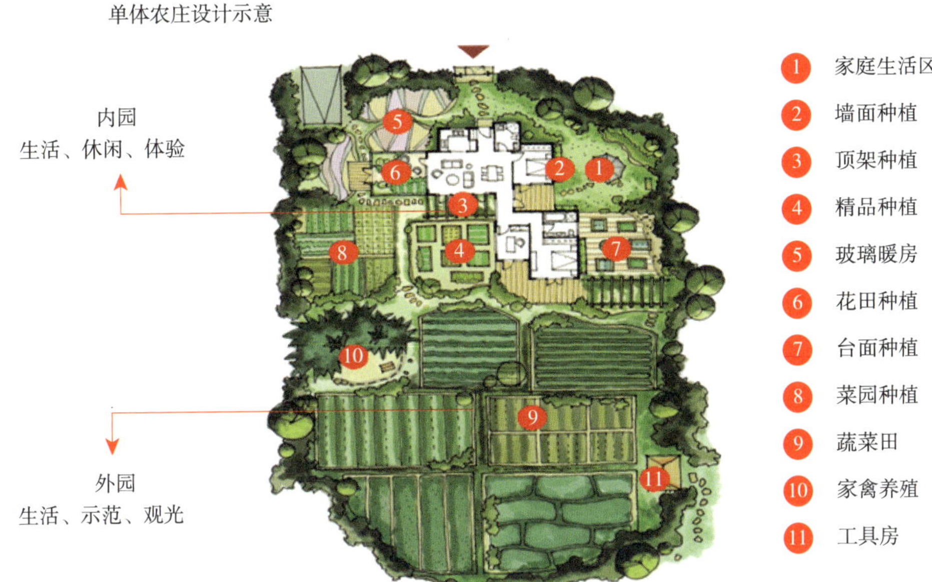

图 3　单体现代家庭农场（农庄）示意

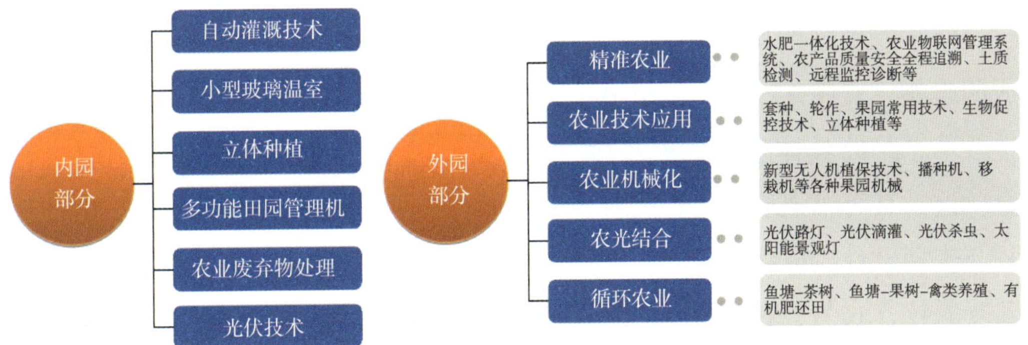

图 4　农业科技在家庭农场（农庄）中的应用

者、养生养老者等）用商品房价格购买，也可以长期租用，用商品房销售获得利润或商品房长期出租获得的收益来弥补原住居民购房经济缺口和公共设施建设支出。通过这样的商业模式，达到开发资金平衡（图 5）。

蓝城集团这种构想与模式是构造传统乡村文明与现代城市文明融合的一种创新探索，是改变农业生产方式、农村生活方式，进行特色小镇改造建设的一种实践探索，也是实现农村与城市社区对接、促进城乡融合的一种道路探索。

外园生产部分促进农民就业、创富增收，
并促进农民与市民的互动

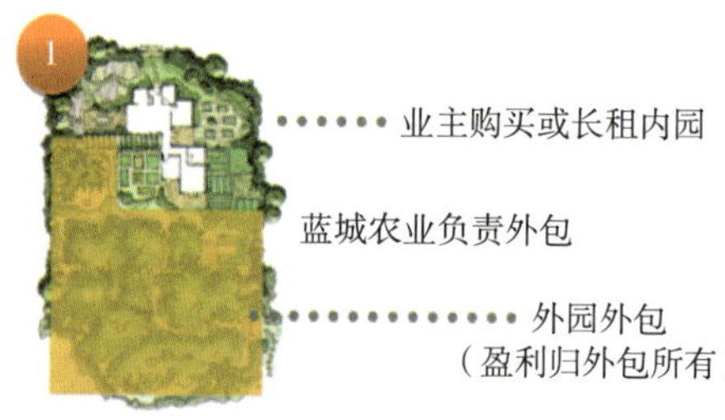

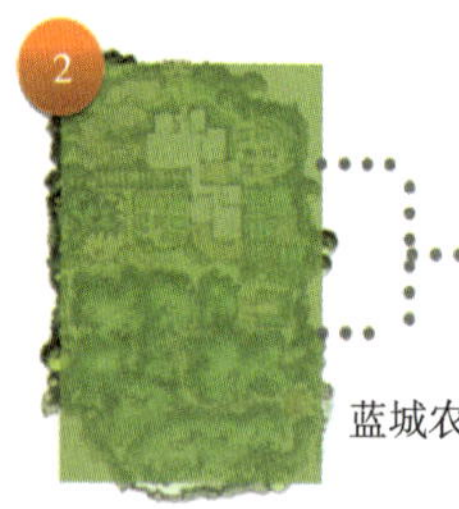

图 5　现代家庭农场（农庄）的商业经营模式

蓝城农业关于农庄的实践

对于农镇这个具有温度的生命体建设，是蓝城农业正致力于推进、去完成的事业。农庄，作为农镇里最被寄予厚望的产品，不仅是农业供给侧结构性改革思路的具体呈现，更是生产、生活、生态“三生”一体化的有机结合。这一具有较强理想色彩的农庄实验版，是蓝城农业从产业规划、生产流程与规划设计、植保服务、农产品安全体系、流通体系等方面的集成优势，实现农技、农艺、农趣要素的复合呈现，通过农庄实验版的推出，探索更多实践的可能，并进行不断优化，雕琢出更符合所设想的农庄模式。

植物工厂？植物乐园？给植物一个生长的天堂

农庄建筑的架空层内，集合了具有较高科技含量的新型种植设备，如综合效益能提高 5～10 倍的 A 型水培架，产量可达传统种植法 3～5 倍的垂直多层水培架，资源节约型农业和高效农业栽培方式的立柱栽培，通过高精度环境控制实现生产的高效农业系统的植物工厂，以及堪称空中花园的小型生态系统植物墙，在大幅度提高土地利用之时，也给这灰暗的空间增添了绿意。

各种节能节水节地种植方式，给农业一个美好的许诺

采用水肥一体化技术的自动化灌溉系统，节水、节肥、节省劳动力，并有效地调控土壤根系，避免水渍化，盐渍化，减轻病害，减少因施肥带来的面源污染。同时，农庄内还能随处可见各种体现农人匠心之处，比如将以往人们随手丢弃的山核桃壳拿来当覆土材质，透气透水，与植物更具亲和性，不仅给植物更舒适的生长环境，也避免资源浪费和环境污染。

产品和品质，能够得到更好的保证

先进的种植设备，果树套种蔬菜，立体栽培等方式，让农作物产量大幅度提高，产品的品质也不用担心，农业科研机构的专家，现场指导，不仅在果树种苗上引进适宜种植的名优品种，而且在其生长过程中，以科学的种植方式来悉心呵护，优果率高于常规栽培20%～30%，并有蓝城检测从土壤、水质到产品的全过程检测，保证到客户餐桌上的产品安全、无忧。

蔬菜也可以成为一道扣动心弦的风景

经验丰富的农艺师们可不满足于把菜种好，他们还用心通过品种搭配、造型设计以及综合考虑视觉、听觉、嗅觉、味觉、触觉感受，让人们的五官感受跟随步伐而心动。

从产品概念到产品实验，展现了蓝城农业对中国未来城镇化一种新的可能性的思考，对土地政策、农业产业发展模式、农民生活状态、农村生态环境，尝试用科技方法去破题，探索、避免面临诸多可预知和不可预知的挑战，具有重大的历史意义和商业、社会、生态价值。

由于农户是特色农镇的最基本农业生产单元，特色农业小镇建设要处理好农户与特色农镇的关系。用生物学语言来表达，农户是中国农村最基本的细胞，村庄就是一个组织，特色农镇就是一个器官，若干个特色农镇与一个城市就构成一个生命体。器官由大量具有各种功能的细胞组成，而组成特色农镇的大量农户就要有功能和活力，只有农户有功能和活力，特色农镇才能发育成长，城乡一体化这个生命体才能得到进化发展，所以农户是特色农镇建设中需要重点呵护的对象。

如果赋予农户更多的生产、生活和商业模式的含义，一个农户就是一个"农庄"；若干个农庄相互融合，组成一个"农庄群"；若干个农庄群相互融合，就可以演变成一个新型农村社区；若干个新型农村社区相互融合，就可以组成一个新型农村生态社区；在新型农村社区的基础上，加上服务体系与农业等产业体系，就构成了一个新型特色农镇（图 6）。特色农镇是一个社会组织形态，特色农镇建设应结合多种发展因素，建设不同类型、功能、规格、标准的农庄，只有农庄这个基础细胞的活力增强，才能提振小镇的发展活力。

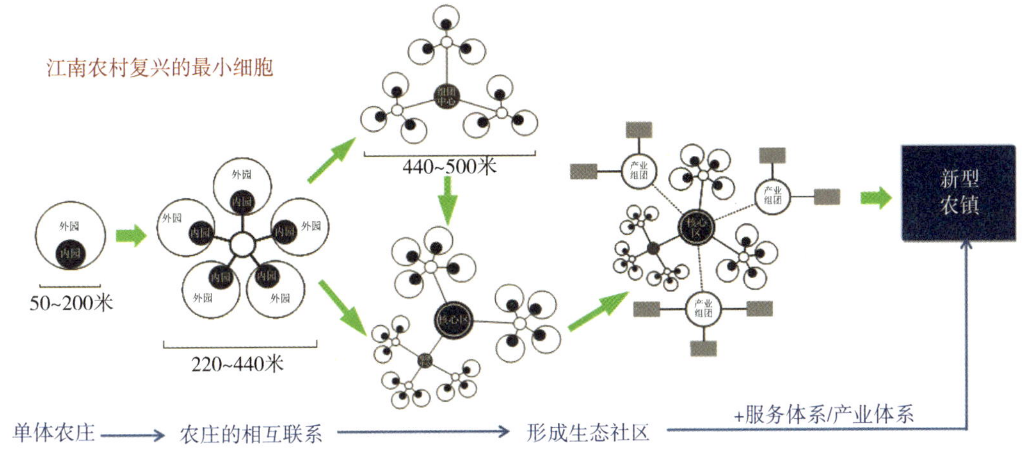

图 6　由单体农庄演绎的新型特色农镇

（六）特色农镇建设要基于体系思维

长期以来，我们各项工作习惯于项目思维开展工作，最典型的就是招商引资思维。项目思维带来的结果多是：简单复制、低水平粗放发展、同质性无序恶性竞争，结果可能是去产能、去库存、去杠杆、降成本。一个重要原因是我们缺乏创新思维和体系思维，或者说，只关注经济发达，没有充分考虑自然主义和人道主义，还停留在经济起飞前的唯经济论发展阶段。在当前及今后L形经济大势面前，特色农镇建设需要系统思维，需要在建设中更多地考虑特色农镇与特色农镇之间的关系，考虑环境美丽、人间微笑和人的安心。

当前，全国各地建设特色农业小镇热情很高，但特色农镇之间几乎没有关联，建设的特色农镇不能系统化发挥作用，只是孤岛、盆景，彼此不能链接成一道风景，更不能融合成共同体和有机体。这种建设发展思路还是项目思维，没有转变成创新思维和体系思维，不是建立在系统化区域规划之上。如果将区域内的特色农镇全部纳入规划范畴，基于体系思维开展特色农镇建设，可以使特色农镇与特色农镇之间、特色农镇与乡村之间、乡村与乡村之间做到互补融合，做到你中有我、我中有你，使特色农镇这个系统既有输血功能又有造血功能（图7）。

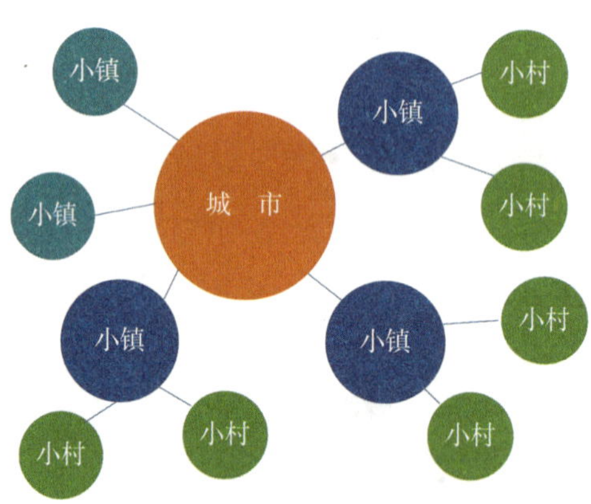

图7　特色农镇规划的体系思维

在区域经济发展中，基于体系思维的每个特色农镇保持自己的特色与专长，若干个特色农镇组成一个特色农镇群或者一个城市，这样建立起来的特色农镇群或者城市成为一道风景线、一个共同体、一个有机体，能够代谢更新的生命体，最终实现“城市—小镇—乡村”三者协调一体发展，就可以避免破坏性、翻烧饼和走回头路（图 8）。

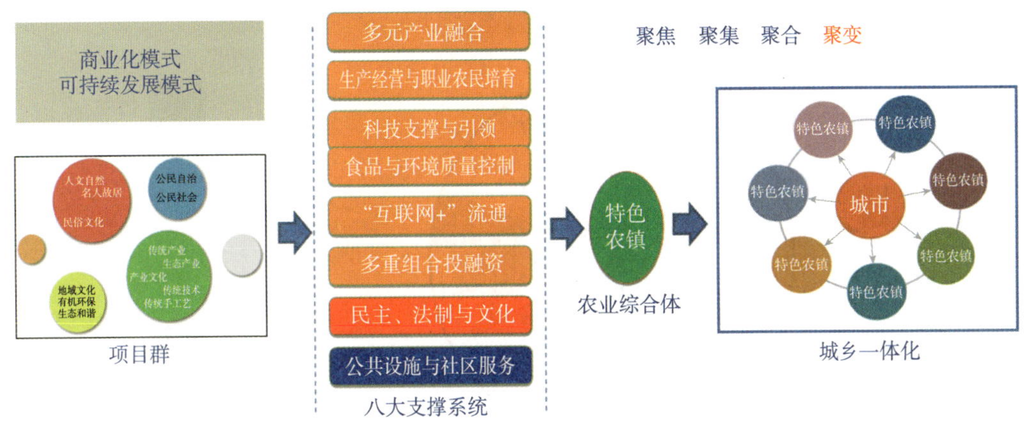

图 8　基于系统思维的城市演绎路径

（七）特色农镇的评价

特色农镇建起来了，怎么去评价，认识也难以统一。特色农镇是城市与乡村的联结点，既接近城市又接近农村，对其进行科学评价要充分考虑其承载的功能与价值，既要考虑特色农镇对乡愁的诠释，又要考虑其集聚人气的一面，还要考虑其生态涵养功能的大小。

一般来说，在政府设置的考核体系中，考核指标不仅复杂，而且过于重视经济成分。这里尝试构建一套新的评价体系，从农耕文化的角度对特色农镇的建设与发展进行系统化评价，农耕文化具体的评价指标包括：生态文化、安居文化、和乐文化、认同文化、体验文化、美善文化等，对特色农镇发展进行综合评价（图 9）。如果特色农镇在这些方面能够取得高分，表示特色农镇建设较为成功，得到了社会的普遍认可，是一个经济发达、环境美丽、能让人微笑和安心的地方。

根据上述指标体系，对某个特色农业小镇进行评价，评价结果用图 9 表示。在图 9 中，用从圆心到最外圈圆边的距离表示指标体系的得分，从圆心到外圈距离越长，对应指标得分越高，相关方面发展得越好，特色农镇发展越完善，就更加接近理想特色农镇。当所有指标体系的得分均从圆心到最外

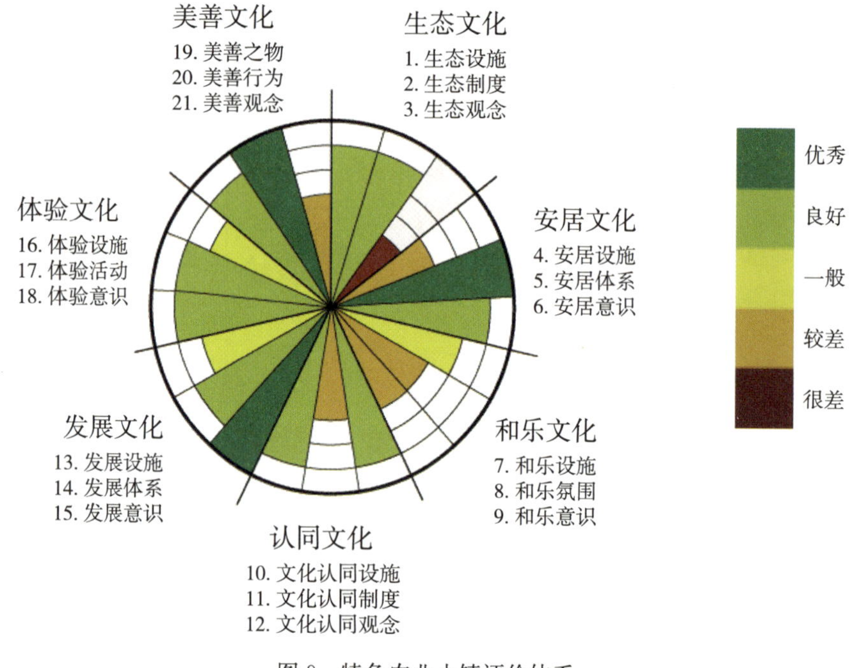

图 9　特色农业小镇评价体系

圈，即全部为深绿色，表示理想中的特色农镇。

八、特色农业小镇的实践案例

（一）奉化萧王庙现代特色农镇

萧王庙街道为千年古镇，古称泉口，后因庙得名。该街道地处浙江宁波奉化市区西北郊，距宁波市区 20 公里，毗连国家 5A 级风景名胜区溪口，区域面积 76.6 平方公里，下辖 21 个行政村和 1 个居委会，约 1 万多个农户 3.5 万人，宅基地总面积 6 900 亩。其中滕头村是全球生态 500 佳、世界十佳和谐乡村。萧王庙街道经济发达，区位优势明显，城镇化快速发展，建设用地需求旺盛，转型升级发展迫切。2010 年，萧王庙街道重点开展新型农镇建设，2013 年，萧王庙街道被定为奉化市土地增减挂钩试点，2015 年又被宁波市确定作为“四化同步”美丽镇村的改革试点区域。为了加快新型农镇建设，萧王庙街道一方面加强内部体制机制创新，创造居民积极参与建设发展的良好生态环境；另一方面，大力引进外部智慧，为新型农镇建设发展提供智力支撑。

在内部体制机制创新上，萧王庙街道充分发挥住房的财产引领与生活改善作用，坚持民生优先，促进多种规划融合，大力推进土地综合整治，实施城乡土地增减挂钩政策，以实施农村集体资产所有权、土地承包经营权、宅基地使用权及农房置换股份合作社股权、社会保障和集聚区住房的“三置换”为抓手，加大村庄拆并建设力度，加快人口劳动力向城镇和集聚区集中。

在引进外部智慧上，邀请了众多水平高、规模大、实力强、信誉好的科研院校和企业集团全程参与，其中同济大学和浙江省农业科学院分别承担编制示范区村镇建设规划和现代农业发展规划，蓝城集团承担农镇设计和建设任务。

为了破解土地、资金等要素的制约，奉化市政府为萧王庙街道专门研究制定了农村住房建设土地供应、流转、调剂、财政资金专项补助、规费减免优惠、金融支持、建设管理审批服务等方面配套的政策保障体系，为其新型农镇建设发展创造了良好的条件。具体支持政策包括：①实施农村住房制度改革后的居住区用地在城镇规划区内，采用国有建设用地使用权供地，并可办理完全产权的房产所有权证和建设用地使用权证，允许上市交易。②农村建设用地复垦产生的新增耕地归集体所有，产生的农村建设用地复垦指标，首先用于农村住房两改和配套设施建设，剩余指标实行有偿调剂，用于拓展城镇建设用地空间。③通过城乡建设用地增减挂钩的土地指标，用于商业开发和产业发展所产生的税收地方留成全额返还萧王庙街道，并将在萧王庙街道内国有土地出让金宁波市以下地方留成部分全额返还，对已列入增减挂钩安置部分的农民宅基地正在办理土地证的给予提前抵押，解决先期融资问题。

以街道为土地综合整治项目区，创新“跨区域、大项目、可置换”的新机制，在全街道范围内采取“先期安置—拆旧腾地—后期开发”的模式，重点实施以陈家岙等5个村为试点的土地整理项目，封闭运作、滚动推进，充分发挥城乡建设用地增减挂钩政策效应，盘活农村土地存量资源。通过村庄整理、土地整治，对依法取得的农村非农集体建设用地，优先保障项目区内农村住房集聚、农村公共设施和街道、村集体经济发展用地需要。同时，建立健全农民换房、换保、换股权益保障转换（置换）通道，切实保障户籍关系迁入两组团、两中心社区的农民，享受与城镇居民同等的就业、社保、教育、卫生、文化等公共服务权益，并保留原集体资产股份分红权益及一定时间内农村计生有关政策。萧王庙街道从规划开始就考虑“上楼”农民的长远利益，做好养老、医疗等社会保障工作，探索成立农村产权评估和交易市场、股份制改造集体资产等，激活农村沉睡资产。这些配套政策为调动农民积极性，加快新型农镇建设打下了良好的基础，减少了建设中的阻碍。

萧王庙街道陈家岙村美丽镇村建设中宅基地置换方案

陈家岙村为萧王庙街道土地增减挂钩试点村，对宅基地转换拟定了 7 条政策：一是 1994 年前的房屋一律不得出售。二是一律不准原拆原建。三是原有农户一律搬迁至东楼新村。四是原来所有的房屋全部由村集体收购。其中，带阳台的房屋每间补偿 2.5 万元；木质结构楼房，屋况较好的每间补偿 1.2 万元，一般的补偿 1 万元；砖木平房每间补偿 0.8 万元；土木泥墙屋每间补偿 0.6 万元；柴房每间补助 0.2 万～0.3 万元；“三舍”一律不作补偿。同时，对有土地证且已倒塌的房屋，每间补偿 0.2 万元。五是对新居住区由村统一规划、统一设计、统一建造，建房款由村民自付；六是每户的占地面积统一为 116 平方米（建筑面积约 235 平方米）；七是对年老居住者，由村集体出资统一建造安置房，所有权归村集体所有。村民的旧房收购资金，通过土地增减挂钩途径解决。通过增减挂钩复垦出来的土地，由村集体所有，用地指标先解决新区建设所用土地，其余以每亩 30 万元由街道收购，用于街道农居中心建设。目前，陈家岙村增减挂钩一期工程拆旧宅基地范围（约 50 亩），涉及搬迁户 73 户，人口 219 人，房屋 118 间，建筑面积约 1 万平方米，已全部完成。二期工程旧宅基地范围（约 45 亩）已启动，涉及搬迁户 107 户，人口 283 人，房屋 182 间，建筑面积约 1.05 万平方米。

萧王庙街道对全域生产力重新布局，按照“土地向城镇集中、产业向园区集聚、人口向中心村集聚”的战略部署，街道通过与蓝城集团、浙江省农业科学院三方合作开发模式，对全域 21 个行政村、43 个自然村规划新建“两组团”和“两中心”。“两组团”为以打造古镇风情度假综合体为核心的旅游接待和以现代城镇居住生活功能为主的水乡休闲生活区域，“两中心”即滕头和后竺两个中心村。

2014 年，总投资 10.8 亿元的萧王庙中国美丽镇村示范区核心区块城南新区建设项目启动，30 余栋高品质农居小区样板房将成为 1 100 多农户的新家。除城南新区项目外，萧王庙街道先前启动的农民中心居住区青云小区一期、塘湾村一期、云集陈家岙等 5 个农居小区项目已步入竣工分房期，涉及 800 多户农户。良浪溪、后竺、傅家岙等 4 个农居小区项目将改善千余户农户的居住条件。

改善住房是新型农镇建设的重要内容，但新型农镇建设不仅仅是分新房。在改善居民住房建设中，萧王庙街道大力推动农业发展转型升级，即推动农业由普通农产品生产向精品农产品生产与价值集聚的涉农二、三产业发展，优化以农为主的主导产业，实施生态立农、产业强农、科技兴农、品牌优农四大战略。重点以陈家岙等 5 个试点村为主要区域，以浙江省农业科学院为技术依托，规划建设 300 亩的桃文化产业园区、农产品物流配送中心、宁波市区域农产品质量检测中心，着力实施桃产业、芋艿产业、蔬菜产业、花卉产业等四大产业转型发展方案。拓展农业生产、生态、观光、休闲功能，利用滕头国家 5A 景区优势，着力打造滕头生态农业观光游、十里桃花赏花采果游、棠岙竹海生态游、泉溪江生态休闲游等休闲观光农业。通过转型升级，萧王庙的农业发展不仅为其城镇化提供绿色安全食物支撑，也为周边居民乃至外来游客提供休闲放松的好去所。

通过几年建设与发展，萧王庙街道新型农镇建设取得了巨大进展。2013 年，农业总产值达到 3.46 亿元，初步形成芋艿（头）、花卉、水蜜桃、竹笋 4 个宁波市级特色农业产业基地；滕头景区和天下第一桃园旅游人数达 150 万人次，旅游综合收入 1.34 亿元，并成为当地农业农村经济增长的引擎之一。当前，较多农民实现了长期以来向往的城市居民生活方式，住上了城市洋房，享受社区生活，融合社会主流，实现了由村民向市民生活方式转变。整体上，萧王庙街道基本上成为一个生态、生产、生机、生活、生计等“五生”融合的新型特色农镇，生活在这里的居民能够分享新型发展模式带来的经济之利，同时也能够享受新型发展模式带来的美丽、微笑和安心之闲。

奉化市萧王庙街道新型农镇建设取得的良好效果，已经成为浙江新型农镇建设的领头羊，必将示范、引领、带动浙江特色农镇建设高潮。

萧王庙打造中国美丽镇村示范区

2014 年 05 月 03 日 08：00

来源：宁波日报 A1 版

本报讯（黄成峰　吴培维　孙吉晶　张忻然）日前，总投资 10.8 亿元的奉化萧王庙中国美丽镇村示范区核心区块城南新区建设项目启动，30 余栋最高 28 层的高品质农居小区样板房将成为 1 100 多户农户的新家。

奉化萧王庙街道村民陆续圆上“新房梦”，源于该街道作为我市首个试点镇（街道）启动的全域打造中国美丽镇村“样板区”工程。作为美丽乡村建设的“升级版”，该工程成为我市新型城镇化建设首个改革试验区块。

为种好这块“试验田”，萧王庙街道对全域生产力重新布局，按照“土地向城镇集中、产业向园区集聚、人口向中心村集聚”的战略部署，街道通过与绿城集团、省农科院三方合作开发模式，对全域 21 个行政村、43 个自然村规划新建“两组团”和“两中心”。“两组团”分别为以打造古镇风情度假综合体为核心的旅游接待和以现代城镇居住生活功能为主的水乡休闲生活区域，“两中心”即滕头和后竺两个中心村。

除城南新区项目外，街道先前启动的农民中心居住区青云小区一期、塘湾村一期、云集陈家岙等 5 个农居小区项目已步入竣工分房期，涉及 800 多户农户。正在推进中的良浪溪、后竺、傅家岙等 4 个农居小区项目，将改善千余户农户的居住条件。

美丽镇村建设不仅仅是分新房。笔者了解到，萧王庙街道从规划开始就考虑“上楼”农民的长远利益，做好养老、医疗等社会保障工作，探索成立农村产权评估和交易市场、股份制改造集体资产等，激活农村沉睡资产。

针对水蜜桃这一特色产品，街道委托省农科院设计现代农业发展蓝图，规划选址300～500亩土地，建成集旅游、农业观光、精品采摘、文化休闲等于一体的桃文化园，以产业转型升级促农民增收。

（二）正在规划中的余杭长乐春风特色农镇

蓝城集团将杭州北面余杭区内的一个大概17 000亩农林混合的长乐林场定位为中国创龄小镇、世界农林之窗，打造一个集都市农业、休闲旅游、创养人居于一体的特色农镇（图10）。从都市农业角度来讲，这是杭州人享乐农业的地方，那就是农业、休闲、体验、交流、交易、物流、加工、展示、推广、中试、研发一条龙。也是杭州人休闲旅游的地方，那就是社区、景区、养生、演艺、温泉、运动、美食、商街、酒店、文化一条龙，这是人们想去的旅游度假的地方。其次是创业与养生养老的地方，创业、养生养老的人想要什么？那就是护理、康管、医疗、颐乐、创园、商务、孵化、综合服务、生活、文娱、教育、商业服务。在特色农镇设计中把这三条主线的相关元素有机、有序地糅合在一起，以商业休闲、文化创意、农林交流、康体文教、公寓酒店、特色茶园、风情竹苑等业态表达出来。特色农镇设计的建筑风格全部是江南民国特色的，没有高楼大厦，力求建筑与人和生态的有机融合。

特色农镇服务的人群定位为都市新农人，将主要集聚三类人：城市中产阶层、创业青年与事业有成人士。其中，城市中等收入家庭在农业小镇成为都市游牧农民，创业有为青年在产业小镇成为扎根创客的部落，事业有成人士在双养小镇养生养老成为品质群聚社区。创龄小镇中健康医疗、生活服

图 10　余杭长乐春风特色农镇设计图

务、文体教育、休闲娱乐、科创交流等配套服务设施完备。“农—旅—养”复合型创新小镇就成为那些有思想、有能力、有效益、有品位的新农人居住的地方。

特色农镇分为住宿、美食、康养、漫游、活动（包括结婚、庆典、节假日活动）等五大系统，森林硅谷、温泉溪谷、古寺禅茶、桃源牧场、香药稼圃、耕读人家等六大板块（图 11），布局文化、酒店、商街、美食、运动、农业、温泉、演艺、养生、景区等十大产业。

图 11　余杭长乐春风特色农镇六大功能板块示意

特色农镇的农业专题当中，充分展示农业的生态之美、人文之美、农耕之美、科技之美。展示包括世界农业风情、农业科技示范、农业模式展示；文化教育包括民宿文化、学生户外课堂、市民科普园地、农耕文化传承；培训包括先进科技、新农人创业、农技农法；康养包括养生、养老、健康产品、养生居住、田园环境、森林涵养；休闲包括旅游休闲、农事体验、观光采摘、亲子活动、山地运动，等等。

通过商业化模式运作，最终实现农业多元产业融合、多功能拓展、农民增收、企业盈利。特色农镇成为农业产业支撑的可持续发展的生态区，荟萃世界农业的大观园，大地农林园艺的彩绘图。特色农镇建设成为改变中国农村现状的有效路径，也成为深化农村改革的一个探索。

得益于农业多元产业融合和多功能拓展体系的构建和特色农镇服务配套

的完善，人们自古以来对于隐逸与市井的矛盾终可两全，既可处江湖之远，亦可享市井之便，从而真正做到在山水间自由徜徉，在出世入世间自由徜徉的世外桃源。

九、特色农业小镇发展展望与对策建议

农业是特色农业小镇的灵魂，没有特色农业的发展，特色农镇便失去了自己的特色，就像没有品牌的商品一样缺乏自己的标识，不易被认可，不易被记起，只能随行就市。因此，在今后特色农业小镇建设的进程中，要按照系统化规划在全国条件成熟的地方有序推进特色农业小镇建设，充分考虑特色农业小镇自身的特质并结合社会发展变化，在绿色发展、特色发展、文化发展、差异发展、联动发展等多个方面考量和设计，才能在坐实特色农镇自身特色的同时实现可持续发展。农镇建设切忌百镇一面、千篇一律，更不能变相成为房地产开发项目。

（一）特色农业小镇发展展望

国家发展和改革委员会发布的《国家新型城镇化报告 2015》显示，当前，我国很多特大镇已经具备了城市的体量和特征，镇区人口超过 10 万人的特大镇有 238 个，超过 5 万人的有 885 个。这意味着我国有大量的城镇具备建设特色农业小镇基本条件：人口规模较大，农业发展具有地方特色。因此，有步骤、有计划地建设融“五生”功能于一体的特色农业小镇，不仅可以加快农业现代化进程，而且可以加快中国美丽乡村建设，解决一部分农村人口的生产、生活与生计问题。

特色农业小镇建设三步曲：

第一步：可以按照理想农业小镇的发展蓝图，制定特色农业小镇规划 1.0 版本，针对人口规模在 3 万～5 万人、区位相对优越的小镇，发展十几个样板镇，解决 30 万人左右的生产、生计与生活问题，并在生态上实现可持续发展。

第二步：在特色农业小镇 1.0 版本的基础上，根据发展情况进行修改完善，制定特色农业小镇规划 2.0 版本，发展几十个样板镇，进而解决 300 万人左右的生产、生计与生活问题，有力推动中国美丽乡村建设。

第三步：在特色农业小镇 2.0 版本的基础上，不断进行修改完善，制定特色农业小镇规划 3.0 版本，通过辐射、带动与影响，在全国建设 1 万个理想特色农镇，解决 2 亿～3 亿农村人的生产、生计与生活问题，打造为推动我国美丽乡村建设的核心载体与建设全面小康社会的重要途径。这是一个意义非凡的“三农”情怀，也是一件操作性很强的系统工程，更是中国梦的重要组成部分（图 12）。

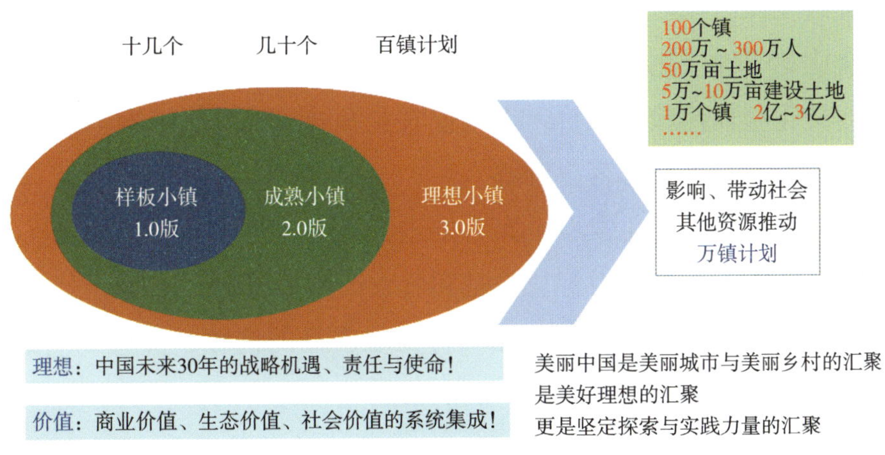

图 12 全国特色农业小镇建设展望

（二）特色农业小镇建设的对策建议

1. 把发展绿色精品农业放在首要位置

优先发展特色精品农业。立足于农镇特色农业资源，着眼于精品农产品消费前沿，大力提升农业的绿色化发展水平与精品化发展水平，进一步突出特色与优势。推进农业标准化生产，降低农业安全生产隐患并提升产品的商品属性；大力推广环境友好型生产技术和农作物病虫绿色防控技术，降低农业面源污染及其对土壤的不良影响。加强特色农业现代农业关键技术与模式的研发与筛选，推广一批包括复合种养、复合农林业、循环农业、低碳农业等技术模式，提高农业资源利用效率。通过品种引进、技术改良、设施装备提升、管理与服务水平提升等综合性手段，以及基地建设、园区建设、精品园等平台建设，大力发展精品特色农业，推动特色优势农产品由一般消费品向高端消费品、礼品消费品转变。

积极发展绿色休闲旅游农业。积极捕捉社会休闲旅游消费前沿，立足于特色农业旅游资源，大力拓展特色农业的休闲旅游功能，通过打造特色农业景观、特色旅游农产品、特色养生农产品等，加快提升特色农业的景观化、休闲化和商品化水平，建立起特色休闲旅游农业发展产业链，推动农业向更高端产业链发展。创新休闲旅游业发展方式，在发展农家乐、民宿、园区旅游、节庆旅游等大众化休闲旅游的基础上，因地制宜创新发展娱乐型、参与体验型、文化型休闲旅游项目，将特色农业发展与城市休闲旅游业有效对接起来，积极分享城市旅游客户资源。

重点促进农业品牌化发展。大力推进农业品牌建设，利用品牌提升农产品的附加值及其市场竞争力等。一是实施农产品品牌建设工程，充分利用消费者对绿色、有机、无公害“三品一标”农产品的信赖，加大“三品一标”农产品的培育力度，提升特色农产品的市场竞争力与消费者认可度。二是结合产业发展，打造区域性公共品牌，树立品牌的文化形象。对品牌进行设计、策划，用品牌准确反映特色农业小镇的内涵；多渠道加大宣传，通过媒体的渗透力和影响力，在广大民众心中快速树立品牌形象，帮助农镇特色农业赢得市场发展机会；加强品牌保护，从品质、服务、使用等方面维护品牌的形象，保障品牌的健康发展，对区域性特别突出的优良产品，申请原产地或者地理标志商标。

2. 把改善农镇住房、生活放在重要位置

首先要大力改善农村住房条件。住房乃居民生活的大事与要事，其品质好坏影响着一代人甚至两代人的生产生活与情感归宿，要把改善农镇居民住

房条件放在农镇建设的重要位置。因地制宜进行改造农镇住房，但应尽量避免开发建设型，而多采用改造建设型与嵌入建设型，降低资金浪费与文化破坏。在建设中，应引入实力强大的房地产开发企业，对农镇进行整体规划设计，既要保留农镇居民住房原有建筑的文化特色，又要加入现代城市住宅区的健康、文化、交流、景观、生态、服务、应急救助等新功能，完善农镇住宅区功能分区与内园相关配套，进而改善农户居住条件，便利农业生产管理，让农民分享发展成果，并能够安心致力于农镇的建设发展。

其次要积极改善农村文化生活。大力培育根植于农业之上的核心文化，或把农业发展融入地方核心文化中，打造农镇特有的核心文化，学会用文化情怀带动引导人流汇聚于农镇，借助文化的力量发展农镇经济，其中，重点繁荣与发展特色农业休闲经济。拓展文化的参与面，积极发展群众乐于接受、易于参与并反映时代风貌的文化活动，包括农耕文化、农事活动、文化庆典、美食竞赛、文化博览与文化推介等；扩大文化元素的应用面，将文化元素与农镇基础设施建设紧密联结起来，包括基础设施风貌、建筑风格、装修格调、点心美食、纪念品制作、产品包装等，促进文化与日常生活深度融合，提升居民的文化素质，提振农镇的发展活力。

3. 把系统思维植入农镇建设发展规划

从区域协调发展视角统筹农镇规划。特色农镇建设需要系统思维，在建设中应更多地考虑特色农镇与区域内其他特色农镇之间的关系，更多地考虑土地的高效利用，更多地考虑生产、生活与生态的协调。从区域发展角度考虑农镇规划，发挥规划的指导引领作用，将一定区域内的若干个农镇纳入规划范畴，必要的时候打破行政管理界限，进行统筹规划，不仅要保持每个农镇的产业特色，而且要使不同农镇产业之间保持互促共进的关系。最终，若干个农镇组成一个特色农镇群或者一个城市，实现农镇的有机发展。

从更广泛视角实施“综合规划”编制制度。一是要加大体制机制创新力度，改变农镇规划中多种规划单独编制的局面，实施“综合规划”编制制度，即将涉及农镇发展的商住建筑、道路交通、水利电力、环境生态、文化保护、乡村旅游、产业发展等分开编制的单项规划进行合并，改为一个综合性大规划，落实促进增量规划转向存量规划，重点拓展土地的多种用途，提高农镇的土地利用效率。二是要整合农学、建筑学、社会学、自然地理学、人文地理学、城市规划学等学科的专业知识，选派专家学者参与规划编写与论证，在规划中重视农镇的生活品质与文化水平等非物质规划内容。三是应从生态学、美学、社会学等不同专业视角对农镇规划的科学性进行论证。农镇评价指标不仅包括产业发展，而且还包括环境优美与社会文明等，在农镇规划中应融入生态学、社会学、美学等元素，并通过相关专业性论证，确保农镇能够沿着美丽、微笑与安心等主题发展。

从内外联动发展视角加强区域合作。特色农镇是一个较小的经济体，不走开放之路与合作之路，其经济总量就不能做大，自身的比较优势就不能发挥，就不能进入可持续良性发展轨道。特色农镇应走开放式发展道路，立足自身的特色，拓展外部资源与市场，加强同其他地区的合作与分工，确立合理的产业分工秩序。从整体上看，要积极参与周边地区经济发展秩序建设，找到适合自身发展的分工定位；从产业发展看，应坚持走差异化和分工合作发展道路，而不应走同质化和单打独斗式发展道路。

从内部融合发展视角促进产镇融合。一是把特色农林产业发展同二、三产业的发展结合起来，把现代种养业的发展与农产品加工业、物流业的发展结合起来，形成贸工农、产加销一体化的产业体系；鼓励工商企业投资现代农业非生产环节，通过先进的产业化经营机制，与农业生产者结成稳定的利益共同体，实现工农贸产业的有机融合。二是按照服务特色农镇、美化特色农镇、镇村一体的目标定位，在稳定粮食生产的基础上，以优质蔬菜生产、绿色畜禽生产、食品加工流通业以及休闲观光农业为主，为特色农镇发展提供优质食物支撑、原材料支撑与休闲养生去处。三是把特色农业发展与美丽乡村建设结合起来，对接农业发展与新农村建设的基础设施，充分协调新农村建设风貌与农业景观，促进二者互动发展。

4. 把探索试行纳入农镇建设允许范围

发展农镇坚持先行先试。允许特色农镇建设在探索中前行，特色农镇建设是在遵循当地发展条件的基础上，经过引入龙头企业，植入共赢经营模式，对特色农镇进行再造而形成的。建成一个特色农镇一般仅需 3～5 年，较自然沉淀形成的特色农镇时间要短很多，而且没有成功的模式可照搬。因此，政府应胆子大一些，允许部分小镇率先开展特色农镇建设，不断探索可行的商业模式，做到经济效益、社会效益、生态效益三者协调统一，并显著优于建设前的水平。对于建设失败的特色农镇，不应过分追究相关涉事方的责任，特别是客观原因造成的责任，为特色农镇参与方创造相对友好的生态环境。

配套相关探索试行政策。一是要配套政策靶向锁定进驻的龙头企业。龙头企业不仅是当地农业发展的核心力量，也是特色农镇建设的核心力量，必须给予龙头企业一定的支持，通过系列化的优惠政策吸引有实力、有社会责任感的龙头企业，进而推动特色农镇规划、建设和发展。二是应系统配套土地、财政、金融、保险、科技等政策。尤其是在建设用地方面，需要提高农镇建设用地的人均用地效率，落实促进增量规划转向存量规划，积极、科学、合理、有序调整不同类型或属性的土地，最大限度地发挥土地的使用价值和潜力。政府应加大公共服务设施建设补贴力度，给予经营主体融资、社会资本投资特色农镇创造优惠条件，加大农业保险的赔付力度与覆盖面，创新体制机制为科研院所开展科技服务提供宽松的环境与优越的条件，从土地成本、财政补贴、税收优惠、舆论宣传等多方面为龙头企业参与特色农镇的建设创造条件，将特色农镇推入健康可持续的建设和发展轨道。

参　考　文　献

苏春雨，2015. 广西横县横州生态镇建设项目规划管理研究［D］. 南宁：广西大学 .

孙继民，张重艳，2011. 唐许公墓志铭：晚唐河朔地区的田庄标本［J］. 陕西师范大学学报（哲学社会科学版)，11-05.

谢高地，2013. 生态文明与中国生态文明建设 [J]. 新视野 (5)：25-28.

于建嵘，1999. 中国现代庄园经济研究 [J]. 农业经济问题 (3)：51-55.

张好记，2010. 发展创意农业的思维工具 [J]. 农产品加工 (创新版) (2)：77-80.

张金玲，2003. 后现代视野下的城市游——齐格蒙特·鲍曼关于城市游的后现代话语 [J]. 北京第二外国语学院学报，10-30.

专题八　现代农业综合体实践案例

——蓝城农业综合体

一、蓝城现代农业综合体的发展历程

（一）概念提出

现代农业综合体概念最早由陈剑平（2012）提出，他认为现代农业综合体是现代农业发展的高级阶段和综合开发模式，是现代农业园区化发展的高级形态和升级版，是区域现代农业发展创新载体。通过现代农业综合体建设，可以为农业生产、农产品质量安全、生态环境、农产品营销、农民收入、美丽乡村建设提供一个综合解决方案。同时，也为创新农业科技运行模式、激发农业科技活力、深化农业科研机构改革提供新路径、新机制。建设现代农业综合体，对加快项目、资金、人才资源的集聚，促进科技成果的转化孵化，推动科技创新与成果推广模式的转变，推进区域农业产业结构调整与转型升级，打造一二三产业融合，生产、生活、生态和谐的新农村典范，探索现代农业发展新途径具有重要意义。

从科学内涵来看，现代农业综合体是新常态下，以“生产、生活、生态”有机融合和“创新、协调、绿色、开放、共享”发展理念为引领，在一定农业发展区域内，通过构建全新的现代农业产业体系、科技体系、经营体系、质量体系、流通体系、投融资体系，开展多方主体合作和现代科技信息支撑，促进农业功能集成、系统整合、跨界发展的新模式。它是农业全产业链目标整合与提升、农业功能拓展与融合、农业科技支撑与引领、现代农业经营体系培育与培养、多种类型农业园区联合与协同、农镇特色产业—居民住房—居民生活统筹与优化的一个复合体，是一二三产业各领域全面拓展，多种业态并存，有机交织，多元经营，共同发展，为城乡居民提供多元化服务的一个新载体。

从形态呈现来看，现代农业综合体以发展现代农业和一二三产业有机融合为主业，以要素整合、全产业链整合、功能价值整合、城乡空间整合为特点，以现代农业科技和信息技术应用为支撑，通过多方主体合作，建设集农业改革新特区、农业产业新园区、农业科技新城区、农民居住新社区、农村历史文化传承区、农业生态涵养区、农业服务经济区等于一体的多种综合性功能的区域经济、科技、文化发展新平台。

现代农业综合体特点体现为“三突出三配套”。所谓“三突出”，一是突出农业的主体地位，提出现代农业综合体概念的初衷之一，就是要为“三农”问题提出一套综合解决方案，旨在农业食品安全、有效供给和可持续发展基础上实现生产要素整合、全产业链整合、功能价值整合、城乡空间整合；二是突出科技的引领作用，提出现代农业综合体的初衷之二，就是要探索科研院所机制创新，强化农业科研单位人才、技术、品种等科技支撑引领作用；三是突出企业的支持作用，提出现代农业综合体的初衷之三，就是要引入商业化运作模式，突出企业在资金、管理、品牌以及城镇规划建设等方面的支持作用。所谓“三配套”，即强调现代农业发展与大企业配套、与产业配套、与效益配套。概括来讲，现代农业综合体实质是“农业生产＋农业科技＋农业旅游＋农业文化”的农业综合发展（陈剑平和吴永华，2014）。

可以说，现代农业综合体是迎接“第六产业”时代到来，推动区域经济社会发展到较为发达的新阶段，对长期以来农业园区实践不断总结基础上提出的一个现代农业发展的新概念；现代农业综合体是一种典型的“混合经济”，既脱胎于农业园区，又高于农业园区。现代农业综合体是现代农业园区的“升级版”，是农业产业模式升级、产品模式升级、经营模式升级、土地开发模式升级“四大升级”共同作用的结果。

（二）落地实践

在概念提出以后，陈剑平院士希望通过与社会多方合作，共同将现代农业综合体概念落地，使区域农业产业层次提升，公众享用农产品安全放心，农产品竞争力增强，农民收入增加，生产条件改善，乡村环境美化，农民素质提高，社会和谐发展。而蓝城集团董事长宋卫平也一直希望通过科技的力量和科技的手段，改变当前农业发展困境，帮助农民致富，让公众吃得更安全更放心，让农民和城市的低收入群体都能分享社会发展、文明进步的成果。正是基于两人共同的理想和情怀，催生了蓝城农业综合体的实践与发展。蓝城农业综合体针对“三农”发展存在的农科教/产学研结合不紧密、农业发展理念与生产方式的创新引领滞后、农业园区建设与农业经营体系结合不紧密、农产品质量安全形势仍然严峻、工商资本投资与农户家庭经营结合不紧密、现代农业发展与美丽乡村建设结合不紧密、农业发展中的“保生产”与“保生态”不协调和农业土地制度和经营制度等面临的难题和短板，进行了大胆创新和实践。2012 年底，经过科学论证与多方努力，浙江省农业科学院、蓝城农业科技有限公司（原绿城集团现代农业开发有限公司）与嵊州市政府三方在嵊州市甘霖镇合作启动建设蓝城农业综合体。

蓝城农业综合体建设坚持以“政府主导、主体运作”为原则，充分发挥政府在农业综合体建设中的组织领导、协调及政策引导作用，广泛调动各政府部门及社会各界力量，为农业综合体的成功建设提供组织、政策及资金保障。充分发挥市场在农业资源配置中的基础性作用，合理配置各类生产要素，立足国际国内两大市场进行准确定位，提高农业生产组织化程度，生产中高档产品，不断满足市场多样化、优质化、动态化的需求，不断提高农产品的市场竞争力。坚持示范引领原则，力求体现综合体农业现代化发展水平，体现绿色理念、生态理念，高起点、高规格、高标准建设，使规划与农业综合体区域内经济社会发展水平相适应，引领当地现代农业的发展。坚持产业整体构建原则，围绕建设现代农业产业体系，按照一二三产业联动发展的要求，着眼于主导优势产业和特色产业整体开发和竞争力的提高，积极培育新型农业龙头企业经营主体，大力延伸农业产业链，构建优势产业群体，打造产品优势名牌，实现农业科技园区产业与休闲观光农业模式的功能叠加，推进农业产业升级，提高农业产业的整体效益。坚持优质安全原则，抓住全球及国内各地对农产品品质安全要求不断提高的要求，依托科技资源，强化农产品质量安全意识，积极优化品种和品质结构，全面推行标准化生产，提升产品的分级、包装、贮藏、保鲜和加工各环节的品质保障体系，实现可追溯、可监控的品质安全保障。坚持可持续发展原则，树立可持续发展观，突出农业综合体地域优势，大力推进循环农业生产方式，积极实施清洁化生产，坚持节约利用各类资源，强化节水节能降耗，有效保护生态环境，规划发展生态适应性强、科技含量高、竞争能力大的产业及关联项目，并确保品种、种植技术和生产过程符合质量安全的要求，增加绿色产出。

蓝城农业综合体建设以多元融合理论为基础，以科技引领为动力，以创新经营模式、创建安全可控质量体系和探索“互联网＋”流通体系为建设内容，以多重组合投融资体系为保障，发挥政府的资源整合优势，农业科研单位的技术优势，以及农业企业的资金、管理、品牌等市场优势，利用区域农业产业基础优势，将农业增效和安全，农民增收和维权，农村和谐和发展作为最终建设目标，将农业综合体建设成为三产融合，生产、生活、生态、生计、生机“五生”和谐，工业化、信息化、城镇化、绿色化、农业现代化“五化”同步的新农村典范，逐步推动农业发展方式的根本性转变，为现代农业建设提供示范借鉴。

蓝城农业综合体围绕现代农业发展“一体化”综合解决方案，将农业绿色可持续发展和多元产业融合细化落实到具体板块。注重支撑高效生态农业主导产业，在农业产前、产中、产后关键领域，重塑农业生产全流程管控体系，打造科学安全生产管理系统、扁平高效流通系统、全程追溯的监测检测系统，集成示范一批节本高效、绿色发展、循环利用的技术模式，实现科技效益的倍增；优化区域特色优势产业布局，融合食品加工、商贸物流、科普会展、教育培训、休闲观光、文化创意等多个相关产业，构建多功能、复合型、创新性的产业综合体，实现多元产业融合发展；积极推动工商资本、科研院所、地方政府、金融机构、合作社及家庭农场资源向区域特色优势农业产业集聚；提升以生产功能为核心的新农村建设成效，以生产功能为纽带，多方联动，多管齐下，创造就业机会，增加农民收入，使农村留得住农民，让消费者享受绿色安全食物，让农村更美农民更富，实践农业发展多方互惠共赢新格局。经过 5 年的建设，已经发展起了种养基地、供应体系、检测保障、科技推广、研究规划、培训教育等多种功能，为我国现代农业的转型发展提供了模式和参考（图 1）。

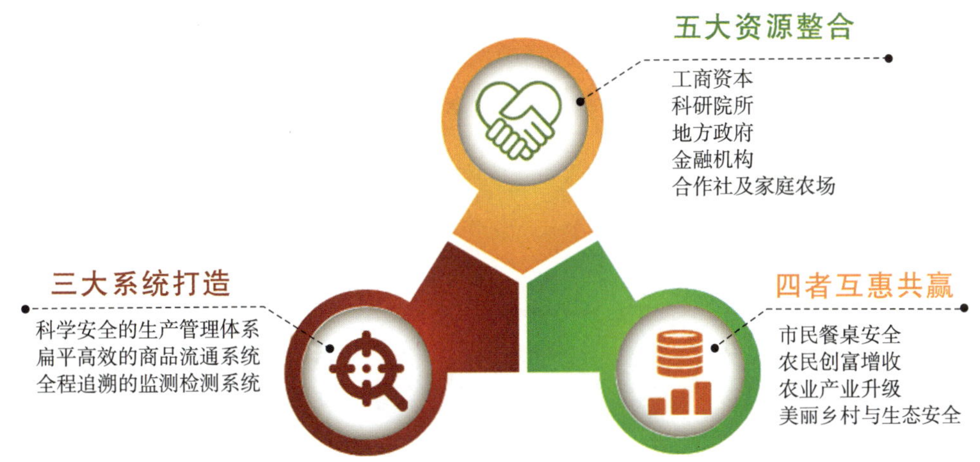

图 1　蓝城农业综合体发展模式

蓝城农业综合体规划总面积为60 750亩，规划基础年为 2012 年，规划期限为 2013—2020 年。规划分两期建设，第一期为 2013—2015 年，即蓝城农业综合体核心区，规划面积28 000亩，其中核心示范基地2 800亩，核心示范带动区25 200亩；第二期为 2016—2020 年，规划面积32 750亩。在建设过程中，蓝城农业综合体已经突破了空间限制，各功能区布局依功能需求主要分布于杭州、嵊州、丽水等地，到 2015 年底已建成嵊州和丽水核心示范基地共2 859亩，核心示范带动面积为 15 万亩，辐射带动 10 万余户农民增收致富。

在综合体的实践过程中，通过基地的建设和联合，蓝城农业综合体建立了一套独具特色的“幸福桥”管理系统（图 2），构建起农民和市民双方互惠互利幸福桥梁（图 3）。

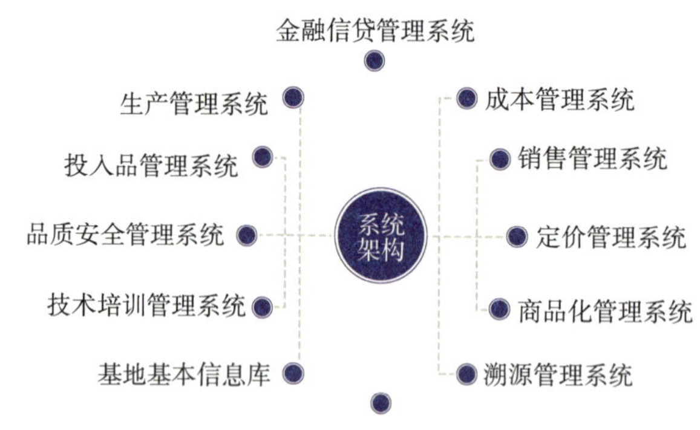

图 2　蓝城农业综合体“幸福桥”管理系统

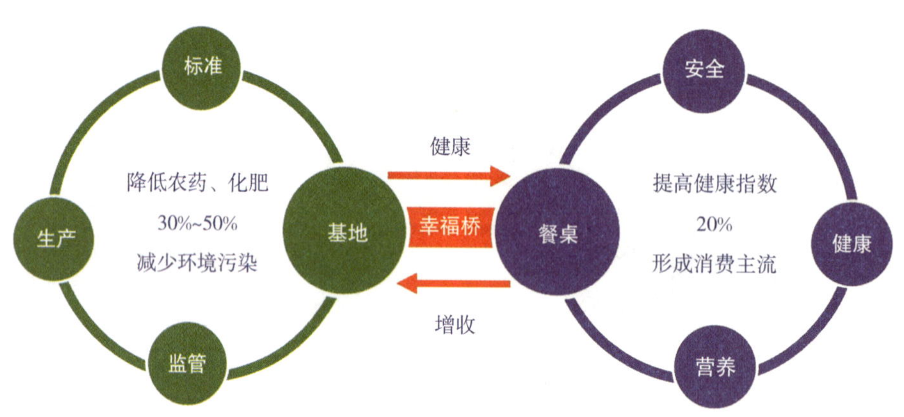

原产地农产品连接着千家万户的餐桌，“幸福桥”是传递健康、安全、营养、美味的传递链，旨在为社会提供安全健康的农产品，并为千百万的农户、合作社、农业企业提供高附加值的回报和增加销售收益。

图 3　蓝城农业综合体“幸福桥”联系餐桌和基地

（三）理念完善

在蓝城农业综合体建设过程中，现代农业综合体概念、内涵、建设路径和模式也在逐渐完善、丰富和发展。2014 年，浙江省发改委将现代农业综合体列为重点研究课题，支持项目组结合蓝城农业综合体建设，开展“农业综合体：区域现代农业发展的一个新载体”的研究。2015 年，中国工程院将现代农业综合体纳入咨询研究课题（图 4），支持开展现代农业综合体发展战略研究，并在建设过程中使农业综合体的内涵丰富和发展在理论上得到升华。

图 4　中国工程院现代农业综合体发展战略研究项目启动会

蓝城农业综合体的建设提高了农业公共服务能力，已经产生了明显的社会效益，主要表现在六个方面。

一是科技集成，优良品种和先进实用技术覆盖率达到 100%，有利于提高农产品生产的科技含量和水平，有利于优化品种结构，促进产业结构调整，提高劳动生产率和土地产出率。

二是绿色生产，建立规范流程和技术标准，做到基地源头保障、生产过程保护和产品质量保证。

三是示范带动，通过订单流、技术流、产品流和资金流，辐射带动周边农户和加盟基地发展生产，实现农业增效、农民增收。

四是综合培训，通过农民专业技能培训，提高农民科学文化素质。

五是农产品流通，建立农产品流通平台，提高优质农产品市场占有率。

六是检测服务，全过程安全检测，有效可控，预防风险，提高消费者对农产品的安全感，从而实现农业综合生产能力的提升（图 5）。

图 5　蓝城农业综合体初显的功能和价值

目前，蓝城农业综合体每天都接待国内外政府、科研院所、高校、协会和知名企业等各种组织的参观考察，平均每天接待 2～3 批，每月接待至少 500 人，现代农业综合体理念得到各地参观者的认同和推广。

蓝城农业综合体规划项目建设完成后，将有效增加旱涝保收面积 2 万亩，提高抗御自然灾害能力，提高土壤肥力，实现农业优质、安全、高效，为发展高效生态农业做出示范。带动农民发展农业生产，增加农民收入，对推进社会主义新农村建设产生积极的影响，同时，为丰富城镇居民“菜篮子”，农产品有效供给做出积极贡献。

二、蓝城现代农业综合体的实践

（一）多元融合：多功能核心基地建设

当前，产业融合已是农业发展的一种常态。科技进步、管理创新、政策调整、社会需求（市场需求、消费需求、企业需求、资本需求、跨界需求）共同推动着现代农业综合体中农业产业与相关产业的相互渗透结合，促进农业产业内部相关产品和业务、农业与其他产业之间业务与市场的融合。蓝城农业综合体以农业核心示范基地建设为基础，依托农业科研机构的新品种、新技术、新设施、新装备，融入设施农业、循环农业、精品农业、数字农业、休闲观光农业等先进理念，快速转化和示范推广先进适用技术与最新农业科技成果，按全产业链思路打造一二三产业融合的高效生产体系，将核心基地建设成为现代农业生产模式及科技成果的应用展示区和辐射源。

蓝城农业综合体在嵊州核心示范基地建设玻璃温室 2 栋，连栋大棚 12

栋，水果采摘连栋大棚 20 栋，重点建设蔬菜、果树标准化生产示范基地（图 6）。建成涵盖科技培训、种子种苗、农产品加工与检测的公共服务中心以及管理服务中心水池、雨水收集系统、停车场和部分配套设施。同时通过“智慧农业与物联网技术集成创新与示范”项目，以现有玻璃温室、连栋大棚和单体大棚为实施主体进行设计，建设实现环境数据实时采集、现有大棚

图 6　蓝城农业综合体嵊州核心基地

设施智能化控制、远程视频监控与非法闯入报警、智能配肥与肥水一体化控制、蔬菜标准化生产过程管理和质量溯源、蔬菜专家系统研发及蓝城农业嵊州基地电子商务运营探索等智慧农业平台。标准化蔬菜生产区建设有现代化工厂育苗流水线、蔬菜催芽室、蔬菜保鲜库等，共引进不同蔬菜种类 117 个品种，不同果树种类 54 个品种。2016 年，现代化育苗流水线累计育苗量为 200 万株，主要品种有番茄、辣椒、茄子、玉米、甜瓜、西瓜、冬瓜、黄瓜和叶菜等十几个品种（图 7）。基地共产出各类优质蔬菜和精品水果 520 吨，主要包括梨、桃、葡萄、桃形李等精品水果及特色蔬菜产品（图 8）。在丽水基地应用推广浙江省农业科学院优良品种，育苗蓝颜柚 10 万株，可增加种植约1 500亩，7 年后可生产蓝颜柚 165 万～225 万千克；试种春秧米 100 亩，预计产量 20 吨，试种成功后可辐射带动种植区域 2 万亩。

在此基础上，蓝城农业综合体对外拓展联盟基地，按核心基地的标准化管理模式，指导和规范联盟基地的农产品生产和多功能开发，核心基地与联盟基地构成一个产品与功能互相补充互相联动的综合体系。目前，蓝城农业综合体已建成联盟基地 98 家，辐射 10 个省份，近 15 万亩，产品覆盖 6 大系列，30 个品类，570 余种（图 9、图 10）。

同时，蓝城农业综合体又适当开发农业加工附加功能，在农业生产中应用现代农业技术、手段、模式，注重引入文化创意理念和营造手法，依托基地的传统文化资源，融合文化、创意等元素，结合基地观赏区和自然资源，统筹引导公众参与休闲农业旅游，中小学生参与农业科普和农事体验活动，使农业生产兼具休闲、观光、科普、景观等多种功能，催生了农业新业态（图 11）。

现代农业综合体是以农业为主导，融合工业、旅游、创意、地产、会展、博览、文化、商贸、娱乐、物流等多个相关产业与支持产业，形成多功能、复合型、创新性的产业综合体。农业一二三产业融合就是从特色农产品的“点”，发展成为围绕这个特色农产品形成产业化和产业链的“线”，进一步围绕特色农产品产业链，形成区域特色经济的“面”，而现代农业综合体的基地建设是重要载体。

图 7　蓝城农业综合体嵊州核心基地设施栽培实景

图 8　蓝城农业综合体嵊州核心基地露地栽培实景

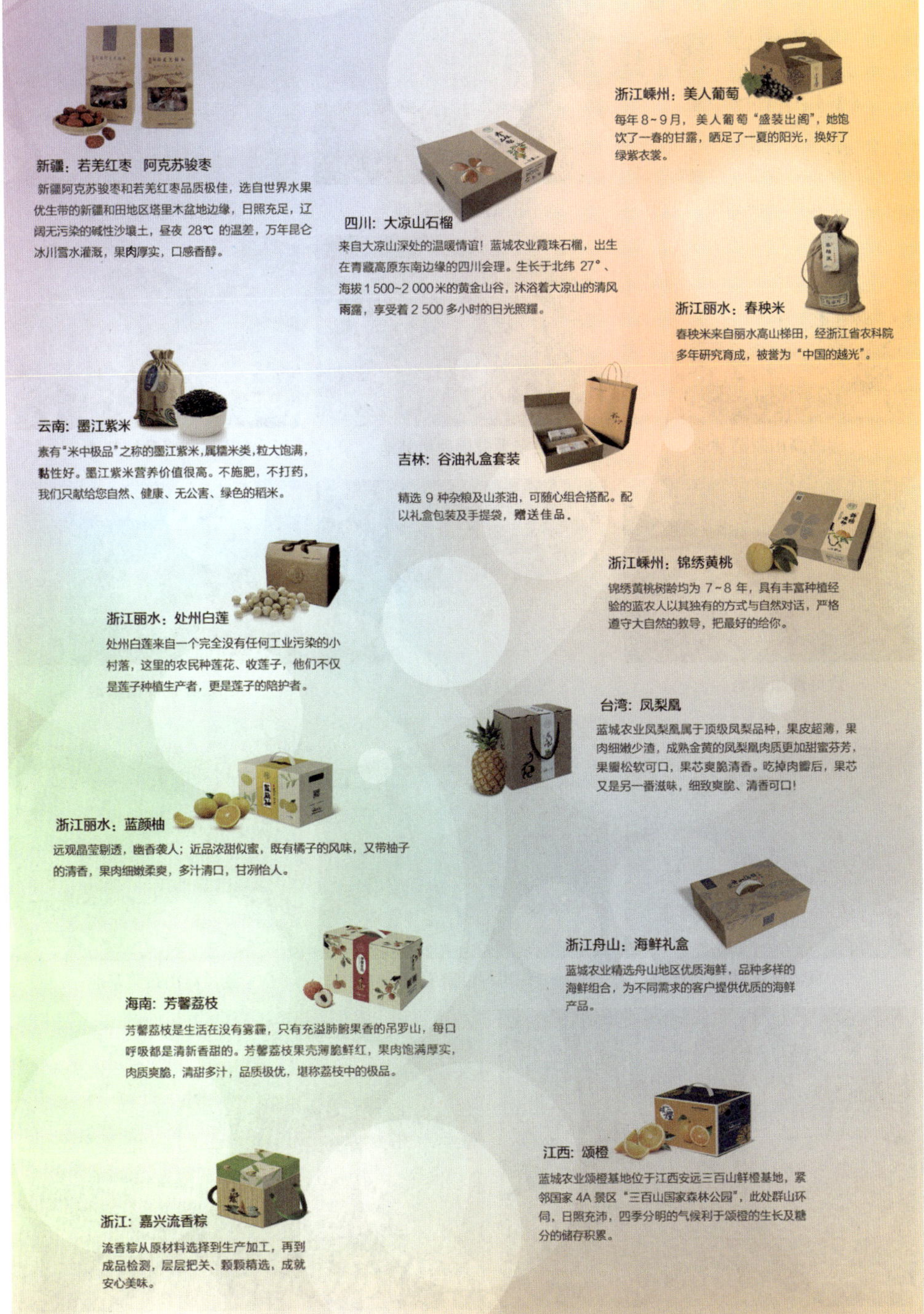

图 9　蓝城农业综合体部分联盟基地及其产品

庆元蓝颜柚基地　遂昌猕猴桃基地　丽水春秧米基地

遂昌高山蔬菜基地　山东大樱桃种植基地　海南凤梨凰种植基地

蓝莓种植基地　梨园鸡养殖基地　云雾茶种植基地

良渚蔬菜基地　织里绿叶蔬菜基地　遂昌高山蔬菜基地

阿克苏冰糖心苹果基地　庆元菌菇基地

图 10　蓝城农业综合体部分加盟生产基地实景

图 11　蓝城农业综合体嵊州核心基地公众体验活动

蓝城农业综合体的集群性正是现代农业综合体“多元融合”产业体系的空间特征，实质是生产力的布局优化。蓝城农业综合体把食物保障、原料供给、资源开发、生态保护、经济发展、文化传承、市场服务、农业技术、农耕活动以及市场需求有机结合起来，形成了彼此良性互动的产业价值体系。

在“三产融合”到“多元融合”的创新过程中，现代农业综合体在产业化经营组织体系方面进行了大胆尝试。通过探索政府、企业、金融机构、科研院所间新型合作机制，及培育懂经营、会管理、能将跨界理念和农业新型业态用活的高素质的新型农业经营主体和职业农民队伍，进一步建立各主体之间合理的利益连接机制，以打造结构完整、功能齐全、运转高效，形成能够自我更新和具有自我优化能力的全产业链式的发展模式。具体而言，围绕农业综合体的核心细胞（新型家庭农场）、组织单元（新型家庭农场集群）、组织模式（新型股份合作），打造与农户的利益共同体（图 12）。

蓝城农业综合体建立完善了三个创新机制，增强了农业综合体运行的

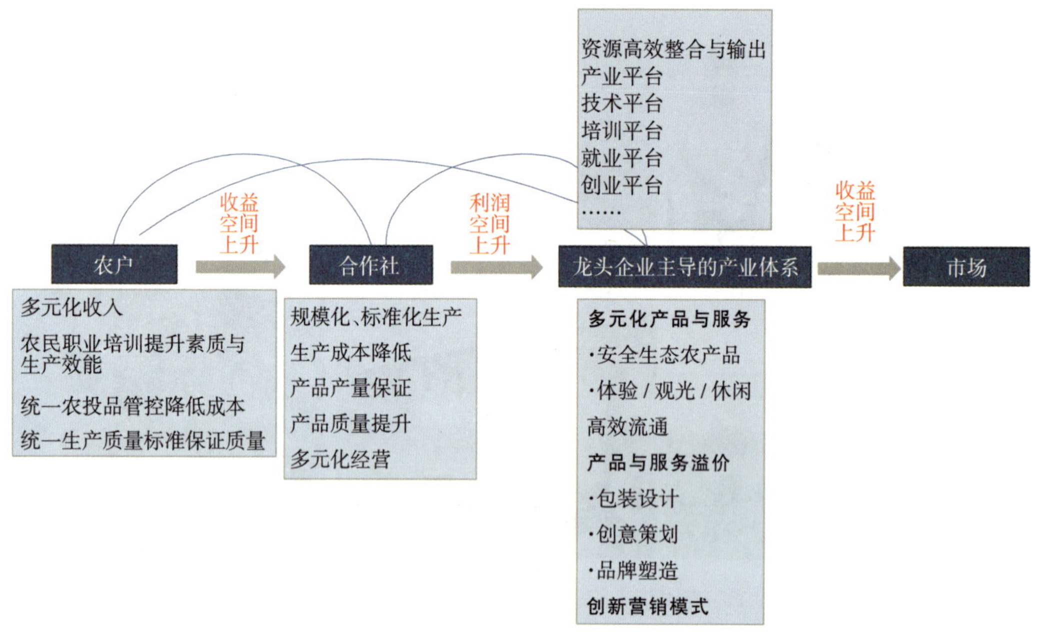

图12　蓝城农业综合体利益联结机制

保障能力。一是“龙头企业＋科研院所＋当地政府＋农民”的投入机制，政府与蓝城农业采用PPP模式，合作建设项目；把农业科技专家引进来，科技参股科技服务；把当地和周边农民组织起来，采用土地使用权、现有地面作物和投资投劳等多方式参股，让农民做股东。二是“龙头企业＋多个合作社＋基地＋农民”的运行模式，产销对接，建成紧密的利益共同体。充分发挥农民专业合作社把农民组织起来的作用，为核心基地和辐射区提供收购服务。由龙头企业出订单，合作社与农民签订单，农民按订单规定的品种、数量、质量和价格组织生产，既能为庞大的消费市场提供优质农产品，又能为广大农民增加收入。三是“自产自销＋订单农业”经营机制。农业综合体的产品采用“自产自销”和订单农业相结合的直供制营销方式，经分级包装后，水果、蔬菜与鱼肉类合理搭配后，物流中心配套直供给城市消费群体，农产品的质量安全得到保证。综合体创新的运营管理机制可以实现知识转移、农业科技的高效利用、提高组织效率，同时实现高质生产。

（二）科技支撑：营造综合体发展新动力

农业科技体系是指许多从事农业科学研究的机构和个人相互合作，在农业科技知识和信息的产生、转化、传输、综合、存储、检索、扩散和应用的过程中发挥各自的作用，促进所在国家或区域有关农业或农业某个领域的科学决策、理论创新和科技问题的解决。因此，农业科技体系包括科研管理、科技创新活动、科技成果推广等多方主体，是农业领域许多从事相关活动的机构或个人有机紧密连接在一起创造、共享知识、技术和成果的体系。

蓝城农业综合体建设伊始，就致力于整合国际、国内优秀农业科技人才，将优质科技资源导入生产、加工、流通等全过程中，以科学技术改造提升现代农业综合体的生产、运营和服务。在建设过程中，总结了大量农业产业发展新思路、新方法和新模式，具有很强的借鉴推广意义（图 13、图 14）。科技进步对农业发展具有显著的积极效应，作为多种功能复合的蓝城农业综合体充分彰显了农业科技的含量。蓝城农业综合体作为农业技术组装集成、科技成果转化、高新技术示范推广和产业集群的有效载体，对推动农业新技术的开发、转化和推广应用，促进产业的优化发展有显著的示范引领作用（图 15、图 16、图 17）。

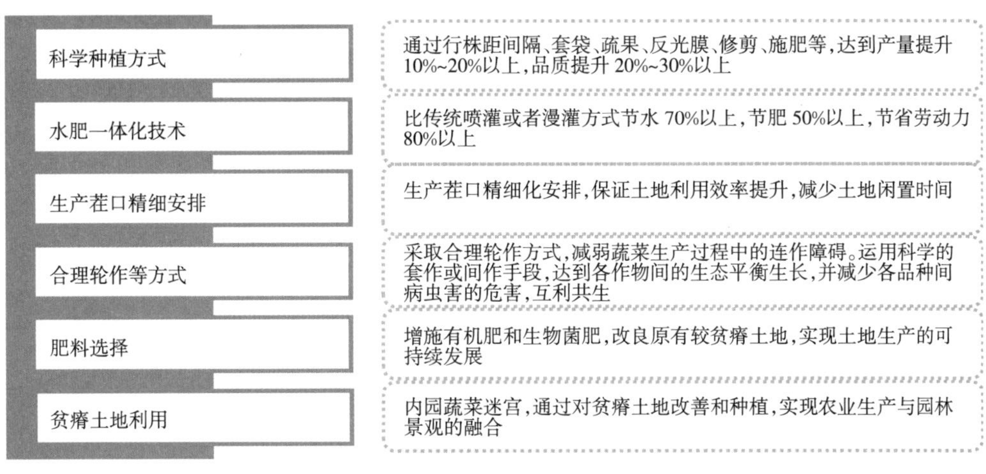

图 13　蓝城农业综合体主要生产技术

葡萄植株未成形前进行套种　无土栽培　立体种植

温室与道路之间的间隙种植蔬菜　温室封闭区间进行家庭小菜园探索　道路不硬化、限路宽

图 14　蓝城农业综合体嵊州基地节地栽培

喷灌　滴灌

雨水收集　生产水池（储水量可达5 000米³）　储水罐（将水分配到各个温室）

图 15　蓝城农业综合体嵊州基地节水栽培

图 16　蓝城农业综合体嵊州基地节药节肥栽培

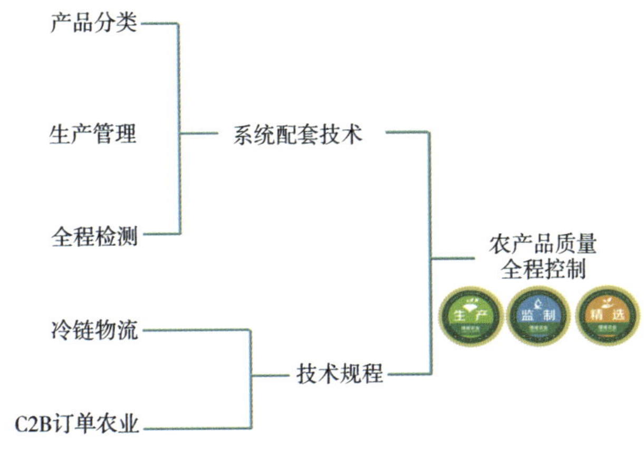

图 17　蓝城农业综合体嵊州基地生产流程

在科技开发、转化和推广应用的实现策略方面，蓝城农业综合体借鉴国家农业产业体系的建设模式，设置院士专家工作站、科技培训站和经营服务站“三站共建”模式，共同推进农业科学技术的推广（图 18）。首先，以院士

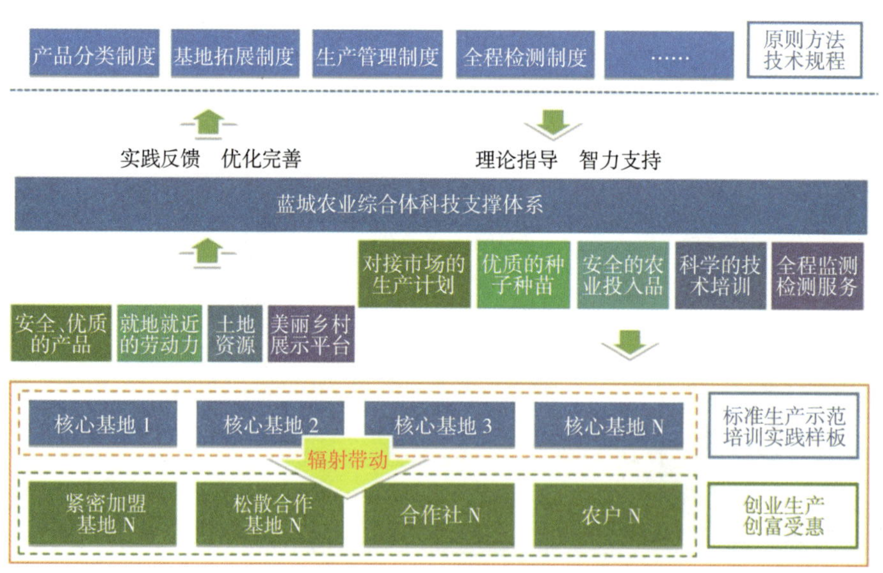

图 18　蓝城农业综合体科技推广和成果转化系统

专家工作站和浙江省农业科学院为载体，向自建核心基地、紧密加盟基地、松散合作基地和广大协作合作社、农户，提供从种子种苗、农业投入品、生产规程、病虫害防治等全系统、全过程的科技支撑和咨询服务，还对辐射区的农业产业战略规划、发展方向和重大项目选择、现代农民培训等课题进行探索研究和决策咨询。基地采取首席科学家全面负责的新的科技管理模式。在项目实施过程中，由首席科学家根据研究工作的需要选聘课题组长，加强国内外专家指导，并根据工作的进展和实现项目总体目标的需要对项目进行滚动管理。其次，建设科技培训站，在农业科技普及培训、新农技新农艺推广应用，以及现代农业科研成果、农耕文明、美丽乡村建设、当地人文资源等的集成展示与推广方面发挥先行示范作用。最后，借助经营服务站重点服务当地农业科技人员、园区农业工人及周边辐射区农户。通过现场观摩、交流、学习、培训，辐射带动周边地区农业发展，提高农户运用新技术、新农艺的能力。同时，通过建设一支产学研与农科教相结合，首席专家、推广研究员、责任农技员、科技特派员和农民技术员共同构成的多层次新型农技推广服务队伍，全面带动和培养一批新型农民，推动现代职业农民队伍的发展壮大。

蓝城农业综合体把科技创新和文化创意作为推动现代农业腾飞的两个翅膀，农业科研单位直接参与，全程支持，强化了科技支撑。通过现代生物技术、现代信息技术和新材料技术，改造育种繁种、农产品精深加工、农业绿色标准化生产等方面的技术；通过发展创意农业、休闲农业，提升农产品的文化含量和品牌知名度。在蓝城农业综合体建设中十分注重集成和共享技术创新，加强合作研发，突破农业产业共性和关键技术瓶颈，搭建攻关研发平台，实现创新资源的有效分工与合理衔接；实施技术转移，加速科技成果的商业化运用，提升农业产业整体竞争力。构建“科技＋市场＋资本”三位一体的服务模式，为农业科技创新人员、各级政府、农业企业、农业劳动者和新农人提供科技公共服务（图 19）。在具体项目推进中，在政府牵线搭桥式引导下，科研部门与蓝城农业建立了紧密的技术战略合作关系，建立了以企业为主导的产业技术创新联盟模式。蓝城农业着重负责现代农业综合体的日常运营与产品营销，而农科院等科研单位则目标更明确，着重把自身在现代农业科技研发、试验、推广、应用和培训方面的优势经过集成创新，针对性更强地服务于农业综合体的发展，加强农业科技的创新与应用。

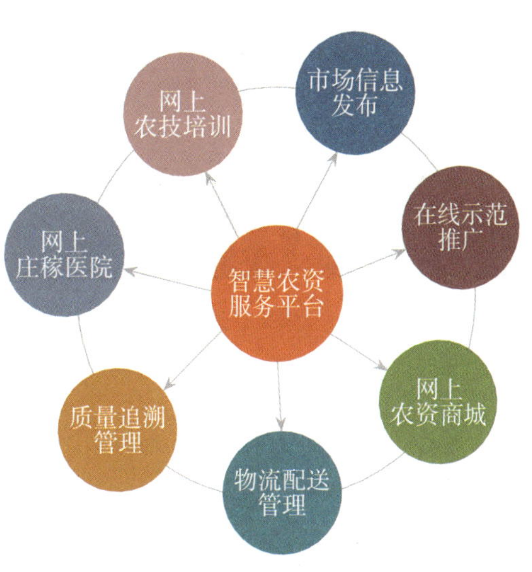

图 19　蓝城农业综合体智慧农资服务平台

蓝城农业综合体是多种农业科学技术的集成平台，其中任何一项技术转化的成功，都会产生比单一产业更大的技术创新效益。因此，蓝城农业综合体特别强化农业科技创新的重大支撑与提升作用，同时，农业科技的集成应用也成为蓝城农业综合体区别于以往发展模式最大的特征。目前，综合体已经与浙江省农业科学院农村发展所、浙江省农业广播电视学校、绍兴市农民学校等机构开展合作，实现了生产技术、质量标准、管理模式的推广与输出，2016 年共培训农业人才 20 批、约 679 人次（图 20、图 21、图 22）。未来，蓝城农业综合体将搭建全球一流的农业产业创新服务平台，打造市场化、国际化的第三方农业产业化研发机构、全球农业技术综合服务商和农业发展智库，为我国现代农业发展提供源动力。

图 20　蓝城农业综合体与科研机构合作举办技术培训班

图 21　蓝城农业综合体嵊州基地农民工培训

图 22　蓝城农业综合体嵊州基地农民工规范作业

（三）互联网+：探索 O2O 流通新模式

在“互联网+”背景下，现代农业综合体定位于区域农产品流通体系的关键节点和中枢，面向全国乃至世界各地，服务区域农产品流通，在链接“小农户”与“大市场”、服务区域农产品流通、孵化新型流通主体创业等方面发挥重要作用，体现了现代农业综合体在流通领域的功能融合（图 23）。

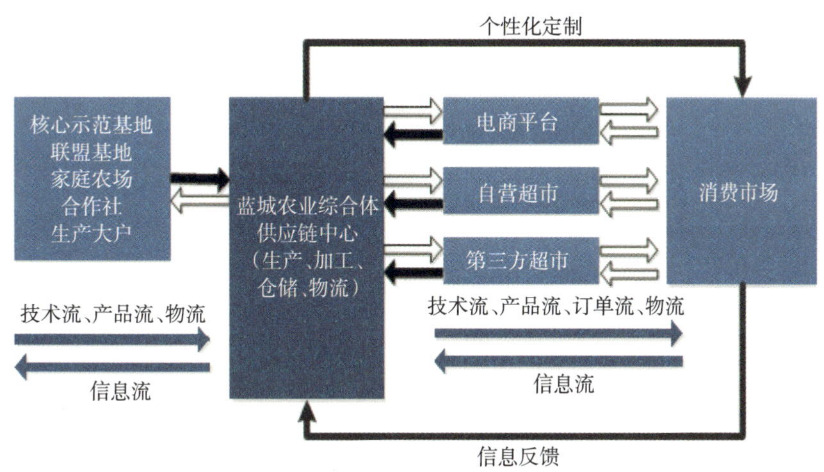

图 23　蓝城农业综合体信息流链接“小农户”与“大市场”

蓝城农业综合体应用互联网思维，整合整个农产品流通体系的要素和资源，通过营销前置来指导和安排农产品的生产与供应（表1)。坚持以“一个中心，两个基本点”为指导思想来打造营销渠道，也即以客户价值与服务为中心，以构筑基于互联网技术的运营能力和增强企业竞争力为基本点。目前综合体成功搭建蓝城农业自有O2O移动电商平台，引导和鼓励采用农产品网上交易、电子结算等现代流通方式，扩大网上交易规模。采用B2C模式、F2C模式将农产品通过电商、实体超市和第三方企业直接流转到消费市场，构成无缝对接的农产品贸易绿色通道，搭建农产品流通的一站式平台，提高综合体网络交易服务能力。立足社区，重点发展C端（社区）客户，建立以“经营连锁化、销售超市化、配送集中化”为特点的农产品终端社区平台。

表1　蓝城农业综合体根据市场订单发展生产计划

品类	单人日消耗量	每十万户年消耗总量	需供应基地规模
蔬菜	0.4千克	4.38万吨	约15 000亩
瓜果	0.3千克	3.285万吨	20 000多亩
粮食	0.3千克	3.285万吨	约50 000亩
肉禽	0.04千克	4 380吨	200万羽
肉猪	0.02千克	2 190吨	20 000头
肉牛	0.01千克	1 095吨	1 500头
肉羊	0.005千克	547.5吨	8 000头
鸡蛋	0.05千克	5 475吨	10 000万个

按平均每户有3个成年人计算

蓝城农业综合体一方面搭建了自有的移动电商APP和微信公众号等线上平台，提供个性化的宅配服务，另一方面根据战略布局，扩展自有农产品体验店——蓝宴生活馆，并与绿城物业合作将生鲜配送到社区，加强零售终端建设，大力发展社区便利店、生鲜超市等新型零售网络，解决农产品最后一公里的问题（图24、图25、图26)，再到推出线上服务建立与消费者的紧密联系，综合体为实现O2O模式的农产品流通提供了范例。

综合体目前已经形成“蓝颂”“蓝宴生活”“耘景”等多个农产品品牌，与普通农产品相比，品牌溢价高达200%以上（图27、图28、图29)。

图 24　蓝城农业综合体社区农超和配送店

蓝宴 APP2.0 于 8 月 28 日正式上线　　商超渠道进驻超市 28 家　　蓝宴生活体验馆两家

图 25　蓝城农业综合体线上 APP+线下多终端体系

在后端流通系统支撑方面，蓝城农业综合体围绕城市中高端消费者对农产品的品种与品质需求，建立7 200米^2 供应链中心（图 30），依托信息化技

图 26　蓝城农业综合体农产品学校配送

图 27　蓝城农业综合体品牌营销布局

术，实现冷链仓储、分拣加工、物流配送等完整供应功能。通过构建互联网信息平台中介和虚拟化渠道模式建立“信息化”的渠道运作体系，基于电子

图 28　蓝城农业综合体产品种类

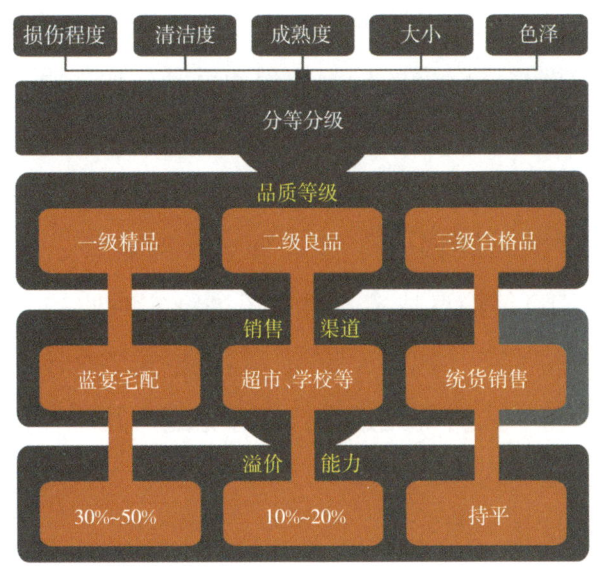

图 29　蓝城农业综合体以品质提升效益

商务和信息中心的农产品流通信息服务系统，构建开放共享的信息服务平台，综合体内的农产品生产、经营、品质管控、科技研发等企业和部门都能方便快捷地查询、输入供求信息；借助自有配送中心、自建物流和第三方物流，充分利用物联网等技术，构筑快捷高效的物流平台。

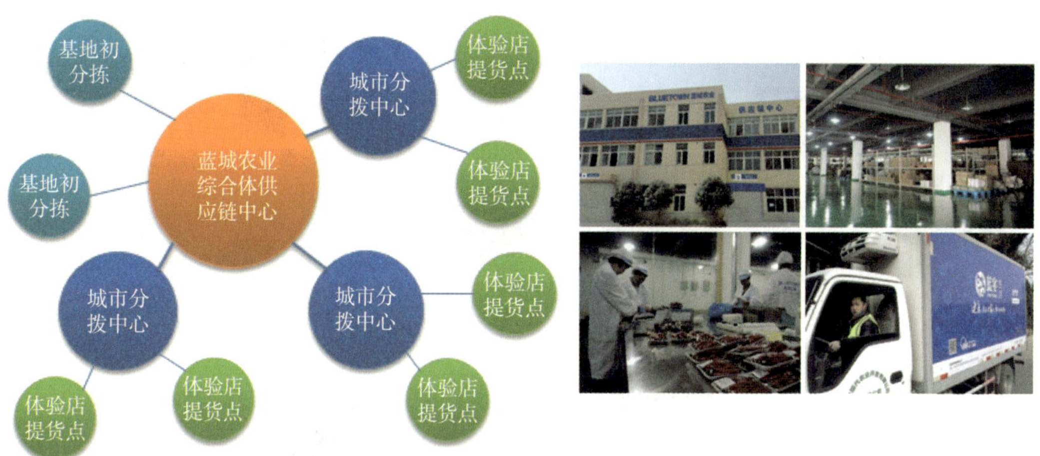

图 30　蓝城农业综合体完善的后端供应体系

蓝城农业综合体通过积极推动物联网、互联网技术在综合体农产品流通领域的应用，在传统的农产品流通链中嵌入物联网追溯平台、建立监控和预警机制，通过采取严格、标准的检测流程和手段，加强对基地环境检测、生产过程监控、农投品检查与监控。与绿城农科检测公司建立了长期有效的战略合作伙伴关系，确保整个生产流通过程中产品质量体系的建立。在产品流通方面，综合体借助物联网、传感器等互联网系统，集成 ERP、BMP，LMIS、EDI、RFRID 等信息技术，对市场进行实时监控，捕捉市场的需求信息并进行反馈，将生产、加工、装配、物流配送整个产品生产过程中需要的时间、物料、资金、人力等元素进行合理分配，及时补货或减少存货，将农产品第一时间流通到市场，实现从订货、进货、生产、销售等日常工作全流程的网络化、便捷化（图 31）。

供应链中心建成 1 年以来，通过了 ISO9000 质量保证体系，ISO22000 食品安全管理体系，ISO14000 环境管理体系，以及 OHSMS18000 职业健康安全管理体系 4 项认证（图 32）。目前每天供应杭州市 363 所学校、世纪联华 28 家超市及 5 万业主用户，年供应蔬菜4 000吨、水果3 000吨、大米15 000吨、油 100 万升等，并且供应规模和配送半径正在不断扩大。

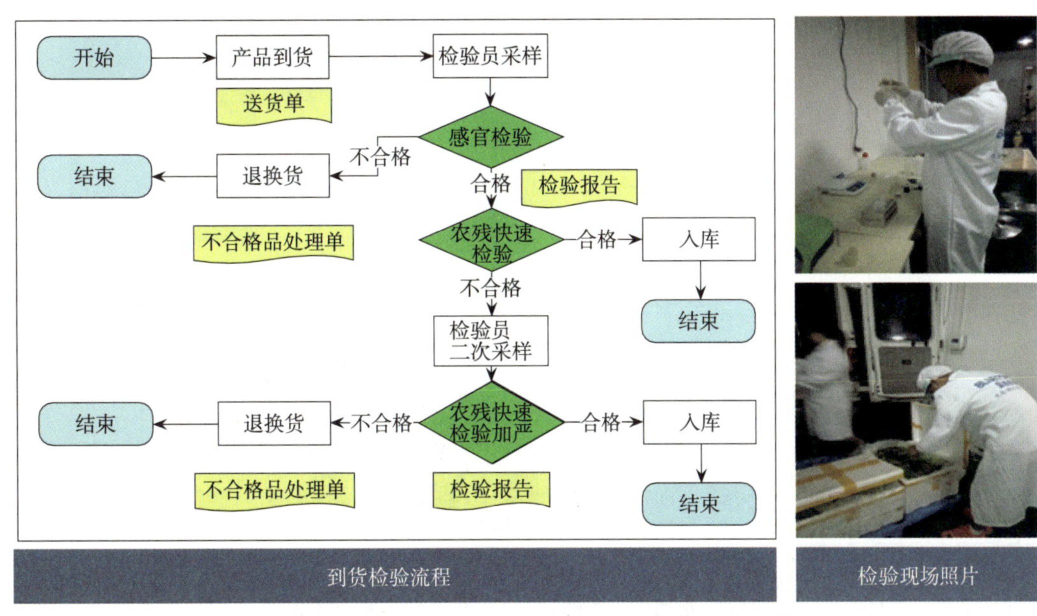

图 31　蓝城农业综合体货源检验流程

图 32　蓝城农业综合体四项管理体系认证证书

（四）标准与检测：构建农产品安全保障体系

在大量农产品供应过程中，质量安全保障是最基本的底线。蓝城农业综合体借助农科院的科研优势，新建系统、专业的标准和检测体系，从产地环境、仓储保鲜、流通到餐桌进行全程的标准植入与安全检测（图 33、图 34、图 35）。

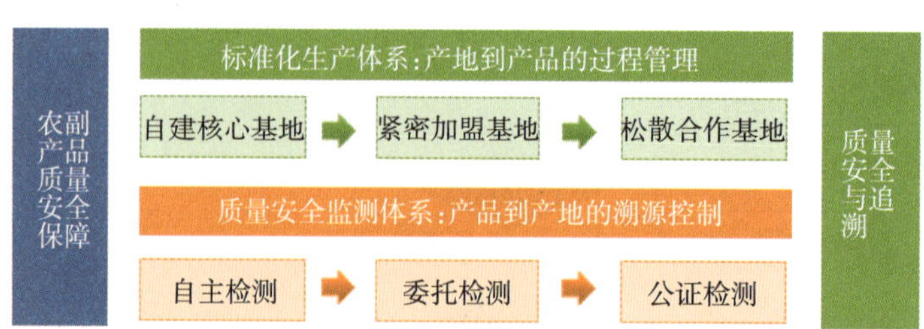

图 33　蓝城农业综合体标准化管理与监测检测系统

图 34　蓝城农业综合体基地环境、生产过程及农业投入品监控

提供移动端、网站和短信三种查询方式　　移动端查询页面展示　　可查询基地信息营养成分和第三方检验结果　　产品防伪信息

图 35　蓝城农业综合体产品标识与信息回溯

在科技支持下，蓝城农业综合体把目前我国特有的绿色食品标准确立为

制定农产品标准体系的起点，按照国际先进的全程标准化安全生产和质量控制理念，构建与欧美等发达国家农产品质量安全要求总体相当的蓝城农业综合体农产品标准体系，体系涵盖产地环境标准、生产流通技术规范、质量安全管理规范和产品标准等方面的内容。目前，综合体已经成功制定并实施了特色精品农产品安全生产全程质量控制规范，编制了精品甜橘柚、草莓、番茄、松花菜、杨梅、甜瓜等共计 10 余个产品的生产技术规程和产品标准，也制定了部分产品的联盟基地验收检验标准和产品分级标准等（图 36、图 37）。

图 36　蓝城农业综合体产品验收标准

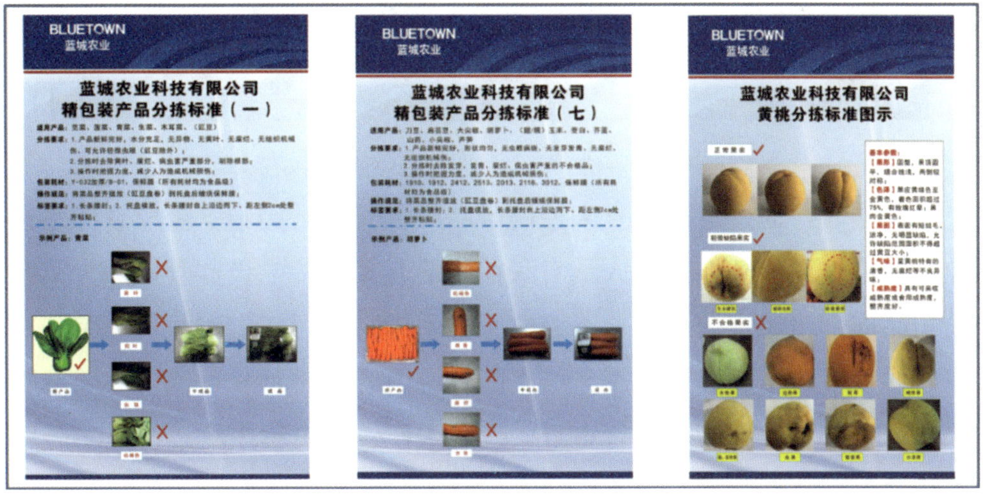

图 37　蓝城农业综合体果蔬加工分拣标准

蓝城农业综合体从生产环境选择、生产过程管理、配送运输过程等方面开展质量安全管控，控制质量安全风险。在浙江省农业科学院农产品质量标准研究所的参与下，建立了以风险管控为核心的质量安全监控体系。制定了对生产主体的约束制度、产地环境定期评价制度、农业投入品监管制度、农产品质量安全巡查与检测制度、产品追溯和召回制度等。对不同合作方式的基地进行风险分级，筛选关键控制点。制定了种子种苗选用，投入品采购和验收，施肥、用药、采摘、分拣包装、巡查、抽检、到货验收、存储、运输、配送等关键环节的管理规范。实施了生产投入品集中采购、贮存和使用制度，包括品种、品牌和供应商评估，存储规范、领用程序和使用规范等（图 38 至图 41）。

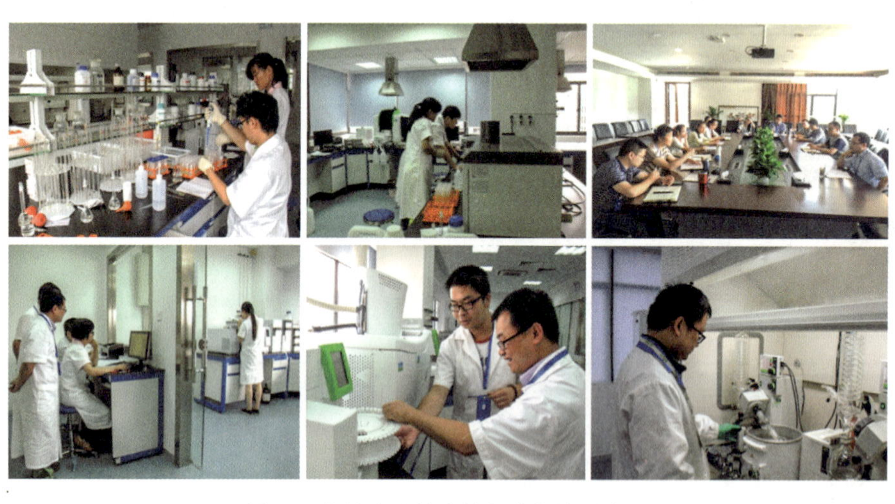

图 38　蓝城农业综合体规范化检测流程

与此同时，通过定期稽查来控制产品质量安全，实施三级监管体系：一级监管体系为评价基地植保人员自我控制的有效性，二级监管体系为蓝城农业公司品质部门的定期稽查，三级监管体系为聘请浙江省农业科学院的技术专家对体系实施情况进行检查。稽查的核心内容是对种子种苗、农药及肥料的来源、存储和使用情况进行审查，发现生产管理过程中的改善点，鼓励和实施管理创新，提升产品质量安全水平。

在检验环节，设置三道“防火墙”：产品采收前检验、入库前检验和发

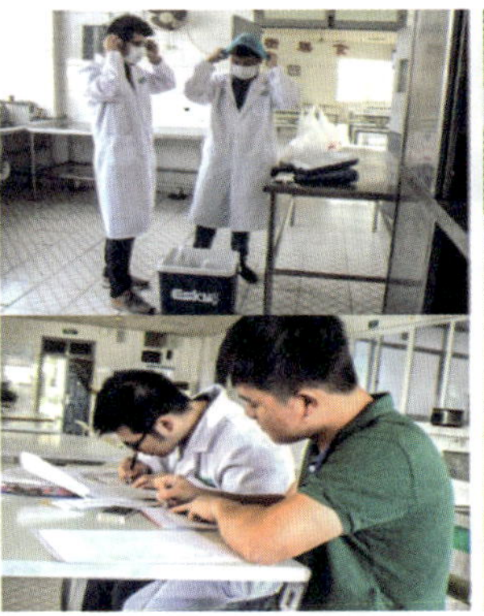

图 39　蓝城农业综合体标准和采样流程

建立实验室管理体系

- **编制质量手册(第二版)**，包括：概述、质量的管理、质量方针、质量目标等管理要求和技术要求的规定
- **编制程序文件（第二版）**，包括：保证公正性和诚实性程序、保密和保护客户所有权程序、服务与供应品的采购、验收管理程序等61个程序

图 40　蓝城农业综合体检测实验室管理体系

货前检验（图 42）。检测主要依托蓝城农业综合体自身的检测系统，包括自有基地和合作基地的产地环境、产品品质和安全指标等方面的检测。在产品采收上市前的现场抽样送检，主要基于生产过程的全面管理，对产品安全项目的检测有较高的针对性，检测项目重点是验证生产过程中使用的投入品是否存在残留，这样既可控制产品风险，又能够有效降低检测费用。2016 年，针对供应链中心的农产品，共检测15 000批，平均每天检测约 45 批，确保了农产品供应的安全性。通过质量安全风险管控，2016 年综合体的农产品入库检验合格率达到 99.5%，较 2015 年提升 1.1%，较 2014 年提升 2.6%。

蓝城农业综合体还致力于构建保障农产品质量安全的第三方检测系统，

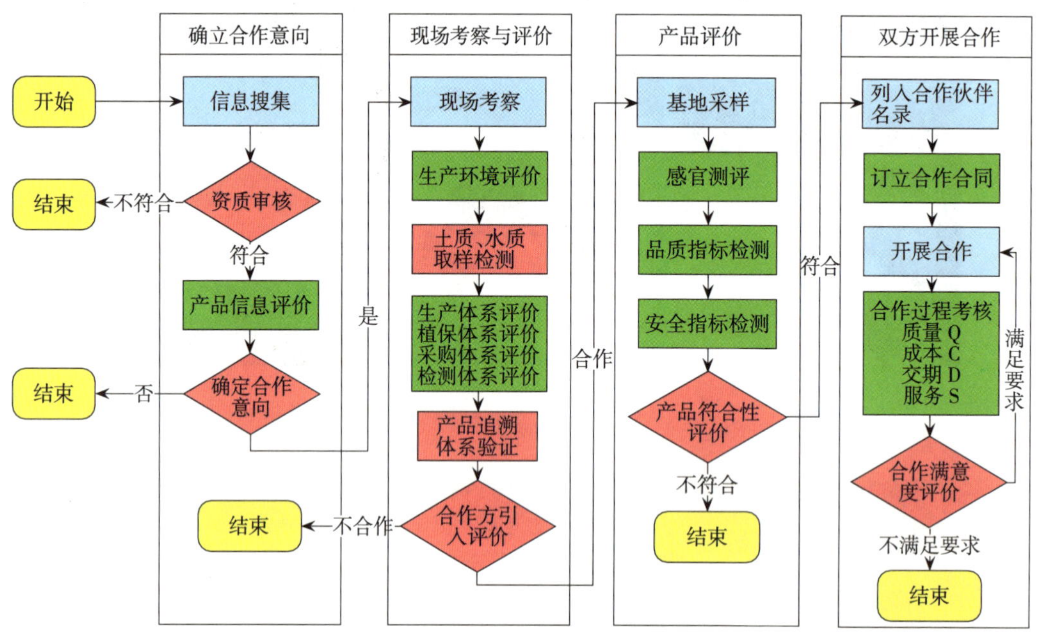

图 41　蓝城农业综合体联盟基地标准化管控体系

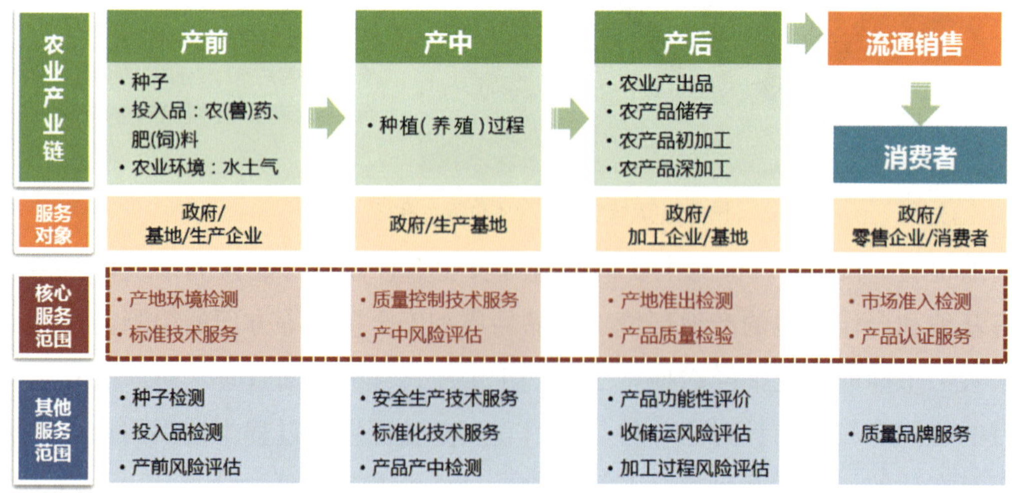

图 42　蓝城农业综合体产前、产中、产后三道“防火墙”

服务于市场，打造安全检测品牌。为了输出更好的服务，综合体完善设备仪器，购置气相色谱串联质谱、液相色谱串联质谱、电感耦合等离子体质谱178 台套仪器设备，培养专业化的采样队伍，实施专业化、标准化、规范化的采样流程和操作流程，提供农产品全产业链服务，服务覆盖全国 4 个省份、25 个城市和若干个县2 000多客户，包括向农业、食品和土壤等相关政府、种植基地、学校、企业、超市、电商和个人用户提供高效、准确且优质的检测服务以及报告分析、原因查寻和风险预警等增值服务。

检测产品范围涵盖各类农产品、食品、食品添加剂、饲料、肥料、产地环境（土壤、大气、水质等）、保健食品、化妆品等 29 大类，829 种产品，2 738个检测参数，包括农兽药、防腐保鲜剂、食品和饲料添加剂、重金属及其他元素、土壤养分、有机污染物、品质营养、微生物及生物毒素等（图 43）。

829个产品	2738个参数
农产品（蔬菜、水果、食用菌、茶叶、畜禽肉、奶、蛋及水产品等）、**食品、特殊膳食食品、食品添加剂、饲料、肥料、环境**（土壤、大气、水质）等	常规理化、营养成分、添加剂、元素、农药残留、兽药残留、微生物与毒素、食品包装材料、食品中动物源性成分鉴定等

图 43　蓝城农业综合体检测能力

目前蓝城农业综合体的检测体系取得了 CMA、CATL、CNAS 等多项检测资质，对外服务 2 年以来，已经出具检测报告约45 000份。2016 年，蓝城农业综合体承担了 G20 杭州峰会的农产品质量安全与 G20 峰会（含 B20）期间定点接待酒店食品抽检及卫生评估的检测监督工作，获得了杭州市农业局与杭州市市场监督管理局的高度评价（图 44）。与此同时，还部分承担世界互联网大会的农产品质量安全保障工作。

（五）金融助力：多元投融资组合支持综合体建设

蓝城农业综合体的建成也得益于“多重组合”投融资体系的支持。现代农业综合体“多重组合”新投融资体系是指在现代农业综合体建设中，紧紧

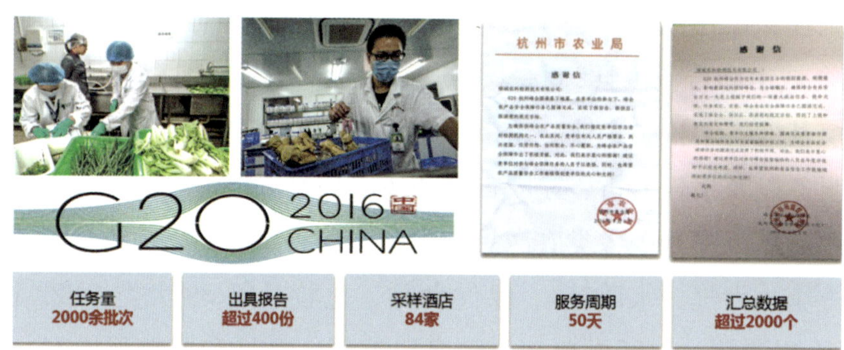

图 44　蓝城农业综合体服务 G20 峰会

围绕现代农业综合体先进的发展方式，谋求通过农村投融资体制机制创新，吸引大量社会资本，通过多种渠道主动对接现代农业发展，进而在农业投融资主体、投融资渠道、投融资方式三大方面实现“多重组合”，形成财政导向与市场化运作相结合的投融资体系，不仅满足现代农业综合体建设运营大量资金需求，也满足社会资本投资现代农业的发展需要。

蓝城农业综合体建设坚持财政积极导向、市场化运作、法人化管理的科学理念，以农业现代化建设、美丽乡村建设、新型农业业态发展为载体，以改善农业经营主体的投融资状况为主线，以农业科研院所为科技支撑，重点创新农村投资与融资体制机制，盘活了农村固定资产、生产资产、生物资产与信用资产，积极打造出多方共赢的现代农业综合体投融资模式。通过财政资金支持引导，引导二、三产业投资偏好的产业资本、金融资本、民间资本、外资以及个体资本等通过灵活多样的渠道与方式集聚到蓝城农业综合体，进而构建出投资主体多重、投资渠道多重、投资方式多重的蓝城农业综合体投融资体系，加快了综合体建设进程。

在蓝城农业综合体建设过程中，政府处于引导地位，蓝城农业公司处于核心主导地位，基本形成了企业资本入股、科研院所技术入股、地方土地入股的新型投资方式。坚持“主体自筹、市财政投入、申请省级补助、市场化运作”的投入运行机制，推进综合体投融资机制与体系建设，多方融集资金，形成建设合力。

同时，蓝城农业综合体与政府合作，通过建立土地流转指导中心，乡镇、村土地流转服务站所，鼓励和引导农民专业合作社和农户以土地入股、转包、委托经营、合作经营等方式参与综合体建设，优化了土地资源配置，提高了土地利用率和规模经营效益。各地方政府也切实承担起了责任，根据财力状况，每年安排相应的扶持资金，并统筹农业综合开发、现代农业发展资金、农业专业合作社等专项资金，用于综合体项目建设，重点加强综合体农业基础设施建设和农业公共服务体系建设。以综合体建设为契机，积极向省级争取补助资金，使综合体建设资金得到更好的保障（图 45）。

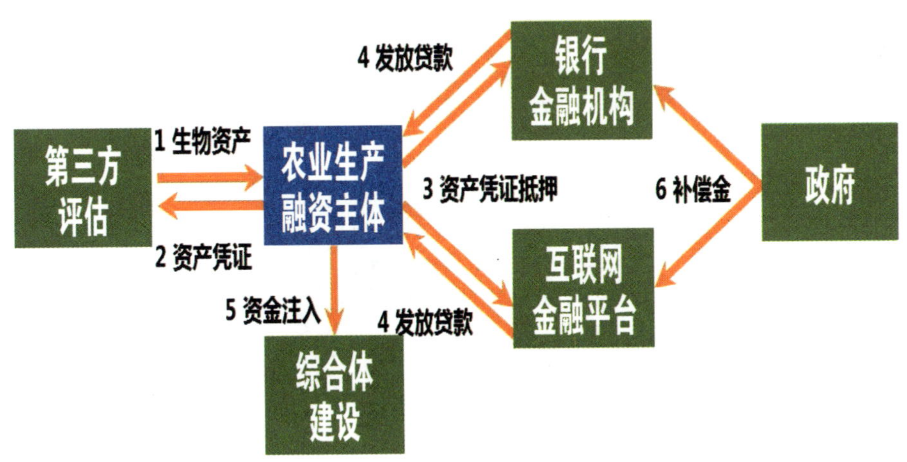

图 45　蓝城农业综合体创新投融资渠道

（六）农镇探索：开启现代农业综合体新篇章

蓝城农业综合体在理论指导下，基本实现了现代农业综合体的功能，并逐步发展为新的更高级的形态——新型农镇系统。农镇将人的生产、生活、生态、生计和生机融入农业当中，切实解决了农业产业如何发展、农村原住居民和新住居民房子如何建、生活如何过的问题，并在社区中嵌入多元产业、品质生活服务体系，最终形成以人为核心的田园综合体（图 46）。

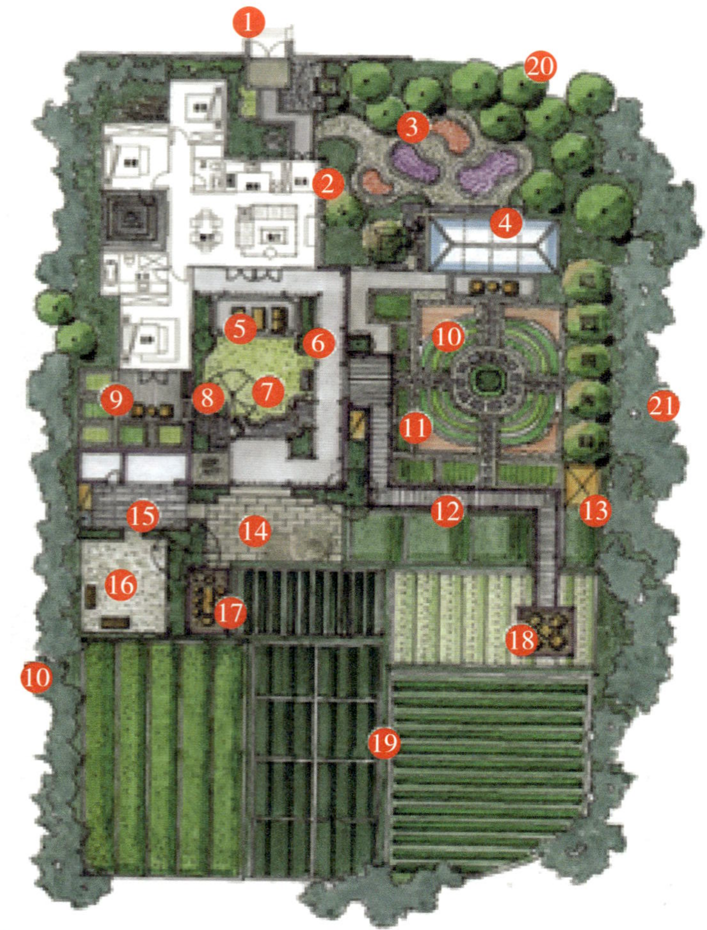

图例 LEGEND

1 主入口　2 立体种植　3 花田种植　4 玻璃暖房　5 室外平台　6 景观连廊　7 休闲草坪　8 打步砾石　9 台面种植　10 菜园种植

11 精品种植　12 廊架种植　13 工具箱　14 晾晒场　15 后勤平台　16 家畜养殖　17 室外餐厅　18 景观亭　10 蔬菜田　20 果林　21 围合植被

图 46　蓝城农业集团农镇理念探索

蓝城农业综合体在实践中发现，农镇的发展是有一定模式的。我国农业具有家庭生产的特性，如果家庭农业生产规模过小，农业生产经营收入不足以支撑职业农民家庭农业持续经营；如果农业生产规模过大，由农业公司类主体进行经营，农业生产效益、文化多样性以及农业多功能性不一定能得到很好的诠释。因此，要保持家庭生产规模的适中，就需要有适当规模大小的载体——农庄，农庄应该成为新型农镇的基本“细胞”。农庄不仅具有生产功能，而且还具有生活功能，是以农、林、牧、渔等特色农业生产、加工、经营为基础，以乡土文化、农作生产、农村生活为引线，以现代农业、生态林业、休闲养生、旅游度假和特色农镇建设为贯穿，充分融入科技、文化、创意、创业等发展要素，建筑与田园优化配置，实现生产、生活、生态融合的农业持续发展，实现城市与乡村和谐共荣、互惠互利的创新载体。在此基础上，五组单体的农庄形成农庄群，农庄群之间的联合形成社区，在社区中融入服务体系和产业体系就融合成为新型农镇，新型农镇系统再造了农业生产、生活、生态、生计和生机（图 47）。

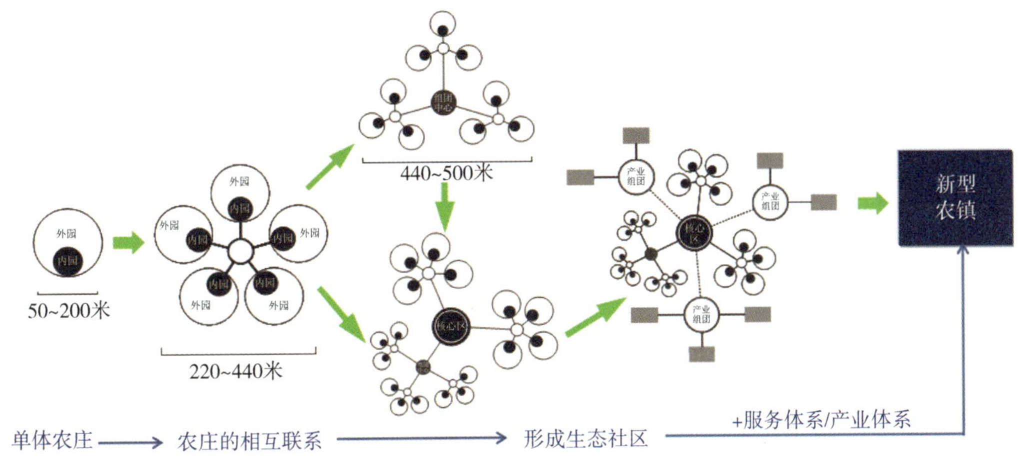

图 47　蓝城农业综合体新型农镇建设路径

基于农业综合体的农镇作为创新的空间载体，将实现产业、功能、城乡、农村原住居民和新住居民的多元融合，其中，产业融合包括科技、创意、观光、休闲、养生、度假、金融、信息、新能源等，功能融合包括生产、加工、观光、休闲、体验、培训、科普、养老养生等，城乡融合包括要素流动、优化组合、社区互动和空间景观，人的融合则是原住居民与新住居民的相互融合。

目前，蓝城农业综合体已经依托原有的母体，在嵊州建造了第一所农庄样板（图 48），并正在挖掘当地越剧文化资源，最终使农镇源于农业并超越农业，重现中华民族生机勃勃的农耕文明。

图 48　蓝城农业综合体农庄实景

三、蓝城现代农业综合体的实践成效

（一）多元融合优化农业产业结构

蓝城农业综合体以多元融合理论为基础，实现了主体融合、地域融合、功能融合和产业融合。综合体联合了工商资本、政府、科研院所等主体，引入各种金融机构，实现了“龙头企业＋农户＋政府＋科研资源＋工商资本＋金融服务＋消费者”高效结合模式，为综合体的建设提供了主体保障。在此基础上，综合体充分发挥各方优势，跨地域联动，集绿色生产、科技集成、休闲旅游、创新试验、综合培训、示范带动等功能于一体，构建现代农业综合体服务平台。最终，综合体呈现出生产、加工、休闲、观光、科研和教育的链式发展态势，实现了一、二、三产联动，催生了农业新业态。

1. 产业融合

蓝城农业综合体注重打造系统的产业体系，以发展现代农业为核心和主业，以要素整合、全产业链整合、功能价值整合、城乡空间整合为支撑和动力，融合科普、观光、休闲、采摘、文化、创意等元素，通过多方主体合作，拓展现代农业原有的研发、生产、加工、销售产业链，建设集农业改革新特区、农业产业新园区、农业科技示范区、农民居住新社区、农业生态涵养区、农业服务经济区等于一体的多种综合性功能的区域经济、科技、文化发展新平台，形成产业延伸与互动的模式，使传统的功能单一的农业向农业的多种功能转变，发挥产业价值的乘数效应。

2. 功能融合

蓝城农业综合体承担的功能不仅是为消费者提供优质农产品，而且是集绿色生产、科技集成、休闲旅游、创新试验、综合培训、示范带动六大功能于一体的现代农业综合服务平台。综合体以农业生产为基础，适当开发农业加工附加功能，在农业生产中应用现代农业技术、手段、模式，注重引入文化创意理念和营造手法，依托甘霖镇施家岙村越剧传统文化资源，融合文化、创意等元素，结合基地观赏梅林、澄潭江亲水资源，统筹引导公众参与休闲农业旅游，中小学生参与农业科普和农事体验活动，使农业生产兼具休闲、观光、科普、景观等多种功能，催生了农业新业态。

3. 地域融合

蓝城农业综合体不仅有蓝城农业公司的自有基地，还通过跨地域合作形成加盟基地，促进农业产业跨地域融合。构建“初级分拣中心—全国仓储物流中心—城市分拨中心—社区体验店”的体系，打造从基地到餐桌的直通渠道，构建扁平高效的流通体系。

4. **主体融合**

蓝城农业综合体以蓝城农业为主体，保证工商资本在行业内的高效流通，构建畅通的生产运营和流通营销系统，以各级地方政府要素及资源统筹、基础设施和政策扶持为支撑，依托浙江省农业科学院的顶层设计、科研资源、技术支撑，联合金融服务机构在金融支持、土地流转、消费信托的力量，实现“龙头企业＋农户＋政府＋科研资源＋工商资本＋金融服务＋消费者”高效结合模式，形成可持续发展的轻资产模式运营，在杭州乃至全国率先打造出一个可复制的、产融结合多赢的现代农业开发创新模式。

（二）科技力量提供农业发展源动力

科技是蓝城农业综合体的灵魂，使蓝城农业综合体的所有功能得以实现和贯穿。蓝城农业综合体通过联合国内外农业专家，创新研发合作机制，在综合体内实现科技成果高效转化，提高了自身科技创新能力。蓝城农业综合体以农科院等强大的科研实力为支撑，加强项目自主设计，探索、优化、完善利益分配机制，开展产学研用合作攻关，解决了自身发展中的技术瓶颈制约。在农业科研技术创新攻关重点上，加快了生态循环农业和农机农（牧）艺融合为重点的技术研究和集成应用，加强了育种技术、生物技术、工程技术集成的研发和转化应用。在农业科技决策咨询上，蓝城农业综合体集合了国家农业产业技术体系专家资源，定期分析农业产业技术发展动态与信息，开展美丽乡村建设、创意农业发展、现代农业与农村经济发展等战略研究，未来将成为政府和社会化服务的农业智库。

同时，蓝城农业综合体整合农业科研机构、农业企业等科技资源，促进产学研用的紧密结合，为培养既把握农业科技发展趋势，又面向生产需求、产业发展的应用研究型人才创造良好条件。通过共同开展重大技术难题、共性关键技术等项目攻关，共建重点实验室、工程中心、创新基地等，加速培养了一批学术带头人和科研骨干。围绕区域现代农业发展新需求，结合实施各类人才培养计划，培养农业科技领军人才和创新团队；适应传统产业提升和新兴产业培育，推进涉农高校、院所相关学科结构的调整，培养出了高素质急需农业科技人才。

同时，蓝城农业综合体运用工商资本主体的力量将农业科技活动市场化运作，多方协同、合作共赢，将科技成果转化，有效发挥了市场在农业技术转化方面的作用。综合体以知识产权为纽带，面向区域农业主导产业和特色产业集聚区，组织实施农业科技成果转化工程。以农业科技企业、农民专业合作社和种植（养殖）大户作为转化应用的主要对象，加强了农业新品种示范、高效生态技术与农产品加工技术成果的转化应用。建设农业科研机构成果转移新机制，探索建立政府引导、市场主导、企业化运作的农业科技成果转化新模式、新机制，促进创新成果与农业产业生产发展对接。

此外，蓝城农业综合体示范功能大大提高了农业技术教学的效果，通过教学与实训相结合，培训了大量职业农民，促进了科技成果的推广应用。蓝城农业综合体联合国家现代农业产业技术体系、现有农业技术推广机构、农业科研机构、涉农高校、农民专业合作社、涉农企业、行业协会等力量，建立了网络化、标准化、专业化、商业化的新型推广体系。通过核心基地、加盟基地、辐射基地以及家庭农场等层层传导，开展试验、示范、培训、指导以及咨询服务等，把应用于种植业、林业、畜牧业、渔业的科技成果和实用技术普及应用于农业生产的产前、产中、产后全过程，为区域现代农业发展提供科技支撑。

（三）标准化管理保障农产品质量安全

蓝城农业综合体依托浙江省农业科学院的科技资源，通过实践，建成了“标准＋监控＋检测＋溯源＋信息化”五位一体的农产品质量安全管理体系，实现了全产业链质量安全统一管理模式、质量安全关键环节专业化服务管理模式和质量安全追溯与电商融合管理平台模式。综合体以绿色食品标准作为自有农产品标准体系的编制底线，按照国际先进的全程标准化安全生产和质量控制理念，构建高品质农产品标准体系，以此来建立以风险管控为核心的质量安全监控体系，制定了对生产主体的约束制度、产地环境定期评价制度、农业投入品监管制度、农产品质量安全巡查与检测制度、产品追溯和召回制度等。配合信息化线上系统，实现对农产品质量安全的实时监控，保障农产品质量安全。标准化管理体系具有科学性、系统性和可复制性等特征，综合体正在将之市场化，对外输出标准化管理服务，使体系发挥更广泛的价值。

蓝城农业综合体打通了整个产业链，构建一体化的生产流通体系。以消费者需求为导向，充分发挥综合体自身的资源优势，通过对原料获取、物流加工、产品营销、品牌推广等关键环节的有效管控，实现从源头到终端产品的全产业链贯通和全过程循环。这种模式把产业链上、中、下游简单的买卖或协作关系提升到全产业链整合与布局，形成战略协同的一体化关系。用产权关系、契约关系和管理关系联结产业链主体间的关系，核心主体以参股的方式参与产业链各环节的投资经营，与产业链上其他主体在某些功能环节上以战略联盟方式进行联结。

蓝城农业综合体已经形成了专业完善的监测检测服务体系，可提供质量安全检测和监测评价服务，服务面向综合体内部和外部各环节的农产品及其产地环境的质量安全，可以直接接收样品，对样品的检测结果负责，也可以进行样品采集、实验室检测、检测结果评价、问题分析和提出建议等。蓝城农业综合体依靠自身的专业和经验，帮助农业生产经营主体构建起科学高效的农产品质量安全管理体系，包括管理体系架构设计、管理团队建设、管理制度制定、关键控制点甄别、标准和可追溯体系构建等。综合体对外提供检测服务，坚守诚信、公正和专业，已经构建起自身的品牌和声誉，形成了市场优势，实现了自身的经济收益。

“互联网＋农业”是蓝城农业综合体产业链延伸和融合的重要内容。蓝城农业综合体以农产品质量安全追溯和电商平台融合为抓手，上传完整的电子化追溯信息，在交易平台上向消费者和社会公众公开。通过生产流通过程信息的透明化，获得消费者的信任。综合体内部还建立追溯信息完整性和真实性的监管机制，包括上传信息核查、现场巡查验证、公众和媒体访问监督等。通过信息公开和公众参与，追溯平台上的农产品获取了消费者的普遍信任，带来品牌溢价。

（四）创新型组织形式带动农民增收致富

1. 推行利益共同体模式

蓝城农业综合体内的基地推行“农民利益共同体”模式，将企业经营和家庭经营有机结合，将流转整理的土地以“反租倒包”的形式让农户承包经营，同时按照现代农业的要求，对“再承包”农户建立相应的激励约束机制。利益共同体模式推行以后，取得了显著的成效，生产成本下降近30%，农产品产量增加24%，优果率提高18%，同时农户人均年收入增加约1万元，对于每季表现特别突出的农户，季末还有蓝城农业公司提供的奖金收入。

2. 培育联动的家庭农场

蓝城农业综合体将家庭农场作为新型农业经营体系的核心细胞，并通过保留、改进不断完善独具江南水乡特色的家庭农场，同时通过多个新型家庭农场功能联动和横向集群联合，建立承包型、紧密型和松散型等三种合作关系，形成新型家庭农场集群。通过家庭农场集群与企业通过土地、资本等要素创新性的股份合作，形成一个整体的以股份制为特征的现代企业制度，既发挥家庭经营在生产领域的优势，又发挥企业在加工和贸易领域的优势，从而推进农业产业延伸，实现农业产业纵向一体化发展。

3. 创新股份合作制度

蓝城农业综合体在农业组织模式方面的创新实践，尤其是合理运用农业股份合作制和土地股份合作制，同时发挥家庭经营制度、合作经营制度和股份制制度的优势，使公平、民主和效率在农业经营活动中融为一体。综合体内通过与村集体协商，农民可以通过长久不变的土地承包权或经营权入股获得相应收益，并通过与综合体内村集体和外部其他企业交叉换股、逐步换股，实现溢价农业，从而通过土地股份合作制的应用，使土地所有者——村集体，土地长久承包者——农户，从事现代农业综合体建设的企业以及有意愿从事现代农业经营的其他企业或组织能够更好地实现各自的权益。尤其是有助于实现农民的财产性收入和使土地资源得到优化利用，而且还有助于村集体经济通过土地的合作制安排，使集体土地所有权在经济上得到实现，进而增强村集体经济的实力与活力。

4. 打造创新创业孵化基地

蓝城农业综合体积极打造创新创业孵化基地，通过各功能区有机联动形成融农业生产、农业加工、农业商贸、农业旅游等为一体的全产业链创业环境与平台，让有一技之长的农民有施展理想和能力的空间，培养有文化、懂技术、会经营，能将农业生产技术和现代农业新型业态用活的新型职业农民。综合体在完善自身发展的同时，通过各种形式，直接带动核心基地周边农民增收致富。

通过建设一支产学研与农科教相结合，首席专家、推广研究员、责任农技员、科技特派员和农民技术员共同构成的多层次新型农技推广服务队伍，全面带动和培养一批新型农民，推动现代职业农民队伍的发展壮大。提高农民工的生产种植技术，通过培训与激励相结合的方式，基地已培养了一批能够熟练掌握相关操作技能的优秀农民工，大大提高了相应品种的生产效率与产品品质。

（五）公共服务促进农村发展

蓝城农业综合体坚持服务专业化、运营市场化为导向，打破行政区划边界，综合布局和配置公共服务资源，搭建区域性农业社会化服务平台，不断提升区域性农业技术推广、农业科普教育等服务功能，实现区域农业企业全方位合作，构建公益性服务与经营性服务相结合、专项服务与综合服务相协调的新型农业社会化公共服务体系。

综合体通过“龙头企业＋合作组织＋农户”产业发展模式和“参观学习＋岗位实践＋留岗发展”培育模式，积极进行现代农业发展模式、农业技术、经营管理等方面的培训，服务对象涉及农业种植大户、合作社、农业技术人员、家庭农场、农民工等。目前已对浙江慈溪、海宁等地区农业种植大户、农业技术人员共计 500 多人进行了现场技术培训。对综合体内、外共培训农民工 50 余批次，培训人数达2 000多人次。

蓝城农业综合体还通过“课堂教学与实践体验”相结合的教学模式，倡导“知行合一”，组织形式多样的针对中小学生的农业科普教学活动，引导和鼓励学生走出课堂，亲近自然。目前，已把杭州绿城育华学校作为重点合作单位，并且与嵊州当地十余家中小学、幼儿园以及杭州部分中小学建立紧密的合作关系，组织多次农业科普教育活动。通过农业课程与生活体验，让孩子体验生活，在过程中锻炼团队协作能力，促进学生的全面发展，并体验到快乐和喜悦。

蓝城农业综合体致力于校企合作方面的探索和实践，以“参观学习＋岗位实践＋留岗发展”的模式培养“90 后”新农人。综合体已与浙江同济科技职业学院、丽水学院签订了校外实习协议。截至目前，已接收了十余批、数百名高校大学生来综合体实习。

蓝城农业综合体与田田圈农业公司、网上庄稼医院等会员单位成为战略合作伙伴，为广大农民提供低价的农资，提供免费的农业科技生产指导，利用新型移动互联网技术和每月 1～2 次的下乡指导活动（线上线下结合的 O2O 服务模式），搭建智慧农资县级子平台，构建农业社会化服务新体系，为农民提供免费技术咨询服务（图 49、图 50）。与优森控股合作，助力农村电商的发展，为嵊州本地 100 多个农户电商网点提供支持服务。与此同时，

图 49　蓝城农业综合体提供低价农资和技术指导

图 50　蓝城农业综合体丽水市农作物放心工程启动仪式

综合体还与浙江农资集团签署战略合作协议，在农投品保障、检测监测服务、农技培训、农产品配送等领域共同为更多的社会大众提供专业服务，共同打造品质安全的护城河，共同推动中国农业发展进步。

四、蓝城现代农业综合体实践中遇到的政策瓶颈问题

现代农业综合体是多元产业集聚、集成、融合、共生的平台，可容纳不

同产业背景的企业，不同商业模式的经营实体，不同产业资源的贡献者，通过产业的相互嫁接融合，形成创新性产业、商业业态和商业模式。由此，也可以把现代农业综合体称之为现代农业综合性产业创新平台。

农业综合体是一个完整体系，而企业是运营农业综合体整个体系的平台，是体系的执行机构和推进器，它将农业产业园区、美丽乡村建设、农民创富增收保障相互有效的集成和融合。企业运作现代农业综合体特有的模式，首先基于创新产业的经营和运作模式，整合相关经营资源要素，通过功能搭配、规模搭配、空间搭配、产业搭配、人文搭配等，以多业态的经营体组合，形成商业模式的顶层设计。其中，多业态经营体包含了农业产业创新融合发展的产业融合体，这种产业融合体中又包含有城市与乡村的元素。农业综合体通过企业化运作，将带动相关产业融合体的汇入，形成以利益共同体为前提，以多业态经营合作为组合，多方合作共建共赢的开发模式。美丽乡村建设和田园综合体开发，都是要依托于农业综合体多业态产业融合体的支撑。

经过近5年的探索实践，浙江省农业科学院、蓝城农业、地方政府以及各类农业经营主体在现代农业综合体实践方面进行了从有形园区到无形体系的建设。作为现代农业综合体商业化模式的执行机构和推进器，蓝城农业明确了四者互惠共赢的企业发展使命，即市民餐桌安全、农民创富增收、农业产业升级、美丽乡村与生态安全，通过打造“三个”系统，即科学安全的生产管理系统、扁平高效的商品流通系统、全程追溯的监测检测系统，完整地提出了企业未来经营发展的顶层规划，奠定了企业的经营发展方向和商业模式。但是在实践中，也遇到了很多政策瓶颈问题，主要包括以下六个方面。

（一）规划政策方面

农业综合体除传统的农业生产外，还有农业加工、农业服务等配套设施，这些配套设施均需要有一定数量的建设用地指标。而农业综合体往往都处在城市开发边界以外，原来的城市总体规划和土地利用规划不一定已覆盖选址区域。特别是从“城市化”到“城镇化”转变的过程中，已经碰到一些新情况、新问题，需要新的规划政策和规划依据与之匹配，需要制度、政策领域的顶层设计和统筹安排。

在项目推进过程中，如何协调总体规划与土地利用规划，使规划指标、落地空间合理、合法、合规，是目前农业综合体在推进中碰到的一个重要障碍。而在探索过程中，往往有上层的政策支持，但是在执行层缺少实施文件，从长远角度来看，依然存在一定的政策风险。

（二）用地政策方面

对项目发展过程中，必要且确需的配套设施占用一般农田（非基本农田）的，土地转性和审批相对困难，比如综合管理中心、商业配套、餐饮、住宿等经营性、生活性的配套，如果能以设施用地解决，合规报备即可，将很大程度上缓解当前用地瓶颈问题。

在土地使用年限上，大多这一轮的土地流转承包于 2028 年到期，剩余只有 11 年，如何一次性锁定 40 年及以上年限的使用权，目前无法律依据，相对经营主体而言，后续经营存在一定的不确定性，也影响长期投资的信心。

另外，乡村（城镇）与城市的用地强度相比，一个更加松散，一个更加集约，因此在用地安排过程中建议尽量用点式、条状实现供地，最大限度还原原有村落的布局方式和社会结构。

（三）用地指标奖补方面

目前农业综合体无专属的支持政策，实际操作中，大多往特色小镇方向申报，由于农业产业的投资总额、投资强度、建设进度、资金回笼周期，往往与一般的产业特色小镇有差异，因此很难符合申报指标。是否针对农镇，可以适当放宽条件，更好地支持农业类小镇的科学发展。

针对特色小镇的土地指标的奖励，目前的政策是先建园区后补指标，从经营主体的现金流平衡角度来看，存在一定的资金压力，是否可以适当放宽，把园区建设和指标奖励分期同步，通过金融融资，更好地解决资金平衡压力。

（四）项目申报主体方面

在很多的农业优惠政策中，对合作社与农业企业标准不一样，要求也不一样。导致很多项目在申报中，既要设立农业企业，又要设立合作社，建议除个别政策确需分列外，允许合作社和农业企业共享政策优惠，用项目本身的综合价值作为是否支持的评价标准，而不是以经营主体的性质作为是否支持的评价标准。

（五）银行信贷与融资方面

由于农业综合体绝大多数土地为租赁，无产权，因此在建设过程中，缺乏抵押物从金融机构贷款。而且设施设备、农业机械的贷款又相对有限，原有信用合作社针对种子种苗的贷款，往往面向个体农户，金额小、期限短，不利于农业综合体的资金中长期使用需求。是否在这些方面，金融机构的金融产品有所创新。

（六）财税政策方面

因“坡地村镇”项目用地红线仅为建筑本身，停车位、连廊等配套构筑物是否可以由政府职能部门协调在红线外设置。项目建设用地红线范围外的基础设施、配套工程等成本费用按现行财税政策无法计入本项目成本，是否可以请财税部门协调将该费用计入项目成本列支。

以上六方面内容，是现代农业综合体这几年在具体探索过程中，碰到的一些实际问题，有些是个案，有些具有一定的普遍性。若是可能，希望有关部门对农业综合体（或农业小镇）的关注和支持实现“政策集成”，把各个口子分散的、碎片化优惠措施打包、综合、系统给予整合与协调。使农业综合体（或农业小镇）在全国的小镇战略中成为特色鲜明，充满生机活力的独特模式，使之成为以商业模式真正解决“三农”问题的重要载体。

参　考　文　献

陈剑平，2012. 农业综合体：推动区域现代农业发展的新载体［N］. 农民日报，11-03（03）.

陈剑平，吴永华，2014. 以现代农业综合体建设加快我国农业发展方式转变［J］. 农业科技管理，33（5）：1-4.

图书在版编目（CIP）数据

现代农业综合体：区域现代农业发展的新平台/现代农业综合体发展战略研究课题组著.—北京：中国农业出版社，2017.11
ISBN 978-7-109-23219-8

Ⅰ.①现… Ⅱ.①现… Ⅲ.①农工联合企业—企业发展战略—研究—中国 Ⅳ.①F321.42

中国版本图书馆 CIP 数据核字（2017）第 173983 号

中国农业出版社出版
（北京市朝阳区麦子店街 18 号楼）
（邮政编码 100125）
责任编辑 张洪光 杨金妹 张 欣

北京通州皇家印刷厂印刷 新华书店北京发行所发行
2017 年 11 月第 1 版 2017 年 11 月北京第 1 次印刷

开本：787mm×1092mm 1/16 印张：36
字数：486 千字
定价：288.00 元